▲ 2016 年 10 月 6 日，市文化中心基坑围护桩工程开始施工。文化中心与金融商务区遥相呼应，是靖江的文化航母。包含了文化馆、城市展览馆、图书馆、剧院、影院、文化广场等多个文化设施，涵盖娱乐、休闲、商业等功能

▲ 坐落在滨江新城区的中心教堂，塔楼高达 56.75 米，经过两年多的努力，亮出了她美丽的外表，成为全市基督教教徒的向往之地

▲ 阜前路是《靖江市城市总体规划（2013-2030）》中连接滨江新城与新港城的主干道，与江平路、沿江高等级公路一起形成靖江主城区与新港城的三条横向主轴。2016 年 5 月全线建成通车

▼ 体育运动林地位于通江路西侧、富阳路南侧，与十圩港景观带毗邻，占地约 7 万平方米，是继十圩港景观带建成开放以后又一个集生态、漫步、休闲、小憩为一体的绿地。2016 年 9 月，运动林地全面建成，并新增了以运动为主题的园艺绿雕

靖江年鉴

2017

靖江市人民政府主办
靖江年鉴编纂委员会编纂

方志出版社
Publishing House of Local Records

图书在版编目（CIP）数据

靖江年鉴. 2017／靖江年鉴编纂委员会编. --北京：方志出版社，2017. 10

ISBN 978-7-5144-2607-6

Ⅰ.①靖… Ⅱ.①靖… Ⅲ.①靖江—2017—年鉴
Ⅳ.①Z525.34

中国版本图书馆CIP数据核字（2017）第259977号

靖江年鉴（2017）

编　　者：靖江年鉴编纂委员会
责任编辑：王海荣

出 版 人：冀祥德
出 版 者：方志出版社
地址　北京市朝阳区潘家园东里9号（国家方志馆4层）
邮编　100021
网址　http://www.fzph.org
发　　行：方志出版社图书经销中心
电话（010）67110500
经　　销：各地新华书店
印　　刷：南京凯德印刷有限公司

开　　本：889 × 1194　　1/16
印　　张：34.75
字　　数：798千字
版　　次：2017年10月第1版　　2017年10月第1次印刷
印　　数：0001~2500册

ISBN 978-7-5144-2607-6　　定价：260.00元

靖江年鉴编纂委员会

《靖江年鉴》编辑部

《靖江年鉴（2017）》协办单位

靖江市滨江新城投资开发有限公司

供稿单位审稿领导（按姓氏笔画为序）

于　政	马晓波	仇　颖	毛卫平	毛红燕	毛雨华	王　伟	王　华
王　玮	王　青	王　靖	王苏军	王连山	王建禔	王明生	邓懋岚
卢　忠	卢　杰	史亚萍	史骥涛	叶　军	叶为民	叶亚明	叶晓庆
田秋红	申晓勇	印江红	刘　阳	刘　俊	刘　贵	刘　强	刘灿均
刘拥政	刘振东	刘德基	吕　毅	孙晓军	朱　靖	朱利民	朱沛源
朱惠健	朱新宇	朱慧驰	江原生	羊文华	羊进明	许　飞	严　羽
何　健	何剑君	吴一江	吴文彬	吴东初	吴建华	吴明飞	吴金凤
张　荣	张劲松	李华兵	李旭东	李达林	杨　钧	杨恒庭	汪东初
沈　佳	沈　燕	沈永江	沈亚红	沈满松	沈静芬	沙旭东	邵　铭
陆　炜	陆　珉	陆兴松	陆静波	陈　伟	陈　刚	陈　兵	陈　林
陈又红	陈永东	陈亚中	陈丽霞	陈建定	陈金涛	陈焕新	周如勇
周建平	周晓敏	罗晓东	范新宏	郁　雷	金桂华	侯兴华	姚文泽
施泉国	赵巧新	赵明华	钟云峰	闻　杰	闻韵萍	唐文勇	夏灵峰
夏建新	徐　跃	徐加宽	徐圣涛	徐永清	徐玉海	徐志凤	徐爱东
徐赣林	浦建民	袁晓东	袁晓华	郭宏文	钱灿兴	陶　虹	陶　敏
顾宏俊	顾灿红	顾松华	顾振亚	戚俊峰	曹文铭	符嘉昕	黄　宏
黄　燕	黄文龙	黄玉平	黄洪涛	黄颖锋	蒋国庆	缪红卫	翟勇军
蔡　峰	蔡　斌	潘企根	鞠晔红	魏铭柯			

供稿单位分管领导（按姓氏笔画为序）

毛宇晶	毛金生	王　瑜	王海庆	王海波	王靖东	卢云霞	卢旭东
卢红进	卢新初	史爱梅	印明荣	刘　矛	刘　琪	刘邦银	刘丽剑
刘丽霞	刘定邦	刘昭东	刘银波	孙明江	成　喆	朱永忠	朱利亚
朱建平	朱桂芳	朱艳明	朱康勇	羊　兴	许　鉴	许恒丽	严　震
何　湫	何晓宏	余中兴	吴　彬	吴玉平	吴亚明	宋山海	应文南
张　云	张汉平	张兴松	张桂琴	张朝斌	张链斌	张群峰	李　华
李　俊	李　峰	李云芳	李庆峰	李志军	杜运明	杨　江	杨　静
杨立岸	沈　云	沈坚阳	花卫星	苏孔兴	陆　帅	陆　铭	陆宏进
陆林峰	陆晓亮	陈　刚	陈　权	陈　铭	陈永光	陈丽萍	陈荣坤
陈德云	周　兴	周　彬	周　珺	周俊伟	季小成	季宋晔	罗　靖
罗子舒	范乐观	姜小林	荣晓霞	赵　辉	赵永忠	赵鹏涛	赵翠萍
唐海清	展秋霖	徐　进	徐　群	栾戈扬	袁　斌	贾利雄	贾界平
钱　军	钱桂松	陶炳义	顾　兵	顾万铭	顾之远	顾振亚	顾艳娟
高　军	商新民	常金林	曹建芳	黄红曙	黄泓轩	黄翠凤	蒋　青
褚剑云	褚晓春	臧湘兵	鞠建国	魏小飞			

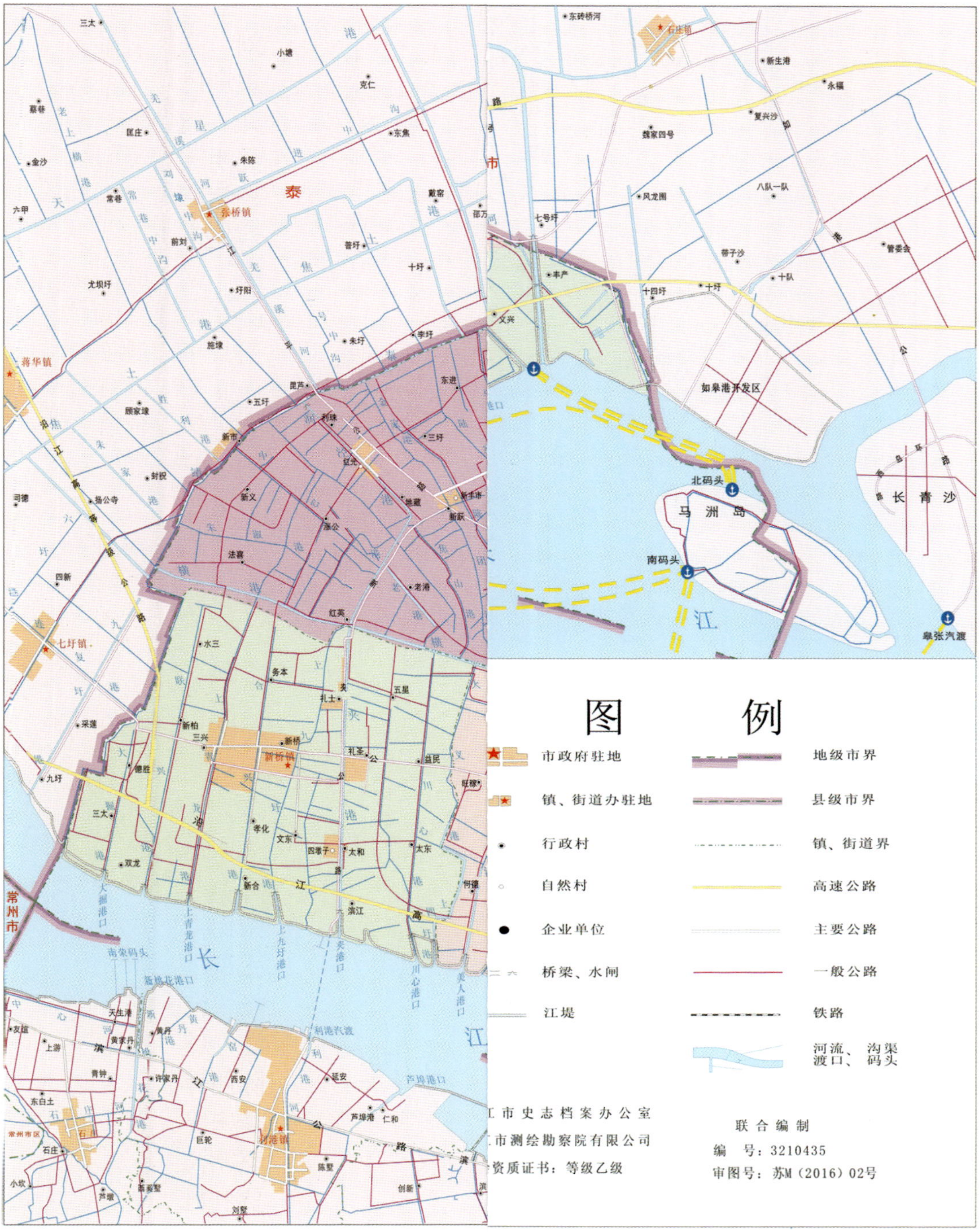

图 例
市政府驻地
镇、街道办驻地
行政村
自然村
企业单位
桥梁、水闸
江堤
地级市界
县级市界
镇、街道界
高速公路
主要公路
一般公路
铁路
河流、沟渠
渡口、码头
江市史志档案办公室
江市测绘勘察院有限公司
资质证书：等级乙级
联合编制
编 号：3210435
审图号：苏M（2016）02号
泰
张桥镇
蒋华镇
七圩镇
新桥镇
石庄镇
如皋港开发区
马洲岛
长青沙
北码头
南码头
皋张汽渡
常州市
长
江

靖江市城区图

马桥镇
西郊公园
人民公园
长新公园
东湖园
靖园
第二人民医院
市皮肤病防治所
长里卫生院
市中医院
城北医院
城北园区管委会
靖城街办
规划局
烟草局
市城管局
市电管办
国税局
航道管理站
市河道管理处
虹桥社区居委会
靖江站
汽车站
泰州市交巡警支队广靖高速大队
靖江国际汽贸城
嘉亿东湖花园
城东大道安置区
虹桥城市花苑
地中海花园
城西新村
靖西村
康宁新村
真武殿
五星铺
新世纪花园
中泰广场
华侨新村
建新小区
教育局

编辑说明

BIANJISHUOMING

一、《靖江年鉴》是由靖江市人民政府主办，靖江年鉴编纂委员会承办，市委办公室、市政府办公室和市党史方志档案办公室共同组织编纂的综合性地方年鉴，旨在全面、系统、翔实地记载靖江市经济和社会发展状况，为领导决策提供依据，为中外人士了解和研究靖江提供信息，为续修地方志积累资料。

二、《靖江年鉴（2017）》（以下简称本年鉴）主要记载2016年度靖江发生的大事、要事、新事、特事。

三、本年鉴采用条目式记事体，分类编纂。设类目、分目、条目3个层次。少数分目下设子目。

四、本年鉴设特载、大事记、靖江概貌、中国共产党靖江市委员会、靖江市人民代表大会常务委员会、靖江市人民政府、政协靖江市委员会、民主党派·社会团体、法治、军事、财政·税务、综合管理与监督、沿江开发·跨江联动、工业·建筑业、农业、商贸服务业·房地产业、港口·口岸·开放型经济、金融、信息化建设与服务、城乡建设·环境保护、水利·交通·电力·邮政、科技·教育、文化·传媒、卫生·体育、社会民生、专记、街道·办事处·镇概况、人物·荣誉栏、凡人善举·新人新事、知名文化人、文件选编、统计资料、马洲史话、附录34个类目。有分目138个，子目59个，条目964个，随文照片138幅，彩页101页，表格89个，索引2246条，补白4篇。

五、为彰显靖江的经济、社会、文化和地方特色，本年鉴特设专记、沿江开发·跨江联动、凡人善举·新人新事、知名文化人、马洲史话等类目，记述靖江中韩产业创新合作活动，汇集社会多领域年度状况调查结果，反映靖江推进跨江联动开发的举措和成效，弘扬域内凡人善行、年度新人新事所体现的文明素养和道德风尚，摘录部分靖江知名文化人的艺术成就和有关靖江的人文史话。

六、本年鉴中的“人物”分2类：“新任市领导”收录2016年新任的市级领导；“新闻人物”收录部分2016年获省级以上表彰及媒体报道的先进人物。

七、本年鉴由全市各镇、各部门供稿，并由单位领导审核。文中数据及有关内容由市统计部门和市委机要保密局把关。部分数据由于统计口径不同而有差异，请读者在引用时加以注意。

八、为便于检索，本年鉴卷首有详细目录，卷末有索引。索引采用主题分析法编制，款目按汉语拼音字母顺序排列。

九、本年鉴中外币注明币种，人民币不作标注。缩略词语首次出现时加括注，重复出现时不加括注。大事记中“△”符号表示与上条相同日期。

十、本年鉴采用全称和简称并用的方法，目录前设有部分组织机构全称、简称对照表。

十一、作者姓名加“（）”列于所写正文之后，同一分目或次分目内相邻条目为同一作者的，署名于末条正文之后。未署名图片均由靖江日报社提供。

十二、本年鉴的编辑出版，得到全市各镇、部门、单位及有关人士的大力支持，在此深表感谢！同时，热忱欢迎各界人士多提宝贵意见，以利今后年鉴质量的提高。

牧城生态园

街头绿化小品

沿江湿地

生态农业红枫基地

绿色·生态

街头绿地

十圩港景观带

小区绿化

◀ 林阴路

▼ 街头绿化小品

8月，和尚港内河码头建成投运

① | ②
③

① 11 月 28 日，2016 靖江中韩产业创新合作活动周开幕

② 4 月 8 日，在 2016 泰台经贸交流合作峰会上，靖江共签约项目 64 个，总投资 254.1 亿元

③ 9 月 25 日，2016 靖江台湾文化艺术节暨台商经贸交流活动开幕

2016
集中簽約大會
生态科技园项目
焦化转型项目
中铁建项目

苏靖江台湾文化艺术节
经贸交流活动开幕式
WAN WENHUA YISHUJIE JI TAISHANG JINGMAO JIAOLIU HUODONG KAIMUSHI
泰州市台商协会
靖江市投资促进局
靖江市文联
L&D陶瓷

①│②
③

① 3 月 24 日，靖江市政府与英国劳氏船级社（中国）有限公司签约成立靖江分公司

② 12 月 28 日，江苏万林现代物流股份有限公司配送中心二期暨木材交易市场项目奠基

③ 7 月 20 日，城北园区 15 个亿元以上项目集中开工

江苏万林现代物流股份有限公司
配送中心二期暨木材交易市场项目
奠基

经济技术开发区城北园区
项目集中开工仪式
2016·7·20

江苏新时代造船有限公司承建高附加值船舶

靖江港全年完成货物吞吐量 9400 余万吨，盈利港务成为全国十强进口木材港口

靖江市机器人智能制造（焊接）中心建成投用

江苏大中电机股份有限公司自动化生产线

江苏三江电器集团股份有限公司全自动生产线

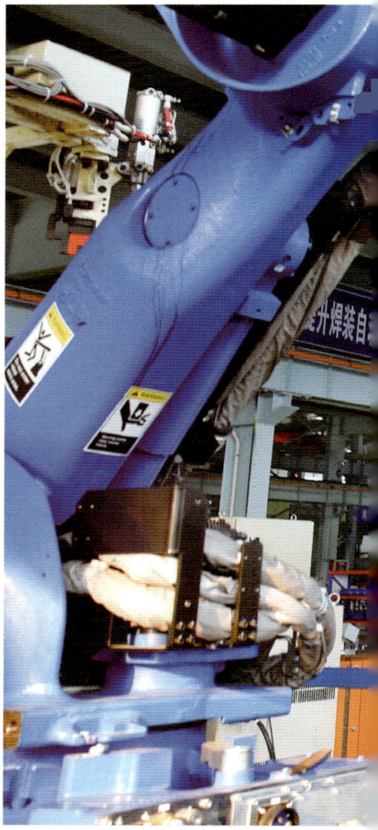

马桥镇打造的万亩特色果蔬产

江苏新程汽配制造有限公司自动化生产线

靖江在马桥、孤山、新桥等镇试验示范“稻鸭共作”绿色生态种植技术

卡内基梅隆大学——中国（靖江）
人才科技项目合作签约仪式
Carnegie Mellon University—China (Jingjiang)
Signing Ceremony about Talents, Science and Technology
Cooperative Project

下好简政放权“先手棋”
当好服务双创

2016
靖江杯
全国大学生演讲
总决赛

① | ② | ③

④

①12 月 12 日，卡内基梅隆大学——中国（靖江）人才科技项目签约

②9 月 2 日，靖江发放全省首张个体工商户“两证合一”营业执照

③6 月 14 日，靖江首次发放高层次人才“创业券”

④10 月 22—23 日，“靖江杯”全国大学生演讲大赛总决赛在靖江举行

12月，舞蹈节目《东线第一帆》获江苏省“五星工程奖”金奖

6 月 29 日，“两学一做”主题锡剧《召唤》在省靖中礼堂首演

社会·民生

4 月 15 日，位于人民公园盆景园内的“马洲书房”首个自助图书馆开馆

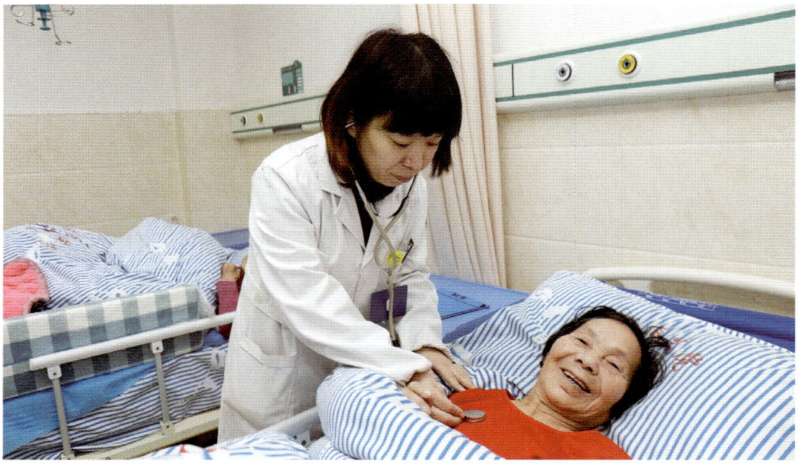

12 月，靖江于侯河、惠丰卫生院试点“医养融合”养老模式

10 月 20 日，靖江首个“智慧社区”智慧康阳综合服务平台上线运行

11 月 20 日，2016“新南洋杯”江苏·靖江环明湖自行车公开赛开赛

3 月 31 日，西来第 4 届生态文化旅游节暨桃花节开幕

10 月 26 日，靖江举办江苏省道德模范与身边好人现场交流活动

12 月 20 日，举行首届“靖江工匠”颁奖典礼

6月2日，靖江表彰22名见义勇为先进分子

1月14日，新桥镇德胜中心村党委书记杨恒俊获评江苏“最美基层干部”

12 月 12 日，姚炜平家庭获评全国文明家庭

靖江经济技术开发区

国家粮食局局长任正晓（中）至靖江调研粮食产业

江苏省委书记李强（前排中）至靖江市机器人智能制造（焊接）中心调研

4月8日泰州项目集中签约会

江苏省委副书记石泰峰（前排中）调研沿江危险化学品企业

靖江经济技术开发区南濒长江下游黄金水道，拥有长江岸线52.30千米，可建万吨级以上泊位100余个，京沪高速公路、沿江高等级公路、新长铁路穿境而过，水陆交通便利，区位优势明显。规划控制面积168平方千米，实际建成面积42平方千米，形成开发区本部、城南园区、城北园区、新桥园区等功能板块。

2016年，该开发区紧紧围绕“稳中求进”主基调，积极应对严峻发展形势，加快优化产业布局，抓紧完善发展功能，全力破解要素制约，可持续发展能力有效加强，传统产业优势进一步放大，汽配、机电两大产业开票销售均破百亿元。全年实现生产总值615亿元，比上年增长9.40%；工业开票销售收入545.57亿元，比上年增长2.50%；一般公共预算收入17.42亿元，比上年下降10.10%；进出口总额21.98亿元，比上年下降7.90%。产业投资294.31亿元，实际利用外资398.70万美元。

沿江物流展活力

沿江码头

金秋竹集团智能生产线

新城夜景

靖江开发区城北园区
靖江市孤山镇

市委书记赵叶（中）走访城北园区

代市长叶冬华（左一）调研园区企业

工业集中区智能化车间

园区空调企业生产车间

2016年，城北园区、孤山镇以“项目突破、转型升级、完善功能、特色发展”为抓手，实现工业产值199亿元、工业销售175.10亿元、工业利税14.71亿元、工业利润8.13亿元，分别比上年增长12.02%、12%、13.96%、14.13%。产业投资总量达79.50亿元。中小企业园新开工亿元以上产业项目21个；新招引亿元以上产业项目17个。年内，启动中小企业园四期工程，15家企业入驻，总投资额近18亿元。联合同济大学专家团完成空调特色小镇总体规划设计，被泰州市列为首批创建的特色小镇。

是年，申报各类专利1120件，申报国家级高新技术企业9家、省科技型中小企业6家、省民营科技企业6家，共建产学研合作项目13个。围绕新江平路农业生态走廊战略部署，稳步推进万顷良田项目建设，新建标准化大棚2.53公顷，建成景观生态林6.80公顷。完善镇

戏鱼墩公园

区商贸网点布局，推进商贸集聚区建设，形成以大型超市、特色美食和空调配件零售为主题的商业圈。新建北路、渔婆北路以及跨北横港大桥竣工并通车。实施中小企业园内道路绿化、亮化以及通讯、管道等工程，启动北三环河、工农河等水系景观带建设。积极开展农村环境“八位一体”长效管护，农村垃圾集中无害化处理率达到100%。王庄安置区房屋正加速施工。新佳新村A8#、B7#安置房已进入室外配套工程施工。孤山镇集中居住区二期第二批次工程已封顶140套，完成基础施工31套。全年新增就业2200余人，创业带动就业1100人。为园区内已拆迁无退休未能办理社保到达法定年龄的老年人发放生活补贴77万余元。结对帮扶困难家庭102户，落实帮扶资金19.90万元，专项帮扶项目2个，救助448人次，救助资金32.60万元，募捐善款16.55万元，发放慈善救助金近10万元。

中小企业园内高新技术企业

文化科技卫生“三下乡”慰问演出

靖江开发区城南园区

泰州市委工作会议代表视察靖江市亚泰新能源科技有限公司

市委书记赵叶（右二）在科尼起重机设备制造（江苏）有限公司调研

代市长叶冬华（中）至江苏奇美乐器有限公司调研

劳氏船级社（中国）有限公司在靖江设立分公司签约仪式

城南园区是靖江最早启动、开发建设较为成熟的工业集聚区，规划面积35.12平方千米，建成区面积24.10平方千米。园区现有企业400余家，其中规模以上企业85家、高新技术企业24家，是国家微特电机及控制产业基地、江苏省高端专用装备特色产业基地、江苏省信息化和工业化融合示范区、江苏省“双创”示范园区、泰州市现代服务业集聚区。

2016年，园区充分发挥骨干企业的示范作用，引导企业家进一步增强发展信心、投资信心。全市三十强企业中园区占有9席，百优企业达34家。新增江苏省高新技术产品37个，万人发明专利拥有量达到27.55件。全区规模以上企业完成现价工业产值330.10亿元，比上年增长11.18%；完成服务业营业收入42.94亿元，比上年增长58.70%；完成固定资产投资71.39亿元，比上年增长16.69%；实现一般公共预算收入5.78亿元，比上年增长13.90%。

城西大道工业走廊

园区厂房

年内，城南园区重点针对汽车（新能源汽车、配套）产业、工程机械（含农业机械）、电子商务、现代物流、机电产业等制定招商引资计划，开展定向招商、驻点招商、委托招商活动。全年新签约投资18亿元的村镇污水治理及净化槽生产项目、投资1.50亿元的天立方环保设备发生装置生产项目、投资1.20亿元的副采农副产品加工及冷链物流等项目39个，总投资75亿元。

新程汽配公司开票销售超40亿元庆典

靖江电商创业中心是市内首个经市商务局审批的电商产业园，一期规划8000平方米。该中心囊括整个电商产业链，集靖江名特优商品展示中心、电商服务中心、电商总部基地、电商仓储物流中心、电商办公区于一体，打造靖江市“传统工业企业的电商孵化器”“农产品电商的运营基地”以及“大学生移动互联网的创业创新基地”。

新程汽配公司机器人自动化焊接生产线

是年，该园区顺利通过“江苏省两化融合示范区”复审，获得“江苏省双创示范园区”称号。

靖江电商创业中心

靖江市人民政府城南办事处

泰州市委书记蓝绍敏（右一）视察园区企业

城南办事处、城南园区作风建设暨综合表彰大会

最美事迹报告会

“电商创业杯”第十三届文体节开幕式

舞蹈《东线第一帆》获省“五星工程奖”金奖

2016年，靖江市城南办事处积极应对错综复杂的宏观形势，保持战略定力，锐意创新，加快实施“强二优三、产城融合”，着力推进项目突破、转型发展，全区经济社会呈现稳中有进、进中向好的良好态势。在全市综合表彰中，城南园区、办事处获得经济社会发展综合考评一等奖、服务业工作考评一等奖、招商引资一等奖等12个奖项，新程汽配制造公司被授予“十佳企业”称号，全市三十强企业园区占有9席，百优企业达34家、占总数的三分之一。全区规模以上企业达84家，销售过亿元或利税超千万元企业28家。规模以上工业企业实现总产值330.10亿元、销售收入308.20亿元、利税总额25.80亿元、利润总额14.48亿元。全年完成固定资产投资71.39亿元，实现一般公共预算收入5.78亿元，比上年增长13.90%，工业开票收入逆势上扬，增长幅度达20.23%。

靖江市人民政府滨江新区办事处

市委常委、统战部长包国芳（前排右一），市委常委、组织部长申晓勇（后排中），副市长李晓辉（前排左一）调研滨江新区

市委常委范敏（左四）与奇瑞集团途居露营地投资管理股份有限公司总经理管雷（左二）一行视察牧城公园

滨江新区办事处党工委书记、人大工委主任何健（右一）慰问困难户

泰州市政协副主席黄立红（左二）、安监局局长陈忙耕（左一）走访靖江市佳纺服装有限公司

市政府滨江新区办事处下辖行政村9个、社区居委7个，面积26平方千米。2016年，滨江新区办事处紧紧围绕靖江市委市政府提出的“三中心一基地”（行政文化中心、生态居住中心、商业休闲中心和特色旅游基地）发展定位，瞄准“精致细致、文气大气、首位度高”“河畅、水清、岸绿、景美”的新城发展格局，牢固树立创新、协调、绿色、开放、共享的发展理念，科学合理谋划，加快打造生态、美丽、宜居、文明、智慧、共享的滨江新区。是年，该办事处获靖江市镇、开发区（街道、园区、办事处）经济社会发展综合考评先进单位三等奖、产业项目建设完成奖、社会治安综合治理创新项目奖，获评全市信访工作先进集体、普法工作先进集体、建议提案办理工作先进单位等。党工委获评泰州唯一“泰州市关心下一代工作先进集体”，办事处关工委获评“全省关心下一代工作先进集体”，政协工委获评全市先进政协工委，科协获评全市科协工作先进集体，康阳社区获评江苏省和谐社区建设示范社区、泰州市首届“十佳”社区服务品牌单位，朝阳社区获评泰州市首届优秀社区服务品牌单位，富阳社区、江阳社区获评泰州市第五届运动会最佳表演奖，兴阳社区获评泰州市城乡社区协商民主示范点。

江苏江阴—靖江工业园区办事处

莲沁苑社区打造的文化前沿客厅

溢馨苑好人榜

新建的江阴—靖江工业园区小学

江苏江阴—靖江工业园区办事处辖区面积16平方千米，辖行政村10个、安置社区2个、渔业三七分公司1个，村民小组112个。2016年，该办事处围绕园区全年工作目标，始终恪守“两手抓”的工作职责，一手抓服务两岸联动开发建设，一手抓社会事务管理，经济社会事业健康协调发展。全年实现工业总产值9.58亿元、列统工业总产值6.64亿元、开票销售3.62亿元，工业利税4900万元、利润2100万元，三产增加值完成1.80亿元。完成一般公共预算收入1754万元。夏收小麦总产量3270.10吨。开展老集镇环境综合整治，精心建设“美丽乡村”，扎实推进“八位一体”管护。组织开展节假期间安全生产拉网式检查，检查重点工业企业、危险化学品企业和学校、幼儿园、医院、超市、敬老院等50家，发现并督促整改各类隐患150余处。构建村（社区）邻里互助信息平台，做到信息掌握、矛盾化解、治安防控、便民服务。落实重大矛盾纠纷挂牌督办和领导包案制度、信访调查回访制度。滨江学校江阴—靖江工业园区分校投入正常运行。在社区全面开展系列“微”服务、微管理，推进党建微格化管理，将党小组、党员、志愿者进网入格。失地农民做到即征即保，全年新增失地农民保险107人。积极开展救灾救济，发放棉衣棉被45件，发放临时救济金6.05万元。

中/国/梦·复/兴/梦
中国梦
强国梦
CHINESE
DREAM

靖江市商务局

香港恒基与艾兰得健康产业合作项目签约仪式

裕纶纺织在越南投资的织染项目

靖江电商创业中心

盈利港务码头

2016年，市商务局紧紧围绕市委、市政府中心工作，主动适应经济发展新常态，积极应对国内外形势新变化，攻坚克难，开拓奋进，逆势而上，全市商务经济实现平稳较快增长。

全市实际利用外资3505万美元（其中江阴园区906万美元），新批外资项目3个，增资项目4个。全市累计进出口总额271803万美元，其中进口78242万美元，自营出口193561万美元，同比增长7.10%。排在出口前四位产品（船舶、锚链、钢材和维生素C）出口额为141040万美元，占全市出口总额72.90%。船舶业出口109042万美元。全市实现外经营业额10033万美元。新批境外投资项目6个，协议总投资4340.87万美元。全市实现社会消费品零售总额177.24亿元，同比增长11.20%。全市完成服务外包离岸执行额28338万元，新增3家服务外包企业，在泰州三市四区中排名第一。落实各项扶持资金共计756.46万元；引导企业对接国际市场，申报国家中小企业国际市场开拓资金项目55个，批复金额共计177万元。

靖江港中心区

新时代造船

万林木业木材堆场

沿江大物流

靖江市教育局

市委书记赵叶出席教育系统“树标杆、找短板、敢争先”座谈会

代市长叶冬华在市一中90周年校庆上致辞

签约苏教国际提升教育开放度三年行动计划备忘录

教师定向委培签约

市青少年素质教育基地授牌仪式

2016年，靖江教育大力改善办学条件，积极深化素质教育，不断优化教育服务，教育现代化建设成效显著。是年，市委教育工委获评“江苏省先进基层党组织”，市政府获评“江苏省促进义务教育均衡发展先进集体”“江苏省中小学校责任督学挂牌督导创新县（市、区）”，在江苏省教育现代化监测中得分位居泰州地区第一，教育资助、宣传、统计、关心下一代等工作均获江苏省级表彰。

积极改善办学条件　年内，骥江幼儿园、越江幼儿园、一幼新世纪壹号崇文分园、实验学校天水分校、江阴—靖江工业园区小学、敦义小学竣工投用。

加强教育督导　新聘20名第二届责任督学和155名家长督学，开展督学、督政，并参与陪餐、护校等活动。12月，通过全国责任督学挂牌督导创新市省级评估验收。

加强教师队伍建设　继续开展“马洲322志愿支教行动”，强化后备干部队伍建设。成立乡村小学语文骨干教师培育站，定期组织交流研讨活动。启动实施乡村教师定向培养计划，签约委托培养25人。多名教师在江苏省、国家教学基本功比赛中获奖。3名教师获评泰州首届职业秀大赛十佳。

央视书画频道摄制组走进城中小学

新建成的新世纪壹号崇文幼儿园

深化中小学教学改革 试点推进“行政班+走班”制和分层教学，承办泰州市观摩推进会。构建“互联网+教育”模式，建成“校园云图书馆”和“心理云”平台，开展“智慧教室”和“靖江极课”研究推广活动。推动中职教育向高职教育转型升级。5所幼儿园被评为江苏省优质幼儿园。

深入实施素质教育 举行全市中小学生啦啦操比赛和校园足球联赛，5所学校成为全国足球特色学校。举行“花开千朵”社团活动现场观摩暨素质教育推进活动，挂牌成立30个素质教育实践基地。在泰州市素质教育“5+2”工程专项考核中获一等奖。10所学校获评泰州市首批“一校一品一特色”学校。

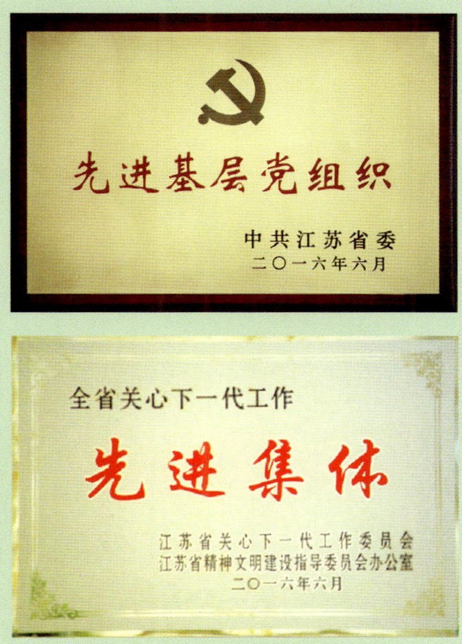

获得的部分荣誉

加强校园文化建设 全面启动校园文化升格工程，打造标准化、规范化、特色化美丽学校。举办“春之声”艺术节和学生个人艺术单项比赛，获评全国中小学生艺术展演优秀组织奖。校园心理剧获江苏省特等奖。城中小学被列入江苏省中小学特色文化建设项目，3所学校获评江苏省艺术教育特色学校。

教育质量稳步提升 高考再创佳绩，本一上线率超20%、本二上线率超60%。中考普通高中最低控制线继续保持泰州领先。职教对口单招、五年制高职“专转本”成绩喜人。在各学科奥林匹克竞赛中获全国一等奖8个、江苏省一等奖77个。

深化国际合作交流 新增3所国际交流合作学校。支持校长、教师赴海外结对学校跟岗培训交流。与苏教国际签订“提升教育开放度三年行动计划备忘录”，明确结对交流、教师境外培训、外籍教师引入、汉语国际推广、职教通用证书课程衔接等具体事宜。

书法教育成效凸显 承办泰州市中小学书法教育推进会。“靖江书法特色教育”获泰州教育20年“十大教育品牌”。在中韩文化交流活动中，韩国书艺家李弘和慕名至城中小学访问。《江苏教育报》、央视书画频道先后对靖江市书法教育作专题报道。

靖江市国土资源局

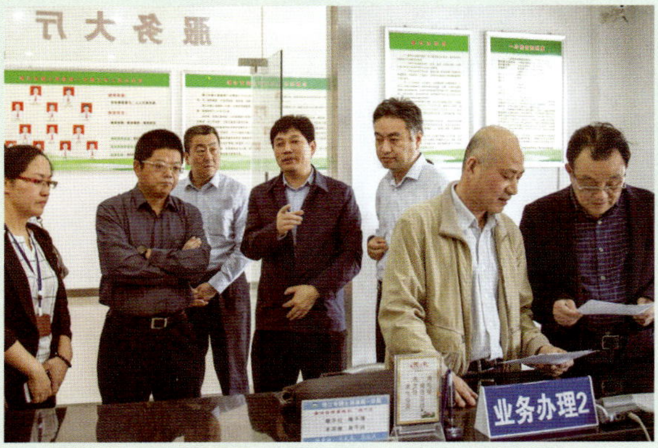

江苏省国土资源厅副厅长李闽（左二）一行在分局窗口调研

江苏省国土资源厅副厅长魏红军（右中）至靖调研不动产登记工作

江苏省国土资源厅副厅长李闽一行至靖开展“三解三促”活动，召开系统人员座谈会

泰州市国土资源局副局长潘金华（左一）为靖江市发出第一本不动产权证

2016年，市国土资源局按照“保护资源、节约集约、维护权益、改革创新”总体要求，围绕节约集约模范市和土地执法模范市双创目标，坚持稳中求进，突出创新驱动，国土资源管理工作成绩显著。同时，紧密结合“两学一做”教育活动的开展，深入做好宣传思想文化各项工作，大力培育和践行社会主义核心价值观，全面提升全系统文明程度和广大干部职工的综合素质，坚持做到文明管理、文明行政、文明执法、文明服务。

保障发展积极有为 结合全市“十三五”产业布局和重大基础设施项目安排，调整土地利用总体规划，积极上争“两减一增”指标，核减耕地保有量2160公顷，核减基本农田5073.33公顷，规划新增建设用地1986.67公顷。立足当前做好服务保障，围绕重大项目、重点工程、民生实事，全年办理农用地转用、征收6个批次103.07公顷，供应建设用地445.40公顷。强化经营提升土地收益，积极开展土地收购储备、推介宣传，全年上市出让经营性用地110.60公顷，成交价款26.60亿元。

保护资源严格有力 编制完成永久基本农田划定方案，对2010年后建设的高标准农田上图入库。健全耕地占补平衡激励机制，复垦新增耕地近200公顷。开展地质灾害防治工作，完成孤山山体加固工程。强化土地执法监察，年内新发生违法用地面积同比下降23%，连

市国土资源局承办第33届道德讲堂总堂活动

续第十年获评“江苏省土地执法模范市”，2015年度卫片执法检查实现“零约谈、零问责”，国土资源监察大队被评为全国先进集体。

节约集约深入有方 开展工业用地调查，启动批而未供和闲置土地专项清理处置，推动低效用地再开发，引导“僵尸企业”用地依法退出。全市盘活存量土地354.20公顷，顺利通过节约集约利用保优考核，被省国土资源厅表彰为“节约集约先进地区”。加快建设智能监控系统，完成“一张图”工程，建成“慧眼守土”一期工程，初步形成国土资源“天空地网”的监测监管网络。

服务群众主动有效 完成不动产统一登记信息系统和窗口建设，全年发放不动产权证16018本，办理抵押登记6749宗，面积832公顷，担保价值97.46亿元。畅通涉土信访反馈渠道，正确引导、合理化解，共受理涉土信访152件，结案率100%，切实维护群众合法权益。

全市工业用地调查推进会现场

全系统国土资源工作会议现场

参加市庆祝建党95周年“鲜红的党旗”朗诵展演大赛

“12·4”宪法日宣传活动现场

靖江市环境保护局

江苏省环保厅厅长陈蒙蒙（中）至靖调研

开启生态污染防治战略合作

年度环境保护工作暨作风建设大会

“敬业友善、守护家园”主题道德讲堂

2016年，市环保局以生态创建为抓手，全力推进环保基础设施建设，国家生态市创建通过考核验收。先后开展化工、危险废物、沿江物流码头、混凝土行业等专项整治，完成中央环保督察任务，全年共发出行政处罚决定书136份，保持环境监管执法的高压态势。扎实推进大气污染防治各项重点工作，完成全市111台10蒸吨以下燃煤锅炉整治任务；创新饮用水源地水质保护工作，同步实施两个国控断面达标工程；创新重金属污染防治工作，努力打造土壤污染场地修复示范区。完成江山制药等6家重点排污企业刷卡排污基础设施建设及主要污染物减排任务。企业环保信用“黑名单”试点等4项工作被泰州市环保局评为作风效能建设“奔牛奖”，土壤分类监管试点工作获市改革创新提名奖。举办青少年建设“清爽家园”项目，该项目被评为江苏省“首届环保网络文化季”优秀活动项目，市环保局获评优秀组织单位。

师生环保志愿者开展水质监测

组织职工献血

保护长江湿地环境之江堤漫步活动

组织志愿者绿色骑行

党员义工走进老年福利中心

靖江市公安局

街面防控完善可靠

基层基础扎实完备

市公安消防部门积极开展消防安全宣传教育

2016年，靖江公安机关立足新起点、厚植新优势，全体公安民警面对严峻考验，砥砺前行，公安工作和队伍建设取得新的进步。在市委、市政府以及上级公安机关领导下，市公安局坚持以稳定压倒一切为己任，以深化公安工作改革为目标，围绕建设平安靖江、法治靖江、过硬队伍，不断推动警务创新，优化勤务机制，较好地完成各项公安工作任务，为全市经济发展和社会稳定创造良好环境。

简政放权服务群众

应急处突稳健有力

文化建设异彩纷呈

先进典型不断涌现

市公安局在重要节日组织开展军警民大巡防，提升群众安全感

社区民警入户走访

众志成城抗击火魔

靖江市司法局

江苏省司法厅副厅长万力（前排左二）、泰州市司法局局长孔德峰（前排左一）至靖调研

泰州市委常委、秘书长、政法委书记张余松（右一）视察调研靖江市律师信访维权服务中心

泰州市司法局党组书记、局长孔德峰（左二）至靖调研司法行政工作

2016年，市司法局紧扣“打造人民满意的服务型司法行政机关”这一总目标，凝聚思想共识，务实工作举措，抓管控、筑防线，有力维护社会大局稳定；抓统筹、惠民生，法治为民实效不断增强；抓作风、提效能，队伍“三化”（正规化、专业化、职业化）建设稳步提升，为建设“强富美高”新靖江提供有力的法治保障。

市司法局局长印江红（左）参加靖江政府网在线访谈

市司法局联合市级机关工委、市地税局开展“法润靖江·市级机关党员政治生日志愿服务”活动，市委常委、政法委书记王玮出席

2016 年调解骨干培训班

市司法局召开“两学一做”动员大会

江苏城市频道和市司法局联合在靖江举办法治文艺演出

内蒙古自治区额济纳旗司法局一行 9 人至靖，与市司法局开展结对共建活动

市司法局“百团千村万企大走访大落实”集中走访活动

常州大学怀德学院大学生法治宣传队正式成立

靖江市体育局

靖江市沿江半程马拉松暨五十公里接力赛

2016《第5频道》爱跑靖江站

2016“新南洋杯”江苏·靖江环明湖自行车公开赛

2016年，靖江体育工作深入贯彻“创新、协调、绿色、开放、共享”五大理念，理清思路、创新举措、积极推进，继续完善和提升公共体育服务的能力和水平。加大投入建设，完善健身设施，推进农村体育健身圈向城市标准靠拢。全年在全市各镇（园区）新增体育健身路径400余处，提供30套室内健身器材支持市村（社区）综合性文化服务中心试点建设，农村体育设施覆盖率达到90%，人均拥有公用体育场地面积达到3.10平方米。市体育中心健身馆建成并向市民开放，成功引进综合体量全市最大的青少年培训中心。新增单项协会1个（市跆拳道协会）、俱乐部2个（华帝信鸽俱乐部、新烽青少年足球俱乐部），为百姓科学健身提供指导。开展系列特色鲜明、涉及面广的群众体育健身活动，举办靖江市乒乓球俱乐部联赛、靖江市足球联赛、城市3V3篮球赛、靖江市掼蛋比赛等比赛。广场舞大赛共举办18场，取得宣传、推动全民健身的良好效果。成功承办中欧乒乓球世界冠军对抗赛、全国钓鱼精英赛、中国乒乓球俱乐部超级联赛八一队主场2场比赛、江苏省农运会舞龙比赛、拔河比赛、江苏省掼蛋精英赛、爱跑靖江站活动、靖江市沿江半程马拉松暨五十公里接力赛等大型赛事，以及泰州市“谁是球王”羽毛球民间争霸赛靖江赛区比赛，让市民欣赏到高水平的国际国内体育赛事，极大地增强了市民投身体育

2016“三江·渔鱻”杯全国钓鱼精英赛

江苏省青少年游泳冠军赛在靖江开幕，全省 600 名健将决战靖江体育中心

CBA 江苏德比篮球争霸赛

运动的兴趣和热情。命名 9 所中小学校为靖江市首批足球传统项目学校。靖江市运动员钱天一代表国家参加乒乓球国际巡回赛，在香港站获得女团、女双、女单三项冠军；王禹涵获全国少年田径比赛银牌；小将王成林在江苏省青少年举重比赛中获 3 枚金牌；江苏省少儿乒乓球巡回赛中丁子格、王宇翔为靖江市夺得 1 金 1 铜的好成绩；靖江市田径队参加江苏省县组田径比赛获 2 金 2 银 3 铜，列全省排名第 21 位。2016 年全市体彩销售额达到 1.41 亿元，在全省排名第 19 位。努力拓展体育中心体育竞赛、综合训练、养生休闲、商务会展、全民健身五大功能，全面提升市体育中心资产质态优势，全年实现销售收入 800 万元，为全市体育事业的发展提供强大的资金保障。

2016 第八届农运会拔河比赛

2016 年全国少年柔道锦标赛

中欧乒乓球世界冠军对抗表演赛

靖江市机关事务管理局

市行政中心获评国家级节约型公共机构示范单位

靖江市公车改革公车拍卖现场

2016年，市机关事务管理局围绕“服务有为，保障无忧”主题品牌，推行精细化管理，认真履行部门职责，进一步推进管理规范化、服务社会化、保障法制化。强化职能务求实效，公务用车管理规范有序。组织公务用车拍卖会，公开拍卖公车402辆，报废公车32辆，所得款项全部上缴市国库。对保留平台使用的167辆车，统一安装GPS北斗定位装置，并更换苏MV号段车牌，实现车辆在线调度在线监管。督促各单位办公用房使用不超标、不闲置。公共机构节能成效显著，市行政中心2016年整体能耗较2012年同期节约133.30万元，节约率达12.92%。安保服务规范有序，执行24小时值班制，定人定岗，履行来客来访登记制度，车辆进出实行通行证准入制，确保院内交通有序。物业维护温馨细致，年度调查中卫生保洁满意率达99.94%。设备维护精益求精，建立快速反应机制，规范80000号接听，全年共接报修电话3960次，累计完成维修任务3600余次，回访满意率达100%。完善政府资产管理信息系统，开发二维码信息化管理软件，加强设备维护管理，提高使用效率。坚持以服务为宗旨，以机关干部满意为始终。餐饮服务推陈出新，打造“温馨食堂”，机关干部职工就餐满意度明显提升。会议服务周到热情。全年共完成各类会议服务近1861场次，圆满完成市“两会”、中国共产党靖江市第十二次代表大会等重要会议服务工作。积极推进机关党的建设，认真开展“两学一做”专题教育，建立党员活动室、职工书屋、后勤微信群，组织开展第49期“道德讲堂”活动，开展一线职工慰问，成立179志愿者行政中心分会，举办五一“劳动·梦想”联谊会，丰富职工业余文化生活，提高团队凝聚力、向心力。是年，连续4年获评靖江市级机关绩效考评十佳机关。

深入开展大走访活动

团市委开展“大手拉小手”活动

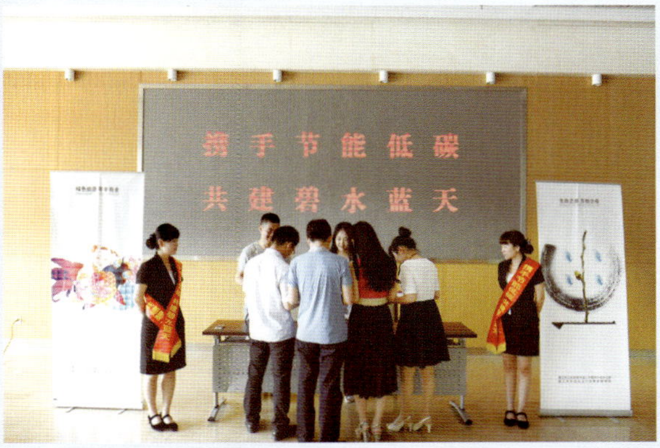

组织开展节能宣传周活动

后勤职工业余时间在书屋下棋

参加靖江市第三十四届文艺节活动

靖江市市场监督管理局

江苏省个体工商户“两证合一”营业执照首发式在靖江举行

泰州市委书记蓝绍敏（前排右一）发放全省首张“两证合一”营业执照

农村标准化服务试点接受国家督导组验收

开展食品安全快速检测培训

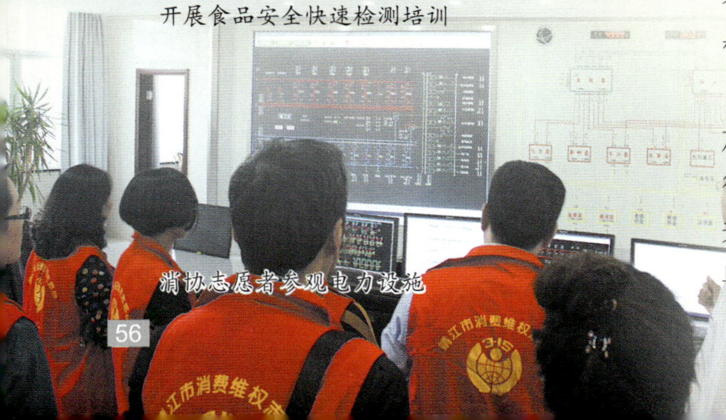
消协志愿者参观电力设施

2016年，市市场监管局以全面推进经济社会发展为第一要务，以确保食品、药品、特种设备安全为第一责任，全面落实创新、协调、绿色、开放、共享发展理念，深化机构改革，提高服务效能，以新的标准、严的要求，不断开拓市场监管新局面。

深化“宽进”，强化“严管”，充分释放商事制度改革红利

在全省率先实现“三证合一、一照一码”全覆盖，率先推行社保同步登记，发放全省首张“两证合一”执照。在泰州范围内率先启动企业简易注销改革。不断扩大“一址多照、一照多址”登记范围，推行电子化登记。全面实行企业信息公示、经营异常名录、严重违法企业名单等制度，指导开展企业年报。建立“先照后证”信息反馈、联动监管、联合惩戒机制，实施“双告知”制度，部门联合惩戒作用初步显现。率先成立网络交易监督管理科，不断完善“上下联动”执法机制、“诉转案”工作机制、“两法”衔接机制，加大重点领域监管力度，依法严惩违法犯罪行为，年内全系统立案604件，移送司法机关10件。是年，获评“泰州市依法行政示范单位”。

紧贴中心，服务大局，积极助力地方经济发展

出台《靖江市市长质量奖评审办法》，设立“靖江市市长质量奖”。加强质量诚信体系建设，年内新增AAA级企业1家、AA级企业4家。实施名品培育工程，推荐认定驰名商标1件、著名商标5件、国家级“守重”企业4家、泰州市级“守重”企业26家；指导申报地理标志证明商标1件（靖江蟹黄汤包）、江苏省名牌产品16个、泰州市名牌产品21个。指导企业制修订国家（行业）标准8个，采用国际标准27个，培育3A级标准化良好行为企业6家。建成国内首家企业标准计量管理平台。制定具有靖江特色的“1189”农村公共服务运行维护标准，助力靖江市以江苏省最高分通过国家农村综合改革标准化试点验收。打造民营经济行政服务团，为大众创业提供一条龙、一站式服务。引导137户个体工商户转企升级，帮助企业融资44.30亿元；联合银行开展银企对接活动，发放贷款1.20亿元。开展“大手拉小手”结对帮扶活动，促成购销金额1.20亿元。向私个协会会员免费赠送68万元“惠商险”。加大对消防防排烟阀3C认证工作的指导服务力度，全市领证企业近80家，占全国40%。

联合电视台开展3·15话保健活动

靖江市网络订餐第三方平台食品安全责任约谈会

全省保健食品会议在靖江召开

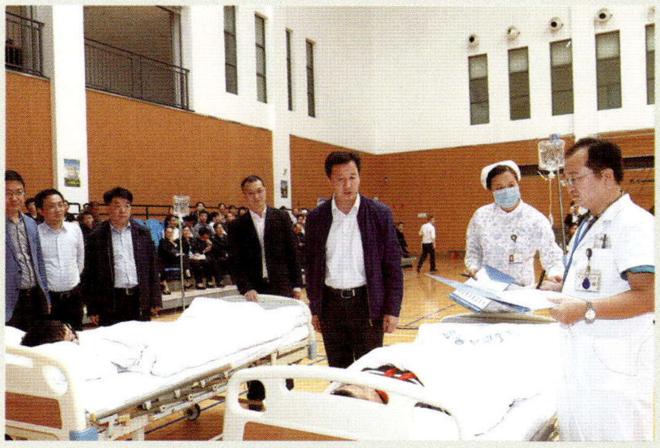
泰州市暨靖江市食品安全事故（IV级）应急演练现场

围绕热点，突破难点，扎实抓好民生实事工程

扎实推进江苏省食品安全示范市创建；全面启动食品生产电子追溯系统建设，完善“食品经营主体信息库”；出台《食品小作坊和摊贩登记备案管理工作办法》，力促“小作坊”规范化经营；开发农村家宴信息管理系统，推行规范化管理；开展食品安全事故（IV级）应急演练。加快药品零售行业连锁化进程，全市药店连锁率达76.30%；保持药品电子监管无盲区、诚信体系全覆盖。开展特种设备安全大检查、电梯安全攻坚战，隐患整改率达100%。举办食品安全宣传周、药品安全宣传月和3·15系列宣传活动，建立残疾人消费维权联络站、汽车行业五进消费维权服务站，强化社会共治。推动放心消费创建百千万工程，新增省级放心消费创建先进单位6家，泰州级17家，打造放心消费集聚区1个。

靖江市财政局

江苏省财政厅巡视员徐阳升（前排右一）至靖调研

全市财政税务审计工作会议

“鲜红的党旗”主题朗诵比赛

2016年，全市财政部门深入贯彻落实党的十八大和十八届三中、四中、五中、六中全会精神，按照市委、市政府的决策部署，坚持“保运转、促发展、惠民生、推改革”的总方针，继续深化财税体制改革，实施积极财政政策，着力改善民生福祉，推进法治财政建设，提升财政管理效益，全力支持经济平稳运行和转型升级，较好地完成了全年财政预算目标任务。

2016年，靖江市一般公共预算收入完成58.93亿元，一般公共预算支出完成64.15亿元。是年，市财政局被评为“2011—2015年度全省法治宣传教育先进单位”，连续五年被表彰为“全省法治财政建设先进单位”，连续三年被江苏省财政厅认定为法治财政建设示范点。

在职党员进社区

参加市级机关“健康快乐，活力有为”秋季运动会

靖江市物价局

江苏省物价局局长张卫东至靖调研

江苏省物价局副局长孔祥平（左二）与本市物价局局长李旭东（右二）等深入农村调研走访慰问

出租车价格调整听证会

2016年，市物价局牢固确立“学赶苏南、后来居上”的奋斗目标，围绕全面深化价格改革的工作主线，有序推进完成各项目标任务。助力改革，缓解民生价费矛盾，实施差别化污水处理费改革政策，利用价格杠杆倒逼企业绿色发展；修订《靖江市物业服务收费管理实施细则》，维护广大业主的合法权益；根据物价上涨挂钩联动机制的要求，及时对全市1.40万名困难群众发放价格临时补贴554万元。提升质态，优化价格公共服务。2016年完成成本监审金额12028.62万元，核减486.36万元，核减率4.04%；在全市12个镇（园区）25个村、32个住宅小区（农村集中居住点）制作和安装重要民生价格公示栏，每天滚动播出相关重要民生价格；配合平价商店提档升级，平价商店全年为市民节支396.86万元，受益342.16万人次。强化监管，规范市场价格秩序。印发《靖江市物价局关于规范网络零售价格行为的提醒书》，规范网络零售价格行为；开展涉企收费减免政策落实情况、商品房价格等专项检查，全年查处价格违法案件7件，罚没收入57.60万元；开展节日市场检查，加强重点行业的价格监管，共组织12个价格检查组，出动140余人次，检查200多家经营单位。

开展价格检查，明码标价

靖江市城市管理局

代市长叶冬华（左一）视察城管工作

副市长鞠林红（前排右二）检查城市环境综合整治

江苏省专家组考核中洲路创建示范路工作

2016年，市城管局以创建为抓手，着力优化工作体制机制，开展市容秩序整治，加强环境卫生管理工作，着力完善城市基础设施，强化城管队伍建设，圆满完成年度各项目标任务。

以提升品质为导向，精准发力，扎实推进各项重点工作。持续开展“931”行动，违规行为整治数量和创建成效位于泰州前列；全力做好创卫迎检工作，详细梳理存在问题，并启动相关整治；稳步开展重点工程建设项目，定期召开项目推进会，研究论证建设方案，有序推进项目实施；全力保障重大活动的开展，做好活动期间市容环卫保障和宣传氛围营造等相关工作。

以尽职履责为核心，抓细抓常，有序开展城管日常工作。开展市容秩序整治，规范城市空间布局，不断提升店招标牌的设置档次和品位；有效推进环卫精细化保洁和城乡环卫一体化工作，2016年全市城乡生活垃圾无害化处理率达95.80%；规范建筑渣土运输作业秩序，减少道路扬尘，改善城区空气质量。

以健全机制为抓手，创新举措，持续优化城市管理效能。形成常态化宣传引导，日益完善“大城管”机制，充分发挥数字城管功能，群众对城管工作的知情度和满意度不断攀升；持续改进各项行政审批工作。

以品牌创建为导向，强基固本，不断提升城管队伍形象。深入开展“两学一做”学习教育活动，扎实推进“大走访大落实”活动，全面加强党建工作，打造凝心聚力的城管队伍；丰富群团活动，增强城管干部职工的岗位自信，激发城管队伍干事创业的活力。

环卫工人春节期间坚守岗位

靖江市民政局

市委书记赵叶（中）与光荣院老战士们一起切蛋糕庆祝国庆

市委常委、市人武部部长潘企根，副市长李晓辉率团赴上海慰问“靖江舰”全体官兵

2016年，靖江民政以深化改革、创新治理、普惠民生为引领，以不断满足人民群众的新需求、新期待为根本，“民生幸福、社会治理、养老服务、强基强纪”四大提升工作推进有质有序。正式实施因病支出型贫困家庭救助，建立困境儿童档案和救助保护督促员制度，第一时间发起向阜宁灾区献爱心倡议。及时调整抚恤补助标准，升级烈士纪念设施管护，加大拥军优抚力度。组织开展村居换届选举工作，建成靖江首家综合型智慧社区。完善三社联动运行机制，规范社会组织监管制度，4家社会组织项目入围省、泰州市公益创投项目。实施养老机构改造升级，加快居家养老服务步伐，“虚拟养老院”建成投入运行。加大民政队伍综合能力建设，34个民政业务信息管理系统投入使用。

关爱困境儿童主题公益活动 ▶

元林老年大学重阳广场文艺演出

靖江市农业委员会

江苏省委常委、副省长杨岳至靖调研现代农业

靖江首个自动化养鸡场

严查农业投入品

2016年，市农委围绕“稳定发展粮食生产，加快农业供给侧结构改革，促进农业增效、农民增收”总体工作目标，不断推进农业集约化、高效化发展，取得较好成效。农业基本现代化跃居江苏省县（区）第一方阵，位列全省第12位。

农业经济再上新台阶 全年完成农林牧副渔总产值39.81亿元，实现农林牧副渔增加值（现价）23.92亿元，农村居民人均可支配收入19605元，比上年分别增长9.43%、9.37%和8.65%。

农业发展态势进一步趋好 全年新开工建设规模以上农业重大项目18个。新增高效设施农业面积720公顷、渔业面积53.30公顷。新认定无公害农产品47个、绿色食品2个，种植业、渔业“三品”比重分别为51.30%、90.80%。

农业支撑保障能力得到加强 绿化造林650公顷，建成江苏省森林生态示范村2个、村庄绿化示范村4个。发展农业科技，水稻机插秧面积1.84万公顷，培育新型职业农民4956人。

为农服务水平得到提高 2016年，获江苏省渔业科技创新奖、泰州市科技进步奖二等奖及靖江市科技进步一等奖，获国家发明专利1项、国家实用新型专利3项。全年未发生动物重大疫情及农产品质量安全事件，农业生产健康有序。

靖江市首届农产品展览会开幕

靖江市科学技术和知识产权局

华达汽车科技省级企业院士工作站揭牌

卡内基梅隆大学—中国（靖江）人才科技项目签约

上海工程技术大学—靖江市合作创新载体揭牌

开展专利执法

2016年，全市科技工作坚持以企业技术创新为基础，以科技项目为导向，以提升产业竞争力为目标，深入实施创新驱动发展战略，积极推进科技体制机制改革，加速科技成果转移转化，优化提升创新服务环境，取得一系列突破性进展，呈现出崭新的气象。全市（不含江阴园区）完成高新技术产业产值700.44亿元，占规模以上工业总产值的38.05%。新认定国家高新技术企业25家，高新技术企业总数达109家；认定省民营科技企业63家，备案省科技型中小企业10家。全年共上争省级以上科技专项资金2729.20万元，其中，江苏省重大科技成果转化项目2项，获扶持资金2000万元；重点研发计划项目4项，获扶持资金490万元，均在泰州名列前茅。获省部级以上科学技术奖2项、泰州市级科学技术奖15项。全年共引进高新技术项目并签订正式协议75项，与高校院所共建产学研联合体25家；新发展“泰科易”企业科技专员85名，大中电机等20家企业通过平台实现技术交易32项，成交总金额1564.10万元，项目成交数排名泰州第一。全市共建有省级院士工作站9个、省重点企业研发机构9家、省级工程技术研究中心29家、省级企业研究生工作站39家，各项排名均位列泰州市第一；全市123家大中型工业企业和高新技术企业研发机构建有率达95.50%，基本实现“一企一院校、一企一平台、一企一团队”的目标。2016年，全市专利申请5391件，其中发明专利申请量1096件；专利授权量2453件，其中发明专利授权量251件；全市万人发明专利拥有量达到10.90件，超额完成全年考核指标。是年，获评江苏省知识产权工作先进集体、江苏省知识产权执法工作先进单位。

靖江市人力资源和社会保障局

举办百名海外博士江苏行靖江洽谈会

落实人才政策助力发展

实行劳动争议陪审员制度

2016年，市人社局围绕“民生为本、人才优先”工作主线，坚持改革创新，全面统筹发展，各项工作取得新的进展。全力化解用工难题，落实“订单招工、订单培养、订单服务”举措。新建人力资源服务中心，建成江苏省五星级人力资源市场和船舶专业人力资源市场。全年各类人力资源市场举办招聘会118场次，为2300家用人单位提供用工4.12万人。全年新增海外人才53人，引聘高层次人才219人，引进高校毕业生3595人，新建技能大师工作室23个，11076人取得职业技能等级证书，8036人取得高级职业技能等级证书，新增专业技术人员2200人。加强人力资源市场和劳动用工监管，组织“四位一体”监察稽核执法检查、社保扩面及农民工工资支付专项检查，新增扩面开户475户，清欠工资9260.40万元。落实援企稳岗政策，全年城镇新增就业18979人。开展就业服务进校园活动，高校毕业生综合就业率达97%以上。对符合条件的就业困难人员开展实名援助，全年签订“一人一策”援助协议530人，全部实现稳定就业。开发公益性岗位316个，托底安置就业困难人员258人，继续保持城乡“双零”就业家庭动态清零。全市企业职工基本养老、医疗、失业、工伤和生育保险参保人数分别达17.92万人、27.70万人、15.01万人、19.11万人、14.33万人，城乡居民养老保险参保4.24万人，机关事业单位养老保险参保0.64万人。积极推进大众创业、万众创新，打造“靖江美食”创业品牌，建成样板店20家，建成众创空间52家，新建大学生创业园、青年创业园、电子商务创业园，大学生创业园获评江苏省级大学生创业园。“鳗鱼人工育苗技术”在“中国创翼”青年创业创新大赛获得团队组第二名，新型钢结构拆装活动泳池等6个项目获评江苏省优秀大学生创业项目，2人被评为泰州市“十佳创客”。推行劳动人事争议“流动仲裁庭”办案新模式，按期结案率100%。建设乡镇巡回调解仲裁庭，在城北园区（孤山镇）建成劳动人事争议巡回调解仲裁庭，并通过江苏省厅验收。

部分组织机构简称、全称对照表

简 称	全 称
市委	中共靖江市委员会
市政府	靖江市人民政府
市纪委	市纪律检查委员会
市文明办	市精神文明建设指导委员会办公室
市委统战部	市委统一战线工作部
市委农工办	市委农村工作办公室
市委台办	市委台湾工作办公室
市委机关工委	市委市级机关工作委员会
市委保密局	市委机要保密局
市人大常委会	市人民代表大会常务委员会
市政府	市人民政府
市法制办	市人民政府法制办公室
市编委办	市机构编制委员会办公室
市政务办	市政务服务管理办公室
市招管办	市招标采购监督管理办公室
市外事办	市人民政府外事办公室
市侨办	市人民政府侨务办公室
市机关事务局	市机关事务管理局
市政协	政协靖江市委员会
民盟靖江市基层委员会	中国民主同盟靖江市基层委员会
市工商联	市工商业联合会
团市委	共青团靖江市委员会
市妇联	市妇女联合会
市文联	市文学艺术界联合会
市科协	市科学技术协会
市残联	市残疾人联合会
市关工委	市关心下一代工作委员会
市社科联	市哲学社会科学界联合会
市委政法委	市委政法委员会
市综治办	市社会治安综合治理委员会办公室
市检察院	市人民检察院
市法院	市人民法院
市人武部	中国人民解放军江苏省靖江市人民武装部
市武警中队	武警靖江市中队
市消防大队	武警靖江市消防大队
市人防办	市人民防空办公室
市国税局	江苏省靖江市国家税务局
市地税局	泰州市靖江地方税务局
市发改委	市发展和改革委员会
市市场监管局	市市场监督管理局
市安监局	市安全生产监督管理局
市国资办	市政府国有资产监督管理办公室
靖江开发区	靖江经济技术开发区
市经信委	市经济和信息化委员会
市住建局	市住房和城乡建设局
市农委	市农业委员会
市供销总社	市供销合作总社
市烟草局	市烟草专卖局
市盐务局	市盐务管理局
市烹协	市烹饪餐饮行业协会
市港口局	市港口管理局
市口岸办	市口岸工作办公室
市国检局	中华人民共和国靖江出入境检验检疫局
靖江海关	中华人民共和国靖江海关
靖江边检站	靖江边防检查站
靖江引航站	长江引航中心靖江引航站
市金融办	市金融工作办公室
人行靖江支行	中国人民银行靖江市支行
农发行靖江支行	中国农业发展银行靖江市支行

简　称	全　称
工行靖江支行	中国工商银行股份有限公司靖江支行
农行靖江支行	中国农业银行股份有限公司靖江市支行
中行靖江支行	中国银行股份有限公司靖江支行
建行靖江支行	中国建设银行股份有限公司靖江支行
交行靖江支行	交通银行股份有限公司靖江支行
浦发行靖江支行	上海浦东发展银行股份有限公司靖江支行
南京银行靖江支行	南京银行股份有限公司靖江支行
无锡农商行靖江支行	无锡农村商业银行股份有限公司靖江支行
市农村商业银行	江苏靖江农村商业银行股份有限公司
兴业银行靖江支行	兴业银行股份有限公司靖江支行
长江商业银行	江苏长江商业银行股份有限公司
江南农商行靖江支行	江南农村商业银行靖江支行
邮储银行靖江支行	中国邮政储蓄银行靖江市支行
招商银行靖江支行	招商银行股份有限公司靖江支行
靖江润丰村镇银行	江苏靖江润丰村镇银行股份有限公司
江苏银行靖江支行	江苏银行股份有限公司靖江支行
中信银行靖江支行	中信银行股份有限公司靖江支行
市保险协会	市保险行业协会
人保财险靖江支公司	中国人民财产保险股份有限公司靖江支公司
国寿靖江支公司	中国人寿保险股份有限公司靖江支公司
太保寿险靖江支公司	中国太平洋人寿保险股份有限公司靖江支公司
太保产险靖江支公司	中国太平洋财产保险股份有限公司靖江支公司

简　称	全　称
申万宏源证券靖江人民中路营业部	申万宏源证券股份有限公司靖江人民中路路营业部
华泰证券靖江人民中路营业部	华泰证券股份有限公司靖江人民中路证券营业部
南京证券靖江骥江路营业部	南京证券股份有限公司靖江骥江路证券营业部
东海证券靖江江平路营业部	东海证券股份有限公司靖江江平路证券营业部
中投证券靖江人民南路营业部	中国中投证券有限公司责任公司靖江人民南路证券营业部
电信靖江分公司	中国电信股份有限公司靖江分公司
移动靖江分公司	中国移动通信集团江苏有限公司靖江分公司
联通靖江分公司	中国联合网络通信有限公司靖江市分公司
江苏有线靖江分公司	江苏有线网络发展有限责任公司靖江分公司
市城管局	市城市管理局
市环保局	市环境保护局
市供电公司	江苏省电力公司靖江市供电公司
市科技知识产权局	市科学技术和知识产权局
省靖中	江苏省靖江高级中学
市一中	靖江市第一高级中学
省靖江中专校	江苏省靖江中等专业学校
市文广新局	市文化广电新闻出版局
市史志档案办	市党史方志档案办公室
市广电台	市广播电视台
市卫生计生委	市卫生和计划生育委员会
靖江国调队	国家统计局靖江调查队
市人社局	市人力资源和社会保障局
市民宗局	市民族宗教事务局

目　　录

特　　载

大　事　记

靖江概貌

中国共产党靖江市委员会

靖江市人民代表大会常务委员会

靖江市人民政府

政协靖江市委员会

民主党派·社会团体

法　　治

军　　事

财政·税务

综合管理与监督

沿江开发·跨江联动

工业·建筑业

农　　业

商贸服务业·房地产业

港口·口岸·开放型经济

金　融

信息化建设与服务

城乡建设·环境保护

水利·交通·电力·邮政

科技·教育

文化·传媒

卫生·体育

社会民生

专 记

街道·办事处·镇概况

人物·荣誉栏

凡人善举·新人新事

知名文化人

文件选编

统计资料

马洲史话

附 录

索 引

补　白

彩页目录

Table of Contents

Jingjiang Municipal Committee of the Chinese People´s Political Consultative Conference

Democratic Parties · Mass Groups

Rule of Law

Armed Forces

Finance · Taxation Affairs

Comprehensive Administration and Supervisor

Development Along the Yangtze River · Combined Action Across the Yangtze River

Industry · Building Industry

Agriculture

Business Services · Real Estate Industry

Harbor · Port · Open Economy

Finance

Information Construction and Service

Urban and Rural Construction · Environment Protection

Water Conservancy · Transportation · Electric Power · Post

Science Technology · Education

Culture · Mass Media

Health · Sports

Social Life

Special Edition

Sub–district Offices ·Towns

Figures·Honors

Human Kindness·Moral Models

Cultural Celebrities

Collection of Documents

Statistics Data

Historical Stories of Mazhou

Appendices

Index

创造新优势 实现新超越 奋力谱写“率先领先争先”的崭新篇章(摘要)

——2016年7月26日在中国共产党靖江市第十二次代表大会上的报告

靖江市委书记 赵 叶

过去五年的主要成就

五年来,致力于转型攻坚、开发开放,综合实力显著攀升。经济发展稳中有进,人均GDP达1.7万美元,年均增长11%;一般公共预算收入年均增长12.8%;完成固定资产投资1760亿元,年均增长22.2%。县域经济和基本竞争力跃居全国百强县第25位。现代农业集聚带初具形态,适度规模经营提速发展,农业基本现代化迈进全省“第二区间”

前列。规模以上工业企业达450家,高新技术产业占比提高12个百分点,进出口总额达163亿美元、增长90%;上争12.5米深水航道建设,靖江港成为长江北岸首个县级亿吨港;获批国家级开发区和一类开放口岸。服务业增加值年均增长12.3%,比重提高到45.9%,实现规模质态双提升。

五年来,致力于深化改革、创新引领,发展动能持续激发。简政放权强力推进,制定公布六张清单,累计削减行政许可、行政审批事项180项;新桥镇简政放权改革取得实效。营商环境日益优化,完成市场监管领域体制改革,一照多址、商务秘书公司等举措全国领先;实施人才集聚计划,大众创业、万众创新落地生根,获评省级创业型示范市、创新型试点市、人才工作先进市。要素市场化改革扎实推进,九度蝉联省土地执法模范市,获评全国资源节约集约模范市;金融服务方式全面拓展,被评为省金融生态优秀市;上市、挂牌企业达15家,"靖江板块"初步成型。

五年来,致力于统筹协调、品质提升,城乡面貌明显改善。完善"一体两翼多特"城乡布局,城镇化率达62.2%。主城格局全面拉开,建成区面积达33.6平方千米。新港城、新桥城初具形态,特色镇建设稳步实施。大力推进生态建设和节能减排,完成主要污染物减排任务,雨污分流改造基本实现全覆盖,节水型示范市创建通过省级验收。重金属污染防治列入国家试点,电镀集中区成为省首批涉重生产片区。扎实推进"四城同创",环保模范城市通过省级评估,生态市通过国家级技术评估,创成国家卫生城市、园林城市,获评全国文明城市提名城市。

五年来,致力于共建共享、普惠均衡,民生福祉不断增进。实施收入倍增计划,城乡居民人均可支配收入分别增长68%、77%,居民储蓄存款余额达435亿元、增长87%。社保体系更加健全,保障水平持续提高。大力实施科教文体惠民工程,引进常州大学怀德学院,获评省学前教育改革发展示范区、全国义务教育发展基本均衡市;创成省文化工作先进市、公共文化和体育服务体系示范区、全国科普示范市。完成公立医院改革国家试点任务,创成2家三级医院,建成99家高标准村卫生室,创出医改靖江经验。连续八次获评省级双拥模范城。深化平安法治建设,社会大局持续稳定,获评省社会治安安全市、信访工作先进市、"六五"普法中期全国先进市。

五年来,致力于从严从实、管党治党,党建工作全面提升。扎实开展群众路线教育实践活动、"三严三实"专题教育、"两学一做"学习教育,动真碰硬抓好中央、省委巡视组反馈意见整改。理论武装工作深入推进,开展"解放思想再发力、重树标杆勇攀登"大讨论。全面从严管理干部,实施干部选用"十二步工作法",构建"1+N"政策制度体系。打造干部网络学院、掌上课堂,得到中组部肯定和推介。深入推进村级"四有一责"建设,建立优秀基层党组织书记动态激励机制,中心村党建模式在泰州推广。严格落实"两个责任",始终保持反腐高压态势,党风政风焕然一新。民主政治建设持续加强,支持人大依法履职、政协参政议政,爱国统一战线进一步壮大,人武、党校、老干部等工作全面推进,工青妇等群团工作取得新成绩。

今后五年的奋斗目标和任务

——率先全面建成小康,感受靖江幸福。"率先",既是时间概念的率先,更是质态水平的率先;既比速度、力度,更比温度、高度;既强调补齐短板弱项,更关注群众的切身感受,确保到2019年提前达标,建成更有质量、更加稳定、更可持续的全面小康。核心在三个提升:人民生活水平持续提升,力争城乡居民人均可支配收入年均保持两位数增长,人民满意度达80%以上。公共服务水平全面提升,现代教育发展水平达85%以上,卫生服务体系健全率达100%,基本社会保障实现全覆盖,在苏中率先全面实现基本公共服务均等化。生态宜居水平加速提升,主要能耗和污染物排放削减率优于省定标准,环境质量综合指数达90分以上,在苏中率先建成资源节约型和环境友好型社会。

——领先区域经济发展,创造靖江优势。改革开放以来的实践表明,靖江经济每一次的跨越都伴随着靖江优势的再造,从区位优势的发掘到港口优势的放大,靖江以快人一拍、先人一步的速度领先苏中。面对新常态,要自觉践行新发展理念,集聚高端要素,突出新型装备制造,形成有竞争力、有影响力的特色产业,成为靖江经济新的增长极;要注入经济活力,培植创新型企业,抢占新经济领域高地,创造产业链、供应链、价值链等方面的后发优势,不断巩固和扩大在苏中的领先地位。关键在三个领跑:速度领跑,地区生产总值、一般公共预算收入增速高于苏中总体水平。质态领跑，高新技术产业产值占规模以上工业比重达40%以上，新兴产业增加值实现倍增，建成更高层次的创新型城市。总量领跑，产业投资、社会消费品零售总额、工业开票销售3个指标翻一番，力争苏中第一。

——争先融入苏南方阵，实现靖江超越。融入苏南一直是靖江人民的不懈追求。要坚持高点定位、全面融入，差别竞争、特色取胜，在发展理念上争先创新，在发展路径上争先接轨，在发展成效上争先进位。具体在三个看齐：港口经济看齐太仓，加快推动靖江港规模型、专业型、智能型发展，促进增长方式更趋高端化、精细化、多元化，全力打造长江干线县级市第一港。开发开放看齐昆山，探索跨区开发、融入开发，确保国家级开发区挺进全省第一梯队。城市建设看齐张家港，从长效管理、功能完善、市民素质上全方位发力，提升城市美誉度、知名度，赶上苏南发展第一方阵。

围绕上述目标，着力做好以下五个方面工作：

一、强化产业兴市，健全现代产业体系

（一）科学谋划，拓展产业发展新空间。牢固确立绿色发展、融合发展、集聚发展的原则，加快形成结构更优、集聚度更高、开放性更好的产业格局。引领绿色发展。靖江已经从沿江大开发，转移到沿江大保护的历史新起点上。本着对历史负责、对未来负责的社会责任，要积极引导沿江产业走资源优化、产业升级的新路，全面提升港口、仓储、加工、交易“四位一体”的内涵层次，集中力量推动企业要素重组和投融资方式、生产技术方向的调整，创造沿江绿色产业的黄金期。全力支持骨干船企转型升级、开拓市场，重点突破新一代特种船舶、海工装备等高端产品，巩固全国最大民营造船基地、船舶出口基地地位。充分发挥木材加工、交易集聚效应，打造全球跨境采购和国内线上木材商城，做强全国木材供应链服务示范基地、木材进出口基地。引导粮油加工企业嫁接攀高，做足“互联网＋粮食＋物流＋金融”文章，孕育区域性粮油领军企业。加快钢铁、钢结构企业优化重组步伐，争做行业转型升级的示范点。鼓励煤电、石化向低碳环保方向转型，打造长江流域电煤储备基地、绿色能源基地。创新多元融合。开发区经过多年的探索实践，初步形成了以产业为主、区镇一体、产城相融的项目突破新目标。为使开发园区向更高层次攀升，要合理规划各板块的产业功能分区。新港城以先进制造业和现代服务业为主导，加快科教产业园建设，整合港口资源，培植龙头企业，引入国际特色产业园区，形成区域性创新中心。城南园区要瞄准“美丽新南城、活跃商贸区、高端产业园”定位，持续做强汽配、工程机械等高端产业，争做靖江转型升级的示范园区。城北园区要依托创新创业服务平台，推进标准化厂房建设，做特做优中小企业园，打造靖江集约发展的示范园区，加快创成省级高新区。新桥园区要聚力环保、核电装备、特种冶金、化工装备4个园中园建设，再创苏中第一镇辉煌。江阴—靖江工业园区要咬定“千亿园区”发展目标，探索新的联动开发路径，投入再加大、产出再提速，实现开发开放质态的再提升。放大集聚效应。充分发挥电机、空调、保健品等本土产业的支撑优势、成长优势，按照同类企业相对集中、配套产业相对靠近原则，做好建链、补链、强链文章，运用现代技术，推动生产管理和营销模式的变革，着力形成龙头引领、配套集中、项目集聚的集群优势，筑牢靖江经济稳定增长“压舱石”。

（二）高点定位，培育产业发展新优势。咬定产业发展迈向中高端的目标，加快实现一产更稳、二产更强、三产更优的发展态势，力争工业和生产性服务业占GDP比重达80%。提优新型工业化内涵。以提高质效为中心，以科技创新为动力，以融合发展为导向，着力提升产品档次、装备水平、应用能力，持续不断推进工业经济发展，实现规模工业主营业务收入突破3500亿元，形成两个千亿级园区和一批销售收入过百亿的规模企业梯队。提速现代服务业步伐。积极申报保税物流中心，引进保税物流、仓储、展览等配套企业，争取加入上海自贸区“启运港退税试点口岸”；力争港口吞吐量超1.5亿吨，成为长江沿线最具影响力的现代物流基地。大力发展现代商贸、家庭服务等生活性服务业，挖掘人文历史资源，推介“大江美景、靖江美食”旅游形象，打造长三角特色旅游目的地。提增农业现代化水平。以提升耕地质量为出发点，确保高标准农田保有量超1.33万公顷，为持续增收奠定坚实基础。以改善农民生产生活条件为落脚点，全面深化农村综合改革，完善为农服务体系，健全农村产权交易市场网络，提高农村劳动力素质，培育一批新型农业经营主体。以生态化、规模化、特色化为着力点，加快现代农业集聚带建设，深入实施万亩果蔬、万亩特色苗木等“六个一万”工程，新增省级以上重点龙头企业5家。

(三)创新驱动,彰显产业发展新特色。唯有创新发展,才能历久弥强。当前,创新发展趋势明显,新产业、新技术、新要素、新业态日新月异。对正处于转型升级关键阶段的靖江而言,必须加快打造开放型、知识型、创新型社会,挖掘产业的潜在优势,奠定产业的未来优势。激发企业活力。靖江企业大多是在改革开放大潮中应运而生的,市场意识很强,创业干劲很足。但是,面对新经济的发展态势,企业要居安思危,重新找准定位,以国际视野、现代意识和自身优势持续投入、永续发展,使靖江企业始终保持创新动力和时代精神。要注重企业家素质培养,打造一支素质高、能力强、社会责任感重的企业家和职业经理人队伍。充分尊重企业个性、企业文化,倡导开明开放的企业家精神。强化科技创新。引导企业树立创新意识,加强知识产权保护,实现万人发明专利拥有量达18件以上,加快"靖江制造"向"靖江智造"转变。完善产学研合作机制,发挥产研院、焊接中心等联动效应,做实华信科创园等各级科技孵化器,打造区域创新体系新高峰。建立科技成果转移、转化体系,健全协同创新机制,重点建设泵阀研究院、空调检测中心等六大公共技术平台,催生产业新动力。突出政策引领。新经济发展的核心要素是人,是掌握新理念新技术、运用新资本新模式的人。要瞄准"高精尖缺"导向,走定制化培养、共享式使用的人才引培之路;深化人才强市战略,完善购房券、创新券、创业券等配套政策,不拘一格、不惜重金引聚天下英才,实现企业人才总量超12.6万人。探索政企共奋进、共成长的"粘性"政策,建立政府主导的创业类、科技类融资渠道,强化第三方机构配套服务,促进产业链、创新链、资金链"全链式"对接。

二、深化供给侧改革,提升工业经济能级

(一)深化改革,创造最优营商环境。要打造经营成本最低的地区,着力提升国际化、法治化、专业化服务水平,让企业集中精力聚焦技术攻关、聚力深耕市场。减少制度成本。按照再提速、更精简要求,探索推进行政审批权相对集中改革,成立行政审批服务局,实现一个单位管审批、一枚公章管审批;健全"一主七辅"监管体系,实现"五证合一""一照一码"全覆盖。压缩交易成本。建立线上线下中介服务大厅,严格"四评四测一审"管理,探索发放中介服务券,尽快试行联合测量制、预先审查制,让企业轻装上阵、提速发展。放宽市场准入条件,完善重大项目招标、公共资源交易等体系,实行规范透明管理。降低要素成本。推进集约化布局,优化"腾笼换凤、以旧换新、空间换地"举措,盘活土地存量、提高供给效率。创新金融体系,推行投融贷一体化新型模式,健全政银企风险共担机制;鼓励企业加快股改进程,力争上市、挂牌企业增至50家左右,打造资本市场的"靖江板块";推动各类融资平台市场化、实体化运营,实行资产资本化、资本证券化运作,努力形成银行机构、直接融资、非金融机构间的良性融资结构,撬动社会资本参与经济建设,让更多金融活水流向实体经济。

(二)提升品质,巩固行业高端地位。提炼靖江装备制造业基础好、特色优的元素,在供给侧改革中扬长避短,厚植靖江制造业标准引领、行业示范优势,使更多的靖江企业在引进战略性新兴产业,改造提升传统产业,培育新商业模式上创造更多的全国第一。鼓励传统企业转型。助力分享经济发展,抢抓网络化协同制造、个性化定制的风口,利用"互联网+"整合资源,推广合同能源管理等新模式,开拓"工业医生"、分拨配送等新业态,扶持滴滴打船、木材云等5个新产业,紧扣跨界增值提升全服务链,赋予传统企业新的生命力。突出生产技改升级。大力实施靖江制造2025行动方案,重点促进空调配件、工程机械等六大产业发展,加快机器换人工、智能换数字、自动换机械步伐,力争规上企业核心装备数控化率达60%,建成智能生产线30条、智能车间20家,进一步提高精准制造、敏捷制造能力。着力双品工程建设。实施质量强市战略。凸显"品牌靖江"效应,依托品牌提升市场覆盖率、占有量,力争品牌经济占GDP比重达30%。提升"品质靖江"效益,引导企业走"专精特新"路径,把工匠精神体现在每个生产环节,培育更多的行业单打冠军、隐形冠军,创百年企业、做传世名品,力争名特产品达50个左右、开票销售占比达70%以上。

(三)培植后劲,壮大开发开放优势。强化开发开放排头兵、融入苏南突击队意识,走出一条具有靖江特色的开发区建设之路,跻身全省第一方阵。创新体制添活力。大力推进开发区体制机制、运营模式的创新,实现开发区管理扁平化;紧扣项目流程,优化机构设置,形成一切围绕项目转、一切围绕项目干的机制活力。发挥国家级开发区的

政策优势，在审批管理、投融资体系、与国际合作等方面敢闯敢试，放大改革探索的先行效应。招引项目提动力。精准发力五大新兴产业，主动对接龙头空调主机厂布局，力争在绿色、节能等行业中赢得主动；整合节能电机、蒸发器等环保产品，建成环保装备制造产业园；放大VC原料生产基地优势，收购兼并国际保健品品牌和海外产能，推行“建工厂+建市场”的模式，打造国际有影响的大健康产业区；扩大分拨业务范围，全力招引全球三大认证机构ITS、SGS、TUV落户，力争在跨境物流产业中抢占先机；利用传感器、星车联、RFID标签等产业领先优势，进军航空产业，探索发展物联网产业，抢占未来发展制高点。扩大有效投入，尽快形成签约抓落地、落地抓开工、开工抓投产、投产抓产出的良性循环。实施优进优出战略，培育微特电机、特种合金等产业出口基地；优化出口结构，扩大一般贸易、服务贸易及高新技术企业的出口比例，形成出口基地梯度发展格局，力争累计实际利用外资超10亿美元、进出口总额达190亿美元。优化资产增潜力。实体化运作港口公司，对区域内资源进行统一整合、布局，实行专业化经营管理，推进港口集团实施资本运作，提升码头、岸线整体利用效益。成立金融资产管理公司，盘活存量资产，提高产出效率。把握经济分化趋势，通过要素市场化配置，把经济发展的重心和资源、空间转移到新经济上来，增强产业的核心竞争力。

三、美化城乡环境，建设绿色生态家园

（一）实施生态优先工程。从老百姓反映最强烈的问题入手，着力治水、治气、治土，建设“清爽靖江”。围绕水更清，加强源头治理、集中处理、工程梳理，加快污水收集管网建设，完成城市黑臭河道、村庄河塘综合整治，确保全面消除劣V类水体，地表水优于Ⅲ类水质比例达60%。围绕天更蓝，全面推行绿色制造、绿色施工、绿色出行，坚决把雾霾降下来，让良好“气质”多起来，减轻人民群众的“心肺之患”，力争空气质量优于二级标准的天数比例达72%。围绕土更净，实施土壤环境质量动态管理，强化农业面源污染防治、工业污染场地治理，加快形成科学规范的土地修复工作方法和长效机制。围绕绿更浓，以增点、延线、扩面为抓手，规划建绿、见缝插绿、社会添绿、依法管绿，完善绿色生态廊道网络，构建市域绿地生态系统，力争林木覆盖率达28.5%、城市建成区绿地率达38.5%。

（二）建设城乡优美环境。坚持走以城带乡、以乡促城、城乡一体的路径，使新型城镇化成为顺势而为的自觉过程、因势利导的渐进过程、乘势而上的持续过程，力争城镇化率达70%左右。科学规划城乡布局。延续优化“一体两翼、多特镇村”的总体布局。加强城乡空间互补性研究，推进多规合一，统筹文化内核、资源禀赋、环境容量、产业发展等综合因素，增强规划协同性、效益性，努力实现城镇村特色发展、港产城有机融合。优化完善主城格局。坚持老城改造与新城提升并举。老城突出有机更新，加强棚户区、老旧小区改造，升级打造西城河、东兴街等7个特色文化街区，优化老城居住环境。新城突出功能完善，注重建筑形态、景观节点、天际线变化、小品布局、新城地标建设，建成金融中心、文化中心，序时推进商贸设施、城市阳台等一批重点工程，打造多元复合的综合性城市中心，努力形成“精致精细、文气大气”的新城格局。精心培育两翼多特。突出形态塑造、内涵提升，稳步推进小城市建设。新港城要统筹建好五大功能板块，努力实现港产城融合发展；新桥城要精确定位、重点发力，完善“四横五纵”路网、服务配套体系，落实国家级新型城镇化试点任务。扎实推进特色小镇建设，注重历史文化传承与现代生活元素融合，加快形成个性鲜明的集镇风貌。重点规划建设以水石盆景为载体的生祠苑艺小镇、以江鲜美食为载体的八圩美食小镇、以特色产业为载体的孤山空调小镇。积极推进“强富美高”新农村建设，有序开展农村土地增减挂钩，重点打造一批农民集中居住示范区。

（三）完善功能优化体系。围绕“建设人民满意的幸福城市”目标，坚持补缺与提质并重、精品建设与精细管理并行。增强城市吸附功能。推动产业与城市相结合，加快打造特色商业街区、商贸综合体等多层次商业圈，构建以现代服务业为主体的城市经济，提高城市的人口吸引力。增强住房保障功能。推广完善拆迁补偿货币化安置办法，打通商品房、安置房及保障房转换通道，统筹解决房地产去库存与百姓安居问题，让更多的农民群众进入城区，让更多老城区的市民进入新城区。增强城市承载功能。准确把握智慧城市、海绵城市发展方向，重点实施路网畅通、防洪蓄水、公交便捷、人防管理等工程，加快建设安全高效便利的生活服务和市政公共设施网络体系。健全数字城管平台和大城管体制,完善多部门协作的城市管理联动机制,创新城市治理方式,全面提升城市运行效率和管理服务水平。

四、优化公共服务,实现普惠共享发展

(一)富民为先,拓宽增收渠道。完善多元化增收机制,促进居民收入持续稳定增长,真正让老百姓的口袋鼓起来。坚持就业优先。既发展新就业形态,增加就业需求,又推行终身技能培训,改善劳动力供给,缓解招工难与就业难并存的结构性矛盾,新增城镇就业5万人以上,城镇登记失业率小于2.8%。推动大众创业。鼓励和保护年轻人创业激情。建立城乡创业政策普惠制度,建设创客服务总部,常态化开展"1+X"创业培训,培育发展一批新型众创空间。新扶持城乡劳动力创业1万人,引领大学生创业2000人。完善收入分配。健全工资决定、正常增长和支付保障机制,推行企业工资集体协商制度,鼓励劳动者通过资本、技术、管理等要素参与分配,加大再分配调节力度,使发展成果更多更公平惠及全市人民。

(二)均衡为要,发展社会事业。按照硬件提标、软件提质要求,更加注重老百姓的切身利益和直观感受,实现公共服务优质均等。办好全民覆盖的卫生事业。优化区域医疗卫生资源配置,建成5个区域医疗卫生中心,构建功能互补、上下联动、城乡一体的现代医疗卫生服务体系。深入推进县级公立医院综合改革,健全分级诊疗制度;加快镇级卫生院转型,推动养老与医护相互衔接,满足多层次、多样化医疗需求。办好全民受益的教育事业。深化教育领域综合改革,鼓励民间资本参与教育事业,实现多元化发展。深入推动集团化办学,扩大优质资源覆盖面。适应城乡建设和人口变化趋势,优化教育布局,推动城乡学校标准化建设,确保完成三年改薄任务。构建灵活开放的终身教育体系,推动学前教育普惠发展、义务教育均衡发展、普通高中优质发展、特殊教育融合发展、中高等职业教育与产业结构契合发展,提升教育质量、促进教育公平。办好全民共享的文体事业。试行文化惠民券,推行网格化文化服务,加快升级版农家书屋等设施建设,确保公共文化服务标准化和均等化程度达85%。开展全民健身运动,优化城乡体育空间布局,基本实现公共体育服务城乡一体化。

(三)保障为基,织密民生网底。按照基本保障体现公平、补充保障体现效率、充分保障依托市场的思路,构建与经济社会发展水平相适应、多层次全覆盖的社会保障体系。提高社会保障水平。实施全民参保登记计划,强化以养老、医疗等五项社会保险为重点的基本保障,发展以年金和商业保险为重点的补充保障,建立征地补偿、被征地农民社保制度和基本养老金正常调整等机制。实施精准扶贫帮困。建立支出型贫困救助机制,扩大医疗救助覆盖面,提高救助比例和救助水平。细化落实贫困户建档立卡制度,摸清底数、查清困源,分类做好结对帮扶长效保障工作,实行差别化扶持政策,实现发展生产脱贫一批、发展教育脱贫一批、社会保障兜底一批,确保全市贫困人口序时脱贫。健全养老服务机制。顺应人口老龄化加速趋势,探索建立公建民营养老模式,引导社会资本投向养老机构。全面提升居家养老服务水平,加快构建以居家为主体、社区为依托、机构为补充的城乡社会养老服务体系。

五、德化文明风尚,弘扬靖江城市荣光

(一)树立文明导向。"文以化人,日新其德"。要以文明涵养品格,以品格激起责任,以责任托起荣誉。涵养靖江品格。扎实推进中国梦和社会主义核心价值观教育,积极倡导"四个长期"和"三创三先"精神,培育"人心齐、士弘毅、敢争先"的靖江品格和奋发超越的精神追求,让同心同向同力、创业创新创优在靖江大地上蔚然成风。勇担靖江责任。深入推进社会公德、职业道德、家庭美德建设,深化美德善行、道德讲堂系列活动,促使每位市民对家庭、岗位、社会自觉履责尽责。完善社会诚信体系,加强信用监管,使诚信成为市民公约、村规民约和行业规范的普遍追求。弘扬"人人互助、我为人人"的协作精神,实现和睦相处、邻里相亲、守望相助。珍惜靖江荣誉。全力推进全国文明城市创建,深化"四城同创",激励市民把热情和活力融入城市发展的主旋律,以实际行动传承"渡江第一帆"的英勇气概、激发"融入苏南"的壮志豪情,在维护集体荣誉中提升价值、分清荣辱,不断增强全市人民的归属感、认同感和自豪感。

(二)繁荣文化事业。要突出文化熏陶民众、推动发展的作用,用文化提升城市魅力、增强城市实力。释放群众文化创造力。充分发挥重大艺术活动的带动引领作用,重点办好靖江文艺节等载体,着力打造马洲大舞台等广场文化品牌，丰富各类地方群众文化活动。健全政策扶持机制，用好各类专项资金和艺术基金，激励文艺工作者扎根人民、深入生活，创作更多的文化精品。扩大历史文化影响力。按照敬畏历史、传承文化、造福百姓的要求，深入挖掘和保护地域文化、民俗传统，传承马洲书院历史文脉，开展一镇一品特色文化建设，更好地留住城市记忆、延续城市文化。要将文化元素融入城市建设、旅游发展等领域，实现社会效益和经济效益的最佳结合。提升文化产业竞争力。发挥靖江独特优势，大力发展宝卷文化、盆景文化、美食文化、兰文化等产业，将文化底蕴转化为产业优势。深化文化体制改革，鼓励社会资本进入文化领域，积极发展创意设计等新兴文化业态，真正把文化产业打造成新的经济增长点。

（三）创新社会治理。要完善党委领导、政府主导、社会协同、公众参与、法治保障的社会治理体制，实现政府治理和社会自我调节、居民自治良性互动。建设和谐靖江。推广“政社互动”“三社联动”，完善基层服务和社区管理网络，使城乡社区成为管理有序、服务完善、文明祥和的社会生活共同体。加强志愿者互助组织、公益慈善组织、行业协会等社会组织建设，发挥好润滑剂和黏合剂作用。健全利益表达、利益协调、利益保护机制，切实维护群众合法权益。建设平安靖江。完善社会治安立体防控体系，严密防范、依法惩治违法犯罪活动，社会治理能力现代化水平进入全省先进行列。完善公共安全监管责任体系，加强安全生产、食品、药品等领域常态监管，确保群众生产生活安全。建设法治靖江。深化依法行政，健全依法决策程序。推进司法体制改革，加强执法规范化和政法队伍建设，提升执法司法公信力。全面实施“七五”普法，把法治宣传教育融入经济社会发展各领域，树立鲜明的法治导向，强化全民法治信仰。加强民主政治建设，积极支持人大、政协工作，巩固和发展爱国统一战线，充分发挥工青妇等群团组织优势，更好地为靖江发展贡献力量。

全面从严管党治党

（一）引领实干作风，让干事创业成为一股浩然正气。错过一个机遇，必将错过一个时代。要始终保持一股艰苦奋斗的劲头和锐意进取的激情，把全部心思和精力用在靖江的发展大业上。提振干事创业的精气神。围绕泰州市委“三大主题工作”的要求，思想再解放要形成一条心，项目大突破要拧成一股劲，城建新提升要共谋一盘棋，不断用靖江发展的宏伟蓝图激励人心、鼓舞士气，让“立志干大事、勇于创大业”成为优秀干部的标杆和广大党员干部的自觉追求。要着眼破解发展瓶颈、加速发展进程、实现发展目标，切实增强等不起的紧迫感、慢不得的危机感、争一流的使命感。练就干事创业的真本领。要掌握真情况，坚持问题导向，自找短板，深入调查研究，弄清症结，不断优化发展思路，创新工作方法。要做到真落实，切实把握关键，健全落地机制，具体到项目、落实到人头、量化到进度，一抓到底，务求实效。营造干事创业的好氛围。要构建好“亲”“清”政商关系。各级领导既要主动走基层、下企业，与企业家交朋友，倾听企业家发展心声，帮助企业解决实际困难，着力营造亲商、安商、富商环境；又要保持君子之交，坚持清白纯洁的工作关系，使官商交往在界限分明、关系清白、公开透明、依法依规的环境氛围中相互尊重、相互信任。要落实好容错纠错机制。进一步明确评判主体，细化流程环节，切实做到“三个区分开来”，坚决不让想干事、能干事的干部“心悬着”，坚决为敢担当、善作为的干部撑腰鼓劲。

（二）彰显先锋本色，让每个党员成为一面闪亮旗帜。党员不仅是一个称号，更是一份责任。要培育合格党员、锻造过硬干部，真正让群众满意、为党旗增辉。补足精神之钙。深化党委（党组）中心组、领导干部学习论坛等载体建设，深入宣传党的最新理论，不断夯实党员干部虔诚、执着、深厚的信念之基。持续巩固群众路线教育实践活动、“三严三实”专题教育成果，扎实开展“两学一做”学习教育，深入推进“立家规、育家风、严家教”活动，不断淳正党风政风，促进社风民风。把好用人关口。准确把握“20字”好干部标准，牢固树立“求实务实、实干担当”的鲜明用人导向。坚持因岗择人、因事用人、用其所长，真正选出一批忠诚、干净、担当的好干部。综合运用“五观察五看”“四个凡提”等办法，对干部多重体检，切实防止“带病提拔”。严格考核监督。改进完善干部考核评价办法，变“年底印象账”为“平时明细账”，刚性运用考核结果，务求奖惩有据、施之有度。强化对干部的“全天候”监督，健全信息收集、分析研判、谈话提醒、函询诫勉等机制,拉紧监督高压线,促进干部健康成长。

(三)夯实基层基础,让每个支部成为一座战斗堡垒。坚持资源下沉、重心下移,把管党治党责任落实到基层、举措覆盖到基层,推动基层组织全面过硬、全面进步。强化功能,增强凝聚力。大力实施"为民党建培元工程",持续加强对软弱涣散党组织的治理整顿,落实好基层党建工作责任。坚持"两新"组织党组织有形覆盖和有效覆盖相结合,扎实开展集中组建、集中培训、集中推优活动,确保组建率动态保持98%以上,真正把新兴领域党的组织建起来、工作做起来、活动抓起来。创优服务,提升向心力。从回应群众现实需求入手,加快构建基层党组织、党员"零距离"服务群众体系,探索网格化、菜单式服务,进一步密切党群关系。扎实推进智慧社区综合服务平台建设,深化一区一品创建,建成一批有影响的基层党建服务品牌。建强队伍,激发战斗力。选优配强村党组织带头人,全面推动村级干部岗位职业化、选任民主化、教育常态化、待遇保障化、管理规范化,增强依法办事和服务群众能力,让基层干部在群众中口碑更好、威信更高。

(四)体现干净纯洁,让反腐倡廉成为一把正义利剑。按照全面从严治党要求,深入推进党风廉政建设和反腐败工作,着力营造风清气正的政治生态。铁肩担责毫不懈怠。各级党委(党组)要强化"不管党治党就是严重失职"的观念,切实履行好全面从严治党主体责任。党组织书记要承担起"第一责任人"职责,重要工作亲自部署、重大问题亲自过问、重点环节亲自协调、重要案件亲自督办。各级纪检监察组织要认真落实《中国共产党问责条例》,全面履行监督责任,切实加大问责追究力度,失责必问、问责必严。铁腕执纪毫不动摇。坚持挺纪在前、纪严于法、纪在法前,运用好监督执纪"四种形态",做到抓早抓小、动辄则咎,发现苗头及时提醒,触犯纪律及时处理。持之以恒贯彻落实中央"八项规定"和省市委"十项规定"精神,看住"关键少数",持续释放越往后执纪越严的强烈信号。铁拳惩腐毫不手软。始终坚持惩治腐败力度不减、尺度不松、节奏不变,坚决遏制腐败蔓延。进一步狠抓关键、重拳出击,紧盯重点领域、重要环节、关键岗位,严肃查处群众身边的不正之风和"微腐败"问题,以反腐败的实际成效取信于民。

靖江市第十五届人大常委会工作报告(摘要)

——2017年1月9日在靖江市第十六届人民代表大会第一次会议上

靖江市第十五届人大常委会主任　高亚梓

过去五年的工作回顾

一、始终坚持紧扣中心工作,致力服务大局,促进经济社会健康发展

围绕规划执行抓监督,全力推动经济平稳健康发展。强化"十二五"规划实施监督。常委会在每年将相关专项工作列入监督重点,安排对口工委调研,组织常委会组成人员听取各方意见,专题听取"十二五"实施情况中期评估报告,要求政府加强对宏观经济形势的研究和把控,主动适应经济发展新常态,采取积极有效措施,应对困难和挑战,在趋利避害中逆势而上,确保各项目标任务圆满完成。高度重视"十三五"规划修编工作。常委会针对"十三五"发展中全局性、战略性重点问题，深入调研并听取审议规划编制情况汇报，提出意见和建议，推动以创新、协调、绿色、开放、共享五大发展理念统领规划编制，以率先全面建成小康、领先区域经济发展、争先融入苏南方阵为目标，科学确定发展战略，破解发展难题，厚植发展优势，更好地引领靖江经济社会跨越发展。强化计划与预算执行监督。常委会密切关注全市经济总体运行质态，以国民经济社会发展计划和财政预算执行监督为抓手，督促政府调结构、抓创新、促转型，进一步完善沿江先进制造业、现代服务业和现代物流业为主体的现代产业体系，在转型升级、创新驱动、融合发展中占据主动、把握先机、赢得优势。强化审计发现问题监督。定期听取审计工作报告，推动政府做好审计结果的整改和落实，切实提高财政资金使用效益。

围绕经济转型抓监督，全力推动发展方式提档升级。力促园区提质转型。几年来，常委会紧紧抓住开发区功能定位和产业布局，对园区建设和发展情况持续跟踪监督，推动园区建成全市产业转型的主阵地、科技创新的核心区和集约开发的示范区，实现从集中发展到特色发展的内涵式提升。力促港口提速增效。本届以来，常委会围绕港口重大设施建设、口岸开放综合验收、信息化平台打造、沿江码头专项整治等工作实施监督，有力促进靖江港从江港、传统港、转运港向江海直达港、信息化港、大型深水直挂港转变，进一步提升全市整体开放水平。力促项目建设有序推进。常委会全面贯彻市委工作部署，通过听取专项工作汇报、组织代表视察等方式，支持政府一以贯之抓项目招引，一着不让抓项目建设，一心一意抓项目服务，力促项目早建成、早投产、早见效，为全市经济持续发展积蓄动能。力促创新发展战略推进。五年来，常委会先后听取政产学研合作、节集约用地、金融工作、科技创新等情况汇报，督促政府完善政产学研常态化合作机制，落实各项扶持政策和激励措施，推动新技术、新产业、新业态蓬勃发展，加快形成以创新为主要引领和支撑的经济体系和发展模式。

围绕城乡统筹抓监督，全力推动新型农业高效发展。关注现代农业服务保障体系建设。围绕“农业强、农村美、农民富”，常委会先后听取农资一体化经营、农田基础设施建设、粮食管理等工作情况汇报，专题调研农村集体资金、资产和资源管理工作，支持和促进政府建立完善农业服务保障体系管理机制，加大三农工作投入力度，发展新型农业服务组织，创新农村金融服务体制，着力构建为农服务体系大格局，切实为农业生产提供产前、产中、产后全过程综合配套服务。关注现代农业园区建设。围绕“发展现代农业、促进规模经营、提升产业水平”主题，主任会议成员多次带队深入市镇两级园区调研，提出“打造特色农业园区，发展适度规模园区”和“加大政策扶持力度，加强基础设施建设，增强农业科技支撑”等意见建议，并通过代表视察等方式，推动意见建议落实，促进现代农业园区健康稳步发展。关注农村土地流转工作。常委会听取和审议规范农村土地流转、保护农民合法权益工作情况报告，要求政府进一步规范农村土地流转程序，预防土地流转风险，维护农民合法权益，确保农村稳定。

二、始终坚持紧扣为民宗旨，致力民生改善，促进发展成果全民共享

聚焦公共服务促普惠均衡。推进学有均教。教育公平是社会公平的基础。常委会定期视察教育工作和学校建设，先后听取教师队伍建设、学前教育改革、教育现代化示范区创建等情况汇报，督促政府正确处理需求与供给、公平与效率等矛盾，真正把优质均衡作为教育发展方向，精耕细作基础教育，重视开拓职业教育，不断优化配置教育资源。目前，全市教育的公益性、普惠性明显增强，获评省学前教育改革发展示范区、全国义务教育发展基本均衡市。推进行有便捷。公共交通是城市发展的命脉。常委会认真督办“加快实施公交优先战略”代表议案，连续两年听取工作汇报，持续开展相关视察，要求政府进一步树立公交优先理念，全面落实财政投入、路权分配等各项公交优先政策，构建绿色、安全、便捷的城市交通体系。市政府高度重视，加大公交投入，优化公交线路，更换高标准公交车，出台公交惠民便民措施，公交优先战略取得实质性进展。推进病有良医。常委会围绕“城乡医疗保障一体化、社区卫生服务、农村合作医疗”等群众反映的突出问题，综合运用听取汇报、代表视察、工作评议等监督方式持续开展跟踪督查，支持和促进政府加强公共卫生服务项目管理，构建市、镇、村三级公共卫生服务保障体系，有序推进医疗卫生体制改革，着力提升全市医疗服务保障水平。本届内,全市完成公立医院改革国家试点任务,创成2家三级医院,建成99家高标准村卫生室,创出医改靖江经验。

聚焦公共安全守民生幸福。民以食为天,食以安为先。常委会高度重视食品安全工作,连续两年开展《食品安全法》执法检查,督促政府及相关部门全面履行监管职责,健全责任体系,强化源头治理,着力解决食品安全监管环节的"真空""盲点"和"死角"。回应"食品价格上涨较快"群众诉求,常委会听取物价工作情况汇报,组织代表视察涉民物价管理工作,要求政府完善民生价格监管机制,加大物价调控力度,确保市场价格稳定。市政府高度重视,构建完善了肉类蔬菜流通追溯体系,设立了农产品平价直销网点,严厉查处了各类食品安全违法行为,全力保障"舌尖上的安全"。安全生产,重如泰山。本届以来,常委会先后听取安全生产、危险废物管理等工作情况汇报,开展安全生产情况专题调研,组织代表视察消防产品企业强制论证,密切关注全市安全生产工作,督促政府加强安全生产教育,落实安全生产责任,完善安全生产设施,健全安全应急反应机制,加大安全事故防控力度,切实守卫人民群众生命财产安全。在汛前,组织代表视察防汛防洪工作,推动相关责任落实,确保汛期安全。

聚焦城市建设建宜居靖江。让水更清。常委会坚持问题导向,围绕"水体保护、饮用水源地建设、水环境治理"等工作持续跟踪督查,要求政府加大综合整治力度,切实提升水资源对经济社会发展的承载力。市政府高度重视,加大水利建设资金投入,落实最严格水资源管理制度,有序推进河道二次轮浚,推行"八位一体"河道管护等综合整治措施,有效促进全市水质优化、水环境改善。让天更蓝。主任会议在听取《大气污染防治法》贯彻实施情况汇报的基础上,认真督办"加强扬尘污染防治管理"代表议案,适时组织代表视察,支持和促进政府开展钢铁、热电企业脱硫脱硝设备提标升级改造,建筑工地扬尘整治,机动车尾气监测及治理,秸秆禁烧禁抛及综合利用等大气污染防治工作,共同守护白云蓝天。让人和城市更和谐。打造现代化生态宜居城市是全市人民的美好愿景。常委会先后审查批准了《生态市建设规划》《城市总体规划(修编)》,专题调研老城区危房改造,组织视察园林城市创建绿化工程,要求政府以"四城同创"为抓手,围绕"先进产业基地,生态宜居城市"目标定位,着力解决区域规划、市域交通、水网体系、园林绿化等影响城市建设的重大问题,进一步提升城市发展品位,让城市环境更宜居、市民生活更幸福。

三、始终坚持紧扣民主法治,致力公平正义,促进依法治市深入推进

切实加强法律监督。开展执法检查。常委会把保障法律法规正确执行作为开展法律监督的重点,在定期组织法律培训的基础上,先后对《代表法》《道路交通法》《食品安全法》等8部法律法规贯彻实施情况开展执法检查,分别提出意见建议,推动"一府两院"把工作纳入法制轨道,促进法治靖江、法治政府、法治社会建设。重视普法宣传。连续2次听取"六五"普法情况汇报,组织代表视察"六五"普法规划执行,适时作出"七五"普法决议,推动普法工作深入开展,提高全民法律素质,构建良好法治环境。加强规范性文件备案。本届内,共审查市政府报送规范性文件16件,有效维护了法制统一。依法任免干部。坚持党管干部与人大依法任命干部相统一的原则,依法行使人事任免权。本届以来,常委会共决定任免"一府两院"国家工作人员182人次。

推进依法治市进程。加强对行政执法和司法活动的监督。先后听取城市综合管理执法、预防和惩治职务犯罪、审判权运行机制改革等情况汇报,提出针对性意见建议,要求政府部门、"两院"牢固树立依法行政、公正司法理念,提高行政执法、司法规范化水平。加强对人大任命干部的监督。出台《市人大常委会任命的国家机关工作人员向市人大常委会报告履职情况的实施办法》,组织对人社局、教育局等8个部门主要负责人履职情况进行评议。采取听取履职报告,指出存在问题,提出改进意见,组织满意度测评等方法,增强评议工作实效,促进人大任命的干部更好地履职。加强对窗口服务群众工作的监督。组织代表视察广电站服务群众工作,开展医德医风专项工作评议,要求窗口部门强化服务意识,细化便民举措,提升服务水平,打造服务品牌。

推动社会管理创新。常委会充分发挥在推动社会管理创新中的职能作用,围绕促进社会矛盾化解,听取和审议人民调解工作、涉诉矛盾纠纷化解和商事案件审理工作情况报告,推动建立健全多元化社会矛盾解决机制;围绕加强特殊人群管理和保障弱势群体权益，开展《老年人权益保障法》《残疾人保障法》执法检查，促进社会和谐。围绕发挥宗教在社会和谐稳定中的积极作用，听取和审议宗教工作情况报告，督促相关部门妥善解决宗教活动场所建设等问题。围绕解决“执行难”问题，连续两年开展法院执行工作专项评议，推动执行环境改善。高度重视人大信访工作。本届以来，常委会机关共受理人民来信150件，接待群众来访98人次，及时有效化解矛盾纠纷，促进社会和谐稳定。

四、始终坚持紧扣工作主体，致力夯实基础，促进代表作用更好发挥

着力提升代表履职能力。加强代表学习培训。有计划地开展代表履职培训，采取集中学习与自主学习、专题学习与观摩交流相结合的方式，组织代表学习人大业务知识、相关法律法规，增强履职意识，提升履职能力。密切与代表的联系。落实双联工作制度，建立常委会领导基层联系点，定期走访基层人大、人大代表和人民群众。开展主任接待代表日活动，面对面听取群众意见，点对点协调解决群众诉求。邀请市人大代表列席常委会会议，参加有关执法检查、视察等活动，积极为代表履职创造条件。创新代表活动方式。连续两年开展“五级人大代表回选区、访选民”活动，组织全市900多名各级人大代表集中回到选区，访民情、听民意、解民忧，推动依法履职与服务群众的充分融合。组织代表开展异地交叉调研，在增进联系和交流学习中，促进代表主体作用更好地发挥。推行代表履职登记制度，促进代表联系群众工作规范化、制度化、长效化。加大代表宣传力度，本届共对42名市人大代表先进事迹进行了典型报道，集中展示代表为民建言、为民履职风采，引领代表更好地履职。

扎实推进代表建议办理。常委会坚持把督办代表议案、建议作为推进政府工作、促进民生改善、保障代表权利的重要途径，一着不让抓好落实。对照《靖江市人民代表大会代表建议、批评和意见处理办法》，进一步完善代表建议、批评和意见处理工作程序。年初与市政府联合召开代表建议交办会，明确办理的内容和时限，落实承办责任。年中组织代表视察建议办理工作，检查建议办理情况，提出意见和要求，督促加快办理进度；加强重点督办件办理，精心选择事关经济社会发展全局的重要建议，由常委会领导牵头分工督办，相关委、办全程跟踪督办；优化建议办理结果评价机制，改代表与承办单位“背靠背”评价为提、办、督三方共同参与的综合评价，使评价结果更加客观公正，后续办理更加快捷高效；年后开展建议办理“回头看”活动，确保做到事事有交待、件件有回音。在常委会的跟踪督办和市政府及承办部门的共同努力下，本届人大任期内收到的503件代表建议，均得到了较好落实，建议办成率、满意率较往届有了明显提高，有力地推动了一批民生问题的解决。

认真抓好人大换届选举。坚持把市镇人大换届选举工作作为新时期加强基层政权建设的基础环节，认真研究，周密部署，扎实推进。精心组织，加强领导。常委会按照市委《关于市镇两级人大换届选举工作意见》精神和要求，依法设立市选举委员会，批准建立各级选举工作组织机构。针对此次换届选举的新情况、新特点、新要求，切实加强宣传发动和组织领导，保证了换届选举工作在各级党组织的领导下，既充分发扬民主，又严格依法办事。规范程序，稳步推进。根据市委的部署和安排，常委会精心制定了详细周密的选举工作计划，围绕宣传发动、业务培训、选区划分、选民登记、协商推荐候选人、组织投票选举、召开新届镇人大一次会议等工作重点，强化组织推动，确保选举工作步步衔接，环环相扣，有序推进。把握关键，确保质量。统筹兼顾代表的广泛性、结构性要求，严把初步代表候选人提名推荐、正式代表候选人民主协商、候选人与选民见面及投票选举等关键环节，强化引导，狠抓落实。去年12月16日，全市依法如期选出市人大代表265名、镇人大代表610名。当选代表整体素质进一步提高，代表结构进一步优化，符合上级相关要求。

五、始终坚持紧扣自身建设，致力作风转变，促进机关工作水平提升

深入开展专题教育。按照中央和省、市委的统一部署，扎实开展“群众路线”“三严三实”“两学一做”等专题教育，结合人大工作实际，切实把专题教育要求与提高人大依法履职水平结合起来，与联系服务代表和群众结合起来，与推进人大工作创新实践结合起来，精心组织，有序推进，圆满完成专题教育的各项任务。通过专题教育，机关党员干部思想认识不断深化，守纪律、懂规矩意识明显增强，“不严不实”问题得到有效解决，机关作风明显好转。

持续推进作风转变。建立长效机制。全面梳理人大机关各项规章制度,建立健全更加符合实际、更具操作性的管权、管事、管人等制度体系,使各项工作更有章可循,有据可依,有度可量。推进管理创新。克服因循守旧、墨守成规的思想,大胆探索人大机关在文字综合、会议服务、档案管理、后勤保障等方面的新思路、新方法,着力在思维模式、服务方式、运行机制等方面寻求突破和创新,进一步理顺工作关系,激发工作活力,全面提升人大机关服务"三会"、服务代表的能力和水平。

推进基层人大工作。加强工作指导。常委会坚持把指导和支持基层人大依法履职,作为推进基层民主政治建设的重要工作来抓,定期召开人大工作例会,交流工作情况,提出指导意见,协调解决工作难题。优化考核机制。突出创新创优要求,加大创新工作在基层人大百分制考核中的比重,以考核的杠杆,激发基层人大创新创优工作积极性。总结推广经验。注重基层人大特色工作的总结和推广,展示工作亮点和成效。

着力提升整体形象。主动接受监督。坚持监督公开原则,通过一报两台、人大网站、微信公众号等多种途径,及时将常委会审议意见和代表视察、执法检查等情况,向代表通报,向社会公开。重视宣传工作。出台《加强人大宣传工作意见》,强化宣传工作考核。本届以来,共有35篇新闻稿件在《人民代表报》《人民与权力》等省级以上媒体发表,有效提升靖江人大工作影响力。

新一届工作建议

一、在服务发展大局上谋求新作为

当前,全市正处于发展的转型期、改革的攻坚期和小康的决胜期。新一届人大常委会要充分认清形势,坚持以"五大发展理念"为统领,以加快转变经济发展方式为主线,紧紧围绕市委的总体部署,更加积极主动地在全市工作大局中发挥职能作用。牢牢把握方向定位,努力做到在服务大局的思路上与市委更加一致、在重大审议议题的选择上与全市中心工作更加合拍、在监督职能作用发挥上与政府目标的实施更加合力。审慎履行重大事项决定权,紧扣发展主题,抓住带有根本性、全局性、长远性的重大事项、重大问题,开展调查研究,组织重点审议,作出相应决议决定,着力推动市委各项重大决策部署的贯彻落实。

二、在推进依法治市上迈出新步伐

认真行使监督权,进一步加强法律监督和工作监督,推进市委中心工作、政府重点工作的落实和民生重点问题的解决。加强法律法规执行情况检查,推动法律法规有效实施。加强全口径预算审查监督,盯紧"钱袋子",管好"账本子"。深入推进执法检查、专题询问、对人大任命干部监督等常态化,积极探索新的监督形式,切实增强监督刚性和实效。认真行使人事任免权,坚持党管干部与人大依法任免相结合,保证组织意图的充分实现;坚持人大任免干部主动向常委会报告履职情况,自觉接受人大监督,保证"由人大任命、对人大负责、受人大监督"得到全面贯彻落实。

三、在发挥代表作用上实现新突破

充分调动全市各级人大代表的积极性,支持和保障代表依法履行职责和行使权力。开展全方位、多层次的学习培训,提高代表履职意识和能力。密切与代表联系和沟通,拓宽知政知情渠道,充实完善闭会期间代表活动,创新代表活动载体,建设代表网络信息系统,改进代表视察和专题调研方式,为代表依法履职创造条件。加强代表与群众的联系,探索建立代表履职登记、履职报告、履职评价、履职公示、履职档案等配套制度,推进代表联系群众工作常态化。改进代表建议的交办、督办工作,努力提高建议办成率和代表满意率,更好地发挥代表参与国家管理和社会事务的主体作用。

四、在加强自身建设上取得新成效

以学习促提升,进一步完善学习制度,认真组织开展专题学习,努力提高常委会组成人员和机关工作人员依法办事、依法履职能力和水平。以实践促履职,规范办事程序,创新工作机制,切实发挥好参谋助手的作用,使常委会的各项工作更加贴近实际、符合民意。以服务促民生,坚持以人为本、执政为民理念,深入基层、深入群众,关注民生、反映民意,着力推动民生福祉持续改善。以制度促规范,进一步规范完善人大工作机制,细化工作流程,加强人大干部队伍建设,健全常委会议决制度和议事程序。以研究促发展,加大人民代表大会制度、人大工作宣传力度,切实增强全社会的宪法意识、人大意识和民主法制意识,着力营造民主法制建设的良好氛围。

政府工作报告(摘要)

——2017年1月8日在靖江市第十六届人民代表大会第一次会议上

靖江市代市长 叶冬华

砥砺奋进，率先跨越发展取得新成就

过去五年，坚持转型升级、创新驱动，运行质态持续优化。以稳中求进为总基调，着力调优调强调特，引导经济向更高质量、更有效率、更可持续方向发展。经济结构持续优化。预计(下同)三次产业结构比由2011年的3.2∶56.8∶40.0优化为2.8∶49.8∶47.4。农业“一带多园”建设稳步推进，基本现代化水平进入全省第一区间；制造业向中高端攀升，战略性新兴产业产值达257亿元；国际汽贸城、木材产业园等项目加快集聚，服务业占比提高7.4个百分点。人均地区生产总值达11.5万元，年均增长10%。城乡居民人均可支配收入分别是五年前的1.58倍和1.67倍。创新支撑不断增强。高新技术企业增加到109家，产业产值占比达38.2%；研发经费支出占比提升至2.35%，万人发明专利拥有量10.65件，获评全国科技进步先进市、省创新型城市试点市、人才工作先进市。产业特色更趋鲜明。船舶完工量约占全省的1/3、全国的1/10，汽配、电机电器行业产值年均增长22.5%和11.9%。建筑业获鲁班奖、国优奖9个。新增中国驰名商标8件、地理标志证明商标2件、江苏名牌9个。

过去五年，坚持深化改革、扩大开放，发展活力不断增强。以深化改革为动力，推动放权放宽放活，积极营造更为公正、更加包容、更具竞争力的营商环境。简政放权力度加大。深入推进行政审批制度改革，制定公布六张清单，累计削减行政审批、许可事项203项；新桥镇简政放权试点取得实效。市场准入条件放宽。推行容缺受理、商务秘书公司登记模式，在全省率先实现企业登记“三证合一”“一照一码”全覆盖，率先启动个体工商户“两证合一”改革，新增市场主体2.6万家。推进金融服务创新，累计完成转贷88.5亿元，获评省金融生态优秀市。新增上市企业4家、挂牌企业11家，“靖江板块”初见雏形。开发开放活力增强。累计利用外资6.4亿美元，实现进出口总额146.2亿美元，完成境外投资3.9亿美元。开发区升格为国家级经济技术开发区。

靖江港获批一类独立对外开放口岸,成为长江北岸首个县级亿吨大港。

过去五年,坚持区域统筹、创建引领,城乡建设扎实推进。以绿色发展为取向,同步建设"一体两翼、多特镇村",努力让靖江的天更蓝、水更清、地更绿。*新型城镇化进程加快。*城市建成区面积达33.6平方千米,城镇化率提高到63%。先后实施体育中心、渔婆批发市场等80个重点工程,新建城东大道、阜前路等33条道路。完成老旧危楼治理7.2万平方米。完善"大城管"工作机制,建成数字化城管指挥中心,无物管小区实现保洁全覆盖,创成省级管理示范路3条、示范小区2个。全面落实集镇"八个一"工程,8镇1街道成为国家级生态镇,5个镇创成省级卫生镇,新桥镇入选全国重点镇;农村"1189"公共服务运行维护标准在全国推广。*生态环境治理加强。*因地制宜划定"三个三分之一",设置近20千米生态岸线,留足生态涵养空间。新改建公园、小游园19个,牧城公园创成国家3A级景区。新增城市绿地206万平方米,绿化覆盖率达42.3%;新增成片林2400公顷,林木覆盖率达26.9%。强化污染治理,新建4座镇级污水处理厂,铺设污水管网378千米,削减排污口618个。重金属污染防治列入国家试点,电镀集中区成为省首批涉重生产片区。获评省国土资源节约集约模范市和土地执法模范市,节水型示范市创建通过省级验收。*"四城同创"成效显著。*扎实推进创建工作,生态市通过国家验收,环保模范城市通过省级评估,获评国家卫生城市、园林城市,入选全国文明城市提名城市。

过去五年,坚持以民为本、民生优先,人民生活显著改善。以民情民意为导向,突出富民惠民安民,努力提高群众的幸福感、获得感和满意度。*社会保障更加完善。*切实优化就业服务,组织免费技能培训9.9万人次,新增就业9.2万人;城乡"双零"家庭保持动态清零,城镇登记失业率控制在2%以下。建成省级大学生创业园,博士后工作站和创新实践基地增加到14个,新增创业5.8万人,被评为全省首批创业型示范城市。创新推行"房票"货币化安置,推进阳光征收,新建各类保障房8444套。*公共服务全面提升。*坚持将每年全部财力的70%、新增财力的80%以上用于改善民生,兴办为民实事48件。成功引进常州大学怀德学院,新改建各级各类学校27所,加固校舍1.8万平方米;获评全国义务教育发展基本均衡市、省义务教育优质均衡示范市。完成公立医院改革国家试点任务,建成99家高标准村卫生室,人民医院、中医院创建成三级医院,靖江医改经验在全国推广。创成全国科普示范市、省文化工作先进市、公共文化和体育服务体系示范区、药品安全城市、人口协调发展先进市。*社会治理不断加强。*平安建设持续深化,社会治安防控体系明显改善,刑事案件破案率显著提升,群众公共安全感居全省前列,获评省平安市;省级双拥模范城实现"八连冠"。主动接受人大、政协监督,累计办理人大代表建议503件、政协委员提案941件,满意和基本满意率达100%。法治政府建设阶段性目标通过省级考评,获评"六五"普法中期全国先进市。

过去五年,市政府与全市人民一起,咬定青山不放松,一张蓝图绘到底,在并不平坦的道路上,奋力创造不平凡的业绩。特别是2016年,市政府坚定发展不动摇,克难求进,奋发作为,全市实现地区生产总值801.75亿元,市本级三次产业增加值分别增长1.9%、8.1%和8.5%。完成一般公共预算收入58.93亿元、固定资产投资497亿元,其中,市本级分别完成52.5亿元、487亿元。城乡居民人均可支配收入分别增长8%和9.1%,实现了"十三五"良好开局。

经济运行总体平稳。坚持以实体经济为支撑,加快结构调整、转型升级步伐,形成"一产更稳、二产更强、三产更优"的发展态势。*运行质态提高。*农业现代化水平提升,新增高效设施农业733.33公顷,申报无公害农产品54个、绿色食品9个。完成50家村级为农综合服务社达标建设,新增30家农村电商服务站,成功举办首届农产品展销会。产业升级步伐加快,实现规模以上工业产值1961.63亿元、销售1905亿元。完成工业投资270亿元;技改投入250亿元,增长14.3%。建筑业总产值达545亿元,增长10.2%。成功引进劳氏船级社,建成万林物流"木材云"。实现全社会消费品零售总额176.6亿元,增长10.8%。推动供给结构优化,压减钢铁产能100万吨,房地产去库存成效明显。*项目建设提速。*围绕签约项目抓开工、开工项目抓投产、投产项目抓达效,不断优化项目服务,加强督查落实。全年亿元以上新开工项目102个、竣工项目50个,完成产业投资428亿元。*服务保障提升。*稳步推进增减挂钩,盘活闲置低效等存量建设用地354公顷，复垦新增耕地118.67公顷。新增银行分支机构2家，实现金融业增加值36.6亿元，增长13.7%。全面推行“营改增”，企业减负效应明显。

开放创新深入推进。坚持集约集聚，加快动力转换，发展活力稳步增强。园区集聚效应扩大。开发区引进中铁建、节能环保产业园等重大项目，完成产业投资250亿元，实现开票销售510亿元。江阴—靖江工业园区产业转型加快，企业规模不断壮大。靖江港“三互”大通关改革稳步推进，电子口岸建成运行，12.5米深水航道靖江段初步通航，新建万吨级泊位3个。创新驱动成效明显。新认定高新技术企业25家，申报各类科技计划项目60个，获批省重大科技成果转化项目2个。新增政产学研合作项目75个，建成省级工程技术研究中心4家，亚星锚链获批省重点实验室，机器人焊接中心建成投产。加快推进离岸孵化基地建设，引进高层次人才970名，发放创新券4735万元。开放水平不断提升。强化专业招商，举办中韩产业合作、台商经贸交流等招商活动，新签约亿元以上项目165个，总投资508.3亿元。新批境外投资企业6家，外经营业额1亿美元。实现进出口总额27.2亿美元，自营出口19.3亿美元。

城乡品质有效提升。坚持走城市品质化、镇村特色化、服务一体化发展道路，建设宜居宜业的新型城乡形态。工程建设不断推进。启动实施金融商务区、文化中心等重点工程，工人文化宫、天妃广场主体竣工，建成人防指挥中心、车辆管理服务中心。完成胜利街地段、八圩港新世界段拆迁，14、15号地块房屋征收完成率达90%，解危D级危房11处。沿江公路市政化改造、公新公路拓建加快。加强工程质量治理，设立规划设计“兰花奖”、工程质量“香橼杯”。镇村建设稳步推进，空调、苑艺、美食等特色小镇破题发展。城市治理不断强化。实施出租车综合改革和营运秩序整治，完成交通运输管理服务平台、停车诱导系统二期建设，新增公共停车泊位1200个、公共自行车1200辆。推进“931”行动，规范建筑工地现场管理，提档升级店招店牌1.7万平方米，完成老渔婆市场改造，生活垃圾无害化处理率达95%以上。宜居水平不断提升。强化节能减排、扬尘粉尘治理，空气质量优良率达71.6%；城区污水收集处理率达90%以上，饮用水水源地水质达标率达100%。疏浚整治河道947条，创成水美乡镇1个。构建新城慢行绿廊系统，林阴化改造晨阳路、新洲路等5条道路，新增绿地50万平方米，创成省森林生态示范村2个、美丽乡村2个、绿化示范村4个。

民生幸福更具质感。坚持共享发展理念，加快发展社会事业，努力创造百姓可观可感、有温度的幸福生活。提高群众收入惠民。强化创业孵化基地建设，建成“众创空间”52家。精准开展就业服务，完成万名“靖江厨师”培训工程，建成大学生见习基地6家，净增就业1.4万人；人力资源市场被评为省五星级市场。大力实施就业帮扶，开发公益性岗位316个。推进社保扩面提档，净增各类参保2.3万人次。实施因病支出型贫困家庭救助，城乡居民医疗救助比例达70%。设立扶贫专项基金，低收入农户和经济薄弱村实现结对帮扶全覆盖。优化公共服务利民。立足教育资源普惠均衡，建成投用天水学校、港口小学等6所学校，加快推进御水湾等7所幼儿园建设，完成团结初中、西来中心小学等9所学校改薄任务；全市40所学校达到江苏省现代化办学标准，本一、本二上线率均居泰州第一。积极推行分级诊疗制度，建立新桥、斜桥等5个区域医疗中心，开办全省首家“网络医院”，市域内就诊率达92%，建成医养融合试点医院2家、居家养老中心216家；实施残疾人服务“四免四全面”提升工程。成功举办第34届文艺节，舞蹈《东线第一帆》获省“五星工程奖”金奖。建成30个村(社区)综合文化服务中心，创建成省5A级数字档案馆。完成体育公园建设，农村体育设施覆盖率达90%。强化社会治理安民。实施“智慧安防”工程，“八大类案件”破案率达100%。健全行业性调解机制，初信初访化解率达98%以上。启动“七五”普法，完成村(居)委换届选举。进一步完善应急机制，妥善处置“4·22”德桥仓储火灾事故。广电、旅游、侨台、外事、人武、气象、物价、民族宗教、机关事务等工作取得新进展。

自身建设全面加强。坚持以作风建设为引领，着力优化行政管理和政务服务，打造风清气正、尽责担当的政务环境。依法行政有序推进。完善依法行政体系，加大决策合法性审查力度，强化政策制定、行政复议规范化建设。依法接受司法监督，行政诉讼案件出庭应诉率达100%。全面推进公正文明执法，落实行政执法全过程记录等制度。行政审批提速增效。动态调整行政审批目录清单，公布行政审批前置中介服务清单,取消、调整行政权力 115 项。推行建设项目联合图审、并联审批,审批时限缩短三分之二。作风建设持续深化。严格落实中央八项规定精神和省、市委十项规定,认真践行"三严三实",积极开展"两学一做"专题教育和大走访大落实活动。深化公务用车改革,全面公开"三公"经费和部门预决算。加强审计监督,规范资金管理使用,核减政府性项目投资9.4亿元。开展政府网站集约化建设,连续五次获评中国政务网站优秀奖;办理 12345 政府服务热线和市长信箱 2.9 万件,切实帮助群众排忧解难。

继往开来,书写"强富美高"靖江新篇章

新一届政府工作的指导思想是:紧紧围绕"五位一体"总体布局和"四个全面"战略布局,践行创新、协调、绿色、开放、共享的发展理念,牢固确立"以港兴市、产业强市"发展路径,着力深化供给侧结构性改革,聚力创新,聚焦富民,高水平全面建成小康社会,努力建设经济强、百姓富、环境美、社会文明程度高的新靖江。

新一届政府的主要任务和奋斗目标是:到本届政府任期末,实现一个"确保",地区生产总值年均增长 9%左右,人均地区生产总值达 18 万元;两个"突破",装备制造业产值超过 2500 亿元,服务业增加值占 GDP 比重超过 50%;三个"提升",人民生活水平持续提升,公共服务水平全面提升,生态宜居水平加速提升,使居民收入、企业利润、财政收入"三个口袋"更加殷实,让"江花红胜火、靖江绿如蓝"的美丽画卷在马洲大地展露现实模样。

——聚力于创新,精明增长,让靖江经济更强。持续推进"品牌靖江、品质靖江"建设,以装备制造业和现代服务业为主攻方向,落实中国制造 2025 靖江行动方案,推进转型升级、项目突破,高新技术企业超过 200 家,战略性新兴产业占比达 18%。加快形成全方位开放新格局,力争港口吞吐量超 1.5 亿吨,成为长江干线县级市第一港,开发区综合发展水平进入全省第一梯队。

——聚焦于民生,精准发力,让靖江百姓更富。深入推动"大众创业、万众创新",稳步提高工资性和转移性收入,加快提升经营性和财产性收入,城乡居民人均可支配收入分别达 5.7 万元、3 万元以上,城镇登记失业率控制在 2%以下。提高公共服务供给水平,现代教育发展水平达 85%以上,卫生服务体系健全率达 100%,基本社会保障实现全覆盖,在苏中率先全面实现基本公共服务均等化,确保全面小康路上一个不少、一户不落。

——聚智于品质,精致打造,让靖江环境更美。始终坚持"生态优先、绿色发展",保持"不开发"的定力,深入实施城建新提升行动计划,建设生态、美丽、宜居、文明的滨江城市。力争城镇化率达 70%。大力实施"两减六治三提升"行动,空气质量优良天数比例达 80%以上,重点水功能区水质达标率达 85%以上,建成区人均公园绿地面积达 12 平方米、绿化覆盖率达 45%,环境质量综合指数达 90 分以上。

——聚神于品格,精心涵养,让靖江社会文明程度更高。大力弘扬"聚沙成洲、奋发超越"靖江精神,传承靖江文脉,涵养靖江品格,建设文化强市。深入推进依法治市,优化法治环境,健全诚信体系,保障公平正义。不断提高社会治理水平,继续擦亮平安靖江、法治靖江品牌。全面加强道德建设,倡导美德善行,让"人心齐、士弘毅、敢争先"在靖江大地蔚然成风。

凝心聚力,开启"率先领先争先"新征程

2017 年全市经济社会发展预期目标是:地区生产总值增长 8.5%,一般公共预算收入实现正增长;固定资产投资增长 13%;实际利用外资 2 亿美元,进出口总额 28 亿美元;服务业增加值占比提高 1 个百分点;城乡居民收入与经济同步增长;主要能耗和污染物排放削减率达到省定目标要求。

(一)围绕产业强市,加快转型升级,构筑现代产业新高地

提升制造水平。扩大高端制造供给。引导船舶企业开发特种船舶、海工装备等高端产品,提高附加值。鼓励汽配行业加强自主研发,优化产品结构,抢占市场制高点。推动钢铁、粮油等企业兼并重组,提高泵阀、电机电器等产品配套能力。放大智能制造增量。积极推广"机器人+智能制造",设立智能制造产业基金,引导企业"机器换人"。突出数控装备普及换代、传统装备智能改造、高端装备自主制造,力争建成智能生产线 30 条、智能车间 20 个。充分发挥互联网、云平台的协同作用,加快发展分拨

中心、能源合同管理等新型业态，促进产业链、资金链、创新链深度融合。深入推进百优企业技改行动，新上亿元以上技改项目40个，完成技改投资60亿元。提升双品工程内涵。扎实推进品牌建设，新增驰名商标1个、省级以上“守重”企业2家。推动“标准化+技术创新”，引导企业参与国家标准、行业标准制定，吸引一批标准制定者落户靖江。大力弘扬工匠精神，培育专精特新企业，发挥市长质量奖导向作用，提升企业产品质量。

培育产业优势。提速发展现代农业。发展适度规模经营，新建高标准农田666.67公顷，新增省“五好”示范社5家、泰州示范家庭农场10家。加快农业结构调整，强化农业招商引资，提升省级农业园区运行质态。深入推进新江平线现代农业集聚带建设，合理布局农产品加工集中区、交易展示中心、冷链物流中心，新增省级龙头企业2家。深化国有粮企改革，实施南方小麦交易市场股份制改造。加快发展新兴产业。培育节能环保、跨境物流、物联网等新兴产业，加快北斗车联网、环保产业园等建设，引进一批科技含量高、带动能力强的龙头型、领军型企业，实现战略性新兴产业产值285亿元。全面提升现代服务业。以港口物流为支撑，探索集成离岸结算、跨境电商等功能，推动单一物流向综合商务延伸。积极推进制造业服务化，培育工业设计、文化创意等新兴服务业，促进城市新片区与产业新业态良性互动。继续拓展社区服务、托幼养老等生活性服务业，完善消费产业链。创新“互联网+新型商业”模式，引导企业通过O2O、自建电商平台等方式，拓展个性化定制与销售渠道，实现线上线下融合发展。深入挖掘全域旅游潜力，提高“大江美景·靖江美食”的知名度。

扩大有效投入。全力推进项目突破。加快优化招商队伍，统筹运用委托招商、以外引外、高位嫁接、驻点招商等方式，开展全方位、立体化招商。瞄准船舶、汽配等优势产业，围绕节能环保、大健康等新兴产业，着力引进一批产业契合度高、带动性强、发展前景好的优质重大项目，力争新签约3亿元以上项目100个。着力优化项目服务。落实项目跟踪负责制，大力推行领导挂钩服务、部门全程服务和属地保姆服务，强化要素保障，力争新开工亿元以上项目100个、竣工重大产业项目100个，完成产业投资470亿元。致力提升项目效益。坚持把投资强度、产出贡献度作为标尺，坚决不上污染大、产出低、效益差的项目。建立健全项目台账，对推而不动、督而不进、进度严重滞后的项目，抓紧实施“腾笼换鸟”，推动项目投产达效。

(二)围绕改革攻坚，强化创新驱动，增创开放发展新优势

释放创新动能。完善科技支撑体系。依托船用配件、汽配、电机、泵阀和特种金属合金材料等产业，成立创新战略联盟，推进共性技术开发和技术集成创新。发挥产研院、焊接中心等联动效应，做实华信科创园等科技孵化器，打造泵阀研究院、空调检测中心等公共技术平台。瞄准高校院所科技创新资源，建成离岸孵化基地18个，孵化培育项目80个，引进科技项目50个。加大自主创新力度。实施创新型企业培育计划，整合创新资源，建立贵金属回收利用、精密铸造等研发转化中心。鼓励企业延伸创新链，力争研发经费支出占比达2.4%。放大中科院合作联盟效应，推进政产学研深度合作，新增高新技术企业20家，高新技术产业产值占比达38.5%。完善专利资助奖励政策，加速专利成果产业化，力争万人发明专利拥有量达12件。落实人才优先战略。继续实施马洲英才计划，深化“教授博士挂职科技副总”等活动，广泛集聚高端人才、科研项目。设立靖江籍院士工作室，支持企业建立“千人计划”研究院、外籍院士工作站，引进领军型人才团队3个以上。

持续深化改革。全力提升供给质效。坚决淘汰落后产能，有序化解过剩产能。支持传统企业兼并重组，鼓励产业链垂直整合，稳妥处置“僵尸企业”。强化用地评价，推行工业用地弹性出让、先租后让、租让结合，优化整合岸线资源，扩大沿江发展纵深。推进农村土地“三权分置”，规范农村产权流转交易，加快培育新型农业经营主体。深化金融领域改革。搭建中小企业融资服务平台，引导银行机构设立“科技支行”“小微支行”，参与“惠农贷”“惠科融”等产品合作。探索实施“投贷联动”，创新“股权+债权”服务模式。稳妥推进存量债务置换，加强对企业融资风险的监测预警，优化金融生态环境。加快企业上市进程，新增“新三板”挂牌企业4家。深入推进简政放权。开展权力清单标准化工作，编制公共服务事项清单。相对集中行政许可权，推广多图联审、多评合一、联合验收。推行“互联网+政务服务”，规范公共资源交易管理，建立网上中介服务大厅，以改革红利释放市场活

力和社会创造力。

推进开放集聚。优化港口承载服务功能。放大“三互”大通关改革效应,积极申报保税物流中心(B型)。加快口岸信息化建设,完善电子口岸平台,打造便捷高效的口岸服务体系。完善港口基础设施,建设万吨级码头泊位3个。积极推进公铁水联运项目,港口货物吞吐量增长10%以上。加快园区特色产业集聚。开发区本部着力打造核心港区和大健康产业园、精密制造产业园、科教产业园,持续提升发展船舶、钢构、能源、木材、粮食等产业,加快形成临江产业集群和高端制造业产业集群。城南园区重点做强汽配、工程机械等产业,打造转型升级示范园区。城北园区着力做特做优中小企业园,积极创建省级高新区。江阴—靖江工业园区加快转型步伐,推进“千亿园区”建设。大力发展外向型经济。鼓励外商投资港口物流、商贸服务等领域,扩大外资参股并购。支持有条件的企业走出去,拓展海外市场,塑造本土跨国公司,实现外经营业额1.1亿美元。落实外贸稳增长政策,优化信用担保、检验检测等服务,实现自营出口20亿美元。

(三)围绕品质提升,推进城乡统筹,建设美丽宜居新家园

加快城乡建设。提升中心城市首位度。以“多规合一”为引领,完善各类专项规划、控制性详规,增强规划导控能力,积极营造尊重规划、敬畏规划的良好氛围。全面推进新城“十大工程、六大系统”建设,完成文化中心、金融商务区、文创园基础工程。完善城市功能配套,试点推进海绵城市、综合管廊建设,升级打造合兴路、东兴街等7个特色文化街区。疏浚东天生港、雅桥港,拓宽改造西天生港,逐步敞开东支河沿,开挖公兴河、迎龙河,进一步丰富提升滨水生态景观。全力推进北沿江高铁和城际铁路前期工作,完成229省道靖江改线段、公新公路拓宽改造和沿江公路养护提升;启动“四好农村路”示范县创建。拓展新型镇村承载力。深化区镇联动、区镇合一,统筹建设新港城五大功能板块,促进港产城融合发展。落实新桥城国家新型城镇化改革试点任务,建设“4+2”主题园区,放大综合集聚效应。按照“六个一”总体要求,夯实集镇发展基础。分类推进集中居住、村民自建和传统保护,深入实施农村公共服务标准化,建设省康居村庄1个、美丽乡村3个。凸显特色小镇标识度。突出空调高端制造,建成中国暖通空调交易中心,规划建设空调智能制造产业园。突出旅游观光农业,重点建设山水盆景交易展示中心、苑艺产业特色街区、苑艺文化广场。策应渡口整合搬迁,拉开八圩集镇建设框架,打造江鲜美食街区。

深化长效管理。持续开展专项整治。实施环境综合治理,争创省优秀管理城市;完成国家卫生城市复审迎检工作。突出西环、北环、东环等重要节点,强化城市出入口环境管理。结合示范路、示范社区创建,继续整治户外广告、店招店牌,有序组织建筑外立面出新。严管临时棚亭、流动摊点等违规占道行为,全面实施渣土处置准入制度。持续提升管理效能。大力推行“门前三包”与河长、片长、路段长、楼道长等制度,推进物业管理标准化建设,实现城乡保洁、河道管护和绿化养护全覆盖。逐步清理存量违建,坚决遏制增量违建,确保新发违建处置率100%。健全“大城管”工作平台,完善网格化管理机制;严格平台交办事项考核,确保办结率100%。加快完善基础设施。落实易淹地块一对一治理方案,逐步解决城市积水内涝问题。继续实施老旧小区雨污分流改造,铺设雨污管网8千米。超前完善邻避设施,新建一批公厕、垃圾收集房,分批改造城区垃圾中转站。综合整治农贸市场及周边环境,建设渔婆批发市场二期工程。

优化生态环境。扎实推进“两减”。加快推进燃煤机组节能减排改造,推广应用清洁能源,全面压减非电生产用煤,着力减少煤炭消费总量。落实化工行业转型升级专项行动,积极淘汰落后化工产能,坚决关闭重点区域化工生产企业。扎实推进“六治”。综合整治夏仕港清水通道与八圩港、九圩港、十圩港水环境,严禁工业污水违规排放,确保十圩港国控断面稳定达标。全面开展危废专项整治,加强关停涉重企业管控,狠抓工业废气治理,规范危化品码头运行管理,探索土壤修复途径。推进秸秆禁烧禁抛和综合利用,有效控制农业面源污染。疏堵结合推动沿江混凝土企业整治,严查违规侵占、破坏岸线行为。建设餐厨垃圾、建筑装潢垃圾处置场,规范城区废品回收市场。扎实推进“三提升”。倡导低碳生活,建成慢行绿廊12千米,确保空气质量优良率达75%以上。严格执行排污权核定、生态补偿、有偿使用和交易制度,倒逼企业自主减排。探索建立生态保护红线监管平台,实施环保黑名单制度,加大对失信行为的惩戒力度。健全执法联动机制，构建“大环保”工作格局。

（四）围绕民生优先，突出富民导向，构建共建共享新格局

促进富民增收。多渠道增加就业。实施新一轮技能提升培训工程，加快“技能大师工作室”建设，免费培训城乡劳动力8000人，新增就业1.68万人。实施大学生就业创业引领计划，建设4个就业见习示范基地。统筹管理公益性岗位，保持“双零家庭”动态清零。多层次扶持创业。加大创业指导，用好“创业券”“购房券”，新建创业孵化基地3个。培育发展一批“众创空间”，定期举办创新大赛、成果展示等活动，树立一批创业典型。多元化促进增收。鼓励发展楼宇经济，探索以土地承包经营权、房屋等资产进行抵押融资、入股分红。发挥标准化厂房增收效益，有效利用农村公共资源，壮大村级集体经济。

增进民生福祉。全面提升社会保障。实施全民参保常态化登记，以新业态从业人员、个私小微企业职工为社保扩面工作重点，城乡社会保险覆盖率达98.5%以上。继续规范实施被征地农民保障，不断提升城乡居民养老保险参保续缴费率，实现建筑业工伤保险全覆盖。完善基本养老金正常调整机制，加大医保政策向基层倾斜力度，鼓励发展企业年金和商业养老保险。大力实施精准帮扶。放大扶贫专项基金效应，加大经济薄弱村产业项目、生态环境和公共服务奖补力度，加快推进低收入农户和经济薄弱村转化脱贫。推行货币化安置政策，提高安置房利用效率。实施困境儿童分类施保，建成镇级残疾人服务基地10家。健全养老服务体系。推行医养融合模式，优化居家养老服务，确保居家养老服务中心覆盖率达80%以上。

兴办为民实事。始终把群众需求作为第一信号，真心实意为群众办实事、办好事。2017年，在做好其他民生实事的基础上，回应百姓关切，重点实施以下10件民生工程：1. 进一步增加城市绿量，提升绿化品质，新增公共绿地30万平方米。2. 疏浚整治靖泰界河，完成新小桥港河道疏浚整治工程。3.实施九圩港中洲路到朝阳路段综合整治。4.改造虹兴四组、玉皇殿城中村，完成主城区D级危房解危任务。5.实施畜禽粪污综合治理工程，规模化养殖场粪污贮存和资源化利用率达98%。6.引导非社会公用停车场对外开放，新增停车泊位1200个。7.推进教育均衡发展，改扩建生祠初中、柏木小学等3所学校，建成兴阜、长安等3所幼儿园。8.提升基层卫生服务能力，迁建季市卫生院，建成投用新桥片区医疗中心。9.精准脱贫经济薄弱村19个、低收入农户1297户。10.提升“靖江厨师”创业品牌，建设“靖江美食”品牌店20家。今后，每年都要积极顺应群众期盼，主动听取民众诉求，用实实在在的民生项目兑现政府改善民生的承诺。

（五）围绕文明彰显，优化公共服务，营造和谐发展新氛围

提升城市文明美誉度。深化文明创建。深入推进全国文明城市创建，广泛开展文明单位、文明社区、文明镇村、文明家庭系列创建活动，全面提升城市品质。倡导文明新风。积极培育和践行社会主义核心价值观，深入实施公民道德培育、社会诚信建设、志愿服务普及、文明创建提升、网络文明建设五大行动，为改革发展提供强大的精神力量和丰润的道德滋养。弘扬文明风尚。围绕延续城市文脉，深入挖掘本土文化，发挥传统文化的教化功能。加大文艺精品创作推广力度，深化全民阅读活动，建设书香靖江。

提升公共服务均衡度。优质推进文教工作。深化教育领域综合改革，继续推进集团化办学，加快建设实验学校城北分校、孤山九年一贯制学校；鼓励民间资本参与教育事业。继续推行文化惠民，举办第35届文艺节，完成送戏下乡400场、送电影2400场、送书2万册，新建村（社区）综合文化服务中心48家。深入践行健康理念。优化分级诊疗、双向转诊服务，构建纵向型医疗联合体。加强健康服务团队建设，提升家庭医生服务内涵。推进体育融合发展，有序开放学校体育场所，推广“医保健身一卡通”，打造“健康城市、幸福靖江”品牌。协调发展各项事业。组织开展全国第二次地名普查，清理整治不规范地名；完成农业普查工作。健全价格监测制度，发放低收入家庭临时价格补贴。加强双拥基层基础建设，确保“双拥模范市”九连冠。做好外事、侨台、气象、史志档案、民族宗教等工作。

提升社会治理满意度。着力优化社区服务。开展和谐社区创建，推进社区民主协商，促进社区网格化、信息化融合。完善政社互动机制，加强志愿者队伍建设，培育发展社会组织50家。提高公益创投效益，扶持实施公益服务项目40个。持续推进平安创建。创新升级立体化、信息化社会治安防控体系，建成大数据指挥服务中心,加大对金融领域及新产业、新业态、新模式等领域违法犯罪打击力度。大力推行阳光信访,维护群众合法权益。切实保障公共安全。落实安全生产主体责任,深化重点行业和领域专项整治,坚决遏制较大以上事故发生。建设食品电子溯源系统,创成省食品安全城市。健全预警监测体系,完成各类预案修编,全面提升应急处置能力,保障人民群众生命财产安全。

政协靖江市第十二届委员会常委会工作报告(摘要)

——2017年1月7日在政协靖江市第十三届委员会第一次会议上

政协靖江市第十二届委员会主席　尤　红

过去五年的工作回顾

一、围绕中心,服务大局,协商议政更加有为

1. 政治协商谋划发展。完善民主协商机制。开展"协商民主推进年"等活动,进一步明确政协协商内容、协商形式、协商程序、成果运用等。制订年度协商计划,采用"向政协委员和社会各界征题、由市政协选题、请市委市政府交题定题"的方式,确定年度重点协商议题。认真组织好会议协商。召开全体会议5次,围绕"十三五"规划、"一府两院"报告、国民经济和社会发展报告、财政预决算报告和经济社会发展中的重大问题,以大会发言、分组讨论等多种形式,进行广泛建言献策。召开常委会议21次,围绕市委市政府中心工作,选取经济转型升级、项目大突破、企业上市、商事制度改革、医疗卫生事业运行机制改革、依法治市、文明城市创建、乡村环境综合治理等议题开展专题协商,形成大会发言汇编10多份,提出意见和建议200多条。召开主席会议56次,选取新一轮城市总体规划、综合交通专项规划、《中国制造2025靖江方案》实施情况、靖江港口岸通关环境、行政审批制度改革、新桥镇简政放权改革、财政税收情况、媒体融合发展、贯彻劳动法律法规实施情况、农村土地承包经营权确权登记颁证等为议题,组织相关职能部门和委员面对面交流情况,提出意见和建议,促进全市经济社会的跨越发展。

2. 专题调研助力发展。选择全市经济社会发展中具有全局性、综合性、前瞻性的课题和人民群众普遍关注的热点难点问题,组织广大政协委员和各专门委员会、参加单位、界别小组、基层工委,深入开展了多项专题调研活动,以常委会议和主席会议名义,先后向市委、市政府提交了"推进我市社会保障工作城乡一体化""推进我市万亩蔬菜基地建设""加快我市养老事业发展""推进靖江美丽乡村建设""靖江城市文化街区建设""加强我市女孩安全教育与保护""推进我市社区养老服务日间照料中心建设"等7份高质量的建议案,提出一批富有创造性和建设性的建议,得到了市委、市政府主要领导的充分肯定,并作出批示。相关意见和建议被吸纳进政府工作报告,推动了相关工作的实施。在协商过程中,把"先调研后协商、不调研不协商"作为议事规则。每次常委会议都要围绕议题,开展深入细致的调研,形成调研报告或大会发言,确保协商有效果。2015年,围绕"女孩安全教育与防范"开展界别协商,组织妇联和教育界、工青妇界委员先后多次深入学校、社区进行调研,摸清情况,形成调研报告,提出具体靠实的建议,得到市委领导肯定,并批转相关部门落实,《江苏政协》对此进行了专题报道。

3. 主题活动促进发展。围绕市委战略部署和全市中心工作,先后确定"开启新征程""凝聚新智慧""融入新发展""同谱新篇章""共绘新蓝图"等为每年活动主题,深入开展"委员在行动"系列活动。主题活动贯穿全年,全体委员参与,先后组织开展"五个一"行动、"暖企、助孤(困)、添绿、献智"行动、"百名委员进基层、百条建议助突破"行动、"三进三创三服务"行动等形式多样的活动,调动了全体委员履职积极性和责任感。一个好的建议、一条有价值的提案、一件有分量的调研报告、一份有思考的大会发言、一次扶危济困的公益行动都成为主题活动取得的成果。活动中,广大政协委员立足本职岗位建功立业,依托履职岗位建言献策,涌现出先进典型70多位, 在社会引起广泛好评。委员们以真知灼见展现优势,用工作业绩体现价值,推动了项目建设、改革深化、依法治市、民生幸福等重点工作、重大工程,促进经济社会平稳健康发展。《江苏政协》连续多年,先后以《智慧是这样炼成的》《当水滴融入大海》《凝心聚力助发展 建言献策谱新篇》等为题进行了系列报道。

二、关注社情,体察民意,履职为民更加深入

1. 提案办理务求实效。开展提案办理协商,改进完善提案工作,在提案立案、交办、督办、承办等各个环节加强协商,把协商贯穿于提案工作全过程,努力提高提案质量和办理成效。在征集上,通过走访调研、政协网络和微博微信,面向政协委员和社会各界征求提案线索。在撰写上,提前编印提案提纲,帮助委员把握社会热点难点问题,要求委员先调研后提案、报到时带提案,有效提高了提案质量。在办理上,采取主席督办、专委会协办、委员参与办、同类提案合并办等多种办法,至 2016 年 10 月,共办理 36 件事关全局和民生的重点提案。还通过走访提案办理大户,视察重点提案办理情况,逐步推进提案及办理结果网上公开,提高了督办质量,促进了提案办理的整体推进。五年来,共收到提案 974 件,经审查立案 839 件,办结率和答复率 100%,委员对提案办理的满意率和基本满意率在 98%以上。

2. 社情民意畅通渠道。在基层工委建成委员之家,组织委员定期到委员之家,开展"群众接待日"活动,察民情、纳民意、集民智、解民忧。成立 3 个委员工作室,其中两个建在界别,在省内尚属首次,搭建了政协委员与界别群众零距离交流平台,定期安排委员开展民情访谈,听取并收集身边的社情民意。开通政协微博微信,拉近与群众的距离,加强与群众的互动,更方便更快捷地了解社情民意。加强社情民意信息员队伍建设,向市有关部门和单位聘请 40 多位特邀信息员,在原有界别基础上,拓展了收集社情民意的渠道。定期举办社情民意信息专题辅导,提升反映社情民意信息工作的能力和水平。本届以来,共收集、整理、上报各类信息 500 余条,其中被泰州市、江苏省和全国政协采用 100 余条,居于泰州各市(区)前列,为党政领导关注民生、体贴民情、了解民意发挥了"直通车"的积极作用。

3. 视察评议推进落实。选择党和政府高度重视、人民群众普遍关注的大课题、新课题和热课题开展视察,组织委员深入实际、深入现场、深入一线,对项目大突破、中小企业转型升级、"四城同创"推进、城市慢行系统、水利现代化、万亩蔬菜基地、常州大学怀德学院、校园特色文化建设、村卫生室提升工程、体育中心及社区体育建设等 20 多项专题进行视察,提出的意见与建议使相关工作得到更好地落实和完善。加大民主监督力度,主席会议、常委会议先后专题听取 40 多个职能部门相关工作情况的报告。重视民主评议,先后对市交通运输局、工商局、司法局、科技和知识产权局、市农委等 5 个职能部门的工作情况、队伍建设、作风建设情况进行了民主评议,在常委会议上组织委员进行集中测评,提出评议报告,并对整改情况进行"回头看"视察,推动相关部门改进工作落到实处。

三、凝心聚力,积极作为,优势发挥更加显著

1. 密切联系服务群众。认真开展"三联四结""百团千村万企大走访大落实"等活动,定期深入联系结对的镇(街)、村(社区)、重点企业、重大项目,走访帮扶对象,开展座谈调研,了解挂钩联系点基本情况以及群众所思所想,实实在在为群众解决生产生活中的困难。开展"和群众交朋友"活动,通过"群众接待日"、发"联系群众服务卡"、记《民情日记》《履职日记》,积极鼓励和引导委员深入基层、走近群众,投身公益事业,致力扶贫济困。《人民政协报》分别以《靖江市政协唱响'亲民政协'主旋律》《江苏靖江市政协委员和群众交朋友记事》等为题进行了报道。栽植锦园“政协林”,为城市生态建设贡献力量。继续颁发政协奖学金,扩大奖励范围,提高奖励标准。至今已连续颁发10年,共有814人次学龄孤儿和贫困学子获奖,得到关爱和激励。《江苏法制报》等多家媒体对此进行了专题报道。

2. 拓展联络联谊渠道。定期召开民主党派、工商联和各人民团体等各参加单位工作交流会,主席会议专题听取各参加单位履职情况汇报。坚持民主协商、平等议事、求同存异的原则,邀请民主党派、工商联和无党派人士、人民团体参加政协有关会议,鼓励和支持民主党派、工商联、无党派人士,在政协会议和其他重要协商议政活动中,通过大会发言、调研报告等形式,充分发表自己的意见和主张,努力营造民主和谐、合作共事的政治氛围。本届以来,民主党派、工商联和人民团体,通过政协发表大会发言20多份,提交集体提案100多件。协助省、泰州市政协开展联合调研,加强与兄弟市(县、区)政协的联络联谊交流。先后举办纪念人民政协成立65周年、庆祝靖江市政协成立60周年等系列活动,增进各方团结,汇聚各界力量,取得了良好的社会效应。

3. 彰显文史工作效能。出版《靖江老先生(口述史)》,留住“三亲”(亲历、亲见、亲闻)史料,挖掘、整理和研究推动跨越发展、建设美好靖江的宝贵实践和经验。历经3年,采访50多人,编录100多万字而成,是省内政协较早出版的口述史,《人民政协报》对此作了专题报道。完成《政协风格》和“典藏靖江”系列之三《靖江风俗大观》的出版,获评“中国最美的书”。出版靖江第一本图画集文史书籍《图说靖江》,用162幅精彩线描画,从人文地理、市井民俗、历史记忆等多个方面,勾勒出靖江人的生活方式、风俗变迁,为靖江经济社会发展发挥了存史、资政、团结、育人的作用,在省内外得到广泛好评。开展“靖江泥哨”中小学生创意设计大赛,举办获奖作品发布会。支持马洲文化研究会、马洲诗社等工作,《马洲文化》《马洲诗画》分别连续出版至第5期、第32期。

四、开拓创新,夯实基础,自身建设更加务实

1. 发挥委员主体作用。积极搭建委员知情明政平台,认真组织界别委员开展学习联谊、座谈讨论、调研视察等活动,通过界别渠道联系群众,协调关系,化解矛盾,理顺情绪,增进社会各阶层和不同利益群体的和谐。加强委员培训,编印寄送学习资料,开设网络学习园地,举办名人名家讲座9次、政协委员培训班2期,提升委员综合素质,提高委员履职能力,真正做到“懂政协、会协商、善议政”。加强委员管理考核,建立委员履职档案,将履职情况作为奖惩和留退的重要依据。对履职成绩显著的委员予以表彰,编撰《在政协的舞台上》丛书,收录50多位优秀政协委员的风采。同时对10多位不能认真履职的委员进行约谈,对5名长期不履职的委员终止委员资格。

2. 创新委组活动平台。界别特色进一步彰显。组建14个界别小组,组织委员开展义工服务敬老院,为残障儿童捐款,视察新农村建设等开展形式多样的界别活动,累计140多次,激发了委员参政议政的热情。鼓励和支持以界别名义在政协全会、专题协商会上发表意见,提出建议,形成大会发言50多份。基层工委建设进一步规范。积极推动政协工作向基层延伸,按省委和泰州市委有关文件精神,在泰州地区率先成立12个基层政协工委,实现基层联络机制零的突破和全覆盖。先后召开基层工委创新工作现场会、履职品牌建设工作会,通过典型引领、强化考核,推动了基层工委规范化、制度化、程序化建设。专委会活力进一步激发。重视发挥专委会在政协工作中的基础性作用,明确工作职责,完善工作制度,增强专委会工作活力。

3. 提升政协机关建设。扎实开展专题学习。深入开展党的群众路线教育实践活动、“三严三实”专题教育、“两学一做”学习教育等,发挥共产党员在各项工作中的模范带头作用。始终把班子建设摆在突出位置。坚持《政协党组议事规则》《常委会工作规则》《主席会议工作规则》等规范性文件的执行,努力做到议事前预告议题,议事中各抒己见,议事后集思广益,形成团结一致、民主集中、集体领导的氛围,较好地发挥了重大事项的议事作用、组织实施的领导作用和参政议政的带头作用。坚持“一岗双责”,抓好党风廉政建设,形成干事创业、崇廉尚实、风清气正的政治生态。加强制度建设,健全和完善政协各项议事规则、工作程序和规章制度,在机关考勤、会议组织、视察调研、财务管理等方面修订完善了一批规范制度,努力构建机关作风建设长效机制。加强“学习型、文化型、健康型”机关建设,增强全局观念、服务意识,提高政务性服务能力和统筹协调能力,为市政协有效履职提供可靠保障。

新一届工作建议

一、加强学习，坚定正确政治方向

要深入学习中国特色社会主义理论体系和习近平总书记系列重要讲话精神，尤其要认真学习习近平总书记在庆祝人民政协成立65周年大会上的重要讲话和《关于加强社会主义协商民主建设的意见》《关于加强人民政协协商民主建设的实施意见》精神，学习落实省、泰州市、靖江市党代会精神，努力实现认识上有新高度，思维上有新创造，境界上有新提升。要深刻领会中央和省、市委的一系列新举措、新要求，紧密联系靖江发展和政协工作实际，自觉把思想和行动统一到中央和省、市委的决策部署上来，始终保持政治上的坚定性，确保党的方针政策在政协得到全面贯彻落实。通过多种方式和途径，不断提高政协组织和全体政协委员的思想政治素质，自觉做到在维护核心中定位，在服务大局中尽职。

二、认真履职，助推经济社会发展

聚力创新，聚焦富民，高水平全面建成小康社会，是省委确定的建设新江苏的战略部署。率先全面建成小康，领先区域经济发展，争先融入苏南方阵，是市委确定的今后五年的奋斗目标。要紧紧围绕省委“两聚一高”行动指南和市委“创造新优势、实现新超越”工作主题，紧紧围绕转变发展方式、全面深化改革、推进依法治市、提升群众获得感和幸福度等重大问题，充分发挥政协人才库、智囊团作用，广泛调查研究，积极资政建言，努力提出更多具有前瞻性、针对性和实践操作性的意见和建议，真正做到参政参到点子上，议政议到关键处，全力助推全市经济社会的跨越提升。要发挥好政协组织中坚骨干和行业模范作用，大力弘扬“人心齐、士弘毅、敢争先”的靖江品格，积极投身发展实践，积极参与经济社会建设，在协助市委、市政府决策落实中主动担当、积极作为，为全市实现“十三五”各项目标助一臂之力。

三、积极探索，提升协商民主水平

要把提升履职能力摆到更加突出的位置，强化委员培训，推动实践锻炼，不断提升政协委员的整体素质和议政建言水平。要在市委的统一领导下，进一步完善协商机制，拓展协商内容，提升协商质效，不断推进协商民主的制度化、规范化、程序化。要精准选定协商议题，围绕“以港兴市、产业强市”、创新创业富民、城建新提升、扶贫开发攻坚战、推进生态文明建设等，加强与市委、市政府重点工作的衔接，科学确定协商议题，使协商议题与党政决策相吻合，协商内容与全局要求相一致，协商重点与中心工作相对应。要切实提高协商质量，强化协商议题的前期调研，深入分析研究相关问题，精心组织好常委会议和主席会议的专题协商、专委会对口协商、界别协商和提案办理协商。要致力巩固协商成果，推动政协建议落地落实。

四、把握主题，促进社会和谐

要主动加强同各民主党派、工商联、人民团体和各界人士的联系，着力搭建党派团体参加政协协商的舞台，着力营造既畅所欲言、各抒己见，又理性有度、合法依章的协商氛围。要积极发挥界别和基层政协工委的作用，最大限度地调动和保护好各方面的积极性和创造性。要组织委员深入到群众中去，宣传党的路线方针政策和省、市委的决策部署，使“两聚一高”“率先领先争先”深入人心，成为共同的目标追求。要强化政协工作的民本意识，从关系群众切身利益的问题入手，多建利民之言，多献惠民之策，协助党委、政府做好改善民生的各项工作，努力提升人民群众的幸福指数。要组织委员下基层、接地气，借助委员之家、委员工作室等自建载体，多做协调关系、化解矛盾、释疑解惑、增进团结的工作，在全社会汇聚起超越发展的强大正能量。

五、务实创新，加强自身建设

要积极适应超越发展的新形势和政协工作的新要求，认真研究并牢牢把握人民政协的性质特点和工作规律，以理念创新带动工作创新，以观念转变带动作风转变，始终坚持在继承中创新，在探索中奋进，进一步打造特色、增添亮点、彰显成果。要持续推进政协工作创新，进一步健全完善调查研究机制、民主协商机制、提案工作机制、专委会工作机制、界别活动机制、基层工委工作机制、委员管理考核机制，创设履职载体，搭建活动平台，提升工作实效。要进一步抓好机关干部的素质提升、选拔任用等方面的工作，努力造就一支政治坚定、作风优良、学识丰富、业务熟练的政协干部队伍，更好地承担起党和人民赋予的光荣使命。

1月

1日　由市文联、市书法家协会举办的靖江首届书法大展在市西郊公园开幕。

5日　泰州市委书记蓝绍敏,泰州市委副书记、组织部长史立军带领泰州市委四届十次全会与会人员至靖江,观摩江苏乐科节能科技股份有限公司、靖江市残疾人社会服务中心、中科华星新材料有限公司等项目建设现场。

6日　第4届"新春暖心"大型公益活动启动。此次活动为身处困境的30名特殊人员送去急需物资和温馨问候,助他们温暖过年。

8日　市委书记倪斌主持召开市委常委(扩大)会议,传达泰州市委四届十次全会精神,讨论《靖江市国民经济和社会发展第十三个五年规划纲要》《靖江市公务用车制度改革总体方案》《关于落实巡视反馈意见整改情况的报告》《中共靖江市委关于开展巡察工作的意见》,听取2015年全市国民经济和社会发展计划执行情况与2016年全市国民经济和社会发展计划汇报、2015年财政收支预计完成及2016年财政收入初步安排情况汇报。

9日　市法学会成立大会召开。

9—12日　政协靖江市第十二届委员会第五次会议在市行政中心会议中心召开。市委书记倪斌作题为《同心同向群策群力携手谱写"十三五"发展新篇章》的讲话。市政协主席尤红代表政协靖江市第十二届委员会常务委员会,向大会作工作报告。市政协副主席邵春宁向大会作提案工作情况报告。市政协十二届五次会议第二次全体会议选举王绍斌为政协靖江市第十二届委员会副主席。

10—13日　靖江市第十五届人大第五次会议在省靖中礼堂召开。市长赵叶向大会作工作报告。会议通过《关于〈政府工作报告〉的决议》《关于〈靖江市国民经济和社会发展第十三个五年规划纲要〉的决议》《关于市2015年国民经济和社会发展计划执行情况与2016年国民经济和社会发展计划的决议》《关于市2015年财政预算执行情况和2016年财政预算的决议》《关于市人大常委会工作报告的决议》《关于市人民法院工作报告的决议》《关于市人民检察院工作报告的决议》。市第十五届人大五次会议第三次全体会议选举丁少华、叶丽华为市第十五届人大常委会副主任。

14日　新桥镇德胜中心村党委书记杨恒俊被省委宣传部授予江苏"最美基层干部"荣誉称号。

18日　市2016年文化科技卫生"三下乡"集中服务活动启动。

19日　靖江市新程汽车零部件有限公司举行开票销售超30亿元庆祝活动。近年来,该公司不断增强核心竞争力,在做强总部经济的同时,加快辐射全国,在广州、武汉、烟台、郑州、盐城、沈阳、长春等地设厂,形成“1+N”的良好发展格局。

21日 市首个以社区民警命名的警务室“杨扬警务室”揭牌。

22日 市“教授博士挂职企业科技副总”活动启动,来自全国19家高校院所的46名教授博士挂职担任靖江38家企业科技副总。

29日 住房和城乡建设部揭晓2015年“国家园林城市”名单,靖江创建成国家园林城市。

2月

4日 市委常委会召开“三严三实”专题民主生活会,传达学习习近平总书记在中共中央政治局专题民主生活会上的重要讲话精神。市委常委会班子及其成员分别作对照检查,开展批评与自我批评。市委书记倪斌要求进一步锤炼严实作风,努力谱写靖江发展新篇章。

18日 市委书记倪斌带领相关部门负责人至中谷海运、中铁建桥梁科技产业园等重大项目建设现场,了解项目进展情况,推动重大产业项目建设。

19日 全市工业和开放型经济暨项目大突破工作会议召开。

23日 在第26届中国(大理)兰花博览会上,靖江人民公园选送的蕙兰崔梅、春兰余蝴蝶获银奖,蕙兰解佩梅、春兰大富贵获铜奖。

3月

1日 靖江成立巡特警“野狼”突击队。该突击队隶属市公安局巡特警大队,主要承担全市反恐防暴、突发事件处置等任务。

2日 市人民医院心内科副主任胡方斌当选央视推出的“2015年最美医生”。

5日 市公安局举行“谁说女子不如男”文艺汇演暨首届“最美女警”“最美警嫂”颁奖典礼。杨扬、王霞等24位优秀女性获得荣誉称号。

8日 靖江创成省级节水型社会示范区。

10日 召开全市农村工作暨扶贫开发工作会议。会议要求立足新常态、抢抓新机遇,齐心协力打赢脱贫攻坚战,全面开启“十三五”农业农村发展新局面。

14—15日 南京海关关长薛金楼一行至靖江调研保税物流中心建设情况。

△ 市委书记倪斌、市长赵叶分别带领招商团赴京,与央行研究局、证监会发行部、中铁建大桥局、普天新能源有限责任公司、北京天然天能环境投资有限公司、新兴重工集团等单位洽谈项目合作事宜。

17日 托普工业(江苏)有限公司与伊朗伍斯特雷发展投资公司举行投资合作签约仪式。

18日 2016年中欧乒乓球世界冠军对抗表演赛在市体育中心开赛。瑞典的佩尔森、奥地利的施拉格、德国的罗斯科夫、丹麦的梅兹及中国名将王涛、王皓、陈卫星、马文革等参加表演赛。

22日 市政府与上海工程技术大学政产学研合作交流会在靖江召开。与此同时,上海工程技术大学靖江产业研究院、靖江技术转移中心、靖江精密成型工作站揭牌。

24日 市政府与英国劳氏船级社(中国)有限公司举行劳氏船级社(中国)有限公司靖江分公司项目签约仪式。劳氏船级社(中国)有限公司靖江分公司主要从事船舶、海上设施法定检验和入级检验及外国企业船运货物集装箱检验、评估、认证等服务,是继香港、上海、广州、大连之后,劳氏船级社在中国布设的第5个运营总部。

25日 召开全市党的建设工作会议。市委书记倪斌要求全市各级党组织和党员干部认真贯彻党的十八大和十八届三中、四中、五中全会及习近平总书记系列重要讲话精神,全面落实中央和省委、泰州市委关于党的建设一系列新要求,顺应全面从严治党新常态,奋力开创党建工作新局面,为实现靖江“十三五”发展良好开局提供坚强政治保证。

31日 西来第4届生态文化旅游节暨桃花节开幕。

4月

1日 “泰和国际”杯“芬芳百花·巾帼巧手”推选活动在泰和国际城启动。活动旨在展现普通女性在工作和生活中的智慧和风采,引领广大女性在本职岗位和日常生活中自觉践行职业道德和家庭美德,促进文明社会风尚形成。

8日 在泰州举行的2016泰台经贸交流合作峰会暨泰州市项目集中签约大会上,靖江共签约中铁建桥梁科技产业园二期等64个项目,总投资254.1亿元,在泰州三市四区中名列第一。

9日 “靖江美食·大江美景”摄影采风游暨旅游美食摄影大赛启动。来自“长三角”地区的300名摄影师至靖江采风,以“靖江美食·大江美景”为主题进行摄影创作,推介宣传靖江旅游、美食资源。

13日　南京特殊教育师范学院实习基地在靖江残疾人社会服务中心揭牌。

15日　举行市2016年全民阅读活动启动暨“马洲书房”自助图书馆开馆仪式。

18日　市政协举办第9次名人名家讲座。中国工程院院士、运载火箭总设计师兼总指挥、国家首次月球探测工程副总设计师龙乐豪应邀至靖江,作“中国的火箭与航天”专题讲座。

21—22日　由市纪委、市委组织部、市委宣传部、市监察局、市文广新局共同组织创排、市锡剧团演出的大型廉政锡剧《呼唤》,在北京长安大戏院上演。

22—23日　22日上午9时40分,江苏德桥仓储有限公司一交换泵房发生火灾。省委书记罗志军、省长石泰峰,泰州市委书记蓝绍敏、市长史立军,靖江市领导倪斌、赵叶等赶赴现场,组织指挥火灾扑救工作。23日凌晨1时54分,成功关闭罐体阀门,现场明火被全部扑灭。

23日　靖江召开危化品安全生产工作紧急会议。会议要求全市上下深刻吸取“4·22”德桥仓储火灾事故教训,进一步强化安全责任体系,确保安全生产各项措施落实到位。

25日　省政府在靖江召开安全生产工作现场会,传达省委书记罗志军、省长石泰峰重要批示精神,部署全省安全生产大检查工作。会议要求全省上下认真学习领会省委书记罗志军、省长石泰峰重要批示精神,深刻吸取“4·22”德桥仓储火灾事故教训,坚决遏制重特大事故发生,确保全省安全生产形势持续稳定。各市市长、分管副市长及靖江市领导倪斌、赵叶、孙宏建、沈南松参加会议。

26日　朱军军烈士追悼会在靖江举行。朱军军,泰州市公安消防支队靖江中队消防战士,在江苏德桥仓储有限公司发生火灾时,为了保证灭火供水不间断、掩护战友撤退而延误撤离时间,经医院抢救无效不幸壮烈牺牲,年仅26岁。公安部副部长李伟,公安部消防局局长于建华、政委王沁林,江苏省委常委、政法委书记、公安厅厅长王立科等各级领导敬献花圈。

△　“书画频道进万家——走进靖江市城中小学”活动在市城中小学举行。全国政协委员、中央文史馆馆员、中国美术家协会原副主席尼玛泽仁,中国书法家协会副主席、贵州省书法家协会主席包俊宜等25位全国知名书画家走进市城中小学,与孩子们互动交流。

27日　靖江召开全市安全生产工作会议。会议要求全市上下深入学习贯彻省委、泰州市委领导重要指示精神和省、泰州市安全生产工作会议精神,深刻吸取“4·22”德桥仓储火灾事故教训,进一步加大安全生产隐患排查整治力度,从严从细从实抓好安全生产工作,为全市经济社会发展提供坚强的安全保障。

29日　召开“两学一做”学习教育动员部署会。要求全市上下全面落实中央和省委、泰州市委的决策部署,认真学习党规党章和习近平总书记系列重要讲话精神,争做“四讲四有”合格党员,为推动“十三五”良好开局,加快实现率先全面建成小康社会和“重树苏中标杆,率先融入苏南”而奋斗。

是月　市地税局与邮政局率先在全省启动“税邮通”全面合作项目。市地税局利用邮政物流、信息流、资金流“三流合一”资源优势,与市邮政局进一步加强业务合作,实现税企沟通零距离。

△　侯献红获评全国五一劳动奖章,杜晨、黄俊、夏旭东、郑忠、葛江宏、徐惠群、刘华兵获评省劳动模范,胡方斌、陆林祥获评省先进工作者。

是月　刘国钧故居被命名为省华侨华人文化交流基地。

5月

1日　央视《焦点访谈》节目聚焦靖江籍“木工状元”翟筛红,报道他“不恋职位恋手艺”,在木工行业创造出不平凡的业绩。翟筛红系靖江季市镇陈唐村人,16岁开始学做木工,对手艺勤于钻研,精益求精,最终成为中建五局装饰公司最优秀的木工技师。2006年9月,翟筛红在全国首届建筑技能大赛中夺得精细木工组第一名。央视《新闻联播》节目曾以“4000万建设者有了自己的新偶像”为题,对其进行报道。其先后获得“全国劳动模范”“全国技术能手”“全国技术状元”等称号。

4日　市政府与南京大学环境规划设计研究院、环保部南京环境科学研究所分别签署水污染防治、土壤污染防治战略合作协议。

△　举行“三阳开泰·春天送你一首诗”靖江本土作家诗文作品朗诵会。

5日　靖江市国家中山杉良

种基地“中山杉118”大苗在三峡库区消落带165~175米栽植试验初获成功，破解三峡库区消落带植被恢复世界级生态难题。“中山杉118”系抗风、耐水湿、耐盐碱良木品种，被广泛应用于沿海防护林建设和湿地生态治理。靖江中山杉良种基地先后提供近10万株中山杉用于三峡库区消落带生态治理。

10日　江苏辰午节能科技股份有限公司成功收购大唐电信科技股份有限公司全资子公司大唐电信（南京）节能信息技术有限公司。此为靖江“新三板”挂牌企业收购央企子公司之首例。

15日　第10届全国五好文明家庭评选结果揭晓，靖江姚炜平家庭入选。

18日　市委、市政府举行第6届“靖江慈善日”现场捐赠活动。

22日　召开纪念薛先洛同志百年诞辰暨《薛先洛纪念集》出版发行座谈会。部分离退休老干部，薛先洛生前的部分老战友、老部下及亲属参加座谈会。薛先洛系生祠镇东进村人，抗日战争和解放战争时期先后担任靖江区县党政领导，新中国成立后任靖江首任县长。

26日　长航局专家委员会调研组至靖江，调研江苏金马运业公司“江海联运、江海直达”情况。

29日　上海核工程研究设计院与江苏海狮泵业制造有限公司联合成立核电泵、核电厂水下检修技术两个核电研发与试验中心。这是靖江企业首次在核电领域与科研院所共建研发机构。

30日　靖江举行仪式颁发首批不动产权证书。

31日　市政府与奇瑞途居露营地投资管理股份有限公司签约靖江首个旅游新业态项目——途居（靖江）房车露营地项目。该项目位于牧城生态园内，总用地25公顷，拟投资1.5亿元。

6月

2日　召开全市见义勇为表彰大会。朱明凤等22名见义勇为先进分子受到表彰。

7日　市委举办第44期“领导干部学习论坛”，邀请中央党校教授刘春作“学习党章党规，加强党性修养”专题讲座。

12日　公益微电影《流动的文明》开拍。该影片通过市公交车司机孔君霞热心助人的温馨细节，近距离展现城市文明的温暖和人性的光辉。

14日　举行市高层次人才“创业券”首次发放仪式。刘学军团队、景有海等9个高层次人才（团队）获首批“创业券”。

16日　省工商局在靖江召开现场会，向全省工商（市场监管）系统推广市市场监管部门开发的办公自动化“三合一”软件。

17日　召开危化、工贸重点企业主要负责人集体约谈会，通报众达炭材有限公司和电镀中心违章动火及查处情况。

21日　中国城市竞争力研究会发布2016中国县域综合竞争力百强排行榜，靖江列第29位。

22日　韩国现代BS&C公司与靖江市政府签订废旧汽车拆解回收和再制造基地项目合作框架协议。

28日　位于靖江人民路与团结路交界处的泰州首个街面警务工作站投入使用。建设街面警务工作站旨在深化警务机制改革，创新“天罗地网”平安工程品牌，强化对街面治安动态的掌控，打造全时空、无缝隙、立体化防控格局。

29日　市委组织部、市文广新局、新桥镇党委共同创排，市锡剧团演出的“两学一做”主题剧目《召唤》在省靖中礼堂首演。

30日　中央文明办发布6月“中国好人榜”，泰州市公安消防支队靖江中队原战士朱军军获评“中国好人”。

是月　省政府发文，给在“4·22”德桥仓储火灾事故救援处置过程中作出突出贡献的市公安局记集体一等功。

7月

1日　召开环境信访暨拉网式农村环境综合整治试点工作推进会。会议要求高度重视环境信访工作，加快推进农村环境综合整治，全面提高群众对靖江环境的满意度。

7日　市委召开全市领导干部会议，宣布省委、泰州市委关于靖江市委、市政府主要负责同志调整的决定：赵叶同志任中共靖江市委书记、中共靖江经济技术开发区工作委员会书记；免去倪斌同志中共靖江市委书记、常委、委员，中共靖江经济技术开发区工作委员会书记职务；叶冬华同志任中共靖江市委委员、常委、副书记，提名为靖江市人民政府市长候选人。

12日　泰州区域转型升级指标体系发布，靖江转型升级综合指数列泰州三市三区第二位。

13日　靖江通过国家农村

公共服务运行维护标准化试点验收。

20日　举行靖江开发区城北园区15个亿元以上项目集中开工仪式。

26—28日　召开中共靖江市第十二次代表大会。赵叶代表中共靖江市第十一届委员会向大会作题为《创造新优势实现新超越奋力谱写“率先领先争先”的崭新篇章》的报告。28日下午，大会选举产生中共靖江市第十二届委员会、中共靖江市纪律检查委员会，通过《关于中共靖江市第十一届委员会工作报告的决议》和《关于中共靖江市纪律检查委员会工作报告的决议》。

28日　中共靖江市第十二届委员会举行第一次全体会议，选举赵叶、叶冬华、赵国庆、丁斌、王玮、包国芳、申晓勇、潘企根、沈南松、史骥涛、罗晓东为中共靖江市第十二届委员会常务委员会委员，赵叶为中共靖江市第十二届委员会书记，叶冬华、赵国庆为中共靖江市第十二届委员会副书记。会议通过中共靖江市纪律检查委员会第一次全体会议关于纪委常务委员会委员、书记、副书记选举结果的报告。

30日　恒基（中国）投资有限公司与江苏艾兰得营养品有限公司健康产业合作项目签约仪式在靖江举行。

8月

2日　江苏省委书记李强至靖江调研产业转型升级、城市建设和“两学一做”学习教育等工作。李强要求以新发展理念为指引，进一步明确产业转型方向，集中力量打造优势特色产业，不断提高经济发展质量和效益；要求党员干部在“两学一做”学习教育中真学实做、转变作风、提升能力，以学习教育实际成果推动发展、造福百姓。

4日　市委书记赵叶会见由台湾地区立法机构最高顾问李镇楠率领的台商代表团一行，双方交流深化合作事宜。

9—10日　中科院院士、北京科技大学教授葛昌纯带领北科大专家团队至新桥镇走访，与该镇传统铸造企业开展技术对接和交流。

10日　市委书记赵叶带领相关部门主要负责人督查市重点工程项目建设情况，现场协调解决相关问题。

13日　为期4周的2016靖江“双鱼杯”泛苏中地区足球锦标赛落幕，江苏宇田足球队夺得冠军。该锦标赛由市体育局、靖江日报社和靖江市足协联合举办，参赛地域范围涵盖靖江周边城市。

19日　为期4天的2016全国少年柔道锦标赛在靖江落幕，来自全国各地的39支代表队共442名柔道选手参加比赛。靖江小将韩嘉辉、严彤彤、孙俊妍代表江苏队夺得金牌。

22日　举行“桃杏春风公益基金”成立仪式。该基金由市委统战部、市工商联、市教育局联合发起，倡议社会各界爱心人士以自愿方式捐赠资金，用以资助家庭经济困难且品学兼优的靖江籍学生、家庭遭遇重大变故的困难教师等。

23日　市人民医院开设“网络医院”，以方便市民与专家医生网上“约诊”。

25日　召开“两学一做”学习教育工作推进会暨“树标杆、找短板、敢争先”主题活动动员会。市委书记赵叶要求实现靖江精神再升华，优势再创造，发展再提速。

28—29日　市委书记赵叶率领市相关部门负责人至深圳进行商务考察和招商引资。赵叶一行先后走访华为总部、广东联泰集团等企业，与对方探讨交流相关合作事宜。

31日　举办学习先贤陈函辉精神座谈会。市史志研究专家、文化学者及水利、教育部门工作者应邀参加会议。陈函辉任靖江知县期间，为官清正、恤民疾苦、遇事敢任、广有建树，史载“吏部考绩第一”。

是月　靖江建成首座万吨级应急海事码头。

9月

1日　江苏省省长石泰峰至靖江检查江苏中燃长江石化公司安全生产经营情况。石泰峰要求深入学习中央和省委关于长江经济带建设和对安全生产的重大决策部署，践行绿色发展理念，强化综合治理，持续安全推进长江经济带建设。

2日　江苏省个体工商户“两证合一”（营业执照、税务登记证）营业执照首发仪式在靖江举行。

4日　首届江苏志愿服务展示交流会评奖结果揭晓，市179志愿者协会组织实施的“晴天娃娃”留守儿童行为与认知能力提升行动项目获金奖。

5日　靖江开拍首部以“工匠精神”为主题的微电影。该电影聚焦、展示市船舶制造、汽车零部件加工、肉脯生产、盆景制作、美食烹饪等领域能工巧匠的精湛技艺，弘扬精益求精的工匠精神。

7日　朱照红、胡正林获评首届“泰州名匠”。

25日　举行2016年江苏靖江台湾文化艺术节暨台商经贸交流活动。该活动内容包含台湾少数民族原创音乐会、“台湾摄影教父”阮义忠摄影作品展、台湾著名作家舒国治交流会、台商经贸交流恳谈会4个部分。

△　靖江第8届金秋汤包·江鲜美食节开幕。

27日　靖江举行“火红年代 火红靖江”书画影展暨诗词朗诵会。

28日　中车山东机车车辆有限公司考察团至靖江考察经济社会发展情况，与市政府签订战略合作框架协议。

△　市金融商务区开建。该商务区毗邻马洲公园和市行政中心，位于晨阳路以西、阳光大道以南、同安路以东、富阳路以北，项目总用地12万平方米，建筑面积32.14万平方米。

30日　举行烈士纪念日公祭活动。赵叶、叶冬华、高亚梓、尤红等市四套班子领导，市法院院长，市检察院检察长，烈属代表、老战士代表，市级机关干部职工代表，驻靖江部队官兵代表，少先队员代表200余人参加公祭活动。

10月

14日　召开出租汽车行业改革工作部署会。

15日　关圣寺地藏殿落成。中国佛教协会副会长、省佛教协会会长心澄大和尚为全体信众做开示。

△　新桥镇首届文体节开幕。

16日　市第一高级中学举行建校90周年庆祝大会。

△　第4届江浙沪宣(宝)卷交流邀请赛结果揭晓，靖江文化馆代表队讲唱的《大圣宝卷》《土地宝卷》分别获得传统宝卷讲唱金奖和银奖。

17日　召开全市党员干部警示教育大会。会议要求全市广大党员干部特别是领导干部强化廉洁自律意识，筑牢防腐拒变“防火墙”，做到守住边界，不碰红线，不触底线。

18日　浙商银行靖江支行开业。

19日　举办2016“双鱼杯·大美靖江”快拍摄影大赛。此次大赛由靖江日报社和靖江市摄影家协会联合举办，采取定点拍摄和市民快拍参与相结合方式，展现靖江港产城融合之美。

20日　市首个智慧社区——滨江新区办事处智慧康阳综合服务平台上线，社区居民足不出户就可享受社区医疗等全方位服务。

22日　西来镇畜牧兽医站瞿国辉获第3届全国动物防疫职业技能竞赛一等奖并被授予“全国技术能手”称号。

22—23日　2016年“靖江杯”全国大学生演讲大赛总决赛在靖江举行。来自北京大学、浙江大学等30多所高校的100余名选手通过演讲诠释“人心齐、士弘毅、敢争先”靖江品格。湖南师范大学江静雪获个人特等奖，常州大学怀德学院樊璐等6人获个人一等奖，浙江传媒学院获团体特等奖，河海大学、常州大学怀德学院等5所高校获团体一等奖。

26日　江苏省道德模范与身边好人(泰州·靖江)现场交流活动在靖江举行。此次活动以“爱敬诚善 德耀马洲”为主题，内容分“敬业奉献”“助人为乐”等5个部分，通过访谈、播放短片等多种形式展示道德模范和身边好人的感人故事和崇高精神。居广奇、胡方斌等市道德模范与身边好人在交流中与观众、网友分享感人故事，展示道德风采。

28日　市委、市政府召开全市城乡建设新提升动员大会，研究新形势下城市化发展路径，明确未来靖江城乡建设总体思路和重点任务。

29日　市特殊教育学校校长赵红钦参加光明日报社、教育家杂志社和重庆市教育学会主办的教育家成长大讲堂暨“2016中国好校长”颁奖典礼，获“中国好校长”优秀奖。

30日　全国钓鱼精英赛在靖江举行，新疆、河南、台湾等地近300名选手参加比赛。

是月　第3个“全国扶贫日”前后，市四套班子领导至季市、斜桥等镇的经济薄弱村和贫困户家中，开展访贫问苦调研走访活动。赵叶要求各地各部门时刻将低收入群体的冷暖放在心上，认真梳理分析致贫原因，积极实施精准扶贫，努力实现率先全面建成小康社会目标。

△　市首家“虚拟养老院”在靖城街道投入运行。“虚拟养老院”通过网络平台，实现一点呼叫、平台转接与专业服务，靖城街道22个社区、11个村的老年人通过服务平台，足不出户便可获得“虚拟养老院”优质上门服务。

△　《人民日报》、新华社、中央电视台等12家中央媒体记者至靖江，参观艾兰得营养品有限公司、双鱼食品有限公司等，深入了解靖江文化、产业发展情况。

11 月

2 日 2016 中国乒乓球俱乐部超级联赛在市体育中心举行。奥运会女单冠军丁宁,世乒赛女单季军木子等著名运动员参加此次比赛。

5 日 2016 年靖江沿江半程马拉松暨 50 公里接力赛在牧城生态园开赛。该比赛是健康中国·跑城市系列活动的首站,设半程马拉松和 50 公里超级马拉松接力赛两个项目,上海、浙江、安徽、香港及省内南京、无锡等地近千名长跑爱好者参赛。

7 日 "中华颂"第 7 届全国小戏小品曲艺大赛结果揭晓,由孤山镇政府和市文化馆联合创作的小品《较劲》获优秀剧目银奖。

14 日 市政协举行《图说靖江》首发式。该书由市政协组织编纂,全书用 162 幅线描画反映靖江人文景观、民风民俗,系靖江首本图画集文史书籍。

15 日 召开庆祝市政协成立 60 周年座谈会。市委书记赵叶要求市政协当好坚持党的领导的拥护者、改革发展的推动者、民主团结的促进者、群众利益的代言者,为加快实现"率先领先争先"作出新贡献。

16 日 江苏省核电装备制造产业研讨会在靖江召开。来自全国的核电企业、核工程研究单位、核电配套企业代表聚集靖江,共商合作发展事宜。

△ 市委举办第 45 期"领导干部学习论坛",邀请江苏省财政厅副厅长、省农村综合改革领导小组办公室主任宋义武和省金融办副主任聂振平作"财政金融体制改革创新模式与政策"专题讲座。

17 日 《人民日报》头版《今日谈》栏目刊登评论文章,赞誉靖江坚持 20 千米长江岸线"永久不开发"的发展之路。

20 日 2016"新南洋杯"江苏·靖江环明湖自行车公开赛开赛。全国各地近 200 名自行车运动爱好者参加比赛。来自泰州的张璟和来自重庆的何艳分获男、女子山地车组冠军,来自广东的林成丹获男子公路组冠军。

24 日 举行"青春 梦想 情怀"流行音乐沙龙活动。香港著名音乐人刘卓辉应邀作客沙龙,与音乐爱好者畅谈音乐故事。

25 日 市人民公园成为中国盆景艺术家协会常务理事单位。

2016靖江中韩产业创新合作活动周启动仪式

27 日 2016 靖江中韩文化交流活动开幕。此次活动主要内容有韩国传统服饰展、靖江中韩书法美术交流展和《江花红胜火》文艺晚会等,来自韩国和靖江的艺术家互相交流鉴赏,共同感受中韩文化的魅力。

28 日 2016 靖江中韩产业创新合作活动周开幕。活动周为期 3 天,主要内容有靖江中韩合作创新论坛、韩国客商参观考察靖江相关企业、中韩经贸交流合作会等,韩国 50 多家企业客商与靖江 70 多家企业开展产业对接,共谋合作发展。活动周于 30 日结束,其间双方达成近 20 个合作意向,签署中韩产业园—靖江产业投资基金战略合作、技术孵化转移战略合作等 7 个合作协议。

是月 由市委宣传部和靖江日报社联合出品的靖江首部城市形象微电影《香橼》,获第 4 届亚洲微电影艺术节"好作品奖"和首届中国报业短视频微电影大赛最高奖——"十佳"优秀微电影奖。

12 月

2 日 孤山空调小镇、生祠苑艺小镇跻身泰州首批特色小镇。

6 日 创业青年何卫星入选 2016 年江苏好青年百人榜。

6—7 日 2016 首届金星

“特色小镇——创意设计与人文传统对话”主题论坛在生祠镇金星村举行。参会专家学者应邀作《传统文化的当代价值》等主题演讲，并交流研讨《郭璞文化园设计》《苑艺小镇设计方案》等。金星论坛以弘扬优秀传统文化、致力经济发展、建设生命家园为宗旨，系中华优秀传统文化、“天人合一”理念及特色小镇模式的研讨、传播与整合平台，论坛永久会址设在生祠镇金星村。

12日　姚炜平家庭获评全国文明家庭。

△　市南园宾馆陶晋良被国家人力资源社会保障部、国家旅游局联合授予“全国旅游系统劳动模范”称号。

△　举行卡内基梅隆大学——中国（靖江）人才科技项目恳谈会。市委书记赵叶希望卡内基梅隆大学工程专家团队发挥全球领先的学术科研优势，助推靖江智能制造、高端装备制造等产业发展。

16日　全国县域经济专门研究机构、社会智库中郡所公布第16届县域经济与县域基本竞争力监测评价结果，靖江名列第25位。

17日　全市“百团千村万企大走访大落实”活动首个集中走访日，叶冬华、高亚梓、尤红、赵国庆等市四套班子领导至村居、企业等一线走访，了解农户与企业存在的困难，共商破解之策。

18日　市委书记赵叶至城北园区走访，倾听企业与群众的意见和建议，共商创新富民之策。

卡内基梅隆大学——中国（靖江）人才科技项目合作签约仪式

20日　举行“超越的力量”首届“靖江工匠”颁奖典礼。沈锋、侯斌、范钦岐等10人获得首届“靖江工匠”称号。该活动旨在弘扬工匠精神，展示劳动之美，引导和激励全市职工聚力创新，为推进“品牌靖江、品质靖江”建设和实现“率先领先争先”目标作出贡献。

△　市档案馆通过江苏省档案系统专家评估组评估，成为苏中苏北地区首家省5A级数字档案馆。

△　江苏艾兰得营养品有限公司旗下子公司Aland Nutrition Europe B.V.全资收购英国Brunel Health-care Manufacturing Limited和Biocare Limited两家营养保健品企业。此为艾兰得公司年内完成的第3次海外并购。该公司至此在全球拥有10个生产基地、物流分销和品牌营销中心。

24日　举行2017靖江新年音乐会。中国广播民族乐团青年指挥家葛亚南、青年唢呐演奏家周艺翔、著名胡琴演奏家姜克美等登台演出。

26日　市政协举行靖江泥哨发布会。靖江泥哨根植于靖江民间传统的孤山“泥狗子”，制作始于清代，系吴文化的特色产物、靖江人的集体记忆，有二三百年历史。市政协于2014年3月启动靖江泥哨传统文化保护、传承、创新工程，历时3年，共设计出原味“泥狗子”、十二生肖、靖江特产等多个系列20多种形象的靖江泥哨。

27日　市公安局民警居广奇被评为“江苏最美警察”。

28日　江苏万林现代物流股份有限公司启动配送中心二期暨木材交易市场项目建设。该项目计划总投资10亿元，核心是建设木材交易市场。

△　市扶贫基金会成立。

△　市图书馆总馆读者服务中心对外开放，江苏有线“靖江电视图书馆”、泰州市首家“馆中店”新书速递吧同时“上线”。

29日　中船重工七〇二研究所与东兴镇政府、市科技知识产权局签订离岸科技孵化合作协议，与亚星锚链有限公司签订关于加强海洋装备创新研究合作框架协议。

30日　首届“法润马洲”群众书画展在马洲公园开幕。

△　城南办事处创排的舞蹈节目《东线第一帆》获省“五星工程奖”舞蹈类金奖。

市情简介

【地理位置】 靖江市地处北纬31°56′~32°08′,东经120°01′~120°33′,位于中国内地最富庶的经济发展区——长江三角洲,南濒长江,与张家港、江阴、常州相望,东与如皋相邻,西北与泰兴相连。靖江是中国东部水陆交通要冲,处于江苏省中轴线与长江的交汇点,襟江近海,水运发达;锡澄、广靖高速公路通过江阴至靖江的长江公路大桥,南连沪宁高速公路,北接宁通高速公路;新长铁路从靖江过江,向南接沪宁铁路,向北连陇海铁路。境域地势低平,唯有一孤丘耸立于中部;东西距离43千米,南北距离18千米,总面积655.58平方千米,其中陆地面积569.16平方千米、水域面积86.42平方千米;拥有长江岸线54千米。

【建置沿革】 靖江历史悠久。三国·吴赤乌元年(238年)前成陆,赤乌二年(239年)为吴主孙权牧马之洲,属毗陵郡。晋代属暨阳县(今江阴市)。明洪武二年(1369年)属江阴县。明成化七年(1471年)置靖江县,属常州府。1949年1月28日,靖城解放。中华人民共和国成立后,先后隶属于泰州、扬州专区。1983年3月由扬州市代管。1993年7月14日撤县建市。1996年7月19日,地级泰州市设立,靖江改由泰州市代管迄今。

【行政区划】 全市设1个街道、8个镇,有79个社区居民委员会956个居民小组、188个行政村3427个村民小组;配合沿江开发战略目标,设有滨江新区和靖江开发区(下辖新港城、城南园区、城北园区、新桥园区)、江苏江阴—靖江工业园区2个经济开发区。市政府驻滨江新城。

【人口】 人口规模保持稳定。年末,全市户籍总人口66.67万人,其中女性33.71万人,男女性别比为97.78。当年登记出生人口5114人,出生率为7.67‰;死亡人口4273人,死亡率为6.41‰;人口自然增长率为1.26‰。城镇化水平进一步提高,年末全市常住人口68.71万人,其中城镇人口43.81万人,常住人口城镇化率为63.76%,比上年提高1.54个百分点。

【自然资源】 靖江素有"苏北小江南"之美誉。水资源较为丰富,总量约7.30亿立方米。城南园区(原八圩镇)地下蕴藏优质矿泉水,具有一定经济价值。丰富的水资源为发展水产业提供了优越条件,长江和内河有刀鱼、鮰鱼、河豚等稀少鱼种及青鱼、草鱼、鲤鱼、鲫鱼、鳊鱼等常见鱼种。土壤肥沃,以耕地为主,可利用率100%。主要矿产有煤,集中于孤山周围,探明储量800万吨。主要农作物有水稻、小麦、油菜。植物种类繁多,有百余科近300个品种。动物有鸟类、哺乳类、爬行类、无脊椎类等近70种。

【文化传统】 靖江文化底蕴丰

厚。清乾隆年间陈瑞的泼墨山水画《深山藏古寺》被收为清廷内宫珍品；清道光年间郑汝英的纪实文章《沧江平浪记》，记述了靖江人民不屈不挠的抗英斗争；清末何星榆的诗歌《新乐府·东门桥》，讴歌了抗倭义士席上珍的伟大民族精神。民国时期和新中国成立后学者名流辈出，作家陈笑雨、翻译家蒋天佐、古典文学家刘拜山、历史学家夏东元、红学家张锦池等著作众多，影响深远。民间文艺源远流长，“讲经”被誉为中国民间艺术的“活化石”。2007年，靖江获“中国宝卷传承文化之乡”称号。2008年6月，靖江宝卷被列入国家级非物质文化遗产（以下简称“非遗”）名录。

【名胜古迹】 钟楼　靖江现存最古老的地面文物。始建于明隆庆三年（1569年），崇祯九年（1636年）重建，清同治十年（1871年）重修。该楼建筑古朴坚实，结构精巧，钟楼门上“阿弥陀佛”4字为邑人刘坦吾所书。原有大钟于“文化大革命”中被毁。1985年，县政府重修钟楼并新铸铜钟。1983年被列为县级文物保护单位，1993年被列为江苏省省级文物保护单位。2002年钟楼广场建成，更好地衬托出这一古建筑庄重典雅的风采。

四眼井　建于明崇祯十年（1637年），深约7米，中间最大直径约3米，井的上方用青砖砌成等距离（约0.7米）的4个井眼，故名“四眼井”。井上有四角亭1座，亭南有记刻于石上。井水四季清澈，居民称便。1983年被列为县级文物保护单位，1993年被列为江苏省省级文物保护单位。

魁星阁　清光绪十七年（1891年）建于靖城东南隅文昌庙高约1.5米的旧石基上。阁高14米，共3层，底层较大，向上逐渐缩小，形似宝塔。阁呈六角形，18只飞檐高高翘起，古朴而有气势。1932年以来经过4次修葺。1983年被列为县级文物保护单位，2006年被列为江苏省省级文物保护单位。

刘国钧故居　坐落于市区以西9千米的生祠镇中街，占地5000平方米，为著名爱国民族实业家刘国钧早年的住所。故居由展览馆、弘毅堂、善余厅、花圃等组成，构造颇具江南园林特色。故居西侧为复原的刘国钧旧居。2006年被列为江苏省省级文物保护单位。

岳庙　始建于南宋绍兴元年（1131年），占地2800平方米，宋式结构，整体建筑庄重雄伟。庙内有赵朴初手书“岳忠武穆生祠堂”匾额和“精忠贯日”题词，另有“精忠报国”、岳飞像石刻以及韩世忠、黄炎培诗碑等。1993年被列为市级文物保护单位。

【地方特产】 长江四鲜　即刀鱼、鲥鱼、鮰鱼、河豚。刀鱼体形狭长侧薄，颇似尖刀，银白色，肉味鲜美，肥而不腻，兼有微香，但多细毛状骨刺；烹制成芙蓉刀鱼，既保持味美，又免去多刺，堪称靖江菜肴之一绝。鲥鱼为南方水产珍品，鳞可食，丰腴肥硕，肉质细嫩，味道鲜美，可制作20余种名菜佳肴；清蒸鲥鱼尤为席中上品，有“红烧鲥鱼两头鲜，清蒸鲥鱼诱神仙”之俗语。鮰鱼鱼肉细嫩，制作成春笋烧鮰鱼，汤汁乳白，肉嫩笋鲜；制作成萝卜炖鮰鱼，其味有河豚之美。河豚营养丰富，腴肥鲜美且带野味，有补虚去湿、舒胃、却痔疾等效用，但血液、肝脏、卵巢均有剧毒，需专人烹饪；河豚烧青菜最负盛名，鱼肉鲜嫩味醇，青菜油而不腻，常食可以健胃。2007年，靖江获“中国江鲜菜之乡”称号。

长江鲜

蟹黄汤包　以猪肉、鸡肉、蟹肉、蹄筋或上等肉皮熬成胶冻状作馅，成形后上笼蒸熟。此时的汤包皮薄如纸、雪白晶莹、形如玉菊、汤色清亮、鲜而不腻、回味无穷，以姜丝、香醋佐之，风味更加独特，吃时要“轻轻提、慢慢移，先开窗、后喝汤”。汤包单只重量不小于100克，蟹肉含量不小于肉馅重量的50%。一、二、三等汤包，每只肉馅重量分别为17克、15克、13克。1999年，靖江汤包被中国烹饪协会评为全国四大名点之一，与上海南翔小笼包子、天津狗不理包子、扬州富春包子一起驰名中外。2007年，靖江获“中国汤包之乡”称号。

猪肉脯　精选优质新鲜猪肉，运用传统工艺和现代科学技术，采用独特配方，加以多种天然香辛调料精工制作。味道香醇，口味鲜美，甜中微咸。“双鱼”牌猪肉脯获中国国际食品博览会金奖，被认定为江苏省名牌产品，企业通过ISO9001质量管理体系认证和HACCP食品安全控制体系认证。

香沙芋　靖江主要特色农副产品之一，口感细腻，味道甘美，营养丰富，经去皮保鲜处理后，可在0℃~5℃的环境中储存2个月不发生褐变，深受广大消费者欢迎。其水分、蛋白质、脂肪、纤维素、碳水化合物、维生素B1、维生素C等成分指标均达到省无公害地方产品标准，被认定为省无公害农产品，并通过省质量标准体系认证。2012年，“靖江香沙芋”获农业部农产品地理标志认证。

【气象】 2016年，全年气温显著偏高，仅5月、6月正常。降水异常偏多，且分布不均。日照正常。

气温　年平均气温17.3℃，较常年偏高1.3℃。除5月、6月正常外，其余各月均比常年偏高。年极端最高气温39.6℃，分别出现在7月24日和29日；年极端最低气温-9.0℃，出现在1月24日。3月12日终霜，11月24日初霜，无霜期256天。

降水　年降水总量2068.4毫米，较常年多989.8毫米，为历史最多。4月、5月、6月、7月、9月、10月、11月、12月降水比常年同期偏多，2月、3月、8月偏少，1月正常。其中，9月、10月降水量为310.3毫米、338.4毫米，分别比常年同期偏多263%和478%，10月为历史同期最多；2月、3月分别比常年同期偏少50%和60%。全年日降水量≥0.1毫米的有132天，≥1.0毫米的有106天，≥10.0毫米的有52天，≥25.0毫米的有22天，≥50.0毫米的有10天(暴雨日数为历史最多)，≥100.0毫米的有3天，≥150.0毫米的有1天。一日最大降水量为161.4毫米，出现在6月22日。6月21日入梅，比常年6月19日推迟2天；7月20日出梅，比常年7月12日推迟8天。梅雨期29天，偏长。梅雨量673.7毫米，约为常年230.6毫米的3倍。

日照　年日照时数1763.6小时，较常年少342.0小时。年日照百分率40%。2月和8月日照分别比常年多24%和27%；其余各月均比常年偏少，其中10月和11月日照时数为63.0小时、97.0小时，分别比常年少65%和40%，10月日照时数为历史同期最少。

【灾害性天气】 全年气象灾害主要有暴雨、寒潮、雷电、大雾、高温、秋季连阴雨等，尤以暴雨对城乡居民生活出行和企业正常生产的影响较往年频繁。总体来说，全年气象灾害的影响轻于常年。

暴雨　年内10次暴雨，分别出现在5月21日、6月22日和27—28日、7月2—3日、9月16日和30日、10月8日、11月7日。6月21日20时—22日08时，降雨155.7毫米，200余辆汽车受淹或进水，20余处路段积水30~40厘米，短时影响交通，城区绝大部分小区受淹，居民出行受到影响，水稻受淹8266.7公顷，大棚进水330.7公顷。7月2—3日，连续暴雨，降雨量分别达61.6毫米、114.5毫米，农田受淹8682.2公顷，小区受淹29个，企业受淹10余家，20余处道路积水，积水深度20~50厘米。

科普气象知识

寒潮　年内5次寒潮。分别出现在1月24日、2月14—15日、3月9日、11月23日、12月

2016年靖江市气象资料一览表

表1

要素	月份	1月	2月	3月	4月	5月	6月	7月	8月	9月	10月	11月	12月	年平均或合计
气温（℃）	月平均值	3.7	6.9	11.1	17.4	20.6	24.5	29.7	29.5	24.7	19.3	12.2	8.1	17.3
	历年平均	3.1	5.0	9.1	15.0	20.6	24.5	28.2	27.7	23.4	18.0	11.7	5.4	16.0
	距平均值	0.6	1.9	2.0	2.4	0.0	0.0	1.5	1.8	1.3	1.3	0.5	2.7	1.3
降水（毫米）	月合计	62.4	25.7	33.0	126.8	178.2	407.3	349.3	80.3	310.3	338.4	103.4	53.3	2068.4
	历年平均	52.2	51.7	82.6	75.4	98.0	173.6	182.8	133.4	85.4	58.5	53.6	31.4	1078.6
	距平均值	10.2	–26.0	–49.6	51.4	80.2	233.7	166.5	–53.1	224.9	279.9	49.8	21.9	989.8
日照（小时）	月合计	87.2	166.3	152.3	154.6	147.3	117.3	173.1	283.7	175.9	63.0	97.0	145.9	1763.6
	历年平均	142.6	134.2	155.7	174.5	203.2	170.0	215.2	223.1	187.9	180.3	161.0	157.9	2105.6
	距平均值	–55.4	32.1	–3.4	–19.9	–55.9	–52.7	–42.1	60.6	–12.0	–117.3	–64.0	–12.0	–342.0

说明：历史资料年限1981—2010年

15日。其中1月24日出现的寒潮，过程最低气温–9.0℃，最大风速19.1米/秒，斜桥镇、生祠镇、西来镇约40公顷塑料大棚损坏，市内居民水表遭冻坏5000只以上。

雷电　6月21日晚上，强雷电袭击，导致江苏苏源热电有限公司烟囱监视器损坏，新桥镇滨江村变压器损坏，东兴镇、马桥镇、新桥镇等地有40条供电线路断电，经济损失不详。

大雾　全年大雾日10天。其中2月12日、11月14日、12月13日的雾霾天气，对靖江轮渡、高速公路运输和市民出行有较严重影响。

台风　年内有2次台风影响，分别出现在9月14—16日、28—30日，无明显灾情。

持续阴雨　5月下旬、9月下旬—10月上旬、11月中下旬，出现持续阴雨。其中11月中下旬的阴雨寡照天气对秋收、秋种有一定影响。

高温　全年≥35.0℃以上高温日21天，7月20—31日持续高温12天。　（徐　清）

国民经济和社会发展

【经济总量】 2016年，全市实现地区生产总值801.75亿元，按可比价格计算，比上年增长5.7%；按常住人口计算，人均实现地区生产总值11.67万元（1.76万美元），增长5.7%。全市一产实现增加值22.51亿元，增长1.2%；二产实现增加值391.95亿元，增长3.2%；三产实现增加值387.29亿元，增长8.8%。三产增加值占全市地区生产总值的48.3%，比上年提高2.4个百分点。全年实现财政总收入134.91亿元，增长6.8%，其中一般公共预算收入58.93亿元，下降12.4%。靖江（不含江阴园区）实现财政总收入121.53亿元，增长6.7%，其中一般公共预算收入52.51亿元，下降14.8%。受全面实施“营改增”政策的影响，一般公共预算收入中税收收入实现41.97亿元，下降17.4%，企业税负有所减少，降成本取得实效。全市完成财政总支出114.28亿元，其中一般公共预算支出64.15亿元，下降8.3%。财政支出更多投向民生领域，其中教育支出12.98亿元，社会保障和就业支出4.96亿元，医疗卫生与计划生育支出6.00亿元，城乡社区支出7.28亿元，农林水支出7.76亿元。推进注册登记便利化改革，市场主体活力增强，全年新增企业和个体经营户7247家。民营经济稳步发展，年末实有私营企业14924家、个体工商户39955户，分别比上年净增1833户和3623户。民营经济注册资金1022.02亿元,比上年增长26.0%;实现税收收入54.49亿元,比上年下降12.7%;固定资产投入398.31亿元,比上年下降6.2%。

【农林牧渔业】 全年实现农业总产值39.81亿元,增长2.0%。粮食播种面积4.46万公顷,下降3.0%。受气象灾害频发因素影响,粮食产量30.98万吨,下降8.7%。其中,夏粮产量11.90万吨,下降11.9%;秋粮产量19.08万吨,下降6.7%。油料作物播种面积2020公顷,增长1.5%;产量0.56万吨,增长2.7%。蔬菜播种面积6340公顷,增长1.4%;产量23.08万吨,增长2.4%。全年出栏生猪36.10万头、家禽192.10万只,禽蛋产量1.09万吨,水产品产量1.02万吨。新增高标准农田666.67公顷、高效设施农业720公顷、高效设施渔业366.67公顷,建成耕地质量综合示范区2406.67公顷,建成泰州级规模设施农业项目12个。推广新型农机具723台(套),农业机械化水平达到89%,成功创建全国"平安农机"示范县,建成智能农业项目5个。生猪规模养殖率72.3%。新认定无公害农产品47个、绿色食品2个,农业"三品一标"(无公害农产品、绿色食品、有机农产品和农产品地理标志)产品231个,种植业、渔业"三品"比重分别为51.3%、90.8%。

【工业】 全市规模以上工业企业实现总产值1961.63亿元、增加值424.59亿元,分别比上年下降4.4%、4.0%;高新技术产业产值730.51亿元,占规模以上工业企业产值的37.2%。规模以上工业企业实现主营业务收入1875.83亿元、利润144.00亿元,均比上年下降3.4%。全市工业用电量26.43亿千瓦时,下降1.3%。以船舶为龙头的沿江五大产业全面下行,列统产值823.30亿元,下降18.7%;以汽配产业为引领的六大传统产业成为经济发展的稳定支柱,产值895.51亿元,增长9.7%。传统产业中,汽配产业列统产值179.76亿元,增长18.7%。高端装备等新兴产业发展形势较好,但规模尚小,列统产值220.87亿元,增长9.7%。

【建筑业】 建筑企业平稳转型。年末拥有总承包和专业承包资质企业171家,全年新增一级资质企业2家、二级资质企业7家。全市完成建筑业总产值545.14亿元,工程结算收入424亿元,利润总额24.85亿元,增幅均达11.0%。建筑企业实力在转型升级中不断提升,全年获批省级施工工法17项,创建省级文明工地10个,获省"扬子杯"优质工程奖2项。

【固定资产投资和房地产开发】 全年共完成固定资产投资500亿元,比上年增长0.8%。其中,二产投资273.33亿元,下降10.7%;三产投资226.67亿元,增长19.8%。新开工亿元以上产业项目70个,其中5亿元以上项目8个、10亿元以上项目3个。房地产业实现投资35.08亿元,下降12.5%;施工房屋面积302.62万平方米,下降0.6%;竣工商品房面积85.42万平方米,增长9.5%。商品房销售持续旺盛,实现销售额54.41亿元,增长29.1%;实现销售面积80.99万平方米,增长31.1%。商品房销售面积中,住宅面积73.94万平方米,增长25.9%。商品房待售面积62.15万平方米,增长5.7%。其中住宅待售面积31.11万平方米,下降6.4%。

【国内贸易】 全市实现社会消费品零售总额177.24亿元,比上年增长11.2%。按销售单位所在地分,城镇市场实现零售额162.84亿元,增长11.6%;乡村市场实现零售额14.40亿元,增长7.4%。按消费形态分,批发和零售业实现零售额149.21亿元,增长11.5%;住宿和餐饮业实现零售额28.03亿元,增长9.4%。限额以上企业全年实现零售额51.65亿元,比上年增长11.8%。分行业类别看,限额以上批发和零售业分别实现商品销售额145.71亿元和49.59亿元,增长6.7%和9.1%;限额以上住宿和餐饮业实现营业额4.17亿元、增长3.9%。分商品类别看,食品、饮料、烟酒类增长3.5%,服装、鞋帽、针纺织品类下降2.6%,金银珠宝类下降8.0%,家用电器和音像器材类增长9.8%,中西药品类增长17.5%,石油及制品类增长8.0%,汽车类增长18.6%。

【开放型经济】 全市累计实现进出口总额27.18亿美元,比上年下降9.1%。其中,实现进口7.82亿美元,下降33.8%;实现出口19.36亿美元,增长7.1%。主要产品出口增长较好,船舶、锚链、钢材和维生素C共出口14.10亿美元,增长10.2%。其中船舶出口10.90亿美元,增长24.9%。新批外商投资企业3家、增资项目4个;协议注册外资2900万美元,下降85.8%;实际利用外资2290万美元,下降91.1%。新批境外投资项目6个;新签对外承包工程项目2个,合同金额1.04亿美元;完成外经营业额1亿美元,比上年增长0.3%。

【港口】 全年累计完成投资4.6亿元,新建万吨级泊位3个。至年末有泊位178个,其中万吨级以上泊位62个。全年累计完成货物吞吐量9449万吨,比上年下降11.8%。其中外贸吞吐量1061万吨,增长36.0%。主要货类吞吐量分别为:煤炭及制品4780万吨,增长8.4%;矿建材料1307万吨,下降30.3%;金属矿石937万吨,下降38.8%;木材709万吨,增长16.8%;粮食692万吨,下降16.2%;钢铁618万吨,下降32.3%。口岸累计进出国际籍船舶1707艘次,进出境人员34081人次。

【交通运输业】 年末,全市公路总里程1327千米,其中高速公路24千米。全社会机动车保有量19.84万辆,其中汽车12.00万辆,比上年增加1.19万辆。全年完成公路货物运输量1703万吨,实现货物周转量44.27亿吨千米,均比上年增长0.5%;公路客运量2098万人次、客运周转量5亿人千米,分别增长3.6%、7.2%;水上货物运输量909万吨、货物周转量36.54亿吨千米,分别下降1.5%和1.1%。

【邮电通信业】 全市邮政电信业务收入6.95亿元,比上年增长3.9%。其中,邮政业务收入0.92亿元,增长8.7%;电信、移动和联通业务收入6.04亿元,增长3.3%。终端流量业务快速发展,年末宽带接入用户23.67万户,增长15.5%。移动电话用户数75.26万户,其中3G上网用户15.38万户、4G上网用户42.03万户。

【金融保险业】 全市金融机构本外币存款余额1011.36亿元,增长16.7%。其中,住户存款475.01亿元,增长9.1%;非金融企业存款428.18亿元,增长25.9%。金融机构本外币贷款余额718.21亿元,增长10.3%。住户贷款160.94亿元,增长23.1%。其中,个人住房贷款88.55亿元,增长23.8%;非金融企业及机关团体贷款557.26亿元,增长7.1%。资本市场“靖江板块”不断壮大。全年新增上市公司1家、“新三板”挂牌企业3家、场外交易市场挂牌企业1家,至年末有境内外上市公司6家,累计募集资金153.4亿元;“新三板”挂牌企业7家,累计募集资金3.17亿元;场外交易市场挂牌企业4家。年末驻靖江专业保险机构40家,其中财产险16家、人身险20家,专业代理机构4家。全年实现保费收入17.49亿元,比上年增长15.1%。其中,财产险保费收入5.64亿元,增长12.1%;人身险保费收入11.85亿元,增长16.6%。全年支付赔款和各类给付7.07亿元,增长28.1%。其中,财产险赔付额3.41亿元,增长13.3%;人身险赔付额3.66亿元,增长45.8%。

【科技事业】 全年新增省级院士工作站和企业重点实验室各1家、省级工程技术研究中心4家、省级研究生工作站7家、泰州市企业重点实验室1家、泰州市工程技术研究中心8家,机器人焊接中心建成并运行。全年引进高新技术项目75项,共建产学研联合体25家。各科技项目上争资金2729万元,其中省科技成果转化资金项目2项、省重点研发计划3项。全年新增高新技术企业25家、省级民营科技企业63家、省级高新技术产品143项。获省部级科学技术奖2项、泰州市级科学技术奖15项。完成专利申请5391件,获得专利授权2453件,其中发明专利授权251件。万人发明专利拥有量达10.9件。

【教育事业】 加快推进11所学校建设,其中6所学校建成并投用。年末拥有各类学校93所,其中中小学校48所、幼儿园43所,在校生7.08万人、专任教师5780人。年内中小学招生1.29万人,毕业1.36万人。全市省优质幼儿园比例超过80%,义务教育现代化学校比例超过90%。教育教学质量居泰州前列,普通高中最低控制线、本一和本二上线率均居泰州第一,初中和高中毕业生升学率分别达98.6%和96.7%。

【文化事业】 年末,全市有文化馆1个、博物馆1个、影剧院10家、艺术表演团体1个、文物保护单位24家,有公共图书馆1个,藏书60.67万册。建成综合性文化服务中心30个,创建成省5A级数字档案馆。成功举办第34届文艺节,组织送戏下乡400余场、送图书2万余册,放映电影2400余场。大型原创廉政锡剧《呼唤》、“两学一做”主题剧目《召唤》受邀至北京、上海、南京等地公演、展演,舞蹈《东线第一帆》获江苏省“五星工程奖”金奖。广播、电视综合人口覆盖率100%,有线电视用户19.4万户。

【卫生事业】 年末拥有各类卫生机构289家，其中医院、卫生院28家，各类卫生机构拥有病床4275张。有卫生技术人员4484人，其中执业(助理)医师1934人、注册护士1624人，各级医疗机构全年完成诊疗408.45万人次。推行公共卫生网格化管理，人均基本公共卫生服务经费标准提高至60元，重大疾病防控工作有效落实，居民健康档案建档率84.0%，5岁以下儿童死亡率3.06‰，婴儿死亡率1.98‰，获评国家级妇幼健康优质服务示范市。

【体育事业】 人均拥有公用体育场地3.10平方米，农村体育设施覆盖率90%。靖江籍运动员获乒乓球国际巡回赛(香港站)金牌3枚，获亚洲青少年乒乓球锦标赛金牌1枚，获全国中学生乒乓球锦标赛金牌1枚，获全国少年柔道锦标赛金牌2枚。在校学生体育达标率95.32%。群众体育表现活跃，全年举办各级各类群众体育赛事100余次。

【人民生活和社会保障】 全市居民人均可支配收入2.95万元。其中，城镇居民、农村居民人均可支配收入分别为3.97万元、1.96万元，分别增长7.9%和8.6%；收入比为2.03；人均生活消费支出分别为2.66万元、1.70万元，分别增长7.0%、12.1%；恩格尔系数分别为29.9%、30.7%，分别下降0.1和0.8个百分点。就业形势总体稳定。强化创业孵化基地建设，建成“众创空间”52家，新建创业孵化基地3个，创业培训5879人，发放创业贴息贷款6981万元。加大专业技能人才培训，1.11万人取得职业技能等级证书，2200人取得专业技术资格。全年城镇新增就业1.90万人，安置失业人员1.21万人，城镇登记失业率1.86%。全市企业职工基本养老、医疗、失业、工伤和生育保险参保人数分别达17.92万人、27.70万人、15.01万人、19.11万人、14.33万人，城乡居民养老保险参保4.24万人，城乡居民医疗保险参保32.08万人，机关事业单位养老保险参保0.64万人。退休职工月平均养老金调增到1773元，城乡居民医保药品自付比例下调20个百分点。全年新分配保障性住房211户，其中进城农民、外来务工人员21户，货币化补贴家庭14户。实现棚改拆迁718户，货币化安置比例达97.2%。年末有社区居家养老服务中心219家、助餐点54家，老年关爱之家10家；各类福利院19个，床位4389张，收养1012人。做好救助帮扶工作。全市城乡最低生活保障救助9121人，其中城市居民1340人、农村居民7781人；农村五保供养1425人；全年免费办理城乡居民养老保险2422人、医疗保险1.34万人，为2260名就业困难对象发放社保补贴960万元，为3.02万人次失业人员缴纳医保费837万元，实施城镇职工重病医疗救助1945人次999万元。免费提供残疾人基本辅具834件，康复训练儿童103名，发放各类残疾补助、补贴2258万元。

【城乡建设和环境保护】 完成交通运输综合管理服务平台、停车诱导系统二期建设，新增公共自行车1200辆、纯电动公交车50辆，配套建设充电桩24个，新建公交站台22座，优化调整公交线路6条。实施农村公路提档升级项目，完成道路25.79千米、桥梁12座。累计修补县道3.64万平方米，修复城市道路、人行道板5.6万平方米。疏浚清理雨水管道1.6万米，检修排水设施1800座(套)，维修路灯3200盏次，城市设施完好率95%以上、路灯亮灯率98%以上。铺设燃气管网97千米，新增用户1.45万户。生活垃圾无害化处理率95%以上。数字城管、节水型社会示范市创建通过省级验收。节能减排、扬尘粉尘治理取得实效，PM2.5平均浓度较上年下降10.7%，空气质量优良率71.6%。新开、疏浚整治河道947条712千米。城区污水收集处理率94.0%，饮用水水源地水质达标率100%。林阴化改造晨阳路、新洲路等道路5条，新增城区绿地50万平方米，建成区绿化覆盖率42.3%。完成成片造林386.67公顷、农田林网1700公顷，林木覆盖率27.1%。通过国家生态市考核验收，创成省森林生态示范村2个、美丽乡村2个、绿化示范村6个、休闲观光农业示范村1个。 (陆天煜)

2016年靖江市所获国家级荣誉

【靖江创建为全国科普示范市】 2015年1月，靖江出台创建“2016—2020年省、全国科普示范市”活动实施方案，召开创建全国科普示范市动员会。市科协协调各有关部门与社会力量开展创建活动，建立健全各类科普组织。各镇(街道)设有科普活动室，村、社区设有科普活动站，成立青少年科技辅导小组等，全社会广泛参与的大科普格局基本形成。2016年3月，靖江市再次被评为“2016—2020年全国科普示范市”。 (何 源)

市委日常工作

【市委常委分工】 赵 叶 主持市委全面工作，分管市人大、市政协工作。

叶冬华 主持市政府全面工作，分管经济工作、经济体制改革、机构、编制、外事和人民武装工作。

赵国庆 协助赵叶抓好党的建设工作，具体负责党的建设工作领导小组工作；分管农业和农村工作、城乡统筹工作，市委办、机要保密、党校工作和扶贫工作。

丁 斌 主持市纪律检查委员会工作。

王 玮 负责市委政法委工作，分管政法、信访和社会稳定工作。

包国芳 负责市委统战部工作，分管统战、工商联、民族宗教、侨务、对台工作，联系民主党派。

申晓勇 负责市委组织部工作，协助赵叶分管干部工作，协助叶冬华分管机构、编制工作，协助赵国庆分管基层组织建设工作，分管老干部工作、市委机关工委、人才、干部教育工作，工会、共青团、妇联、科协、残联工作。

潘企根 负责市人武部工作，分管人民武装建设、国防动员、双拥以及驻靖江部队联系工作。

沈南松 负责市政府常务工作。

史骥涛 负责市委宣传部工作，分管意识形态和宣传工作，史志档案工作，文化、旅游产业和全民创业工作，教育、科技、文化广电、卫生、人口与计划生育、体育方面党的工作。

罗晓东 分管工业和开放型经济工作，主持靖江经济技术开发区全面工作。

【重要决策】 1月，市委出台《关于开展巡察工作的意见》。

3月，市委、市政府出台《关于组织实施脱贫致富奔小康工程的意见》。

是月，市委、市政府出台《靖江市激励干部干事创业防治在岗不作为不担当的若干规定》。

4月，市委、市政府制定《靖江市2016年全面深化改革工作要点》。

是月，市委、市政府制定《靖江市供给侧结构性改革任务分解方案》。

10月，市委出台《靖江市市管领导班子和领导干部能力责任研判评优暂行办法》。

11月，市委、市政府制定《靖江市城乡建设新提升五年计划(2016—2020)》。

【重要会议】 2月4日，市委召开中共靖江市第十一届纪律检查委员会第六次全体会议，传达贯彻中央、省、泰州市纪委会议精神，回顾总结2015年全市党风廉政建设和反腐败工作情况，部署2016年党风廉政建设和反腐败工作任务。会议通过《中国共产党靖江市第十一届纪律检查委员会第六次全体会议决议》。

2月19日，市委召开全市工

业和开放型经济暨项目大突破工作会议，研究部署2016年工业和开放型经济主要目标和重点工作。

4月29日，市委召开“两学一做”学习教育动员部署会，贯彻落实中央、省委和泰州市委有关精神，推动“两学一做”学习教育有序开展。

中共靖江市第十二届委员会第一次全体会议

7月25—28日，市委召开中共靖江市第十二次代表大会。市委书记赵叶作题为《创造新优势 实现新超越 奋力谱写“率先领先争先”的崭新篇章》的报告，市纪委书记丁斌代表中共靖江市纪律检查委员会作工作报告。会议选举产生中共靖江市第十二届委员会和中共靖江市纪律检查委员会，以及靖江市出席泰州第五次党代会代表，一致通过关于市委、市纪委工作报告的决议。

8月25日，市委召开“两学一做”学习教育工作推进会暨“树标杆、找短板、敢争先”主题活动动员会，动员各级领导干部和广大党员提振干事创业激情，勇担改革发展重任，再创一个奋勇争先、奋发超越的火红年代。

10月17日，市委召开全市党员干部警示教育大会，深入推进党风廉政建设和反腐败工作，提高全市党员干部拒腐防变能力。

10月27日，市委、市政府召开全市扶贫开发工作推进会，研究部署下一阶段扶贫开发工作重点任务。

10月28日，市委、市政府召开城乡建设新提升动员会，推动全市新型城镇化和城乡统筹发展，加快建设生态美丽、宜居文明的滨江城市。

【信息调研】 年内，市委调研以实现“第一手情况”“第一道研判”“第一时间报送”为目标，信息报送及时准确。累计上报省委办公厅信息1502条，被采用118条；上报泰州市委办公室信息1679条，被采用183条。其中，《江苏作为生源计划调出地将调出3万多名额引发省内强烈反响》等11条信息，得到省、泰州市领导批示；《靖江农村公共服务运行维护标准化经验全国推广》作为优秀决策参考信息，得到省委办公厅推介。调查研究超前三动。紧扣牵动全局的关键点、领导重视的关注点、社会矛盾的突出点和群众意见的集中点，组织力量深入调研，编发《动态内参》10期，其中沿江企业资产重组及脱虚向实工作交办情况报告等调研成果直接转化为推动全市工作的政策意见，为市委决策提供重要参考。《人民日报点赞靖江市“不开发区”经验做法》等多篇报道被《江苏通讯》《泰州通讯》等上级报刊杂志采用。

【督促检查】 年内，市委督查室围绕全市中心工作，突出督查工作重点，创新工作方式、方法，全面提升督查服务水平。针对市委重大决策部署和重大工作部署以及人民群众反映强烈的热点、难点问题，专项督查全市重点工程建设、农村河道疏浚整治和土地复垦、农村环境管护、企业家座谈会交办事项办理等情况，编印《督查专报》23期。按照“事事有着落、件件有回音”要求，做好领导批示件和泰州“市委书记信箱”交办件办理工作。全年办理泰州市委主要领导批示件及泰州“市委书记信箱”交办件59件，办结率100%。

【机要工作】 严格执行机要24小时值班制度，各类电报办理及时、反馈迅速。加快推进电子政务内网、加密视频会议系统、电子认证LRA分中心建设，做好市委各部门内网建设技术服务，切实抓好机要干部忠诚教育和业务技术培训，强化干部队伍综合素质。全年收发办理各级各类电报2983份次，做到“零停留、零差错”，确保市委、市政府上情下达、下情上报安全畅通。

【保密工作】 贯彻实施“十三五”时期保密事业发展规划，开展全市“保密法制宣传周”活动，加强初任公务员、事业单位工作人员保密培训。深入推进定密、网络和涉密人员“三大管理”，组织实施全市机关单位涉密岗位和涉密人员的分类确定和审查报备工作，加强机关单位互联网门户网站、重点骨干网络、国家统一考试等保密专项检查。开展全市保密工作年度考评，指导督促全市机关单位开展自查自评。全年无失泄密事故发生。

（俞 飞 朱 彬）

纪检监察

【概况】 2016年，全市纪检监察组织按照中央纪委六次全会、省和泰州市纪委全会、靖江市委十二届二次全会部署要求，坚持把纪律挺在前面，强化监督执纪问责，落实“两个责任”（党风廉政建设主体责任和监督责任），实践“四种形态”，纠治“四风”，惩治腐败，全市党风廉政建设和反腐败工作取得新成效。全年受理信访举报482件，比上年下降18.3%，立案281件，比上年增长40.5%，涉及科级干部案件19件，移送司法机关处理13人。落实党风廉政建设责任追究，问责51人，通报曝光典型案例4起，1个党组织被责令书面检查。

【落实“两个责任”】 年内，市纪委协助市委将全面从严治党责任分解为72个项目，逐一明确牵头市领导、责任单位和目标要求。推行“三张清单”（责任清单、监督清单和负面清单）制度，督促全市66个党委（党组）制定三张清单，并在单位网站和工作区域公开。开展“两个责任”全程纪实，印发《工作手册》700余份，纪实留痕。市委常委、党员副市长带队，检查考核13家基层党委（党组）党风廉政建设责任制落实情况，马桥镇、新桥镇等12个单位基层党委（党组）书记向市委、市纪委常委会当面报告主体责任落实情况。开展上级巡视巡察整改“回头看”，发出督办通知12份。出台《贯彻中共江苏省委关于加强市县党委巡察工作的意见（试行）的实施办法》和《2016—2020年巡察工作规划》，成立组长库、专业人才库，完成首轮巡察。会同市委组织部开展换届风气巡回督查，严肃换届纪律，确保换届风清气正。做好换届人选党风廉政情况征求意见回复工作，回复23批1641人次。实施“一案双查”，对党风廉政建设和反腐败工作领导不力、不正之风得不到有效治理的，严肃追究责任，1个党组织被责令书面检查，问责51人，通报曝光典型案例4起。

【执纪审查】 年内，市纪委出台《关于在纪检监察信访举报办理工作中实践运用监督执纪“四种形态”操作办法》，实践运用“第一种形态”360人次、“第二种形态”221人次、“第三种形态”40人次、“第四种形态”13人次。全年共受理信访举报482件，比上年下降18.3%。其中，检举控告类举报327件，比上年下降25.3%；越级上访5件，比上年下降55.7%。按照5类（立案、初核、暂存、留存、了结）标准处置问题线索595件，实现“零暂存、零库存”。打造实名举报“绿色通道”，推行“双向承诺”“存异复核”“不立案集体审核”机制，信访办理质效得到提升。保持惩治腐败高压态势，全年立案281件，比上年增长40.5%，查处科级干部案件19件，涉嫌犯罪移送司法机关13人，处理违反政治纪律行为2起。开展扶贫领域专项治理，查处43人。加强法纪衔接，建立健全线索通报移送机制，立案处理公安、检察、法院、审计、环保等部门（单位）移送案件线索113件。深化片区协作机制，基层审查数上升32.1%。落实纪法分开、纪在法前、纪比法严要求，用纪律管住大多数，党风廉政建设群众满意度得到提升。

【源头防腐】 年内，市纪委开展“两项法规（《中国共产党廉洁自律准则》《中国共产党纪律处分条例》）学习贯彻年活动”，通过集中学习、考核测试、党纪知识竞赛等方式，贯彻廉洁自律和党内政治生活两个准则，以及纪律处分、巡视、问责和党内监督4个条例，扩大党章、党规、党纪参学参试覆盖面。打造“马洲清风”廉政文化品牌，推动廉政锡剧《呼唤》走出靖江，赴南京、北京等地演出，成为唯一入选省“廉政文化周”的县级文艺作品。召开全市领导干部警示教育会，制作播出警示教育片，编发忏悔录，以案明纪，警钟长鸣。做好监督执纪“后半篇文章”，一案一研判，下发纪律检查建议书和监察建议书11份，督促主责部门堵塞漏洞，推动制定完善《关于对全市副科职以上领导干部进一步严格有关工作纪律的规定》《关于进一步加强农村集体“三资”和农村财务规范管理的实施意见》《靖江市激励干部干事创业防治在岗不作为履职不担当的若干规定》等22项规定，从源头上遏制违纪违法行为发生。拓宽监督视野，制定《党员干部“八小时外”廉洁自律情况监督管理暂行办法》，细化参赌涉赌、变相公款吃喝等监督内容21项。

党员干部警示教育大会　　（市纪委提供）

【纠治“四风”】 年内，市纪委专项整治党员干部收受烟酒券、与企业主结“干亲”、违规经商办企业和赌博等问题，处理违规违纪党员干部5人。针对春节等关键节点，通过面上巡查、交叉互查和延伸检查，专项治理违规吃请和公款吃喝、违规使用公车、违规发放津贴补贴等问题，全年共查处违反中央八项规定精神问题37起，处理51人，其中党纪政纪处分48人，点名通报曝光3批14人。开展查处侵害群众利益和腐败问题专项整治行动，查处67人，通报曝光3批20人。协助市委出台《靖江市激励干部干事创业防治在岗不作为履职不担当的若干规定》，开展“不作为、不担当”监督执纪问责专项行动，通报曝光8人，立案6件，2人涉嫌渎职犯罪移送司法机关。

【自身建设】 年内，市纪委实行“四统三分三审”（四统：线索来源统一管理、线索处置统一评估、线索核查统一协调、线索了结统一会商；三分：职能分离、权力分解、定期分工；三审：交叉审、协作审、提级审），强化执纪审查权监督。开展“树标杆、找短板、敢争先”主题教育活动，查摆存在问题117条，创优举措79项。启动“学先贤、立家规、传家训”活动，征集家规家训93条，用优良家风涵养清风正气。深化“两学一做”学习教育，开设“清风讲堂”“专家讲堂”“实践课堂”，强化岗位练兵，提升履职能力。实行“周交流、月点评、季总结”，通过正向激励、反向鞭策，倒逼纪委局机关提升执行力。出台纪检监察工作统一管理考核办法，激发基层纪检干部监督执纪内生动力。严格监督管理，组织178名纪检监察干部报告个人有关事项并抽查。实行异常行为干预管理，约谈、函询5人，引导纪检监察干部模范遵守纪律规矩。顺利实施两级纪委换届，调优配强纪委领导班子。　（顾烨虹）

【廉政锡剧《呼唤》进京演出】 4月21—22日，由市纪委、市委组织部、市委宣传部等部门联合制作，市锡剧团排练的大型廉政锡剧《呼唤》，在北京长安大戏院演出。著名艺术家赵宝乐、谭晶、李扬、陶玉玲、巩汉林、庞敏，200余位在京靖江籍人士以及1500余名首都观众到场观看。该剧由国家一级导演、编剧、作曲家加盟打造，讲述出身贫寒的尚青云，在姐姐尚彩云含辛茹苦抚养下，成为走出大山的高材生，后又在组织的培养下走上国有企业领导岗位，但他面对各种诱惑，没有把持住自己，步步深陷泥潭，最终酿成悲剧的故事。该剧的排演，旨在以艺术的形式进一步推动全市“三严三实”专题教育深入开展，推进党风廉政建设，打造“马洲清风”廉政文化品牌，倡导风清气正、崇尚廉洁的社会氛围。《呼唤》是县级锡剧团在国家级专业戏院的首次演出，吸引了《人民日报》《中国文化报》《中国纪检监察报》及旗下杂志社、央视戏曲频道等多家媒体的关注。

（赵一阳）

组　织

【概况】 2016年，靖江有基层党组织2216个，其中党委95个、党总支235个、党支部1886个；有党员40353人，其中男性31509人、女性 8844人。全年新发展

2016年靖江市基层党组织设置一览表

表2　　　　单位：个

党委（工委）									党总支部					党支部					党组
总数	其中								总数	其中				总数	其中				
	镇党委	政府组成部门党委	园区党委	事业性质党委	公有制企业党委	非公有制企业党委	党工委	村级党委		机关	企业	事业	其他		机关	企业	事业	其他	
95	8	13	3	7	7	18	8	31	235	19	48	14	154	1886	224	785	262	615	22

2016年靖江市党员队伍结构一览表

表3　　　　单位：人

总数	性别		年龄					学历					
	男	女	35岁及以下	36岁至45岁	46岁至54岁	55岁至59岁	60岁及以上	研究生	本科	大专	中专	高中	初中及以下
40353	31509	8844	7215	6341	7745	3528	15524	573	8695	7564	2995	7681	12845

2016年靖江市发展新党员一览表

表4　　　　单位：人

总数	性别		年龄		学历				
	男	女	35岁及以下	36岁及以上	本科	大专	中专	高中	其他
362	203	159	229	133	184	114	25	39	0

党员362人。

干部队伍建设　制定出台《市管领导班子和领导干部能力责任研判评优暂行办法》，鲜明用人导向，创新评价机制，提升干部工作的科学性和公信力。依托“干部网络学院”“干部掌上课堂”平台，持续抓好干部教育培训，全市领导干部共完成学习培训8.32万学时，人均138学时。严格规范中层干部选拔任用工作，实施个人有关事项报告“一人一档”保密管理，提升干部日常管理监督水平。开展集中换届工作，前期准备统筹谋划，政策规定统筹制定，人事安排统筹考虑，工作落实统筹推进，换届工作顺利完成。

基层组织建设　围绕责任落实、作用发挥，推行基层党组织“四张清单”（党建责任清单、小微权力清单、服务项目清单、问题整改清单)管理模式,实施市委“书记项目”3个(基层党组织“清单管理”、村级干部队伍建设“五化提升工程”、“两新”组织党群服务中心规范化建设)、“常委项目”9个(党建覆盖产业链构筑发展新平台、实施党员作用发挥“双挂双带”工程、打造廉政教育“四微平台”等)以及基层“书记项目”53个(创新党建服务模式,助推园区电商发展;探索“区镇合一”管理模式,加强机关干部队伍建设;发展集体经济,巩固党在农村的执政地位等),梳理5大类65项服务内容,推动各级党组织书记抓好党建主业。农村党建围绕“促发展”,推进“五化提升工程”(村级干部队伍岗位职业化、选任民主化、教育常态化、待遇保障化、管理规范化),开展“为民电商”培植行动,发挥“第一书记”作用,帮助10个软弱后进村实现整顿转化。社区党建围绕“惠民生”,开展“党在心中、爱在行动”系列活动,探索“智慧社区”建设,落实为民服务专项资金,增强为民惠民功能。“两新”(新经济组织、新社会组织)党建围绕“强覆盖”,开展“四个集中”(集中排查、集中覆盖、集中规范、集中保障)行动,举办“名家民企面对面”党课报告会4期,扩大党在“两新”领域的影响力。

人才队伍建设　完善人才工作运行机制,健全镇(街道、园区)人才工作机构,在百强企业配齐人才工作专员,推动人才工作职能下沉、重心下移。实施“高层次创新创业人才引进计划”,举办“海外博士靖江行”“留日博士洽谈会”等活动,290余名高层次人才至靖江创新创业,21人入选省、泰州市“双创计划”,各项指标均在泰州市名列前茅。进一步健全人才培养体系。出台教育、卫生、宣传文化等6支人才队伍中长期建设意见,选拔高层次人才培养对象432人,建成各类专家工作室58个。

【“两学一做”学习教育】 年内,市委组织部按照中央、省委和泰州市委统一部署,组织全市2216个基层党组织、4万余名党员开展“学党章党规、学系列讲话,做合格党员”学习教育。紧扣“学”这个基础,向基层党组织和党员发放学习资料5万余本,排演大型主题锡剧《召唤》,推广“心动党课”教育模式,帮助广大党员真学深学、学深学透。围绕“做”这个关键,搭建“在职党员进社区”综合信息管理平台,组织6600余名党员深入基层一线,订单式服务群众1.2万余人次;推广东阜社区“身边困难找身边党员”承诺制度,开展“亮身份、树形象”活动,引导广大党员以实际行动践行合格党员标准,相关做法得到省委书记李强的充分肯定。突出“改”这个重点,结合开展“树标杆、找短板、敢争先”和“百团千村万企大走访大落实”活动,推动广大党员深查细照、笃行实改。

【“百团千村万企大走访大落实”活动】 12月,根据泰州市委统一部署,组织全市党员干部启动“百团千村万企大走访大落实”活动。按照“全面覆盖、全员参与”以及“一个工作队对应一个村(社区)”要求,以参加部门为单位,所有在编在岗人员全部纳入,划分若干工作队,科学划定走访网格,1人至少走访30户,确保走访横向到边、纵向到底,一村不少、一户不落。至年末,共走访城乡家庭22.3万余户、企业(项目)2204个,梳理意见建议1.8万余条。

【“在职党员进社区”活动】 年内,市委组织部搭建“在职党员进社区”综合信息管理平台,各社区自建“在职党员进社区”活动QQ群、微信群等“微平台”,形成“居民点单、社区下单、党员接单”的“菜单式”服务模式。全市机关6600余名在职党员分至67个社区,全年累计开展活动661次,为群众办实事好事2521件,解决实际困难1636个。

【市镇村换届工作完成】 年内,市委发挥党组织领导把关作用,把握换届工作主导权,圆满完成市、镇、村换届工作。指导各镇召开党代会、选举产生镇“两委”班子,加强对村(社区)“两委”换届选举的指导和把控。树立正确的选人用人导向,突出抓好党政正职选配,统筹干部资源配置,注重优化班子整体结构,增强班子整体功能。开展“一片一书”(《镜鉴——衡阳、南充违反换届纪律案件警示录》《严肃换届纪律文件选编》)专题学习教育活动,设立市委常委换届工作联系点8个,派出督导组8个,开展集体谈话、个别谈话1140余人次,编发学习资料和换届风气监督短信,确保换届风清气正。

【人才关爱工程实施】 年内,市委组织部围绕“一卡三券”(马洲英才卡、购房券、创业券、创新券)人才支持模式,建立立体化人才服务体系。制定出台高层次人才“创业券”制度,为域外高层次人才提供创业启动资金、融资扶持资金和项目资助资金,全年共有11名创业人才享受"创业券"431万元。加大人才创新支持,发放人才"创新券",全年向61家企业兑付"创新券"857.71万元。深化人才安居工程,落实高层次人才公寓政策,市级层面选定泰和国际城171套酒店式公寓建立市级人才公寓,各镇(街道、园区、办事处)负责辖区内人才公寓建设,协同保障优秀人才安居乐业。

文化、医药卫生、企业经营管理、农村乡土专家、优秀社会工作人才6支人才队伍培育工程实施意见和细则。每支人才队伍以3年为培养周期,"人才工程"通过教育培训、项目资助、工作室帮扶等方式,帮助培养对象成长发展。经初审推荐、资格审查、专家评审、网上公示等程序,确定432名培养对象,资助40个重点项目及58个重点人才工作室,资助总金额363万元。 (殷皆悦)

高层次人才"创业券"发放仪式

【干部能力责任研判评优制度建立】 10月,靖江制定出台《市管领导班子和领导干部能力责任研判评优暂行办法》,通过多维度、多层面分析研判,监测领导班子运行和干部德才表现,更好地识别干部。结合换届考察,对全市81个领导班子和614名领导干部能力责任逐一评定等次,综合运用评优结果,推动干部能上能下,使"能力强、敢担当、善作为"成为干部队伍的时代特征和鲜明导向。

【"一行业领域一人才工程"】 年内,市委组织部编制教育、宣传

宣　传

【概况】 2016年,全市宣传工作围绕"巩固马克思主义在意识形态领域的指导地位,巩固全党全国人民团结奋斗的共同思想基础",结合"两学一做"学习教育,深化"基层工作加强年"活动,把牢方向导向,服务中心大局,强化自身建设,各方面工作取得明显成效。

思想教育　贯彻落实中共十八大,中共十八届三中、四中、五中、六中全会,省、市党代会以及习近平总书记系列重要讲话精神,深入推进党委中心组学习,举办各类宣讲活动、辅导报告200场次。创新全市基层党员干部冬训工作,靖江被泰州市委组织部、宣传部联合表彰为冬训工作先进市。开展"树标杆、找短板、敢争先"主题教育活动,弘扬"人心齐、士弘毅、敢争先"的靖江品格。开展中国共产党成立95周年和红军长征胜利80周年等纪念活动,促进思想再解放,激发干部群众干事创业精气神,为推动全市经济社会发展提供思想动力。组织开展"理论故事会"活动,陈蕾、黄铭、谢菀桐、郑胜获评"全省理论宣讲先进个人"。

新闻宣传　全方位、多体裁报道全市深化改革、项目招引和建设、"两学一做"学习教育等情况。加大外宣报道力度,组织开展中央媒体"靖江行"活动。《人民日报》头版对靖江长江岸线"不开发区"的生态环保开发理念予以充分肯定,《泰州日报》推出《靖江名城》特刊,全年在中央和省级以上重点媒体用稿(片)200余篇。准确研判网络舆情,建立实时交办制度,成功处置"4·22"德桥仓储火灾等一批重大网络舆情,全市网上舆论态势总体向好、平稳可控。策划举办中韩文化交流周、台湾文化艺术节、靖江金星论坛等活动,拍摄纪录片《天南地北靖江人》,靖江城市知名度和美誉度得到进一步提升。

精神文明建设　全面推进文明城市创建工作,65家单位获评江苏省文明村镇、文明单位(社区、校园),姚炜平家庭当选首届"全国文明家庭"。开展靖江好人、最美人物、道德模范等系列典型宣传活动,朱军军当选"中国好人",杨恒俊、鞠鑫、姚炜平当

选“江苏好人”，杨恒俊当选“江苏最美人物”。组织江苏省道德模范与身边好人现场交流活动，举办道德讲堂总堂活动18期。全市有注册志愿者6.7万人，志愿服务组织400余个，开展志愿服务活动1200余项，“靖江市‘晴天娃娃’留守儿童行为与认知能力提升行动”“靖江市‘保护长江水生物生存环境’志愿行动”两个志愿者协会项目分获首届“江苏志愿服务交流展示会”金奖和铜奖。《新华日报》等多家省级媒体对靖江志愿活动予以关注，其中《“多年的义工”过了个别样国庆节》等专题报道广为社会各界转发。

江苏省道德模范与身边好人(泰州·靖江)现场交流活动

文化建设　加快推进文化中心建设工程，建成村(社区)综合文化服务中心30个，市图书馆改造工程竣工并启用。组织开展第34届靖江文艺节，举办“乡情乡韵”新创文艺节目调演、“群英荟萃”戏曲名家专场演出等活动。深入推进“全民阅读·书香马洲”建设，组织送书2万余册、送戏400余场、送电影2400余场。组织开展“火红年代·火红靖江”书画影展暨诗词朗诵会、“春天送你一首诗”朗诵会等活动。文化建设成果丰硕，市文联获评“江苏省基层文联工作先进单位”，舞蹈《东线第一帆》获省“五星工程奖”金奖，新创排展演的主题戏剧《召唤》、大型廉政锡剧《呼唤》先后至泰州、上海、南京和北京等地公演。

【第17届“靖江新闻奖”评选】 年内，根据“靖江新闻奖”评选办法，从2016年度市内外新闻媒体刊发的宣传靖江的稿(片)中，评选出“靖江新闻奖”及其提名奖获奖作品。《靖江：证照一体推进行政审批服务调速增效》《靖江：外引内强探索区域合作先行》《做建材行业的阿里巴巴》《靖江港成为长江北岸首个县级亿吨港》《基层医疗改革创“靖江模式”》《船家宝——黄金水道上的“滴滴打船”》《“心”与“心”的抉择》和“开放创新　握手互联网”“抢抓叠加机遇　实现项目大突破”主题宣传报道以及“好医生胡方斌”连续报道10件作品获第17届“靖江新闻奖”，《咱们家乡有特产·靖江香沙芋》《资本市场“靖江板块” 加速形成》《寻根》《亚星锚链领衔制订系泊链国际标准》《靖江小伙的公共自行车婚礼》《刘云圻：寒门院士的励志人生》《二十七字家书　字字暖人心》《抗日烽火——不能忘却的记忆》8件作品获第17届 “靖江新闻奖”提名奖。

【组织召开文艺工作座谈会】 12月26日，召开全市文艺工作者座谈会，学习贯彻习近平总书记在全国文代会、作代会上的讲话精神，进一步统一思想、振奋精神、增添力量，推进靖江文艺事业繁荣发展。文艺工作者代表宣读致全市文艺工作者倡议书，丁吴洪、高峰、李筱纲、褚洁明、王青、黄靖、陈震、刘华君、潘浩泉、庞余亮10人交流发言。市委书记赵叶为全市首批文艺“名家工作室”授牌。它们分别是庞余亮文学创作名家工作室、姚骏舞美艺术名家工作室、刘家骏篆刻名家工作室、朱红雕刻名家工作室、丁吴洪吉他名家工作室。

【“树标杆、找短板、敢争先”主题活动】 8—10月，全市开展“树标杆、找短板、敢争先”主题活动。活动分为“重学习——思想武装”“树标杆——制定目标”“找短板——排查问题”“敢争先——落实责任”“聚合力——访谈研讨”等环节。每个环节均制定详细目标、任务及措施。活动通过“一把手”访谈、专题研讨学习、民主生活会等形式，引导各行业围绕发展目标，在消除观念束缚中冲破体制束缚、在拓展思维空间中打开发展空间、在提升思想活力中激发创造活力。

【“学党史国史，做三爱少年”活动】 7—9月，市文明办、关工委、教育局、发改委、靖江日报社联合举办“学党史国史，做三爱少年”中小学生网上夏令营活动。活动分3项：网上知识竞答，以党史、国史以及创建全国文明城市、展望靖江“十三五”等相关内容为主，设计100条知识问答题；网上征文，围绕活动主题，结合自身的学习、生活及社会实践，撰文畅谈对中国历史发展的认识和感悟，讴歌中国共产党光辉历程和伟大成就，抒发对伟大历史人物和革命英雄的怀念与敬仰，讲述身边的发展变化和生活变迁，表达为实现中华民族伟大复兴的中国梦而不懈奋斗的信心和决心；随手拍，围绕“美好靖江”主题，征集摄影作品，反映靖江经济建设、社会发展、文化艺术、科技教育、旅游风光、生态环境、百姓民生等方面的内容。该活动旨在引导青少年改变沉湎网络游戏和聊天的不良习惯，引导学生关心政治、科学、经济、文化，激发学生的爱国热情。活动共吸引参赛学生1万余人，收到作品2300余件，通过专家评审、网络投票等方式，最终评出“网上小博士”100人、“网上小作家”80人、“网上小摄影师”20人。

【中韩文化交流活动】 11月27日，2016靖江中韩文化交流活动在市档案馆开幕，赵叶、叶冬华等市领导，驻上海韩国文化院院长金镇坤以及韩方代表等出席开幕式。该活动包括韩国传统服饰展、靖江中韩书法美术交流展及交流活动、韩国传统服饰秀等内容。韩国传统服饰展展出礼服、家居服、儿童装、饰品等58类64件，展品由韩国服装协会提供；中韩书法美术交流展展出韩国艺术学博士、韩国书家协会特邀作家李弘和提供的书画作品50幅，以及靖江知名书画家的书法美术作品。11月29日，中韩文化交流活动文艺晚会在省靖中礼堂举行。晚会以“江花红胜火”为主题，把靖江地域特色文化与韩国特色民乐、舞蹈融合在一起，体现文化的交融之美。 （卢建昊）

【12家中央主流媒体聚焦靖江】 10月14日，新华社、中央电视台、《人民日报》《中国青年报》等12家中央主流媒体记者走进靖江，深入了解靖江文化、产业发展。媒体记者在江苏艾兰得营养品有限公司详细了解艾兰得产品种类、资本运作等；在江苏张氏纺织有限公司现场感受3D全息成像技术，了解张氏纺织“互联网+”的应用；在华达汽车科技股份有限公司了解智能制造在汽配领域的运用；在双鱼食品有限公司实地感受靖江传统食品的魅力，体会靖江在现代化进程中不忘对优秀传统文化的坚守。此外，媒体记者还参观市港口企业、新能源企业、船舶配套企业，了解靖江美食文化、地域特色等，感受靖江产业发展的全球化视野和发展活力。

【姚炜平家庭当选“全国文明家庭”】 12月12日，179志愿者之家负责人、“公益明星”姚炜平家庭获评“全国文明家庭”，参加在北京举行的第1届全国文明家庭表彰会，受到习近平、刘云山等党和国家领导人接见。姚炜平，2007年创建靖江市179志愿者协会，为该组织负责人。他坚持无偿献血10余年，献血量累计18万毫升。其家庭是全市知名的公益家庭，一家人经常参与协会组织的爱心助学、环保宣传、无偿献血、助孤扶弱等活动。2008年，姚炜平赴四川绵竹参加“抗震救灾”志愿行动，被评为靖江市“抗震救灾优秀志愿者”，获泰州市“新长征突击手”称号和第6届“泰州市十大杰出青年”提名奖。

链接：2013年，盛振宇家庭被评为“江苏最美家庭”。2014年，李梅桂、刘建芬、徐适家庭获评“省五好文明家庭”。2015年，姚炜平家庭入选由江苏省委宣传部、省妇联组织评选的“江苏最美家庭”。2016年，郭建岗家庭获评“江苏最美家庭”。12月12日，姚炜平家庭获评“全国文明家庭”，为泰州市唯一获评家庭。此外，姚炜平家庭和郭建岗家庭还曾获评泰州市“十佳最美家庭”。 （赵一阳）

统　战

【概况】 2016年，市委统战部把握大团结、大联合主题，发挥“协调关系加强团结”职能，较好地完成了全年目标任务。贯彻落实上级文件精神，做好市第十三届政协委员和泰州市第五届政协委员提名推荐工作；召开政协换届人事安排民主协商会，与民主党派、工商联、无党派人士代表共同协商市政协换届人事安排等。指导民盟靖江市基层委员会、市工商联完成换届工作，增补民盟靖江市基层委员会委员2人。协助市委召开各界人士座谈会、情况通报会，听取党外人士对经济社会发展的重大决策部署、重要人事安排的意见和建议。加强党外代表人士队伍建设，出台《关于加强党外代表人士队伍建设的实施意见》。举办党外优秀人才专题培训班，组织外出学习考察，编发《仰望延安》，通过学、看、思、谈等形式，引导党外人士思想上自觉看齐、理想上深刻认同、行动上高度融合。出台全市促进“两个健康”(非公有制经济健康和非公有制经济人士健康成长)发展实施意见，完善非公服务中心、部门联席会议以及科技服务、法律服务等综合平台建设，推进非公经济代表人士综合评价。指导市工商联联合相关部门策划制作《商汇靖江》和《天南地北靖江人》栏目，在靖江新闻综合频道和手机APP同步播放。继续开展“光彩事业·清洁家园”品牌活动，全年收缴基金266万元。发动商会、企业参与成立“桃杏春风公益基金”，异地商会、行业商会为阜宁灾区捐资捐物，青商会组建“爱心家庭+暂困学生”系列公益活动。开展全市在籍少数民族和城市流动少数民族人口调查，建立少数民族贫困家庭数据库，实施一户一策精准帮扶。建成全市宗教教职人员基础信息库，指导基督教三自爱国委员会完成换届工作，开展星级场所创建“回头看”，登记注册市宗教慈善功德会，促进宗教管理规范有序。

【政协换届人事安排民主协商会召开】 年末，市委统战部组织召开政协换届人事安排民主协商会，与民主党派、工商联、无党派人士代表协商政协换届人事安排。市委统战部部长包国芳通报市政协第十三届委员会委员建议人选的界别分布、构成情况及产生过程。各民主党派、工商联和无党派人士一致认为，此次政协换届程序严谨，扩大界别，充分体现了公平公正公开，表示拥护换届人事安排，发挥自身优势，积极参政议政，为全市经济社会发展献计献力。

【统战工作调研】 8月17日，市委书记赵叶调研统战工作，听取统战工作情况汇报。市委统战部部长包国芳汇报全年工作情况及下步工作思路。赵叶从宏观上就大统战的高度、新经济的角度、广结友的力度提出研究统战工作的3点思考，从微观上对党外后备人才储备、平台组织架构培育、宗教活动场所规划3个方面提出具体要求。

【统战工作培训】 6月20—24日，市委组织部、统战部在江苏省社会主义学院举办市统战干部培训班，全市统战工作领导小组成员单位分管负责人以及各镇统战委员共40人参加培训。培训班开办“国际形势与国家安全”“加快供给侧结构性改革，增强县域经济内生动力”等公共课程，通过专题讲座和现场教学，让学员了解统一战线与中国道路、中国社会阶层变化与发展趋势等统战理论知识，提高其综合能力与素质。9月18—22日，在延安举办为期5天的党外优秀人才专题培训班，民盟靖江市基层委员会、党外知识分子联谊会、新的社会阶层人士联谊会等民主党派成员和统战团体代表30余人参加培训。学员们参观枣园、杨家岭、王家坪、延安革命纪念馆、西北局革命纪念馆等革命旧址和梁家河“两学一做”基地，了解中国共产党在延安13年的光辉历史，诵读《纪念白求恩》《为人服务》等篇章，系统学习延安精神。 (韩 芸)

党外优秀人才培训 (市委统战部提供)

农 村 工 作

【概况】 2016年，全市农村工作深化农村改革，加快“三农”转型，有效落实强农惠农富农政策措施。加强农村财务管理，印发《关于进一步加强农村集体“三资”和农村财务规范化管理的实施意见》,控减村级非生产性开支。加强农民负担监督管理,实施农村“一事一议”筹资筹劳及财政奖补,筹集资金2391.13万元,奖补项目84个。推进农村土地确权登记颁证,148个村均完成基础资料收集、农户签字确认工作,马桥镇率先开始确权颁证。规范土地流转,与农委联合印发《关于进一步规范土地经营权流转行为、保护流转双方合法权益、推进农业适度规模经营的意见》,全市土地流转面积累计1.77万公顷,占耕地总面积的72.4%。发展家庭农场,新增家庭农场252家,整镇制推进家庭农场2家,新增家庭农场规模经营面积2900公顷。推进农民专业合作社发展,全市有工商登记的农民专业合作社1098家。规范管理社区股份合作社,全市社区股份合作社累计177家,整村制社区股份合作社创建工作在泰州领先。发展壮大村级集体经济,出台《进一步加快村级集体经济发展的实施意见》,村集体经营性收入50万元以上的村达115个。推进高效农业保险,仔猪、肉牛、香沙芋保险列入地方政府补贴险种,全年完成农业保险保费收入2200万元。完善农村产权交易各项制度建设,建立健全农村产权交易信息服务平台,出台《靖江市农村土地经营权抵押贷款试点实施意见》,累计交易137笔,交易额1.17亿元。市委农工办获全省农工办工作“优秀奖”,被省农委评为绩效管理工作先进集体,被泰州市委农工办评为农经工作先进集体,连续5年被靖江市委、市政府评为“二十佳”单位。

【农民负担监督管理】 做好上年度农民负担决算,全市未发生涉农负担群体事件和恶性案件。落实强农惠农政策,抓好耕地地力保护工作,全市11.14万农户领取地力补贴3646.72万元。继续实施村级公益事业建设“一事一议”财政奖补,总投入2391.13万元,其中筹资341.51万元、省财政奖补1288万元、市财政配套200万元、村级集体经济投入338.56万元、社会捐资223.06万元,建成西来镇东胜村长西组、义兴村3-4组硬化道路,生祠镇新生村美人港、生祠村联心路硬化道路等84个奖补项目。继续做好村干部报酬发放工作,打卡发放村干部报酬1140人次1229.76万元。

【农村财务和集体资产管理】 年内,市委农工办印发《关于进一步加强农村集体“三资”和农村财务规范化管理的实施意见》,加强农村集体“三资”(资金、资产、资源)管理和“三资”信息化监管,通过电子信息监管平台,有效监管农村集体“三资”运行状况,形成市、镇、村三级联动监管和市管镇、镇管村、一级管一级的监督管理格局。规范规章制度、账目处理、科目运用等,严格村级开支行为,控减村级非生产性开支。专项督察村组财务管理制度执行情况,与市纪委、市财政局联合检查村级财务,整改存在问题,完成87个村村级财务常规审计以及49个村村干部离任经济责任审计。出台《进一步加快村级集体经济发展的实施意见》,全市村集体经营性收入50万元以上的村达115个。

【农业保险】 按照“低保障(保物化成本)、广覆盖”要求,全市水稻、小麦、油菜分别参加农业保险1.98万公顷、2.13万公顷、2054公顷,参保率100%。加大养殖业保险宣传力度,发放宣传册11万份。仔猪、肉牛、香沙芋保险首次列入地方政府补贴险种。至年末,全市参保的农业保险险种达18个,保费收入2200万元。

【惠民工程实施】 年内,市委农工办印发《关于加大政策扶持力度 进一步做好帮扶经济薄弱村工作的通知》和《关于加大政策扶持力度 进一步促进建档立卡低收入农户增收的通知》,明确58个经济薄弱村和5188户低收入农户11836人作为帮扶对象,完成低收入农户建档立卡工作。下拨专项基金1300万元扶持经济薄弱村发展,用于促进薄弱村集体增收发展项目奖补、生态环境修复维护补偿和公共服务设施建设补助。制定经济薄弱村帮扶政策13条,涉及农村管理、经济发展和农业项目等;低收入农户帮扶政策15条,涉及增加收入扶持、因病致贫扶持、教育助学扶持和特殊家庭解困等。

(陈 勇)

【农村公共服务运行维护经验全国推广】 7月,靖江市农村公共服务运行维护标准化试点工作通过国家标准委专家组考核验收,是江苏首个通过此项验收的县级市。12月27日,靖江制定的环境卫生管理与维护通则、村容村貌管理与维护规范、生活垃圾收运设施管理与维护规范、绿化管理与养护规范、公共厕所管理与维护规范等5项标准,作为江苏省农村公共服务运行维护系列地方标准正式发布,在全省范围内推广实施,其中环境卫生管理与维护通则、生活垃圾收运设施管理与维护规范被国务院综改办、国家标准委选中,作为全国农村环卫保洁服务规范、农村生活垃圾处理规范的内容之一被正式立项,并向全国推广。2012年起,靖江市作为中央农办农村改革试验联系点、省委省政府确定的农村改革试验区,承担"创新农村公共产品与公共服务供给机制"的改革试验任务。2014年,国家首批农村综合改革标准化试点项目在12个省、自治区、直辖市的39个县(区)启动,靖江被国家标准委、财政部列为全国12个农村公共服务运行维护标准化试点县市之一,选择东兴镇旺稼村、生祠镇东进村、季市镇大庆村先行试点公共服务运行维护标准化,推行村容村貌管理与维护规范等村级公共服务运行维护标准11项。2015年将河道、道路、村庄、绿化"四位一体"综合管护模式升级为河道、道路、绿化、村庄、农村公共设施、小农桥、涵洞、灌排设施"八位一体"综合管护新模式,并推行新型社区管理服务机制、群众需求表达和汲取机制、供给责任分担机制、农村环境长效管护机制、稳定的资金投入机制等九大运行保障机制,构成靖江独创的"1189"农村公共服务运行维护标准化试点模式。12月编印的《全国农村综合改革标准化试点典型经验汇编》,推广5个农村公共服务运行维护标准化试点县(区)的经验,靖江市"1189"模式作为江苏省唯一典型经验入选其中。 (启　明)

对台事务

【概况】 2016年,市台办组织对台经贸、文化、宗教等交往活动:举办靖江台湾文化艺术节暨台商经贸交流会,邀请50余名知名台商参加;走访域内台资企业,举办台资台属企业用工专场招聘会,为台资台属企业解决用工难等困难和问题;健全台商权益保障机制,改善台商投资环境,稳妥解决涉台投诉案2起。全年接待至靖江经商、探亲台胞以及考察团组6批82人次,办理因公赴台团组3批31人次,办理企业赴台团组9批21人次。

靖江台湾文化艺术节开幕式

【台资企业调研慰问】 8月11日,泰州市台办负责人一行4人至靖江,参观考察城北园区标准件产业园、靖江胜新空调制冷设备有限公司,了解企业生产经营情况,建议企业加强技改力度,提高核心竞争力,推动企业不断发展壮大。1月22日,市领导孙宏建、范敏走访慰问江苏竹盛紧固件制造有限公司、江苏新赞模具机械有限公司、江苏标星螺丝制造有限公司等台资企业,详细询问企业生产经营情况、台商在靖江的生活状况以及需要帮助解决的问题,鼓励台资企业坚定发展信心,扎根靖江做大做强。

【靖江台湾文化艺术节举行】 9月25日,靖江台湾文化艺术节暨台商经贸交流活动举行。活动由靖江台湾两地歌手音乐会、台湾著名作家舒国治交流会、台商经贸交流恳谈会、台湾摄影家阮义忠摄影作品展等组成。台湾作家舒国治、音乐人韩贤光、摄影家阮义忠等台湾知名人士出席活动。

【服务病危台商】 12月19日凌晨1时许,在靖江经商的32岁台商洪士昌因肝部剧烈疼痛、身体部分出血至市人民医院感染科诊治,被确诊为病毒性肝炎、慢性加急性肝功能衰竭、酒精性脂肪肝。市台办获悉后,立即赶赴医院沟通协调,将救治情况通报其在台亲属,并积极协助其回台湾治疗。

【李镇楠率团至靖江考察】 8月4日,台湾民意机构最高顾问李镇楠,率领台湾LED照明产业发展协会以及食品、家具、服装、投资等行业的台商至靖江考察。市领导赵叶、包国芳陪同考察。赵叶详细介绍靖江的区位优势、沿江优势、产业优势和开发优势，希望更多台商至靖江投资兴业，实现双方优势互补、互利双赢。李镇楠表示：靖江产业发展潜力无限，是理想的投资之地；会多宣传推介靖江，促进台商与靖江更广阔的合作。台湾宏齐科技股份有限公司董事长汪秉龙等客商代表也表示，将加强与靖江的沟通和交流，寻找投资机会。其间，靖江与到访台商就三元催化器和嘉元碳纤维自行车生产、LED 封装、病死动物无害化处理等项目进行洽谈并达成合作意向。

【赴台考察文创产业】 11 月2—6 日，市委常委、宣传部部长史骥涛带领 7 人文化考察团赴台考察交流。考察团参观嘉义、松山、华山文创园区，了解台湾文创产业在人才培育、政策扶持、发动群众参与以及文创园区打造运营等方面的做法，同时宣传介绍靖江文化资源优势及文化产业特点。其间，考察团还回访台湾知名作家舒国治、音乐人韩贤光、摄影家阮义忠，参观阮义忠摄影工作室及韩贤光录音棚，并邀请他们再至靖江采风、演出。

【市佛教协会赴台考察交流】 5 月 5—12 日，应台湾新北市宗教慈善推广协会邀请，市佛教协会组织部分寺院住持、监院以及佛教信众一行 17 人赴台考察交流。考察团参观佛光山和中台禅寺，拜会慧伦、慧宜、慧炬、见褒、见空等法师，就寺庙文化、寺庙管理、僧才培育等进行交流和探讨。 （陈林飞）

机关党建

【概况】 2016 年，市委机关工委深入贯彻落实中共十八大，中共十八届三中、四中、五中全会和习近平总书记系列重要讲话精神，贯穿全面从严治党主线，树立为民务实清廉目标，组织实施机关党的“向心力工程”，把“人心齐，士弘毅，敢争先”的靖江品格融入机关党建日常工作，激发机关党员干部的荣誉感和责任感，增强机关党组织的凝聚力和战斗力，在提升领导能力、优化运行质态、增强工作绩效等方面取得新进展。

【举办“立体党课”】 年内，按照“大规模培训干部、大幅度提高干部素质”要求，组织安排机关党员干部轮训，每季组织一次中心大党课，邀请知名专家学者授课。分批分层次组织机关党员干部考察和培训，珠海—深圳经济发展专题培训班、苏州—井冈山党群共建专题培训班、红旗渠—兰考党性教育专题培训班等班次，融入企业文化、园区建设、革命传统教育等内容；结合机关“美德善行榜”活动，宣传机关优秀党员和模范人物，通过场景再现、事迹还原、党员讲述等方式，用身边人讲身边事、身边事教身边人；遴选《绝美的风景，在“彩虹”桥上》《守稳初心，四季芬芳》等 12 个微党课，集中开展演讲评比，推动机关党员干部自觉践行核心价值观、传递社会正能量；利用各种警示教育基地，开展机关党员干部廉政教育；组织“机关党员进党校上党课”，邀请市纪委领导解读《中国共产党廉洁自律准则》和《中国共产党纪律处分条例》。

【举行集体“政治生日”活动】 年内，市委机关工委创新思想政治工作思路，组织党员参加集体“政治生日”，强化党员身份意识和主体意识，增强党组织的凝聚力和向心力。按照“一月一主题、一月一特色”理念，活动每月一次，组织当月入党党员重温入党誓词，安排 1~2 名党员代表交流活动体会；设置不同的党员实践环节，将“政治生日”活动与“两学一做”学习教育、党员进党

集体“政治生日”活动 （市委机关工委提供）

校上党课、“六五”普法宣传、关爱残疾人行动、在职党员进社区、学习党建标杆、全国文明城市创建等多项工作有机结合，增强活动的针对性和实效性。

【在职党员进社区志愿服务活动】 年内，对照党员“亮身份、树形象、起作用”要求，推进机关在职党员进社区志愿服务活动，协助市委组织部建立“共画马洲同心圆”志愿服务网络平台，通过市、镇、单位、社区四级管理网络和发放“一证四卡”(党员报到证、党员信息卡、服务承诺卡、写实登记卡、评议反馈卡)，组织机关在职党员认领奉献岗位、承诺服务事项、参与社区发展。全年共组织市级机关在职党员 2000 余人进社区，开展各类志愿服务活动 300 余次。结合纪念建党 95 周年，开展“党在心中，爱在行动”公益志愿服务活动，引导机关党员树立“身在社区，服务社区”理念，以履职尽责方式融入社区、承担作为社区一员的应尽之责。市供电公司、住建局园林处等单位开展“我为创建作贡献，融入社区护花木”主题活动，以居住在春江花城小区的党员为主体，认养住所周边花木，承担绿地管护之责。组织机关党员深入社区、村，开展访贫问苦等系列活动，结对帮扶困难家庭、贫困学子、孤寡老人。

【机关党群共建】 年内，会同机关联合工会开展职工读书报告会，举办文化才艺骨干培训班。组织机关部门与 200 余名靖江籍在校大学生结对，开展暑期见习行动，引导优秀青年学子回靖江创业就业。举办“好家风涵养好作风”主题报告会，引导机关党员干部深刻认识家风建设的重要性、紧迫性，涵养“人心齐，士弘毅，敢争先”的靖江品格。在靖城街道开展寻找“最美家庭”“我爱我家”文明家风宣讲活动，讲故事、谈感悟、提倡议，营造人人讲道德、家家创文明的良好社会氛围。　（王汝荣）

【服务品牌建设】 年内，市委机关工委通过开展“亮品牌、送服务”主题实践活动，引导机关部门打造服务特色，培植自身亮点，展示良好形象。市信访局“‘话’出彩虹”、市总工会“阳光新干线”、市妇联“马洲芬芳”被评为“泰州市优质文明服务品牌”，市信访局、市妇联在泰州市“讲品牌故事、创一流服务”演讲比赛中获一等奖。

链接：

市信访局　“‘话’出彩虹”服务品牌标识

品牌释义：“‘话’出彩虹”，意为通过信访干部的沟通协调、真情对话，在党和群众之间架起一座彩虹桥。彩虹象征美好的愿景，寓意信访工作是一端连着人民群众，一端连着党和政府的“连心桥”；彩虹与下端的信封和色块，代表着群众的信访诉求沿着通畅的渠道，“大事化小、小事化了”；圆环中的内、外两道环线，分别代表情理、法理，寓意解决问题要兼顾情理和法理。

市总工会　“阳光新干线”服务品牌标识

品牌释义：以汉字“工人”为设计蓝本。将“工”字变形为一辆飞驰的列车，寓意工会以快车的形式为职工提供快捷、优质、高效的服务；将“人”字变形为环球而行的轨道，表达工会以人为本、多元化的服务体系和无处不在的贴心服务，箭头传达工会明确的工作目标和行动导向；球形的太阳寓意工会为职工传递温暖、播撒希望、创造光明美好的未来。“阳光”象征温暖；“新干线”原指高速铁路客运专线系统，以高速、安全、平稳著称。“阳光新干线”寓意工会组织将温暖快速传递给广大职工。

市妇联　“马洲芬芳”品牌标识

品牌释义：“马洲”是靖江的

古称。“芬芳”蕴含香气，隐女性特质，具有美好的寓意。品牌标识由舞蹈女子、靖江市花兰花和红色缎带构成，采用红绿黑三色调。灵动的舞蹈女子由汉字“女”幻化而来，表达靖江女性聪慧自信、创新进取的时代精神，烘托出其优雅奋斗、成功幸福的人生境界；风姿绰约的兰花是靖江市花，传达靖江女性高雅芬芳的时代特性，体现其在和谐社会、和美家庭建设中所担当的责任；飘逸的彩带和清雅的兰花共同构成一颗爱心，体现靖江女性团结友爱、昂扬向上的整体特性，以及靖江妇联始终关注妇女儿童的博爱宗旨。 （赵一阳）

党校教育

【概况】 2016年，市委党校坚持管理、教研、服务并重原则，围绕“强队伍，促转型，见成效”工作目标，着力加强自身建设，积极发挥职能作用，打造“育人咨政”品牌，较好地完成了市委、市政府交办的各项工作任务。

干部培训　做优做强主体班次。配合市委组织部、市人社局等部门，举办发展对象培训班、新党员培训班、村（社区）“两委”正职后备干部培训班、全市中层干部轮训班、全市党代表履职示范培训班、“两新”组织党务工作者示范培训班、初任公务员培训班等各类主体班次。拓展联合办班。与新桥镇、江阴园区办事处等举办镇（办事处）基层干部专题培训班，配合市统计局、团市委、市残联、市委农工办分别举办全市统计系统干部素质能力提升培训班、团干部培训班、残疾人工作者培训班、农村财务与三资管理业务培训班等。做好上门宣讲。新开10多个专题课程并编印《“两学一做”学习教育培训菜单》发送至各镇（园区）、机关部门以及企业，组建中共十八届五中、六中全会精神宣讲团和“两学一做”宣讲团赴镇（园区）、机关部门、企业宣讲。累计举办各类培训班次36期，培训5882人；赴基层宣讲37场，受众5270人。

教学科研　重视青年教师成长。制定《青年教师培养实施细则》，借助外力高质量开展教学调研，凝聚内力坚持传帮带培养，开展校际间交流互访，加大高端培训力度，锻炼师资队伍，促进青年教师尽快成长。完成的调研课题中，《靖江绿色港口发展评价与对策研究》被省社科联立项为年度“社科应用研究精品工程”课题，《靖江党政青年人才适岗现状及培养对策分析》被江苏省委党校主办的《唯实》2017年第2期录用，《关于中国制造2025靖江行动的调查与思考》获“全省党校（行政学院）系统2011—2015年度优秀决策咨询成果奖”三等奖。 （朱　瑶）

老干部工作

【概况】 2016年，全市有离休干部256人，平均年龄87.8岁，年龄最大的99岁、最小的82岁；抗日战争时期参加革命工作的47人，解放战争时期参加革命工作的209人。年内，老干部工作坚持为党和人民事业增添正能量的价值取向，进一步加强离退休干部“两项建设”（思想政治建设、党支部建设）。市委、市政府召开2次老干部工作会议，通报全市经济建设和社会事业发展情况；集中慰问老干部4次、1250余人次。

第七届老干部文艺节 （市老干部局提供）

落实政治待遇　组织老干部学习中共十八届五中、六中全会精神，为离休干部订阅《银潮》杂志350份。加强离退休干部党支部建设，组织老干部参加省、市离退休干部党支部书记培训班。组织老干部代表参观新港城、城南园区、城北园区等经济建设重点工程,参观数字化城管、人防指挥中心等城市建设管理重点项目。

提高生活待遇 健全离休干部两费(离休费、医疗费)保障机制,实施离休干部医疗费定额管理新办法,做好离休干部护理费和病故离休干部抚恤金调整工作。全年举办老干部安全知识讲座3场,组织离休干部体检1次,走访异地安置离休干部14人次。加强与卫生医疗机构沟通协调,完善医疗保健综合服务平台,开展离休干部医疗保健服务结对活动,在老干部活动中心建立“党员医务志愿者服务基地”,定期安排名医专家为老干部提供保健咨询服务。

丰富文化生活 开展元宵节、中秋节游艺活动,每季度开展棋类比赛、乒乓球比赛、钓鱼比赛和集邮展览等活动,举办全市第7届老干部文艺节,彰显离退休干部“有乐有为有爱”的精神面貌。创新平台载体,鼓励老干部在社会治安综合治理、党风廉政建设、政策宣传、关心下一代、行业纠风、推动全民健身等方面继续发挥积极作用。 (朱澄洁)

信　访

【概况】 2016年,市信访局贯彻落实中央、省、市关于信访工作的决策部署,创新工作机制,以信访积案多元化解、依法终结和信访救助为抓手,着力打造“阳光信访、法治信访、人文信访、效率信访”,圆满完成各项信访维稳工作任务。全年接待群众来访752批、6113人次,比上年分别下降22.31%、7.04%,其中集访239批、5433人次;受理群众来信525件,上升5.4%;处置越级赴省访49批、95人次,分别下降7.55%、161%;处置越级进京访68批、97人次,分别下降16.01%、13.4%。全市信访秩序明显好转。

【领导接访机制完善】 年内,明确市党政领导接访工作要求,进一步改进市级领导接访方式、方法,把坐班接访与分类接访、重点约谈、带案下访、上门走访、主动陪访、代访代办等相结合,增强接访针对性和实效性;同时,建立市级领导接谈信访事项工作台账,督察办理情况,确保办理到位。

【信访维稳举措创新】 年内,研究出台《靖江市信访维稳事项分级管理办法实施细则》,建立权责统一、责任明晰、管理有序的信访维稳事项分级处理机制,形成一级带动一级与逐级落实责任、分级分层处置与属地属管协同的信访维稳工作格局,推动信访维稳事项协同化解和高效处置。制定信访维稳事项包案责任制,根据信访事项处理难易程度,分别由村、镇、市三级领导包案处理,包案领导对所包案件签字确认,作为责任落实和倒查问责的依据。印发《依法分类处理信访投诉请求清单》,督促市有关部门严格按清单规定受理办理信访事项,提高信访事项解决的效能与精准度。

【信访维稳模式升级】 年内,全面升级信访维稳工作模式,组织力量开展信访疑难问题专项大排查活动。各级各部门做到日常排查、特殊时期重点排查相结合;市联席办实行一月一排查梳理、一季一督查总结,对排查过程中发现的涉及征地拆迁、城镇建设、劳动社保等信访突出问题以及涉法涉诉等不稳定因素建立工作台账。对排查出的18个重要信访群体、40个重点信访人员,落实专人稳控,确保各级“两会”、泰州市委工作会议、中共十八届六中全会等重大活动期间“四个没有发生”(没有发生有影响的滞留、缠访闹访行为,没有发生有影响的集体访和规模性群体访,没有发生恶性刑事案件和个人极端事件,没有发生信访问题社会炒作和负面舆情),确保重要敏感时段全市信访稳定。

【信访积案化解】 年内,市信访局排查汇总上年度未化解、上级交办以及历年积存的信访案件,共梳理积案580件,其中涉法涉诉类179件、求决类401件,对求决类积案全部落实领导包案处理,并做好专项督查工作。至年末,求决类积案报结率100%、化解率85%。

【宣传培训】 年内,市信访局开展信访法制宣传,重点宣传群众依法逐级走访权益保障卡制度,引导群众理性、文明、依法、逐级上访;开展业务培训,会同市委组织部联合举办全市政法信访干部信访维稳专题培训班,分析信访形势与对策,专题解读推行群众依法逐级走访权益保障卡制度的背景及现实意义,提升全市信访干部处置信访突出问题和应对复杂局面的能力;推行“阳光信访”,畅通群众诉求表达渠道,加大信访事项办理力度,着力提高及时就地办结率,群众信访满意率达99.6%。 (王　波)

【概况】 2016年，市人大常委会围绕市委重大决策部署，履行宪法和法律赋予的职责，完成市十五届人大四次会议确定的各项任务。全年召开全体会议1次、常委会会议10次、主任会议6次，听取和审议专项工作报告19项，作出决定、决议8项，组织代表视察和执法检查7次，开展代表评议活动2次，任免国家机关工作人员84人次(其中市人大常委会工作人员28人次、市政府组成人员13人次、市法院工作人员31人次、市检察院工作人员12人次)。至年末，全市有江苏省人大代表5人、泰州市人大代表58人、靖江市人大代表263人。

【市第十五届人大第五次会议】 1月10—13日，市第十五届人民代表大会第五次会议在省靖中礼堂举行。大会应到代表262人，实到261人(有1人暂停代表职务)。会议期间，人大代表听取和审议《靖江市人民政府工作报告》《靖江市人大常委会工作报告》《靖江市人民法院工作报告》《靖江市人民检察院工作报告》，审查和批准《关于2015年国民经济社会发展计划执行情况和2016年国民经济社会发展计划的报告》《关于2015年财政预算执行情况和2016年财政预算草案的报告》。会议期间，共收到代表就全市政治经济社会建设等方面工作提出的议案、建议、意见87件(条)。

市第十五届人大第五次会议

【市第十五届人大常委会会议】 年内，市第十五届人大常委会共举行10次会议。

第二十九次会议 1月29日召开，表决通过市政府、市法院、市检察院相关人事任免事项，审议市人大常委会2016年度工作要点及议题安排。

第三十次会议 3月29日召开，听取和审议副市长赵国庆代表市政府所作《关于项目招引建设情况的报告》,听取和审议邵琛、王凌云、蔡永进3位在靖泰州市人大代表履职情况报告,表决通过相关人事任免及代表辞职事项。

第三十一次会议 4月27日召开,表决通过相关人事任免及代表辞职事项。

第三十二次会议 5月25日召开,听取和审议副市长姜鸿代表市人民政府所作《关于危险废物管理工作情况的报告》,听取和审议市司法局局长印江红、市农委主任李江豪、市市场监管局局长顾灿红的履职情况报告,表决通过相关人事任免事项。

第三十三次会议 7月8日召开,表决通过相关人事任免及辞职事项。

第三十四次会议 7月25日召开,听取和审议检察长刘贵代表市检察院所作《关于提请人事任命议案的报告》及《关于司法规范化建设情况的报告》,听取和审议市财政局局长殷爱华受市政府委托所作《关于2015年财政决算及2016年上半年财政预算执行情况的报告》,听取和审议市审计局局长唐文勇受市政府委托所作《关于2015年度靖江市本级财政预算执行和其他财政收支的审计工作报告》,听取和审议市人大常委会财经工作委员会杨文萍所作《关于靖江市2015年财政决算的审查报告》,听取和审议市发改委主任于政受市政府委托所作《关于2016年国民经济和社会发展计划上半年执行情况的报告》;表决通过市检察院人事任免事项。

第三十五次会议 9月27日召开,听取和审议市农工办主任刘德基受市政府委托所作《关于进一步规范农村土地流转,保护农民合法权益工作情况的报告》,听取和审议市教育局局长范新宏受市政府委托所作《关于教育现代化示范区创建工作情况的报告》,听取和审议市人大常委会副主任丁少华所作《关于市、镇人大换届选举有关事项的说明》,审议通过市人大常委会关于开展第7个五年法治宣传教育的决议。

第三十六次会议 10月24日召开,审议通过市、镇新一届人大代表选举选区划分及代表名额分配方案,审议通过人事任命及有关同志辞职事项。

第三十七次会议 11月28日召开,听取和审议市人大常委会主任高亚梓受主任会议委托所作《关于提请任免李江豪等同志工作职务的议案》,听取和审议副市长周小慧代表市政府所作《关于提请审议〈靖江市2016年转贷地方政府新增债券资金及市级预算调整方案(草案)〉议案的报告》,听取和审议市财政局局长殷爱华受市政府委托所作《关于提请审议〈靖江市2016年转贷地方政府新增债券资金及市级预算调整方案(草案)〉议案的说明》,听取和审议市人大常委会财经委员会杨文萍所作《关于靖江市2016年转贷地方政府新增债券资金及市级预算调整方案(草案)的审查报告》,听取和审议市审计局局长唐文勇受市政府委托所作《关于2015年度市本级财政预算执行和其他财政收支审计工作报告中指出问题纠正情况和处理结果的报告》,审议通过关于召开市十六届人大一次会议的决定,表决通过相关人事任免和代表辞职事项。

第三十八次会议 12月22日召开,表决通过人事任免和有关辞职事项,听取和审议市人大常委会副主任丁少华所作《关于市第十六届人大一次会议筹备工作报告及有关事项的说明》,听取和审议市人大常委会副主任、代表资格审查委员会主任委员叶丽华所作《关于市第十六届人民代表大会代表资格的审查报告》,听取和初审市发改委主任马晓波受市政府委托所作《关于2016年国民经济和社会发展计划执行情况与2017年国民经济和社会发展计划草案的报告》;听取和初审市财政局局长张劲松受市政府委托所作《关于2016年财政预算执行情况和2017年财政预算草案的报告》。

【人大换届选举】 9月,靖江启动市、镇人大换届选举。采用新技术建立选民登记数据库,首次采集选民身份证号码并通过数据库进行比对,确保选民登记"不漏、不错、不重"。全市总人口665524人,18周岁以上户籍人口586168人,登记选民594963人(含非本市户籍但在本市登记的选民16102人),选民登记率98.7%。按照《中华人民共和国选举法》和《江苏省各级人民代表大会选举实施细则》规定,提名酝酿代表候选人,全市划分26个选举单位120个选区。提名推荐市人大代表初步候选人1628人,其中政党和人民团体推荐51人,选民10人以上联名推荐1577人。确定市人大代表正式候选人381人,其中政党和人民团体推荐51人,选民10人以上联名推荐330人。划分镇人大代表选区243个,确定镇人大代表正式候选人854人。全市参加选举投票的选民有573076人,参选率96.3%。选举产生市人大代表265人,出缺2人,其中,一线代表116人,占代表总数的43.8%;非中共党员代表 99 人，占代表总数的 37.4%；妇女代表 92 人，占代表总数的 34.7%；企业负责人代表 37 人，占代表总数的 13.9%；留任代表 86 人，占代表总数的 32.5%。选举镇人大代表 610 人。在靖江市第十六届人大一次会议上，依法选举产生新一届市级机关领导人员 44 人。其中，市人大常委会主任、副主任 5 人，委员 30 人；市政府市长、副市长 7 人；市法院院长 1 人；市检察院检察长 1 人。会议还依法选举产生泰州市第五届人大代表 60 人。8 个镇选举产生 45 名镇政府班子成员，其中具有大专以上学历的 43 人、妇女干部 9 人；选举产生 16 名镇人大主席、副主席，全部具有大专以上学历，其中妇女干部 3 人。

人大代表分组审议政府工作报告

【代表视察和执法检查】 年内，市人大常委会组织代表视察和执法检查 7 次。

4 月 14 日，组织代表赴姜堰考察"三农"工作经验和成功做法，参观省级现代农业产业园区服务中心、沈高镇河横村集中居民区、沈高镇观赏鱼基地、中艺农业生态园及溱潼镇湖南村村庄环境整治现场。

4 月 29 日，组织代表视察空调行业消防产品生产企业 3C 认证情况。代表们实地视察江苏阿波罗空调净化设备制造有限公司、江苏景盛空调有限公司和江苏华东正大空调设备有限公司，了解企业 3C 认证情况，建议市政府加大对规模企业的扶持。

5 月 26 日，开展贯彻实施道路交通安全"一法一条例"（《中华人民共和国道路交通安全法》《江苏省道路交通安全条例》）情况执法检查。查阅贯彻实施道路交通安全"一法一条例"情况的相关资料，视察市道路交通指挥中心，人民路、渔婆路、江平路沿线交通秩序情况和生祠镇、新桥镇各一条农村道路，检查生祠交巡警中队履行农村道路交通管理职能情况，听取市交巡警大队、生祠镇、新桥镇、外国语学校相关情况汇报。

5 月 30 日，组织代表视察中科院理化所靖江高科技产业园运转情况。实地视察市科技创新展示馆及中科苏派能源科技、中科金秋竹核电装备等产学研项目，代表们对科技创业园区运转情况表示肯定。

6 月 8 日，组织代表视察长江防汛、城市防洪及农村二、三级河道二次轮浚工作情况。实地视察东兴镇农田防洪排涝工程、新桥镇小区防洪排涝应急工程、下四圩港河道整治工程、下六圩港和新小桥港水利枢纽工程，听取相关情况汇报。

7 月 21 日，组织代表视察数字化城管建设情况。实地视察市数字化城市管理监督指挥中心和城南办事处二级平台，观看数字化城管系统运行演示。

9 月 20 日，视察"关于建设泰兴市曲霞镇到靖江市北江平线快速路道的建议""关于对靖泰界河水环境实施综合整治的建议"的办理情况。

【议案建议办理】 市第十五届人民代表大会第五次会议收到代表提出的议案、建议 87 件，其中议案 39 件，建议、批评和意见 48 件。《关于推进高标准农田建设的建议》《关于整合居家养老资源的建议》《关于完善我市交通信号灯控制路口"电子警察"系统建设的建议》《关于建立医养结合公立医院的建议》《关于建设社区心理咨询室的建议》《关于尽快出台省政府 93 号令实施细则的建议》《关于加强全市危化企业监管的建议》《关于加强牧城景区组团开发建设促进靖江旅游业再上新台阶的建议》《关于尽快启用精亚新天地地下停车场的建议》《关于加强土地流转监管、保障农民利益的建议》等 10 件议案、建议，由市人大常委会主任会议成员重点督办；其余议案、建议由市人大常委会各委办发挥"对口联系、情况熟悉"优势负责督办。选择部分重点议案、建议，召开人大代表重点建议办理情况汇报会。 （江　平）

政府重要会议

【概况】 全年市政府召开常务会议3次、全市性工作会议20次。会议主题涉及工业经济、城乡一体化、城市建设、社会民生等方面。

【市政府常务会议】 4月29日，市长赵叶主持召开第17次常务会议，听取并讨论靖江市2016年度综合考评及专项考评意见修订情况的报告、《靖江市第二期学前教育五年行动计划(讨论稿)》、《鼓励发展众创空间推进大众创新创业带动就业工作的意见(讨论稿)》、《关于进一步推进滨江新城发展的意见(讨论稿)》、《靖江市国有土地房屋征收房票安置试行办法(讨论稿)》、《靖江市科技创新券实施办法(修订)(讨论稿)》，听取“4·22”德桥仓储火灾事故及善后处置情况的汇报，并研究部署当前工作。

8月26日，代市长叶冬华主持召开市政府第18次常务会议，讨论《靖江市关于贯彻〈省政府关于机关事业单位工作人员养老保险制度改革实施意见〉的通知(讨论稿)》《靖江市市长质量奖评审办法(讨论稿)》，听取关于推进国库集中支付制度改革情况、全市社会消费品零售总额统计工作情况、1—7月全市安全生产情况、新《江苏省安全生产条例》解读以及有关案件审理情况汇报。

12月24日，代市长叶冬华主持召开市政府第19次常务会议，讨论《政府工作报告(讨论稿)》《关于靖江市2016年国民经济和社会发展计划执行情况与2017年国民经济和社会发展计划草案的报告(讨论稿)》《关于靖江市2016年财政预算执行情况和2017年财政预算(草案)的报告(讨论稿)》，传达泰州市政府投资项目招标专项整治工作动员部署会精神，听取全市安全生产、有关案件审理情况汇报，并研究部署当前工作。

【重要会议】 2月15日，召开全市机关作风建设暨综合表彰大会。

2月19日，召开全市工业和开放型经济暨项目大突破工作会议。

2月23日，召开2016年项目招引和建设工作情况专题汇报会。

3月10日，召开全市农村工作暨扶贫开发工作会议。

3月29日，召开重大项目招引和建设工作过堂会。

3月31日，召开全市科技工作会议。

4月23日，召开危化品安全生产工作紧急会议。

4月27日，召开全市安全生产工作会议。

5月12日，召开1—4月份项目招引建设点评会。

5月19日，召开全市开发园区工作座谈会，全市防汛防旱工作现场会。

7月22日，召开上半年工业经济运行分析会。

9月14日，召开农业农村工

作推进会。

9月27日,召开第三次全国农业普查工作会议。

9月28日,召开市、镇两级人大换届选举工作会议。

10月14日,召开出租汽车行业改革工作部署会。

10月27日,召开扶贫开发工作推进会。

10月28日,召开城乡建设新提升动员大会。

10月31日,召开迎接国家卫生城市复审迎检工作会议。

12月21日,召开国家卫生城市复审迎检推进会。

(钱 炜)

民生实事项目

【概况】 2016年,市政府以服务群众为宗旨,以群众需求为导向,以群众满意为目标,实施完成10件民生实事。

一、改善农田基础设施。新建333.33公顷高标准农田,建成混凝土道路4.28千米、衬砌渠道19.15千米、晒场1080平方米、桥梁1座、涵洞5座、排灌站17座。

二、继续实施农村环境综合整治。全市推行农村环境"八位一体"综合管护,年内新增省级美丽乡村2个,分别为西来镇泥桥村和新桥镇三太村。

三、深入推进医疗均衡化。完成新港城医院区域集中消毒供应中心土建、装修工程和设备、设施招标工作,并安排医务人员学习进修。第四人民医院二级中西医结合医院创建工作通过泰州市卫计委专家组评审。季市中心卫生院迁建工程完成国土预审、规划选址、平面图审查、环评、可行性研究报告批复、项目拆迁安置等前期工作。新桥城医院迁建工程完成土建、内部和外墙装修。生祠中心卫生院选派医务人员进修学习。侯河、惠丰卫生院投入使用,老年专科全面运行,2家卫生院住院医疗护理老年人99人,医养签约65岁以上老年人631人,老年科门诊服务528人次。

四、进一步完善城乡教育布局。御水湾幼儿园土建主体竣工,敦义小学、越江幼儿园、新世纪壹号幼儿园、港口小学和天水小学竣工并投用。真武小学直饮水设备投入使用。

五、完善交通基础条件。沿江高等级公路收费站—东兴下六圩港桥段约31千米完成养护改善工程招投标,完成40千米半幅路面封闭、40千米半幅路面铣刨、36千米半幅水稳补强和摊铺、24千米半幅沥青下面层摊铺。公新公路新桥段建成并通车。鼎兴大道—四圩港段完成无障碍路段清表、下水道和河塘清淤回填。四圩港—头圩港段完成无障碍路段路基填筑、半幅沥青面层摊铺。头圩港—火叉港段完成沥青面层摊铺(除加油站100米路段);加油站100米路段南侧完成半幅水稳、沥青面层,北侧拆迁问题得到解决。城西大道江阴园区段完成全线路基清表、施工便道、河塘涵管及路基填筑约8万立方米。江阴园区办事处基本解决所涉征地农民进保问题。横港—北二环路段完成无障碍路段路基填筑以及曾家港下穿U型槽和陆三港桥、横港大桥等构筑物施工。其中,横港桥—曾家港段完成水稳碎石、沥青面层摊铺;康爱特化工厂—北二环段完成沥青面层摊铺,康爱特化工、世能化工、三星机械均达成拆迁协议。北二环—新江平路段完成招投标工作,施工单位进场施工。

六、建设城市慢行系统。建设公交换乘枢纽及首发站5处,新增林荫大道4条。完成西天生港林带疏林改造及慢行系统工程南环路—江阳路段彩色透水混凝土路面浇筑;完成江阳路—江洲路段既有慢行系统的提升改造。城北公交首末站建设完成选址、立项、平面设计、施工设计图等工作。建成城南公交首末站,新港公交枢纽站完成工程量的30%。

太东村电商服务站建成

天妃广场公交首末站进入水稳施工阶段。完成人民路(新洲路—朝阳路—南环路)、富阳路(康兴路—姜八路)、新洲路(人民路—兴业路)、姜八路(中洲路—沿江路)林荫化改造工程。

七、继续推进城区河道综合治理。完成九圩港朝阳路至中洲路封闭段整治工程量的80%。

八、开展村级为农综合服务社达标建设。建成村级为农综合服务社50家、电商服务站30家,建成村(社区)综合性文化服务中心30家。

九、全面实施因病支出型贫困家庭救助,结对帮扶城乡贫困户1200户。年内收到上报因病支出型贫困家庭申报材料21份,经过审核、入户复查后公示。各镇(街道、园区、办事处)均制定结对帮扶工作方案,核实、筛选帮扶对象,公示确定帮扶对象;各帮扶单位筹集资金并及时划拨。

十、实施残疾人服务“四免四全面”提升工程。出台《靖江市残疾人辅助器具适配补贴暂行办法》,全年发放辅具834件,家庭无障碍改造15户。出台《靖江市14岁以下残疾儿童基本康复项目免费服务实施办法》,免费基本康复训练年龄提升至14岁以下。实行残疾儿童少年学前至高中15年免费教育,年内155人享受该免费服务。全面落实《关于住院重度精神病患者纳入医疗救助的报告》。免费给服用抗精神病药物需求的精神残疾患者药品,取消关于“低保、五保等纳入医疗救助范围的困难人群或经部门认定的其他贫困人群”的限制,原救助的16种药品升级为5类32种,年内有569人享受免费给药服务。出台《关于重度残疾人家庭申报最低生活保障的通知》,与省政府“完善困难残疾人生活补贴和重度残疾人护理补贴制度两项补贴”政策并轨实施。将儿童残疾筛查全年纳入基本公共卫生服务体系,全年筛查0~6岁儿童9140人,筛查出79名疑似残疾儿童,27人进行复筛。出台《进一步规范残疾人“双提升”培训的通知》,组织3300余名企业在岗残疾人参加技能、认知双提升职业培训班。

机构编制

【概况】 2016年,市编委办牵头推进简政放权、放管结合、优化服务改革,加强行政权力标准化、动态化管理,完善事中事后监管机制,稳步有序推进新桥镇简政放权改革试点。加强机构编制科学化、制度化、规范化管理,优化机构编制资源配置,强化监督检查,严控机构编制增长,推进机关事业单位统一社会信用代码制度改革,为全市经济社会发展提供体制、机制保障。至年末,全市有镇(街道、办事处)机构10个,国家级开发区和省级开发区各1个,市委工作机构8个,市委部门管理机构3个,人大、政协机关2个,群众团体机构6个,市政府工作部门25个(市监察局不计机构数),市政府派出机构2个,政法机关4个,市委、市政府直属事业机构8个,部门下属事业单位394个。

【行政审批制度改革】 推行行政权力目录清单规范化、标准化建设,动态调整行政权力事项清单。梳理审核全市48个部门(含8个垂直部门)行政权力,形成《部门权力清单》,对照清单制定办事指南,通过政务服务网向社会公开。年内,动态调整11个部门的行政权力,累计消减行政许可事项208项,取消、调整行政权力115项。加强涉审中介改革。制定《靖江市行政审批前置中介服务事项目录》及《收费项目清单》,向社会公布涉及13个部门、46个审批事项所对应的前置中介服务项目53项。编制公共服务事项清单,包括基础性、经济性、安全性和社会性等服务事项,解决群众“办证难、办事难”问题。完善政务服务平台,推进综合执法、中介组织治理等7项配套改革,落实随机抽取被检查对象、随机选派检查人员的“双随机”抽查机制,公布企业经营异常名录,开发“智慧安全生产监管”系统,加强市场监管领域、环保领域、安全生产等领域的事中事后监管力度。

【机构编制调整事项】 合理配置机构编制资源,调整市法院、公安局和环保、民政、人社等基层一线部门机构编制,加强执法一线、经济发展一线和民政事业队伍力量。完善不动产登记平台,调整不动产登记中心机构设置,划转调整相关人员。结合国家级开发区机构设置需要,调整靖江经济技术开发区内设(派驻)机构设置和核定领导职数,优化开发区管理体制。调整并印发市政府滨江新区办事处的主要职责、内设机构和人员编制,提升办事处经济社会发展能力和水平。深化公立医院改革,核定人员控制数,创新公立医院人员编制管理,撤销市文教职业学校、市粮食职工学校、市节能监测站,并注销其编制。

【机构编制督查管理】 进一步规范实名制管理流程,健全实名制信息库管理和人员编制月报制度，确保实名制信息库数据真实、准确；完善副科级以上机构及领导职数目录，及时调整岗位变动的领导干部；加强编外人员管理，摸底排查全市机关、事业单位编外人员，确保各单位编外人员数在认定数范围内；加强编内人员总量控制，下达2017年空编使用计划303个，其中采取公开招录(聘)方式使用的行政编制及参公事业编制74个、事业编制229个(卫技人员60人、教师110人、其他事业单位工作人员59人)；会同市委组织部、市审计局对市农委、住建局、司法局、统计局、新桥镇5个部门(单位)主要负责人开展机构编制责任审核，强化领导干部机构编制责任意识。

【事业单位登记管理】 审核并公开、公示410家2015年度事业单位法人年度报告。落实省、泰州市关于事业单位法人治理结构改革要求，修订市医疗集团法人治理结构章程，完善法人治理结构制度。规范事业单位日常登记工作，完成变更登记73家、设立登记11家、注销登记9家。按照分级管理原则，开展事业单位“四码合一”工作，即将原事业单位法人证书、组织机构代码证、纳税人识别号和机构信用代码证，改为核发一个加载18位统一社会信用代码的法人证书。全市75个市级机关、7个群众团体完成统一社会信用代码赋码，事业单位统一社会信用代码实现全覆盖。部署中文域名注册、缴费工作，全市中文域名注册覆盖率和续费缴费率均达100%。

【新桥镇简政放权改革试点】 8—12月，先后组织召开4次新桥镇简政放权改革试点座谈会，梳理简政放权改革试点过程中遇到的难点及权力运行过程中的问题，提出相关解决建议、意见和工作方案，确保下放的312项权力运行正常。建设规范化的新桥镇便民服务平台、社会治理服务平台和综合执法平台，组织新桥镇综合执法局具体业务人员开展案件材料流程规范化管理业务培训，完善相关协调配合机制和监管办法，健全“前台+后台(政务服务窗口+综合管理机构)”服务机制，优化综合执法流程，提升公共服务和依法行政水平。加强下放权力的事中事后监管，完善权力运行监督机制，建立下放权力事项上报备案制度和以随机抽查为重点的日常监督检查制度，强化市级部门对下放权力的监督职责，确保行政权力“放得下”“管得好”。 (吴婧怡)

新桥镇便民服务中心建成 (市编委办提供)

【综合执法体制改革】 完善市场监管综合执法改革机制，组建市场监管执法队伍，创新监管机制和方式，实现市、镇(街道)、村(居)三级食品安全监管领域“一支队伍管执法”。推进城市管理、商务、粮食等领域的综合行政执法体制改革工作；在设立商务综合行政执法大队的基础上，制定法定监管领域商务监管执法责任清单和商务行政执法流程，健全商务综合行政执法制度。

人事人才工作

【概况】 2016年，市人社局围绕“民生为本，人才优先”，实施人才强市、人才强企战略，创新人才工作体制、机制，提升公共服务水平，各项工作全面发展。加强公务员和事业单位人事管理，完成43名公务员和143名事业单位工作人员招录工作。至年末，全市有公务员2439人、事业单位从业人员14067人。抓好人才引进培养，全年引进各类人才2420人，新增专业技术人员2200人。做好高校毕业生就业服务，总体就业率保持在97%以上，高于全省平均水平。工资福利、退休工作、军转干部安置等工作顺利开展。

【公务员管理】 年内,市人社局配合泰州市完成43名公务员(含参照公务员法管理事业单位工作人员)招录工作。指导全市81家单位1809名公务员(含参照公务员法管理事业单位工作人员)做好年度考核奖励工作,其中优秀266人、称职1498人、基本称职2人、不称职2人、不定等次40人,未参加考核1人,获嘉奖54人,记三等功9人。组织全市2863名公务员(含参照公务员法管理事业单位工作人员)参加泰州公务员网络培训,参训率、完成率100%。按照省厅公务员局部署,组织700名公务员参加“省公务员局送教下基层”活动。举办机关事业单位中层干部素质能力提升培训班2期,培训1800人。选调5名副科级基层公务员至苏州参加对口培训。组织104名新录用公务员和事业单位新聘用工作人员、党政青年人才参加初任培训。

【事业单位人事管理】 年内,市人社局指导和组织事业单位招聘工作,公开招聘事业单位工作人员124人(其中教师65人、卫生技术人员11人),人才引进卫生技术人员19人。规范事业单位人事管理程序,拟定《靖江市机关事业单位工作人员调动管理办法(草案)》并在全市征求意见。做好事业单位人事管理系统信息完善及事业单位岗位设置日常管理工作,全年共审批39家单位岗位设置方案及变更。鼓励机关事业工勤人员参与职业素质提升培训考核,完成泰州市局下达的考核任务,8人获技师资格。审核2015年度340家事业单位工作人员统计年报,全市事业单位年末从业人员总数14067人、在册正式工作人员12332人。对全市政府口、镇各事业单位12274名工作人员的年度考核进行备案。配合完成行政机关车改、粮食系统改革及新招聘事业单位工作人员岗前培训工作。转发泰州《吃空饷长效管理机制》,完成“吃空饷”整治回头看工作。

【人才引进与开发】 年内,市人社局开展“人才强市”工作调研,创新人才引进工作机制,全年引进各类人才2420人,其中引聘高层次人才219名、海外人才53名。编制发布全市紧缺专业人才目录,涉及纺织、化工、生物技术等11大行业91家企业60个专业,包括机械冶金、医药化工、船舶设计、模具设计、机电一体化等624个岗位。举办留日博士靖江洽谈会,8家企业与6名博士达成合作意向2项。组织优秀人才“购房券”发放活动,向89人发放“购房券”共483万元。做好人才专项补贴申报发放工作,403人申报生活补贴232.33万元,42人申报租房补贴54.24万元,474人获高技能人才获证奖励37.92万元,41家单位申报高技能人才达比例奖励410万元,2家单位申报高专业技术人员达比例奖励20万元。抓好国外智力引进管理,为卓然(靖江)设备制造有限公司等企业引进外国专家5人。做好江苏省博士后创新实践基地申报工作,江苏民生特种设备有限公司、江苏光芒新能源股份有限公司和江苏大中电机股份有限公司新建博士后创新实践基地。组织专业技术资格申报推荐评审,全市新增专业技术人员2200人,其中高级264人、中级842人。加大技能人才培训,完成城乡劳动者职业技能培训19842人、创业培训5879人、新生代农民工培训1468人,企业在岗职工全员技能培训12755人,11076人取得职业技能等级证书,8036人取得高级职业技能等级证书,其中技师1377人、高级工6659人。经专家评审公示,组建机械制造类、船舶制造及配套类、餐饮服务及其他类技能大师工作室23家。

【高校毕业生就业服务】 2016年,市人社局完善“未就业应届高校毕业生信息库”,全年引进各类高校毕业生2320人。举办2016年春季、夏季高校毕业生就业招聘服务周,组织院校引才等各类招聘活动130场次,500余家用人单位进场,提供各类专业岗位6000余个,实现就业4400余人,其中高校毕业生1635人。做好高校毕业生就业指导,办理求职登记700人次,接收档案3442份,接待档案查询及就业咨询5000余次。开展高校毕业生就业见习培训,向13家见习基地310名见习人员发放见习补贴48万元。续编高校毕业生就业政策问答,组织55名应届高校毕业生参加靖江骨干企业行活动。与扬州大学等8家院校签订合作协议,建立长期人才合作基地。

【工资福利、退休工作】 完成机关事业单位工作人员基本工资标准调整、工资正常晋升工作。会同市纪委等部门监督、检查津贴、补贴、奖金管理执行情况。按照到龄即退原则,为408名机关事业单位工作人员办理退休手续。其中机关干部92人,事业管理、专业技术人员224人,机关事业工人92人。

【军转干部安置】 按照“立项积分,公开选岗”的安置办法,完成12名营职以下军转干部及1名随军家属安置工作,实现部队、军转干部、用人单位三满意。编制《军转干部须知》,开展政策宣传,有针对性的对军转干部进行指导。统筹兼顾,做好自主择业军转干部管理服务工作。建立企业退休军转干部慰问长效机制,落实困难企业军转干部帮扶政策。

(李庆峰)

政务服务

【行政审批】 年内,靖江在全省首发“两证合一”执照,将个体工商户的营业执照和税务(国税、地税)登记证合并,通过“一站式”(一次申请、一窗通办、一表登记、一套材料、一网共享)服务,颁发加载统一社会信用代码的营业执照。推行联合图审工作模式,简化工程、气象、人防、消防等项目的图审程序。由市规划局等5家图审服务机构联合派驻专业技术人员集中进驻中心,设置联合图审网上申报平台及联合图审窗口,实行一次性网上申报、一次性受理审查(联合审查)资料、一次性送达联合审查意见、分别出具行政许可文件或审查合格书。全年行政审批共受理办件717398件,办结717376件,综合办结率99.99%。其中中心窗口受理办件168986件,办结168984件,综合办结率99.99%。受理一般联办件3218件,其中双证抵押767件、重大联办件54件。受理延时服务咨询527件,受理延时服务办件9928件,即时办结1976件。

【公共资源交易】 年内,市政务中心多措并举完善公共资源交易流程。对限额范围内的项目,通过摇号产生中标单位的方式,解决小项目招标吸引力不强、投标参与积极性不高等问题;采取限时办结、特事特办、一次确认、集中采购等方式,缩短操作时间;使用远程评标系统,解决当地评委欠缺的问题;对全市重点项目、开发区项目实行跟踪保姆式服务,提高公共资源交易效率。全年完成工程建设项目交易340个,工程预算价32.23亿元,合同中标造价28.47亿元,节减资金3.76亿元,资金节减率11.65%;完成政府采购项目335个,预算金额3.25亿元,实际采购金额2.88亿元,节约资金0.37亿元,资金节约率11.38%。

市长信箱和12345政府服务热线办理工作培训会 (市政务办提供)

【服务热线】 年内,市政务办规范政府热线行为。组织64个政府热线承办部门参加“12345”政府服务热线办理工作培训会,增强热线办理责任意识,提高热线办理操作实务。深入基层辅导热线工作具体业务,变“异地遥感”为“同步协办”,强化政府服务热线催办、会办、督办的时效性、高效性和规范性建设。全年,共受理市民来电27978个,当场答复19407个,交有关单位限时办结8571个,办结率100%,满意率95%。

(顾 彬)

外事

【概况】 2016年,市外办办理因公出国(境)团组32批70人次,其中双跨(跨地区、跨部门)团组28批48人次,目的地有俄罗斯、美国、加拿大、阿联酋等多个国家和地区;帮助涉外企业办理邀请外国人至靖江工作、洽谈业务84批129人次,涉及印度、巴基斯坦、日本、孟加拉国等10余个国家;宣介推广APEC商务旅行卡,跟踪APEC商务旅行卡申办情况,全年有7家企业21人次办理APEC商务旅行卡。

【国际友城交流】 4月1—7日,德国安斯巴赫地区友好学校师生访问团一行42人，在普拉腾高级中学校长贺德曼、福伊西特网根市文理中学校长绍尔·哈默尔的带领下，至靖江开展为期一周的交流。期间，双方共同举办友好学校交流10周年庆典仪式。就职于德国安斯巴赫体育俱乐部的足球教练汉斯·尤尔根布鲁纳受邀随行，对靖江80余名足球教练员进行为期3天的专业培训。　（杨任飞）

侨务及港澳事务

【概况】　2016年，市侨办、侨联接待华人、华侨、海外客商10批82人，走访慰问重点归侨、侨眷46户，向海外华侨、华人及重点人士寄发电子贺卡150余封，受理来信来访5人次，办结率100%。年内，刘国钧故居被确定为“江苏省华侨华人文化交流基地”，江阴—靖江工业园区办事处莲沁苑社区被省侨办确定为2016年度江苏省社区侨务工作示范单位。

【刘国钧故居被定为省华侨华人文化交流基地】　4月，刘国钧故居被江苏省侨联确定为“江苏省华侨华人文化交流基地”。刘国钧，爱国实业家，曾任中华全国工商业联合会副主任委员、江苏省人民政府副省长。其女儿刘璧如受父亲影响，心系家乡建设，捐资建成刘国钧图书馆、刘国钧中学，并设立刘国钧奖学基金等。刘国钧故居位于生祠镇，由旧居、善余厅、敬修堂和新建的国钧堂组成，1986年对外开放，先后被确定为泰州市爱国主义教育基地、未成年人思想道德教育基地、江苏省文物保护单位。

【市侨办赴香港拜访旅港同乡会】　9月，市侨办赴香港拜访泰州旅港同乡会、靖江旅港同乡会。在港期间，市侨办介绍靖江的区位优势和沿江产业发展亮点，了解旅港同乡的工作、生活情况，鼓励他们回乡投资创业。　（陆　焱　侯　胤）

市级机关事务管理

【概况】　2016年，市机关事务局以管理、服务、保障为主体，推进公共机构节能和机关事务管理各项工作。推进公车改革。公开拍卖车辆402辆，报废32辆；保留167辆汽车组建公务用车调度平台，在平台用车上统一安装北斗定位装置，更换苏MV号段车牌，实现车辆在线调度、在线监管，全年派车9574辆次；联合市纪委等部门开展专项督察，遏制“车轮子腐败”。规范安保服务。实行24小时值班巡防，履行来客来访登记制度，处理各类集体上访53起2200余人；实行通行证准入制，年内发放通行证850张。优化行政中心环境。更换、增补绿植8200余株，移栽香橼树12株。做好设备维修和食堂就餐工作。建立快速反应机制，累计完成维修任务3600余次，回访满意率100%；打造“温馨食堂”，丰富菜品，职工就餐满意率94.72%。加强固定资产管理。开发二维码信息化管理软件，完善政府资产管理信息系统，通过扫描二维码获得设备原始信息和实时更新信息，年内粘贴二维码标签1.23万张。提升会务服务水平。全年完成市“两会”、中国共产党靖江市第十二次代表大会等重要会议及外地党政代表团、外宾访嗬接待活动1861场次。提高节能降耗管理水平。开展“节能领跑，绿色发展”为主题的节能宣传周活动，全年能耗比2012年节约134万元，总能耗节约率12.92%。其中，节电136.9万千瓦小时，节省121.68万元；节水2.46万吨，节省6900元；节气45.06吨，节省11.76万元。　（叶　亮）

公车改革取消车辆拍卖会　（市机关事务局提供）

【首场公车拍卖举行】　5月14日，全市公车改革待处置车辆首场拍卖会在行政中心会议中心举行。拍卖会由泰州市广博拍卖公司和泰州市锦泰拍卖公司承办，200余名竞买人参与竞拍，每人最多可持5张号牌。参拍的56辆车包括大众、本田、丰田等品牌，涵盖帕萨特、雅阁、天籁、君越、桑塔纳等10余种车型。拍卖历时2小时，参拍车辆全部成交，总起拍价163.15万元，总成交价196.15万元，溢价率20.23%。

（范茉含）

招商引资

【概况】 2016年，全市新招引亿元以上项目165个，投资总额508.3亿元。新开工亿元以上项目102个，其中物流分拨数据运营中心及检品检测中心建设项目、木材供应链管理一体化服务平台项目等实现当年签约、当年开工。

【招商引资政策】 2016年，靖江出台《靖江市推进离岸孵化促进创新创业行动计划》，深化科技创新体制、机制改革，建立创新创业离岸孵化工作机制，推动全市经济转型升级。相继推出《靖江市"312"企业经营管理人才培育工程实施意见及细则》《靖江市高层次人才"创业券"实施办法》等政策，吸引高素质人才至靖江，助推企业发展。

【招商引资活动】 2016年，市投资促进局加强委托招商，与上海鼎榕投资管理有限公司、谷川联行有限公司、上海东方龙商务咨询有限公司、中投国际投资服务中心等中介机构合作，通过委托招商的方式寻求项目合作机遇。新增驻俄罗斯和日本经贸联络处，发挥驻外经贸联络处的资源优势，定期开展主题招商活动。排定全年招商计划，对照分解各镇（街道、园区、办事处）招商引资任务，明确要求各单位主要负责人和分管负责人平均每人每月组织外出拜访客商或接待客商2批次以上，重点围绕北京、上海、深圳、广州、厦门、成都以及日韩、欧美等发达地区，联系国内外知名企业，推介靖江投资环境。积极"走出去"。先后赴上海、深圳举办靖江上海投资促进周、靖江深圳投资促进周，推介靖江投资环境；拜访中国铁建股份有限公司、三聚环保新材料股份有限公司、新兴际华集团有限公司、中科建设开发总公司、天然天能环境投资有限公司、上海振华重工（集团）股份有限公司、上海电气集团股份有限公司、中科院上海分院、韩国釜山市驻上海代表处、中储粮总公司等知名企事业单位；组团赴日本和韩国，拜访帝人株式会社、Kashiwa-Tech株式会社、釜山港湾公社、现代BS&C公司、KTI公司；组团赴加拿大和美国，分别在蒙特利尔、纽约、底特律、旧金山等地开展商务活动，拜访奥威昂德公司总裁、理查德森GMP财团副总裁、魁北克大学环境学院负责人、德高钢铁公司美国分公司代表、EDI副总裁、奥克兰郡副郡长、底特律中华商会会长等政企商界高层人士，并参加底特律中华商会年会。主动"请进来"。邀请普天新能源有限责任公司、上海振华重工（集团）股份有限公司、中国交通建设集团有限公司、华泰汽车集团、华为技术有限公司、日本富士通将军株式会社、韩国现代BS&C集团、美国卡内基梅隆大学等国内外企业院校至靖江考察交流；组织客商参加泰州市项目集中签约活动；举办靖江台商经贸交流活动，邀请60余名台湾客商至靖江参观考察；举办中韩产业创新合作活动周活动，通过举办船舶、汽配、港口、投融资等专场活动推介靖江投资环境，搭建双方企业交流平台，签约项目7个。

【重大项目简介】 靖江环境生态科技园项目，由市政府与天然天能环境投资有限公司合作共建。项目计划总投资25亿元，总规划用地33.33公顷，其中一期规划用地14.66公顷、二期18.67公顷。通过3~5年运营管理，吸引10~15家绿色、环保企业入园，实现开票销售60亿元。年内，设计完成环境生态科技园整体规划方案，拟申报江苏省2017年重大投资项目。

江苏省煤炭物流靖江基地项目，由江苏国信秦港港务有限公司投资10亿元建设。项目用地面积30公顷，建设10万吨级煤炭卸船泊位1个、1万吨级煤炭装船泊位1个、2000吨级综合泊位1个，陆域拟建煤炭堆场及相关配套生产和生活辅助设施，设计年运货量1400万吨。

物流分拨数据运营中心及检品检测中心建设项目，由江苏张氏纺织有限公司投资5亿元建设。项目包括建设3D设计中心、大数据运行管理中心、商品检品和检验中心、商品分拨物流中心、智能制造中心，深度融合设计过程、制造过程、信息技术，实现生产运行、平台运行和终端消费共融，服务国内外市场。

（鞠　涛）

政协靖江市委员会

编辑 顾鑫昱

【概况】 2016年,市政协有10个界别、245名政协委员。其中经济界委员35人、科技界委员30人、教育界委员19人、医卫届委员18人、文体新闻界委员23人、工青妇界委员25人、工商界委员34人、少数民族和宗教界委员21人、中共界和特邀界委员40人,在靖的江苏省政协委员1人、泰州市政协委员25人。是年,市政协以"共绘新蓝图,委员在行动"主题活动为载体,依靠全体委员,团结社会各界,充分发挥协商民主重要渠道和专门协商机构作用。全年举行全体会议1次、常委会议6次、主席会议12次,组织委员视察4次,听取情况通报9次,办复提案158件,收集社情民意信息265条,撰写专题调研报告1篇。年末,科技界一组、科技界二组、经济界一组、工青妇界二组、中共特邀界一组、医卫界小组、文体新闻界小组获评市政协先进界别小组,政协孤山镇工委、政协东兴镇工委、政协生祠镇工委、政协马桥镇工委、政协江阴—靖江工业园区办事处工委、政协滨江新区办事处工委获评市政协先进基层工委,王月娟、朱庆国、刘欣、刘兴满、杜佳、杨静、吴金凤、陆铭、陈兰彬、周晓敏、侯锡坤、袁晓东、徐灿林、潘慧获评市政协优秀委员。

【市政协全体会议】 1月9—12日,政协靖江市第十二届委员会召开第五次会议。泰州市委常委、靖江市委书记倪斌在大会开幕式上发表题为《同心同向 群策群力 携手谱写"十三五"发展新篇章》的讲话。会议听取并审议市政协常委会工作报告和关于四次会议以来提案工作情况的报告。与会委员列席市第十五届人大第五次会议,听取和讨论政府工作报告及其他报告。会议通过《中国人民政治协商会议靖江市第十二届委员会第五次会议决议》。会议增选王绍斌为政协靖江市第十二届委员会副主席。会议表彰2015年度政协工作先进集体和先进个人,启动"共绘新蓝图,委员在行动"主题活动。闭幕式上,市政协主席尤红发表讲话。

【市政协十二届常委会议】 年内,政协靖江市第十二届常务委员会共举行6次常委会议。

第十六次常委会议 1月5日召开。会议协商通过有关人事事项;审议通过《关于召开市政协十二届五次会议的决定》;审议通过政协靖江市第十二届委员会五次会议议程(草案)和日程安排,会议执行主席、秘书长和副秘书长名单,各次会议报告人、主持人名单;审议并原则通过提交政协靖江市第十二届委员会五次会议审议的常务委员会工作报告、关于四次会议以来提案工作情况的报告;审议通过市政协2015年度综合表彰名单;审议通过市政协2016年工作要点和主要工作安排;审议通过市政协关于开展"共绘新蓝图,委员在行动"主题活动的意见。会议还征求对靖江"十三五"规划纲要(草案),政府工作报告(稿),法院、检察院工作报告(稿),2015年国民经济和社会发展计划执行情况与2016年国民经济和社会发展计划草案的报告(稿),2015年财政预算执行情况和2016年财政预算草案的报告(稿)的意见和建议。

第十七次常委会议　4月20日召开。会议协商通过有关人事事项,审议通过《关于加强市政协协商民主建设的实施办法》。会议专题协商推进靖江企业上市工作,听取市金融办关于推进企业上市工作情况的报告。江苏东华测试技术股份有限公司、江苏乐科节能科技股份有限公司、江苏靖江互感器厂有限公司、江苏华冶科技股份有限公司4家企业负责人分别就上市挂牌经验、推进上市挂牌情况作发言。

政协第十二届委员会第五次会议

第十八次常委会议　6月30日召开。会议听取市农委工作情况汇报和政协民主评议组报告,对市农委工作进行无记名投票测评。会议专题协商文明城市创建工作,听取市文明办关于全国文明城市创建工作的情况报告。市住建局、城管局、市场监管局、教育局、公安局交警大队、靖城街道围绕城市品质提升、市容管理、市场秩序、道德建设、文明出行、社区创建等内容进行大会发言。会议结束时,市政协主席尤红作题为《持之以恒助创建》的讲话。

第十九次常委会议　9月28日召开。会议听取市政府关于提案办理情况的报告。会议专题协商"持续推进医疗卫生事业运行机制改革,促进卫生事业优质均衡发展"相关事项,听取市卫计委关于推进医疗卫生事业运行机制改革的报告。市人社局、财政局、物价局围绕强化医疗保障管理、加大财政投入、完善价格管理机制等进行大会发言。会议结束时,市政协主席尤红作题为《为健康靖江献策》的讲话。

第二十次常委会议　12月7日召开。会议协商通过有关部分市政协工作机构和基层政协工委领导成员的人事调整事项。

第二十一次常委会议　12月21日召开。会议审议通过《关于召开市政协十三届一次会议的决定》。会议协商确定市十三届政协委员名单和参加单位名单。会议审议市政协十三届一次会议议程(草案)和日程安排(草案),市政协十三届一次会议主席团建议名单、主席团常务主席建议名单、执行主席分工建议名单、会议秘书长建议名单、会议副秘书长建议名单、提案审查委员会建议名单、会议期间各次会议报告人主持人建议名单、分组讨论召集人建议名单。会议决定将上述草案和建议名单提交市政协十三届一次会议预备会议或主席团第一次会议审议。会议审议并原则通过提交市政协十三届一次会议审议的市十二届政协常委会工作报告和关于提案工作情况的报告。会议审议通过市政协2016年度先进集体和先进个人名单。会议还征求对政府工作报告(稿)、法院工作报告(稿)、检察院工作报告(稿)、国民经济和社会发展计划报告(稿)、财政预算报告(稿)的意见和建议。

【调研视察】 年内,市政协组织部分委员围绕社区网格化管理和邻里中心建设、项目建设、养老服务"日照中心"(日间照料中心)建设、城市慢行系统建设、提案办理情况、民主评议整改情况等开展视察,提出意见和建议。围绕推进养老服务"日照中心"建设工作,多次开展走访调研,形成调研报告,并经主席会议通过后以建议案的形式报送市委、市政府;围绕政协基层工委履职品牌建设工作,组织政协各基层工委主任、副主任赴浙江省德清、桐庐、安吉等地开展实地调研,听取三地基层政协工作的创新做法,实地调研6个特色小镇在发展理念、规划建设、转型创新等方面的经验。

2016 年度市政协十佳提案一览

表 5

提　案　名　称	提案人
《加快推进城西大道建设,改善我市城区交通拥堵状况》	侯锡坤
《关于加大政策扶持力度,加快发展创客空间的建议》	民盟靖江市基层委员会
《关于应对全面二孩政策，加快我市学前教育机构规划建设的建议》	王淑芬
《建立我市新型社会治安防控体系,加快推进智慧安防建设》	徐建军 卢明华
《关于加快我市医养融合型养老护理机构发展的建议》	徐增骏 徐存明
《关于大力发展“互联网+物流”,助推我市江海联运枢纽港城的建设》	江宗金
《关于加强智慧社区建设的建议》	政协靖城街道工委
《关于建设社区邻里中心的建议》	政协斜桥镇工委
《加快实施残疾人“四免四全面”提升工程》	羊　兴
《关于进一步规范我市汽车维修行业的建议》	刘　斌

【提案工作】 市政协第十二届五次会议以来,共收到委员提案 165 件,立案 158 件。《关于大力发展“互联网+物流”,助推我市江海联运枢纽港城建设的建议》《关于应对全面二孩政策,加快我市学前教育机构规划建设的建议》《关于加大政策扶持力度,加快发展创客空间的建议》《关于加快我市医养融合型养老护理机构发展的建议》《加快推进城西大道建设,改善我市城区交通拥堵状况》《建立我市新型社会治安防控体系,加快推进智慧安防建设》6 件提案被列为重点提案,通过主席督办、市领导领办、专委会协办等方式办理。截至 6 月底,158 件提案全部办复,承办单位与委员见面率、委员对办理工作的满意率和基本满意率均为 100%。市政协第十三届一次会议对十佳提案的提案者予以表彰。

【信息工作】 年内,市政协定期主动听取委员的意见和建议,把收集和反映社情民意信息作为参政议政、履职为民的重要形式,积极鼓励委员通过多种途径收集和反映社情民意信息。全年收集社情民意信息 265 条,上报江苏省、泰州市政协 120 条,其中全国政协录用 2 条,江苏省政协录用 1 条,泰州市政协录用 15 条。《基层对〈降低实体经济企业成本工作方案〉充满期待》《“营改增”初期基层建筑业运行质态下滑期盼相关政策支持》《船舶行业发展亟需政策支持》《办理涉税刑事案件中存在“四不”隐患应予以重视》《关于法院不受理改制前后涉及房产、国有资产纠纷案件的建议》等社情民意信息,受到相关领导的重视并得到落实。

【调研养老服务“日照中心”建设】 6 月 1 日,市政协召开推进养老服务“日照中心”建设调研座谈会。会议听取市民政局、卫计委、住建局、规划局等部门和滨江新区办事处、靖城街道布市里社区等单位的相关工作情况报告,并就养老服务“日照中心”建设进行协商讨论,提出 10 余条意见和建议。8 月 18 日,市政协专题调研组在靖城街道和斜桥镇,就推进社区养老服务“日照中心”建设工作开展走访调研。专题调研组实地参观靖城街道布市里社区和斜桥镇(新港城)东皋社区的居家养老服务站、日间照料室、老年活动中心,听取这两个社区养老服务工作情况报告。市政协十二届五十三次主席会议审议并通过关于推进养老服务“日照中心”建设的调研报告。

【政协奖学金颁发】 9 月 19 日,2016 年度政协奖学金颁发仪式在靖江外国语学校举行,99 名品学兼优的学龄孤儿和贫困学生获得政协奖学金。截至 2016 年,政协奖学金已连续颁发 10 年,累计有 814 人获得,多人考取理想大学。

【基层工委履职品牌建设】 9月23日，市政协召开基层工委履职品牌建设工作会。会上，12个镇（街道、园区、办事处）政协工委主任、副主任围绕推进基层政协工作，培育政协工委履职品牌，作了交流发言。各基层工委在推进基层协商民主方面积极探索、认真实践，形成“委员沙龙”“委员会客厅”“委员工作室”“委员四室”“123工作法”等履职品牌，在服务地方经济、助推民生改善等方面取得明显成效。

【市政协成立60周年纪念活动】 11月8日，庆祝市政协成立60周年书画摄影展在市档案馆展厅开幕，共展出作品80余件。当天，部分市政协委员，市书协、美协、摄协会员，社会各界书画摄影爱好者等100多人参观书画摄影展。11月14日，作为靖江政协成立60周年献礼之作——《图说靖江》首发。《图说靖江》是靖江首本图画集文史书籍，全书用162幅精彩线描画，从人文地理、市井民俗、历史记忆等多个方面，勾勒出靖江人的生活方式、风土人情和饮食习惯等，反映靖江人文景观、民风民俗的历史变迁。该书由市政协委员、画家蒋宇绘制，青年作家陈永光、史爱梅、易扬撰文，古吴轩出版社出版。11月15日，庆祝靖江市政协成立60周年座谈会召开，市委书记赵叶对60年来靖江政协工作给予高度评价，市政协主席尤红在讲话中回顾市政协60年光荣历程。会上，赵叶、叶冬华为市政协往届主席、副主席颁发市政协成立60周年纪念章。

【《在政协的舞台上》编印】 年内，政协靖江市第十二届委员会编印《在政协的舞台上》。该书由市政协办公室组织力量，用文学的样式采写人物通讯，记录50多位优秀政协委员认真履行职责、充分行使民主权利，为靖江经济社会发展积极献计献策的动人事迹，也反映委员们在本职岗位上勤奋工作、奉献社会的感人故事，具有鲜明的政协特色。在编印委员风采录的基础上，市政协办公室将十二届政协建言献策的部分成果汇编成册，收集本届以来的建议案、提案、社情民意、大会发言67篇，反映全市政协组织和广大政协委员围绕全市中心、服务发展大局提出的真知灼见，见证委员们关注民生、反映民情、集中民智的拳拳之心。

【“靖江泥哨”创新形象发布】 12月26日，市政协举行“靖江泥哨”发布会。“靖江泥哨”根植于靖江民间的孤山“泥狗子”，始作于清代，至今有两三百年历史。2014年3月24日，启动“靖江泥哨”保护、传承、创新工程，邀请文史工作者和相关专家就泥哨保护号脉开方，确定从泥哨形象、制作工艺两个方面进行创新。市政协和城北园区（孤山镇）、市教育局联合在全市中小学生中开展“靖江泥哨”形象设计比赛，邀请靖江知名画家、雕刻家和文史工作者等担任评委。最终，35件优秀作品从350余件参赛作品中脱颖而出。2015年，市政协邀请宜兴、无锡等地的工艺美术大师以及本地从事相关工作的工匠，在学生创意设计的基础上，确定“靖江泥哨”造型，提高其艺术价值，将原先普通的泥哨打造成为具有浓浓靖江元素和时代风貌的艺术精品。最终确定原味“泥狗子”、十二生肖、靖江特产等多个系列20多种形象。2016年，市政协联系宜兴知名陶艺师改进靖江泥哨生产工艺，从选土到制坯再到烧制，均严格标准，精心制作。样品试制成功后，市政协启动“靖江泥哨”成品制作工程，采取公开招投标方式，制作靖江泥哨创意设计作品。发布会上，市政协向各镇（街道、办事处）政协工委、各参加单位和相关学校、部门赠送“靖江泥哨”。 （吴思宇）

靖江泥哨 （市政协办提供）

中国民主同盟靖江市基层委员会

【概况】 2016年,民盟靖江市基层委员会履行参政党职能,广大盟员积极参与调查研究,参政议政,反映民意,建言献策,在市“两会”上提交集体提案1件、个人提案16件,得到市政府及各有关部门的关注和回应。推进自身建设,重视发展思想觉悟高、业务能力强、工作有特色、具有一定社会影响力的优秀人才入盟,全年发展新盟员7人。经全体盟员大会选举,徐婷当选为民盟靖江市基层委员会副主任委员。至年末,民盟靖江市基层委员会有8个支部委员会129名盟员。是年,民盟靖江市基层委员会获评省民盟先进集体,刘小平、刘西亚获评省民盟先进个人。

【服务社会】 年内,民盟靖江市基层委员会注重发挥自身优势资源,积极开展社会服务。卫生支部多次组织盟员深入基层卫生院、社区,进行健康宣教、义诊等活动;省靖中支部积极参加校党委组织的党员活动,开展为期两天的同课异构教学交流;建设支部与西来镇、靖城街道办联系,慰问警察张金文的家属及部分贫困家庭。盐城“6·23”特大龙卷风冰雹灾害发生后,全体盟员个人捐款1.18万元支持灾区重建。此外,刘瞳在省民盟安排下,加入“黄丝带”专家团队,完成高淳法院社区帮教活动;郑云利用暑假,在靖江市初中英语暑期培训活动中作《合理利用课程资源,提高课堂教学效果》专题讲座,并参加泰州市骨干教师“牵手农村教育”送教活动。史爱梅被靖江市委、市政府授予“靖江市劳动模范”称号,郦国荣被靖江市政府表彰为统计工作先进个人,瞿胜明担任项目经理的天伦花苑1#-5#楼获得泰州市优质工程“梅兰杯”奖,张铸撰写的《妙手仁心让世界惊艳》获评中国城市党报新闻一等奖。

【民盟靖江市基层委员会召开全体盟员大会】 5月6日,民盟靖江市基层委员会召开全体盟员大会。会议由主委毛雨华主持,副主委唐晓勤作工作报告。报告回顾总结近年来的盟务工作,对今后的工作提出建议。大会通过选举,增补刘小平、吴彬为基层委员会委员。大会号召全体盟员在中共靖江市委和上级盟组织的领导下,以加强自身建设为抓手,打造高素质参政党地方组织;以围绕中心、服务大局为宗旨,积极履行参政议政职能;以服务民生为着力点,努力开拓社会服务领域;以本职工作为立足点,爱岗敬业作贡献。大会表彰了一批先进支部和优秀盟员。 (徐琴文)

靖江市工商业联合会

【概况】 2016年,市工商联以服务企业、教育培训和组织建设为重点,发挥桥梁纽带和助手作用,引导会员单位奉献社会。根据经济社会发展新情况，引导非公经济领域人大代表、政协委员、会员企业负责人认真履职，提交建议、提案共14件，内容涵盖行业发展、园区建设、社会治理创新、项目招引等方面。全年主办人大代表建议1件、政协委员提案3件。办理过程中，与市人大、市政协及相关部门加强联系，全面掌握建议、提案办理进程，协调解决遇到的问题，做到“事事有回音，件件有答复”，满意率和基本满意率100%。开展非公企业社会责任、全国工商联上规模民营企业等调研，广泛征集党政机关、非公企业、广大群众对全市非公经济发展的意见、建议和诉求，形成《以党建工作为抓手，积极探索统战工作向商会组织有效覆盖》等调研报告，为市委、市政府科学决策提供第一手信息材料和对策分析。6月，在省工商联参政议政委员会四届一次会议上，市工商联参政议政工作得到省工商联的肯定。

【服务经济建设】 提升科技服务水平。科技服务团结合全市产业特点，组建机电技术、船舶工程、电机制造、化工医药、智慧装备等五大技术联盟。围绕市委、市政府中心工作及企业发展的热点、难点问题，开展专利转化、项目对接、专题调研、参观考察、专项申报等科技服务活动，组织“创新创业模式路径与策略”专家讲座、“企业创新与专利申请”专题辅导、3D打印技术培训等活动，与非公企业及人士加强互动，为推动全市企业转型升级、良性发展作出贡献。提供法律服务保障。法律服务团开展“‘法润靖江·2016春风行动’非公经济法律服务团进企业”主题活动，走进城南商会、女企业家商会、汽车行业商会等，与企业面对面交流，全面了解企业的法律需求，就企业劳动用工、防合同诈骗、银行承兑等问题现场答疑并向企业发放需求订单，为服务经济社会发展、促进社会和谐稳定提供优质高效的法律服务和坚强有力的法律保障。创新金融服务模式。通过提供业务培训、管理咨询、上市顾问等服务，提高上市企业规范化运作水平。搭建银企对接平台，组织邮政储蓄银行等金融机构，针对小微企业贷款难、期限短、利率高等问题，多次举办银企对接会，为全市40余家小微企业提供贷款近亿元。特邀中国投资银行主席龚方雄作“全球及中国经济变局中的资产配置及投资机会”主题讲座，为靖江投资者在经济新常态下保障资产稳健安全增长提供指导。深化联席会议制度。市委统战部和工商联协同24个党委政府部门，建立联席会议制度，围绕构建“亲”“清”新型政商关系，整合部门职能，构筑部门日常服务平台和机制，促进企业健康持续发展。市委、市政府主要领导每月召开一次中小型企业座谈会，现场解决企业提出的问题。制定《关于推动非公有制经济健康发展和非公有制经济人士健康成长的实施意见》，为非公有制经济发展创造宽松环境、提供政策支持。

【宣传教育】 年内，市工商联在全市开展以“守法诚信、坚定信心”为重点的理想信念教育实践活动，引导非公有制经济人士把思想和行动统一到市委、市政府决策部署和全市经济社会发展上来。完善并拓展《靖江工商联》会刊、QQ群、微信群、网络平台等宣传载体，与市广电台联合开办《商汇靖江》和《天南地北靖江人》两档电视栏目，在电视频道和手机APP同步播放。打造靖江财富高峰论坛、青年企业家MBA研修班等培训品牌。北京商会成立实战商学院，通过企业家的实战故事激励创业者实现成功梦想。青年商会打造创新创业孵化中心，建设集“体验、培训、实践、孵化”功能为一体的青商之家，加强对青年企业家的培育。举办“青商论坛”“汇聚青商才智，投身项目突破”“青商高校行”等系列专题活动，组织开展“靖江新领袖——家族传承与企业创新”讲座与圆桌对话，表彰“创业之星”，培育青商新精神，弘扬青商正能量。

【深圳市江苏靖江商会成立】 8月28日，深圳市江苏靖江商会在深圳成立。该商会是由在深圳从事生产经营的靖江籍人士及其创办的企业自愿组成的非营利性社会团体。商会共吸纳在深圳的靖江籍企业(个人)会员52家。深圳市江苏靖江商会成立仪式前召开了第一次会员代表大会，会议通过商会章程、选举办法，选举产生深圳市江苏靖江商会第一届会长、执行会长、常务副会长、副会长、秘书长以及监事长、监事等。深圳市肯多斯实业发展有限公司总经理陈雪松当选为首届会长，中科院云计算产业技术创新与育成中心常务副主任刘宁、深圳桑达科技发展有限公司董事长方泽南被聘为名誉会长。至2016年年底，由靖江籍人士在深圳投资创业的企业已有100余家，涉及物流、服装、电子科技、节能环保等多个领域。商会帮助会员在靖江、深圳两地开展贸易、投资和其他经济活动，是会员信息互动、资源共享、共谋发展的新平台。

【市服装行业商会新桥分会成立】 4月28日,靖江市服装行业商会新桥分会成立。这是全市第一家行业商会分会,有会员单位32家,大多是新桥镇企业,少数是生祠镇和泰兴市七圩镇企业。靖江宇通服装有限公司总经理周根林当选为该分会首届会长。成立靖江市服装行业商会新桥分会,旨在凝聚会员企业合力,共享资源、共谋发展,拓展地区服装行业的优势。

【《商汇靖江》《天南地北靖江人》栏目开播】 3月,由市工商联、市广电台联合举办的《商汇靖江》栏目开播。《商汇靖江》是一档时效新闻加演播室访谈类节目,通过专家访谈、政策解读、企业互动、会员交流等形式宣传靖江的工商联会员企业,助推企业转型升级。至年底,播出《女企业家的美丽人生》《致青年》《营改增政策解读》等10期节目。8月,由市工商联、市广电台联合打造的《天南地北靖江人》电视栏目开播。至年底,播出《将军的乡愁》《芳馨流韵》《清华园里的靖江教授》等5期节目。

“桃杏春风公益基金”成立仪式

【桃杏春风公益基金成立】 8月22日,举行“桃杏春风公益基金”成立仪式。基金由市委统战部、市工商联、市教育局联合发起,倡议社会各界爱心人士、民营企业家自愿捐赠,以资助家庭经济困难且品学兼优的靖江籍学生、家庭遭遇重大变故的困难教师,奖励长期坚守在农村教育一线的优秀教师。成立仪式现场,北京靖江商会、扬州市靖江商会以及市青年商会、女企业家商会、温州商会、模具行业商会、服装行业商会等进行捐赠,并发放首批“桃杏春风公益基金”奖助金10万余元。

【青年商会特色活动】 2016年,市青年商会开展靖江市首届“青蕴·公益出行”活动。该活动组建“爱心家庭+暂困学生”新家庭,以期通过“大手拉小手、小手拉小手”方式,让暂困学生得到情感陪伴和心灵慰藉。活动筹资5万余元,为滨江学校35名贫困学生分发爱心学习礼包,带领他们至无锡中华孝道园、拈花湾等地参观游览。成立青商·青创中心。该中心占地600多平方米,包括项目路演区、项目孵化区、项目展示区三大部分,设有青春梦剧场、时光驿站创咖、餐厅、宿舍等各类设施,帮助青年企业家、创客全身心投入创新创业。发起“2017青暖行动”,设立靖江市青商基金。“2017青暖行动”分为青拉小手、青伴成长、青听民声、青商助学4个部分,向越江小学、柏木小学各捐赠10万元爱心物资。召开2016年青商会年会。年会鼓励会员企业改革创新,加快产业结构调整和升级步伐,抢占行业制高点,提升企业核心竞争力。

(丁　璇)

靖江市总工会

【概况】 市总工会下辖1个国家级经济开发区总工会、2个镇(街道)总工会、8个镇(办事处)工会、17个系统工会、9个行业工会联合会。至2016年底,全市有基层工会组织4814家、工会会员26万人,其中农民工会员16.3万人。有各级劳模507人,其中全国劳模7人、省级劳模182人、泰州市级劳模230人、靖江市劳模88人。2016年,市总工会按照“增‘三性’(政治性、先进性、群众性)、去‘四化’(机关化、行政化、贵族化、娱乐化)、强基层、促创新”的要求,聚焦主业,履行职责,各项工作取得全面进步。全年开展各类劳动竞赛80余场。参与劳动争议调解、仲裁工作,全年调处劳动争议63件。推行工会会员代表大会常任制,征集工会工作有效建议80余条。开展“中国梦·劳动美 幸福路”主题教育活动,引导职工践行社会主义核心价值观。推进

“两争一树”(争创模范职工之家、争当合格娘家人,树立服务职工好形象)活动,国信电厂职工彭浩获评江苏省文明职工,恒力制动器集团获评江苏省“书香型企业”示范点。与市妇联等八部门联合表彰50名“巾帼巧手”,展现女职工的智慧与风采。在市体育中心挂牌成立“职工体育文化培训基地”,为职工提供专业化、多元化的体育文化服务。是年,市总工会蝉联江苏省文明单位称号,被表彰为泰州市“六五”普法先进集体,连续5年被市委、市政府表彰为市级机关绩效考评十佳机关;市总工会党支部被泰州市委表彰为先进基层党组织。

【劳动竞赛】 2016年,市总工会组织开展“践行新理念、建功十三五”主题劳动竞赛,强化“一镇(系统、企业)一赛”机制,联合市农委、医疗集团、金融行业工会、餐饮协会等单位举办动物防疫、急救护理、点钞识假、餐饮服务等技能大赛。全年开展各类技能竞赛82场。市农委职工瞿国辉获全国动物防疫职业技能竞赛一等奖,马桥畜牧兽医站副站长侯斌获全国五一劳动奖章。联合广电台举办“我是大明星”职工技能展演20余场,1000多名职工登台竞技。开展“五小”(小发明、小创造、小革新、小设计、小建议)等群众性创新活动,锚链调质炉天然气改造、节能高效空调器风扇用电机等4个项目分别被评选为泰州市“我为节能减排献一策”十佳合理化建议、职工十大科技创新成果和十大先进操作法。

【职工文体活动】 2016年,市总工会开展职工读书月活动,举办“书香工会,悦读靖江”职工读书演讲比赛和系列征文活动,组织全市3万名职工参与“十三五”规划知识竞赛。在市体育中心挂牌成立“职工体育文化培训基地”,为职工提供专业化、多元化的体育文化服务。组织职工参加泰州市第5届运动会职工部比赛,获男子篮球、女子羽毛球、中国象棋团体冠军。发挥职工艺术团作用,全年下基层演出20余场。

【和谐创建与民主管理】 2016年,市总工会指导基层企业创建劳动保护合格、示范工会,全市85%的规模企业、骨干企业达到劳动保护合格工会的标准。做好职工劳动保护工作,开展夏季“三送”(送清凉、送法律、送安全)慰问,深化“安康杯”竞赛,举办“网上安康课堂”,开展“安全隐患随手拍”活动,普及职工劳动安全健康知识。联合市人社局在全市范围开展工会劳动法律监督联动检查活动,向企业提出关于劳动用工规章制度的修改意见100余条。在国信电厂召开职代会规范化建设现场会,印发《企业民主管理普及读本》。召开餐饮行业工资集体协商观摩会,指导餐饮、电镀、保安3个行业进行工资协商,评定工资集体协商三星级企业109家。市总工会推进工资集体协商工作在省集体协商“春季要约”行动启动仪式上作经验交流,“‘望闻问切’促厂务公开工作法”被省总工会评为全省厂务公开民主管理创优实践项目。

【工会维权】 2016年,市总工会成立“七五”普法工作领导小组,制定“七五”普法规划。开设劳动法律监督员培训班,编印发放《职工维权案例口袋书》5000册。联合市人社局、公安局、住建局等8部门开展农民工工资支付情况专项检查行动,参与处理违法案件57起,涉及金额300余万元。参与劳动争议调解、仲裁工作,进一步完善争议调解、职工信访、法律监督、法律援助“四位一体”工会法律工作格局。全年为职工提供法律援助、法律咨询服务180余人次,调处劳动争议63件,涉及金额100余万元。

【工会建设】 2016年,市总工会推进新经济组织、新社会组织建会和农民工入会集中行动,调查摸底物流、建筑、餐饮服务等行业,推进25人以上企业建会工作,新增烹饪餐饮行业工会联合会、政法系统工会,新增基层工会组织328家、工会会员1.51万人,其中农民工会员1.22万人。推行基层工会会员代表大会代表常任制,征集工会工作有效建议80余条,代表满意率、基本满意率100%。推进基层工会规范化建设,全市基层工会组建规范化率和职工之家达标率均超过85%。实行“菜单制”建家、“积分式”晋级、“互助式”共建,打造江苏三马起重机械制造有限公司、靖江华达汽车科技股份有限公司示范性“职工之家”2家。开展“结对共建、联手强家”活动,建立交流学习、资源共享、活动互融、信息互通机制,激发职工之家活力。开展“树标杆、找短板、敢争先”主题活动,提振党员干部精气神。组织工会干部参加江苏省和泰州市总工会举办的各类培训,自主举办新任基层工会主席、市直机关工会干部培训班,开展“互联网+工会”、劳动法律监督员等专题培训,全年培训各类干部1800余人次。

【"互联网+工会"建设】 2016年,市总工会加强"互联网+工会"建设,开创"互联网+"时代工会网上工作新局面。开设"靖江职工之家"微信平台服务大厅,提供维权普法、招聘求职、医疗互助等一站式服务。升级"两网两微"(工会网、卓越人才网,微信、微博)新媒体平台,联合司法、公安、广电及各镇(街道、园区、办事处)共同组建"普法微联盟",为职工提供零距离沟通、全天候普法服务。在微信平台组织"爱岗敬业·最美劳动者"摄影大赛以及职工读书"微交流"、工会维权"微讲堂"、法律知识"微竞赛"活动,拉近与职工的距离。微信平台线上活动日均点赞超2000次,全年新增关注人数2.6万人。

【劳动模范推荐评选】 2016年,市总工会推荐评选江苏省劳模9人、泰州市劳模21人、靖江市劳模28人,新建黄俊、刘华兵、徐惠群3个劳模创新工作室。全国劳模杨恒俊被评为"江苏省最美基层干部",省劳模胡方斌被评为"江苏十大感动人物",省劳模熊江咏入选省"十大诚信标兵"。市委、市政府召开劳模座谈会,激励全市劳动者对标先进勇创一流。

【精准帮扶和普惠服务】 年内,按照市委、市政府《关于加强政策扶持力度,进一步促进建档立卡低收入农户增收的通知》要求,市总工会将低收入农户困难职工列入精准帮扶对象,提高其医疗互助大病救助金、子女助学金和一次性救助金的发放标准。开展第17批"特困职工证"审核发放工作,为102名特困职工落实多项优惠政策。全市镇、园区职工服务站(点)窗口全部亮牌服务。新建5家"爱心母婴室"和50个户外劳动者爱心驿站,为特殊群体提供贴心服务。举办单身青年联谊会2期,建立职工婚恋服务联盟,为单身职工交友、恋爱、结婚、育婴等提供一条龙服务。推进"时间银行"职工志愿服务常态化,开展为环卫工人拍摄写真照、外来务工人员子女青春课堂、外来务工人员享中秋团圆饭等"每月一主题"活动。该服务项目被省总工会授予"工会服务职工优质项目"称号。举办环卫工人读书报告会,为全市环卫工人购买交通意外险。举办月嫂、面点师等技能培训班,帮助职工提升就业、创业技能。开展以"心系职工,播洒阳光"为主题的"阳光新干线"服务行动,筹措送温暖资金、医疗互助金、大病救助金300余万元,为1000余名职工解决实际困难。有序推进"阳光服务卡"工作,发卡2万张,在城区建立近百家特约合作服务网点,初步形成覆盖工作、学习、生活等方面的多元服务网络,市直机关80多个单位的1.2万名工会会员成为首批受益者。

【单身职工交友联谊】 5月20日,市总工会主办"浪漫5·20我们约会吧"单身职工相亲交友联谊活动。活动在金悦国际大酒店举行,300多名青年男女共聚一堂,通过才艺展示、现场抽奖、男女互动游戏等形式,不少单身男女很快熟悉并留下联系方式。近年来,市总工会把组织单身职工交友联谊活动作为服务职工的重要内容,先后指导各级基层工会举办相亲交友会20余场次。

【首届"靖江工匠"评选】 5月,市总工会发起"靖江工匠"寻踪评选活动。先后在《靖江日报》开辟专栏报道候选人事迹,拍摄纪实微电影《手心的温度》,出版《眼界——靖江工匠》专刊,创作诗歌《靖江工匠颂》等。之后,通过公众投票、专家评审,评选出10名"靖江工匠"、10名提名奖获评者和30名入围者。12月20日,市委、市政府举办首届"靖江工匠"颁奖典礼,隆重表彰首批"靖江工匠"。首届"靖江工匠"分别是靖江"叉车状元"、江苏新时代造船有限公司运输部叉车主管沈锋,

首届"靖江工匠"颁奖典礼

全国行业技能大赛冠军、靖江市马桥畜牧兽医站副站长侯斌，靖江市“车工状元”、个体工商户范钦岐，职教创新名师、江苏省靖江中等专业学校创新办主任朱照红，屡获技术改造“国奖”的江苏恒力制动器制造有限公司高级技师黄俊，自学成才的雕刻师朱红，收获国内外30多项大奖的靖江市艺超山水盆景有限公司副经理朱金山，肉脯制作技艺代表性传承人、江苏双鱼食品有限公司董事长褚洁明，设备修造能手、江苏上骐集团有限公司设备能源部部长吉振兴，国家特级点心大师、靖江南园宾馆厨师陶晋良。其中，沈锋、黄俊、范钦岐获评首届“泰州工匠”，吉振兴获得“泰州工匠”提名奖。（张 伟）

链接：靖江工匠

沈锋，男，39岁，高级技师，江苏新时代造船有限公司运输部叉车主管，2012年夺得靖江首届叉工大赛冠军。他编写的叉车操作系列规程，推广后大大提高了工作效率；先后培养出20余名熟练叉车工，累计为公司节约能耗及修理费476万元。

侯斌，男，35岁，马桥畜牧兽医站副站长。参加工作仅半年时间，便练就精湛的阉割技术，阉割一头小猪只需半分钟。2014年，侯斌获农业部、中华全国总工会、人力资源和社会保障部联合组织的全国首届动物防疫职业技能竞赛冠军。他采血动作稳、准、快，完成任务平均用时不足10秒；难度最高的鸡体解剖与采样测试，他仅用时3分钟，裁判惊呼“不可思议”。

范钦岐，男，48岁，金属切削加工个体户，2008年9月获靖江市车工职业技能大赛第一名，成为靖江“车工状元”。同年，再获泰州市车工职业技能大赛第二名，后被聘为江苏省第2届、第3届技能状元大赛裁判。

朱照红，男，46岁，省靖中专创新办主任，指导学生获国内外发明金牌21枚，培养各类科技型人才2000多人。2010年，他指导学生制作的“机动车可变弹性系数弹簧”，获第19届全国发明展览会宝钢特别专项奖。他主持的科研项目获江苏省教学成果特等奖和国家教育成果二等奖，编著出版科技图书16部约700万字，获评全国黄炎培杰出教师奖、全国优秀科技工作者，连续4年获评江苏最佳发明伯乐奖。

黄俊，男，39岁，江苏恒力集团首席技师，江苏省技术能手，泰州市金牌工人。2013年，他参与设计的全自动绕线机获国家实用新型专利。2014年，“黄俊数控机床故障诊断排除法”获评泰州市十大先进操作法。黄俊带领他的团队设计制造的制动器试验台，每年为集团产生经济效益1000多万元。他和团队还对双面铣进行自动化改造，设计制造制动器数控磨削机电气结构和全自动钢带剪切机，参与设计制造间隙自调的双推盘双调节卡钳式气压制动装置等。

朱红，男，44岁，靖江雕刻师，核雕、木雕、玉石雕、牙角雕俱精且自成一派。2000年受邀参加第6届中国艺术节，作品被收入江苏省民间工艺博览会优秀作品集。2002年参加江苏第2届民间艺术节，被评为江苏省农民文艺之花。

朱金山，男，49岁，高级园林技师。他创作的山水盆景立意清新别致，布局自然流畅，整体视觉富有感染力，呈现出粗中见细、细中见幽、幽中显韵的特点，先后获得国内外奖项30多个。作品《威虎雄师立苍穹》1992年在中国南通国际盆景博览会上获亚军。作品《龙腾万里》《雪融江溢》2009年在第7届中国花卉博览会上分获金奖、银奖。2011年，他和同行创作的20多件作品在第8届中国（重庆）园林博览会上获8个奖项。2014年，作品《新富春山居图》陈设在北京APEC会议大厅。

褚洁明，男，54岁，江苏双鱼食品有限公司董事长兼总经理，靖江市肉类协会会长。2004年，他对外公布“双鱼”猪肉脯配方，欢迎全社会监督产品质量。2015年，中国商业联合会采纳他的建议，依据蛋白质含量将肉脯分为三级。从2006年起，双鱼公司连续10年蝉联靖江市百优企业称号。2012年，“双鱼”商标获评中国驰名商标。褚洁明是全国肉禽蛋制品标准委员会委员，第二、三届肉、禽、水产制品国家评委，省非物质文化遗产代表性传承人。

吉振兴，男，41岁，江苏上骐集团有限公司设备能源部部长。他独立设计了直流无刷电机线路，开发出PG电机占空比测线仪。2007年，他担任公司电器总设计师时，开发“一绕四”绕线机，成功解决EMC电磁兼容问题，每年为企业多创效益1000万元。

陶晋良，男，61岁，南园宾馆行政副主厨，国家特级点心大师。1981年，他进入靖江汤包行业，开始汤包制作技艺的传承与创新。在汤包的制作技艺上，通过改进汤包包皮的选料，将汤包直径逐步扩大至7厘米、12厘米，蒸出的汤包“色如白雪、晶莹剔透、吹弹欲裂”；在汤包的馅心配制上，改良传统的熬汤手法，去油解脂。2012年，陶晋良独创煎汤包——将蒸熟后的汤包置于平底锅油煎,致其面皮更香、汤汁更美。1981年至今,培养弟子50有余,其中6个已成特级点心师。

(文　哲)

共青团靖江市委员会

【概况】 2016年,团市委下辖团委89个、团工委7个、团总支21个、基层团支部1231个,全市有团员25774人。年内,团市委以强"三性"(政治性、先进性、群众性)、提"四力"(凝聚力、执行力、创新力、影响力)为目标,加强共青团队伍建设,坚持党建带团建,广泛开展农村基层团建"百县千乡"分类示范创建活动,推进农村区域化团建和基层服务型团建。按照《发展团员和团员教育管理工作实施办法(试行)》,严格团员发展程序,年内新发展团员2324人。围绕"六个一"(一课、一月、一员、一室、一角、一档案)团建标准,开展学校特色团建工作。

【青少年思想道德建设】 2016年,团市委发挥团属宣传阵地作用,推进"用网、占网、建网"工作,提升团组织对青年思想的引领能力。先后改版网站、微信公众号,增强其文化性、思想性、互动性,强化品牌活动项目的展示和用户参与。建立视觉识别系统,设计、制作吉祥物"团橼"以及充电宝、运动水杯、U盘、工作服、纸杯等"青春靖江"产品,强化鲜明的团属印记。加强正面舆论引导,在靖江"4·22"德桥仓储火灾事故中,与微靖江、179志愿者协会联合,第一时间以APP现场直播方式实时报道现场情况,在舆论引导上发挥重要作用。面对阜宁灾情,及时发出救援号召,组织179专业志愿者赴现场专业救助。在"青春靖江"微信公众号上设立《团橼微课堂》栏目,解析团章团史、党团重大精神等,其中微信《一图看懂市第十二次党代会精神》受到广泛点赞。建成并启用全国首个网上长江水生物保护馆,推广普及环保理念。

【团属阵地建设】 2016年,团市委推进青少年之家和青商·青创中心两大团属阵地建设。是年,团市委坚持社会组织孵化先行、优质服务项目先熟、既有服务阵地先用,利用青商会等社会组织资源,依托学校、文体中心、校外辅导站、青年组织阵地等既有青少年集聚场所,建成1000平方米的市级青少年之家1个、镇(街道)青少年之家5个、社会组织青少年之家2个、市场主体青少年之家2个,其中2个平台获得省级示范平台称号。10月,联合市青商会建成靖江市青商·青创中心。该中心建筑面积2000平方米,共有8家企业的13个项目入驻,设有路演区、展示区、孵化区三大主题功能区,以及综合服务室、培训交流室、商务洽谈室、休闲阅览室、健身活动室等多个配套服务室,拥有青春梦剧场、时光驿站创咖以及餐厅、宿舍等各类生活设施。年底该中心获评泰州级众创空间。

【队伍建设】 2016年,团市委推进共青团工作队伍建设。常态化实施团干部"走支部连百心"工程,落实"1+100"(1个专职团干部直接联系100个团员青年)制度性安排,加入青年网上论坛、QQ群、微信群等,建立线上线下联系机制,让团干部在青少年中实实在在展示存在感。积极培养青少年事务社工,推进社工队伍、社会组织、社会公益项目"三社合一"。8月,举办金融机构挂职青年骨干交流座谈会,通过银团合作模式,提升金融服务创业青年实效。11月,举办2016年全市团干部培训班,赴南京市委党校,以"理论+现场+实践"模式,帮助团干部提振精神、转换思维,激发他们干事创业热情。

【创新创业工作】 2016年,团市委持续做好青年创新创业工作。3月,举办首届青年创新创业大赛,通过比赛挖掘创新创业项目。其中,"蜂芸饲料"项目获国家级、省级荣誉,项目创始人何卫星入选省"我们身边的好青年"百人榜。5月,举办靖江市"最青春"创业之星评选活动,18位优秀创业青年(团队)分获"最敢创业奖""最善创新奖""最具情怀奖""最富创意奖""最佳励志奖"和"最优团队奖"。8月,联合市委组织部举办大学生村官"为民电商"主题党日活动,建立靖江市大学生村官电商创业联盟。10月,联合市青商会建成并启用专业青年创业孵化中心——靖江市青商·青创中心,打造全市青年创客一站式、内循环创业生态空间,年内入驻创业项目13个。树立创业者风向标,与靖江广播电视台合办《商汇靖江——靖江青商纵论青年创新创业》,在《靖江日报》设置《马洲青商》月度专刊,在报纸电台设置《青春创客+》专栏,宣传、推介创业青年100余人。

【"靖江杯"全国大学生演讲大赛】 10月,由中国演讲口才协会联盟和靖江市委、市政府主办,市委宣传部、团市委、常州大学怀德学院承办,滨江新城投资开发有限公司协办的2016年“靖江杯”全国大学生演讲大赛在靖江举行。北京大学、上海交通大学、浙江大学、天津大学、山东大学、哈尔滨工业大学、中国传媒大学南广学院等30多所高校的100多名选手，围绕“人心齐、士弘毅、敢争先”主题进行演讲比赛。

【“青禾计划”品牌工作】 2016年，团市委整合资源，推出“青禾计划”品牌工作。该品牌工作针对大、中、小学生群体，含“青暖、青蕴、青启、青靖、青苗”五大子行动。“青暖”系列的圆梦计划、大手拉小手、圆梦微心愿活动，帮扶困难青少年群体303人；“青蕴”系列的公益植树、公益出行、助学伴成长活动，关爱流动、留守儿童129人；“青启”系列的暑期社会实践、技能拓展，为68名大学生接触社会创造条件；“青靖”系列的怀德青年靖江行活动，助推校地共建；“青苗”系列的暑期安全坊、快乐国学讲堂、阅读点亮梦想、小小发明家等活动累计开展20余次，帮助青少年健康成长。

“靖江杯”全国大学生演讲大赛总决赛

【“一团一品”工程实施】 2016年，团市委通过服务前移、资源下沉、项目化运作，倒逼基层创新作为，在各镇（街道、园区、办事处）实施“一团一品”工程，促进市、镇两级团工作深度联动。全年在各镇（街道、园区、办事处）按月实施13个项目以供现场观摩，与团市委重点推进的创新创业、青少年之家、青年之声、青年社会组织集聚、新型青年农民队伍建设、青春微体验、“青禾计划”等工作对点切入。其中，西来镇的“青春微体验·农耕文化”、东兴镇的“平台+队伍+组织+项目”、斜桥镇的“青春怀德行·共筑成长梦”、城南办事处的“单身男女青年户外联谊”等“一团一品”项目别具特色，增强了基层团组织的凝聚力、向心力。

【经典家规家训少年诵读赛】 12月，团市委联合市教育局举办靖江市经典家规家训少年诵读比赛，全市有18所学校的607名学生参加。比赛围绕经典家规家训，通过诵读方式启迪未成年人心智，指引他们成长。滨江学校《王葆的蜕变》融诵读于表演，形式新颖，内容充实，富有趣味性，获得全场比赛最高分。

（张文丹）

靖江市妇女联合会

【概况】 2016年，全市各级妇联组织推进妇女儿童工作创新发展。开展“芬芳百花·巾帼巧手”推选活动，弘扬家庭美德和职业道德；开展家庭文明创建活动，共建和谐家园；探索妇女儿童关爱保护工作新方法，改善妇女儿童发展环境；搭建妇女发展平台，助推广大妇女素质提升；推进妇联组织建设，提升妇联组织的活力和凝聚力。是年，市妇联被评为省“三八”红旗集体、省妇女儿童工作先进集体。“马洲芬芳”品牌故事获泰州“讲品牌故事，创一流服务”活动一等奖。

【妇女发展平台建设】 3月，市妇联举办“庆三八·架金桥”春风行动女性专场招聘会，335名妇女与招聘单位达成初步就业意向。全年开展以婚姻家庭、互联网+、女性礼仪、插花艺术等为主题的“芬芳人生”女性素质讲堂8期，共培训妇女1100余人。优化巾帼文明岗星级评定制度，全年开展岗家结对、岗岗牵手、互动共建等各类争创活动80余次。开展农村妇女“网上行”培训工作，全市270名农村妇女获得“现代女性网络技能初级证书”。

【妇女儿童权益维护】 3月，市妇联与市民政局等部门联合印发《致新婚夫妇的一封信》，宣传《中华人民共和国反家庭暴力法》，引导广大家庭成员学法、守法、用法。利用“三八”宣传周、法制宣传日等时机,“芬芳卫士”联盟成员单位共同举办法律宣传进社区行动30余次,巾帼维权联盟成员为妇女儿童提供免费法律咨询和法律帮助50余人次。做好困境儿童建档工作,深化结对帮扶机制,通过“E万助孤”“慈善助孤”等活动,帮扶留守、困境儿童100余人。6月,举办第5届亲子文化节,组织10组爱心家庭与贫困儿童结对。帮助5名农村“两癌”贫困妇女申请全国妇联救助资金5万元。是年,实施省妇联“让爱住我家——呵护成长‘罐爱’项目”,征集爱心家庭、爱心单位700余家。

【家庭文明建设】 三八妇女节期间,市妇联举办“向着幸福和文明出发”家庭建设主题讲演活动,25组选手通过朗诵、情景剧、歌舞、演讲等多种表现形式,弘扬以夫妻和睦、孝老爱亲、科学教子、勤俭节约、邻里互助等为基本内容的家庭文明理念,让文明素养在家庭中生根、在亲情中升华。常态化开展“最美家庭”寻找活动。全年共举办家庭文明故事会、好家风交流会、家规家训评议会、家庭文艺展示会40余次,征集好家风好家训64条、家庭故事20余篇,组织“最美家庭”事迹进村(社区)、机关、学校宣讲10场次。年内,全市新增“最美家庭”200余户。

【“芬芳百花·巾帼巧手”推选活动】 2016年,市妇联与市文明办、市总工会、团市委、市科协、市人社局、市广电台、靖江日报社等部门,联合开展“芬芳百花·巾帼巧手”推选活动,挖掘普通女性在工作和生活中的智慧与风采,引领广大女性在本职岗位和日常生活中自觉践行职业道德和家庭美德。开展寻找“巧手”、推荐“巧手”活动,挖掘身边的女性“巧手”200余人。在《靖江日报》开设专栏宣传“巧手”事迹,通过靖江日报微信公众平台以视频的方式同步展现“巧手”风采38期,网民互动、微信留言近10万人次。76名候选人公示后,6万余人参与微信投票,经过审核、汇总、考察等环节,最终评选出“芬芳百花·巾帼巧手”50人。10月,举办“芬芳百花·巾帼巧手”表彰暨首届妇女手工制品展示会,成立巾帼巧手志愿者联谊会。12月,出版《巧手芬芳》事迹画册,弘扬靖江女性聪慧、自信、进取的时代精神。

首届妇女手工制品展示会

【女孩安全系列活动开展】 2016年,市妇联牵头组织“女孩安全”教育行动。4月,会同市教育局在全市幼儿园征集优秀家教方案,重点以幼儿性别教育与防性侵教育为主题,引导家庭重视幼儿早期性别教育,万余名家长积极参与。5月,联合市公安局、市教育局等部门开展“警花护蕾·困境女孩安全守护”行动,380名困境女孩与公安女警结成守护成长对子。7月,邀请全国女童保护组织专家至靖江培训、考核专业师资105名。8月,联合市教育局开展女孩安全教育优课评选活动,在全市评选出17个优秀教案参加决赛。10月,开展“女孩安全”家庭教育征文活动,共收集征文238篇,评选出优秀征文40篇。全年利用家长学校阵地开展“女孩安全教育”进社区巡讲活动30次,受惠儿童2000余名。 (黄 丽)

链接:巧手芬芳

丁天香,新桥镇礼士幼儿园教师,根据女生头型设计发型,为女生编扎各种“爱心辫”16年。

丁秀兰,西来镇西来村人,传承酱菜加工技艺,能在30多秒内把1厘米厚的生姜片出厚薄一致的30片。

王玲,哑女,特殊教育学校教师,绘画、刺绣、手工样样精通。

王美英,生祠镇老港村人,编织的斗笠成为买家的欣赏品和收藏品。

左翠萍,天鹅乐器有限公司职工,每天校音口风琴三四百个,是同事的2倍。

吉莉，市中医院神经内科护士长，国际造口师，以高超的换药、护理技术为患者减轻痛苦。

朱娇，季市镇祁家村人，能用不同颜色的帆布片缝制出活灵活现的手工帆布鱼。

朱云，省靖中专校美术教师，用一张张小纸条可“卷”“粘”出一幅幅风景画。

朱敏，城东社区卫生服务中心医生，对人体361个穴位了然于胸，各种针灸方式运用自如。

刘立琴，马桥镇九一村人，能用“钻石绣”粘贴出招人喜爱的小动物。

刘君燚，马桥镇中心幼儿园教师，可将各种废旧物品设计、制作成一件件充满童趣、赏心悦目的手工艺品。

孙静，新天地滨江花园居民，善用各色棉麻布料和烫金布料剪裁缝合成一个个精美的零钱包。

孙兰琴，新桥镇五星村人，擅长手工缝制虎头鞋。

孙陆焱，百盛大酒店汤包师，创下4分钟制作一笼汤包的记录。

孙凌波，城西幼儿园教师，用废旧物品制成的充满灵气的手工艺品，屡次在全市幼儿园自制教玩具比赛中获头奖。

杜全娣，西来镇永胜村人，20多道制筛工序熟稔于心，制作的筛子俏销苏南市场。

杨亚宏，科尼起重机设备制造有限公司嵌线工，手工电机嵌线又快又好，嵌扎耐压一次合格率近100%。

杨翠萍，市人民公园管理处园艺师，善将诗情画意融入到盆景创作中。

李锐，生祠镇生祠社区人，手工制作的发簪精美绝伦。

李慧梅，卓然设备制造有限公司行车工，夺得2014年“卓然杯”行车工技能大赛头筹。

严向红，市市场监管局工作人员，善用各色食材制作蛋糕、蛋卷、蛋挞、披萨等美味糕点。

巫金红，东兴镇惠丰幼儿园教师，以剪刀代笔，以碎布料为色，用双面胶贴出一幅幅妙趣横生的布贴画。

吴继萍，市环卫处工人，凭一根钩针、一团毛绒、一卷棉絮，钩织出栩栩如生的花朵、惟妙惟肖的动物。

吴时瑶，滨江新城办事处朝阳社区居民，编织出的各种毛线织品精致美观。

沈玉萍，孤山镇山东村人，制作的泥狗子形象逼真，雅俗共赏。

张宁，市环保局工作人员，手工制作的肥皂造型别致、油滑剔透、隐隐飘香。

张凌，新江海社区居民，剪纸技艺非凡，作品千变万化。

张均，季市初级中学美术教师，彩色粘土在其手中几分钟后就成鲜艳花朵。

陆美兰，江苏皓月汽车安全系统股份有限公司职工，15秒可在自动化自吸门锁生产线上手工组装零部件55个。

陆丽霞，百蔚园芸蔚兰苑职工，培育的兰花多次在兰博会上摘金夺银。

陆翠娣，市人民医院孕妇学校校长，编织课教员，培养准妈妈的编织爱好。

陈洁，外国语学校城南分校教师，善用十字绣绣出人物和风景。

陈桂芳，城南办事处三江社区居民，单鞋、棉鞋、老虎鞋等样样做得像模像样。

邵靖，市财政局工作人员，制作的前饰、后饰、项链、发钗等首饰经典复古。

季莺，孤山镇初级中学美术教师，创新制作双响泥哨，泥哨教学成为校本课程，多次获省级奖项。

季银霞，市人民医院急诊科副护士长，给患儿静脉穿刺“一针见血”，从不失手。

周卫芬，城南办事处科技社区居民，1小时能拆1500克大闸蟹，500克大闸蟹可拆出约175克的肉和黄。

周竞秋，番茄田艺术靖江中心职工，制作陶土作品驾轻就熟，捏什么像什么，尤擅制作人物、动物。

周晨怡，特殊教育学校教师，精于制作充满童趣、富有梦幻色彩的DIY小屋。

郑玲芬，江苏新世纪造船有限公司电焊工，焊缝拍片合格率95%以上。

赵海燕，第一实验幼儿园教师，粘土制作的龙猫惟妙惟肖、猴子神气活现。

侯桂娟，裕纶纺织品公司挡车工，获得2015年全省首届纺织技能大赛实际操作技能第一名。

闻桂萍，市国库集中收付中心工作人员，珠算炉火纯青，计算速度快过电脑。

洪云芬，靖城街道江华社区居民，钟表修理成其指尖艺术。

顾美玲，城南办事处华侨新村社区居民，善将自然浓缩于方寸之间，制作的微盆景人见人爱。

倪琳，城中小学教师，一捧细沙经几番灵巧拨弄，便成为美丽的图画。

常琴，城南办事处科技社区居民，花艺设计师，一件件花艺作品层次分明、温软馨香，独具匠心。

韩银潮，市行政中心餐厅点心师，糕点制作技艺精湛，花式丰富。

缪琳霞，滨江新区办事处富

阳社区居民,自制古典头饰近1年,出品精美发簪、发钗200多个。

缪莉,新桥德胜村居民,各种创意西式糕点媲美艺术品。

(文　哲)

靖江市文学艺术界联合会

【概况】 市文联下设市作家协会、书法家协会、美术家协会、摄影家协会、音乐舞蹈家协会、戏剧家协会、民间文艺家协会7个协会,另有市公安文联、教育文联、靖城街道文联3个基层文联,会员800余人。2016年,市文联学习贯彻习近平总书记系列重要讲话精神,特别是在文艺工作座谈会和文代会、作代会上的讲话精神,履行"联络、协调、指导、服务"职责,团结引导文艺工作者深入实践,努力创作优秀作品,推动文艺工作服务大局、服务人民,繁荣靖江文艺事业。全年举办各类文艺活动26场次,出版《孤山》杂志2期,组编《靖江文艺》会刊1期。市文联被省文联评为江苏省基层文联工作先进单位。

【文艺活动】 文学方面:市作家协会开通"靖江日记"微信公众账号,累计用户5000余人;举办台湾作家舒国治"人文·美食"主题讲座,与靖江读者分享对美食文化、人文风情的理解;举办"大江美景、靖江美食"作家访谈活动,给靖江读者带来一场精彩的人文思辨交流。书画方面:在西郊公园举办"华辉装饰杯"靖江市首届书法大展,收到各类来稿156件,其中中国书协会员作品8件、省书协会员作品31件,选取来稿中89件作品进行展出;举办"感悟·造化"中青年油画作品展,展出全市12位中青年画家的油画作品;举办何卫君、顾如平、杨俊"三人行"书法作品展,展示的60幅作品均为3人近期的原创作品;市美协组织美术创作者参加江苏省美术家协会在泰州召开的调研创作指导会,参加"江苏省第七届水彩·粉画作品展"开幕式,参观陆庆龙油画作品展,赴浙江雁荡山、福建武夷山开展美术采风写生创作活动;市书法家协会举办"书法创作与投稿"专题培训班,邀请李守卫、许达两位书法家为会员进行培训。摄影方面:举办台湾著名摄影家阮义忠"人与土地"摄影展,其间阮义忠以"生命的宽度·影像的深度"为主题,给靖江摄影爱好者作摄影艺术讲座。音乐舞蹈方面:举办台湾少数民族原创音乐会,是2016江苏靖江台湾文化艺术节暨台商经贸交流活动的重要组成部分;举办两岸音乐人流行音乐主题沙龙,台湾著名音乐人韩贤光、靖江籍歌手鞠起、著名乐评人邱大立3人共叙人生经历、音乐故事;香港著名音乐人刘卓辉作客"青春、梦想、情怀"流行音乐沙龙,与靖江音乐爱好者畅谈音乐故事;举办西班牙之花古典吉他重奏音乐会,来自西班牙巴塞罗那LICEU音乐学院的古典吉他教授麦特·卢比欧和米莲·弗兰克,在音乐会现场演奏古典吉他二重奏;市音乐舞蹈家协会、市教育系统文艺协会联合举办"靖江市校(园)歌展评"活动,省靖中、滨江学校、第一实验幼儿园等13所学校(幼儿园)选送校(园)歌参加展评。戏剧方面:"两学一做"主题大戏《召唤》在省靖中礼堂首演;大型廉政锡剧《呼唤》在北京长安大戏院连续上演;音乐剧《刀尖上的舞者》代表市卫计委参加泰州卫生系统庆祝建市20周年文艺汇演,张恒毅、杨波表演的小品《夜审》参加泰州财政系统文艺汇演,张恒毅、杨波、卢静、窦君、刘栋表演的小品《午间小憩》参加泰州城管系统文艺汇演;靖江市锡剧团、市戏剧家协会参加"梨园飘香"苏中友邻县市戏曲交流演出活动。民间文艺方面:举办黄靖《解读靖江宝卷》赠书仪式,常州大学怀德学院、省靖中、市一中、外国语学校、市图书馆、新华书店等单位接受赠书;新一轮靖江讲经音像录制工作启动,录制内容为未收入《中国靖江宝卷》的卷本23种约150万字;俄罗斯汉学家白若思专程至靖江考察讲经现场,与靖江的宝卷研究者和民间艺人进行学术交流;市民间文艺家协会黄靖、高峰前往云南巍山考察"说善书",与当地的民间艺人交流探讨,详细了解"说善书"的起源、分布区域、说唱方式以及主要文本等。

【协会建设】 召开市文联六届二次全委(扩大)会议,传达市委书记赵叶在全市文艺工作者座谈会上的讲话精神,回顾总结文联六次文代会以来的工作,部署2017年任务,表彰先进集体和个人。市委宣传部、市文联赴福建厦门、泉州等地,与当地文联和有关协会开展文化交流活动,考察当地文化创意园项目和艺术馆建设情况,落实"马洲记忆馆"开馆展览项目,就两地文艺项目的合作达成初步意向。市文联赴常熟学习考察,就乡镇文联建设展开深入调研。新疆昭苏县选派文艺人员至靖江交流学习,就两地的文学艺术发展形势、艺术特色等进行交流探讨，就进一步加强两地文艺交流合作达成初步意向。配合市委宣传部和市人才工作办公室，组织实施“靖江市‘126’宣传文化人才培育工程”，各协会共有38名会员被确定为“市‘126’宣传文化人才培育工程”首批培养对象，3个项目被确定为市重点人才科研项目，5名会员领衔的工作室被确定为市重点人才工作室。组织参加全市文化科技卫生“三下乡”活动，现场发放各类文艺书籍600余册，并组织市书法家协会骨干会员现场书写春联、福字。定期召开协会主席会议，加强对各协会工作的指导。市作协副主席刘华君当选江苏省网络作家协会副主席。江晓东、沈君、陈湘龄、刘黄桦、王鑫霞、何金城加入省公安文联作家协会。

【文艺工作者座谈会召开】 12月26日，靖江召开文艺工作者座谈会。会议学习贯彻习近平总书记在全国文代会、作代会上的讲话精神，进一步统一思想、振奋精神、增添力量，推进靖江文艺事业繁荣发展。市委书记赵叶要求全市广大文艺工作者，要牢牢把握正确的政治方向，更好地彰显人本情怀，大力弘扬城市文化，共同营造文艺繁荣的良好氛围。赵叶为靖江首批文艺“名家工作室”授牌，它们是庞余亮文学创作名家工作室、姚骏舞美设计名家工作室、刘家骏篆刻名家工作室、朱红雕刻名家工作室、丁吴洪吉他名家工作室。座谈时，丁吴洪、高峰、李筱纲、褚洁明、王青、黄靖、陈震、刘华君、潘浩泉、庞余亮10名文艺工作者代表先后交流发言。文艺工作者代表宣读了致全市文艺工作者的倡议书。

【“火红年代，火红靖江”书画影展暨诗词朗诵会举办】 9月27日，市委宣传部、市文联举办“火红年代，火红靖江”书画影展暨诗词朗诵会，回望红色岁月，聚焦火红年代，以丹青绘锦绣，以翰墨写盛世，用光影记录马洲巨变，定格生活欢歌，用语言抒发对祖国的热爱、对生活的赞美，激发“聚沙成洲，奋发超越”靖江精神，谱写“率先领先争先”靖江篇章。展览共展出百幅书法、美术、摄影作品和百首诗词、楹联。诗词朗诵会上，靖江朗诵者深情演绎《苍梧谣·孤山》《鹧鸪天·沿江风光带》《容湖夏吟》等由市马洲诗社成员创作的诗词和毛泽东《七律·长征》《七律·人民解放军占领南京》等诗词作品。

【靖城街道文学艺术界联合会成立】 12月8日，靖城街道文学艺术界联合会在马洲书院成立，为泰州市首家街道文联。联合会设文学、音乐舞蹈、摄影、书画4个分会，靖城街道各界的55位文艺工作者成为联合会会员。

（童冬梅）

靖江市科学技术协会

【概况】 2016年，市科协以“聚焦众创、服务众创”为主线，提高创新发展能力。全年新批省级科技服务站2家，在企业建立实习基地25个，举办海智活动（海外智力为国服务行动计划）8场，实施科技专家兴农富民工程，共解决农业方面技术问题130余个，联合市农委举办农村实用技术培训，培训新型农民1960人。是年，靖江市获批2016—2020年全国科普示范市，市科协获评省科协系统工作创新优秀单位。

【产学研合作】 2016年，市科协收集企业技术难题、人才需求40余项，向产学研合作单位发布，邀请专家、教授90余人次为50家企业提供科技服务，解决12项技术难题。上海“关田工作室”3位专家为靖江4家企业进行“IE管理”诊断，提升企业精细化管理水平，帮助企业由粗放型管理向科学型管理转变。组织专家走访全市铸造企业，为铸造企业技术改造、产品升级等提出针对性指导意见。邀请中国汽车工程学会副理事长至靖江，对全市汽车零部件产业相关企业进行考察调研。发明协会、常州大学怀德学院联合开展“学校教授进企业、企业专家进校园”的“双师双聘”活动，12名专家教授被靖江20家企业聘为技术顾问，联合完成攻关项目7项，10名企业高管、高工被聘为学院教授或创业导师。在企业建立实习基地25个，组织1500名大学生到企业实习。

【科普工作】 2016年，市科协创新科普传播方式，满足群众多渠道获取科普知识的需求，打造“科普靖江”品牌。与广电部门合作，在“智慧靖江APP”开设“科普靖江”专栏；推出原创电视科普专栏节目《科技在身边》，用群众身边的事传播科学思想，宣传科普知识；利用“靖江科普网”“科普靖江”微信，构建个性化服务平台，有2500余名固定关注群。联合市农委举办电子商务、优良品种等农村实用技术培训，培训新型农民1960人。开展“科普进社区”活动，充分利用社区文化广场、市民活动中心等阵地，举办科普讲座、科普展览，靖城街道前进社区被评为省科普示范社区。借助省科协科技咖啡馆活动,邀请江苏省社科院副院长吴先满教授为市级机关120名党员干部做“供给侧改革解读”专题讲座。组织参与各类科技竞赛。省靖中专孙宇设计的“户外跌落式熔断器触点温度检测装置”入围省第27届青少年科技创新大赛决赛。在第2届泰州市青少年科技创新市长奖评比中,靖江获得市长奖1项、提名奖1项、优秀科技辅导员奖2项,实验学校获创新摇篮奖。实验学校成功举办江苏省第23届青少年科技模型竞赛(靖江分赛区)。靖江图书馆被评为省科普教育基地。开展主题科普活动。科普周、科普日期间开展18项重点主题科普活动,与市市场监管局联合开展的“2016年质量月”系列活动被评为科普日省优秀特色活动。开展“科普一日游”活动,组织20多名中小学生参观上海科技馆。

【科普惠农服务】 2016年,市科协实施科技专家兴农富民工程,组织农技专家进村入户、上门指导。全年共解决农业方面技术问题130余个,直接带动农户3200户,辐射农户6000户。引导农技协组织健康发展,新建农技协1家,推荐红芽香沙芋入驻京东商城江苏农产品馆,靖江市艳君水果专业合作社获批省科普示范基地、泰州市科普惠农服务站。

【学术交流活动】 年内,各学会共组织各类学术活动50余场(次),8000余人次参加。市农学会邀请农业专家、教授举办农业科技讲坛,全年共举办各类讲座6场。市医学会邀请全国知名专家举办慢性乙肝诊断、内科常见病诊疗等学术报告、讲座16场次。选送常州大学怀德学院2篇优秀论文参加江苏省第7届自然科学学术活动月活动。在泰州市第10届自然科学优秀论文评选中,靖江获一等奖1项、二等奖3项、三等奖3项、鼓励奖22项。

【“海智”工作】 年内,市科协组织相关人员参加各类“海智”工作业务培训,举办“海智”活动8场。组织26家企业参加中欧国际科技视频会议及首届卡尔斯鲁厄理工学院创新日等活动,组织3家企业参加2016中国·成都全球创新创业交易会。上述活动为全市企业、院校搭建了解、掌握国内外最新科技成果的平台。

【华达汽车与湖南大学共建院士工作站】 8月,华达汽车科技股份有限公司与湖南大学达成合作意向,共建钟志华院士工作站。这是全市第9家省级院士工作站。钟志华是中国工程院院士、车辆工程专家,长期从事汽车碰撞安全技术、车身冲压成型技术和模块化轻量化汽车技术研究。工作站建立后,双方将重点围绕新型汽车材料、新型冲压工艺、新能源应用等合作开发核心关键技术,加快推进科技成果转化,共建研究生培养基地,帮助企业加强人才队伍建设,为华达公司增强自主创新能力和市场竞争力提供有力支撑。

【常州大学怀德学院科协成立】 4月5日,常州大学怀德学院科协成立大会在该院行政楼会议室举行。大会表决通过《常州大学怀德学院科学技术协会章程》,选举产生常州大学怀德学院科协第一届委员会,浦建民当选科协第一任主席,陆恒、丁永红、徐建平、陈玉荣为副主席,丁永红兼任秘书长。

【江苏供给侧结构性改革讲座】 9月13日,市科协邀请江苏省社会科学院党委委员、副院长吴先满教授为市直机关工作人员作《江苏供给侧结构性改革与2016年经济形势分析》专题讲座。讲座主要包括4个方面内容:科学把握江苏供给侧结构性改革、实现经济平稳增长,江苏供给侧结构性改革的思路、举措、初步成效及难点,江苏供给侧结构性改革背景下2016年下半年江苏经济形势的基本预测,江苏深入推进供给侧结构性改革、实现经济平稳发展的政策建议。

(何　源)

靖江市残疾人联合会

【概况】 2016年,全市共有各类残疾人38472人,占全市总人口的5.7%,其中视力残疾8386人、听力残疾4909人、言语残疾760人、肢体残疾16599人、智力残疾3612人、精神残疾2886人、多重残疾1260人,有13394名残疾人持有第二代残疾人证。年内,落实残疾人服务“四免四全面”提升工程,3402人享有重残无固定收入补助,新安置残疾人就业810人,建成“馨港湾残疾人之家”5家。是年,市残疾人工作委员会被国务院残工委表彰为全国残疾人工作先进单位;市残联被省残工委表彰为省按比例安排残疾人就业先进单位,被市委、市政府表彰为2016年度市级机关绩效考评先进单位。

【残疾人服务】 2016年,残疾人服务“四免四全面”提升工程被纳入政府十项民生实事。“四免”:结合靖江实际情况,市残联修订《靖江市残疾人辅助器具适配补贴办法》,为834名贫困残疾人及残疾学生免费提供基本型辅具适配,为15户家庭免费进行无障碍改造;与市教育、民政、财政、人社、卫计委等部门联合制定《靖江市14岁以下残疾儿童基本康复项目免费服务实施办法》,免费基本康复训练年龄由6岁以下扩大到14岁以下,为103名0~14岁残疾儿童提供基本康复项目免费服务;会同市教育局为155名残疾少年儿童实施学前至高中15年免费教育,保障其享受教育权利;精神残疾人员服药政策进一步放宽,取消贫困限制,根据省民政厅要求升级基本用药范围,为569名符合服用抗精神病药物条件的精神残疾人提供免费给药服务。“四全面”:贫困重度残疾人全面足额享有低保待遇;制定《靖江市0~6岁儿童残疾筛查实施方案》,儿童残疾筛查全面纳入基本公共卫生服务体系,全市共筛查0~6岁儿童9140人,79名疑似残障儿童中,27人进行复筛;3600余名在岗残疾人全面参加技能、认知“双提升”培训;落实市残联、民政局联合提交的经市政府同意的《关于住院重度精神病患者纳入医疗救助的报告》,1448名重度精神病患者全面纳入医疗救助体系。

【残疾人保障】 2016年,3402人享有重残无固定收入补助,48人享有低保内重残补贴,7人享有依老养残补助,296人获一户多残补助,发放资金合计2506万元。36名残疾学生获高中以上阶段教育补贴,合计7万元。残疾人意外伤害保险补助投入资金15.99万元,全年共有10663人参保。以定额补助方式为117名重度残疾人缴纳最低标准城乡居民社会养老保险,投入资金11.7万元。2名残疾人领取C5驾照补贴,69名残疾人享受机动轮椅车燃油补贴,共发放资金1.79万元。

【残疾人就业】 2016年,市残联持续规范按比例安排残疾人就业,按比例安排残疾人就业情况挂钩企业信用,规范就业年审工作流程,完善征缴体系,用人单位安置残疾人就业意识进一步强化,残疾人就业权益得到保障。是年,企业申报新安置残疾人就业810人,残疾人按比例就业率较2013年提升91.5%;全市83家福利企业,安置残疾人3300名。市残联制定《靖江市残疾人辅助性就业实施办法》等系列辅助性就业配套实施文件,确保有一定意愿和条件就业而未能正常就业的残疾人充分参与社会生活,全年吸纳近30名残疾人参加庇护劳动。为残疾人创业提供场地支持,在骥江西路与渔婆路交叉处打造首条“残疾人创业一条街”,年底完成棚亭制作和现场施工并公开招募入驻项目。

【残疾人之家建设】 2016年,市残联、市财政局联合印发《靖江市残疾人综合服务阵地建设实施办法(试行)》,加快残疾人之家建设,为服务残疾人搭建平台。年底,全市共建成“馨港湾残疾人之家”5家,其中正式运行2家;另有6家在建。

【残疾人文体活动】 2016年,市残联组织开展残疾人文化周主题活动,举办残疾人象棋比赛,放映专场电影,组织残健人群参观生命阳光励志馆,镇(街道、园区、办事处)选拔30名残疾人文艺爱好者参加市级文艺培训班,组织10名残疾人书画爱好者参加书画创作现场交流活动。各残联专门协会结合自身特点开展特色活动,丰富残疾人的社会生活。肢残人协会举办趣味运动

市残联举办残疾人文化周书画创作交流展

会,聋人协会举办烘焙培训班,盲人协会开展按摩献爱心活动,精残亲友协会开展义诊活动。靖江成功承办泰州市第5届运动会残疾人部乒乓球比赛,承担江苏省第7届全民健身运动会残疾人乒乓球比赛泰州地区集训任务。里约残奥会上,中国女子盲人门球队夺得银牌,作为主力出战的靖江籍运动员张魏成为靖江首位在残奥会赛场上取得奖牌的运动员。在江苏省第7届全民健身运动会残疾人部比赛中,靖江5位运动员取得5银2铜。在泰州市第5届运动会残疾人部比赛中,靖江13名运动员获6金3银5铜。

【残疾人脱贫帮扶】 2016年,靖江常态化开展志愿助残阳光行动及结对帮扶活动,80多家单位、部门帮扶残困户300余户。爱心企业为100名贫困残疾人子女发放“双鱼助学基金”10万元。全市另有305名残疾人家庭子女通过各种渠道受到帮扶,获帮扶资金30余万元。将促进就业作为帮扶残疾人脱贫的根本途径,全年市残联组织3600余名在岗残疾人参加“双提升”培训,以提升残疾人就业竞争能力。

【残疾人职业能力测评】 2015年底,靖江被中国残联选定为全国唯一残疾人职业能力测评工具研发试点地区。2016年,市残联观摩香港残疾人职业能力测评流程,调研上海、浙江、江苏等地残疾人就业、电商扶持残疾人创业等项目,秉持“精确评估、精准就业”理念,按照中残联就业服务指导中心提出的“一店三基地一平台”(盲人按摩示范店,技能培训基地、就业实训基地、创业孵化基地,残疾人基础数据平台)工作思路,先后出台《靖江市残疾人辅助性就业实施办法》《靖江市残疾人综合服务阵地管理办法》《靖江市残疾人职业能力评估实施办法》等规范性文件,打造电商创业孵化、手工劳动、创业一条街等残疾人辅助性就业培训、实训基地,通过研发和运用残疾人职业能力测评工具,帮助有就业需求的残疾人了解自身职业能力特点和培养发展方向,准确定位求职目标,提高就业成功率。

【公众开放日活动】 2016年,市委宣传部、市级机关工委、市教育局、市总工会、市妇联、市残联、团市委7部门,开展“我们共同拥有一片蓝天”生命阳光励志馆公众开放日活动,营造扶残助残社会氛围,引导公众树立正确的残疾人观。市残联根据团体和个人预约的时间、人数,合理安排,做好引导和解说工作。其间,生命阳光励志馆接待参观体验者4650余人次,其中包括瑞典和广东、江西、山西、山东、安徽、新疆、甘肃等国内外的参观体验者。中国残疾人杂志社记者对生命阳光励志馆进行专题采访报道。是年,该馆被市委宣传部确定为市级爱国主义教育基地,市残联“助残励志体验,生命共享阳光”项目获2016年度靖江改革创新奖提名奖。 (祝 敏)

靖江市关心下一代工作委员会

【概况】 2016年,市关工委围绕青少年思想道德建设,组织各级关工委开展形式多样的学习培训活动,因地制宜整合校外教育辅导站,关爱贫困、残疾、孤儿等弱势群体,继续保持村(社区)未成年人“零犯罪”记录。市关工委工作经验先后2次在省关工委会议上作介绍。是年,市关工委获评泰州市和江苏省关心下一代工作先进集体。

【校外辅导站建设】 2016年,市关工委组织人员深入调研全市校外教育辅导站运行情况,按照因地制宜、资源共享、青少年和家长都满意的原则,调整校外教育辅导站布局,形成“中心村—村(社区)自办站—村校联办站—家庭辅导点”的模式。市关工委分片举办校外教育辅导员培训班,出台规范性办站意见,开展市级示范站、优秀站、优秀校外辅导员评选,评出示范站10个、优秀站40个、优秀辅导员116名,发放以奖代补资金6.96万元。全年校外辅导站累计辅导16024课时。

【关爱帮扶活动】 2016年,市各级关工委发动社区力量和有识之士,特别是热心公益的民营企业家开展牵手活动,为贫困、残疾、孤儿等弱势群体捐资捐物,百余名困难家庭子女通过与企业家结对解决就学费用。市教育局关工委与市慈善机构对接,在部分学校设立慈善分会,组织“一日捐”活动解决在校贫困生就餐、住宿费用。配合市妇联、市教育局和政法部门开展“护蕾行动”,组织巡回宣讲,保障女孩的身心健康和快乐成长。

【组织建设】 年内,市关工委加强各级基层关工委的组织建设,18个市级机关部门关工委完成班子调整。创新民营经济关工委、农委关工委组织建设，民营经济关工委在6个基层分局分别建立关工委，农委关工委依托各镇（街道、园区、办事处）农推中心和畜牧兽医站新设农业关工委。市关工委与有关镇对接，在部分镇关工委增设常务副主任驻会办公。随着组织建设不断加强，全市“五老”队伍由上年的5023人增至6056人。

【“零犯罪创建”工作】 2016年，市关工委会同市政法和教育部门开展法制宣传教育活动，动员和组织“五老”，特别是政法系统退休的老同志担任社区矫正志愿者，举办结对帮教员培训班，建立规范帮教机制，建立台账，跟踪帮教。对外籍流窜至靖江作案的未成年人，采用审理与教育相结合的方法，帮助其回归社会。坚持预防为主、疏堵结合、关口前移的方法，对留守和流动未成年人开展关爱行动，对心理障碍未成年人开展劝戒行动，对困难未成年人开展救助行动，对网迷、网痴未成年人开展疏导行动，对问题未成年人、社区服刑青少年开展帮教行动。是年，靖江继续保持村（社区）未成年“零犯罪”的记录，所结对帮教的社区服刑人员无重新犯罪。11月，该项工作经验在省关工委召开的全省预防和减少青少年违法犯罪工作座谈会上作交流。

【主题教育活动】 2016年，市关工委开展“学党史、学国史，听党话、跟党走”主题教育活动。3月5日，举行主题教育启动仪式。市关工委每2个月举办1次现场推进会，适时举行主题教育优秀案例评选、活动现场比赛等活动，不断提升主题教育活动质量。该项活动形式多种多样。读红色书籍。全市各校以“五老”导读、学生通读的方式，让红色书籍走进校园，走进孩子们的心田。讲红色故事。各校关工委利用课余时间组织学生开展讲红色故事大赛，市关工委与市教育局联合开展知识竞赛、征文竞赛和讲故事大赛，选拔的两名选手先后参加泰州讲故事比赛均获第一名。访红色故里。暑假，市关工委联合关心下一代周报社，组织180名小记者开展“‘两史’浸润心田‘加油’面向未来”夏令营活动，参观、寻访靖江红色根据地普济庵、靖江县委早期办公地弯腰沟、抗日战地蛤蟆圩、东线渡江第一帆等红色遗址。演红色节目。“五老”和学校教师共同指导孩子们自编自演，把学习成果转化为文娱节目，通过大家喜闻乐见的形式，加深对党史、国史知识的学习了解。此外，市关工委把常态化学雷锋、家规家训教育和纪念建党95周年、纪念长征胜利80周年、纪念孙中山先生150周年诞辰等活动融合到主题教育中，分别编写宣讲稿印发全市，组织“五老”宣讲团进校入村巡回宣讲。市关工委这种以多种形式开展主题教育活动的做法，在省关工委主题教育经验交流会上作介绍，得到中国关工委的充分肯定，经验介绍刊登于《中国火炬》杂志第12期。

【引导青年创业创新】 年内，市关工委配合市委组织部、市人社局、市总工会、市农委、团市委等部门，引导待业青年和大中专毕业生投身“大众创业、万众创新”，为他们提供创业指导和就业信息，帮助他们搭建自主创业平台。市关工委联合老科技工作者协会，发挥老专家优势，开展与大学生村官结对共创活动，帮助引项目、筹资金、教技术。团结路社区关工委常务副主任蒋光文，利用其被聘为省科技厅情报研究所顾问的优势，与5名靖江大学生村官结对，帮助其创业创新取得成功，带动一方青年农民走上致富路。（宋山海　夏　昀）

靖江市哲学社会科学界联合会

【概况】 2016年，市社科联新增靖江锡剧艺术研究会，至年末有学会6个，会员150余人。年内，市社科联组织开展学术研讨、学会管理、社科普及、社科评奖、人才培养等各项工作，促进全市哲学社会科学事业的繁荣和发展，为全市经济文化社会的发展作出贡献。萧旭成为泰州市社会科学专家库人才和靖江“126”宣传文化人才培育工程“核心人才”培养对象。在泰州市第10届哲学社会科学优秀成果评奖中，刘正坤的《玉蝉女十二美》获一等奖，萧旭的《〈荀子·议兵篇〉解诂》和高峰的《江上翠微——靖江孤山风物志》获三等奖。市社科联被江苏省社科联授予2016年度“工作创新奖”。

【专项课题研究】 年内，根据靖江经济发展实际和需求，提出《靖江港口节能减排现状与对策研究》课题，并申报“江苏省社科应用研究精品工程”市县专项课题，获立项和经费资助。该课题由市政府办、市委党校、市社科联及河海大学港口学院合作完成。

策应泰州市“十三五”期间加快文化名城建设的战略部署,组织开展《在文化名城建设中把脉靖江文化》课题研究,并申报泰州市社科类市级课题,获立项和经费资助。

【社科普及】 年内,江苏省级社科普及示范基地市图书馆开展“马洲讲堂”地方文化系列讲座,为提升公众人文素质发挥作用;泰州级社科普及示范基地西来镇农耕文化陈列馆接待社会各界参观游览,为人们留住农耕文化的记忆。靖江宝卷研究会黄靖的《与年轻人谈谈中国宝卷文化》讲座稿入选省社科联《江苏人文社会科学讲座(2015年选编本)》,靖江报送的文化著作《风过骥沙·靖江历史漫笔》《群书校补》《靖江味》《宝卷民俗》《玉蝉女十二美》首次入选《江苏省社会科学普及优秀读物汇编》。

【协助上级调研】 2月,市社科联协助江苏省公众人文社科素养及需求调查组,在靖江西来、东兴两个村(居)开展抽样问卷调查;3月,与市人大共同接待省人大相关人员在靖江作《江苏省社会科学普及促进条例》立法调研;8月,协助泰州社科院在靖江作《打造特色临港产业,建设港口名城的可行性研究》课题调研。

(严　震)

靖江市红十字会

【概况】 2016年,市红十字会有12个镇(街道、园区、办事处)基层红十字会、99个村(社区)标准化红十字服务站、27个学校红十字会,市人民医院、中医院冠名红十字医院。年内,市红十字会开展救援行动、救护培训和救助活动,推动无偿献血和造血干细胞、人体器官、遗体捐献工作,3名志愿者成功捐献造血干细胞。

【落实“三救”工作】 2016年,市红十字会组建应急救援队,开展救援技能训练,增强应急救援能力。4月22日,德桥仓储火灾后,救援队员为群众提供防护服务,协助群众安全撤离。6月23日,盐城阜宁龙卷风灾害发生后,市红十字会汇集定向捐款5360元支援灾区建设。加强应急救护培训,全年组织1.1万人参加普及性救护培训,855人参加初级救护员培训。参加泰州市应急救护技能竞赛,靖江队获团体二等奖,市中医院医师徐坡在省、市应急救护技能竞赛中均获得“红十字应急救护能手”称号。开展“博爱万人捐”活动,全年共筹资173.54万元。开展“博爱送万家”活动,共发放物资和救助金55.18万元,受益贫困户491户。争取上级部门资金支持,进一步提高救助能力,努力实现“项目化筹资,品牌化救助”。省红会分别拨款13万元、6万元支持市红十字会救护培训基地建设和土桥卫生院“红十字博爱病房”项目,泰州红十字会拨款8万元支持季市镇安武村居家养老服务中心建设。

【推进“三献”工作】 2016年,市红十字会完成造血干细胞采样148人次,再动员24例,实现捐献3例。普通瓦工陆金良、企业负责人陆鹏飞、海关工作人员杨华,为素不相识的白血病患者成功捐献造血干细胞。推进角膜和遗体捐献工作,登记角膜捐献2例。宣传推进无偿献血工作,全年有10029人次参加无偿献血,献血量为215.26万毫升。

【志愿服务】 年内,组织志愿者在省靖中、外国语学校城南分校等校开展图书义卖、庆祝儿童节、春节送温暖等活动;在元宵节、端午节、中秋节、重阳节等节日开展敬老爱老送温暖活动,为养老院送去食品、药品、水果等物品,同时送去文艺演出、心理咨询等特色服务;利用学雷锋日、世界红十字日、世界急救日等纪念日,开展丰富多彩的志愿活动,向市民传递红十字的关爱。

【博爱病房医疗救助】 2016年,“红十字博爱病房”项目实现市公立医院全覆盖,发放救助金45.62万元,受益贫困患者300人次。“红十字博爱病房”项目旨在弘扬“人道、博爱、奉献”的红十字精神,调动政府、医院与社会爱心人士参与红十字博爱项目的积极性,切实解决贫困群众的部分经济困难,扩大红十字品牌在全社会的影响力。

【10名马洲之家志愿者加入中华骨髓库】 普通瓦工陆金良、企业负责人陆鹏飞、海关工作人员杨华先后于6月12日、8月29日、10月14日成为靖江市第2、3、4例成功捐献造血干细胞志愿者。9月24日,陆鹏飞带领马洲之家志愿者协会20余位志愿者参加无偿献血,其中10人主动填写申请表加入中华骨髓库。至2016年年底,全市有1000多名志愿者加入中华骨髓库,其中有4人成功捐献造血干细胞。

(周晓敏　荣晓霞)

综 述

【概况】 2016年，全市政法战线主动适应形势任务新变化和经济发展新常态，以“政法信访工作服务发展年”和“政法队伍能力提升年”活动为抓手，全面深化平安法治建设“两年行动计划”和“10个全覆盖行动”，务实创新，开拓进取，圆满完成各项年度目标任务，为靖江率先全面建成小康社会，加快实现“重树苏中标杆，率先融入苏南”目标创造安全稳定的社会环境、公平正义的法治环境、优质高效的服务环境。年内，靖江获评全省平安市、平安铁路市和全国平安农机示范市，市法院获评江苏省文明单位，市检察院获评2016年度全国检察宣传先进单位、江苏省文明单位，市公安局被省政府记集体一等功，市司法局获评全国法治宣传教育先进集体、“法润江苏”专项系列活动先进集体，市民政局被泰州市委、市政府记集体二等功；政法系统150人受到泰州市级以上表彰。

【平安靖江建设】 年内，市委政法委（综治办）紧紧瞄准综治平安建设中的难题、短板，精准发力、深处着力，攻坚克难、彰显优势，推动平安靖江建设迈上新台阶。惩罚违法犯罪。严厉惩罚严重暴力犯罪，继续深化命案侦破攻坚，扎实推进惩罚涉枪涉爆犯罪行动，深入开展打黑除恶斗争，不断完善科学指挥、合成作战、专业研判等惩罚犯罪新机制。严厉惩罚多发性侵财犯罪，持续开展专项行动，以专业、灵活、高效的组织形式，快准狠地惩罚侵财犯罪团伙。严厉惩罚经济领域犯罪，坚决惩罚非法集资、内幕交易、网络借贷等金融领域犯罪和常见多发性经济犯罪。深入开展惩罚食药品及环境犯罪的“利剑”和“清水蓝天”两个专项行动，全力维护群众餐桌、用药和环境安全。依法处置拖欠工资案件，对恶意欠薪涉嫌犯罪的，依法追究刑事责任。强化社会治安热点问题整治，加大对黄赌毒违法犯罪查处惩罚力度，组织开展专项整治。完善防控体系。推进“智慧安防”工程建设，实现市镇村三级公共安全监控系统联网全覆盖。优化侦查破案模式，建强合成作战体系，推动人防、技防、物防“三防合一”，打造升级版“天罗地网”。在泰州所辖市（区）率先成立食药环大队、案管中心、反恐中队，建立集应急处置、机动作战、联勤联动等职能于一体的“野狼突击队”，打造专业型、精英型的尖刀队伍。全市命案和八大类案件破案率100%。创新人口服务管理。建立全市统一的流动人口信息采集管理网上平台，全面落实以房管人、以证管人、以业管人措施，流动人口登记率90%以上。强化特殊人群教育管控，积极探索电子腕带定位监管严管对象，提高日常监管信息化水平，全市410名社区服刑人员的入矫率、受教率、期满解矫率均达100%。完善综治信息系统。投入100余万元升级改造三级信息化平台，全市已开通PC账号360个、手机账号242个,手机账号开通率100%,数据录入率位居泰州前列。健全完善社会治安形势分析研判、实战指挥、部门联动和区域协作“四项机制”,强化业务培训,着力提升实战运用效果。创新社会治理。全面开展平安法治建设“一线一品、一镇一品”活动。立足问题短板,靶向立项攻坚,培育涉检矛盾多元化解机制、“三位一体”刑事审判、“智慧社区”等一批独具特色、群众欢迎、成效明显的平安法治建设项目。全面加强社区网格化规范化建设,制定下发《靖江市社区网格化服务管理规范化建设的实施意见》,组织开展网格化示范社区(3A、4A、5A)等级评定工作,全市社区网格化管理实现全覆盖。以“睦邻卡、睦邻点、睦邻节”三大载体为依托,以和邻、助邻、益邻、亲邻“四邻工程”为抓手,深入开展“睦邻工程”建设,全市和谐社区建成率100%,得到民政部的充分肯定。建立健全社区干部培养机制,成立泰州首个民办社工组织——靖江行知社会工作服务中心,探索“一事一奖”和优秀网格员进社区班子等办法,增强网格员履职动力。强化社会共治,完善“政社互动”“三社联动”机制,加大社会组织培育力度,“公益创投”活动向大调解体系、特殊人群服务管理和法治宣传教育等领域延伸,着力提升社会组织、社会力量参与社会治理的能力水平。积极拓展综治工作网络,将基层综治工作进一步向行业、协会、新经济组织、新社会组织延伸,形成村(社区)党支部为核心,综治办、警务室、调委会、平安义工队伍、社会组织等多方面力量联防、联查、联调、联控的工作机制。

【法治靖江建设】 年内,市委政法委围绕市委《关于推进依法治市、建设法治靖江的意见》要求,突出重点、打造品牌,着力在创新法治教育、严格司法公正、深化法治创建等方面求突破、提档次。抓住重点对象。深入推进领导干部法治素质提升工程,举办法治专题讲座,联合市委组织部开展领导干部法治知识网络培训,轮训全市正副局(镇)职领导干部700余人次。实行行政执法人员持证上岗和资格管理,探索建立法治能力专项考察等制度,推动公务员学法用法年度考核。加强青少年法治教育,优化法治课程,建立法治教育基地,定期组织法治师资轮训。加强法治宣传。研究出台“七五”普法规划及责任清单,着力构建部门分工负责、各司其职、齐抓共管的社会化普法宣传新格局。做优“三建三行”(围绕特色村庄建设开展法治文化镇村行,围绕平安和谐校园建设开展法治文化校园行,围绕诚信守法企业建设开展法治文化企业行)品牌,深化“法律六进”(进机关、乡村、社区、学校、企业、单位),全力构建立体化法治宣传平台。细化落实“谁执法谁普法”责任制,建立“以案释法”积分考核制度。引导社会组织参与法治宣传,主动承接社会普法职能。利用网络新兴媒体打造“一网三群”(普法网,普法志愿者QQ群、普法官方微博群、微信群)普法网络联盟,建立市法治宣传教育中心、法治文化主题公园和各镇(街道、办事处)法治文化广场,市法治文化主题公园获评全省首批“法治文化建设示范点”。落实媒体公益普法制度,推动各类媒体开设专栏、专题,实现公共场所、公共区域显示屏、移动电视、移动终端、宣传栏等载体全覆盖。维护司法公正。在全省率先建立执法监督员制度,从人大代表、政协委员、律师队伍以及政法部门工作人员中,选聘具有法律专业知识和丰富工作经验的20人为执法监督员,就政法队伍的执法能力、工作作风、规范执法等开展专题执法监督,并以涉法涉诉案件为重点开展“百日百案评查”活动,及时通报督查情况,有效促进司法公正,《江苏政法》《泰州政法》作专题报道。深入推进行政执法和刑事司法“两法衔接”机制的有效落实,健全完善“两法衔接”信息平台,引进软件从“阳光权力”监督网直接抓取行政执法信息,进一步强化对行政执法行为的有效监督。年内利用平台查询行政处罚案件信息700余条,督促相关执法部门移送涉嫌犯罪案件线索3条。坚持法治惠民。完善依法治市的领导制度和工作机制,强化督查考核,推进法治重点任务责任落实。进一步健全公共法律服务体系,出台市级公共法律服务体系建设标准,编订公共法律服务产品目录,实现网上网下全覆盖、实效水平双提升。进一步健全法律顾问制度,组建市、镇两级法律顾问团。充分发挥市法学会组织和专业优势,把法学研究与依法治理实践有机结合,为法治政府、法治社会建设提供智力支撑。进一步落实行政机关负责人出庭应诉制度,出庭应诉率达到100%。年内重点办好诉讼服务中心标准化、司法执行规范化建设等年度法治为民10件实事。

(郭芬芬)

法治政府建设

【概况】 2016年，全市贯彻落实《法治政府建设实施纲要(2015—2020)》《省政府关于深入推进依法行政加快建设法治政府的意见》，推进依法行政，谋划法治政府建设，为全市经济和社会发展提供法制保障。全年制定规范性文件6件，审查政府和政府办文件314件；审查政府签订的合同、协议12件，修改不妥条款、有歧义条款、约定不清条款20余处，提出法制建议70余条；审核13家单位的行政审批前置中介服务事项，编制63项行政审批前置中介服务事项清单；取消行政权力事项34项、承接上级行政机关下放的行政权力事项2项、调整行政权力事项72项；收到行政复议申请45件，办结43件；参加一、二审行政诉讼案件59件。

【规范性文件和重大行政决策事项审核】 规范规范性文件制定和重大行政决策事项审查程序。严格贯彻民主参与，保障公民知情权和参与权。对不符合程序规定的规范性文件和重大行政决策事项，完善程序后再出台；对与现行法律、法规和规章不符的，提出修改意见；对涉及全市经济社会发展以及专业性较强的，进行必要性和可行性论证；对涉及面广、与人民群众利益密切相关的，如《靖江市物业服务收费管理实施细则》《靖江市征地补偿和被征地农民社会保障实施办法》等，通过举行座谈会、听证会、论证会，在《靖江日报》、靖江市门户网站发布征求意见稿等形式，广泛征求社会各方面意见，确保其符合广大人民群众的利益、符合社会经济发展的需要。完善规范性文件备案审查机制。对以市政府名义出台的规范性文件，在发文之日起15日内报送上级部门和本级人大备案，备案率100%；对各部门制定的规范性文件，要求其提供完备的备案报告、法律依据、起草说明、廉洁性评估报告、正式文本及电子版本等材料，予以备案审查，全年审查此类规范性文件3件。做好对上级地方性法规的意见征集工作。组织相关单位参加《江苏省安全生产条例》《泰州市房屋安全管理条例》《泰州市食品小作坊登记管理办法》《泰州市地热资源和浅层地热能管理办法》《泰州市地理信息资源共享管理办法》等文件的意见征集工作，对泰州市《信用管理条例》《水污染防治条例》等10个文件提出修改意见。

行政执法人员参加执法资格考试 （市法制办提供）

【行政执法监督】 深化行政审批制度改革。建立健全行政事项等目录清单制度，梳理形成行政权力事项清单、行政审批事项清单、行政事业性收费目录清单、财政专项资金管理清单、产业结构指导目录清单5张清单，并依法在政府门户网站向社会公布。实施权力清单动态管理制度，全年取消行政权力事项34项、承接上级行政机关下放的行政权力事项2项、调整行政权力事项72项。推动柔性执法。倡导将行政指导和行政调解融入具体执法过程中，多渠道化解行政争议。年内，各部门共收到行政调解申请2.92万件、办理2.9万件，达成调解协议2.66万件。开展执法规范化建设。结合各部门“三定”方案确定的职能清理执法主体，公布70个执法主体(不含垂直和涉密单位)，包括行政机关30个、法律和法规授权的组织31个、镇人民政府和街道办事处9个。开展行政执法证件换证工作，培训并组织1800余名行政执法人员参加执法资格考试。全面推进“两法衔接”工作。落实《关于全面推进行政执法与刑事司法衔接工作的实施意见》《靖江市“两法衔接”工作年度绩效管理考评细则》，明确“两法衔接”工作的目标、措施、协作机制、监督考核等，并将其纳入依法行政工作考评体系。年内通过“两法衔接”信息平台移送司法机关案件4起。

【行政复议、行政应诉案件办理】 2016年,收到行政复议申请45件,办结43件。其中,告知不符合受理条件的2件、作出维持决定的7件、作出不予受理决定的11件、驳回申请的3件、撤回申请的13件、确认违法的2件、转送上级机关的1件;答复向泰州市政府申请的行政复议2件、向省政府申请的行政复议2件、向国务院申请的行政裁决1件。组织相关部门参加省政府行政复议听证会2次。参加一、二审行政诉讼案件59件,其中因征地补偿安置、房屋征收、环保、安监处罚等原因引发的案件占比较大。为促进案涉行政争议的妥善化解,在收到诉状后收集相关证据,针对对方当事人提出的诉求撰写答辩状,及时参加法院庭审答辩。全面引入行政复议听证程序,明确所有行政复议案件除适用简易程序案件外,以“召开听证会为一般、书面审理为例外”原则,坚持“应听证,尽听证”。推进行政机关负责人参加复议听证和应诉制度,严格落实《关于行政机关负责人参加行政复议听证的通知》《进一步加强行政机关负责人出庭应诉工作的实施方案》,强化工作考评,不定期通报行政机关负责人参加复议听证和出庭应诉情况,机关负责人参加行政复议听证和出庭应诉率均为100%。(陆丹娜)

公　安

【概况】 2016年,全市公安机关着力打造“责任公安、争先公安、智慧公安、文化公安、廉洁公安、美丽公安”,突出“天罗地网”平安工程和出入境美丽窗口服务品牌建设、基础设施建设、执法规范化建设、公安队伍建设等工作重点,推动警务创新,优化勤务机制,较好地完成各项公安工作任务,为全市经济社会发展创造良好的社会环境。全年查处涉赌人员736人次、涉黄涉娼人员155人;破获各类刑事案件1210件,摧毁涉恶团伙20个,公诉711人;收押、收拘各类违法人员2091人;查处交通违法行为51万起,淘汰“黄标车”(高污染排放车辆)2220辆;创建省、市级平安企业28家、平安学校52家,泰州五星级平安金融网点36个、金融单位6家;建成并投入使用基础设施建设项目15个;登记采集流动人口信息20余万条。市公安局获评靖江市级机关绩效考评十佳机关、泰州市公安局综合绩效考评优秀单位,被江苏省政府记集体一等功;巡特警和交警大队、新港派出所立集体二等功;治安防控“天罗地网”项目获评靖江市改革创新二等奖、泰州公安工作创新三等奖;“文化公安”获评靖江市组织工作、宣传思想文化创新创优奖;有360余人立功受奖,其中一等功6人、二等功5人,市看守所民警居广奇获评“江苏最美警察”。

【治安管理】 强化治安防控体系建设,打造以空中、地面各三道防线为主要内容的“天罗地网”平安工程。年内,空中三道防线新建智慧安防视频监控点位4612个,安装网安技侦电子围栏1100套,添置4G移动监控15套和警用无人机监控2套等;地面三道防线新增警务工作站2个、治安卡口2个、查报站4个。加强危险物品单位“户籍化”管理,6月底率先在泰州所辖市(区)实现危险物品安全管理“六个百分百”,即单位列管率100%、资料备案完整率100%、有条件解除危险物品的人员管控率100%、远程视频安装及治安防范达标率100%、安全责任书签订率100%、社区民警对辖区内涉危单位熟悉率100%。重视寄递业治安管理,严格落实寄递业“寄递物品100%先验视、后封箱,寄递活动100%实名制,邮件、快件100%通过X光机安检”3项制度。加强群防群治队伍建设,全面建立治安信息员队伍,形成“横向到边、纵向到底,覆盖各行各业”的群防群治力量体系。圆满完成四级“两会”、泰州经济工作会议、G20杭州峰会、中共十八届六中全会、第三届世界互联网大会、江苏省党代会、“中国梦·梦之蓝”群星演唱会、2016靖江台商经贸交流活动、孤山“三月三”庙会停办等安保任务。成功开展“4·22”德桥仓储火灾事故救援处置和善后维稳工作,得到江苏省、泰州市、靖江市三级党委、政府的积极评价,被江苏省政府记集体一等功。针对各类影响稳定的突出问题,不断完善群体性事件预警、研判和化解、处置机制,确保群体性事件处置得力,事后平稳。稳妥处置高考家长维权、交通加油站非法吸储案受害人集访等重大涉众涉稳案(事)件,维护了社会稳定。整治治安突出问题,依法查处涉赌人员736人次,公诉45人;查处涉黄涉娼人员155人,公诉14人。

【户政管理】 科学划分中心警务区、农村警务室管辖范围,进一步明确户政管理“责任田”,落实“责任人”。年内全市登记常住人口66.67万人、暂住人口5.88

万人、房屋出租户3.66万户，受理审核各类户口3464户，办理二代居民身份证4.99万人。加强流动人口管理。建立涉警人员轨迹首接采集、外来从业人员双向管理、流动人口常态化清查等流动人口管理三项机制，将流动人口清查整治作为基层派出所和社区民警的常态化工作。开展流动人口信息采集会战，组织全市社区民警、辅警、流动人口协管员按照网格化要求，狠抓流动人口、房屋出租户清理，将流动人口信息采集情况纳入社区民警的二级考核内容。组织专门力量，强化社区流动人口信息采集情况实地检查、案件事件倒查、在押流动人口轨迹倒查等工作，提高全市流动人口信息采集准确率。至年末，全市登记采集流动人口信息20.23万条，核查注销流动人口信息9.11万条，登记采集房屋出租户信息3.60万条，核查注销房屋出租信息2588条。

【案件侦破】 成立食药环侦大队等10个实战机构，整合情侦、图侦、网侦、刑侦、技侦等手段资源，全力打造“航母＋舰载机”式警务实战新模式。组织开展惩罚“盗抢骗”“黄娼赌毒恶”、通信网络新型违法犯罪和“春季禁毒严打”等专项行动。全年破获各类刑事案件1210件，判决涉黑涉恶犯罪嫌疑人133人，摧毁涉恶团伙20个。加大重大案件的侦破力度，先后破获泰州首例“木马病毒案”，涉案金额3亿元的“7·29”虚开增值税专用发票案，涉案成员94人的“4·27”抢劫、非法拘禁案，域内首起微信红包赌博案等重大案件。全年完成公诉711人，公诉、侵财犯罪公诉、涉娼涉赌犯罪公诉、经济犯罪公诉、涉毒犯罪公诉、食品药品和污染环境犯罪公诉6项核心打处指标全面完成。通过精准持久发力，案件侦破数和案发数出现“三升三降”：破案率、八类案件侦破率、公诉绝对数三提升，其中八类案件侦破率100%，公诉绝对数比上年净增150人，创历史最高纪录；案发数、八类案件案发数、命案案发数三下降，其中案发数比上年减少764件，八类案件案发数比上年减少9件，命案案发数为零，是改革开放以来域内首次未发生命案的年份。

【内部保卫】 坚持以“发案少、秩序好、单位安全稳定、师生职工满意”为工作目标，探索实践与动态化、信息化条件相适应，体现时代特征，具有靖江特色，符合职能要求的公安内保工作新路子，为建设基础更牢、水平更高、人民群众更加满意的平安靖江创造良好的单位内部环境。全年办理内保类刑事执法案件6件，行政处罚案件32件，逮捕、移诉犯罪嫌疑人5人，取保直诉8人；审核验收新建、改建金融网点7个，协助相关职能部门调查处理单位内部安全生产事故16起，配合有关部门和基层单位化解各类矛盾纠纷25起；创建成省级平安企业1家、泰州市级平安企业27家、县级平安企业315家，泰州五星级平安金融网点36个、金融单位6家，省级平安学校16所、市级平安学校36所；高质量完成夏季征兵政审工作，无政治原因退兵；圆满完成高考、中考、小高考、自学和成人考试以及各类大型活动的保卫保密任务。

【监所管理】 市看守所以“一级看守所”创建为抓手，以勤务模式科学化、执法行为规范化、管理方式精细化、监管手段信息化、设施保障标准化为引领，推进“防风险、补短板、抓规范、提能力”岗位练兵，实施“素质强警”行动，维护监所安全稳定的能力水平显著提升。监所连续29年安全无事故，民警队伍连续14年无违法违纪，3月28日被公安部评定为一级看守所。居广奇被记个人一等功、获评第4届“江苏最美警察”。全年收押各类违法犯罪人员850人。市拘留所以“规范执法、创新发展、矛盾化解”3项重点工作为主线，以“两学一做”和“补短板提能力、解难题促改革”练兵考核活动为契机，进一步规范执法行为，全面提升管理教育工作水平，不断强化整体战斗力和民警的实战技能，努力打造升级版平安、实战、法治、科技和人文等“五型监管”，确保连年安全“零”事故、群众“零”投诉、队伍“零”违纪。年内连续第3年被公安部评定为“一级拘留所”，黄银获评靖江市“警察工匠”。全年共收拘各类违法人员1241人，与上年基本持平。

【交通管理】 车管所窗口按照开门迎客、业务咨询、引导分流、业务接待、投诉处理、应急处理六大服务流程，使用26句标准化服务用语，推行标准化服务，深化公安“美丽窗口”建设。加强“网上车管所”建设，建立车管微信公众号，落实互联网选号、交通违法网上查询、预约咨询等服务。成立驾驶员考试中队，推进驾考改革，落实驾驶员满分学习（在一个记分周期内因交通违法行为被记满12分的驾驶人需要参加为期7天的学习）、驾驶证注销可恢复考试（因逾期未换而被注销机动车驾驶证未超2年的驾驶人，参加道路交通安全法律法规和相关知识考试合格后，可恢复驾驶资格)。成立道路交通事故调(快)处中心,推行轻微交通事故快速处理,提高事故处理效率。成立交通指挥中心,优化勤务指挥模式。加强智能交通建设,建成大数据交通指挥服务中心 1 个、公路中队勤务指挥室 4 个、智能交通系统 2 条、“绿波带”系统 2 条(绿波带即根据道路的车流车速,合理设置信号灯配时,确保车流在每个路口均遇绿灯通行);全市 226 个路口设置交通信号灯,其中 225 个路口安装智能信号控制机,203 个路口安装电子警察系统,146 个路口监控接入交通指挥中心实现远程控制;事故多发地段设置测速点 15 处;安装 8 台高空球机,推广应用“货车闯禁区”“违法停车”实时抓拍系统和“交通诱导”系统。加强“黄标车”淘汰报废工作,共淘汰报废 2220 辆黄标车。开展交通违法行为常态化集中整治,营造严打高压氛围,全年查处交通违法行为 51 万余起,其中酒后驾驶 802 起(醉驾 167 起)、“三超一疲劳”(超速、超载、超重,疲劳驾驶)9.8 万余起,行政拘留严重交通违法行为人 164 名。办好《靖江日报·靖江交警》月度专版、《晓阳说交通》电视专栏、靖江交通音乐广播《交警在线》,利用“靖江交警”微信平台开展交通安全宣传。深入开展道路交通安全隐患大排查大整治,交通事故发生率明显下降,死亡事故起数、死亡人数分别比上年下降 11.40%、12.82%,全市未发生死亡 3 人以上的重特大道路交通事故。

【公安机关建设】 加快基础设施项目建设。至年末,城中派出所、新港派出所、生祠派出所、DNA 实验室等 12 个建设项目和指挥中心等 3 个升级改造工程完成并投入使用。加快执法规范化建设。以打造法治公安领先版为目标,深化执法改革,出台受立案工作等 4 项执法规范,组织 6 场 900 余人执法实战轮训,开展十佳执法民警评比,着力提升执法主体能力建设;建立市局案管中心、受案中心,实时动态巡查受立案情况,14 个派出所全部建成案件受理室(岗)、案管室。加强警察队伍建设。坚持政治建警、素质强警、文化育警、从严治警、从优待警多管齐下,大力推行“亮权、亮人、亮钱、亮剑”的阳光党务;坚持严优并重,在一丝不苟抓治警、治长等 6 条红线和执法 10 条红线的同时,最大限度地挖掘潜力,新增 14 项从优待警举措,以此凝聚警心。年内召开 3 次作风建设主题会议,不断提升全警综合素质。每月制作一期“让督察告诉你”督察视频,既亮丑又亮剑,及时纠正查处队伍中存在的不良苗头和违纪违规行为。组织开展送“平安账单”活动,建立单位、社会、家庭三位一体的监督机制,鼓励民警珍惜荣耀和幸福,不忘初心、廉洁从警。坚持公开公平公正、海选遴选票选,先后提拔、调整中层干部 3 批次 190 人,解决警员职务 2 批次 222 人。

【“4·22”大火扑灭】 4 月 22 日,域内德桥仓储有限公司发生严重火灾。市公安局第一时间调集 500 余名民警、400 余名辅警火速奔赴火灾现场,组织抢险,疏散群众,畅通道路,保障救援。全体参战人员与消防官兵一起艰苦鏖战 18 个小时,终于扑灭大火。其间消防战士朱军军壮烈牺牲,20 多名公安民警负伤。靖江市公安局被江苏省政府记集体一等功,朱军军被追认为烈士,一批单位和个人受到上级公安机关记功授奖。

【获得出入境制证权限】 年内,市公安局回应市民群众的新要求、新期待,积极争取公安部和省公安厅的关心支持,在泰州所辖市(区)中独家获得出入境制证权限。市公安局对出入境制证工作流程从前台受理到后台详录、校对、扫描、制证、发证等进行细化和规范,并在城南园区和新港城设立 2 个分理点,积极打造“15 分钟服务圈”,既方便群众,又提升出入境管理服务水平。

【“木马病毒案”告破】 5 月,域内发生泰州首例“提供、侵入、控制计算机信息系统程序”案。犯罪嫌疑人以短信方式向受害人发送木马链接,从而诈骗、盗窃受害人钱财。该案发生后,市公安局迅速成立专案组,先后辗转广东、上海、北京、广西等地,行程 5000 多千米,奋战 3 个月,最终在海量数据中确定主犯赵某的准确身份。8 月 20 日,赵某在广西落网。在数月时间内,犯罪嫌疑人编制 11 种木马程序,非法获利数万元。

【居广奇当选“江苏最美警察”】 12 月,市看守所副指导员居广奇当选第 4 届“江苏最美警察”,为域内获此荣誉第一人。居广奇 13 年前身患肺癌,先后手术两次,放疗 25 次。他以“不马虎、不在乎”的人生理念,一边顽强地和疾病作斗争,一边全身心地扑在监管事业上。经手管理在押人员1000 多人,未发生一起投诉事件,先后挽救多名有自杀倾向的监管对象,挖掘犯罪线索539 条,帮助破案 132 起。他的事迹被中央、省级媒体报道后，引起社会广泛反响。江苏省公安厅在全省公安系统开展向居广奇学习活动。8月，江苏省公安厅为居广奇记一等功。

【“靖江公安微警务”获奖】 2015年，市公安局适应“互联网+公安”发展趋势，在全省县级公安机关中率先开通“靖江公安微警务”，变“人在路上走”为“事在网上办”，打造“指尖上的公安”。一年多来，“靖江公安微警务”相继开通信息服务、业务预约、业务办理等服务，及时发布权威声音，提升防范意识，阻止谣言滋生，展示警方风采，成为广受群众欢迎的“口袋服务”，先后获评“江苏最佳政务新秀奖”、泰州市十大最具活力政务微博奖、泰州公安系统创新二等奖、泰州公安“青春创活奖”。至年末，该平台关注人数近6万人。

【“野狼突击队”组建】 3月1日，市公安局选拔32名精兵强将，成立集应急处置、机动作战、联勤联动等职能于一体的“野狼突击队”。该队坚持“忠诚担当、勇攀高峰、首战用我、用我必胜”的工作信念，一手抓高难度、高标准训练备勤，一手抓全天候、全方位应急处突，充分发挥突击队、先锋队的作用，先后抓获各类嫌疑人员60余名，参与各类突发事件处置70余起，完成各类大型活动安保10余起。8月29日，参加泰州市练兵考核暨反恐处突实战技能汇报演练，突击队员以其规范动作、精湛技能受到江苏省公安厅、泰州市公安局领导的高度评价。 （刘邦银 刘黄桦）

【表彰见义勇为先进分子】 6月2日，召开全市见义勇为表彰大会，22名见义勇为先进分子受到表彰，他们是朱明凤、严亚军、刘建林、汤一华、高柏成、顾萍、刘亚星、许秀英、许如琼、陆彩富、张志荣、袁洪东、王凤奇、邹世德、王春发、严宝、丁奕尧、刘忠、侯剑锋、沈月琴、王国和、顾大龙。见义勇为先进分子来自社会各界，均经基层推荐、市公安局和市见义勇为基金会审核并向社会公示产生。

6月2日，22名见义勇为先进分子接受表彰

链接：见义勇为先进分子事迹简介

朱明凤，东兴镇上六村村民，2015年10月27日下午在埭前河中先后救起2名落水儿童，其中1人经抢救脱险。

严亚军，市公安局城南派出所辅警，2015年5月12日傍晚，在城南园区江澄苑内，成功制止1起因要债不成欲点燃炸药与债务人家属同归于尽的事故。

刘建林，靖城街道依江名苑居民；汤一华，孤山镇联东村村民。2015年6月27日上午，驾车路过的刘建林与骑车赶路的汤一华合力将不慎从屋顶摔下受伤的联东村村民唐某送往医院救治。

高柏成，靖城街道江华社区居民，2015年10月13日早晨在江华菜场西门口，将1位不慎跌伤的70多岁老人送市中医院救治。

顾萍，江阴—靖江工业园区村民，2015年3月25日下午在新天地滨江花园小区东门，救助1位摔倒在机动车道、身体严重受伤的六旬老人。

刘亚星，市内某网吧管理员，2015年10月6日向城中派出所提供破案线索，城中派出所据此在其工作的网吧抓获王某等盗窃电线嫌疑人3人，破获盗窃电线案件20余件。

许秀英，新桥镇新合村村民，2015年6月2日下午在本村青龙港边，救起1位掉入粪坑的82岁老年痴呆症患者。

许如琼，市恒通出租汽车有限公司出租车驾驶员，2015年途经泰兴市新街镇某村时，将1位喝农药的村民送医院抢救，并垫付抢救费600元。

陆彩富，斜桥镇东阜小区村民，2015年6月25日中午驾船至安宁港口时,救起1位落水老人。

张志荣,靖城街道商业新村居民,2015年8月26日下午驾车途经车站立交桥南路口,从1辆侧翻货车驾驶室中救出3名驾乘人员,并把伤重人员送至第四人民医院抢救。

袁洪东,市委办公室驾驶员,2015年1月15日下午途经中洲桥时,协助民警抓获在逃犯罪嫌疑人刘某。

王凤奇,城区有缘黄金加工店店主,2012年5月至2014年10月,先后向公安机关提供破案线索20余条,公安机关据其破案10余件。

邹世德、王春发、严宝、丁奕尧,新港10号轮船船工,2015年1月15日下午驾船从江阴大桥返回江苏万林木业码头途中,救起2名翻船落水者。

刘忠,季市镇井圩村村民,2015年5月25日下午在家中与小偷搏斗负伤后报案,为公安机关侦破此案提供帮助。

侯剑锋、沈月琴,靖城街道安居路居民。2015年6月6日,夫妻俩将友仁新村1位坠楼致伤的妇女送至市人民医院抢救。

王国和,西来镇四街居民,2015年12月26日下午在马洲公园观光河与小桥港交汇处,救起1名落水少年。

顾大龙,西来镇东升村人,2015年12月20日上午途经斜桥新木村路段时,从1辆冲入河中的轿车内救出该车驾驶员。

(尧 文)

检 察

【概况】 2016年,市检察院围绕"地方保十佳、泰州树标杆、全省有位置、全国赢声誉"的奋斗目标,实施"问题导向、破解瓶颈、夯实基础、推动发展、激发活力"的工作方针,求真务实,锐意进取,查办和预防职务犯罪、刑事检察、诉讼监督等各项检察工作取得新成效。全年立案贪污贿赂犯罪案件13件14人、渎职犯罪案件3件5人;批准逮捕203件308人,提起公诉630件896人;监督立案6件、撤案3件,追捕2人、追诉5人,纠正侦查活动违法17件。年内被江苏省文明委表彰为江苏省文明单位,被靖江市委、市政府评为2016年度市级机关绩效考评十佳机关。

【查办和预防职务犯罪】 依法立案贪污贿赂犯罪案件13件14人、渎职犯罪案件3件5人,其中科级干部4人;介入安全生产事故、突发事件调查12起,挽回直接经济损失600余万元。建成侦查信息查询中心,推行规范化取证、精细化初查、专业化审讯、信息化依托、集约化办案的侦查模式,在资产管理、水利工程建设等领域,查办一批有影响的案件。推进侦防一体化建设,结合办案形成个案、类案分析材料16份,发出预防检察建议5份,开展预防宣传和警示教育39场次,召开典型案例剖析会1次。拓展社会化预防渠道,推动网络警示教育纳入党委政府综合考评体系,在188个村邮站设立"预防邮路"服务窗口,"预防专邮连万家"的做法在《检察日报》头版报道。

【刑事检察】 依法惩罚各类刑事犯罪,批准逮捕203件308人,提起公诉630件896人,对无逮捕必要的30人不予批捕,对犯罪情节轻微的18人相对不起诉。重视加强青少年维权工作,为涉罪未成年人申请法律援助9人,封存犯罪记录22人,开展心理疏导、跟踪帮教等活动19场次。积极参与惩治危害食品药品安全犯罪专项行动,提前介入引导侦查,有力打击制售"铝包子"、假减肥药、有毒有害性保健品等犯罪行为。积极参与整顿和规范市场经济秩序,依法对涉嫌非法吸收公众存款、虚开发票等破坏市场经济秩序犯罪的61人提起公诉。针对少数企业恶意逃废债务问题,会同市法院、公安局出台实施意见,增强打击合力。针对"天津天狮"传销组织非法拘禁、"2·26"涉枪聚众斗殴、寻衅滋事等社会高度关注的案件,研判案发规律、原因和治理对策,形成《情况反映》上报,3次得到市主要领导的重要批示。

【诉讼监督】 推进立案监督和侦查活动监督,依法监督立案6件、撤案3件,追捕2人,追诉5人,纠正侦查活动违法17件。加大刑事审判监督力度,依法提请抗诉4件,纠正审判活动违法1件。认真履行刑事执行检察职能,开展羁押必要性审查并建议变更强制措施28人,纠正减刑、假释、暂予监外执行不当3件,纠正监管活动违法10件,纠正脱管5人、漏管5人,监督收监执行9人,1件案件获评全省刑罚交付执行法律监督精品案例。开展民事执行监督专项行动,监督纠正违法执行案件9件,1份执行监督检察建议被泰州市检察院评为"十佳检察建议"。积极查办虚假诉讼案件,发出再审检察建议1件,经再审获改判。积极探索开展行政检察监督工作,向行政机关发出督促履行职责检察建议20件。致力保护生态环境，开展公益调查，促成“9·11”环境污染案件涉案公司签订1.9亿元环境修复协议。

【综合治理】 出台《服务保障“三地四城”建设实施意见》，推出20项保驾护航措施。班子成员挂钩联系11家企业、项目，带领干警走入生产、建设一线，发放“需求订单”，提供“账单式”服务。开展招投标情况专项预防调查，推动职能部门出台规范性文件。召开“两法衔接”信息录入座谈会，完善执法信息共享、同步指导办案等机制，督促移送刑事立案4件。完善网上、网下检察为民服务中心，落实检察长接待日、下访巡访、预约视频接访等制度，妥善处理信访171件次，向4人发放司法救助金2.3万元。

【检务品牌创建】 以提升检察公信力为追求，强化“明霞窗口”检务公开功能，完善以案释法制度，开展“乡间说法”“以案为鉴”“开门纳谏”等“一月一行动”主题活动，向社会亮晒检察权。持续放大品牌效应，拍摄《让公正的霞光洒向每个人心坎上》专题片，《靖江日报》连载“十大法治故事”，《检察日报》“走长江·说检察·看发展”专题活动至靖江采访报道“明霞窗口”。深化第三方参与化解涉法涉诉信访案件机制，签约江苏江豪律师事务所为“信访特约服务单位”，每周一律师参与接访，相关做法在《新华日报》等媒体报道，并被评为靖江市改革创新奖二等奖。

【检察改革】 启动员额制检察官改革，科学测算员额制检察官总数配置和各条线配置数量，公正遴选并定岗到位30名员额制检察官。加强与组织、人社等部门的沟通协调，有序推进检察官单独职务序列改革工作。制定检察官职权清单和检察官助理、书记员工作职责，厘清不同部门、不同身份人员的责任边界，不折不扣地推动执行。完善干警司法档案，实行ABC等级评价制度，促进司法责任制落到实处。会同法院出台《快速办理轻微刑事案件实施意见(试行)》，细化与速裁程序相适应的取证规则、证据标准和诉讼流程，对207件案件实行集中办理、集中公诉、集中开庭。

首批员额检察官集体宣誓入职 （市检察院提供）

【检察队伍建设】 扎实推进“两学一做”学习教育，检察长、纪检组长开讲党课和廉政教育课，开展“立家规、正家风、严家教、淳检风”活动，深化“五查摆五强化”“树标杆、找短板、敢争先”等专题讨论，增强干警的政治意识、大局意识、核心意识、看齐意识。确立“支部建设年”党建主题和“五有”(工作有主题、书记有担当、党员有行动、群众有好评、党建有成效)支部建设标准，开展“党员过政治生日”“学习企业优秀文化”等党建活动，强化干警的党性观念、宗旨意识。坚持全面从严治检，每季度召开党风廉洁建设联席会议。推进检务督察“亮剑”行动，开设“曝光台”，发布《“亮丑行”通报》，让“咬耳扯袖、红脸出汗”成为新常态。开设“周一微讲堂”，围绕12个专题，组织骨干上台轮讲。开展分类培训，书记员每周3次集训，干警参加各级各类培训730人次。拓展检校共建平台，邀请苏州大学1名副教授至院挂职，举办论文写作讲座、参与课题研究、指导学社活动等。积极创建“书香机关”，举办人文讲堂，组织“学先进、找差距、转作风、创业绩”“谈苦衷、话艰辛、谋良策”等学习交流。年内，1名干警获评“全省侦查监督业务标兵”，2篇论文在全省检察机关党建理论研讨中获奖，1项调研成果被泰州市委组织部表彰为“思想政治工作课题研究优秀成果”。

（薛　飞）

法 院

【概况】 2016 年,市法院以“努力让人民群众在每一个司法案件中感受到公平正义”为目标,坚持司法为民、公正司法工作主线,抓好审判执行工作,推进司法改革,加强队伍建设。年内共受理各类案件 1.63 万件,办结 1.34 万件,比上年分别增长 11.2%和 5.6%。其中,审结各类刑事案件 621件,判处罪犯 754 人;审结各类民商事案件 8847 件,调解撤诉率 66.67%;执结各类案件 3836 件,结案标的额 4 亿元。

【刑事审判】 全年审结各类刑事案件 621 件,判处罪犯 754人。严厉惩处危害社会公共安全和人民群众生命财产安全的犯罪,共审结故意伤害、抢劫、强奸等严重暴力犯罪以及盗窃、诈骗等多发性侵财犯罪案件 191 件,判处 244 人。其中“2·26”涉枪械斗案史某等 12 名团伙成员以寻衅滋事罪、非法持有枪支罪、赌博罪等被判处刑罚。严厉惩处危害群众身体健康的涉民生犯罪,依法审结“铝包子案”“美丽曲线系列案”等涉及食品、药品安全的刑事案件 13 件,判处 19 人,其中最高获刑 11 年,最高判处罚金 160 万元。严厉惩处涉“黄赌毒”等危害社会管理秩序犯罪,共审结此类案件 80 件,判处 111 人。对其中利用网络犯罪的“微信红包赌博案”“微商传播淫秽视频案”等新型案件,加强报道力度,发挥其社会警示作用。坚持以审判为中心,全面贯彻证据裁判原则,严格实行非法证据排除规则,对定性不准、遗漏事实的案件,建议变更、追加起诉共计 18 件。依法保障当事人及其律师的诉讼权利,为 14 名聋哑人、未成年人等特殊群体的被告人指定辩护人,安排律师阅卷 400 余人次,庭审时充分听取辩护意见。加强少年审判工作,推行庭前调查、庭中帮教、判后回访机制,依法对 3 人适用缓刑、14 人封存犯罪前科,鼓励失足少年改过自新、重返社会。

巡回审判进社区　　（市法院提供）

【民商事审判】 充分发挥审判职能,突出修复社会关系、强化规则引领和化解三农纠纷三项重点工作,全年共审结各类民商事案件 8847 件,调解撤诉率 66.76%。注重修复社会关系,依法审结“失独老人隔代探望权”“聋哑人离婚”等婚姻家庭、抚养继承、邻里纠纷等传统民事案件 1003 件,促进家庭、邻里和睦。注重强化规则引领,依法审结民间借贷、买卖合同、公司票据等民商事案件 2694 件,通过判决引导当事人遵守市场规则。注重化解三农纠纷,依法审结此类案件 319 件。对其中土地流转等纠纷尤为重视,妥善化解涉及 1200 余户村民的土地流转费纠纷,有力维护农村稳定。积极应对经济新常态,充分发挥破产清算的法律功能,依法化解过剩产能,规范处置“僵尸企业”,全年审结破产清算案件 3 件,促进产能优化配置。对有再生能力的企业,实行“破产不停产”方案,其中 1 案入选“全省企业破产审判十大案例”。针对金融纠纷大幅上升态势,完善金融风险防控合作机制,定期召开金融债权司法保护工作例会,畅通常态化的信息反馈和协作渠道,全年审结金融借款和信用卡等案件 323 件、非法吸收公众存款案件 7 件。

【执行工作】 围绕“基本解决执行难”目标,共执结各类案件3836 件,结案标的额 4 亿元,执行局被评为全省法院“执行标兵单位”。坚持信息化与传统手段相结合,推动执行指挥中心实体化运转。加强网络查控工作。全年共完成网络查询 1.4 万余次,查询到存款 1.2 亿余元、房产 1133 处、车辆 2801 辆;冻结存款 673 次,单笔扣划最高金额达 2460万元。加强司法网拍工作。全年拍卖成交46笔，总价2.12亿元，为当事人节省佣金400余万元。加强指挥调度工作。建立执行值班制度，及时处置执行突发情况，开展“出现场”“凌晨行动”等集中执行近50次，累计出动警力450人次、执结32件涉民生“骨头”案件。加强信用惩戒工作。充分发挥失信“黑名单”软强制作用，共将1944名自然人、369家单位纳入失信被执行人名单，对其融资信贷、招标投标、消费出境等方面进行限制。打击规避、抗拒执行行为，对59人采取罚款、拘留等措施；对终本案件实行单独、动态管理，完成近10年终本案件的录入建档工作，定期进行财产状况复查，由专人负责恢复执行工作。推进执行警务化改革，8名干警转任司法警察，负责执行实施和警务保障工作。专项清理执行案款，“以款找案、以案找人”，及时清理、发放执行款，进一步完善定期清理、全程留痕的案款管理机制。

【审判队伍建设】 针对“人员断层”现象，加大青年法官培养力度。院长、庭长与青年干警结对培养，44名青年干警被安排到压力较大的岗位磨炼，其中4人被提拔到院中层岗位，9人入选员额法官。根据司法实践的需求，加强教育培训工作，邀请专家学者授课10次，组织培训447人次，开展岗位技能大练兵、大比武，开展庭审观摩、点评75次，对全院68名聘用制书记员进行速录水平测试。

【推进平安靖江建设】 推行“3+2”（审理、普法、矫正加线上、线下）刑事巡回审判模式，选择醉驾、盗窃等刑事案件在城西、望江等5个社区开庭，350余人现场旁听，2万余人在线观看庭审。打造“司法引航”工程，做好青少年犯罪的预防工作，在全市设立帮扶基地2个，举办法治讲座5次，共邀请学生300余人次旁听庭审。积极参与社区矫正工作，召开座谈会5次，回访矫正对象50余人次，鼓励其悔罪自新；依法对拒不悔罪、考验期内违反监管规定的3人撤销缓刑。

【助推诚信社会建设】 运用法治手段，推动解决道德领域的突出问题，发挥司法在诚信建设中的示范、引领作用。打击“傍名牌”“搭便车”等不正当竞争行为，依法审结侵害“洋河”“双鱼”等驰名商标的知识产权案件114件，营造公平竞争的市场秩序。打击恶意逃废债务行为，针对关联企业财产混同、人员混同、资产非法转移等情形，探索运用关联公司人格混同理论，依法裁定7家关联企业合并重整，保护债权人合法权益，同时与公安、检察机关联合出台实施意见，形成常态化工作机制。打击虚假诉讼等失信行为，推行诚信诉讼承诺制度，威慑伪证、虚假陈述等行为；依法对虚假诉讼的6人处以罚款，对帮助伪造证据的苏某等人判处刑罚。

【促进审判体系现代化】 推进法官员额制改革，采取业绩考核、考评和考试相结合的办法，遴选出员额法官52名，全员编入审判团队，全面落实员额法官的司法责任制。强化院长、庭长办案，突出其办理疑难、复杂案件的主体责任、示范作用，全年共办结各类案件3906件。规范审判权运行，出台交通事故11项损失认定标准，统一裁判尺度；归纳15类常见刑事案件量刑要素，促进量刑规范化；评查“发改、再审、信访”等重点案件，发出审管通报33期，对案件质量进行倒查。

市法院“公众开放日”活动　　（市法院提供）

【促进阳光司法现代化】 以信息化建设为支撑，完善审判流程、裁判文书、庭审活动、执行信息公开四大平台，上网公布依法应公开的生效裁判文书9115篇，直播典型案例网络庭审1431次，通过“12368”短信告知平台发送立案、开庭、执行等重要节点信息2.9万余次，相关信息化工作被省高院向全省法院系统推介。举办“公众开放日”活动，邀请人大代表、政协委员、群众代表等250人次走进法院、法庭。召开新闻发布会，邀请媒体记者、社会公众200余人参加。加强法治宣传工作，传递法院好声音。全年在各级媒体发表宣传稿件401篇，其中国家级媒体132篇、省级媒体135篇；推送微信、微博等信息1301条，网络浏览总量约300万人次。

(兰 垒 蔡 佳)

司法行政

【概况】 2016年，市司法局围绕打造“人民满意的服务型司法行政机关”目标，全力推进“四个全覆盖”(矛盾纠纷排查调处、法治宣传教育、公共法律服务、特殊人群服务管理全覆盖)工作体系建设，为全市实现“率先争先领先”目标提供安全稳定的社会环境、公平正义的法治环境和优质高效的服务环境。全年受理调解纠纷9837起，调解成功9800起；受理公证3160件、各类援助案件904件；接待法律咨询4650人次，开展各类送法活动207场次，提供法律建议26条；社区服刑人员入矫率、受教率和期满解矫率以及刑满释放人员安置率、结对帮教率均达100%。是年，市司法局被中宣部和司法部联合表彰为全国“六五”普法先进单位，被江苏省司法厅表彰为全省司法行政系统绩效评价优秀单位、“法润江苏”系列专项活动先进集体、社区矫正“严格执法、严格管理”集中整治活动先进集体、信息工作先进集体。

【矛盾纠纷调处】 2016年，市司法局加强调解组织建设。建优建好36个部门调解室，配优配强2023名专职调解员、6000余名信息员；300人以上企业调解组织建成率100%。九大行业性调委会共成功调解劳动争议纠纷1694起、医患纠纷25起、交通事故纠纷2372起、环境保护纠纷30起。组织开展涉农涉企纠纷专项化解与“和谐使者万家行”等专项活动。全年各级各类调解组织受理调解纠纷9837起，调解成功9800起，调解率100%，调解成功率99.6%。

【公共法律服务】 2016年，市司法局采取有效措施，全力打造以服务网络网格化、服务举措便利化、服务平台信息化、资源配置合理化为主要内容的公共法律服务“靖江样本”。大力构筑以市法律服务中心为龙头，镇(街道、园区)法律服务中心为枢纽，社区法律服务站点、村法律顾问为延伸的公共法律服务全覆盖体系。整理出台《法律援助申请指南》《援助案件承办人须知》，在泰州率先出台到庭旁听和网上旁听相结合的援助律师办案质量考察办法。从全市百名律师中遴选出12名业务精、作风好、政治强、讲奉献的优秀律师，组建公益律师志愿服务团，开展“三单三定”(需求订单定法治需求，服务清单定服务事项，满意回单定服务等次)账单式服务，全年开展公益性法律服务36场次，惠及人群4.5万人次。试点建成江苏新世纪造船有限公司公益律师志愿服务站，得到泰州市委政法委肯定。

延伸阅读：打造公共法律服务“靖江样本” 年内，市司法局采取扎实有效措施，全力打造公共法律服务体系的“靖江样本”。一是服务网络网格化。在市公共法律服务中心和12个镇(街道、园区)公共法律服务中心开展整体服务的基础上，不断完善村(社区)司法行政服务站点建设。按照“网格化管理，组团式服务”思路，全市以村(社区)为单位划为261个网格，挂钩律师定时驻站进点服务，遇到复杂涉法问题则由市司法局组织律师、公证员、调解专家“会诊”，从而将公共法律服务的触角延伸到基层。全年开展法律咨询活动20余场，发放宣传资料近5000份，惠及群众近万人。二是服务举措便利化。密切关注群众切身法律需求，探索实施“菜单式”服务模式。充分释放“一村一顾问”作用，结合“走村入户”、社情民意调查、“农民工讨薪”等活动“上门寻诊”，送法律服务进村入户、到田间地头和工厂车间；结合传统集市日和村(社区)各类会议，送上“法律集市”“法律课堂”等服务；制作“普法环保袋”“靖江普法二维码钥匙扣”等贴近生活、实用性强的公共法律服务产品发放给市民。三是服务平台信息化。利用网络空间换取实体空间，拓展“互联网+”法律服务平台，不断深化公共法律服务体系信息化建设。以靖江普法网为基础，开设法律援助、人民调解等网上板块，全面激活法律服务网络路径；加强线上平台特别是靖江司法微信平台的深度运用，开设“掌上律师”专栏，选聘特约律师与在线网民互动，实施“靶向疗法”。年内通过各类网络平台受理咨询260余起。四是资源配置合理化。鼓励指导律师以第三方身份参与普法宣传、矛盾调解、援助接待、依法治企、依法治村等公共法律服务。积极发挥法治宣传教育志愿者、普法讲师团、“农村五老”、退休政法干警、“乡贤”等群体的作用，不断充实公共法律服务队伍，实现队伍组织专兼结合、服务资源均衡配置。

【特殊人群服务管理】 2016年，市司法局建立局、所两级信息化每日核查机制，累计开展大走访、大排查活动4次，社区服刑人员入矫率、受教率和期满解矫率均达100%，刑满释放人员安置率、结对帮教率均达100%。实施严格的社区服刑人员指纹联网考勤制度，上下联动每日查控社区服刑人员的手机定位和行动轨迹，全年手机定位率100%，实现“行知动向、动知轨迹、违规警示”。依托阳光服务中心，为特困、“三无”（无家可归、无亲可投、无业可就）回归人员提供临时过渡安置条件。试点建立街镇“起航站”，实现困难救助和岗位预留的无缝对接、机制联动。

【法治宣传教育】 2016年，市司法局起草制定全市“七五”普法规划，推进领导干部关键少数、青少年关键时期、企业经营管理人员关键环节普法。加强线上普法平台深度开发运用，打造“司法行政朋友圈”，组建司法行政微联盟、微信好友圈以及普执法职能单位、企业门户网同盟，加大网友互动，吸引粉丝、培育“铁粉”，逐步建成司法行政机关直通群众的交流平台、服务平台、社情民意收集平台。推出“法润靖江”“法治文艺作品上线、上架、上路”“民间法治文艺上台”“百名顾问结百村、进百企”等多个精准普法产品。对接律师协会，开展“青年律师在社区”“服务中小微，律师在路上”等系列活动，取得社会组织普法服务实效。

法律宣传进社区

【组织庭审旁听监督办案质量】 年内，市法律援助中心为提高法律援助案件办理质量，组织案件庭审旁听。中心要求承办律师在案件开庭前3日告知中心开庭日期，以便中心依据案件情况组织工作人员到庭旁听或网上旁听。对影响社会稳定的群体案件、5人以上团伙作案、受援人不认罪等疑难复杂案件实行到庭旁听，对一般案件实行网上旁听。旁听人员主要围绕援助律师庭前准备、对事实的掌握、对证据的分析判断和运用、对法律关系的掌握和运用，以及辩论技巧、临场发挥和表达能力、与受援人沟通与配合等方面，对法律援助质量进行评判。年内共组织案件庭审旁听405件，其中到庭旁听265件、网上旁听140件。

【靖江公证处为老字号企业保全证据】 年内，一家老字号肉脯生产企业为保护知识产权不受侵犯，选择向市公证处申请保全证据公证。市公证处根据企业需求，分别进行网上取证和外出取证。网上取证在公证处的办公电脑上进行，公证员对电脑操作步骤、时间、进入网页的先后顺序以及电脑屏幕上的网页内容复制过程实时现场监督并拍照。外出取证在产品出售店铺进行，公证员以普通消费者身份购物，索取发票、机打小票、收据等凭证，拍摄人员对店铺的外观、具体位置、周边环境拍照留证。取证完成后，公证员依照真实合法的原则向申请人出具具有法律效力的保全证据公证书。企业最终通过保全证据公证固定了侵权者的侵权证据，为自身挽回经济损失300余万元，保护了自身知识产权。

【“一二三”助力农民工讨薪】 年内，市司法局建立农民工维权讨薪“一二三”专项工作机制，确保农民工维权讨薪案优先受理、快速办理、限时办结、高效结案，让在靖江务工的农民工享受到普惠均等的公共法律服务。“一”是一援到底：选派全程跟踪监督员,制定案件办理责任清单,对农民工讨薪案件的咨询、申请、受理、审批、办理、结案、评估整个工作流程实行“一对一”动态跟踪监督,定期向劳动仲裁委、法院了解案件办理进程,与承办律师、受援人互通信息,力争实现受援农民工满意率100%。“二”是双管齐下:一方面优质化咨询,“12348”热线、“马洲法韵”微信公众号均安排政法干警、资深律师在线解答,确保农民工来电回复专业高效;另一方面高效化受理,从援助律师中遴选出10名律师组建劳资纠纷办案小组,专职负责讨薪案件办理,同时推行“零等待”制度,当场指派受理律师。“三”是三力并举:线上普及、线下指引和联动维权环环相扣,确保农民工权益得到实质性实现。线上广覆盖普及,在“双微”(微信、微博)平台设置法律援助专栏,推送宣传申请须知、申请流程等信息;线下点对点指引,全市261个司法行政服务站和11家律师事务所法律援助联系点设置援助服务标牌,摆放宣传手册,便于维权农民工认得清、找得到、好联系;与人社、工会、劳动监察等部门建立“信息互通、案情互报、联动化解”链式机制,对10人以上群体讨薪案件全面适用“调解、监察、援助”联动维权。至年末,共为农民工讨薪2400万元。

【司法行政领域社会组织培育】 年内,市司法局联合市民政局制定印发《关于加快司法行政领域社会组织培育发展的实施意见》,建立市社会组织培育中心法律服务分中心及其在各镇、街道、园区的孵化中心,组建市社区矫正安置帮教协会,以期弥补司法行政专业力量、专门手段不足的短板。 (吴馨宇)

靖江乡贤(一)

陈凤喈

陈凤喈,生卒年不详,靖城人。道光二十二年七月初八(1842年8月14日),侵华英军10余人从江阴乘舢板至靖城东门外抢掠,遭到靖江人民的强烈抵抗。一英国军官误走城下,被一少年从城墙上投掷城砖击毙。当晚,知县杨凤翮召开会议,商讨御敌之策。会上,陈凤喈力主与英军抗争到底。杨凤翮赞同其意,当即组织士兵、集合民众,连夜做好应战准备。次日凌晨,杨凤翮、陈凤喈等亲率兵民,在城外江堤下严阵以待。不久,英军果然乘舰船来犯,在炮击县城后登岸企图攻城。陈凤喈沉着冷静,指挥台枪手待英军靠近射击,千余民众则挥舞刀、矛和农具呐喊助威。英军大为惊恐,丢下10余具尸体撤回舰船。随后,一艘英舰被击燃起大火。英军不敢恋战,慌忙逃回江阴,未再来犯。战斗持续两个多小时。

陈函辉

陈函辉(1589—1646年),字本叔,号寒山,浙江临海人。崇祯九年(1636年)任靖江知县。上任之初,他为靖江百姓长远利益计,下决心开浚横亘县域东西的团河。由于他采取“照亩派役”之法,抓紧督促检查,浩大的团河工程两月告竣工。此后靖江水利配套,农田保收。他实行“一条鞭法”“丈量法”“游徼法”,减轻百姓负担,大饥之年,捐出自己的积俸,施粥施药,救济百姓。他振兴文教事业,组织编修县志,迁正谊书院至城内,扩大其规模,改名为马洲书院。他整饬武备,进剿海寇,教民捕蝗,保一方平安。他以大局为重,平息靖江、泰兴界址纠纷,靖泰百姓建生祠和陈公堂以资纪念。鉴于其遇事敢任,多有建树,时吏部考核名列第一。

靖江市人民武装部

【概况】 2016年，市人武部面对军队改革的新形势、新任务、新机遇、新挑战，围绕党在新形势下的强军目标要求，加强思想政治建设和军事斗争准备，做好征兵、安全管理和双拥共建等工作，圆满完成各项目标任务。年内，征兵工作报名率、上站率、合格率、择优率、退兵率等“五率”考核成绩，在泰州所辖市(区)名列第一。

【思想政治建设】 2016年，市人武部紧贴改革任务、岗位职责和干部职工思想实际，开展改革强军和“学党章党规、学系列讲话、做合格党员”主题教育活动。围绕着力推进结构性改革、着力推进改革开放、着力促进社会公平正义、着力营造政治上的绿水青山等“四个着力”要求，每周二、五组织学习党章党规和习近平系列重要讲话以及军委深化改革文件精神。结合“两学一做”学习教育活动，组织干部职工和专武干部观看警示教育片，引导干部职工打牢接受改革考验的思想基础，自觉顾全改革大局，服从组织安排。

【军事斗争准备】 2016年，市人武部按照战备规范化建设标准，抓好战备值班室、物资装备库等“三室两库”建设。投入45万元添置补充战备物资器材，修订完善7个作战配套预案和8类非战争军事行动方案。组织机关干部分别参加省军区军事考核和军分区实弹射击及手榴弹实投训练考核。先后选拔33名专武干部和民兵骨干参加军分区组织的民兵情报信息组长集训、民兵“四会”(会做、会讲、会教、会做工作)教练员集训比武和防化救援、抗洪抢险跨区联训。组织7名退伍士兵参加北海舰队岗位预编人员返岗训练、民兵应急连120人2天实装操作训练、民兵抗洪抢险分队120人7天抗洪抢险训练。

【征兵工作】 2016年，市人武部按照国防部征兵办公室下发的《征兵工作量化考评暂行办法》，以兵员质量为核心，把握网上兵役登记、预征对象确定、体格检查、政治考核、廉洁征兵等关键环节，圆满完成新兵征集任务。新兵名单初定后，指导各镇利用3~5天时间，集中新兵进行条令条例学习、队列和体能训练，使新兵初步了解军营生活，稳固其参军热情，杜绝思想退兵和身体责任退兵。年内，泰州市征兵办公室组织征兵工作报名率、上站率、合格率、择优率、退兵率等“五率”考核评分，靖江成绩名列第一。

【安全管理】 2016年，市人武部始终把安全稳定作为主官工程、保底工程，开展“学法规、训队列、整纪律”“暑期安全竞赛”“抓经常、打基础、保稳定、促发展”等活动和谈心交心等经常性思想工作，奠定安全管理的思想政治基础。坚持每季度分析安全形势，及时研判安全风险。突出

“人车枪弹密门酒”等重点，先后投入26万元升级改造视频会议系统和营区视频监控，改建加固兵器室。落实干部职工值班和武器保管保养制度。按照省军区要求，对需重点查找和解决的安全管理5个方面20个问题，逐条逐项对照检查，制定整改措施，明确整改时限和责任人，确保安全隐患得到有效治理。

【双拥共建】 2016年，市人武部组织驻靖江部队和民兵预备役人员围绕全市中心工作任务，投身经济社会建设。参与“全国卫生城市”和“法治靖江”“平安靖江”创建活动。在“4·22”德桥仓储火灾事故中，出动250名民兵协助做好救援保障、外围执勤警戒和群众疏散工作；在7月抗击特大暴雨灾害中，出动150名民兵参加抢险排涝。出资4万余元为孤山镇团结小学改建图书阅览室、添置部分书籍。各基层人武部与民政部门在“春节”和“八一”期间，慰问复员伤病残军人、现役士兵及部队基层营连主官家属。此外，在军分区指导下，结对帮扶经济薄弱村，开展共建党组织、共建学校活动。8月，出资20万元为结对帮扶村灌南县李集乡同兴村修建道路、安装路灯。

【民兵训练基地迁址新建】 年初，经上级军事机关同意，决定迁址重建民兵训练基地。原民兵训练基地地处“城中村”，周边均为工厂和居民区，实弹射击隐患大。5月，市委召开常委专题议军会，协调解决基地迁建相关事宜。年末，基地迁建已完成全部审批手续，进入项目建设招标阶段。

【国防潜力调查】 10月13日，市国动委部署域内国防潜力统计调查工作。该项工作以国家和社会发展综合实力为基础，按照军事斗争准备的需要，从人民武装动员、政治动员、经济动员、防空动员、交通动员、信息动员、科技动员等方面开展潜力调查，以准确掌握全市国防动员潜力底数，加强国防动员信息化建设，提高国防动员的快速反应能力。年内已基本完成此项工作。

（陆海琪）

武警靖江市中队

【概况】 2016年，市武警中队学习贯彻习近平系列讲话精神，按照“固本强基，提升内涵，精细抓建，全面过硬”的建队思路和“事事有标准，人人当标兵”的总体要求，抓经常打基础，强素质保中心，圆满完成上级赋予的各项任务，被武警江苏省总队表彰为“基层建设先进中队”和“正规化执勤标兵中队”；中队党支部被武警江苏省总队党委表彰为“先进基层党组织”。

【思想政治建设】 2016年，市武警中队广泛开展“三互”(互帮、互学、互教)、“四互四有”(互相尊重有尊严、互相理解有信任、互相学习有进步、互相关爱有温暖)、“三帮一带”(帮思想进步、帮技能提高、帮身心健康，带优良作风)等活动，做好官兵的经常性思想政治工作；组织“新体制，新职能，新使命”大讨论，通过政策宣讲和思想引导，做好军改期间官兵思想稳定工作；在新兵第二适应期、重大节日、遂行重大任务和老兵复退等敏感时期，落实谈心制度，及时了解掌握官兵思想脉搏，妥善处理官兵现实困难；营造警营政治氛围，利用信息网络、士兵小报、灯箱、板报和宣传栏等文化阵地，“学队史，讲传统”，增强官兵爱队如家的集体荣誉观念；开展“书香警营”读书成才活动，每月组织读书笔记展评和心得体会交流。

【双拥共建】 2016年，市武警中队加强与市电视台、常州大学怀德学院等单位的共建共育关系，借助地方优势，开展微机培训、文化补习等活动，提升共建共育质量。春节期间，购置近千元生活必需品，走访慰问营区周边2家特困户。2月，为市第一中学1名贫困学生捐款2375元，鼓励其努力学习、早日成才。3月，开展“传承雷锋精神，弘扬时代新风”活动。五四青年节期间，与靖江老季市私家菜馆、常州大学怀德学院联合举办“青春之歌”主题演讲比赛。

【执勤训练】 2016年，市武警中队严格落实新《军事训练与考核大纲》相关要求，狠抓训练作风和精气神培养。开展“学法守法、依法执勤”活动，邀请目标单位干警为官兵上法律辅导课，增强官兵依法执勤观念。贯彻武警总部、武警江苏省总队执勤工作系列会议精神，落实监门哨全天上勤、应急小组前置备勤、动态勤务管控和养犬助勤等新要求。针对任务实际、环境特点、“三防”(防暴狱、防脱逃、防劫持)压力，因人、因哨、因时、因地、因情组织勤务。组织防逃治逃演练，提高哨兵一线处置、应急班组快速反应、两警(武警、公安干警)协同处置能力。每月开展优秀领班员、优秀网络查勤员和优秀哨兵评选活动。开展“抓规范，打基础，治隐患，保安全”执勤安全教育整顿活动，在武警江苏省总队组织的正规化执勤等级评定交叉检查暨执勤能力检验评估中，达到优秀标准。（王苏军）

武警执勤训练（市武警中队提供）

靖江市消防大队

【概况】 2016年，市消防大队有现役人员和合同制人员75人，下辖市消防中队和江平路临时执勤点，有执勤车辆10辆。年内，市消防大队在硬件上抓投入、软件上抓提升、工作中抓落实、思路上求创新，促进各项消防工作有序开展。全年开展大、中队级演练272次，修订完善各类灭火救援预案136份；检查单位2584家次，发现火灾隐患5772处，督促整改5770处；消防安全培训1078人次，发放消防宣传资料5000余份；消防接警735起，扑灭火灾300起。被评为江苏省文明单位、省级青年文明号，被靖江市委、市政府评为“服务地方发展十佳单位”、“六五”普法先进集体，被泰州市法制宣传教育领导小组评为“六五”普法考核先进单位，被泰州市公安局表彰为G20峰会消防安保先进集体，被泰州市消防支队表彰为“十佳基层大队”。所辖靖江中队被公安部消防局记集体一等功，2人立个人一等功、2人立个人二等功、7人立个人三等功。

【消防组织领导】 年初，市政府与各镇（街道、园区、办事处）、部门签订消防工作责任书，下发《关于进一步加强消防安全网格化管理工作的通知》，从政府层面明确其消防安全管理责任。完成“十三五”消防事业发展规划和城市消防规划编制报批工作及小城镇、重点镇消防规划制定工作。

【消防基层基础工作】 2016年，市消防大队推进微型消防站建设，全市建成社区微型站41个、重点单位微型站176个。重视区域联防联勤组织建设，打造上海城和泰和国际城两个区域联防联勤组织样板。推广应用消防科技设施，督促单位落实建筑消防设施维护保养和年度检测制度，加快推进消防设施联网监测系统建设，79家单位完成传输装置安装，其中48家经调试合格联网开通。针对养老院、福利院、独居老人家庭推广安装独立式感烟火灾探测报警器和简易喷淋装置，针对小饭店、小场所推动安装简易逃生装置，年内安装独立式感烟火灾探测报警器1885只、简易喷淋装置21套，保护面积9700平方米；安装简易逃生装置75套。

【消防监督】 2016年，市消防大队相继开展冬春火灾防控、夏季消防检查、易燃易爆企业消防安全专项治理及“祛火源、降荷载、强设施、畅通道”等专项行动，社会面火灾防控得到全面加强。圆满完成G20峰会等重大活动消防安全保卫任务。完成靖江市知音梦酒店、靖江市副采吉麦隆超市鑫客隆加盟店两家重大火灾隐患和润晖国际广场区域性火灾隐患的整改工作。全年检查单位2584家次，发现火灾隐患5772处，督促整改5770处，下发责令改正通知书2305份，办理消防行政处罚案件128件，临时查封单位场所65处，责令“三停”（停止施工、停止使用、停产歇业）单位25家，实施消防行政拘留15人。

【消防宣传】 2016年，市消防大队深入推进消防宣传“七进”（进学校、社区、企业、农村、家庭、机关、网站）工作，积极指导各镇（街道、园区、办事处）、村（居）开展消防安全宣传教育。举办“消除火灾隐患，共建平安社区”大型文艺汇演。在《靖江日报》及其微信公众平台、“微靖江”微信公众平台等媒体连续刊登消防安全知识。培训基层网格员、派出所消防民警、社区民警16次1078人次。加强消防宣传阵地建设，将消防宣传纳入“靖江平安主题公园”建设内容。开展“行走的舞台”消防宣传平安文化社区行活动，发动消防志愿者和社区消防宣传大使开展入户宣传活动20余次，发放宣传资料5000余份；组织群众50余批次1600余人次参观体验消防站。

消防演练 （市消防大队提供）

【执勤训练】 2016年，市消防大队按照“干什么、练什么，缺什么、补什么”的原则，狠抓官兵体能、技能、智能和战术训练。落实熟悉演练周制度，按照“八看六测三练”(消防水源、重点部位、安全出口、疏散楼梯、防火分区、消防控制室、消防车通道、消防水泵房必看；消火栓系统、水泵接合器、防排烟系统、消防通信、进攻路线、消防电梯必测；微型消防站运用、救生通道疏流、特种车辆停靠必练)要求，加强对辖区内重点单位及火灾易发多发区域的排查熟悉和灭火救援演练。全面落实“营区、单位、基地”三位一体训练机制，抓实官兵基础体能和装备操作应用训练，强化技战术及作战编成训练，提升部队初战打赢能力。年内共开展大、中队级演练272次，修订完善各类灭火救援预案136份。

【消防接警和火灾情况】 年内，消防接处警735起。其中，扑救火灾300起、抢险救援114起、社会救助170起。共出动消防车1033辆次、消防人员4942人次，解救被困人员89人，抢救财产价值近10亿元，灭火救援成功率100%。火灾事故造成3人死亡、1人受伤。

【后勤保障】 2016年，市消防大队本着“精简实用，量入而出”的原则，投资32万元新建警营网咖、升级改造江平路执勤点电脑房；投入2万元建成大队荣誉室；落实车辆装备建设三年规划，争取专项资金850万元，购置城市主战消防车1辆、远程供水泵组车1辆及常用个人防护装备；依托滨江新城投资有限公司落实公寓房10套，解决官兵的后顾之忧。

【思想政治工作】 2016年，市消防大队以“改革强警”主题教育和“学党章党规、学系列讲话，做合格党员”学习教育活动为重点，抓住雷锋纪念日、清明节等时机，通过参观烈士陵园、参加道德模范讲座等形式，坚定官兵的理想信念。开展警示教育。通过参观市检察院廉政警示教育基地、看守所，集中观看廉政警示教育片，开展经常性、随机性警示教育活动，帮助广大党员干部筑牢预防和抵制腐败行为的思想防线。营造廉洁氛围。将廉政文化建设与警营文化建设有机结合起来，及时更新廉政文化长廊和板报内容，重新设计制作廉政文化灯箱，倡导清正廉洁风尚。

（贾利雄　范城建）

人民防空

【概况】 2016年，市人防办以军事斗争应急准备为牵引，围绕服务经济建设、城市发展、社会民生大局，较好完成各项人防工作任务。全年新立项、新开工、竣工备案人防工程分别为5个、3个、10个，组织防空警报试鸣2次，开展防空和应急疏散演练2次，面向学生发放《民防知识》读本1万余册。年内，执行人防工程使用证制度、依法配建人防工程喷涂标识等富有特色的人防工作做法受到上级好评，《规划引领人防工程科学布局的有益探索》一文在《人民防空杂志》《解放军报》刊发。11月，市人防办被江苏省民防局表彰为全省人民防空先进单位。

【人防工程建设】 坚持规划引领。5月，《靖江市人防工程建设规划(2015—2030)》和《靖江市城市地下空间开发利用规划(2015—2030)》通过市政府审批。两个规划均对加强人防工程建设提出明确要求。全年结建新立项人防工程5个，建筑面积近5万平方米；新开工人防工程3个，建筑面积3万多平方米；竣工备案人防工程10个，建筑面积9万多平方米。推进重点人防工程建设，按照市重点项目工程建设进度，工人文化宫地下人防工程序时完成土建任务。该工程平时作为地下停车场，可增加停车位120个。严格按照《人民防空工程建设管理规定》要求，加强对人防工程设计、审图、监理和防护设备企业的监管，保证人防工程的建设质量。推进人防工程长效管理，执行人防工程平时使用证制度，对依法配建的竣工备案新工程，在醒目位置喷涂"人防"标识，方便市民辨认。

【指挥通信建设】 修编城市防空袭方案。11月，委托南京陆军指挥学院修编的《靖江市城市防空袭方案》通过专家组评审，其科学性、可操作性均进一步提高。推进防空警报建设。按照防空警报建设规划和布局要求，年内新增防空警报器2台，全市防空警报器增至22台。成功组织"5·12"防灾减灾日和"9·18"国耻纪念日防空警报试鸣工作，防空警报鸣响率100%。加强人防专业队建设。开展人防专业队整组工作，切实做好专业队员的转入调出，优化队伍结构；组织专业队训练演练，提升其业务水平。加快人防机动指挥所建设进度，完善西来人防疏散基地竣工备案手续，完成马桥人防指挥中心和防空林建设。此外，加强牧城公园、马洲公园等避难场所日常维护巡检工作，确保设备设施完备。

【人防演练】 2016年，市人防办结合防空警报试鸣演练宣传周活动，组织学校、社区开展防空防灾疏散演练。5月12日，在某地下人防工程举行防空防灾疏散演练，市滨江学校师生、江阳社区居民800多人参加。9月15日，市人防办、市教育局联合组织应急疏散演练，市一中2600名师生参加。通过演练，师生、居民自救互救能力得到提升。

人防应急疏散演练

【人防宣传教育】 2016年，市人防办认真学习中共中央、国务院、中央军委《关于深入推进人民防空改革发展若干问题的决定》以及省委、省政府、省军区对该《决定》的贯彻意见，落实市政府《关于进一步落实人民防空法律法规切实加强人防建设管理的通知》，定期在《靖江日报》刊发人防专版，系统宣传人防政策和相关知识；举办人防法规广场咨询活动，发放人防宣传资料3000多份；拓宽学生人防知识范围，对小学五年级、初中二年级、高中一年级学生免费发放《民防知识》读本1.3万余册，促进全市49所学校开设人防知识课；持续开展人防进社区工作，增强居民应对突发事件的防护技能。

【依法行政】 2016年，市人防办规范人防行政审批行为，坚持重大项目集体会办等审批制度，杜绝工程审批漏洞。规范人防依法行政行为，再造人防审批流程，简化手续，优化程序，提升服务意识和服务质量。全年受理有关人防事项审批88项，按时办结率100%。开展人防行政执法工作，重点检查人防法律法规执行情况和易地建设费征收情况。

（毛杰洲）

财 政

【概况】 2016年,市财政部门坚持“保运转、促发展、惠民生、推改革”的总方针,较好地完成全年财政预算目标任务。全市财政总收入(含江阴—靖江工业园区)134.91亿元、一般公共预算收入58.93亿元,分别比上年增长6.8%、下降12.4%。全市财政总支出114.28亿元、一般公共预算支出64.15亿元,分别比上年增长41.3%、下降8.3%。市财政局被评为“2011—2015年度全省法治宣传教育先进单位”,连续第5年被表彰为“全省法治财政建设先进单位”,连续第3年被江苏省财政厅认定为法治财政建设示范点。

【财政收入】 靖江本级(不含江阴—靖江工业园区)财政总收入121.53亿元,比上年增长6.7%。其中,一般公共预算收入52.51亿元,比上年下降14.8%。一般公共预算收入中,税收收入41.97亿元,非税收入10.54亿元,分别比上年下降17.4%、2.3%。部门完成一般公共预算收入情况:国税部门完成14.17亿元,增收3.87亿元,比上年增长37.6%;地税部门完成27.8亿元,减收12.73亿元,比上年下降31.4%;财政及其他部门完成10.54亿元,减收0.25亿元,比上年下降2.3%。

【财政支出】 全年完成财政总支出114.28亿元,比上年增长41.3%。财政支出更多投向民生领域。扩大社会保险覆盖面,努力实现各类社会群体应保尽保。安排城乡居民基本养老保险财政补助资金1.27亿元,稳步提高城乡居民基础养老金标准,确保按时定额发放。全市共有8.44万人享受基础养老金补助,4.25万人享受参保补助。安排资金1.36亿元,调整企业退休人员基本养老金,全市8.12万名企业退休人员人均月增加基本养老金139元。办理被征地农民参保城镇职工养老保险。年末,全市共有被征地农民9.65万人,其中享受养老金待遇者2.62万人。实施民政救助自然增长机制,安排补助资金5537万元,提高城乡各类社会救助对象保障水平。完善城乡居民基本医疗保障制度。安排资金1.82亿元,提高城乡居民医疗保险补助标准和医疗结报水平,住院补偿最高15万元,进一步减轻群众“看病难、看病贵”压力。建立基本药物长效补偿机制,全年安排基本药物财政补助及基层医疗卫生机构人员经费补助1.14亿元,保障基层医疗卫生机构有效运转。支持教育发展。安排资金5.5亿元,加强中小学、幼儿园建设,优化教育布局,满足学生就近就地入学。建立覆盖学前教育至高等教育的全方位助学体系,为家庭经济困难学生建档立卡,免收学杂费10.28万元,发放各类帮困助学补助资金1330万元。落实就业再就业优惠政策。全市2260人次灵活就业人员享受社保补贴960.58万元。为下岗失业人员再就业提供小额贷款贴息，全年向103名下岗失业人员发放财政贴息101万元，支持下岗职工自主创业。安排就业培训经费943万元，免费培训9654人次。支持其他民生重点工程和城乡建设事业发展。安排住房保障财政性资金4606万元，通过货币化安置、新建安置房、发放租赁补贴等方式，保障各类住房困难家庭1280户。安排资金2000万元，支持城乡公交正常营运。安排资金3834.46万元，支持“四城同创”（国家卫生城市、国家环保模范城市、国家生态市、国家园林城市创建），提升港城发展新形象。其中351.78万元用于支持城区环境卫生长效保洁机制，1050万元用于支持市政基础设施维护，1171.24万元用于支持绿化管养，1261.44万元用于支持垃圾处理等项目。

【财政改革】 健全全口径预算管理体系，实现一般公共预算、政府性基金预算、国有资本经营预算、社会保险基金预算同时报市人大审批。进一步细化预算编制，加大对政府性基金预算、国有资本经营预算统筹力度，增强政府预算调控能力。开展财政和部门资金结余结转工作，盘活存量资金，平衡财政预算。全面实施财政预决算信息公开。在公开政府预决算信息基础上，除涉密部门外，均按规定公开部门预决算、“三公”（因公出境、公务用车和公务接待）经费预决算及会议费、培训费预决算，进一步提高财政预决算透明度。实施公务用车改革。收缴公务用车，拍卖资金缴入国库；出台公车补贴政策和差旅费管理相关文件，规范执法用车和公车平台运行管理。深化财政国库集中支付制度改革。统一预算单位会计核算软件，有序退回会计集中核算职能，增强单位自主核算和财务管理能力。实施国库集中支付电子化改革，提高财政资金安全使用和支付效率。实施债券置换债务政策。全年利用债券置换债务16.25亿元，拉长债务期限，降低融资成本，有效防范金融风险，促进地方经济和金融可持续发展。加强国有资产监管。完善国有资产使用、出租、评估核准和收益管理等办法，规范国有资产管理行为，防止国有资产流失。开展行政事业单位资产清查，进一步摸清家底，夯实国有资产管理基础。加强国有股权和资产处置、转让、交易管理，维护国有资产收益。 （王 丹）

2016年靖江市财政收入完成情况一览表

表6 单位：万元

项 目	泰州任务	累计完成情况			
		累计完成	占任务(%)	上年同期	增减(%)
一、一般公共预算收入	584900	525079	89.8	616119	-14.8
1. 国税部门	—	141702	—	103016	37.6
增值税50%	—	115481	—	78902	46.4
其中：实征增值税	—	79589	—	40414	96.9
免抵调库	—	8350	—	12125	-31.1
改征增值税	—	27542	—	26363	4.5
企业所得税40%	—	26221	—	24114	8.7
2. 地税部门	—	277987	—	405251	-31.4
营业税50%	—	139598	—	255056	-45.3
改征增值税50%	—	517	—	—	—
企业所得税40%	—	11479	—	10838	5.9
个人所得税40%	—	15929	—	30110	-47.1
城市维护建设税	—	28052	—	35153	-20.2
房产税	—	12469	—	12180	2.4

续表 6

项　目	泰州任务	累计完成情况			
		累计完成	占任务(%)	上年同期	增减(%)
印花税	—	6825	—	7182	-5.0
城镇土地使用税	—	13154	—	13981	-5.9
土地增值税	—	16645	—	12715	30.9
车船税	—	2770	—	2427	14.1
耕地占用税	—	6203	—	7276	-14.7
契税	—	24346	—	18333	32.8
3. 财政及其他部门	—	105390	—	107852	-2.3
行政性收费收入	—	49579	—	32714	51.6
罚没收入	—	11062	—	9042	22.3
专项收入	—	39652	—	42564	-6.8
其中:排污费收入	—	2923	—	3110	-6.0
水资源费收入	—	554	—	568	-2.5
教育费附加收入	—	12703	—	14922	-14.9
国有资产有偿使用收入	—	4300	—	22881	-81.2
其他收入	—	797	—	651	22.4
二、国有资本经营收入	—	4835	—	2277	112.3
三、政府性基金收入	—	457018	—	264834	72.6
其中:土地出让金收入	—	447287	—	256588	74.3
四、上划中央收入	—	228320	—	255807	-10.7
增值税 50%	—	141398	—	157617	-10.3
营业税 50%	—	5943	—	—	—
消费税	—	535	—	597	-10.4
企业所得税 60%	—	56550	—	52428	7.9
个人所得税 60%	—	23894	—	45165	-47.1
五、财政总收入	—	1215253	—	1139037	6.7
国税总收入	—	323002	—	297401	8.6
地税总收入	—	325008	—	466673	-30.4
财政及其他部门总收入	—	567243	—	374963	51.3
附:出口退税 100%	—	150274	—	132198	13.7
税收比重%	—	79.9	—	82.5	—
税收收入	—	419689	—	508267	-17.4
非税收入	—	105390	—	107852	-2.3

说明:收入不含江阴—靖江工业园区

2016年靖江市财政支出完成情况一览表

表7　　单位:万元

预算科目	支出预算					累计支出	占预算(%)	上年同期	与上年相比	
	小计	上年结转	年度预算	上级指标	债务收入				增减额	增长(%)
一、公共财政预算支出	714715	54838	589933	54944	15000	641479	89.8	699536	-58057	-8.3
1. 一般公共服务	88760	10692	76997	1071	—	77325	87.1	74292	3033	4.1
政府及相关机构事务	33355	265	33090	—	—	27881	—	26018	1863	7.2
2. 国防	1468	77	1377	14	—	1385	94.3	834	551	66.1
3. 公共安全	53405	7020	36361	424	9600	46286	86.7	40226	6060	15.1
4. 教育	134950	1759	127846	3345	2000	129810	96.2	130357	-547	-0.4
5. 科学技术	16311	95	12597	3620	—	15966	97.9	17331	-1365	-7.9
6. 文化体育与传媒	10469	2614	7269	586	—	8190	78.2	8566	-376	-4.4
7. 社会保障和就业	58566	6242	46010	6314	—	49593	84.7	42487	7106	16.7
8. 医疗卫生	63619	3113	58014	2492	—	59994	94.3	65738	-5744	-8.7
9. 节能环保	30471	8533	11005	10933	—	19473	63.9	16257	3216	19.8
10. 城乡社区事务	82678	4456	74713	1109	2400	72827	88.1	158406	-85579	-54.0
11. 农林水事务	85447	4594	67192	12661	1000	77602	90.8	85601	-7999	-9.3
12. 交通运输	15408	1365	10404	3639	—	14374	93.3	10157	4217	41.5
13. 资源勘探电力信息等事务	8804	2355	1496	4953	—	6956	79.0	5749	1207	21.0
14. 商业服务业等事务	14583	242	12612	1729	—	14076	96.5	23515	-9439	-40.1
15. 金融监管支出	2936	—	2936	—	—	2936	100.0	2906	30	1.0
16. 国土资源气象支出	3385	584	2222	579	—	2853	84.3	1550	1303	84.1
17. 住房保障支出	28841	904	26615	1322	—	28195	97.8	10141	18054	178.0
18. 粮油物资储备管理事务	3744	90	3502	152	—	2951	78.8	1969	982	49.9
19. 债务付息支出	8130	—	8130	—	—	8130	100.0	1402	6728	479.9
20. 预备费	—	—	—	—	—	—	—	—	—	—
21. 其他支出	2740	103	2637	—	—	2557	93.3	—	2557	—
22、转移性支出	—	—	—	—	—	—	—	2052	—	—
二、国有资本经营预算支出	2364	—	2364	—	—	2364	100.0	1344	1020	—
三、政府性基金支出	515792	27744	453638	3410	31000	498997	96.7	107981	391016	362.1
1. 教育	—	—	—	—	—	—	—	—	—	—

续表 7

预算科目	支出预算					累计支出	占预算(%)	上年同期	与上年相比	
	小计	上年结转	年度预算	上级指标	债务收入				增减额	增长(%)
2. 文化体育与传媒	149	—	—	149	—	149	—	—	149	—
3. 社会保障和就业	2	1	—	1	—	1	—	1	—	—
4. 城乡社区事务	510087	25996	452524	567	31000	494886	97.0	106028	388858	366.8
5. 农林水事务	—	—	—	—	—	—	—	—	—	—
6. 资源勘探电力信息等事务	269	199	70	—	—	112	41.6	98	14	14.3
7. 粮油物资储备等管理事务	—	—	—	—	—	—	—	—	—	—
8. 其他支出	5285	1548	1044	2693	—	3849	—	1854	1995	107.6
四、财政总支出	1232871	82582	1045935.22	58354	46000	1142840	92.7	808861	333979	41.3

说明:支出不含江阴—靖江工业园区

国家税务

【概况】 2016年,市国税局围绕组织收入、"营改增"扩围、金税三期(税收管理信息系统工程)上线3个工作重点,加强国地税合作,实现税收稳步增长。全年组织国税收入34.7亿元,比上年增长8.17%;查结各类涉税案件41件,补征税款756万元。市国税局被市委、市政府表彰为2016年度"市级机关绩效考评十佳服务地方发展单位"、"'六五'普法先进集体",被泰州市总工会表彰为2016年度"企业、职工、工会'三个文化'建设示范单位",被江苏省国税局授予"税收管理改革综合示范点"称号。

【组织收入】 年内,市国税局面对"营改增"扩围带来的收入格局新变化,主动适应新常态,多角度、全方位做好税收预测分析,积极寻找新生税源,创新税收征管方式,确保组织收入与经济发展同步,既为域内经济社会发展提供重要财力支撑,也为"十三五"全市国税事业发展奠定坚实基础。全年组织国税收入34.7亿元,比上年增长8.17%;累计完成地方公共财政预算收入14.17亿元,增长37.6%;累计落实各类税收优惠减免退税23.35亿元,增长26.29%。

【税收改革】 年内,市国税局全面推开"营改增"试点,4820户"营改增"纳税人平稳过渡,产业升级、就业创业等"营改增"外溢效应开始显现。完成"金税"三期、"小双轨"、"大双轨"、系统切换、上线运行等各项任务,并与电子税务局顺利对接。以"税收风险应对示范点""纳税服务规范化管理示范点"创建为抓手,有序推进税收管理改革,实现风险应对集中办公,纳税服务规范管理。全面落实国家税务总局国地税合作规范2.0版基本合作事项,创新纳税服务、征收管理、税务稽查、信息共享合作形式。建立联席会议常态化机制,设立联合办税大厅,开展联合税收执法,国地税管理深度融合、执法适度整合、信息高度聚合取得成效。

【纳税服务】 2016年,市国税局继续开展"便民办税春风行动",多举措做好纳税服务工作。拓展办税渠道,加强办税服务厅、电子税务局、纳税服务热线等多元化建设,扩充自助发售发票和代开发票终端,投放车购税自助办税系统,加强税邮合作,进一步便利纳税人办税。梳理涉税事项办理流程,整合线上线下办税资源,查找并解决制约办税效率的关键节点。分析预判办税服务厅业务流量峰值,通过延时服务、预约服务等错峰调节措施,提高办税效率。创新服务方式，开展“税银互动”，与江苏银行、南京银行等金融单位签订税银合作框架协议，为守信小微企业发放信用贷款1.1亿元。推进税企QQ群、微信公众号等新型纳税服务方式运用，建立纳税人需求响应机制，及时进行政策讲解和业务指导。

【税收法治】 年内，市国税局推进依法治税，制定“七五”普法总体规划，开展法治税务示范基地争创活动，深化行政审批制度改革，落实简政放权相关政策和举措。推行税收执法权力清单制度，依法界定、公开税收权力。进一步规范税务行政处罚裁量权，实时监控税务行政处罚情况。加强执法监督，充分利用税收执法管理信息系统做好日常执法行为的监控、预警、纠错和责任追究。开展税收执法督察工作，整顿和规范税收秩序，打击涉税违法行为，加大虚开发票查处力度。全年查结各类涉税违法案件41件，其中40万元以上大要案5件、移送公安部门查处的16件，查补入库收入756万元。

【“数字人事”管理】 年内，市国税局探索税务干部管理新机制，在国税系统推行“数字人事”管理。“数字人事”将人事信息数据化、电子化，以“一个基础、四个支柱、一个平台、一个数据应用”（“一个基础” 指以职业为基础，“四个支柱”指业务能力、领导胜任力、日常绩效和公认评价，“一个平台”指数据集成平台，“一个数据应用” 指综合数据运用分析）为总体框架体系，记录税务干部“德、能、勤、绩、廉、评、基”等各方面数据信息，实现干部管理日常化、日常管理指标化、指标管理数字化、数字管理累积化。通过自拟任务、推送任务、工作纪实、自我评价、领导评鉴、民主测评等模块，给干部建立个人成长账户，为组织运用和个人成长提供全面、客观、准确的数据参考。实行“数字人事”管理，干部队伍活力得到有效激发，工作质量和效率明显提高。（徐 鋆）

地方税务

【概况】 2016年，市地税局以服务优、管理优、执法优、合作优、队伍优为抓手，以组织收入为中心，推进基层建设和绩效管理，深化征管改革，优化税收环境，提升地税形象。全年组织入库各项收入64.29亿元，其中公共财政预算收入27.80亿元。是年，市地税局获评江苏省“六五”普法先进集体、“江苏省级法治文化建设示范点”、江苏省按比例安排残疾人就业先进单位、江苏省“平安家庭”创建活动先进集体、江苏省部门统计示范点、江苏省文明单位，陆静波被评为“江苏省按比例安排残疾人就业工作先进个人”；第一、四分局被评为江苏省文明单位。

【组织收入】 夯实收入基础。围绕“保增幅、保进度、保质态”的组织收入工作要求，建立责任体系，深化税源管理。按照纳税人规模、行业和特定类型，对税源进行科学分类，突出行业管理的关键领域，建立覆盖金融、保险、制造业、建筑业、房地产业等重点行业的重点税源监控体系。根据专业化管理改革的要求，按照不低于5%的比例，开展个体税源典型调查工作。推行以地控税试点工作，构建部门长效合作机制，创新数据应用模式，开发建设软件平台，为以地控税软件在泰州范围内推广提供可复制的成功经验，得到泰州市地税局充分肯定。创新工作方法，理顺社保费信访协调解决机制，确保社保费应收尽收。强化风险应对。提升风险应对质效，控制应对过程，强化后续管理，确保查得深、细、全、稳，实现有质量的应对覆盖面和应对贡献度。全年共推送高风险户66户，应对税款1.74亿元，贡献率4.90%；推送中风险户894户，应对税款1.65亿元，贡献率4.65%；推送低风险户1526户，入库税款35.91万元。实施动态监控。建立内部联动机制，找准税收清欠重点，最大限度避免“死欠”。加强与镇、开发区、国税、住建、公安、人行等单位协作，开展联合清欠行动。对符合一定条件的欠税户，依法采取公告、提请阻止出境布控、税收保全、强制执行等必要措施。开展综合治税。建立“政府主导，财政牵头，部门配合”的税收保障机制，推动政府专项部署协税护税工作，加大对镇、园区、街道办事处公共财政收入的考核力度，落实“乡镇联系员”制度，引导各镇做好挖潜增收工作。年内与靖城街道办开展零散税收联合征收行动，共入库个体零散税收2218.15万元。

【税收改革】 推进“营改增”税制转换。通过网站、报刊、QQ群、微信等各类渠道和发放涉税资料近万份等多种方法，开展“营改增”相关工作宣传。组织“营改增”相关业务培训，确保“营改增”纳税人懂政策、能开票、会申报，以打通政策落地“最后一公里”。5月1日“营改增”全面推开后，全市建筑业、房地产业、金融业、生活服务业4800多户纳税人，实现“营改增”平稳过渡。加快国地税合作步伐。围绕国地税深化合作这一主轴，以国地税合作事项清单、国地税合作规范2.0为抓手，着力整合国地税税收征管资源，共建合作示范区，实现“办税程序 1+1=1，征纳成本 1+1<2，税源控管 1+1>2”。加大个体工商户税务登记改革力度。9月2日，江苏省个体工商户工商营业执照及税务登记证“两证合一”营业执照在域内首发，完成改革时间比国务院要求提前3个月，走在全国前列。

江苏省个体工商户“两证合一”执照在靖首发

【纳税服务】 2016年，市地税局坚持以纳税人需求为导向，推动纳税服务联动统筹建设，切实减负提效，持续提升纳税人获得感，为经济社会发展创造良好的税收征纳环境。贯彻深化国、地税征管体制改革要求，落实国、地税合作规范，使纳税人“来之即办、来之能办、来之快办”。构建网上办税和手机APP掌上办税平台，年内有1500名纳税人使用掌上APP申报个税，实现足不出户办税目标。率先在全省启动税邮合作模式，扩大宣传覆盖面和影响力。启动“百场培训送给万名纳税人”税收知识更新培训项目，打造具有靖江地税特色的“纳税人心中的学堂”服务品牌，全年开办培训班23场，培训近3000人。与国税、人行建立税银征信共享互认机制，通过三方信息共享、互认互用，建立守信激励和失信惩戒机制，助力小微企业发展。优化纳税服务的经验做法多次被《新华日报》《中国税务报》等主流媒体刊载。

【依法治税】 2016年，市地税局规范行政执法，统一7大类56项税务行政处罚裁量权参考基准，实现同一把“尺子”衡量、处理违法行为。探索重大税务案件“公辩式”审理模式，促进执法公平公正。依法打击税收违法行为，加大重点领域执法力度。建立健全税收行政执法与刑事司法衔接机制，防止以罚代刑，保持税法威慑态势。规范行政强制执行，探索税源专业化模式下的税收强制执行工作，分类设定流程，规范文书标准，明确起止环节。加强税务法治文化建设。开设“法治讲堂”，增强税务干部的法治观念，促进税收执法过程规范、透明、公正。以“税收宣传月”和“纳税服务开放日”活动为契机，广泛宣传税收法律法规。强化监督制约。落实税收行政权力清单和权力事项责任清单制度，强化对税收执法行为的日常监控和分析，构建起事前防范、事中监督、事后追责的三级税收执法责任体系，确保税收执法合理合法。

【“税邮通”项目零距离服务纳税人】 4月，市地税局与市邮政分公司率先在全省启动“税邮通”全面合作项目。双方发挥邮政资金流、物流、信息流“三流合一”的资源优势和遍布城乡的网络优势，推进资源整合和业务合作，进一步方便纳税人，实现税企沟通零距离。“税邮通”项目每月一个主题，市地税部门根据纳税人的需求推出应时的服务内容。当月是税收宣传月，市地税局策应税收政策热点，将宣传“营改增”政策、“掌上办税APP”操作要点作为“税邮通”项目首期主题，全市近2000户纳税人通过邮政网络收到地税部门编印的相关资料。按照合作计划，“税邮通”项目主要包括税法税务宣传、税费催报催缴、个税完税凭证等涉税文书投寄、专用信封寄送、邮政网点设置地税自助办税设备等。“税邮通”全面实施后，纳税人能及时收到相关涉税文书，遇有涉税问题也能通过“税邮通”专用信封将相关材料免费寄送到市地税部门，同时可就近在辖区内的邮政网点通过自助办税设备完成纳税申报、打印个人完税证明、查询涉税信息等。 （朱意春）

发展计划管理

【概况】 年初，市发改委在深入调研、广泛征求意见的基础上，编制全市国民经济和社会发展目标计划。半年度向市人大常委会报告计划执行情况。年末，全市实现地区生产总值801.75亿元，比上年增长5.7%。三次产业增加值分别增长1.2%、3.2%和8.8%。一般公共预算收入(含江阴—靖江工业园区)58.93亿元，比上年下降12.4%。其中市本级一般公共预算收入52.51亿元，比上年下降14.8%。固定资产投资完成500亿元，比上年增长0.8%。社会消费品零售总额177.24亿元，比上年增长11.2%。城镇和农村居民人均可支配收入分别为39713元、19605元，分别增长7.9%、8.6%。化学需氧量(7272.60吨)、二氧化硫排放(2089.61吨)、氨氮排放(1013.02吨)、氨氮化物排放总量削减及万元GDP能耗完成省定目标。根据国家发展改革委等6部委《关于开展开发区审核公告目录修订工作的通知》等文件精神，开展开发区审核公告目录修订工作。

【深化改革】 召开全市深化改革领导小组(扩大)会议，制定《靖江市2016年全面深化改革工作要点》和《靖江市供给侧结构性改革任务分解方案》，组织开展改革创新奖评选工作，全市重点领域和关键环节改革取得新进展。围绕深化行政审批制度改革、健全完善现代市场体系、推进金融服务实体经济改革创新等8个方面，排定60个全面深化改革工作要点。根据《改革创新奖评选办法》，组织2016年度改革创新项目申报、评选工作，全市52家单位累计71个改革举措纳入备案，共评出27个获奖项目。其中，创新农村公共产品与公共服务供给机制改革项目、地税服务地方发展综合改革项目获得一等奖；涉检信访矛盾多元化解机制综合改革项目、完善住房保障体系助推供给侧改革项目、推进“三型社区”(开放型社区、服务型社区、参与型社区)建设打造新型农民社区项目、打造“四微”(微电影、微视频、微信、微故事)平台创新廉政教育项目、全面推行房地产抵押登记制度改革项目、探索成立商会互助基金服务实体经济抱团发展项目以及创新构筑治安防控“天罗地网”体系项目7个项目获得二等奖；综合行政执法体制改革项目、土壤污染防治分类监管试点工作改革项目、创新建设网络医院项目、教育领域综合改革项目、企业产品标准备案制度改革项目等18个改革创新项目获提名奖。

【固定资产投资管理】 年内，市发改委聚力“项目大突破”，围绕签约项目抓开工、开工项目抓建设、建成项目抓投产，不断优化项目服务，加强督促检查，落实“一月一通报，双月一过堂，一季一点评，半年一观摩，全年一考核”项目大突破推进机制，及时协调解决问题。全年共完成固定资产投资500亿元，比上年增长0.8%。

其中,二产投资273.33亿元,下降10.7%;三产投资226.67亿元,增长19.8%。产业投资增长平稳。全年新开工亿元以上产业投资项目70个,其中5亿元以上项目8个,10亿元以上项目3个;全年实现产业投资438.36亿元(增长3.5%),占全市总投资的87.7%;26个重点工程建设项目按序时进度推进。强化项目服务,简化审批流程,压缩办理时限,提高审批效率。全年累计受理项目159个,其中审批31个、核准9个、备案119个,办结率100%。

【服务业管理】 年内,市发改委继续开展服务业"1234"(围绕现代物流、金融服务等十大重点行业,推动两个现代服务业集聚区提档升级,强化30个服务业重点项目示范带动作用,培育40家服务业领军企业)行动计划,科学确定服务业指标体系,合理做好各项目标分解下达工作,全年完成服务业增加值387.29亿元(比上年增长8.8%),占地区生产总值的48.3%(比上年提高2.4个百分点)。提升集聚区发展水平,三江现代物流园区3月份获批为省级示范物流园区。培育企业做大做强,全年净增规模以上服务业企业8家,江苏万林现代物流股份有限公司被省发展改革委列入首批24家省级生产性服务业领军企业,获得省级现代服务业(其他服务业)发展专项资金100万元。抢抓"互联网+"机遇,培育发展服务业新业态,金马运业有限公司、江苏万林现代物流股份有限公司被评为省互联网平台经济"百千万"工程首批培育企业。加强服务业工作调研,完成《靖江市服务业发展"十三五"专项规划》编制工作,并通过专家评审。举办现代物流业专题研修班,提高服务业发展工作管理人员和相关企业负责人的创新发展能力和水平。

【项目申报】 年内,市发改委落实国家、省"稳增长、调结构、促转型"政策,加强上下沟通协调,做好项目申报工作。申报2016年省级现代农业产业发展引导资金,污泥处理处置工程扩建,职业教育中心教学楼、综合楼、理实一体化教学楼、实训楼、学生公寓、食堂、风雨操场及配套设施建设,东兴粮食管理所平房仓扩建,滨江新区新城花苑(西区二期)安置房配套基础设施建设,江苏万林现代物流股份有限公司木材供应链管理一体化服务平台和生产性服务业领军企业建设等7个项目,获得资金3501万元。编制企业债券国家项目库,组织企业开展债券申报工作,海绵城市和新型城镇化建设配套设施建设项目债券发行前期工作基本结束,并经省发展改革委审核通过。

【新兴产业引导和工程中心建设】 年内,市发改委坚持规划引导,编制完成《靖江市战略性新兴产业"十三五"规划》,明确靖江"十三五"期间战略性新兴产业发展的战略定位、目标任务和保障措施,充实新兴产业项目储备库。鼓励和引导企业加快工程中心建设,江苏荣泰门业有限公司获批泰州市工程中心,中科华星靖江新材料工程有限公司申报省级工程中心。

【特色小镇培育】 年内,市发改委推进特色小镇培育,协调推进特色小镇规划编制工作,制定靖江市特色小镇培育建设联席会议工作制度,成立5个专项指导小组,由市委宣传部、市政府办、市发改委、市规划局等部门牵头,统筹推进全市特色小镇建设各项工作。12月,孤山镇、生祠镇纳入泰州首批培育的10家特色小镇。其中,孤山镇发展智能装备制造、高科技研发、"互联网+"服务等为一体的"硬+软"产业集群,打造迈向工业4.0的高端智造空调小镇;生祠镇以产业融合铸品牌、文旅融合聚人气、镇村融合美环境,发展庭院景观、现代农业、健康产业,打造长三角区域苑艺产业集聚示范基地、苑艺文化研究传播中心、苑艺旅游观光体验中心,着力培育苑艺小镇。

(栾 醒)

【靖江被列为长三角城市群Ⅰ型小城市】 6月,国家发展改革委、住建部印发《长江三角洲城市群发展规划》(下简称《规划》)。《规划》按照城区常住人口的数量,划分长三角城市群城市规模等级,靖江、宜兴、常熟、昆山、张家港、江阴等34个城市被列为Ⅰ型小城市(城区常住人员20万~50万人);在长三角城市群"一核五圈四带"网络化空间格局中,靖江包括在"沿江发展带";在"交通基础设施重点工程"的铁路规划建设一栏内,明确提出规划建设无锡—江阴—靖江的城际铁路线和上海—南通—泰州—南京—合肥等铁路;在能源通道建设方面,提出推进长三角大型煤炭储配基地建设,重点建设宁波—舟山、镇江、靖江、芜湖煤炭物流园区,完善区域煤炭储配中转体系。《规划》发布《长三角城市群生态屏障示意图》,推动长江生态廊道、滨海生态保护带、淮河—洪泽湖生态廊道生态共建环境共治,靖江地处长江生态廊道,生态红线区域保护要求确保面积不减少、性质不改变、功能不降低。

(启 明)

能源管理

【概况】 2016年,靖江加快推进新能源应用。完成全市电动汽车、充电基础设施和停车位建设基本情况调查及“十三五”发展需求分析研究。全年新备案屋顶光伏发电项目7个,总装机电量38.8兆伏;新增新能源电动汽车直流户外一体式充电桩82个。《靖江市“十三五”热电联产规划》编制完成,通过江苏省能源规划研究中心评审。开展钢铁去产能行动,封存江苏华菱锡钢特钢有限公司100万吨电炉炼钢连铸生产线。开展“地条钢”清理整顿行动,对疑似“地条钢”生产企业新桥振新轧钢厂,采取“五彻底”(彻底断电断水、清理厂房、没收生产设备、生产原材料和产品)措施,确定江苏华菱锡钢特钢有限公司、靖江苏源热电有限公司、江苏江源热电有限公司、江苏国信靖江发电有限公司、靖江众达炭材有限公司为首批全国碳排放权交易市场重点企业,完成重点排放单位碳排放报告核查工作。组织开展油气输送管道安全生产大检查整改专项行动,责令改正、限期整改安全隐患2起。年末,全市年耗1000吨标准煤以上企业有75家,比上年增加1家。规模以上工业企业472家,用电量26.43亿千瓦时,比上年下降1.34%;总能耗量237.36万吨标准煤,比上年增长0.78%;总产值1961.62亿元,比上年下降4.36%;产值耗能121千克标准煤/万元,比上年增长5.37%。 (施 晓)

【工业节能减排】 投入8.06亿元,实施江苏大中电机股份有限公司新型高效节能电机生产线技术改造、江苏光芒新能源股份有限公司大立升多能源储热水箱技术改造、江苏乐科节能科技股份有限公司MVR系统罗茨式不锈钢蒸汽压缩机生产线技术改造、江苏长强钢铁有限公司球磨机节能技术改造等重点项目25个,年节约标准煤4.96万吨。按国家和省规定淘汰落后机电设备256台(套)、S9系列及以下变压器91台。10个项目获得江苏省工业转型升级(节能及循环经济)专项引导资金569万元。年内,20家企业完成节能监察,15家企业完成节能监测,4家企业完成能源审计,2家企业完成能源管理体系建设,10家企业建立用能设备电子台账,年耗能2000吨标准煤以上企业全部完成能源管理岗位备案。11家企业通过清洁生产审核,实施清洁生产无低费方案181项、中高费方案23项,节约标准煤360.35吨,减排污水1.5万吨。 (夏文龙)

【农村清洁能源】 2016年,市农委以《靖江市农作物秸秆综合利用规划(2016—2020年)》为抓手,推行秸秆综合利用技术,实行“夏季秸秆全面还田、秋季秸秆还田与收储相结合”。年内,麦秸秆机械化还田面积1.95万公顷,水稻秸秆机械化还田面积1.93万公顷,秸秆肥料化利用1107吨、饲料化利用7936吨、能源化利用3915吨、基料化利用2061吨,秸秆综合利用率93%以上。治理农业面源污染,落实省级农业生态环境保护项目17个,上争项目资金462万元。全市养殖单位削减氨氮2.17吨。 (沈灿兴)

国信靖江发电公司对机组进行改造

【国信靖江超低排放技改启动】 2月,江苏国信靖江发电有限公司参与江苏省“节电节能减排升级与改造行动计划(2014—2020年)”,投入1.63亿元,在全省范围内率先启动发电机组超低排放改造项目,对发电机组进行环保升级。升级改造后,该公司发电机组排放物除满足《火电厂烟气排放标准》规定的排放限值外,其烟尘、二氧化硫及氮氧化合物的排放浓度达到天然气机组排放标准。 (启 明)

统　计

【概况】 2016年,市统计部门以开展第三次全国农业普查为重点,以建设服务型统计为目标,推进基层基础规范化、统计服务多元化、统计调查科学化、质量管理法制化、统计队伍专业化,统计工作呈现新局面。定期召开多部门组成的统计监测工作联席会议,年内先后3次由市政府办召开全市地区生产总值核算部门联席会议,提升全市统计监测合力,提高基础数据质量。完善部门考核机制,年初将部门统计工作列入全市部门绩效考核,落实各部门相关责任。继续在全市106家规模以上工业企业推行电子台账,开展规模以上工业企业统计台账巡查,逐一检查全市各镇重点工业企业科技统计台账,针对存在问题进行现场指导。开展基本单位名录库"三比对"(与第三次经济普查数据、部门有关数据、名录库异常单位比对)试点工作,结合高港区"三比对"先进做法,在基础工作较好的新桥镇进行试点,加强与市场监管、国税、地税等部门资料审核比对,及时补充新增单位,剔除注销、破产单位,对基本单位名录库实行动态维护,确保名录库单位信息准确无误。加强企业、村统计工作,年内评选出统计工作示范企业16家、示范村26个。加强统计队伍建设,以"七五"普法和第三次全国农业普查为重点在全市开展普法宣传,利用各专业年定报培训会和专题业务培训会,开展统计法律法规知识学习活动;举办统计法治培训班、统计系统人员素质能力提升班和工业统计技能大赛。加强统计执法,全年共开展统计巡查180余次,统计行政指导1600余次,其中告知120次、辅导1000余人次。

【第三次全国农业普查】 年内,按照市政府《关于做好我市第三次全国农业普查工作的通知》要求,市镇两级均建立第三次全国农业普查领导小组及其办公室,全市共聘用普查员、普查指导员2000余名,分期分批组织相关业务培训。向普查对象发放《致靖江市农业普查调查对象的一封信》《靖江市政府关于第三次全国农业普查公告》,利用报纸、电台、电视、网络等媒体加强普查宣传。选定情况较为复杂的斜桥镇富民村开展农业普查试点工作。经过划区绘图、试点宣传、清查摸底、业务培训、现场登记、业务讨论、试点总结等,完成普查试点各项任务。

【统计服务】 丰富统计产品。充实和完善统计月报、专刊、公报、年鉴中指标体系和内容,依据乡镇考核办法改版《统计月报》,为重大会议、重要规划的制定及时提供完整、详细的指标论证;加强统计监测分析研究,开展月(季)度经济运行情况、全面小康、农业基本现代化、节能减排、妇儿事业、社会发展等统计监测,全年提供《统计快报》18期,上报统计信息120篇、统计分析57篇,及时发布《2016年靖江市国民经济和社会发展统计公报》,编印出版《靖江统计年鉴(2016年)》,刊发《靖江统计专刊》等统计资料。1月初开通"靖江统计"微信平台,设置统计发布、统计服务、依法统计3个主栏目,每周更新一次。深化统计服务品牌创建内涵,将统计服务品牌与统计行风、统计工作相结合,加大宣传力度,提高品牌知晓度。丰富社情民意调查内容,拓展社情民意调查范围,严格执行调查方案和管理流程,提高调查数据质量,确保民调数据的社会公信力。拓展统计工作的内容和空间,先后参与地税调查,开展平安法治建设调查及基层党员对党内知识了解调查等。　(张丽云)

审　计

【概况】 市审计局围绕"反腐、改革、法治、发展"主题,坚持依法审计,履行审计监督职能,在维护财经秩序、推进依法行政、促进廉政建设、保障靖江经济社会健康发展等方面发挥积极作用。全年共完成审计项目42个,审计发现管理不规范金额7.04亿元。

财政审计　适应公共财政改革的新要求,积极探索财政审计新思路,着力构建财政审计大格局,实现对财政资金的"全口径、全过程、全方位"监督。加大预算执行审计力度,推动所有政府性收支纳入预算管理。强化财政资金绩效审计,促进公共资金使用效益提高。完成市本级财政预算执行情况审计、地税征管质量审计以及市住建局、城管局、市场监管局、文广新局、农委和市委农工办等6部门的预算执行审计。按照上级统一部署,完成中央和地方宏观调控措施贯彻落实情况的跟踪审计,组织实施行政事业单位房屋资产管理状况调查。

专项资金审计　注重加强对重点民生资金的审计。按照审计署统一部署,完成城镇保障性安居工程跟踪审计；按照泰州市统一部署，完成靖江市2012年1月—2015年6月土地出让收支情况审计；根据年度工作计划，完成2015年度农业综合开发审计、市政绿化工程建设及管养绩效审计调查、“八位一体”资金管理使用情况审计调查。揭示反映审计中发现的部分单位专项资金挤占挪用、损失浪费、管理不善、效益不佳等问题，推动相关部门及时完善制度、加强管理、堵塞漏洞。

政府投资审计　完善审计制度，提高政府投资工程审计工作质量和效率。审计过程中，坚持“依法审计、实事求是、保证质量、廉洁高效”的原则，合理安排审计计划，优化审计资源，确保对重大项目的“真实、合法、效益”有效审计监督，规范建设单位管理行为。全年共完成政府投资工程预结算审核项目694项，送审金额115.39亿元，审计核减9.7亿元。

经济责任审计　深化审计内容，改进方式、方法，重点把握权力运行和责任落实，把守法守规守纪尽责放在更加突出的位置，促进领导干部依法行使权力、履行职责。坚持依法审计、客观公正，提高审计质量和执法水平；研究评估被审计单位整改措施的科学性、可行性及整改的实际效果，为政府决策提供参考。全年完成经济责任审计项目24个，其中“三责联审”（用人责任审查、编制责任审核、经济责任审计）项目3个。　（吴文波）

国土资源管理

【概况】　2016年，市国土资源局做好重大项目服务保障工作，累计上争省重点项目用地计划46.67公顷，办理农用地转用、征收6个批次103.07公顷。强化土地供应，全年完成建设用地供应445.4公顷，有效满足各类建设项目用地需求。推进土地复垦，加大后备资源增潜力度，新增耕地近200公顷；提请市政府出台《关于增减挂钩和农民集中居住工作指导意见》，按照“立足长远、持续推进、分类施策、重点突破”的原则，科学、规范推动增减挂钩和农民集中居住工作。组织经营性用地上市出让，全年组织交易会10场，上市出让经营性用地47宗110.6公顷，成交价款26.6亿元。梳理行政服务事项，落实信息公开，全年办理信息公开申请64件。开展地质灾害防治工作，会同孤山镇政府完成孤山山体滑坡重大地灾隐患点整治工作。

完成孤山山体滑坡重大地质隐患点整治

【土地规划调整】　年内，市国土资源局主动对接市“十三五”产业布局和重大基础设施项目安排，与省国土资源厅和泰州市国土资源局沟通协调，核减靖江耕地保有量2133.33公顷，核减基本农田保有量5066.67公顷，新增规划建设用地总规模1986.67公顷（包括流量指标1100公顷）；完成规划指标调整后的全域永久基本农田划定方案编制和评审，土地利用总体规划初步方案调整完毕。

【工业用地调查】　年内，市国土资源局按照省市统一部署，牵头各镇（街道、园区、办事处）和相关部门开展全市工业用地调查工作，掌握全市工业企业2013—2015年度土地使用、生产经营、税费上缴等情况，并据此建立涵盖土地及其产出、税收、用工等指标在内的多部门土地利用效益共享数据平台。

【土地执法监察】　年内，市国土资源局强化土地执法监察，加大日常巡查层次和密度，对重点区域和重点项目实施常态化监控，严防违法用地苗头。全年巡查发现土地违法违规行为6起，均依法依规处罚到位；帮助拆除违章建筑6起。加快智能监控系统建设,完成“慧眼守土”工程建设方案编制、高清摄像头布局选点和招投标工作,年内建成一期30个监测点。

【不动产登记】 年初,完成不动产统一登记信息系统建设。3月20日,靖江市不动产登记中心正式挂牌。5月30日,颁发靖江首批不动产产权证。11月,向靖江绿之洲林业有限公司颁发靖江首本林权类不动产产权证。至年末,颁发不动产产权证1.6万本,办理土地抵押登记6749宗832公顷,担保值97.46亿元。

【滨江新城两宗地块出让】 6月24日,位于滨江新城文化中心南侧的两宗国有建设用地挂牌出让,靖江市碧桂园房地产有限公司以3.75亿元成功竞得其使用权。挂牌出让的这两宗地块均位于新洲路南侧、城东大道东侧,总用地面积13.85公顷,土地用途为商业、居住用地。两地块周边基础设施完善,地理位置上佳,依傍马洲公园、滨江学校。

(凌　骏)

市场监督管理

【概况】 2016年,市市场监管局围绕服务经济发展、消费维权、食品药品安全等工作重心,履行各项职能,取得较好成效。推进商事制度改革。执行工商登记前置审批事项规定,取消前置审批40项,保留34项;“先照后证”(先申领营业执照再办理有关许可证)实施范围由102项扩大到152项;持续推进“一址多照、一照多址”登记制度改革,登记范围从试点园区扩大到全市,受益主体从私营企业拓展到外资企业;推行电子化登记,开发企业名称自主选择系统;在泰州范围内率先启动企业简易注销改革,引导“僵尸”企业有序退出市场;完善食品经营许可证、营业执照“证照联办”登记模式,为在全省推广积累经验;发挥商务秘书公司作用,支持众创空间等新型市场主体发展。年内,全市新发展各类市场主体6611户,注册资本189.62亿元,分别比上年增长18.67%、22.27%。提前介入招商引资项目、重点建设项目,成功招引落地项目3个,引资2.3亿元。加强事中事后监管。全面实行企业信息公示、经营异常名录、严重违法企业名单等制度,指导开展企业年报,建立以随机抽查为重点的日常监管机制,年内两次“双随机”(随机抽取被检查对象、随机选派检查人员)抽查450家企业,其中有36家企业被列入经营异常名录,5家企业不予配合予以公示;建立“先照后证”信息反馈、联动监管、联合惩戒机制,实施“双告知”(向申请人和相关部门告知)制度,定期向相关许可部门抄告“先照后证”市场主体信息800余条,有481户市场主体因银行贷款、招投标、资质认定限制等原因申请办理移出经营异常名录;牵头32家许可部门召开平台建设推进会,建立统一市场监管信息平台,开展平台操作培训,确保平台上线运行。推进“双品”工程(品牌、品质)建设。发挥“政府推动、部门助动、企业主动”的“三位一体”品牌建设模式,年内新增江苏省著名商标5件、泰州市知名商标14件;江苏省名牌产品新增3个、复评9个,泰州市名牌产品新增5个、复评10个;城南办事处获评泰州首批实施商标战略示范镇,孤山空调行业被确定为泰州市级产业集群品牌培育基地。加强质量诚信体系建设,帮助企业开展质量信用等级申报工作,年内新增AAA级企业1家、AA级企业4家,新增国家级“守合同重信用”企业4家,蝉联国家级“守合同重信用”企业5家。推进江苏省食品安全示范市创建,启动食品生产电子追溯系统建设,完善食品经营主体信息库;启动食品

市场监督管理窗口服务

2016年新增、复评江苏省名牌产品名单一览表

表8

序号	企业名称	产品名称	备注
1	江苏骥洋食品有限公司	骥洋牌酱卤肉制品	新增
2	江苏百盛酒店管理有限公司	—	新增
3	江苏艾兰得营养品有限公司	艾兰得牌氨糖软骨素维生素D钙片	新增
4	靖江伊香食品有限公司	伊香牌肉脯	复评
5	江苏奇美乐器有限公司	奇美牌琴、笛(口风琴、口琴、竖笛)	复评
6	江苏三兔集团有限公司	三兔牌扑克牌	复评
7	江苏裕伦纺织集团有限公司	裕伦牌棉本色纱线	复评
8	江苏环球特种电机有限公司	众爱牌YB3系类隔爆型三相异步电动机（机座号63–355）	复评
9	江苏骏马压路机械有限公司	骏马牌振动、振荡、光轮系列压路机	复评
10	江苏恒义汽配制造有限公司	恒义牌差速器壳总成	复评
11	靖江瑞泰胶带有限公司	瑞泰图标牌美纹纸胶带	复评
12	江苏晨阳电光源有限公司	晨阳、CHENYANG及图牌道路机动车辆灯泡	复评

小作坊和摊贩登记备案管理工作，促进小作坊规范化经营；组织开展食品安全事故(Ⅳ级)应急演练，为泰州各市(区)食品安全事故应急处置工作提供示范。加快药品零售行业连锁化进程，加强“八统一”(统一采购、配送、培训、服装、装修形象、质量管理、经营管理、计算机网络化控制)管理，全市药店连锁率76.3%。完善电梯物联网应急救援平台建设，开展特种设备安全大检查、电梯安全攻坚战，发现安全隐患171处，隐患整改率100%。

【计量监管】 年内，市市场监管局依法受理计量行政许可，加强计量行政许可单位的日常监督。全年审核计量标准24项，检查获证企业11家、许可证到期复审企业1家。开展计量监督检查，组织计量专项检查4批次(眼镜店、汽车衡、金银饰品、媒体法定计量单位)、计量监督检查4批次(定量包装产品和商品包装)。完善计量体系建设，指导和帮助企业建立、完善计量管理体系和计量检测体系，推动经营户开展诚信计量自我承诺活动、诚信计量示范单位培育活动。全年通过计量合格确认(含复审)企业63家、通过计量保证确认企业1家，培育诚信计量工作示范单位12家。

【合同监管】 年内，市市场监管局加强合同行政指导，以12家基层合同指导站为平台，开展合同帮农示范点创建，年内骥洋食品有限公司、鑫浩香沙芋专业合作社建成合同帮农示范点，帮助30家农民专业合作社和小微企业开展合同资信调查38次，发放合同示范文本400份。开展利用合同格式条款侵害消费者合法权益专项整治行动，全年共检查相关行业领域经营主体185户、各类合同文本350份，发现违法违规合同格式条款200条次，发出行政指导建议书21份、责令整改通知书56份，组织开展行政约谈32次，查处合同违法案件5件。组织开展新版《二手汽车买卖合同》《江苏省住宅装饰装修工程施工合同》等合同示范文本宣传推广工作。加强“守合同重信用”企业培育和指导。年内，新增泰州市“守合同重信用”企业26家、验收复查342家；新增国家级“守合同重信用”企业4家，分别是江苏誉达工程项目管理有限公司、江苏金马运业有限公司、江苏双江能源科技股份有

限公司、江苏大中电机股份有限公司;蝉联国家级“守合同重信用”企业5家,分别是江苏骏马压路机械有限公司、江苏奇美乐器有限公司、江苏赛德力制药机械制造有限公司、江苏武新泵业有限公司、江苏靖江互感器厂有限公司。

【网络交易监管】 年内,市市场监管局率先在全省县级市场监管部门单独设置网络交易监管机构,推进“一中心一平台”(网络交易监测中心和电子商务企业信用信息公示服务平台)监管软件应用,加快“工商网监”电子标识申领、公开工作。至年末,全市1001家应贴标企业中已申领电子标识906家、公开电子标识739家。开展“红盾网剑”专项行动,查办网络违法案件19件,罚没款24.34万元。开展网络商品质量抽检工作,发现不合格商品7件,其中质量问题4件、标签问题3件。

【食品安全监管】 年内,市市场监管局加强食品生产监管。执行食品生产企业负责人约谈制度,约谈存在质量安全隐患、国家和省级监督抽查不合格的企业负责人5次,集中约谈大型餐饮企业、肉制品企业、西来酱腌菜企业等负责人;推行食品生产企业黑名单制度,成立食品生产企业“黑名单”审核委员会,11月通过相关媒体、政府网站对外发布年度食品生产企业黑名单;开展食品生产加工企业分类分级分等监管工作,出台《2016年食品生产加工企业“三分监管”工作实施方案》,年内巡查食品加工企业208家次,送达整改通知书20份,在整改规定时间内实施回访;推进食品生产电子追溯系统建设,年内全市有12家肉脯生产企业建成电子追溯系统。加强食品流通环节监管。严格落实食品采购台账和供应商资格审查制度,大型连锁超市实现登记台账电子化;结合量化分级、食品经营许可证新发和换发工作,完善各项食品安全保障设施设备,制定《靖江市流通环节食品质量安全信用分类分级管理工作方案》,完成OA系统经营主体信息录入,有序开展食品流通经营户分类分级评定;强化食用农产品市场销售监管,与市农委联合出台《关于建立食用农产品产地准出与市场准入衔接机制的意见》,加大监督检查力度。加强餐饮服务环节监管。召集68家大型餐饮单位负责人集体约谈,落实食品安全主体责任,推广使用《大型餐饮企业食品安全月度自查表》,每月自查自纠,指导大型餐饮企业使用“五常”(常组织、常整顿、常清洁、常规范、常自律)等先进管理方式,及时发现并消除食品安全隐患;制定《2016学校食堂食品安全监管工作要点》,开展春秋季学校食堂专项检查,组织6家大型餐饮单位与17家学校食堂结对帮扶指导;强化节假日、重大活动期间餐饮服务食品安全保障,制定实施安全保障方案,全年完成11起重大活动餐饮服务食品安全保障工作;开发靖江市家宴管理系统,推行“五书一表”(《靖江市农村家庭集体性聚餐食品安全管理书》《农村家宴现场指导意见书》《农村集体聚餐食品安全防控告知书》《食品安全监管工作提示书》《食品安全承诺书》《从业人员基本情况调查表》)规范化管理,规范农村集体聚餐食品安全监管,农村家庭集体聚餐申报备案4031户次,现场指导6.18万桌次,全年农村家宴备案率95%;加强网络订餐管理,集体约谈百度外卖、美团外卖、饿了么及大众点评等网络订餐第三方平台靖江分支机构负责人,落实主体责任。

【保健品、化妆品监管】 年内,市市场监管局建立保健品化妆品经营企业信用档案,约谈相关企业负责人。与市卫计委制定相应工作方案,在市人民医院和皮防所成立化妆品不良反应监测哨点,推进化妆品不良反应监测体系建设,完善化妆品不良反应监测和分析评价机制,报送不良反应事件3件。

【药品安全监管】 年内,市市场监管局采取“双随机”方式,检查全市药店执行“八统一”情况,立案6起,集中约谈26家,并通过全市零售药店质量例会,点名批评问题严重单位。加强药品器械监管。自筹经费开发医疗器械管理软件,数据对接市医疗卫生管理平台,将原药品监管平台扩展为零售单体药店监管、零售连锁企业监管、医疗机构监管、医疗器械监管4个平台;升级药品远程监管系统软硬件,指导零售连锁企业将药品购销动态数据实时传送至药械监管平台;加强药械准入和日常监督管理,年内办理药品许可事项94件、器械许可事项25件、器械备案事项207件,监测上报评价药品不良反应1304件、器械不良事件930件、药物滥用75件。

【广告行业监管】 年内,市市场监管局围绕社会热点开展违法广告专项整治行动,年内查处违法广告案件68件。走访全市互联网广告企业,举办《互联网广告管理暂行办法》宣传培训。开展互联网金融广告整治，核查和处置89户非金融类投资理财企业的登记事项及广告情况。鼓励全市广告企业参加各类广告作品比赛，年内获得省级银奖2件、铜奖4件、优秀奖14件，泰州奖项22件。

【市场秩序稽查】 年内，市市场监管局加大重点领域监管力度，围绕食品药品、产品质量、商标侵权、不正当竞争和垄断行为等开展专项整治，推进商品质量精准抽检，抽检流通领域商品229个批次。完善“上下联动”执法机制、“诉转案”工作机制、“两法”（行政执法、刑事司法）衔接机制，与交警部门联合查处非法运输假冒品牌商标白酒案件4起，涉案货值5.2万元，罚没5.8万元；与市食品药品和环境犯罪侦查大队联合开展餐点专项执法检查，突击检查大小早餐店60余家，抽检餐点21批，查出不合格面制餐点17批次，从严处置涉案餐饮单位16家，其中8家移送司法机关。年内全系统立案604件，移送司法机关10件，罚没入库1100万元，行政诉讼案件胜诉率、已办结行政复议案件维持率均为100%，获评泰州市依法行政示范单位。

【标准化工作】 年内，市市场监管局指导企业制定或修订国家（行业）标准8个，采用国际标准27个，培育3A级标准化良好行为企业6家。加大对企业产品标准备案自我公开声明的宣传贯彻力度，指导82家企业申明363项标准，涵盖401种产品。建成国内首家企业标准计量管理平台，并在城南分局试点推广，实时动态更新靖江企业执行标准及计量器具数据，年内录入标准220项、计量数据1434条。

【新增著名商标】 年内，靖江新增5件江苏著名商标。

“图形”商标，靖江瑞泰胶带有限公司于2007年2月注册，商标为图形，使用商品为电容器纸、绝缘纸、绝缘体、绝缘胶布和绝缘带、绝缘胶带。

“永盛 YONG SHENG”商标，靖江市永盛光电科技有限公司于2009年8月注册，商标为文字与拼音的组合商标，使用商品为光学品、导光板。

“艾森格林”商标，江苏龙腾门业有限公司于2012年1月注册，商标为文字商标，使用商品为金属门、非自动旋转栅门、钢结构建筑、金属建筑结构、金属窗、金属建筑物、电缆桥架。

“百盛弘毅大酒店”商标，江苏百盛酒店管理有限公司于2012年10月注册，商标为文字商标，使用商品为住所（旅馆、供膳寄宿处）、饭店、餐馆、酒吧、茶馆。

“皓日 HAORI”商标，江苏皓日汽车零部件有限公司于2015年4月注册，商标为文字、拼音及图形的组合商标，使用商品为金属铰链连接器、金属铰链、金属挡块、门用金属附件、金属门把手、弹簧锁、运载工具用金属锁、金属锁（非电）、钥匙、汽车车轮锁。

【“质量强市”建设】 年内，市政府制定2016年靖江市《质量强市工作意见》和《质量工作考核办法》，出台《靖江市市长质量奖评审办法》；设立靖江质量管理最高荣誉——市长质量奖，授予本市具有独立法人资格、实施卓越绩效经营管理模式、在行业内处于领先地位、经济效益和社会效益突出的企业。市长质量奖每年评审一次，每次获奖企业不超过2家，有效期3年；首次获得该荣誉的企业获得奖金30万元。市市场监管局指导2家企业申报市长质量奖，10家企业申报质量管理奖。江苏大中机电股份公司获评靖江首个泰州市市长质量奖。新增3个江苏省名牌产品，分别是江苏骥洋食品有限公司的骥洋牌酱卤肉制品、江苏艾兰得营养品有限公司的艾兰得牌氨糖软骨素维生素D

钙片和江苏百盛酒店管理有限公司。加强人员培训,举办2期质量和环境管理体系内审员培训班,培训563人。开展工匠评比活动,推选30名“靖江工匠”参与“泰州名匠”评比,5人成功入选。

【检测中心建设】 年内,市市场监管局启用产品质量检验检测中心大楼,统筹现有技术资源,添置检测设备,建成标准实验室50个,通过省质监局组织的检验检测机构资质和食品检验机构资质认定评审。全年抽查检验各类商品2230余批次,检定各类计量器具4.6万台(件)。其中,检定企事业单位最高计量标准器具294台(件),检验率98%;强检工作计量器具1.15万余台(件),检验率95%;计量器具按期检出率和抽查复检合格率均保持在99%以上。实施计量惠民工程,设立泰州首个计量惠民窗口,帮助38个集贸市场、87个镇村医疗机构免费检定3669台计量器具,免费修理70台。

【省级食品安全示范市创建】 年内,市市场监管局明确市食安委各成员单位、镇(街道、园区、办事处)食安办分管负责人和专职人员。协助30个食安委成员单位、各镇(开发区、街道、园区、办事处)与市政府签订《2016年靖江市食品药品安全监管目标责任书》,自筹资金建立局快检中心和7个分局快检室,添置食品安全快检箱8套,全市有30余家农贸市场(超市)配备快检设备。至年末,局快检中心现场快检餐饮食品55批次、专项快检罂粟碱65批次,分局快检室完成快检1150批次,农贸市场(超市)现场快检食用农产品357批次。积极配合上级组织的食品安全抽样检测,全年全市食品安全抽检2762批次,核查处置国家食品监督抽检不合格食品5件、省级监督抽检不合格食品2件。开展食品安全“你点我检”进餐馆、进校园、进农村、进家庭活动,公开征集抽检信息,选取群众关心的食品类别和品种抽样检测。制定市食品安全事故应急预案和应急操作手册,明确各部门职责分工,妥善处置各类食品安全突发事件及消费投诉纠纷,全市食品安全事件应急处置率100%。开展相关人员培训。举办食品安全管理、检验理论与实际操作培训,培训人员500人;举办大型餐饮单位、学校食堂食品安全管理能力提升班,培训人员192人。加强食品药品安全宣传。制定食品药品安全工作宣传方案,举办“食品安全宣传周”“全国安全用药月”等活动,发放宣传资料2.6万份,接受现场咨询1.3万人次;建成村(社区)食品药品安全科普宣传站252个,食品安全宣传活动实现全市村(社区)全覆盖。年末,靖江通过江苏省首批食品安全示范市创建首轮评估,为泰州市唯一通过验收的地区。

【平安市场创建】 年内,市市场监管局落实城市环境综合整治长效管理任务,强化社会管理综合治理工作职责和市场开办者第一责任人的责任,推广农贸市场规范化管理。加强对农资、二手车等重点消费品市场监管,推进农资监管软件平台运用,组织农资市场主体抽查,开展“保春耕、保夏收”农资专项整治行动和集贸市场禽流感防控工作,净化市场秩序,保障群众消费安全。年内全市平安市场创建参与率100%、达标率95%,有5家市场创建成为2015年度泰州市级文明诚信市场。

【服务小微企业】 年内,市市场监管局组织市民营经济行政服务团,为大众创业提供一条龙、一站式服务。推进“个转企、小升规、规改股、股上市”工作,引导137户个体工商户转企升级。加强合同行政指导,发放合同示范文本400份。拓展企业融资渠道,全年办理股权质押、动产抵押登记115件,帮助企业融资44.3亿元;与邮储银行靖江支行联合开展送贷行动,发放贷款1.2亿元;与长江商业银行联合举办“送政策、送贷款、送服务”银企对接活动,与50多家小微企业达成意向协议;在全市私营企业中开展“大手拉小手”结对帮扶活动,促成购销金额1.2亿元。与市人社局联合举办万名“靖江厨师”创业培训,发放创业补贴,提供政策扶持。举办靖江市“服务青年双创、关心小微企业成长”有奖知识竞赛,1000余家小微企业参与。向市私个协会会员免费赠送68万元“惠商险”,增强其抗风险能力。

【消费维权】 年内,市消协加强消费维权宣传,举办“食品安全宣传周”“药品安全宣传月”等宣传活动,发放各类宣传资料3.8万份,现场接受消费者投诉1160人次。加强消协组织建设,公开招募80名志愿者组建消费维权志愿团,建立残疾人消费维权联络站、汽车行业消费维权服务站。开展维权活动。开展合同格式条款点评,指导市华汇供水公司重新出台供水合同格式文本；开展汽车消费满意度调查，收回有效调查问卷2351份，形成调查报告公开发布。全年发布消费警示、消费提醒37篇，受理消费者投诉举报869件、挽回经济损失70.5万元，其中消费纠纷326起，调解成功率98%。发挥7个郑美琴维权工作室的示范引领作用，推动放心消费创建，推荐19家旅游从业单位参与江苏省诚信旅游示范单位评选。年内，新增省级放心消费创建先进单位4家（靖江市仁源堂药店、靖江市天元汽车维修有限公司、靖江市大昌汽车维修有限公司、江苏杰尔仕实业有限公司）、泰州市级17家、靖江市级38家，泰和国际城商业区成为放心消费集聚区。

【消防防排烟阀3C认证】 年内，市市场监管局加大指导服务力度，召开消防产品3C认证工作动员会、推进会、现场会，举办申请认证企业质量管理人员质量管理体系培训班；在企业率先突破技术瓶颈的基础上，帮助企业解决材料申报、产品检测等问题，年内全市消防防排烟阀3C领证企业近80家，占全国该行业领证企业总数的40%。（赵　洁）

【江苏首张个体户“两证合一”营业执照】 9月2日，江苏省个体工商户“两证合一”营业执照首发式在市政务服务中心举行，泰州市委书记蓝绍敏、省工商局副局长杨卫东、靖江市委书记赵叶参加。首发式上，创办靖江市安儿祺服装店的刘珊成为省内首个拿到“两证合一”营业执照的个体工商户。自此个体工商户只需前往市场监管局各分局窗口，提交一份材料即可申办营业执照、税务登记证，受理单位由3个部门减少到1个窗口，提交材料从2套材料76项数据减少为1张表格20项数据。

【江苏首例“一照多址”生产获得许可】 4月，江苏景盛空调有限公司成为江苏省首个获准“一照多址”生产许可的企业。2014年，江苏景盛空调有限公司拿到靖江首张“一照多址”营业执照。2016年初，该公司向省质监局申请领取制冷设备中组合式空调机组、风机盘管机组的“全国工业产品生产许可证”。因无法明确界定和区分企业申请产品的生产地点和条件，该公司申请材料被退回。获知上述情况后，市市场监管局工作人员主动与省质监局联系，并准备一系列有关靖江“一照多址”等商事制度改革内容的文件依据，补充出具相关证明材料，并对照《中华人民共和国许可证管理条例》，及时指导帮助企业修改完善申报资料。最终，该企业生产许可申请成功获得省质监局受理，顺利启动组合式空调机组、风机盘管机组项目试生产。

【农村公共服务运行维护经验全国推广】 （见49页同名条目）

【骏马压路机公司参与起草行业标准】 由江苏骏马压路机械有限公司参与起草的中国工程机械工业协会标准——T/CCMA 0046-2016“垂直振动压路机”，经中国工程机械工业协会批准，于8月1日起实施。此次制定实施的标准，填补垂直振动压路机在中国工程机械工业协会标准上的空白。（启　明）

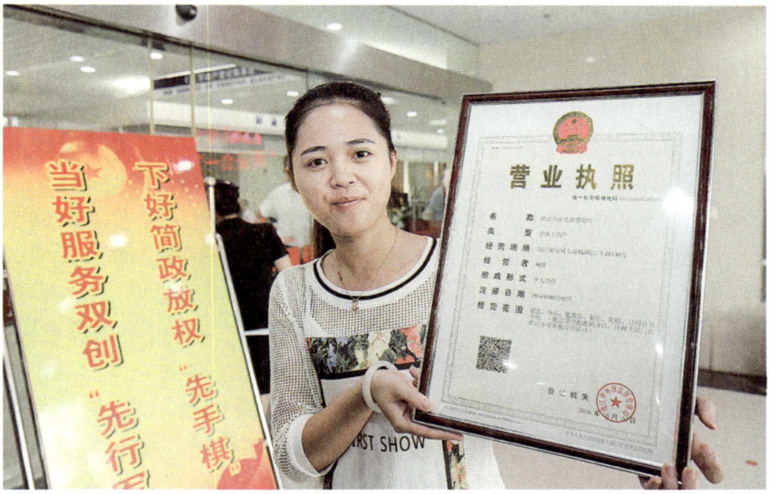

市民刘珊成为省内首个拿到“两证合一”营业执照的个体工商户

物　价　管　理

【概况】 2016年，市物价局深化价格改革，调整出租汽车运价，制定家庭医生签约服务收费试行标准，实施差别化污水处理费政策。加强价格监管，规范网络零售价格、农贸市场价格。主动服务民生改革，及时发放价格临时补贴，启动“双联动”（最低生活保障标准与城镇低收入居民基本生活费用价格指数挂钩联动)机制,向 1.4 万名困难群众发放价格临时补贴 554 万元。年内,全市重要民生商品和服务价格整体水平保持不高于或略低于泰州市平均水平的良好态势,为全市价格调控工作创造宽松的价费环境。

【物价调控】 年内,市物价局推进行政审批制度改革,审核 13个单位行政审批前置中介服务事项的收费依据和标准,形成目录清单;核查评定 194 个实施行政事业性收费和实行政府定价(指导价)管理的经营性服务收费单位 2015 年度收费诚信情况并向社会公示。开展定、调价成本监审,测算自来水供水、公办幼儿园伙食费等成本,年内监审成本金额 12028.62 万元,核减 486.36 万元,核减率 4.04%。完成县级公立医院综合价格改革效果年度评估工作,形成《2015 年度全市县级公立医院医药价格改革效果评估报告》和《医疗服务价格动态管理考核及医疗服务价格考核联动意见的报告》,3 家县级公立医院的 2016 年度医疗服务项目价格暂不上浮。

【价格服务】 年内,市物价局主动服务金融企业,与靖江华诚资产管理有限公司签订不良资产定价长期合作协议,成立价格认定小组并常驻华诚资产公司,做好资产勘验登记、市场调查及不良资产价格认定工作。深化重要民生价格公示,在全市 25 个村、32 个住宅小区(农村集中居住点)及电视台物价栏目、《靖江日报》电子读报栏公示重要民生价格和农贸市场商品价格信息。开展“价比三家”活动,每周二、四在市物价局网站“监测监审”版块“价比三家”上公示部分商场家电价格、药店常用药品价格、超市及农贸市场的零售食品价格信息。年内发布“价比三家”行情 48 期,每期公示 4 家农贸市场、5 家超市 102 种商品价格以及药店 45 种常用药品价格。严格平价商店运行考核,对运行不达标的执行退出制度,年内大永辉超市有限公司、农工商超市有限公司平价商店公告退出,原新桥鑫宏发百货超市由百富绅鑫宏发超市替代。平价商店全年为市民节支 396.86 万元,受益者 342.16 万人次。

【价格执法】 年内,市物价局召开规范网络零售价格行为提醒会,印发《靖江市物价局关于规范网络零售价格行为的提醒书》,提醒各网络交易经营者对网上销售的商品和提供的服务明码标价,禁止利用虚假、使人误解的标价形式或者价格手段欺骗、诱导消费者,建立完善内部价格管理、纠错机制,加强价格促销方案事前审查。规范农贸市场价格,印发《靖江市物价局关于规范农贸市场明码标价的通知》,按照“网定格、格定人、人定责”的网格化市场价格监管模式,将 14 家农贸市场划分为四大片区,所有检查人员分片包干、责任到人。重视价格举报工作,发挥“12358”的桥梁纽带、政策窗口、信息协查作用,年内接受群众价费咨询和来信来电来访投诉 91 件,与上年相比略有上升。位居价格咨询、投诉排行前列的事项为网络购物、商品明码标价、停车收费。开展涉企收费减免政策落实情况和商品房价格、电信市场价格、药品价格等专项检查,全年查处价格违法案件 7 件,罚没 57.6 万元。开展元旦、春节等重大节假日期间市场价格监管,组织 12 个价格检查组、出动 140 余人次,检查 200 多家经营单位。

【价格改革】 1 月,市物价局、交通运输局出台《靖江市巡游出租汽车运价管理规定》,调整起租价、超起租里程价、等候费、夜间加成等巡游出租汽车运价。原 1 元燃料附加费并入起租价,2 千米起租价调整为 7 元,2 千米以上超起租里程价为 2.6 元 / 千米;取消原免费等候 5 分钟的规定,实行“全天全程双计费,交通高峰时段差异化定价”规定,起租里程(2 千米)以外停车等候或时速低于 12 千米运行的,按每分钟 0.5 元计收等候费(途中多次等候的可累计),不足一分钟不计费;夜间 22 时(含)至次日晨 5 时(不含),起租价加收 1 元,超起租里程加收 0.2 元。8 月,制定家庭医生签约服务收费试行标准,明确市卫计委提出的 6 种签约服务类型所确定的服务项目分为免费、120 元 / 年、150 元 / 年三类。9 月,施行新版《靖江市物业服务收费管理实施细则》,增加人防工程车位汽车停放费及车位租金管理、门禁出入证配置、共用部分收益使用等方面的规定,维护业主和物业服务企业的合法权益。明确人防车位汽车停放费及租金实行政府指导价;实行门禁出入证(卡)管理的新建住宅小区,建设单位(或物业服务企业)应为每户业主免费配置不少于 4 张出入证(卡),物业管理区域内的停车场实行门禁出入证(卡)管理的,应为车主免费配置 1 张出入证(卡);提高前期物业公共服务费须业主同意;利用业主共有部分、共用设施从事经营活动的，所得收益按照业主大会或者业主大会授权的业主委员会的决定、物业服务合同约定使用。11月，市物价局与市财政局、水利局、环保局、住建局、经信委、国有资产经营管理(集团)公司等联合出台《关于实施差别化污水处理费政策的通知》，明确年度环保被评为“绿色”(优秀)、“蓝色”(良好)、“黄色”(一般)等级的企业，非居民生活类、特种类污水处理费标准分别为0.86元/立方米、1.57元/立方米；被评为“红色”(较差)、“黑色”(极差)等级的企业，非居民生活类、特种类污水处理费分别加收0.6元/立方米、1元/立方米，自环保部门公布上年度企业环保信用等级结果后的次月起执行，下一年度环保信用达到“黄色”(一般)以上的恢复正常收费标准。

【电动汽车充电设施服务价格公布】 9月，市物价局将电动汽车充电设施服务价格暂定为1.40元/千瓦时，试运行1年。试运行期结束后，市物价局拟建立价格联动机制，会同有关部门定期测算并公布。（毛　玲）

安全生产监督管理

【概况】 2016年，进一步落实《靖江市安全生产“党政同责、一岗双责”暂行规定》，明确各级行政主要负责人为各自行政区域安委会主任，推动全市安全生产责任体系全覆盖。全市各镇(街道、园区、办事处)均达到泰州市安全生产管理规范标准，其中8个镇(街道、办事处)通过省级安全监管能力建设合格验收。落实全市安全生产巡查制度，针对重点问题定期组织安全生产巡查。围绕“五落实五到位”(党政同责、安全生产一岗双责、安全生产组织领导机构、安全管理力量和安全生产报告制度落实，安全责任、安全投入、安全培训、安全管理、应急救援到位)分级分类制定企业安全生产责任清单，在重点行业领域推行安全总监制度。全市发生直接经济损失100万元以上或导致人员死亡的安全生产事故38起，死亡40人。

“安全生产月”活动

【宣传培训】 年内，市安监局重点宣传新修订的《江苏省安全生产条例》，在安全生产月和夏季百日赛活动中，广泛宣传安全生产法律法规、普及安全生产常识，开展安全生产知识有奖问卷调查。组织开展“6·16”全国安全生产宣传咨询日、“11·9”消防宣传日、“安全生产影视行”和安全文化“六进”(进机关、进社区、进企业、进工地、进学校、进家庭)等宣传咨询活动。加强对企业管理人员、重点企业班组长、特种作业人员的安全培训，全年培训各类管理人员5960名，电工、金属焊接特种作业人员4500名。

【安全生产网格化智慧监管】 年内，市安监局按照“试点先行、以点带面、逐步推进、全面实施”的思路，以东兴镇、斜桥镇为试点，推进安全生产网格化智慧监管建设，落实安全生产属地管理责任，深化基层安监机构能力建设。全市各镇(街道、园区、办事处)搭建258个二级网格，聘任317名网格员。至年末，全市“智慧安监”覆盖企业1516家，网格化覆盖企业1719家，年度巡检记录各类安全隐患14.54万条，排治隐患3272条。

【危化品监管】 年内，市安监局吸取“4·22”德桥仓储火灾事故教训，加强源头管控，推行“二道门挡人、独幢厂房限人”等措施，开展小化工关闭、沿江重点储存企业安全“体检”等专项整治，关闭有重大隐患的化工企业4家，行政拘留违规动火作业人员4

人,消除安全隐患1884个。严格执行市领导挂钩联系、动火作业提级、离靖报告、派驻安全员消防员等制度,推行"机械化换人、自动化减人"措施,着力构建危化品安全监管长效机制,开展重点企业二级标准化创建,建设"互联网+安全"平台。

【工贸行业监管】 年内,市安监局确定60家工贸企业开展风险较大作业场所安全管理规范化创建。10月,组织专家指导和验收创建情况,25家企业通过验收,31家具备验收条件。开展金属冶炼、造修拆船、粉尘涉爆、涉危化品等行业企业安全专项整治和170余家小微企业专项整治"回头看"等工作,摸底排查金属冶炼企业150余家,抽查检查造拆船企业、粉尘涉爆企业各4家,对查出的问题和隐患均对照要求整改到位。

【职业卫生监管】 年内,市安监局以15个行业治理为重点,开展工作场所职业卫生监督执法活动,改善作业环境和劳动条件。推进职业病危害项目申报,全年新增申报企业301家,累计申报企业2292家。全年监督检查有职业危害因素的企业82家,下达执法文书36份,责令35家限期整改或停止作业。新开展建设项目职业卫生"三同时"(职业病防护设施与主体工程同时设计、同时施工、同时投入使用)预评价、防护设施涉及控制效果评价共41项,现状评价项目34个,定期检测企业89家。开展2次广场宣传咨询活动,发放职业病宣传册和宣传画报2万余份。开展3期作业人员和安全管理员职业危害防治知识培训班,194家电镀、修造船、铸造冶金企业332人接受培训。9078人参加职业健康体检,处理职业病体检鉴定求助14起,新确诊职业病4例。

【专项整治】 年内,市安监局综合运用"四不两直"(不发通知、不打招呼、不听汇报、不用陪同接待,直奔基层、直插现场)、"回头看"等方式,加强重点抽查、暗访暗查和突击检查。"4·22"德桥仓储火灾事故发生后,开展为期3个月"拉网式"安全生产检查整改专项行动。全年组织大检查9次,检查生产经营单位2.37万家(次),各镇、各部门和单位通过隐患排查治理信息系统上报各类隐患整改记录8.08万条,整改率99.95%。与公安、住建、交通等8个部门按照"全覆盖、零容忍、严执法、重实效"的要求,联合开展道路交通、消防、建筑施工、烟花爆竹、冶金、危险化学品和粉尘防爆等10个重点行业领域安全生产专项整治。烟花爆竹零售网点专项治理累计巡查1500余次,查处违规设库、超量存放和周边安全距离不足等各类违法行为200余起,取缔6家违法销售经营单位,收缴不合格烟花爆竹200余箱,排查隐患900多项,整改率100%。依托新媒体平台,及时推送监管动态信息,曝光违法行为。 (范 兴)

【德桥仓储公司火灾事故】 4月22日上午,江苏德桥仓储有限公司储罐区2号交换站由华东建设安装有限公司施工人员实施改造,因违规动火,9点13分左右发生火灾,火势异常猛烈,燃烧面积约2000平方米。事故发生后,江苏省委书记罗志军、省长石泰峰等领导赶赴现场,指挥组织扑救,紧急疏散附近村庄1000余居民。在公安部消防局的统一指挥下,至23日凌晨2时左右,明火被扑灭。泰州市公安局消防支队靖江中队士官朱军军在事故现场为保证灭火供水不间断、掩护战友撤退而延误撤离时间,经抢救无效,壮烈牺牲,年仅26岁。此次事故直接经济损失2532.14万元。德桥仓储"4·22"火灾事故发生后,市安监局积极参与事故救援,配合上级开展事故调查,全力投入善后工作。组织人员持续2个月在德桥仓储罐区24小时值班巡查,组织专家审查企业各项应急措施和善后施工方案,全面检查罐区储罐139个,排除、处置各类隐患219个,转移废水7.9万吨、库存物料21.12万吨。做好事故善后处置信息报送工作,向泰州市安监局、市委办和市政府办报送《4·22火灾事故善后处置情况每日报告》32期。组织开展全市安全生产检查整改专项行动,编发《专项行动简报》15期、《安全生产隐患整治动态》5期,在全市形成大排查、大整治的高压态势,确保全市安全生产形势平稳。11月1日,泰州市政府"4·22"火灾事故调查组发布事故调查报告,认定江苏德桥仓储有限公司"4·22"火灾事故是一起生产安全责任事故,德桥仓储公司、华东建设安装公司相关人员被刑事拘留;德桥仓储公司因未有效落实安全生产责任、违章组织作业,对此次事故发生负有责任,被罚款100万元,并被暂扣"危险化学品经营许可证"6个月;华东建设安装有限公司因同意他人以本公司名义承揽工程却未安排人员至现场实施管理,也对此次事故发生负有责任,被罚款100万元。 (启 明)

国有资产监督管理

【概况】 2016年,市国资监管部门加强国有资产有效利用,实现国有资产保值增值、国有企业做强做优、国资管理规范统一。至年末,全市有国有(控股)列统企业119家,企业净资产466亿元,实现营业总收入200亿元、利润3.8亿元。

【资产管理】 2016年,市国资办制定修订《靖江市市级行政事业单位国有资产使用管理办法》《靖江市市级行政事业单位国有资产处置管理办法》《靖江市市级行政事业单位国有资产收益管理办法》和《靖江市市级行政事业单位国有资产评估核准管理办法》等国有资产监管政策性文件,规范国有资产管理;清查全市行政事业单位资产,摸清全市行政事业单位家底;调查全市国有不动产管理和使用情况,明确房地产出租审核鉴定关注事项和要求,规范房地产出租行为,维护国有资产收益;推行国有产权转让"阳光操作",落实国有产权转让的责任人,加强国有(集体)资产处置、立项、评估、转让、交易和收益的管理,严把资产交易程序关。全年办理国有(集体)资产处置项目44项,交易金额8763.5万元,增值率100%。

【国有企业管理】 2016年,市国资办创新年度经营业绩目标确定办法,按公益类企业、市场竞争类企业等分别确定指标目标值,有9家企业及时签订年度经营目标责任书。做好国有资本经营预算编制执行工作,确定2016年度国有资本经营收入预算3905万元,年度完成100%。加强国有企业会计报表审计,一季度对25家国有(控股、参股)企业及市医疗集团、市广电台等单位的2015年度会计报表实施审计。

【投融资管理】 2016年,市国资办拓宽融资渠道,优化融资结构,与相关银行建立定期联系机制,华靖公司直接融资新增16.5亿元、间接融资新增2.3亿元;出资设立靖江市华城资产管理有限公司、靖江市美丽乡村建设有限公司、靖江市现代服务业发展有限公司、靖江市三联电力有限公司,整合政府资源,重组政府债务,促进融资平台转型升级。

(刘红云 谢永平 陈 燕)

住房公积金管理

【概况】 2016年,泰州市住房公积金管理中心靖江分中心各项业务工作稳步开展,获全省"江苏省住房城乡建设系统工人先锋号"和"2016年全省巾帼文明岗"称号。单位职工住房公积金月缴存工资基数上限为15350元,下限为2299元,与上年保持不变。年末,住房公积金累计归集38.81亿元,归集余额21.28亿元;累计发放贷款1.49万户31.06亿元,贷款余额16.85亿元;为城市廉租住房建设提供补充资金383万元。

住房公积金归集 开展广场宣传月活动、"我与住房公积金"有奖征文,借助媒体全方位多角度宣传公积金政策。针对全市尚未缴存住房公积金的"十佳""十强"及百优企业,主动上门宣传,提高依法缴存意识。全年新增缴存单位64家,新增缴存职工6008人;归集公积金6.01亿元,比上年增长12%;支取公积金3.75亿元。

住房公积金贷款 坚持把好"四查"(贷前调查、贷中审查、贷后检查、逾期催查)关,保持还贷月月零逾期,提高期房抵押到位率,确保缴存人的资金安全。全年为1933户家庭发放公积金贷款4.1亿元;"公转商"(住房公积金贷款转商业住房贴息贷款)贷款力度加大,发放"公转商"贷款1.87亿元。

【住房公积金政策调整】 4月1日起,取消购房提取公积金时间限制,职工购房申请提取住房公积金的,不再要求6个月内办理完毕;购房时可直接提取现金,提取金额为购房合法有效凭证签发当月职工住房公积金个人账户存储余额;购买同一套住房只能提取一次住房公积金;在外地购房的须提供在购房地的(含配偶、直系亲属)工作或户籍证明,或提供所购房屋用水或用电发票。5月1日起,在外地工作并缴纳住房公积金的靖江户籍职工回靖江买房,可向靖江住房公积金管理中心申请贷款,采用住房公积金贷款转商业住房贴息贷款方式办理,申请者必须符合靖江贷款条件,贷款金额、贷款期限及所需材料等均按照靖江政策规定执行。5月11日起,靖江双职工缴存住房公积金的家庭,住房公积金提取的最高额度从45万元提至50万元;个人贷款额度仍为30万元。

(顾艳娟)

沿江开发

·综　述·

【概况】 靖江经济技术开发区规划控制面积168平方千米,实际建成面积42平方千米,形成开发区本部、城南园区、城北园区、新桥园区等功能板块。2016年,靖江开发区围绕“稳中求进”主基调,优化产业布局,完善发展功能,全力破解要素制约,促进产业协调持续发展。全年新增列统工业企业19家,新增高新技术企业20家,汽配、机电两大产业开票销售均逾百亿元。开发区实现地区生产总值615亿元,比上年增长9.4%;完成固定资产投资250.4亿元,比上年增长14%;完成工业开票销售收入545.57亿元,比上年增长2.5%;一般公共预算收入17.42亿元,比上年下降10.1%;进出口总额21.98亿元,比上年下降7.9%;产业投资294.31亿元;实际利用外资398.7万美元。

2016年靖江开发区重大签约项目一览表

表9

项目名称	项目建设单位	总投资(万元)	项目内容
电线电缆及相关配套产品贸易项目	欣意缆众新材料科技(江苏)有限公司	10000	新型金属材料、电线电缆及其包装用木盘、耐火材料,绝缘制品研究、开发、制造、销售;电缆安装;电线用辅助设备及配件批发、零售;投资与资产管理;自营和代理各类商品及技术的进出口业务。项目计划年开票销售10亿元
新能源汽车运营及新能源汽车产业项目	普天新能源有限责任公司	120000	项目前期利用存量土地,主要从事新能源电池的封装生产和销售,并逐步从事新能源汽车基础设施运营。项目计划主营业务收入5亿元,利税6000万元
GRP高强度中空采光节能板材项目	江苏金秋竹集团有限公司	35000	新建GRP板材自动化生产线15条,主要生产新型玻璃纤维增强塑料(GRP)板材,年产GRP板材100万平方米

续表 9

项目名称	项目建设单位	总投资（万元）	项目内容
水处理项目	江苏新南洋进出口有限公司	5080	应用新型菌种对废水中的有机物进行处理，达到一级排放标准
木材交易中心和木材鉴定中心项目	江苏万林现代物流有限公司	50000	位于靖江开发区江苏中油长江石化有限公司北侧地块，用地面积约 13.67 公顷。主要建设木材交易线上线下一体化项目。项目全部营运后，将进一步完善木材物流服务功能，打造全国最大的进口木材产业基地
江苏华鑫车联网项目	江苏华鑫车联网科技股份有限公司（北斗公司在靖江注册的公司）	20000	基于北斗应用，在靖江市打造交通部、公安部、安监总局认可的全国货车北斗监控网络平台，发展物流配载、网约车用户增值业务、二手车交易、商用车融资租赁等业务；联合深圳智行至美科技有限公司，生产制造和销售年产不低于 10 万套车载高新技术智能产品“车里子”；生产制造北斗定位可穿戴装备；集成北斗和红外线热成像技术，研发制造军、警民用软硬件融合产品
德利迅达大数据装备配套项目	凯博（上海）科技有限公司（暂定名）	65000	北京德利迅达公司和华为海外公司等多方联合投资
静电吸附膜生产项目	江苏亚龙数码科技有限公司	50000	生产静电吸附膜产品，主要包括品牌相纸、背胶相纸、PP 背胶等
重型机械军用新型紧固件生产项目	江苏永昊高强度螺栓有限公司	17000	生产重型机械专用新型紧固件，专门为中国一重配套生产军用紧固件。项目计划年产 1.8 万吨重型机械专用新型紧固件生产能力，年新增开票 1.7 亿元、利税 4060 万元
耐磨合金材料技术改造项目	靖江新舟合金材料有限公司	12000	年产 15 万吨耐磨合金材料
航空先进复合材料项目	中航复合材料有限公司 江苏立源自动化工程有限公司	20000	生产航空内饰复合材料和机内结构件
固废综合处理工程项目	靖江市华晟重金属防控有限公司	30000	占地 7.8 公顷，工程建设包括危险废物焚烧系统、污泥干化系统、物化处理系统、洗桶系统、废矿物油回收系统及配套的辅助生产设施等
江苏省煤炭物流靖江基地项目	江苏国信秦港港务有限公司	100000	用地 30 公顷，拟建 10 万吨级煤炭卸船泊位 1 座，1 万吨级煤炭装船泊位 1 座，2000 吨级综合泊位 1 座。陆域拟建煤炭堆场、生产及生活辅助设施。设计年运货量 1400 万吨
桥梁科技产业园二期项目	中国铁建大桥工程局集团有限公司	350000	大型桥梁节段，年钢材加工量约为 10 万吨，桥梁节段数量为 450 个；盾构管片，年产量约 1.4 万环；钢筋混凝土用量 18.5 万立方米，重量 46.5 万吨
劳氏船级社项目	劳氏船级社（中国）有限公司	3000	租用办公场所约 450 平方米，从事船舶、海上设施的检验、认证

续表 9

项目名称	项目建设单位	总投资(万元)	项目内容
环保设备发生装置生产项目	江苏天立方环保工程有限公司	15000	用地1.33公顷,主要从事环保工程设计、脱硫脱硝除尘设备、节能锅炉设备研发销售,项目计划主营业务收入2亿元、利税3000万元
农副产品加工及冷链物流项目	江苏副采农副产品冷链物流有限公司	12000	用地1公顷,主要从事农副产品的加工及冷链物流配送服务等。项目计划年主营业务收入2亿元,利税3500万元
叉车配件生产项目	靖江市建佳叉车有限公司	12000	用地1.2公顷,主要从事叉车配件的制造生产和销售。项目计划主营业务收入收入1.8亿元, 利税2700万元
冷柜设计制造项目	江苏奥力克冷柜有限公司	13000	用地1.79公顷,主要从事冷柜设计制造和销售。项目计划主营业务收入2亿元,利税3000万元
集热水箱生产项目	江苏迈能高科技有限公司	16000	用地3.33公顷,主要从事集热水箱的生产和销售。项目计划主营业务收入3亿元,利税6000万元
高端警用设备生产项目	江苏锐盾警用装备制造有限公司	13000	用地1.67公顷,主要从事警用侦查装备、反恐处置突发事件设备等警用设备的生产和销售。项目计划主营业务收入1.6亿元,利税2500万元
宝马4S店项目	江苏伟杰投资实业集团有限公司	11000	用地1公顷,主要从事宝马汽车的销售咨询以及售后维修服务等。项目计划主营业务收入3.5亿元,利税4000万元
研发楼及高端人才服务中心项目	江苏新程汽配制造有限公司	12000	用地2.33公顷,主要从事汽配产业研发设计。项目计划主营业务收入1亿元、利税2000万元
汽车零部件生产项目	江苏翔宇汽车零部件有限公司	12000	用地2公顷,主要从事汽车内饰件等零部件生产和销售。项目计划主营业务收入2亿元,利税3000万元
泵阀制造项目	靖江市金封泵阀制造有限公司	4500	占地约0.9公顷,主要建设生产厂房,从事泵阀产品生产
紧固件生产项目	江苏飞可斯汽车铆钉制造有限公司	11000	占地约1.47公顷,主要建设生产车间,从事紧固件生产
智能设备制造项目	靖江市天创智能科技有限公司	10800	占地约0.8公顷,主要建设生产厂房,从事智能通用设备制造生产
电商产业园项目	常州创智同赢电子商务有限公司	20000	利用城南人才公寓现有用房,通过打造基础设施,建立专业产业服务平台,整合各行业优质商务资源,成立靖江市电商产业园
金融服务项目	中国民生银行股份有限公司	10000	设立中国民生银行靖江支行营业厅
金融服务项目	浙商银行股份有限公司泰州分行	10000	设立浙商银行靖江支行营业厅
盘式制动器生产项目	江苏恒力制动器制造有限公司	22000	计划用地5.33公顷,用于盘式制动器生产项目

续表 9

项目名称	项目建设单位、	总投资（万元）	项目内容
储能模块和系统集成生产项目	靖江市亚泰新能源科技有限公司	10000	对原厂区进行生产线搬迁和无尘化改造,用于生产新能源电池
机器人自动化集成项目	江苏新程汽配制造有限公司	10000	在生产车间安装机器人,进行集成生产,提高生产效率和产品质量,降低劳动成本
红星美凯龙家居项目	红星美凯龙家居集团股份有限公司、靖江瑞尔姆电器有限公司	10500	对欣欣家居进行商场改造,引入红星美凯龙运营团队,打造全新的红星美凯龙靖江店
月星家居广场项目	月星家居、靖江百富绅家居广场	6000	月星家居与靖江百富绅家居合作,共建月星家居广场
村镇污水治理项目	江苏华麒建设有限公司	180000	在村镇地区铺设重力管网,对污水进行收集,并利用净化槽进行处理
广宇重机备品备件库项目	江苏广宇重机建设工程有限公司	39000	计划用地约 10 公顷,建设标准化厂房、库房及办公用房
集装箱（二期）生产项目	靖江市亚泰特种材料制造有限公司	11000	占地约 1.6 公顷,主要引进新能源电池的系统集成技术,并结合集装箱的生产开展储能集装箱设计制造
豪华游船家具定制及军用船舰隐身系统生产项目	靖江亚泰船用物资有限公司	26000	占地约 4.67 公顷,建设生产车间,主要从事船用设施、船舰隐身系统的设计生产
模具智能化加工中心项目	江苏新程汽配制造有限公司	12000	对原有模具制造车间进行智能化改造,实现生产的自动化,以及流程可视化
高强度标准件生产项目	靖江市新万国标准件制造有限公司	15000	占地约 4 公顷,主要建设厂房车间,用于生产标准件、紧固件、轴承等
新能源汽车零部件生产线技术改造项目	江苏恒义汽配制造有限公司	10500	对原有车间进行生产线改造,用于生产新能源汽车零部件
宝丽广场(二期)商业用房项目	江苏广天置业有限公司	10000	占地约 2 公顷,新建商品用房 2.9 万平方米,主要用于商业及商务办公
智能气刹制动器生产线	江苏恒力制动器有限公司	11000	对原有车间进行生产线改造,用于生产智能气刹制动器
动力电池盖板生产项目	靖江市东达新能源科技有限公司	11000	新建标准化厂房,用于生产动力电池盖板
全光纤电流\电压电子式互感器生产项目	江苏永佳光电科技有限公司	5300	新建标准化厂房,新上全光纤电流\电压电子式互感器生产线
全喂入式稻麦联合收割机	江苏上琪农业装备有限公司	11000	新建标准化厂房,新上联合稻麦收割机各分段加工及总装生产线
刻蚀设备关键零部件技术升级改造	靖江先锋半导体科技有限公司	5600	对原有车间进行生产线改造,用于生产等离子刻蚀机关键零部件

续表 9

项目名称	项目建设单位	总投资（万元）	项目内容
铁路机动车辆配件生产项目	江苏赫墨拉电器有限公司	3500	占地约 1.73 公顷，建设生产厂房，用于电器信号设备及铁路机动车辆配件等产品的生产
变频高效空调压缩机生产项目	江苏富天江电子电器有限公司	3000 万美元	计划用地 3.33 公顷，主要生产变频直流高效空调压缩机，项目计划新增销售 10 亿元
封闭性铆钉及特殊合金铆钉项目	意大利 RIVIT 公司	3000 万美元	占地约 0.8 公顷，建设及改造生产厂房约 8000 平方米，采用连续式自动化设备生产
橡胶制品生产项目	靖江王子橡胶有限公司	2500 万美元	主要从事橡胶制品生产和销售。项目计划主营业务收入 3 亿元、利税 4500 万元
高效节能智能风机、低温等离子空气处理机生产项目	江苏金凯锐科技发展有限公司	10000	主要用于生产高效节能智能风机、低温等离子空气处理机
物流分拨数据运营中心及检品检测中心建设项目	江苏张氏纺织有限公司	50000	与英国 ITS、德国 TUV 等跨国公司合作，建设物流分拨数据运营中心及检品检测中心，建筑面积约 2.5 万平方米
高端电子配件生产项目	江苏恒璐电子科技有限公司	10000	年产高端电子配件 900 万件，新建生产用房 11759 平方米，购置安装设备 107 台(套)
汽配结构件生产项目	靖江市永固汽配制造有限公司	24612	用地约 3.33 公顷。新建生产用房 25314 平方米，购置安装设备 28 台(套)，年产汽配结构件 150 万件
靖江百世电商产业园项目	靖江市金昌谷电子商务有限公司	19000	征地 2 公顷，基于百世物流标准化的仓储管理软件和仓储运营管理经验，为中小电商企业提供仓配一体的百世云仓电商物流服务
电气类产品生产项目	江苏中瑞电气集团有限公司	14500	征地约 3.33 公顷，生产电源类产品、桥架母线类产品、电力用符合产品
风力发电机回转支承生产线项目	江苏恒杰机械制造有限公司(卓阳)	12000	征地约 2 公顷，购置各类生产、检测、公辅设备，生产回转支承和齿轮箱。项目建成后预计可年产回转支承 6000 套、齿轮箱 3000 套
新能源汽车电池管理系统及充电桩系列	深圳市中工巨能科技有限公司	12000	征地约 2.67 公顷，开发基站备用电源机器检测系统、电动车管理系统、电源和充电器配套产品
钢材智能加工生产线及激光拼焊项目	江苏砺达智能科技有限公司	11000	征地约 2 公顷，建设纵剪线、飞剪线、横剪线、落料线、激光拼焊线 5 条生产线，设计年生产能力 15 万吨
空品设备设计生产制造投资项目	上海安本科技有限公司	10000	征地 1.33 公顷，从事空气净化模块生产及“互联网+”的软件后台搭建，设计年产净化模块、控制模块各 80 万只
核岛补偿器项目	江苏永和高分子技术有限公司	16500	征地约 3.33 公顷，建年产 2.5 万套大口径的补偿器生产线，可年产 500 套凝汽器喉部补偿器、100 套屏蔽补偿器

续表 9

项目名称	项目建设单位	总投资（万元）	项目内容
军船甲板敷料生产项目	靖江市达科源新材料工程有限公司	10000	征地约 1.33 公顷，生产销售各种军船、舰艇、海洋工程用 DKY 系列甲板敷料
LED 照明产品生产项目	苏州成佰节能科技有限公司	20000	生产 LED 照明产品，项目计划产值 2 亿元、利税 2000 万元
飞行设备操纵杆及控制盒等军民两用产品生产项目	江苏华航机电制造有限公司	10000	征地 1.33 公顷，购置五轴联动加工机床、数控机床、磨床、精密慢走丝线切割机、3D 打印机等设备，生产光电侦察设备控制器操作杆、航空器地面控制设备所需供电设施、直升机各类地面储存保障设施，产品主要用于军、民用飞行器及直升机
防水透气膜项目	江苏兰金科技发展有限公司	12000	引进 2 条国际先进防水透气膜生产线，新增防水透气母料生产线、复合线、卫星式柔版印刷线，产品应用于日常用品、水处理、医用及医药工业领域
大功率高温磁力泵生产项目	江苏新南洋绿色科技有限公司	12000	新增全自动加工中心、数控机床、装配流水线等先进设备，生产大功率磁力泵
全自动标签生产线项目	江苏欧普特条码标签有限公司	10000	建筑面积 6000 平方米，新增进口数码模切、数码分切、四色数码标签印刷、全轮转多色商标印刷设备和先进的电脑制版系统，生产标签、镭射膜标签、电子设备标签及耐高温等各式标签
新能源太阳能光伏板及组件生产项目	泰州市恒晟新能源科技有限公司	10000	建筑面积 8000 平方米，新建 8 条生产线，引进自动焊接机、排版机、层压机等先进设备，生产太阳能发电板及组件
渗透汽化膜、离子膜、精品出口搪玻璃制造扩建项目	德锐特工搪化工设备江苏有限公司	12000	用地 2.66 公顷，建筑面积 19902 平方米，生产搪玻璃设备、搪玻璃干燥设备
舰船设备配套项目	江苏海翔船舶设备科技有限公司	10800	用地 2.65 公顷，建筑面积 18748 平方米，生产舾装件、船用通风件、拖链机等
观光旅游服务业项目	江苏祥泰农业科技有限公司	100000	建设现代农业体验中心、马术训练中心及观光旅游服务、粮油加工仓储、国际康复理疗中心等
加强型实用新型轻钢龙骨生产项目	江苏博润新型建材有限公司	10000	生产高强度轻钢龙骨、烤漆龙骨，销往国外市场
彩印建设项目	江苏柯信印务有限公司（靖江市山兴彩印包装制品有限公司）	8000	征地约 1.33 公顷，生产彩印产品
警用器材生产项目	江苏宏业警用器材制造有限公司	5000	购置设施和设备，生产警用器材，项目计划年销售收入 1.6 亿元
汽车试制模太阳能散热板生产项目	昆山富瑞凯精密机械有限公司	12000	生产汽车试制模太阳能散热板，项目计划年开票收入 1.5 亿元
生态园建设项目	靖江市锦绣山庄生态园有限公司	12000	建设生态园

续表9

项目名称	项目建设单位	总投资(万元)	项目内容
彩印包装印刷纸制品生产项目	江苏亿盾科技有限公司	10000	新建生产用房17100平方米,购置安装设备7台(套),年产彩印包装印刷纸制品2000万份
泵生产项目	江苏希达泵业有限公司	8000	拟征地1.67公顷,生产泵、阀等产品
电动转向部件改改项目	江苏金也汽车配件有限公司	5500	新增机器人焊接系统1套,购置数控滚齿机2套、数控磨床8台等。项目建成后,年产电动转向部件200万件
智能节能空调采暖系统项目	江苏宝奥兰空调设备有限公司	5000	新增设备数控转塔冲、数控剪板机、全封闭净化环保喷涂线等,生产高端散热器、直流风机盘管、智能空调系统等
创新通月项目	创新冷冻空调系统技术服务股份有限公司、江苏创新通月空调有限公司	10000	通过股权并购的形式,成立中外合资经营企业江苏创新通月空调有限公司,生产空调设备、制冷设备,项目计划年销售收入1.2亿元、利税1000万元
靖江环境生态科技园项目	北京天然天能环境投资有限公司	150000	一期规划用地14.67公顷,分3–5年实行梯度开发模式,打造环境生态科技园。双方共同出资成立江苏天靖环保产业发展有限公司,结合靖江制造业实际,以政策支持、技术入股的方式引进企业入园,开发环境治理应用项目,培育发展环保产业。项目计划实现产业规模100亿元
新型干式炉底除渣环保设备生产项目	靖江华和环保设备制造有限公司	15000	购置园区现有厂房近7000平方米,将原生产线整体搬迁,并购置设备40台(套)。项目计划年生产新型干式炉底除渣环保设备40台(套),新增销售1.5亿元、税收800万元
冶金设备生产项目	江苏星源电站冶金设备有限公司	10000	规划用地1.67公顷,建生产用房1.3万平方米,购置数控火焰切割机、离心机、液压机等设备62台(套)。项目计划年产耐热耐磨钢5000吨,新增销售8000万元、税收400万元
液化气钢瓶、精密合金钢铸件	江苏民诺特种设备制造公司	12000	新建生产用房2.8万平方米,购置安装设备208台(套)。项目计划年产液化气钢瓶200万只(特种设备制造许可证TS2210G49–2017)、精密合金钢铸件5000吨。新增销售2亿元
屋面分布式光伏电站项目	上海联基新能源开发有限公司	30000	利用产业园现有标准化厂房屋面,安装光伏组件,将太阳能转化为直流电能,再通过并网型逆变器将直流电能转化为与电网同频率、同相位的正弦波电流,并入电网。项目计划年发电量1.2亿千瓦时,开票销售收入近亿元
链篦机生产项目	江苏鑫润冶金机械制造有限公司	10000	规划用地约1.33公顷,购置相关设备,新上链篦机生产项目,打造产品展示中心。项目计划新增销售收入1.5亿元

续表 9

项目名称	项目建设单位	总投资（万元）	项目内容
智能化气瓶生产线扩建项目	江苏民生特种设备制造公司	8000	新建智能化气瓶生产线，购置安装设备 81 台(套)，项目计划年产智能化气瓶 150 万只，年新增销售 1 亿元、税收 600 万元
物流基地项目	靖江洲际物流有限公司	20000	建洲际港务码头后方分销中心、多式联运中心、商务中心、综合配套服务区等现代物流基地配套服务设施，计划新增开票收入 4 亿元
分区控温回转窑式有机废弃物连续热解炭化炉生产线改建项目	江苏联兴成套设备制造有限公司	5280	购置安装设备 365 台（套）。项目计划年产分区控温回转窑式有机废弃物连续热解炭化炉 100 台(套)
新型耐腐耐磨不锈钢产品生产项目	江苏双联冶金机械制造有限公司	5230	新建厂房 1.1 万平方米，购置安装设备 28 台(套)。项目计划年产新型耐腐耐磨不锈钢产品 1.2 万台(套)
DEP 水处理技术研发及设备生产项目	内蒙古天一环境技术有限公司	50000	规划用地约 8 公顷，购置国内外先进设备，新上 3 条滤膜、膜元件生产线。项目计划年销售收入 12 亿元、利税 2.6 亿元
核级中小型锻件径向锻造生产项目	江苏标新工业有限公司	16000	购置径向锻造机等设备 27 台(套)，年产锻件毛胚 5000 吨、成品 4000 吨
石油化工流程泵生产线改造项目	江苏双达泵阀集团有限公司	6000	购置设备 125 台(套)，项目计划年产煤化工用破渣机 1500 台，新增销售 1.5 亿元、利税 500 万元
低氮氧化物燃烧系统改造装置生产线扩建项目	江苏京成机械制造有限公司	6500	购置部分设备，对原有生产线进行扩建，项目计划年销售收入 1.3 亿元、利税 520 万元
新型带式污泥脱水成套设备生产项目	江苏鼎成冶金设备制造有限公司	11000	征用地约 1.33 公顷，同时购置设备 112 台(套)，新上新型带式污泥脱水成套设备生产项目，项目计划年产新型带式污泥脱水成套设备 500 套的生产能力
新型高效节能空气源热水器技术改造项目	江苏光芒新能源股份有限公司	16000	新征用地约 1.73 公顷，生产新研制的“相变式储热水箱”，体积缩小 50%~65%，储能效益提高 40%。项目计划年产 5 万台的生产能力，新增销售 2 亿元

2016 年靖江开发区重大在建项目一览表

表 10

项目名称	项目建设单位	总投资（万元）	项目内容
中铁建大桥局靖江桥梁科技产业园一期项目	中国铁建大桥工程局集团有限公司	350000	用地面积 44.8 公顷。建产品物贸进出口基地，桥梁重钢制造和产品研发基地，海洋工程施工装备租赁基地

续表 10

项目名称	项目建设单位	总投资（万元）	项目内容
罗家桥港内港池码头工程项目	靖江港口发展有限公司	100000	新建 17 个内港池泊位,其中:港池东侧 7 个 3000 吨级散货泊位、2 个 2000 吨级件杂货泊位,港池西侧 5 个 2000 吨级件杂货泊位(其中 2 个为远期预留泊位)、3 个待泊泊位及相关配套设施,码头水工建构均按靠泊 3000 吨级船舶设计, 设计年通过能力 880 万吨
焦炉煤气制 LNG 节能减排技术改造项目	靖江众达炭材有限公司	28700	新增建筑面积 28171.32 平方米。购置焦炉气压缩机、一级加氢转化器、解析塔、液化冷箱、制冷剂压缩机、溴化锂冷水机组等设备 91 台(套)。项目建成达产后,可形成年产焦炉煤气制 LNG 1 亿立方米的生产能力, 新增销售收入 3.53 亿元、利润 9308 万元、税金 4936 万元
木材物流配送中心项目	江苏万林现代物流股份有限公司	26300	新建物流配送中心 6.57 万平方米及相关配套设施,购置安装设备 114 台(套)。年加工木材 80 万立方米,木材仓储配送 120 万立方米
木材供应链管理一体化服务平台项目	江苏万林现代物流股份有限公司	12366	购置安装设备 35 台(套),建木材行业大数据中心,搭建资讯、采购、物流、交易、融资等云服务平台
省煤炭物流靖江基地装船线工程项目	江苏国信秦港港务有限公司	20000	一期装船线工程新建生产用房 4471 平方米,购置安装设备 26 台(套),建装船机 3 台以及相应输煤皮带机系统、沿江输煤皮带机线 3 条、QT28-30 转运站基础、QT31 转运站、装船采制样、3# 变电所、雨水泵房、污水处理池、电子皮带秤以及汽车转运系统等。煤炭年中转量 600 万吨
2×660MW 机组(1、2 号)污染物超低排放改造工程	江苏国信靖江发电有限公司	18300	改造 1、2 号(2×660MW)机组的脱硫、脱硝、除尘系统
泰州港靖江港区新港作业区码头一期工程改造工程	江苏扬子江港务有限公司	17000	新增装卸煤炭、铁矿粉货种,码头前沿水深条件及港池尺度能够满足 12 万吨散货船减载靠泊的要求
轻质双轴套生产线项目	靖江市金泰粉末冶金制品有限公司	10100	购置自动轴承套圈生产线、高精度卧轴圆台平面磨床、精密沟道精研机、轴承探伤设备、轴承振动监测设备、轴承搬运翻转设备、自动卷圆机、自动整形机、三合一数控送料机等国产设备 86 台(套),改建厂房 1 万平方米。项目计划年产轻质双金属衬套、轴承 1000 万套,新增收入 2.8 亿元、利税 5000 万元
研发楼项目	江苏东华测试技术股份有限公司	10000	建生产研发大楼 21098 平方米。项目计划年生产 1500 台(套)
紧固件生产项目	靖江市飞天紧固件制造有限公司	10000	占地 1.98 公顷,建生产用房 11930 平方米。项目计划年销售收入 1.5 亿元

续表 10

项目名称	项目建设单位	总投资（万元）	项目内容
电站用生物屏蔽防护门项目	江苏金秋竹集团有限公司	10000	用地 3.52 公顷，建筑面积 26552 平方米。项目计划年产生物屏蔽防护门产品 80 余套
靖江市先进焊接技术应用中心项目	靖江市产业技术研究院 常州大学怀德学院 泰州南理工研究院	5800	占地 2 公顷，建筑面积 1 万平方米，围绕全市焊接技术方面的人才技术需求开展合作，推介、转化科技成果，打造国内一流、国际领先的焊接技术高端人才和产业技术服务平台，为全市装备制造、新材料等产业的科技创新提供智力与科技支撑，为学校和企业的学术研究、实训和就业提供全方位支持
三期钢结构生产项目	靖江南洋船舶制造有限公司	100000	用地 25 公顷。项目建成计划年产钢结构 40 万吨
巴西基地靖江大豆加工项目	红蜻蜓粮油工业靖江有限公司	126900	用地 30 公顷，主要建设 100 万吨大豆压榨生产线、40 万吨精炼生产线、6 万吨小包装生产线，同时配套建设 8 万吨立筒仓、平房仓和 8 万吨油罐
云计算数据中心项目	上海斐讯数据通信技术有限公司	460000	用地 21.7 公顷，建设应用研发中心、大数据中心、结算中心、仓储物流中心及其他配套设施等
工业炉智能化生产线项目	卓然（靖江）设备制造有限公司	18000	用地 4.47 公顷，建筑面积约 6.5 万平方米，预计年生产工业炉 30 台(套)
手持扫描仪生产项目	靖江银通电子有限公司	10000	占地 1.57 公顷，建筑面积 18655 平方米，主要设备有电子零件集成流水线、制模机、线路板集成流水线等。项目计划年产 1 万个手持扫描仪
智能楼宇控制与智能家居研发制造项目	江苏麦驰电子有限公司	10000	占地 2.33 公顷，建筑面积约 35000 平方米，主要设备有高精度 SMT 机、数控铣床等。项目计划年产电力电子元器件、楼宇控制系统、集中控制装置 3000 台(套)
烟气余热回收装置项目	中机国达电力科技江苏有限公司	12000	占地 2.55 公顷，新增建筑面积约 2.4 万平方米，主要设备有全自动螺旋绕片机、微电脑外圆抛光机、自动埋弧焊等。项目计划销售收入 3.5 亿元、利税 3000 万元
肉制品生产线扩建(三号厂房)项目	江苏双鱼投资有限公司	13000	新建 29883 平方米厂房，购置安装设备 690 台(套)。项目计划年产干肉制品 5000 吨，新增开票销售收入 4000 万元
高强度紧固件生产项目	江苏华盛紧固件制造有限公司	10800	建生产车间约 1 万平方米，新上紧固件设备自动生产线，从事各类紧固件的生产
钢结构生产线项目	江苏广耀建设有限公司	10000	用地 1.67 公顷，新建厂房面积 1.9 万平方米，新上钢结构生产线，用于钢结构生产制造
年产 1500 万双棉针织袜子项目	江苏宇行纺织有限公司	10500	建厂房面积约 1 万平方米，购置生产设备 90 台(套)，新上针织制品生产线。项目计划年产棉针织袜子 1500 万双

续表 10

项目名称	项目建设单位	总投资(万元)	项目内容
宝丽广场(二期)商业用房项目	江苏广天置业有限公司	10000	位于城南园区江洲路北侧、兴业路东侧,用地约1.47公顷,新建商业用房29021平方米,主要用于商业办公
手机零部件生产项目	深圳华冠电子有限公司	10000	用地0.87公顷,建设厂房,生产小型扬声器及电声元器件
搪玻璃设备技术项目	长江搪瓷厂	10500	用地约0.87公顷,建设厂房,生产化工反应釜等设备
休闲养老中心项目	龙信房地产(靖江)有限公司	120000	占地36.67公顷,打造集养老、休闲、娱乐、购物为一体的养老服务中心
动力电池盖板生产项目	靖江市东达新能源科技有限公司	11000	建设标准化无尘车间2000平方米,年产动力电池盖板900万只,年开票销售收入约6亿元
双质量飞轮生产线项目	靖江三鹏传动系统零部件有限公司	10000	用地1.2公顷,建筑面积约0.8万平方米,用于汽车传动零部件生产制造
储能模块和系统集成生产线项目	靖江市亚泰新能源科技有限公司	5060	添置自动化焊接机模组、测试机、安全测试仪、机架等国产设备70台(套)。项目计划年产储能模块和系统集成50台(套)
奔驰4S店项目	靖江之星汽车维修服务有限公司	12000	占地1.08公顷,主要用于建设奔驰4S店
蒸汽压缩机设计制造生产线技改项目	江苏乐科热力科技有限公司	6000	建设蒸汽压缩机设计制造生产线,主要从事连续结晶系统、低温蒸发装置、MVR系统、蒸汽压缩机的设计制造
叉车配件生产项目	靖江市建佳叉车有限公司	12000	用地1.2公顷,主要从事叉车配件的制造生产和销售
高强度标准件生产项目	靖江市新万国标准件制造有限公司	15000	占地4公顷,建生产车间,用于生产标准件、紧固件、轴承等
泵阀制造项目	靖江市金封泵阀制造有限公司	10500	购置安装设备72台(套)、干燥设备160台(套),新建生产用房9100平方米。项目计划年产智能只管机械设备400台(套)
智能化叉车生产线扩建项目	凯傲宝骊(江苏)叉车有限公司	5800	对现有车间进行生产线扩建改造,建设自动化跑车台以及升级改造油漆车间,以求产能翻倍
农用装备生产线扩建项目	江苏上骐农业装备有限公司	10600	占地2公顷,新建钢结构厂房,用于扩建农用收割机生产线
备品备件库项目	江苏广宇重机建设工程有限公司	39000	占地10公顷,主要建设库房及办公用房,用于储存备品备件
电力设备生产项目	江苏永佳光电科技有限公司	5300	新投入生产设备,用于变压器智能组件、全光纤电流互感器、电磁式电流(电压)互感器等电力设备产品的研发与制造

续表 10

项目名称	项目建设单位	总投资（万元）	项目内容
智能设备制造项目	靖江市天创智能科技有限公司	10800	占地 0.8 公顷，新建生产用房 9100 平方米，购置安装设备 72 台（套）。项目计划年产智能纸管机械设备 400 台（套）、干燥设备 160 台（套）
电子标签（RFID）生产项目	江苏联恒物宇科技有限公司	5300	引进国内外先进的 RFID 电子标签绑定设备、复合设备、打印写码设备等，用于 RFID、EAS 电子标签的研发
刻蚀设备关键零部件技术升级改造项目	靖江先锋半导体科技有限公司	5600	对现有厂房进行重新调整，新增各类加工中心及三坐标测量机等自动化设备，对大规模集成电路等离子刻蚀机关键零部件进行研究和生产制造
电商创业中心项目	靖江市城乡建设有限公司	10000	位于新洲路 128 号，建筑面积约 3 万平方米，主要设置名优特商品展示中心、电商服务中心、电商总部基地、仓储物流中心等，致力于打造现代化的电商产业集聚基地
商业月房新建项目	江苏御铭博资产管理有限公司	10000	占地 0.67 公顷，新建商业用房 12324 平方米，用于商业办公
封闭性铆钉及特殊合金铆钉项目	江苏昇华紧固件科技有限公司	7000	占地 0.87 公顷，对原有车间进行全面改造，引入先进设备，从事封闭性铆钉的生产
防水透气膜项目	江苏兰金科技发展有限公司	12000	引进两条国际先进的防水透气膜生产线，新增防水透气母料生产线、复合线、卫星式柔版印刷线，产品应用于日常用品、水处理、医用与医药工业领域
大功率高温磁力泵生产项目	江苏新南洋绿色科技有限公司	12000	新增全自动加工中心、数控机床、装配流水线等先进设备，生产大功率磁力泵
物联网无线射频天线生产项目	无锡科睿坦电子有限公司	10500	生产物联网无线射频天线，产品应用于零售、医疗、物流、军用等多个领域
中国暖通空调交易展示中心项目	江苏环科网络技术信息技术有限公司	10000	建设“中国暖通空调交易展示中心”
年产 10000 吨弹簧生产线技术改造项目	江苏众恒弹簧科技有限公司	10000	新建生产用房 18144 平方米，购置安装设备 134 台（套）。项目计划年产弹簧 1 万吨
汽车结构件生产项目	靖江市永固汽配制造有限公司	24612	新建生产用房 25314 平方米，购置安装设备 28 台（套）。项目计划年产汽配结构件 150 万件
空调净化设备生产线搬迁项目	江苏金剑中央空调设备有限公司	10000	新建生产用房 11613 平方米，购置安装设备 24 台（套）。项目计划年产空调净化设备 420 台（套）、除尘器及配件 1.5 万件
空品设备设计制造项目	江苏安本电子科技有限公司	10000	新建生产用房 16892 平方米，购置安装设备 48 台（套）。项目计划年产净化模块 80 万只，新风空气系统 1 万台（套）
新能源汽车充电桩生产项目	江苏中良能源科技有限公司	12000	针对性开发基站备用电源机器检测系统、电动车管理系统等

续表 10

项目名称	项目建设单位	总投资(万元)	项目内容
永磁同步电机生产项目	江苏宏昊电机科技有限公司	12000	项目计划年产永磁同步电机 5000 台(套),用于车床配套
差速器生产项目	江苏金卡汽车部件有限公司	5000	购置安装设备 22 台(套),年产差速器 2.4 万套
半封闭钢结构声屏障生产基地建设项目	江苏泓一科技有限公司	36000	征地 3.07 公顷,建筑面积 3 万平方米,购置数控火焰切割机、折弯机、全自动数控冲床等 10 台(套),项目计划年产半封闭声屏障钢结构 3400 榀、单元板 35 万件、亚克力通透板 2.1 万件,年销售收入 5.98 亿元、利税 6800 万元
背光源生产建设项目	靖江市永盛光电科技有限公司	30000	征地 2.63 公顷,建筑面积 2.8 万平方米,购置住友射出成型机、超精密成型平面磨床、静电消除器等 20 台(套),用于液晶显示 LED 侧发光背光源的研发、生产与销售。项目计划年产 LED 侧发光背光源 1500 万台,年销售收入 5 亿元、利税 4500 万元
船用发电机组项目	江苏旺宏机械制造有限公司	10000	建设多条生产线,生产各类船用发电机组。项目计划新增开票销售收入 1 亿元、利税 1000 万元
气压盘式制动器零部件生产项目	靖江市恒大汽车部件制造有限公司	15000	征地 2.31 公顷,建筑面积约 3 万平方米,购置数控卧式升降台铣床、数控铣、车床等 10 台(套)。项目计划年产气压盘式制动器零部件 150 万件、气压鼓式制动器总成 40 万件,预计年销售收入 2.5 亿元、利税 1500 万元
环保除尘装置生产项目	江苏奥凯环境技术有限公司	10000	征地 1.33 公顷,建筑面积 1.5 万平方米,购置交叉铺网机、分切卷绕机、精开松机等 10 台(套),项目计划年产 250 万平方米无纺布、150 台布袋除尘器,年销售收入 1.5 亿元、利税 1200 万元
空调制冷设备、水地源热泵扩产项目	靖江市春意空调制冷设备有限公司	10000	征地 1.63 公顷,建筑面积 2.4 万平方米,购置车床、折弯机、自动焊接设备等 8 台(套)。项目计划年产小型独立式水地源热泵 1.5P-10P5 万台(套),年销售收入 1.5 亿元、利税 1500 万元
发动机环保后处理其产品生产项目	靖江市恒星汽车零部件有限公司	10000	征地 1.33 公顷,建筑面积 12000 平方米,购置焊接机、冲床、焊机等设备 10 台(套)。项目计划年销售收入 1.5 亿元、利税 1300 万元
KTP 晶体投资生产项目	江苏金梦豪科技有限公司	10000	征地 1.33 公顷,建筑面积 1.6 万平方米,购置晶体生长炉、切割机等设备 15 台(套)。建成后计划年产 KTP 晶体 500 千克,年销售收入 1.6 亿元、利税 1500 万元
晶体新型材料生产项目	靖江海泰机械设备制造有限公司	10000	建筑面积 9246.44 平方米, 用地面积 1.33 公顷,购置折弯机、冲床 8 台(套),计划年产新型耐磨管 3590 台(套)、新型耐磨件 5700 台(套),年销售收入 1.2 亿元、利税 1100 万元

续表 10

项目名称	项目建设单位	总投资（万元）	项目内容
起重机械配件生产项目	靖江市宏程起重机械厂	11400	购置油压机、机加工设备、各类起吊设备等设备，新征土地约 2.67 公顷，新增建筑面积 17260 平方米。项目计划在原有产能基础上，为芬兰科尼、三马公司配套卷筒，为南京起重机械总厂配套行车标准端梁等，新增销售收入 2 亿元、税收 800 万元
陶瓷弯头、直管生产线技术改造项目	江苏华洋电力机械制造有限公司	10600	新征土地 1.87 公顷，新增建筑面积 12588 平方米，购置卧式镗床、加工中心等国产设备，新上 2 条陶瓷片生产线。项目计划新增年产值 1 亿元、税收 400 万元
低温余热锅炉机械振打装置生产项目	靖江正信节能设备有限公司	10400	新征土地 2 公顷，新增建筑面积 12000 平方米，购置数控镗床、数控剪板机等国产设备。项目计划年产冶金、玻璃窑、垃圾焚烧等行业的低温余热锅炉机械振打装置 1500 台(套)
冶金设备生产项目	江苏星源电站冶金设备有限公司	10000	用地 1.67 公顷，购置数控火焰切割机、离心机、液压机等设备 62 台(套)，新建生产用房 1.3 万平方米。项目计划年产耐热耐磨钢 5000 吨，新增销售收入 8000 万元、税收 400 万元
屋面分布式光伏电站项目	上海联基新能源开发有限公司	30000	利用产业园现有标准化厂房屋面，安装光伏组件，将太阳能转化为直流电能，再通过并网型逆变器将直流电能转化为与电网同频率、同相位的正弦波电流，并入电网。项目计划年发电量 1.2 亿千瓦时，开票销售收入近亿元
油气日采收率提高技术装置生产项目	江苏赛迪新能源科技有限公司	16000	用地 2 公顷，新建建筑面积 13200 平方米，项目计划销售收入 3 亿元、利税 1800 万元
核级口小型锻件径向锻造生产项目	江苏标新工业有限公司	16000	购置设备 27 台(套)，项目计划年产锻件毛胚 5000 吨、成品 4000 吨，新增销售收入 2.5 亿元、税收 800 万元
分区控温回转窑式有机废弃物连续热解炭化炉生产线改建项目	江苏联兴成套设备制造有限公司	5280	购置安装设备 365 台（套）。项目计划年产分区控温回转窑式有机废弃物连续热解炭化炉 100 台(套)
煤化工用破渣机项目	江苏双达泵阀集团有限公司	6000	购置设备 125 台（套）。项目计划年产煤化工用破渣机 1500 台，新增销售收入 1.5 亿元、利税 500 万元
新型高效节能空气源热水器技术改造项目	江苏光芒新能源股份有限公司	16000	用地 1.73 公顷，建筑面积 8600 平方米，生产新研制的“相变式储热水箱”，该产品体积缩小 50%~65%，储能效益提高 40%。项目计划年产 5 万台，新增销售收入 2 亿元

2015 年靖江开发区重大竣工项目一览表

表 11

项目名称	项目建设单位	总投资（万元）	建设规模及主要内容
和尚港内港池建设项目	靖江港口发展有限公司	80000	该工程位于新港作业区和尚港口门处，用地面积 45.33 公顷，工程采用挖入式结构，港池两侧分别布置 1000 吨级泊位各 5 个。挖入港池的口门宽度为 155 米，设计河底高程-5.4 米，码头面高程 5.30 米，水工结构采用高桩梁板方案，设计年吞吐量 390 万吨
省煤炭物流靖江基地装船线工程项目	江苏国信秦港港务有限公司	20000	一期工程装船线主要建设装船机 3 台和相应输煤皮带机系统，并建沿江输煤皮带机线 3 条、QT28-30 转运站基础、QT31 转运站、装船采制样、3# 变电所、雨水泵房、污水处理池、电子皮带秤以及汽车转运系统等。新建生产用房 4471 平方米，购置安装设备 26 台(套)，年煤炭中转量 600 万吨
2×660MW 机组(1、2 号)污染物超低排放改造工程	江苏国信靖江发电有限公司	18300	对 1、2 号(2×660MW)机组的脱硫、脱硝、除尘系统进行技术改造
光伏发电项目	江苏华菱锡钢特钢有限公司 浙江正泰新能源开发有限公司	11000	采用用户侧接入方式接入电网，用户提供接入点，接入电压建议采用 10KV，同期并网点建议在发电侧配电房内
研发楼项目	江苏东华测试技术股份有限公司	10000	建设生产研发大楼，建筑面积 21098 平方米，项目计划年生产 1500 台(套)
轻质双轴套生产线项目	靖江市金泰粉末冶金制品有限公司	10100	改建厂房 1 万平方米，购置自动轴承套圈生产线、高精度卧轴圆台平面磨床、精密沟道精研机、轴承探伤设备、轴承振动监测设备、轴承搬运翻转设备、自动卷圆机、自动整形机、三合一数控送料机等设备 86 台（套)。项目计划年产轻质双金属衬套、轴承 1000 万套，新增销售收入 2.8 亿元、新增利税 5000 万元
汽车模具制造扩产项目	江苏新程汽配制造有限公司	11000	占地 1.33 公顷，建设模具制造生产车间，用于汽车模具生产制造
Q 葫芦生产线项目	江苏三马起重机械制造有限公司	11000	占地 1 公顷，主要新建 Q 葫芦生产线，生产链葫芦、防爆葫芦等各种电动葫芦，年内该项目形成年产 1.5 万台电动葫芦的生产能力
新能源汽车零部件生产线技术改造项目	江苏恒义汽配制造有限公司	10500	新增生产、检测设备 61 台(套)，以制造电动汽车低地板、大型客车专用车桥及空气悬架用的转子架、横梁、箱体总成、气囊支撑臂、轮毂总成、盘式制动器总成等产品，可适用于 13 吨、10 吨、8 吨、5 吨等多品种桥型。年生产能力为 2 万台(套)，年产值 3 亿元

续表 11

项目名称	项目建设单位	总投资（万元）	建设规模及主要内容
高精铝板带项目	靖江市东达铝业有限公司	12000	用地约 2.73 公顷，建筑面积 1.6 万平方米，主要设备有冷轧机生产线、箔轧机生产线等，项目计划年产高精铝板带 1.2 万吨
储能集装箱生产项目	靖江市亚泰特种材料制造有限公司	13000	占地 3.04 公顷，总建筑面积约 33833 平方米，主要设备有预处理生产、冷加工、焊接、端框生产线等，项目计划年产 5 万只 16 英尺可移动集装箱
机器人自动化集成项目	江苏新程汽配制造有限公司	15000	在生产车间安装机器人，进行集成生产，提高生产效率和产品质量，降低劳动成本
汽车零部件生产项目	江苏翔宇汽车零部件有限公司	11000	引入先进设备，新建汽车内饰生产线，主要为汽车整机厂供应各种内饰件
表面金属覆盖废水处理及回用提标升级项目	江苏荣联科技发展股份有限公司	5600	购置除油废水处理设备、自来水预处理 RO 反渗透膜设备等 12 台（套），通过废水及回用水提标改造，提高废水排放标准
智能气刹制动器生产线项目	江苏恒力制动器制造有限公司	11000	添置 6300 型卧式加工中心、油刹制动器装配线，对气刹制动器生产线智能化改造
长江航运物流电商平台项目	江苏禹江科技有限公司	20000	通过物联网技术，将船舶进行网络连接，实行航运的现代化管理
50 条 LED 封装线生产项目	包钢天彩靖江科技有限公司	20000	用地面积 2.83 公顷，建筑面积 14854 平方米，主要设备有固晶机、分光机、编带机等。项目计划年产 12 亿颗 LED 封装件
储能模块和系统集成生产线技改项目	靖江市亚泰新能源科技有限公司	5060	添置自动化焊接机模组、测试机、安全测试仪、机架等国产设备 70 台（套），计划年产储能模块和系统集成 50 台（套）
全自动标签生产线项目	江苏欧普特条码标签有限公司	10000	建筑面积 6000 平米，新增进口数码模切、数码分切、四色数码标签印刷、全轮转多色商标印刷设备和先进的电脑制版系统，生产标签、镭射膜标签、电子设备标签及耐高温等各式标签
新能源太阳能光伏板及组件生产项目	泰州市恒晟新能源科技有限公司	10000	建筑面积 8000 平米，新建 8 条生产线，引进自动焊接机、排版机、层压机等先进设备，生产太阳能发电板及组件
靖江百世电商产业园项目	靖江市金昌谷电子商务有限公司	19000	结合物联网信息技术和传统物流服务，打造一站式的创新型综合物流和供应链平台
渗透汽化膜、离子膜、精品出口搪玻璃制造扩建项目	德锐特工搪化工设备江苏有限公司	12000	用地面积 2.65 公顷，建筑面积 19902 平方米，生产搪玻璃设备、搪玻璃干燥设备
舰船设备配套项目	江苏海翔船舶设备科技有限公司	10800	用地面积 2.65 公顷，建筑面积 18748 平方米，生产舾装件、船用通风件、拖链机等
分拨数据运营中心	江苏张氏纺织有限公司	12000	新建生产用房 6000 平方米，建设数据运营中心

续表 11

项目名称	项目建设单位	总投资(万元)	建设规模及主要内容
环保型高分子导电热封电子胶带项目	靖江瑞泰电子材料有限公司	5600	新建生产线8条,生产热封盖带8000万平方米、易粘带4000万平米等
机器人工作站技改项目	靖江市强盛模具制造有限公司	6300	添置汽车配件自动化生产线、三级五轴数控激光切割机、闭式压力机、弯管机、电子机械手臂等设备20台(套)。项目计划年产汽车发动机油管、水管300万件的生产能力
汽车零部件前罩轮A10扩产技改项目	靖江市永丰精密机件制造有限公司	6200	添置冲压模具生产线、油压机、闭式油压机、点解铜板等设备15台(套),计划年产排气气管隔热罩100万件、RNA100万件
汽车及化妆品专用铝带、铝板扩建项目	江苏国鑫铝业有限公司	6100	添置铝板锭锯切机、二辊可逆式热轧机组、专用铝带、铝板生产线等国产设备22台(套),计划年产汽车和化妆品专用铝带、铝板5万吨
二期车间级进模、传递模生产线技改项目	华达汽车科技股份有限公司	6400	添置二级级进模、递送模、闭式油压机、弯管机等国产设备26台(套)。项目计划年产汽车零部件330万套
锦绣山庄生态园建设项目	靖江市锦绣山庄生态园有限公司	12000	新建商业用房1.5万平方米,以及生态植物园、马术训练场、游乐中心、水系风景带等相关配套设施
电动转向部件改项目技改	江苏金也汽车配件有限公司	5500	新增机器人焊接系统1套,主要设备有数控滚齿机2套、数控磨床8台等。项目计划年产电动转向部件200万件
智能节能空调采暖系统项目技术改造	江苏宝奥兰空调设备有限公司	5000	新增设备数控转塔冲、数控剪板机、全封闭净化环保喷涂线等。计划年产10万套高端散热器、7万台直流风机盘管、5000套智能空调系统
双冷源新风除湿机组生产项目	江苏宏帝环境科技有限公司	10000	征地1.47公顷,建筑面积2.5万平方米,购置剪板机、折弯机等10台(套),计划年产双冷源新风除湿机组350台、组合式空调机组500台,年销售收入1.5亿元、利税1200万元
航空地面设备生产项目	江苏航泰机械科技有限公司	10000	征地1.67公顷,建筑面积1.15万平方米,购置车床铣床等设备8台(套),生产航空地面设备(飞机牵引车、客梯车、行李牵引车等),计划年销售收入2.5亿元、利税2000万元
空气过滤装置及消声器生产线项目	江苏泰泽环保科技有限公司	10000	征地1.33公顷,建筑面积2.3万平方米,购置冲床、折弯机、自动焊接机等16台(套),建成后年产DX空气过滤装置100台、消声器400台,计划年销售收入8000万元,利税600万元

续表 11

项目名称	项目建设单位	总投资（万元）	建设规模及主要内容
中央空调设备、净化设备、环保设备生产项目	江苏大翔科技有限公司	10000	征地 1.33 公顷，建筑面积 1.1 万平方米，购置焊接机、全自动彩钢复合风管生产线、环保智能风机自动生产线等 8 台（套），建成后年产组合式空调机组 5 千台（套）、系列风机盘管 5 万台（套）、系列变风量空调器 1 万台（套）、各种风机箱消声器 3 千台（套），计划年销售收入 1.3 亿元、利税 1100 万元
标准化厂房二期项目	靖江市北辰投资建设有限公司	18000	用地面积 12.58 公顷，建筑面积 95862 平方米
化工废液、废气处理设备生产项目	靖江格兰石化设备有限公司	15600	征地 4.47 公顷，新增建筑面积约 2 万平方米。项目计划年产裂解炉、焚烧炉 30 台（套）（包括废液、废气焚烧配套用炉）、翅片管 6000 吨、非标设备 2000 吨的生产能力
智能化气瓶生产线扩建项目	江苏民生特种设备制造公司	8000	购置安装设备 81 台（套），新建智能化气瓶生产线，项目计划年产智能化气瓶 150 万只
新型干式炉底除渣环保设备生产项目	靖江华和环保设备制造有限公司	10000	购置园区现有厂房近 700 平方米及办公大楼，将原有生产线整体搬迁，新购置设备 40 台（套）。项目计划年产新型干式炉底除渣环保设备 40 台（套），新增销售收入 1.5 亿元、税收 800 万元

【招商引资】 2016 年，靖江开发区按照“高起点定位、特色化集聚、精准化招商”要求，多措并举，多点发力，开展境内外投资促进活动，千方百计“招大引强、招高引新”，重点招引资源节约型、科技创新型、产业带动型、龙头基地型及税收贡献型的产业龙头企业和配套项目。全年拜访客商 729 批次，接待客商 305 批次，参加境内外招商活动 32 次。开发区本部区域新签约项目 14 个、总投资 88.4 亿元，其中中国铁建大桥工程局集团二期项目、大健康产业项目等投资 10 亿元以上项目 4 个。城南园区新签约村镇污水治理及净化槽生产等项目 39 个，总投资 75 亿元，其中江苏天立方环保工程有限公司的环保设备发生装置生产项目、江苏迈能高科技有限公司集装箱生产项目等亿元以上投资项目 25 个。城北园区新签约江苏中瑞电气集团有限公司电气类产品生产等项目 34 个，总投资 49.99 亿元，其中中小企业园四期招引江苏中良能源科技有限公司、江苏安本电子科技

4 月 8 日，全市项目集中签约现场 （靖江开发区提供）

有限公司等15家企业入驻，标准化厂房区招引美国和赛尔风机江苏有限公司、江苏吉祥空调设备有限公司、靖江三阳食品有限公司等20余家企业入驻。新桥园区新签约靖江环境生态科技园等项目16个，总投资37亿元，其中技改项目10个。至年末，全区累计签约项目103个(含技改项目51个)，总投资250.39亿元。其中，华晟重金属防控有限公司投资的固废综合处理工程项目、北京天然天能环境投资有限公司投资的靖江环境生态科技园等80个项目为投资亿元以上项目；靖江王子橡胶有限公司投资的橡胶制品生产项目、江苏富天江电子电器有限公司投资的变频高效空调压缩机生产项目等3个项目为外资项目。

江苏三马起重机械制造公司Q葫芦生产线竣工投产

(城南园区提供)

【项目建设】 2016年，靖江开发区强化"速度"和"效益"意识，坚持"一手抓开工、一手抓在建"，加大组织力度，加强要素保障，力促项目早开工、早投入、按时竣工。全区新开工项目79个、竣工40个。其中，开发区本部区域靖江众达炭材有限公司的焦炉煤气制LNG节能减排技改项目、国信(靖江)发电有限公司的2×660兆瓦机组(1、2号)污染物超低排放改造工程项目、靖江港口发展有限公司的罗家桥港内港池码头工程项目、省煤炭物流靖江基地装船线项目、靖江市先进焊接技术应用中心项目等6个项目竣工并投产，江苏万林现代物流股份有限公司的木材物流配送中心项目及木材供应链管理一体化服务平台项目、靖江市金泰粉末冶金制品有限公司的轻质双轴套生产线项目等加快推进；城南园区中机国达电力科技江苏有限公司烟气余热回收装置项目、江苏双鱼投资有限公司肉制品生产线扩建项目、江苏广耀建设有限公司的钢结构生产线项目、深圳华冠电子有限公司的手机零部件生产项目等土建工程结束，江苏恒义汽配制造有限公司的新能源汽车零部件生产线技改项目、江苏翔宇汽车零部件有限公司的汽车零部件生产线项目、江苏三马起重机械制造公司的Q葫芦生产线项目等竣工并投产，靖江三鹏传动系统零部件有限公司的双质量飞轮生产线项目等12个在建项目基本完工；城北园区的靖江市永固汽配制造有限公司汽车结构件生产项目、江苏众恒弹簧科技有限公司弹簧生产线技改项目等15个项目年内开工，江苏兰金科技发展有限公司的防水透气膜项目、江苏环科网络技术信息技术有限公司的中国暖通空调交易展示中心等20个项目在建，江苏欧普特条码标签有限公司的全自动标签生产线项目、江苏张氏纺织有限公司的分拨数据运营中心等19个项目竣工；新桥园区的江苏星源电站冶金设备有限公司冶金设备生产项目、上海联基新能源开发有限公司的屋面分布式光伏电站等10个项目在建，江苏民生特种设备制造公司智能化气瓶生产线扩建项目、靖江格兰石化设备有限公司的化工废液废气处理设备生产项目等3个项目基本完工。

【基础设施建设】 2016年，开发区基础设施建设总投资24.38亿元。加快市政建设。全年新开工道路16条，新建道路23.8千米，建成通车道路10条、14.3千米；实施亮化、美化工程，新增路灯1017盏，新增绿化面积76万平方米。加快港口码头配套工程建设，开工建设扬子江粮食物流中心至龙威粮油工业公司段、国信电厂至木材产业园段6.5千米供热管道，建成和尚港内港池，港区揽货功能进一步提升。城南园区投资5.48亿元，建设联泰路、联友路、大桥路等16条道路，改造鼎和花苑社区服务中心，城南公交首末站建成使用，北六幼儿园项目完成招投标，三江社区服务中心项目立项申报；城北园区投资3.1亿元，建成新建北路延伸段(纬一路至园山路段)及跨北横港大桥等路桥工程，实施十圩港西路、纬五路、渔婆北路北延段、北三环西延段、纬二路(渔婆港一中心港)雨污管道工程；新港城投资12.8亿元，完成道路框架总体规划，开工建设新太路、万福港路、货站路等3条道路，实施常州大学怀德学院、港阜社区亮化等工程；新桥园区投资近2.5亿元，完成三江路等“两横三纵”道路6千米。

【社会事业】 2016年，靖江开发区把更多的财力投向民生，让更多的成果惠及民生。全区拆迁签约2743户，拆迁农户1804户，在建安置房131.36万平方米，交付安置房2784套、27.7万平方米。其中，新港城拆迁签约农户1854户，安置1405套；城南园区拆迁签约农户319户，安置725套；城北园区拆迁签约农户375户，安置70套；新桥园区拆迁签约农户195户，安置584套。职业技能免费培训6400人次，新增就业再就业5800人，办理被征地农民入保4100人次。全年护养道路148千米、绿地211万平方米、路灯10891盏。提升新港污水处理厂运行质态，完成污水处理厂入河排污口设置验收、污泥危险废物鉴别，平均日处理污水约7000吨，在德桥仓储火灾事故中中协助处理废水10万吨。施行权益保障卡工作制度，发放权益保障卡25件，其中涉及拆迁安置8件、失地保障5件、安置房质量1件、环境影响1件、企业信访案件5件，及时出台化解矛盾稳控方案，对具体案件进行查核，摸清情况，形成有效书面答复意见。 （朱 铭）

·靖江开发区城南园区·

【概况】 靖江开发区城南园区成立于2004年2月，是靖江最早启动的工业集聚区，规划范围北起横港、南至沿江高等级公路、东起十圩港、西至四圩港，规划面积35.12平方千米，建成区面积24.1平方千米，是国家微特电机及控制产业基地、江苏省高端专用装备特色产业基地、江苏省信息化和工业化融合示范区、江苏省“双创”(大众创业、万众创新)示范园区、泰州市现代服务业集聚区。2016年，全区有企业400余家，其中规模以上企业85家、高新技术企业24家。规模以上企业完成现价工业总产值330.1亿元、销售收入308.2亿元、利税25.8亿元、利润14.48亿元，比上年分别增长11.18%、11.23%、13.67%、14.09%；完成服务业营业收入42.94亿元，比上年增长58.7%；完成固定资产投资71.39亿元，比上年增长16.69%；实现一般公共预算收入5.78亿元，比上年增长13.9%。在全市综合考评中，园区(办事处)获得市经济社会发展综合考评一等奖、服务业工作考评一等奖、招商引资一等奖等12个奖项。

【项目招引】 2016年，城南园区召开专题招商工作大会，推行全员招商，聘请30名企业家为首席招商顾问，发展村(社区)工作人员、各重点企业销售副总和主要业务员为招商信息员，多渠道、多层次收集招商信息，开展定向招商、驻点招商、委托招商活动，重点招引汽车(新能源汽车、汽配)产业、工程机械(含农业机械)、电子商务、现代物流、机电产业等资源节约型、科技创新型、产业带动型项目。年内，新签约投资18亿元的村镇污水治理及净化槽生产项目、投资1.5亿元的天立方环保设备发生装置生产项目、投资1.2亿元的副采农副产品加工及冷链物流项目等39个项目，总投资75亿元。其中亿元以上投资项目25个(工业项目20个、服务业项目5个)。全年实际利用外资193.7万美元。在手洽谈项目14个，储备有效项目信息21个。年内新开工中机国达电力科技江苏有限公司烟气余热回收装置项目、江苏双鱼投资有限公司肉制品生产线扩建项目、靖江三鹏传动系统零部件有限公司双质量飞轮生产线项目等亿元以上产业项目34个，计划总投资46.34亿元，涉及装备制造、汽配、金属制造、电子信息等多个优势产业。竣工江苏三马起重机械制造有限公司Q葫芦生产线项目、靖江东达铝业有限公司高精铝板带生产项目、靖江市亚泰特种材料制造有限公司储能集装箱生产项目等亿元以上项目12个，总投资14.52亿元。

【转型升级】 2016年，城南园区发挥骨干企业的示范作用，引导其加快高新技术研发和产业化步伐。全市30强企业中城南园区占有9家，全市百优企业中园区有34家。靖江市新程汽车零部件制造有限公司建成自动化模具生产线，通过模块化的模具制作方式，结合制作过程的数字化关联和ERP电子看板智能化管理，实现模、检、夹具的高精度加工，初步建成工业4.0整体信息化架构，全年开票销售突破40亿元，受到市委、市政府嘉奖，被授予“十佳企业”称号。此外，卓然(靖江)设备制造有限公司与西安交通大学合作的“大型抗结焦乙烯裂解炉关键技术及产业化”项目获得省科学技术三等奖,托普工业(江苏)有限公司的“高效短流程冷凝式流程工业加热装置研发与产业化项目”获得省重大科技成果转化专项资金支持,江苏金秋竹集团有限公司发布GRP高强度中空采光节能板材行业标准、参与主编《自然排烟窗技术规程》,江苏海狮泵业有限公司与上海核工程研究设计院成立核电泵联合研发和试验中心、核电厂水下检修技术联合研发和试验中心。年末,江苏富天江电子电器有限公司、江苏佐仕科技有限公司、江苏上骐集团有限公司、江苏恒力集团4家企业销售突破5亿元,全区有销售过亿元或利税超千万元企业28家。

市领导至城南园区调研企业转型升级情况　　(城南园区提供)

【科技创新】 2016年,城南园区实施高质量的产学研合作项目14个,与高校科研院所共建产学研联合体19个。江苏金秋竹集团有限公司、江苏乐科节能科技股份有限公司、卓然(靖江)设备制造有限公司等新建省级以上企业技术中心、工程技术研究中心5个。全年新增江苏华昊新能源科技股份有限公司、江苏叉车有限公司等高新技术企业6家,新增江苏联恒物宇科技有限公司、靖江祥云塑料科技有限公司、靖江市宁泰科技有限公司等民营科技企业13家,新增省高新技术产品37个。全区万人发明专利拥有量达到27.55件,高新技术产业产值占规模以上工业产值的38.4%,比上年提高2个百分点。靖江市新程汽车零部件制造有限公司、卓然(靖江)设备制造有限公司、江苏迈能高科技有限公司等31家企业申报科技创新券1380万元。年内,园区通过“江苏省两化融合示范区”复审,获得“江苏省双创示范园区”称号。

【拆迁安置】 2016年,城南园区推进鼎新工业园、十圩港西路、公新公路拓宽等重点建设地块的拆迁工作,签约拆迁319户,腾房275户,拆除房屋约10万平方米,安置725套。建设城南花苑安置房1530套,其中南区一期6幢竣工交付、二期8幢完成主体封顶,着手德裕庄东安置区规划设计工作。

【城市功能提升】 2016年,城中派出所办公用房投入使用,法制文化主题公园建成并对外开放,靖江市车辆管理服务中心配套工程进入扫尾阶段,健身文化公园建成景观桥3座,鼎和花苑社区服务中心完成改造,城南公交首末站建成并投入使用,北六幼儿园、江苏有线靖江分公司建设项目完成招投标,三江社区服务中心项目立项申报。开工新建联泰路、联友路等11条道路,完成中洲路、江洲路两条省级示范路创建工作。做好主要道路、重点节点的绿化改造、景观打造与维护,全年完成绿化面积4万平方米。加大市容监管力度,结合数字化城管平台建设,优化协管队员组合,抽调精干力量,组成市容监管队伍,建立城管中队,对辖区内市容环境进行精细化管理。

【全市首家电商创业中心成立】 (见171页同名条目)

(王跃进)

·靖江开发区城北园区·

【概况】 靖江开发区城北园区启动于2005年,规划面积23平方千米。作为全市中小企业的集聚区,以发展轻型化的城市工业为主,是承接高新技术、发展新兴产业的主体平台。该园区先后被确定为国家级中小企业创业基地、省级创业服务中心、市镇联动示范区。2016年,有工业列统企业50家,服务业和批发零售业列统企业10家,全年实现工业产值101.5亿元、销售96.6亿元、利税 11.22 亿元、利润 10 亿元，分别比上年增长 14.48%、13.63%、15.78%、17.09%。

7 月 20 日，城北园区中小企业园四期项目集中开工
（城北园区提供）

【中小企业园建设】 中小企业园位于北三环路北侧、新建北路西侧，规划面积 11 平方千米。中小企业园一期用地面积 27.07 公顷，有江苏华达汽车科技股份有限公司、靖江瑞泰电子材料有限公司、江苏金也汽车配件有限公司等 11 家企业入驻。二期用地面积 28.33 公顷，有江苏华雕机械有限公司、靖江市高新窑炉材料有限公司、江苏强盛汽配制造有限公司等 17 家企业入驻。三期用地面积约 23.33 公顷，年内集聚靖江市永盛光电科技有限公司、靖江市恒大汽车部件制造有限公司、江苏航泰机械科技有限公司等 13 个工业项目，其中市外项目 6 个。项目涉及高端装备制造、健康科技、新材料等产业，总投资 15 亿元。江苏大翔科技有限公司、江苏航泰机械科技有限公司 4 家企业建成并投产，靖江市永盛光电科技有限公司、靖江市春意空调制冷设备有限公司等 8 家企业主体工程基本完工。中小企业园四期用地面积约33.33 公顷，年内聚集江苏中良能源科技有限公司、江苏宏润航空设备科技有限公司、江苏安本电子科技有限公司等 15 家企业，总投资近 18 亿元，项目涉及新材料、新技术、高端装备制造等领域。

【转型升级】 年内，江苏张氏纺织有限公司实现从传统针纺制造到“制造业 + 生产服务业”再到“智慧袜园”的转型“三级跳”，引领全国袜业转型；靖江市高新窑炉材料有限公司自主研发的新产品“不锈钢生产线用纤维片”成功投产，企业的行业领军地位得到巩固和加强；江苏欧普特条码标签有限公司由普通标签产品生产转向精密模切产品生产，建起精密无尘车间及研发中心，引入多条标签印刷和电子模切产品生产线，通过 IS O9001:2008等多项质量管理体系认证，产品在电子、光电显示、通讯、汽车等行业广泛运用；靖江市恒丰铆钉制造有限公司引入 8 条亚洲最先进的不锈钢板材连续拉伸流水线，建成全国最大的不锈钢抽芯铆钉生产基地，产品占全球集装箱制造行业用铆的 80%份额。此外，生产航空地面牵引设备的江苏航泰机械科技有限公司、开发 3D 人脸识别安保系统的江苏阿泰克电子科技有限公司、生产低温药品储藏柜的江苏亚科冷链设备有限公司等企业亦加快产品创新，进一步提升园区的整体生产技术水平。

【配套设施建设】 年内，建筑面积 19 万平方米的王庄安置区房屋主体施工至 5 层。建筑面积约 1.1 万平方米的新佳新村 A8#、B7# 安置房进入外墙粉刷阶段。标准化厂房区 6#、7# 车间竣工交付；电子车间进入主体施工。连接城北园区、孤山镇的新建北路延伸段（纬一路至园山路）以及跨北横港大桥竣工并通车，连接工业集中区四期的渔婆北路延伸段（新一路至北三环段）快车道加紧施工，十圩港西路、纬五路、渔婆北路北延段、北三环西延段、纬二路（渔婆港—中心港）实施雨污管道工程。

【标准化厂房区建设】 标准化厂房区占地面积 22 公顷，计划分两期建设标准化厂房 20 万平方米，建筑容积率达 1.28，亩均税收 10 万元。标准化厂房区一期占地 10 公顷，建成标准化厂房10 万平方米，其中双（多）层标准化厂房、单层标准化厂房各 5 万平方米，有和赛尔风机江苏有限公司、江苏瑞源汽配制造有限公司、上海臻融钢材有限公司、江苏吉祥空调设备有限公司、靖江三阳食品有限公司等 9 家企业签约入驻，涉及汽车配件、食品生产、精密元器件制造、空调主机生产等项目。2016年开票销售收入3.45亿元,其中上海臻融钢材公司1.2亿元、三阳食品公司0.66亿元、江苏瑞源汽配公司0.6亿元。标准化厂房区二期占地12公顷,计划建设10万平方米标准化厂房。年内建成3万平方米,有江苏欧普特条码标签有限公司、靖江华耀纺织有限公司、靖江市奇净空调设备制造有限公司等9家企业入驻,已投产的7家企业开票销售2.5亿元,其中江苏欧普特公司开票销售0.5亿元。

城北园区标准化厂房区一角 (城北园区提供)

【社会工作】 年内,完成86户贫困户建档立卡工作,发放临时救助金近20万元。慈善募捐16.55万元,发放困难救助款3.1万元、专项助学金3.15万元、专项助残金1.7万元。结对帮扶贫困户29户,落实贫困户帮扶资金4.35万元;自愿助残结对残疾人家庭17户,落实残疾人帮扶资金2.55万元;为326名持证残疾人办理残疾人意外保险;新增拆迁老年生活补助150人,累计发放319名拆迁老年人生活补助70余万元。开展“八一”、春节慰问活动,慰问现役军人家属、重点优抚对象4万余元。完成新一、杨太社区服务中心升级改造工程,新建新一社区3A级居家养老服务中心;完成农民就业培训300人;为7008人办理合作医疗保险;70名保洁员办理意外保险;整治村庄环境,更换保洁筒200余个,王庄村创建为泰州和谐示范社区。

(李永峰)

·靖江开发区新桥园区·

【概况】 新桥园区规划面积14平方千米,建成区面积7.5平方千米,是江苏省重点培育小企业创业示范基地、特种合金材料星火技术密集区和中小企业聚集区。2016年,区内有新桥镇100强企业69家,完成工业开票收入30.89亿元,占新桥镇经济总量的55.36%。全年69家重点企业申请专利267件,其中发明专利36件;专利授权数143件(含发明专利授权21件),万人发明专利拥有量12.8件。年内,新增江苏民生特种设备集团有限公司、江苏南山冶金机械制造有限公司、江苏耐尔冶电集团有限公司、江苏民生重工有限公司、江苏新泰泵阀制造有限公司、江苏鼎新环保科技有限公司6家江苏省高新技术企业。江苏飞跃机泵集团公司与江苏大学合作的“极端高温工况系列高可靠性熔盐泵的研发及产业化”项目获江苏省重大科技成果转化项目资金扶持。

【招商引资】 2016年,新桥园区围绕绿色环保主题,主动承接上海、苏南等地制造业转移在已有特色冶金、泵阀、石化装备等支柱产业基础上,着力招引一批与新桥产业契合度高、适应性好、带动性强的重大项目,重点发展环保成套设备、核电配套装备等产业,全年新签约项目16个、总投资37亿元。其中北京天然天能环境投资有限公司的靖江环境生态科技园科技环保项目,投资额达15亿元。另有投资过亿元项目10个,分别是靖江华和环保设备制造有限公司的新型干式炉底除渣环保设备生产项目、江苏星源电站冶金设备有限公司的冶金设备生产项目、江苏民诺特种设备制造公司的液化气钢瓶及精密合金钢铸件生产项目、上海联基新能源开发有限公司的屋面分布式光伏电站项目、江苏鑫润冶金机械制造有限公司的链篦机生产项目、靖江洲际物流有限公司的物流基地项目、内蒙古天一环境技术有限公司的DEP水处理技术研发及设备生产项目、江苏标新工业有限公司的核级中小型锻件径向锻造生产项目、江苏鼎成冶金设备制造有限公司的新型带式污泥脱水成套设备生产项目、江苏光芒新能源股份有限公司的新型高效节能空气源热水器技术改造项目。

【项目建设】 2016年,新桥园区加快项目推进速度,成立“店小二”服务队伍,安排专人跟踪服务项目。全年新开工重大项目12个、总投资14.08亿元,分别是靖江市宏程起重机械厂投资1.14亿元的起重机械配件生产项目,江苏华洋电力机械制造有限公司投资1.06亿元的陶瓷弯头、直管生产线技术改造项目,江苏星源电站冶金设备有限公司投资1亿元的冶金设备生产项目,上海联基新能源开发有限公司投资3亿元的屋面分布式光伏电站项目,靖江华和环保设备制造有限公司投资1亿元的新型干式炉底除渣环保设备生产项目,江苏民生特种设备制造公司投资8000万元的智能化气瓶生产线扩建项目,江苏标新工业有限公司投资1.6亿元的核级中小型锻件径向锻造生产项目,江苏联兴成套设备制造有限公司投资5280万元的分区控温回转窑式有机废弃物连续热解炭化炉生产线改建项目,江苏京成机械制造有限公司投资6500万元的低氮氧化物燃烧系统改造装置生产线扩建项目,江苏双达泵阀集团有限公司投资6000万元的石油化工流程泵生产线改造项目,江苏鼎成冶金设备制造有限公司投资1.1亿元的新型带式污泥脱水成套设备生产项目,江苏光芒新能源股份有限公司投资1.6亿元的新型高效节能空气源热水器技术改造项目。其中江苏民生特种设备制造公司、靖江华和环保设备制造有限公司的投资项目实现当年签约、当年施建、当年竣工。由上年结转的江苏格兰石化设备制造有限公司的化工废液、废气处理设备生产项目,江苏正信节能设备制造有限公司的低温余热锅炉机械振打装置生产项目,江苏赛迪新能源制造有限公司的油气田采收率提高技术装置生产项目等竣工,进入设备安装调试阶段。

及夹港桥接线“两横三纵”道路6千米,完成创新路九圩港桥、瑞江路公兴河桥桥面板铺设。加快水利、绿化等工程建设,孝化南北泵站建成并投入使用,三兴泵站在建,完成创南路、联新路、建新路、新江路和瑞江路等部分路

格兰石化公司完成进口设备安装 (新桥园区提供)

【拆迁安置】 2016年,新桥园区因安置区、道路、水系、绿化等建设共需拆迁250户,年内签约195户。建成润新公寓、富江花苑、三江新苑、孝化安置区等安置房1256套、15万平方米,分户交付584套、7万平方米。完成富江公寓1～3号楼基础建设及1～3层结构,开工建设孝化新村三区四期工程,完成创新路南侧安置区、振新安置区建设前期准备工作。

【基础及配套设施建设】 2016年,新桥园区基础设施建设投入近2.5亿元。有序推进园区道路建设工程,完成三江路、长江路(振新路—联新路)、瑞江路(创新路—沿江路)、创新路(富江—九圩港段)、润新大道(夹港东段)段绿化,完成横二河、横三河等滨河绿化以及富江花苑三区、五区、六区、七区等安置区绿化,绿化面积5万平方米。交付使用富江、孝化、三兴等安置区水电配套设施,新架设路灯1200盏。完成文东变220千伏、联兴变110千伏出线等工程塔基建设,开工建设自来水提升泵站,建成安置区天然气及弱电配套工程。区内医疗中心外装基本完成,内装完成50%;治安服务中心完成主体验收,进入内外装饰阶段;富江幼儿园工程完成主体验收,内装工程完成招标前期工作。

(李云芳)

·靖江开发区新港城·

【概况】 新港城位于靖江东部滨

江地区,城区规划控制面积11.6平方千米,规划人口约12万人,以“科教之城、港口之城、文化之城”为目标,打造靖江市行政、商业、服务、教育副中心,靖江开发区现代服务业及生活服务配套区、靖江东部片区城乡统筹建设示范区。2016年,新港城依托开发区本部产业优势,实施“港、产、城”融合发展战略,探索城镇化发展新路径,推进港城建设各项工程,在全市综合考评中获评一般公共预算收入考核先进单位、招商引资二等奖。

【科教产业园建设】 2016年,新港城完善2.5平方千米科教产业园总体规划及功能布局,结合科教产业园已有的规模体量、资源基础、承载能力,排定招商引资计划,分期分批予以实施。各功能板块项目建设有序推进,公园、道路、绿化、亮化、雨污水管网等市政配套设施相继完善。常州大学怀德学院二期二阶段建设的图书馆、阶梯教室楼、金工实训中心、学生活动中心、理化实验楼等主体工程年底封顶。

【精密制造产业园建设】 2016年,新港城以打造“高端制造业集聚的样板区、技术性产业人才的汇聚地”为目标,在开发区本部西部区域规划建设精密制造产业园。该产业园占地4.5平方千米,与科教产业园相互呼应、差异发展、良性互动。年内,进行产业布局、功能划分、产业关联、管网布设等规划设计,重点发展桥梁装备、航空结构件配套、轨道交通配套、军转民应用、电子信息、新材料、新能源等产业。围绕“专、精、深”发展定位,配合开发区转型升级需要,结合开发区本部发展环境、区位特点、资源禀赋和产业状况,以重大装备制造产业链中的高附加值环节为主攻方向,开展招商引资工作。按照“一次规划,分步实施”的原则,年内完成园内道路框架的总体规划。

【基础设施建设】 2016年,新港城改造东阜路(斜大路—友谊路),大修兴阜路(斜大路—康桥路)、新圣路(新时代路—新纪元路)、公兴河北侧路(安泰路—六助港路)、新纪元路(双庆港—阜前路),合计4.1千米;绿化中科院理化所(靖江)产业园二期、新太路—万福港路、沿江路南侧(蟛蜞港—万福港、万福港—六助港)、斜新路(阜前路—东阜路)边分带、阜康路(沿江路—江堤)与东阜路(斜新路—章春港路)侧分带、章春港路与沿江路交叉口等路段和节点7.9万平方米;亮化常州大学怀德学院、港阜社区临街建筑等,新增路灯252盏。

【民生事业】 2016年,新港城完成精密制造产业园、阜康路—六助港路、江苏德桥仓储有限公司安全区二期、中铁建大桥工程局集团科技产业园二期、靖江龙威粮油工业有限公司东北地块、靖江市长凌金属材料公司等项目及安置区建设的拆迁任务,拆迁1854户57.5万平方米,在建安置房4456套77.16万平方米,交付安置房1081套14.15万平方米。解决被征地农民的后顾之忧,全年办理10个村民小组失地农民的进保手续,涉及农业人口1816人;完善劳务就业平台,免费培训被征地农民923人次,实现就业再就业1822人次。

(刘溪玲)

跨江联动

【概况】 2016年,江苏江阴—靖江工业园区围绕“建设全省联动开发的先导区、实验区、示范区”总体目标,突出产业发展、项目建设、载体优化、民生改善等工作重点,园区经济社会呈平稳发展态势。全年实现地区生产总值83.62亿元,完成规模以上工业总产值120.79亿元。一般公共预算收入6.45亿元,增长12.8%。固定资产投资15.11亿元,增长3.8%。其中,工业投入8.33亿元,增长6.1%;服务业投入6.78亿元,增长1.1%。完成限额以上企业零售额4.18亿元,比上年增长0.4%。发挥和利用长江岸线作用,完成货物吞吐量1575.6万吨,增长22.3%。其中,内贸吞吐量1491.2万吨,增长20.3%;外贸吞吐量84.4万吨,增长75.5%。

【招商引项】 2016年,江阴—靖江工业园区坚持招大选强,将引优与引资、引技、引智相结合,先后赴北京、深圳、上海、台湾及阿联酋、新加坡等地开展经贸洽谈活动,组团参加中韩产业创新合作对接周活动、泰台经贸交流合作峰会暨项目签约大会、全国先进材料及加工技术研讨会和江苏省台商经贸交流活动,推进中央商务区(CBD)、中建海外钢结构及海工装备等项目建设。9月20日,举办江苏江阴—靖江工业园区产业发展恳谈会,签约项目10项,总投资超105亿元。至年末,累计引进“三个一批”(在建一批、拟建一批、重点意向一批)项目55项,总投资253.69亿元。其中,在建项目8项,投资35.26亿元;拟建项目9项,投资28.56亿元;意向项目38项,投资189.87亿元。全年新批工商注册企业80家,到账注册外资1.05亿美元。

2016年,江苏扬子江船业集团公司列“中国民企500强”第163位,为全市唯一入选民企 (江阴—靖江工业园区提供)

【主导产业发展】 2016年,江阴—靖江工业园区做大做强船舶、汽配、冶金、机电、重钢结构五大特色主导产业,提升船舶及配件产业层次,扩大高精钢结构、桥梁钢结构产业规模,提高特钢、冶金产业发展水平,建设国际知名的重钢结构产业基地和中国民营造船业基地,逐步形成“特色冶金—机电—汽车零部件—特色车辆”“特色冶金—钢结构—船舶修造”产业链。年内,江苏扬子江船业集团有限公司推行精度造船、数字造船,造船生产能力和规模列中国造船业10强,全年造船订单额(44亿美元)列中国第一、全球第四;中建钢构江苏有限公司加快对接长江经济带和“一带一路”战略,完成科技攻关项目28项,获国家专利17项、省部级以上质量控制(QC)成果13项、各类科技荣誉11项;大明重工有限公司参与国家固定式压力容器技术标准修订,获起重机械安装维修许可A级资质,业务涉及船舶制造配套、液压容器、航空航天等领域,并进军风电法兰行业;中铁建康远新材料有限公司加快推动科技强企战略,不断提高自主研发能力,新研制的385千米高速铁路高强高导承力索、接触线达国际领先水平。是年,江阴—靖江工业园区获批成为苏中合作共建园区,被评为长三角最强中国制造产业集聚区。

【重大项目建设】 2016年,江阴—靖江工业园区坚持以大项目带动大投资,以大投资推动大发展,加强在建项目竣工、签约项目开工、意向项目签约和信息项目跟踪等考核管理,简化审批手续,优化办事流程,促进各类项目早落地、早建成、早投产、早收益。全年推进重大项目25项,其中在建项目4项,分别为总投资1.5亿美元的大明金属科技项目、总投资2500万美元的中力机械项目、总投资1000万美元的东方能源润滑油仓储项目和总投资2亿元的电子交易平台项目;拟建项目9项,分别为总投资5亿元的中建钢构新型建筑钢结构项目、总投资9900万美元的光汉科技项目、总投资18亿元的绿色建筑产业园项目、总投资7988万美元的高精管件深加工项目、总投资1.5亿元的中建钢构国家级检测中心项目、总投资1000万美元的润滑油仓储配套项目、总投资10亿元的大明港务项目、总投资10亿元的大明压力容器项目和总投资5.5亿元的双江能源综合项目;重点意向项目12项,总投资达35.15亿元。

【社会事业】 2016年,江阴—靖江工业园区按照“竞争力强、集约度高、配套性好”要求,不断完善园区基础设施,提升园区功能配套能力,相继完成《江阴—靖江工业园区港口控制性详细规划》编制工作和靖江城市周边基本农田划定工作,严格项目规划选址、用地和工程审批,有序开发和利用港口岸线资源。全年基础设施投入累计1.17亿元,三圩路、联心路及滨江路至溢馨苑小区段改造工程先后完成,总投资5000万元的滨江学校园区分校投入运行,滨江一路、联泰南路路灯亮化工程启动建设,溢馨苑安置区续建工程竣工,六圩村、四圩村等农户304户9.1万平方米住房拆迁结束。

(毛 璧)

工 业

·综 述·

【概况】 2016年,靖江工业经济运行平稳。全市实现工业开票销售收入806.43亿元,比上年增长2.50%;开票销售收入亿元以上的工业企业达到59家,实现销售收入614.03亿元。全年实现规模以上工业增加值424.59亿元、总产值1961.63亿元、主营业务收入1875.83亿元、利税230.20亿元、利润144.00亿元,分别比上年下降4.04%、4.36%、3.43%、7.09%、3.37%。工业用电量26.42亿千瓦时,比上年下降1.34%。外向型经济稳步发展,注册协议利用外资0.29亿美元,实际利用外资0.23亿美元,分别比上年下降85.8%、91.1%。靖江位列中国工业百强县(市)第43位,较上届排名上升7位。

【工业项目建设】 按照“立项项目抓开工、开工项目抓进度、竣工项目抓投产、投产项目抓达效”工作要求,全年实施工业项目599个,比上年增加150个;新开工项目546个,比上年增加140个;计划总投资309.3亿元,比上年增长4.7%。追求项目单体规模,全年签约亿元以上项目53个,比上年增长382%;新开工亿元以上项目51个,比上年增加12个。优化项目结构,实施新兴产业项目105个。全年完成工业投资304.95亿元,比上年增长61.86%,其中技改投入250亿元,增长14.3%。加强项目管理,提高工业投资质量,促进资源要素优化配置和集约利用,全年实施节能技改项目25项,总投资8.06亿元,项目节能4.95万吨标煤。

【产业结构调整】 2016年,编制《靖江市工业发展规划2016—2025》,加快推进新型工业化进程,沿江地区初步形成区域统筹、特色鲜明、配套完善、错位发展的产业布局,集聚船舶修造、汽车零部件、机械设备、电机电器、金属材料、粮油食品加工六大主导产业和高端装备制造、新材料、节能环保、电子信息(新一代通信技术)、健康产业五大新兴产业。六大主导产业累计完成工业产值1583.20亿元、销售收入1516.57亿元、利税197.23亿元、利润124.91亿元,分别比上年下降6.46%、5.39%、9.48%、5.50%。年内,实施基础电子产业跃升、整机价值链提升、工业电子开发应用等工程,加快集成电路、LED、云计算等高端技术产品开发,电子信息产业主营业务收入占全市工业的比重逐年增加。五大新兴产业完成产值220.87亿元、销售收入211.89亿元、利税20.32亿元、利润11.74亿元,分别比上年增长9.75%、9.29%、18.23%、20.64%。新兴产业产值占列统工业比重达11.26%。

【“两化融合”发展】 2016年,培育和发展电子信息产业,组织软件企业和软件产品参加国家“双软认证”(软件企业的认定和软件产品的登记),全市通过年审的软件企业有11家，新申报软件著作权21个、软件产品19个，软件企业年销售收入6.48亿元，比上年增长20%。通过认定的江苏省级“两化融合”(工业化和信息化融合)贯标试点企业3家、泰州市级“两化融合”示范试点企业6家，江苏恒力制动器制造有限公司获评江苏省互联网与工业融合创新示范企业，城南园区通过江苏省“两化融合”示范区复核。11家企业被认定为江苏省“企企通”建设试点企业，城南园区被认定为江苏省“企企通”建设试点园区。

【艾兰得实施海外并购】 2016年，江苏艾兰得营养品有限公司围绕提高核心竞争力和持续发展力，加快从价值链低端向高端的战略转型，继2013年、2014年收购美国老牌营养品公司IVC(国际维生素公司)和Adlam Nutrition(亚当营养)之后，又先后成功收购美国百利高公司、荷兰百年营养品牌Bloem和全球仿制药巨头Perrigo在美国的营养品业务以及英国两家营养保健品企业Brunel(英国最大膳食营养补充剂制造商)和Biocare(英国知名的专业膳食补充剂企业)，由此成为全球营养保健品行业重要制造供应商，在美国开发生产的产品获得市场高度认可，行业排名提升至全美第二。

【镇域工业各具特色】 靖江各镇(街道、办事处)坚持“工业兴镇、工业强镇”理念，确立工业的主体地位，围绕区位特点和产业基础，结合各自实际，加快转型升级，走“专、精、特、新”的发展道路，逐步形成各具特色的工业结构。新桥园区的泵阀、特色冶金、核工业配套产业，季市镇的电机电器、铸钢产业，孤山镇的空调产业，生祠镇的节能环保产业，东兴镇的汽配产业，西来镇、斜桥镇的船配、汽配、五金件产业等均具一定的规模和竞争优势。2016年，全市各镇(按新口径)列统工业完成产值580.43亿元、销售收入566.59亿元、利税72.02亿元、利润43.85亿元，分别比上年增长9.86%、9.95%、15.05%、15.22%。 (孙志苹)

·船舶业·

【概况】 2016年，全市有船舶制造、修理、拆解企业26家，船舶工程配套服务企业200余家，其中骨干造船企业江苏新时代(新世纪)造船有限公司、江苏新扬子造船有限公司、靖江南洋船舶制造有限公司3家。18家省列统企业中，有从业人员12086人，比上年减员1960人。年内，靖江船舶业面对国际航运和船舶市场持续低迷新常态，围绕“整合、转型、提效、改革、创新”，加快转型提质升级，谋求在产业洗牌中率先突围。全年造船完工量61艘549.3万载重吨，比上年增长9.4%，占全国造船完工总量的15.6%，占全省造船完工总量的36.7%。手持订单140艘1382.2万载重吨，比上年下降21.5%，占全国总量的14.4%，占全省总量的35.3%。手持订单中出口船舶136艘1373.9万载重吨，占手持订单总量的99.4%。新接订单共21艘281.6万载重吨，比上年下降38.6%，占全国新接订单总量的13.3%，占全省总量的66.4%。新接订单中出口船舶18艘274.4万载重吨，占新接订单总量的97.4%。至年末，全市3家造船骨干企业实现工业产值203.5亿元、销售(主营业务)收入178.4亿元，分别比上年下降7.5%、11.3%；完成利润总额43.4亿元，比上年增长11.5%。全市15家配套、修船企业(工信部网上直报)实现工业产值23.3亿元、销售(主营业务)收入21.1亿元、利润总额0.8亿元，分别比上年下降13.7%、5.8%、60.2%。

3月24日，劳氏船级社(中国)有限公司在靖江设立分公司
(市经信委提供)

【行业发展】 2016年，市政府落实国家环保督查组对沿江环境保护和船舶绿色发展情况督察

要求,组织有关部门深入26家造、修、拆船企业调查,拟定整改方案,促进全市船企健康、有序、规范运营。举行中韩产业创新合作活动周——中韩船舶产业合作交流会,加深中韩船企间先进技术和创新经验交流对接。英国劳氏船级社(中国)有限公司在靖江设立分公司,中国船舶重工集团公司第七〇二研究所与靖江共建离岸孵化基地,推进全市船舶业供给侧改革。各船企加快产品转型升级,以承接高技术、高附加值的船舶为突破口,打造发展新动能,提高市场占有率。江苏新时代造船有限公司承建8艘3.3万载重吨双相不锈钢化学品船,江苏新扬子造船有限公司承建2艘2.75万立方米双燃料发动机LNG液化天然气船。完善产业竞争体系,引导小型船企提高船舶生产能力和各种船型修理改装能力。中船澄西新荣船舶有限公司将一艘超大型散装船改装成自卸船,靖江市永业船舶有限公司全年生产9艘万吨级内河船。推进智能制造试点,实现由人工制造向智能制造过渡。江苏新时代造船有限公司与南京理工大学合作建设靖江机器人智能制造中心,推进智能化、数字化造船,企业设计中心成功申报江苏省工业设计中心;江苏亚星锚链股份有限公司先后与荷兰壳牌公司、法国道达尔公司、巴西石油公司等合作,打造智能化的海洋系泊链制造基地,建设的“江苏省系泊链设计与应用技术重点实验室”,为靖江第一个省级企业重点实验室。此外,江苏新扬子造船有限公司完善一、二期“先进造船解决方案(YSS)”,靖江南洋船舶制造有限公司更新船舶设计管理软硬件,其他船企加大船用大功率柴油机、船用锅炉等传统优势产品技改力度,研发传动系统、通讯导航定位系统、电子电控系统等关键配套产品,提升全市船舶配套水平和本土产品配套比率。 (王兴国)

·汽车零部件业·

【概况】 2016年,全市汽车零部件制造业有生产企业330余家,其中规模以上企业40余家,从业人员6200人。主要产品有轿车车身冲压件、离合器、差速器、制动器、传动轴、汽车锁、内饰件、车用灯泡、发动机件、变速箱配件、电子油门踏板、车载多媒体等,配套使用于轿车、客车、卡车、特种车辆等。年内,全市汽车零部件规模企业实现产值179.76亿元、销售收入174.93亿元、利税19.70亿元,分别比上年增长18.73%、19.60%、18.66%。全行业(不含江阴—靖江工业园区)开票销售收入首次超百亿元,达103.43亿元,比上年增长21.81%,其中江苏新程汽配制造有限公司、江苏华达汽车科技股份有限公司两家企业销售份额占全行业70%以上。

【行业发展】 2016年,全市汽车零部件骨干企业加快技术创新,加强自主研发,突出“机器人+智能制造”,促进传统产业转型升级。江苏新程汽配制造有限公司确立“创新永远、精强未来”理念,采用“1+N”发展模式做强总部经济,紧贴主机厂配套,引进机器人、全进口模具制造设备,加快实现“焊接自动化、模具精品化、生产智能化、高强轻量化”,机器人拥有量超过600台,劳动生产率提高400%,全年开票销售40.75亿元,比上年增长28.2%,成为域内汽配行业首家开票销售逾40亿元的企业。江苏华达汽车科技股份有限公司加快自动生产线提速和传统生产线技术改造,对“重装设备”“高劳动强度岗位”优先实行“机器替换

江苏新程汽配制造有限公司机器人自动化焊接生产线

(市经信委提供)

人”，与多家高校、科研院所进行产学研合作，发挥企业院士工作站、模具CAD国家工程技术研究中心华达分中心等研发平台作用，参与汽车制造厂新车型的同步开发，计划研发轿车零部件新产品1000余个，“汽车结构件高强度钢冲压模具回弹精确补偿与工艺稳健性研究”获市科技进步二等奖，公司全年销售收入突破30亿元，比上年增长21.39%。江苏恒力制动器制造有限公司与江苏大学合作，新建智能气刹制动器生产线，升级改造原有的智能汽车盘式制动器车间，建成市内首个省级示范智能车间，牵头制定的《客车用24.5吋气压盘式制动器性能要求》成为行业强制标准。江苏皓月汽车安全系统技术股份有限公司科技研发经费超过销售额的3%，投资上亿元改造3条智能生产检测线，汽车锁总装配车间建成省级智能车间，研发的汽车无钥匙一键启动系统打破国外技术垄断，每套系统节省外汇约200美元。靖江三鹏汽车模具科技股份有限公司投入1亿元，引入焊接机器人、CNC加工中心等精密设备，打造智能车间，提升生产能力和产品质量。普天新能源有限责任公司投资1.2亿元建设新能源汽车产业项目，从事新能源汽车配件生产及基础设施运营。深圳中工巨能科技有限公司投资1.2亿元，建设新能源汽车电池管理系统及充电桩项目。靖江市东达铝业有限公司新建新能源锂电池配件生产线，配套比亚迪、力神汽车。江苏恒义汽配制造有限公司引进德国高端数控机床、自动化成套生产线等智能绿色装备，新建新能源汽车零部件生产线，获评泰州市十佳重大工业投资项目。（吴顺立）

·通(专)用设备业·

【概况】 2016年，靖江通(专)用设备制造业有规模企业162家，从业人员1.56万人，其中技术人员1600人。主要产品有钢铁铸件、锻件等初级产品，轴承、齿轮、紧固件、密封件等基础零部件，以及泵阀、冶金石化装备等。泵阀行业主要有江苏双达泵阀集团有限公司、江苏海狮泵业制造有限公司等骨干企业，压力容器行业主要有江苏民生特种设备制造有限公司、江苏扬阳化工设备制造有限公司、江苏工搪化工设备有限公司等骨干企业，五金紧固件行业主要有江苏永昊高强度螺栓有限公司、江苏双金紧固件制造有限公司等骨干企业，冶金石化配套行业主要有江苏石化制品有限公司等骨干企业。年内，通(专)用设备制造业列统企业完成产值360.20亿元，比上年增长6.14%，占全市列统工业总产值的18.36%；实现销售收入347.52亿元、利税39.75亿元、利润21.97亿元，分别比上年增长6.09%、2.93%、3.95%。

【行业发展】 2016年，通(专)用设备制造业走高新化转型、品牌化发展、开放化合作之路，发展态势逐步向好，生产企业运转总体平稳。全市泵阀类企业有350余家，年销售100亿元，其中销售收入超1000万元的企业有50余家。江苏海狮泵业制造有限公司与上海核工业研究设计院成立核电泵联合研发和试验中心、核电厂水下检修技术联合研发和试验中心，为域内企业首次在核电领域与科研院所共建研发机构，企业技术中心被认定为国家级企业技术中心，研发的“CAP1400正常余热排出泵”项目获泰州市科学技术奖二等奖。江苏标新工业有限公司与北京科技大学葛昌纯院士团队达成电极感应融化气体雾化制粉技术成果转化协议，投资1.6亿元引进先进径向快锻技术和设备，与科研院所合作开展核Ⅰ、Ⅱ级

5月29日，江苏海狮泵业制造公司与上海核工业研究设计院共建研发机构 （市经信委提供）

中小型锻件研制,为阳江核电站6号机组配套生产主管道。压力容器行业加强与科研机构合作,引进研发和工艺技术人员,提高企业核心竞争力。江苏民生特种设备制造有限公司在行业内率先利用物联网、云计算信息技术研发智能阀气瓶,拥有5项发明专利、12项实用新型专利,其销量占企业产品总销量的40%;研发的"高效耐强腐蚀抗氢钢热交换装置"获2016年度市科学技术奖。五金紧固件类和冶金石化配套行业,面对愈加激烈的市场竞争,加快转型升级。江苏永昊高强度螺栓有限公司建立省级企业技术中心,研发费用占销售额的3.5%以上,在高强度、耐低温、耐腐蚀、防锈蚀、防盗、抗震防松等螺栓产品研制方面获发明专利、实用新型专利25件,跻身中国螺栓生产十强企业,产品除配套于电梯、桥梁、压力容器、汽车等传统行业,还进入风电、核电、高铁、航空、军工等特殊行业,开发的商用大飞机舱门螺栓和发动机螺栓已批量生产,投资1.7亿元实施重型机械军用新型紧固件项目,成为某军工企业指定供应商。托普工业(江苏)有限公司实施"走出去"战略,与伊朗伍斯特雷发展投资公司合作,在伊朗开发建设装备制造和石化项目,两项目分别投资2亿元、50亿元。卓然工程技术有限公司致力于石化、环境、冶金等领域成套设备生产和工程服务,参与的"具有热损伤自生长膜的铁基合金制备技术及应用"项目获教育部技术发明奖一等奖、科技进步奖一等奖。 (孙志苹)

·电机电器行业·

【概况】 2016年,全市电机电器行业有企业约250家,其中规模以上企业38家;从业人员3000余人,其中工程技术人员约500人。全市基本形成以江苏三江电器集团股份有限公司、江苏大中电机股份有限公司、江苏航天动力机电有限公司、江苏上骐集团有限公司、江苏环球特种电机有限公司为主体的中小型电机生产企业集群,以江苏靖江互感器厂有限公司、江苏大唐科技有限公司、江苏力阳电器制造有限公司为主体的输配变电设备生产企业集群,以江苏光芒集团有限公司、靖江市锦汇电冰箱配件厂为主体的家用电器生产企业集群,以江苏长虹电器有限公司、江苏苏中开关厂、靖江市靖开电力电器有限公司、江苏靖江华电机械制造有限公司为主体的辅助设备制造企业集群。是年,全市电机电器行业发展稳中有进,完成产值229.53亿元、主营业务收入215.35亿元、利税30.72亿元、利润19.41亿元,分别比上年增长10.51%、10.22%、13.54%、12.32%。

【行业发展】 2016年,电机电器骨干企业加大重点产品开发和市场拓展力度,加快微电子技术与数字技术运用,全市电机行业朝着专业化、高端化、智能化方向发展,产品功能趋向复合化、便捷化、差异化、时尚化。江苏三江电器集团股份有限公司与上海微电机研究所开展深层次合作,购置智能机器人、自动化绕嵌线设备等35台(套),智能化改造电机定子绕线工段,高附加值、高效节能环保型电机占企业产品总量的70%,获省创新能力建设专项经费扶持;主导产品洗衣机用直流无刷电机及空调风扇电机年销售1000余万台13亿元,新产品干衣机用电机销售50余万台、新增收入5000万元。江苏上骐集团有限公司与中国电子科技集团公司第21研究所共建"新型潜油直线电机抽油系统"试验中心,获市政府创新券150万元,主营产品伺服电机和稀土永磁三相同步电动机全年销售325万台3.1亿元。江苏大中电机股份有限公司投资2.2亿元建设超高效节能电机智能制造产业示范基地,获工业转型升级(中国制造2025)中央财政扶持资金6000万元,为市内首家获得该项资金扶持的制造企业。江苏华雕机械有限公司推出新产品复合雕铣气动手动双用换刀定向风冷电主轴,投入市场新增销售收入400万元以上。深圳华冠电子有限公司投资1亿元,生产小型扬声器及电声元器件。江苏苏中开关厂投资0.35亿元,研发核电用开关柜。江苏宏昊电机科技有限公司投资1.2亿元,新建永磁同步电机生产项目,年产永磁同步电机5000台(套)。江苏永佳光电科技有限公司投入0.53亿元,新建标准化厂房及互感器生产线,研制变压器智能组件、电磁式电流(电压)互感器等产品。 (夏文龙 朱 涛)

·粮油及食品加工业·

【概况】 2016年,靖江粮油及食品加工业有靖江市龙威粮油工业有限公司、江苏双鱼食品有限公司、江苏骥洋食品有限公司、江苏三阳食品有限公司、江苏伊香食品有限公司、江苏尚香食品有限公司、靖江市津津食品有限公司、靖江亿泰食品有限公司、江苏瑞莱新侨食品有限公司、靖江市马洲乳业有限公司重点骨干企业10家,从业人员1440人。主要产品有猪肉脯、休闲卤肉(鸡、鸭、鱼、猪、羊、鹌鹑)制品、猪灌肠、牛肉干、肉松、植物油、冷冻地方特色面点、糕点和液体乳奶等;产量分别为猪肉脯4399吨、休闲卤肉制品1.49万吨、猪灌肠1100吨、“牛车水”肉干338吨、肉松104吨、棕榈油13.98万吨、冷冻地方特色面点1853吨、液体乳奶1958吨、各式糕点158吨。年内,受靖江市龙威粮油工业有限公司间歇性停产影响,全行业主要经济指标回落明显。粮油及食品加工业实现工业总产值14.69亿元、主营业务收入6.54亿元,分别比上年下降78.12%、79.16%;利税扭亏为盈,完成利税0.34亿元。

【行业发展】 2016年,全市粮油及食品加工行业完成技改投入5.47亿元。其中,靖江市上味食品有限公司投入0.41亿元,靖江市中意食品有限公司投入0.45亿元,靖江市喜友食品有限公司投入0.69亿元,靖江市秦香源食品有限公司投入0.37亿元,江苏骥洋食品有限公司投入0.65亿元,江苏绿涛食品有限公司投入0.36亿元,靖江市第二食品厂投入0.41亿元,靖江市金山食品有限公司投入0.3亿元,靖江市顶香食品厂投入0.36亿元,靖江市佳宁食品有限公司投入0.35亿元,靖江市智力达食品有限公司投入0.43亿元,江苏双鱼食品有限公司投入0.45亿元,靖江市豪莱顿食品有限公司投入0.43亿元用于肉脯生产线扩建等项目。年内,江苏尚香食品有限公司在“提升蟹黄汤包制皮合格率研发”上取得成效;江苏双鱼食品有限公司在蔗糖发色无硝肉脯技术研究应用、台湾风味‘纸肉脯’研发和出口香港‘玫瑰肠’研发上获得突破,全年完成出口额1300余万元,比上年增长18%。

(徐卫列)

·金属材料及制品业·

【概况】 靖江金属材料及制品业主要包括钢铁、钢结构、有色金属三大类,有企业70余家,从业人员万余人。其中规模以上企业13家,分别是江苏华菱锡钢特钢有限公司、靖江科盈钢管有限公司、江苏长强钢铁有限公司、大明重工有限公司、江苏中泰桥梁钢构股份有限公司、中建钢构江苏有限公司、江苏环胜铜业有限公司、江苏鸿尔有色合金实业有限公司、靖江市东茂合金材料有限公司、靖江宁泰金属材料有限公司、江苏亿鑫金属制品有限公司、靖江臻融钢材加工有限公司、靖江市鑫灿金属制品有限公司。主要钢产品中,管类产品有油套管、管线管、机械结构用管、锅炉管、气瓶管、液压支柱管、流体管以及自主研发的特殊气密封螺纹接头、特殊环境下的非API系列油井管,棒材类产品有轴承钢、磨球钢、不锈钢、齿轮钢、工模具钢、合金结构钢、优碳钢、弹簧钢、锚链钢等。有色金属类产品中,有铜及铜合金板、铜排、铜棒、铜管等。产品应用于IT电子、PC散热、高中低压电器、电工桥架、五金制锁、卫浴装潢、印刷制版等行业。年内,金属材料及制品业规模以上企业完成工业产值116.7亿元,比上年下降0.1%;实现主营业务收入142.1亿元、利税5.2亿元、利润3.7亿元,分别比上年增长4.1%、129.3%、341.3%。

【行业发展】 年内,金属材料及制品业降低生产成本,优化供给结构。江苏长强钢铁有限公司投资1300多万元,对二次除尘风机、环冷密封、主抽风机等设备进行技术改造,有效降低企业能源成本。江苏华菱锡钢特钢有限公司调整市场布局,开拓东盟地区、巴勒斯坦等市场,逐步扩大“一带一路”沿线国家的市场份额。江苏环胜铜业有限公司投资2000万元购置高精度异型铜带生产线,自主研发的引线框架异型铜基合金带系列产品获国家发明专利授权。靖江南洋船舶制造有限公司投资6.3亿元,实施钢结构生产项目,已完成气站、供电配套设施建设。中铁建大桥工程局集团有限公司科技产业园打造桥梁重钢制造和产品研发基地,一期项目完成钢筋加工场地及场内道路建设,开始预制梁场地施工,二期项目基本完成拆迁工作。江苏泓一科技有限公司投资2亿元,建半封闭钢结构声屏障生产基地。靖江市永固汽配制造公司投资2.5亿元,购置设备28台(套),实施汽车结构件生产项目。江苏五晟科技股份有限公司引进先进的金属加工设备,加快金属加工技术和不锈钢压力容器技术创新;公司股票在全国中小企业股份转让系统(新三板)挂牌。

(闻 佼)

·高端装备制造业·

【概况】 2016年,靖江有规模以上高端装备制造企业40家,从业人员1.36万人,产品涉及核电、化工、海洋工程、电子信息、汽车关键部件、智能电网、通用设备等。核电类产品主要有核电站用泵阀、管道、门、开关柜等,生产企业有江苏海狮泵业制造有限公司、江苏双达泵阀集团有限公司、江苏标新工业有限公司、江苏金秋竹集团有限公司、江苏龙腾门业有限公司、江苏民生特种设备集团有限公司、江苏苏中开关厂等;化工类产品主要有工业炉以及煤层气、页岩气提纯回收的撬装式液化装备等,生产企业有卓然(靖江)设备制造有限公司、托普工业(江苏)有限公司、中科睿凌江苏低温设备有限公司等;海洋工程类产品有海洋平台系泊链,生产企业是江苏亚星锚链股份有限公司;电子信息类产品有大规模集成电路晶圆刻蚀机关键部件、LED背光源产品、测试仪器及分析软件等,生产企业有靖江先锋半导体科技有限公司、靖江市永盛光电科技有限公司、江苏东华测试技术股份有限公司等;汽车关键部件类产品主要有传动轴、盘式制动器等,生产企业有江苏格尔顿传动有限公司、江苏恒力制动器制造有限公司等;智能电网类产品主要有互感器、隔离开关等,生产企业是江苏靖江互感器厂有限公司;通用设备类产品主要是离心机、高强度紧固件等,生产企业有江苏赛德力制药机械制造有限公司、江苏永昊高强度螺栓有限公司等。年内,全市高端装备制造业实现产值115.58亿元、开票销售收入109.56亿元、利税10.19亿元、利润5.77亿元,分别比上年增长110.4%、122.9%、36.8%、30.78%。

【行业发展】 2016年,靖江高端装备制造业加快"两化融合"发展,推进智能制造,实施的重大项目有江苏亚星锚链股份有限公司投资10.2亿元的海工产业园、江苏大中电机股份有限公司投资2.2亿元的超高效节能电机智能制造新模式应用、卓然(靖江)设备制造有限公司投资1.8亿元的工业炉自动化智能装备制造系统和中科睿凌江苏低温设备有限公司投资1.5亿元的可移动式煤层气液化装置技术等项目。江苏永涛实业有限公司的2B-4A自走式多功能育秧机生产线、江苏苏中开关厂的百万千瓦核电机组(ACP1000)GCK-1E级停堆断路器柜通过省级新产品鉴定,江苏航天动力机电有限公司的高速永磁大功率电机、江苏和诚制药设备制造有限公司的内置循环蒸发浓缩器、江苏龙腾门业有限公司的核电站用超大规格特种屏蔽门、江苏海狮泵业制造有限公司的堆内构件在役维修专用平台、靖江先锋半导体科技有限公司的大规模集成电路等离子刻蚀机腔体、托普工业(江苏)有限公司的高效短流程冷凝式工业加热装置、江苏标新久保田工业有限公司的核岛主管道等通过江苏省首台(套)重大装备及关键部件认定。江苏亚星锚链股份有限公司建成国家级企业技术中心,江苏新程汽车零部件有限公司技术中心、江苏海狮泵业制造有限公司技术中心被认定为省级企业技术中心,江苏恒力制动器制造有限公司的智能汽车盘式制动器车间通过省示范智能车间认定。江苏谷泰粮食机械科技有限公司的"高效智能循环式谷物干燥机研发"项目、江苏和诚制药设备制造有限公司的"基于内置循环式高浓度含盐水蒸发浓缩系统关键制造技术研发"项目获2016年省级重点研发专项资金扶持。靖江三鹏模具科技股份有限公司投资1亿元的双质量飞轮生产线改造项目,获江苏省"双创计划"(高层次创新创业人才引进计划)资助。 (陈灿军)

江苏恒力制动器制造公司建成市内首个省级示范智能车间

(市经信委提供)

·节能环保产业·

【概况】 2016年,靖江节能环保产业有规模企业23家,其中空调及空调产品制造企业13家、节能型企业及合同能源管理企业各1家、环保装备制造企业8家,有从业人员3300人。节能类产品有多能源集热水箱、热泵热水器及平板式太阳能集热器，生产企业主要有江苏迈能高科技有限公司、江苏光芒新能源股份有限公司等；环保类产品有干馏热解气化炉、回转窑焚烧炉、秸秆碳化炉、原料药浓缩结晶装备、过滤干燥装备、MVR 蒸汽压缩机及蒸发浓缩结晶系统等，生产企业主要有江苏联兴成套设备制造有限公司、江苏和诚制药设备制造有限公司、江苏乐科节能科技股份有限公司等。全年节能环保产业规模以上企业实现工业产值 43.2 亿元、销售收入 41.7 亿元、利润 1.76 亿元，分别比上年增长 18.4%、18.6%和 23.2%。

【行业发展】 2016 年，市政府制定节能环保产业发展规划，推动节能环保产业发展。江苏乐科节能科技股份有限公司、江苏辰午节能科技有限公司成为全市第一批在新三板上市的节能环保类公司。江苏联兴环保科技有限公司研制碳化试验炉，首创缺氧碳化新工艺，解决危险废弃物难以焚烧处理的难题，既适用于秸秆等生物质废弃物的处置再利用，又适用于轮胎、油漆、皮革、药渣、化工盐、玻璃钢、污泥等废弃物的处置。江苏赛德力制药机械有限公司研发 MVR 离心压缩机产品，在高效节能节水系统生产领域里，将离心式蒸汽压缩机作为动力设备，实现蒸汽的再压缩，应用于精馏、提纯、蒸发和干燥等精细化工以及食品、医药等工艺流程中，替代现有多效蒸发工艺，节能效率提高 30%～50%，同时减少废水排放。托普工业（江苏）有限公司与南京工业大学合作研发的“高效短流程冷凝式工业加热装置研发与产业化”项目、江苏飞跃机泵制造有限公司与江苏大学合作研发的“极端高温工况高可靠性熔盐泵的研发及产业化”项目获省级财政重大项目支持。靖江格兰石化设备有限公司投资 1.56 亿元，从韩国进口管焊接生产线，实施化工废液废气处理设备生产项目。江苏光芒新能源股份有限公司投资 1.6 亿元，实施新型高效节能空气源热水器技改项目，新研制的“相变式热水箱”，体积比传统产品缩小 50%以上，储能效益提高 40%。公司蝉联“中国热泵行业十大优秀供应商”称号。江苏迈能高科技有限公司成功研制盘管滚丝机，设计的空气能一体机热水器获“中国创新设计红星奖”，生产的 GMO 牌家用太阳能热水器系统储水箱获评江苏省名牌产品，燃气加热器获 2016 年中国太阳能热利用行业创新奖。江苏景盛空调有限公司为全国防火排烟阀门行业首家通过 3C 认证的企业。江苏通月空调有限公司与苏州大学城市轨道交通学院合作，共建研究生工作站，研发地铁用空调消音器、风机等产品。靖江市春意空调制冷设备有限公司投资 1 亿元，购置自动焊接设备，实施空调制冷设备、水地源热泵扩产项目。江苏华东正大空调设备有限公司有 100 余个型号的产品通过 3C 认证，获北京市最高地标建筑“中国尊”项目订单；全年销售收入 2.2 亿元，比上年增长 46%。 （张洪江）

·新材料产业·

【概况】 2016 年，靖江新材料产业有规模以上企业 38 家，从业人员 2600 人，其中工程技术人员 450 人，重点发展高端制造业所需的高性能合金材料、稀土发光材料、新型功能材料、新型建筑装饰材料等。高性能合金材料主要有江苏耐尔冶电集团有限公司与中科院金属研究所共同研发的亚稳合金材料，托普工业（江苏）有限公司、靖江市九新特钢制品有限公司和靖江市标新特钢制品厂等企业开发生产的应用于冶金、电力和化工等行业的炉焜、辐射管，江苏鸿尔有色合金实业有限公司、江苏环胜铜业有限公司开发生产的新型精密铜基合金带，靖江市海源有色金属材料有限公司研发的大功率硬质铜钨铁复合电触头材料，江苏双星特钢有限公司开发生产的超耐磨耐腐水泥衬板材料，靖江新舟合金材料有限公司开发生产的锌铝合金复合功能新材料等；稀土发光材料主要是包钢天彩靖东科技有限公司开发生产的稀土发光材料；新型功能材料主要有江苏中杰澳新材料有限公司开发生产的特种纤维、差别化纤维，江苏双江能源科技股份有限公司开发生产的电气绝缘油、石油添加剂等系列产品，靖江中环化机设备有限公司开发的新型防腐材料，江苏金秋竹集团有限公司开发的节能环保门窗用聚氨酯材料，靖江亚龙复合材料有限公司开发的导电铝箔胶带，靖江海鸿塑胶科技有限公司开发的环保型橡胶贯穿件，靖江旭光塑胶有限公司开发的无尘复合稳定润滑剂等；新型建筑装饰材料主要有靖江市长鸿新型建材有限公司、靖江市智利达混凝土有限公司生产的预拌砂浆等。年内，新材料产业规模以上企业实现产值 56.49 亿元、销售收入 54.72 亿元、利税 5.32 亿元、利润 2.94 亿元。

【行业发展】 年内，新材料产业

依托中科院理化所(靖江)产业园、新桥园区特种合金材料工业园,组织技术攻关,加速新材料科技成果产业化。中科华星靖江新材料工程有限公司开发的高性能空心玻璃微珠产品,获得国家863计划支持,广泛应用于航空航天、海洋工程、石油钻井等领域,出口美国、俄罗斯、印度、泰国、缅甸和中东地区。中铁建电气化局集团康远新材料有限公司自主研发的新型超细晶强化型铜镁合金接触线,主要技术指标优于国内同类产品,达到国际领先水平。江苏中杰澳新材料有限公司研发的"高强度聚乙烯连续纤维的制备方法及所得产品",获江苏省国(境)外专利专项资金资助。江苏瑞普医疗器械科技有限公司投资1亿元,建设1万平方米手术高级耗材生产车间,启动医用吻合器及高分子材料项目。中航复合材料有限公司与江苏立源自动化工程有限公司共同投资2亿元,开发生产航空内饰先进复合材料和机电结构件。江苏金秋竹集团有限公司投资3.5亿元,新建15条CPR板材自动化生产线,年产CPR板材100万平方米;研发生产的核电站用生物屏蔽防护门防护性能达到国际先进水平。江苏兰金科技发展公司投资1.2亿元,引进两条国际先进的防水透气膜生产线,新增防水透气母料生产线、卫星式柔版印刷线。江苏耐尔集团与中国科学院金属研究所研究员张海峰团队开展产学研合作,实施特种功能合金材料及采油防蜡装置科技成果转化工作。江苏亚龙数码科技有限公司承担的"新型多功能屏蔽胶带开发的关键技术"项目,采用高强压延等技术,强化抗电子干扰和隔离电磁波的作用,增强胶带的柔韧性和抗冲击性,该项目获得2016年省级重点研发专项资金扶持。 (高剑平)

·电子信息产业·

【概况】 2016年,靖江电子信息产业重点骨干企业有江苏东华测试技术股份有限公司、江苏阿泰克电子科技有限公司、靖江永盛光电科技有限公司、靖江先锋半导体科技有限公司等,主要生产通信设备、手机零部件、电子仪器仪表等。全市有软件产品注册企业20家,新申报软件著作权21个、软件产品19个,软件企业年销售收入6.48亿元,比上年增长20%。全年电子信息产业实现产值32亿元、利税2.6亿元、利润1.8亿元。

江苏靖江互感器股份公司检测车间一角 (市经信委提供)

【行业发展】 2016年,电子信息产业申报江苏省转型升级专项引导资金项目5个,其中江苏靖江互感器股份有限公司、江苏光芒集团有限公司、江苏迈能高科技有限公司、江苏恒力制动器制造有限公司申报大中型企业互联网化提升项目,分别获得扶持资金50万元、70万元、80万元、110万元。江苏东华测试技术股份有限公司申报软件产业关键核心技术突破和产业化项目,获得扶持资金140万元;研发的DHDAS动态信号采集分析系统软件V6.0,通过无线传输实现遥控遥测,为飞行状态中飞机发动机的安全评估提供有力的技术支撑,获得第13届省优秀软件产品奖(金慧奖)、全国首届军民融合创新大赛优胜奖,被列入国防装备产品优先推荐目录,公司董事长刘士钢被授予市科学技术突出贡献奖。江苏旭顺东明汽配有限公司成立车联网产品研发中心,与上海工程技术大学建立合作关系,开发出车联网多媒体系统、行车记录仪、定位仪等,拥有整车互动信息显示、整车控制信息显示等车载互联网产品11个,年产值逾8000万元,比上年增加5000万元。靖江市永盛光电科技有限公司投资2亿元建设背光源生产线，开发的车载显示产品为世界知名品牌汽车配套。江苏宝奥兰空调设备有限公司与比利时JAGA公司合资成立雅凯热能技术(江苏)有限公司，合作开发销售家居智能空调系统，满足客户个性化定制需要。江苏靖江互感器股份有限公司累计研发6个系列100多种数字化变电站及配电设备一二次融合用智能互感器，拥有11项发明专利；开发的组合电器用智能套管式电流互感器被认定为江苏省高新技术产品。

（陈　勇　戴燕臻）

建　筑　业

【概况】 2016年，全市建筑业调整产业结构，提高经营层次，优化发展环境，强化行业监管，拓展埠外市场，全行业呈现稳中有进的发展态势。企业实力逐步壮大。全市建筑企业机械设备净值30.9亿元，比上年增长6%；总资产307.4亿元，总负债146.9亿元，企业所有者权益160.4亿元，资产负债率呈现下降趋势。企业规模做大做强。全市完成施工产值超亿元的企业有75家，其中超10亿元的有9家，江苏广宇集团公司、江苏神龙海洋工程公司产值超70亿元，华昊集团公司、博尔建设集团公司产值超30亿元。建筑市场持续拓展。埠外建筑市场涉及30个省(自治区、直辖市)，省外亿元规模以上市场达26个，其中10亿元以上规模市场7个。省外施工产值共完成186亿元，比上年增长11%；占全市建筑业总产值的34%，所占份额比上年增长12.1%。传统优势地区浙江、安徽、江西、湖南、重庆、贵州、云南、陕西、甘肃、宁夏增长较快，浙江、贵州分别完成产值15.4亿元、14.6亿元，比上年增长均超过150%；境外施工向非洲、中东等地区拓展，全市共完成境外营业额1.72亿美元，比上年增长8%。产业规模继续扩张。全年完成建筑业施工总产值545.12亿元，比上年增长11%，其中房屋建筑工程产值占68.4%，市政公用工程产值占18%，钢结构工程产值占3.8%，其他工程产值占9.8%；房屋建筑施工面积5102万平方米、竣工面积2914万平方米，竣工产值478亿元；实现利润总额24.85亿元，增长11%；上缴税金6.24亿元，为地方财政贡献额度达10%；吸纳12万余人就业，系全市吸纳劳动力最多的行业之一。市住建局连续两年获评“市安全管理综合考评先进单位”。

【项目拓展】 2016年，加大对龙头骨干企业的扶持力度，引导建筑企业由土建施工总承包为主向BT(建设—转让)、BOT(建设—经营—转让)、PPP(公私合作)等市政公用项目总承包方式转型。江苏广宇建设集团有限公司承接靖江市职教中心等PPP项目3个，工程造价逾11亿元；成立战略合作部，与中建钢构、浙江金城、恒鼎投资、杭萧钢构等企业建立长期合作关系，其中与中建钢构合作项目3个，签约合同价逾10亿元；瞄准旧城改造和棚户区改造，承揽新沂明珠花苑项目、浙江瑞安市官渎村旧村改造工程等亿元以上项目，新开辟新疆生产建设兵团建设项目。江苏华昊建设集团有限公司参与PPP项目投资建设，承接西安高新区沣东中学项目、山东博山养老项目和安徽宁国市安徽材料工程学院、宁国市委党校迁扩建及配套路网建设项目。中建钢构江苏有限公司承建江苏第一高楼苏州国际金融中心和世界第三大清真寺阿尔及利亚大清真寺。龙信房地产(靖江)有限公司投建市内第一个现代化建筑产业项目，打造休闲、娱乐、购物、住宅一体化的高档生活社区，计划投资12亿元。

中建钢构江苏有限公司承建的江苏第一高楼(苏州国际金融中心)

（市住建局提供）

江苏神龙海洋工程有限公司凭借海底管道工程施工技术和服务优势,承建金门自大陆引水(跨海输水管工程)项目等一批高难度施工项目,在越南、菲律宾等地承建一批管道、电缆工程。

【行业管理】 2016年,根据《关于加快推进建筑业转型的意见》,对建筑企业资质晋级、科技创新、人才培养、获奖创优、回靖纳税等予以奖励,全年发放财政奖励资金近200万元。加强资质管理,重新审核全市177家建筑业企业资质,其中特级企业1家、一级企业15家。浦江公司地基基础工程专业资质和天德公司建筑工程总承包资质二级升一级获建设部批准。引进和培养各类专业人才,新增一级建造师45人、二级建造师261人,企业中层岗位持证上岗率、特种作业人员持证上岗率均为100%。提高工程施工质量,市绿化工程有限公司承建的靖江市职业教育中心场地铺装及景观工程、江苏神龙海洋工程集团有限公司承建的新洲桥及引桥工程获“扬子杯”优质工程奖。靖江市儿童福利院(光荣院)等17项工程获泰州市“梅兰杯”优质工程奖。注重科技进步与创新,主编省级工法17项、国家标准1项,获得8个发明专利、21个实用专利以及一批QC成果。推进绿色施工创建活动,城区所有新建民用建筑均达到一星级绿色建筑评价标准。加强品牌建设,江苏广宇建设集团有限公司、江苏神龙海洋工程有限公司、中建钢构江苏有限公司、江苏中泰桥梁钢构股份有限公司4家企业入围“江苏省建筑业竞争力百强企业”,江苏广宇集团、江苏华昊集团、博尔建设集团获评泰州市建筑业十强企业,江苏神龙海洋工程公司、中建钢构江苏有限公司获评泰州市建筑业十佳专业企业。优化发展环境,市政府出台靖江市建筑设计创新“兰花奖”和“香橼杯”优质工程奖评选评审办法,促进全市建筑设计水平与建筑工程质量提升。强化质量安全监管,为35个规模在建工程安装施工现场远程视频监控系统,创新施工现场安全督导员制度、第三方机构评估和安全评估制度,对全市156个在建项目实施质量安全监管。全年组织综合大检查3次、质量专项检查3次、安全专项检查4次,累计检查工地133个,发现各类安全隐患422条,发出隐患整改通知单22份、局部停工通知书64份,行政处罚29家企业和个人,收缴罚金153万余元。维护农民工的合法权益,帮助780名农民工追讨欠薪1200万元。

(倪　鹏)

2016年江苏省、泰州市标准化示范工地一览表

表12

工程名称	建设单位	施工单位	监理单位	结构类型	建筑面积(平方米)	标准类型
靖江市第二人民医院改扩建项目	靖江市第二人民医院	锦汇建设集团有限公司	江苏誉达项目管理有限公司	框架6层	25277	省标 市标
玉兰花苑一期	靖江阳光置业有限公司	江苏万象建工集团有限公司	江苏誉达项目管理有限公司	框剪15层	24608	省标 市标
锦绣花园	靖江湧佳房地产开发有限公司	浙江恒业建设有限公司	江苏誉达项目管理有限公司	框架17层	82869	省标 市标
工人文化宫改建项目	靖江市工人文化宫	江苏广宇建设集团有限公司	江苏誉达项目管理有限公司	框架4层	14175	省标 市标
家私城改建项目	靖江市供销房地产开发公司	江苏广宇建设集团有限公司	江苏誉达项目管理有限公司	框架2–4层	27384	省标 市标
双鱼食品公司车间	江苏双鱼食品有限公司	江苏扬城建设有限公司	江苏马洲项目管理有限公司	框架5层	29882	市标

续表 12

工程名称	建设单位	施工单位	监理单位	结构类型	建筑面积（平方米）	标准类型
渔婆农贸市场二期	靖江市城投基础设施发展有限公司	江苏扬城建设有限公司	江苏马洲项目管理有限公司	框架 3 层	11736	市标
宝丽广场二期	江苏广天置业有限公司	靖江三久建设工程有限公司	江苏盛天建设管理咨询有限公司	框架 6+1 层	30168	市标

2016 年靖江市建筑行业主编省级工法一览表

表 13

序号	工　法　名　称	批准文号	主编单位
1	热浸镀锌与油漆相结合的双重涂装系统施工工法	苏建质安〔2016〕27 号	中建钢构江苏有限公司
2	大跨度空间箱型弯扭桁架加工制作工法	苏建质安〔2016〕27 号	中建钢构江苏有限公司
3	一种 T 型接头陶瓷衬垫单面焊双面成型工法	苏建质安〔2016〕27 号	中建钢构江苏有限公司
4	双向交叉桁架式顶模影响下折弯节点及桁架施工工法	苏建质安〔2016〕27 号	中建钢构江苏有限公司
5	超高层建筑吊挂结构施工工法	苏建质安〔2016〕27 号	中建钢构江苏有限公司
6	多层非等长悬挑钢结构施工工法	苏建质安〔2016〕27 号	中建钢构江苏有限公司
7	基于自制伸臂式万向滑移轨道车的钢结构滑移施工工法	苏建质安〔2016〕27 号	中建钢构江苏有限公司
8	大跨度、异形塔冠连接巨柱制作工法	苏建质安〔2016〕27 号	中建钢构江苏有限公司
9	基础拉锚式模板体系施工工法	苏建质安〔2016〕698 号	江苏广宇建设集团有限公司
10	幕墙防水复合保温层施工工法	苏建质安〔2016〕698 号	江苏广宇建设集团有限公司
11	超厚型大截面多隔板日字型巨柱制作技术工法	苏建质安〔2016〕698 号	中建钢构江苏有限公司
12	箱型斜交网格 X 型交叉连接点加工制作技术	苏建质安〔2016〕698 号	中建钢构江苏有限公司
13	超大型多腔体巨型柱循环预拼装技术	苏建质安〔2016〕698 号	中建钢构江苏有限公司
14	超大超重钢构件顶升下胎及转运技术	苏建质安〔2016〕698 号	中建钢构江苏有限公司
15	马鞍形环梁、多角度斜柱钢构施工工法	苏建质安〔2016〕698 号	中建钢构江苏有限公司
16	马鞍形正交索网高空溜索施工工法	苏建质安〔2016〕698 号	中建钢构江苏有限公司
17	马鞍形轮辐式单层索网外圈钢结构柱脚可滑动关节轴承施工工法	苏建质安〔2016〕698 号	中建钢构江苏有限公司

（倪　鹏）

综 述

【概况】 2016年,全市围绕“稳定发展粮食生产,加快农业供给侧结构改革,促进农业增效、农民增收”工作目标,推进农业现代化、集约化、高效化发展,农业基本现代化跃居江苏省县区第一方阵,位列全省第12位。农业经济发展态势良好。年内,高效设施农业面积新增720公顷,累计达5580公顷;高效设施渔业面积新增53.3公顷,累计达466.6公顷。全年完成农林牧渔总产值39.81亿元,比上年增长9.43%。其中农业产值22.53亿元、林业产值0.5亿元、牧业产值9.77亿元、渔业产值3.33亿元、农林牧渔服务业产值3.68亿元,分别比上年增长9.21%、0.40%、14.54%、1.18%、7.29%。实现农林牧渔增加值(现价)23.92亿元,农村居民人均可支配收入19605元,分别比上年增长9.37%和8.65%。全年粮食总产30.98万吨,比上年下降8.7%。提高农产品质量,新认定无公害农产品47个,新增无公害农产品基地21个,农业“三品一标”(无公害农产品、绿色食品、有机食品及地理标志产品)产品达179个,种植业、渔业“三品”比重分别为51.3%、90.8%。绿化造林650公顷,建成省级森林生态示范村2个、省级村庄绿化示范村4个。加快农业机械化进程,水稻机插秧面积1.84万公顷。加快土地治理开发,治理面积666.67公顷。发展农业科技,培育新型职业农民4956人。 (卢俊春)

【农业产业化经营】 年内,全市农业产业化龙头企业新增22家,累计92家,其中省级11家、泰州市级20家、靖江市级61家。泰州市级以上龙头企业实现销售104亿元,比上年增长20.9%。组织江苏骥洋食品有限公司4000吨加工原料冷藏库建设、肉脯车间扩能技改,靖江三阳食品有限公司肉制品精深加工设备升级改造3个项目申报省级农产品精深加工项目,总投资587万元,其中省级财政投入180万元。出台《靖江市农业产业化发展专项资金使用管理办法》,龙头企业培育与发展、流通体系与运行质量、基地建设与技术改造等项目获市财政农业产业化奖补资金133万元。组织龙头企业参加“2016年香港美食博览会”“第19届中国农产品加工业投资贸易洽谈会”和“靖江市2016年农产品展览会”等农产品展示展销活动,“骥洋”牌香卤猪蹄、“孙尚香”牌刀鱼馄饨被评为第19届中国农产品加工业投资贸易洽谈会优质产品。 (任 杰)

【现代高效农业】 年内,全市新增高效设施农业面积720公顷、高效设施渔业面积53.3公顷,建成泰州市级规模设施农业项目12个。省级农业产业园区通过复核,马桥镇特色果蔬产业园成为泰州市级现代农业产业园区。加快新江平线现代农业集聚带建设进度,完成全线绿化提档补缺和景观化节点建设。新开工建设农业重大项目18个，其中东兴新科农业、马桥百德惠生态园等5个项目投资额在亿元以上。至年末，全市有规模养殖场98个，生猪、肉羊规模养殖比重分别达72.3%、57.17%。

（李云峰）

立信”示范单位，市农委获省农产品质量安全绩效考评二等奖。

（羊雪萍）

【农业科研】 年内，实施省级农业“三新”（新产品、新技术、新模式）工程项目2个，即市植保站承担的“小麦田杂草发生规律变化与化除新技术研究及示范推广”、市红芽香沙芋产销协会承担的“靖江香沙芋连作障碍防控技术推广应用”，共获省级扶持资金70万元。“长春鳊苗种规模化繁育和产业化技术推广”获江苏省渔业科技创新奖，“泰州优质芋头品种改良及轻简高效栽培技术创新与应用”获泰州市科技进步二等奖，“宽体金线蛭苗种繁育与养成技术研究”获靖江市科技进步一等奖。“一种水蛭养殖循环水系统”获得国家发明专利，“一种水蛭防鸟网”“一种水蛭养殖装置”“一种水蛭投饵台”等3项技术获得国家实用新型专利。

省委常委、副省长杨岳（前排左二）至靖江调研现代农业

（市农委提供）

【农产品质量安全建设】 年内，全市新增无公害农产品基地21个，其中种植业基地18个、畜禽基地3个。新认定无公害农产品47个，其中种植业产品32个、畜禽产品3个、水产品12个。加强农产品质量安全检查，通过农产品质量安全追溯管理平台上传监管巡查信息355条、检测数据5100条。完成蔬菜省级例行抽样120个，合格率99.02%；畜产品、水产品省级抽检合格率100%。徐联芦笋专业合作社获评“泰州市农产品质量安全红名单企业”，金星休闲农庄、东方弘杰畜牧有限公司、润丰蔬菜专业合作社等7家企业获评“泰州市农产品质量安全诚信企业”，马洲乳业有限公司、绿野生态园有限公司被评为省级农产品“创牌立信”示范单位，市农委获省农产品质量安全绩效考评二等奖。

【农业科技入户】 年内，市农委实施国家基层农技推广体系建设补助项目和省科技入户工程，获中央财政专项拨款100万元和省财政扶持资金84万元。建设核心示范基地2个以及村级服务站122个、核心示范户100户，组织农技推广人员向科技示范户重点推广应用水稻机插高产栽培、秸秆还田机械化、香沙芋叶龄模式栽培等11项技术。年末，全市有稻麦、香沙芋、农机科技示范户1840户，国家基层农技体系建设补助项目及省科技入户工程项目通过省考评验收。

（吴东平）

【农业行政执法】 年内，市农委清理整顿全市200余个生产经营单位和市场摊点，依法查处无证照经营门店2个，整顿农资经营门店12家，调解农资纠纷4起，受理各类举报10起，结案率100%。开展农产品质量安全监管执法8次、种子打假护农专项行动4次，查处种子案1起。农药备案40件，抽检29个，其中1个标签标识不规范、4个含量不合格。查处农药案件5起、肥料案件1起。全年共处罚金17万余元。

（薛裕国）

【新型职业农民培育】 年内，市农委组织培育新型职业农民5000余人。其中，培训部级新型职业农民190人；举办省级农业科技推广项目培训班，培训1800人，其中农业职业技能培训1670人、省级农产品电子商务培训130人，有89人通过人力资源社会保障部委托江苏省专家组进行的国家理论统考和农业职业技能鉴定；举办各类地方持证培训班，培训3006人。

（杨红明）

【农产品展销】 年内，市农委组织20余家涉农企业、4个农民专业合作社携香沙芋、猪肉脯、汤包等特色农产品参加第14届中国国际农产品交易会(昆明)、第18届江苏农业国际合作洽谈会(连云港)、第14届江苏名特优农产品交易会(上海)等综合展会。签订外商投资项目1个,投资额2500万美元;签订对外贸易合同1个,贸易金额417万美元。全年实现农产品自营出口7583万美元。（瞿空名）

种植业

【概况】 2016年,全市种植业完成产值22.53亿元,比上年增长9.21%;完成增加值15.63亿元,比上年增长9.21%。粮食总产30.98万吨,比上年下降8.7%。其中,小麦种植面积2.19万公顷、产量11.64万吨,分别比上年增加80公顷、减少1.59万吨;水稻种植面积2.04万公顷,产量18.50万吨,分别比上年减少820公顷、1.18万吨。油菜籽种植面积1900公顷,比上年略增;产量5130吨,比上年增加109吨。

【耕地质量保护】 年内,全市测土配方施肥技术推广总面积3.95万公顷。其中,小麦测土配方施肥技术推广面积1.91万公顷,每公顷节省肥料(折纯)16.5千克、节本增收715元;水稻测土配方施肥技术推广面积2.04万公顷,每公顷节省肥料(折纯)37.5千克、节本增收1635元。实施耕地质量监测,化肥使用强度比上年减少2.2千克/年·公顷。秸秆全量还田与未还田区相比,耕地质量上升0.23个等级,容重下降0.016克/立方厘米,有机质上升0.62克/千克,速效钾肥上升3.11毫克/千克。建成耕地质量综合示范区3个2400公顷、水肥一体化基地3个16公顷。推广补贴商品有机肥1250吨、有机无机肥1500吨、配方肥1250吨,使用面积分别为833公顷、2000公顷、1852公顷。推广专业化服务施肥机18台,机械施肥2560公顷。对78个项目400个地块118.74公顷补充耕地进行农业生产符合性审核和等级评定,共采集土壤样品78个。

【粮食高产增效创建】 年内,市农委在全市各镇以及靖城街道建立9个机插水稻高产栽培千亩示范片和6个稻鸭共作模式示范片,其中生祠镇、西来镇获评全省水稻A级示范片,最高单产10881千克/公顷,高出大面种植1828.5千克/公顷;在新桥、斜桥、西来、季市等8个镇建立夏熟小麦高产增效万亩示范片,其中马桥片获评全省小麦A级示范片,最高单产6780千克/公顷,高出大面种植1455千克/公顷。

稻鸭共作模式示范园

【农作物病虫草害发生与防治】 年内,全市农作物病虫草害发生总面积28万公顷,防治总面积39.89万公顷。其中,水稻病虫草害发生面积17.38万公顷,防治面积27.22万公顷,挽回损失10.11万吨;小麦病虫草害发生面积8.64万公顷,防治面积10.53万公顷,挽回损失4.28万吨;油菜病虫草害发生面积0.31万公顷,防治面积0.23万公顷,挽回损失493.5吨;蔬菜病虫害发生面积1.67万公顷,防治面积1.91万公顷,挽回损失4009吨。

【蔬菜生产】 年内,全市蔬菜播种面积累计6832.13公顷,比上年增加226.87公顷。其中露地蔬菜播种面积5204公顷、设施蔬菜播种面积1628.13公顷,分别比上年增加192.13公顷、3.47公顷。香沙芋种植面积1746.67公顷,食用菌种植面积33.25公顷。年末,全市有永久性万亩蔬菜基地553.82公顷(当年新增101.8公顷),其中露地蔬菜250公顷、设施蔬菜303.8公顷。是年引进蔬菜示范新品种22个,编印《靖江蔬菜科技信息》8期,网上发布蔬菜信息65篇(条),培训各类蔬菜种植人员2100人次。“泰州

优质芋头品种改良及轻简高效栽培技术创新与应用”获泰州市科技进步二等奖。（卢俊春）

【“靖江香沙芋”贴上专属二维码】 2016年，全市香沙芋种植总面积1800公顷，年产值超亿元。年内，市香沙芋产销协会与杭州甲骨文科技有限公司合作，建立香沙芋防伪溯源查询系统，实现生产全程质量安全可追溯。消费者在购买时，扫码即可查阅香沙芋的具体生产基地、农药使用情况等整套“电子生长日记”。

（赵一阳）

畜牧业

【概况】 2016年，全市畜牧业完成现价产值9.77亿元、增加值4.88亿元，均比上年增长14.54%。生猪存栏11.99万头，出栏36.10万头；家禽存栏53.49万羽，出栏192.10万羽；山羊存栏1.36万只，出栏1.4万只。生猪和肉羊规模养殖比重分别为72.3%、57.17%。年内，有登记备案的市级以上规模养殖企业98个。其中，新增鲲鹏养殖场、明雨生猪养殖专业合作社、鼎坤山羊养殖场3个省级畜牧生态健康养殖示范场。丰园生态农业园有限公司、华源禽业专业合作社、季氏新颖畜牧养殖有限公司等10个养殖场通过省级示范场复核验收。标准化改造靖城、城南、季市、斜桥4个基层畜牧兽医站兽医实验室，乡镇兽医实验室规范达标率90%。强化畜产品质量安全监管，打击生猪私屠滥宰现象，各镇均建成病死动物无害化收集点。

【重大动物疫病防控】 年内，市农委实施动物口蹄疫免疫43.6万头次、猪瘟免疫40.5万头次、生猪高致病性蓝耳病免疫22.3万头次、山羊小反刍兽疫免疫2.4万头次、犬狂犬病免疫2.5万条次、禽流感免疫121.8万羽次；组织全市性消灭毒源3次，放发消毒药物2.85吨，累计消毒186万平方米；按规定对286头奶牛进行布病、结核病筛查，未发现阳性病例。全年动物疫情稳定，未发生区域性重大动物疫病。

【动物卫生监管】 年内，市农委检疫产地生猪8.54万头次，养殖、屠宰环节无害化处理病死猪1.83万头；专项检查畜产品质量安全，检查饲料、兽药经营企业350家次、生产企业8家次，责令20家企业整改，列案查处违法行为6起；抽样检测养殖环节“瘦肉精”1.56万份；清查自行免疫规模养殖场，签订自行免疫责任承诺书122份；组织开展畜产品安全监管、动物检疫等业务培训578人次，发放宣传资料6000余份。

（卢俊春）

【“香羽”猪肉获绿色食品A级认证】 年内，市绿野生态园“香羽”牌猪肉通过农业部畜禽产品质量安全监督检验测试中心检测、中国绿色食品发展中心审核，被认定为绿色食品A级产品，许可使用绿色食品标志，为市首个猪肉类绿色食品。绿野生态园创建于2003年，占地20公顷，长期与江苏省农业科学院合作，是生猪自繁、自育、自宰、自销一体化的生猪养殖基地。养殖过程中，饲料自主生产，由玉米、豆饼、蟹壳、麸皮、银杏、南瓜、俄罗斯草等合成；借鉴西部地区香猪饲养经验，让猪定时在室外奔跑，减少猪身体内脂肪。猪肉各项指标及养殖基地水、土壤采样检测合格率均为100%。年出栏小猪和成猪5000余头。“香羽”猪肉先后获农业部颁发的无公害农产品证书、江苏省农林厅颁发的无公害农产品产地证书以及江苏省名牌农产品称号。（赵一阳）

渔业

【概况】 2016年，全市渔业完成现价产值3.33亿元、增加值1.66亿元，均比上年增长1.18%。全年水产品总产量1.02万吨，养殖总面积1590公顷。淡水养殖产量0.84万吨，比上年增长0.62%。其中，特水养殖面积1171公顷、养殖产量0.23万吨，分别比上年增长9.85%、7.8%。捕捞产量0.18万吨，比上年增加0.55%。全市有机动渔船340艘，总吨位0.43万吨，总功率8664千瓦。市水产技术指导站和市滨江水产良种场合作实施的“长春鳊苗种规模化繁育和产业化技术推广”项目，被江苏省海洋与渔业局授予第4届江苏省海洋与渔业科技创新奖；市水产技术指导站和市明星水蛭科技有限公司合作实施的“宽体金线蛭苗种繁育与养成技术研究”，获靖江市科技进步一等奖。

【渔业执法】 年内，市农委查处电鱼行为42起，收缴船1艘、电瓶18只、电鱼器38台（套）；清除长江和内河港道插网1450余口、地笼1260余条，开展水产品苗种执法检查6次、养殖执法检查28次，重点检查企业生产许可证持证、生产规范执行、药物使用销售等情况。全年渔政执法立案15起,罚款1.64万元,行政处罚20人次,移交公安机关立案11起。执行长江禁渔制度,渔政执法巡航160余航次,查处违规捕捞案5起,处罚4500元。开展渔民安全教育培训,培训300余人次,发放资料500余份。

(陈浩洲)

【水产养殖首获国家专利】 年内,市明星水蛭科技有限公司创新水蛭苗种繁育及饲养技术,扩大产业规模,年产宽体金线蛭苗种近3000万尾,养殖成品水蛭12吨,年产值480万元。"一种水蛭养殖循环水系统"获国家发明专利,"一种水蛭防鸟网""一种水蛭养殖装置""一种水蛭投台"3项技术获国家实用新型专利。

(朱爱奇)

林 业

【概况】 2016年,全市林业完成现价产值5020万元、增加值3285万元,均比上年增长0.40%。完成营造林小班560个,冬春绿化造林447.73公顷,完善林网624.73公顷,四旁植树26.97万株。新桥镇五星村、西来镇龙飞村建成省级森林生态示范村,生祠镇大进村、马桥镇侯河村、孤山镇勇进村、季市镇大进村建成省级村庄绿化示范村。

【名木古树普查】 年内,市名木古树普查工作完成。全市有百年以上古树38棵,其中二级2棵,其余均为三级,树龄最大的为孤山镇480年的银杏树。此外有树龄80年以上100年以下的银杏、桂花、侧柏、松树、朴树、榉树、黄檀、柘树等30余棵。百年古树均列入全省古树名木养护系统,实时监控其生长状况和养护情况等。 (仲秀林)

孤山镇新联村北美红枫苗圃

农业机械化

【概况】 2016年,全市拥有各类大中型拖拉机791台、大中型配套农具1422台、联合收获机611台、水稻插秧机1229台、粮食烘干机233台,各类农机总动力28.39万千瓦。机灌面积2.14万公顷,机收小麦2.18万公顷、水稻2.08万公顷,水稻机插秧面积1.84万公顷,麦、稻秸秆机械化全量还田面积分别为29.25万公顷、26.56万公顷。0.33公顷以上商品化集中育秧面积145.7公顷。发放农机跨区作业证163份、二级农机维修技术合格证1份。

【农机购置补贴】 全年新增各类补贴农机具795台(套),其中半喂入联合收割机8台、全喂入联合收割机39台、开沟机(器)12台、粮食烘干机115台、轮式拖拉机53台、喷杆式喷雾机47台、激光平地机1台、撒肥机7台、水稻插秧机365台、条播机3台、旋耕机99台、秧盘播种成套设备8台、增氧机17台、筑埂机2台、抓草机19台。新增和报废的农机具共获中央和省农机具购置补贴1273.5万元,受益组织或农户203个。

【农机作业服务】 2016年,全市有农机专业合作社131个,有各类农机大型机具4014台,总资产11365万元。新增省级农机专业合作示范社1个、泰州市级农机专业合作示范社2个。农机专业合作社服务总面积2.02万公顷,占农机服务总面积的80.2%;服务农户7.02万户,服务收入4150万元。

【农机技术培训】 年内,市农委共举办各类农机培训班15期,培训农机人员1550人。其中农机职业技能鉴定培训班5期,289人取得合格证书(初级工220人、中级工60人、高级工8人、技师1人)。全市持证农机人员总数达2507人。 (朱亚东)

商 贸

·综 述·

【概况】 2016年，全市消费市场运行稳健，实现社会消费品零售总额177.24亿元，比上年增长11.2%。按销售单位所在地分，城镇市场实现零售额162.84亿元,比上年增长11.6%；乡村市场实现零售额14.40亿元，比上年增长7.4%。按消费形态分，批发和零售业实现零售额149.21亿元，比上年增长11.5%；住宿和餐饮业实现零售额28.03亿元，比上年增长9.4%。限额以上企业实现零售额51.65亿元，比上年增长11.8%，各月增幅逐步提高。分行业类别看，限额以上批发和零售企业分别实现商品销售额145.71亿元和49.59亿元，比上年增长6.7%、9.1%；限额以上住宿和餐饮企业实现营业额4.17亿元，比上年增长3.9%。分商品类别看，食品、饮料、烟酒类比上年增长3.5%，服装、鞋帽、针纺织品类比上年下降2.6%，金银珠宝类比上年下降8.0%，家用电器和音像器材类比上年增长9.8%，中西药品类比上年增长17.5%，石油及制品类比上年增长8.0%，汽车类比上年增长18.6%。推进放心早餐工程建设，在主城区全覆盖的基础上，逐步向镇、园区发展，至年末，东兴镇、新桥镇、新港园区等共有放心早餐亭70个。组织开展2016年金秋购物节活动，培育新的消费增长点。

【电子商务】 2016年，市商务局开展电子商务专题培训3次，培训120人次。筹备建立靖江市电子商务发展协会。以靖江传统肉脯产业为依托，调研“互联网+休闲食品产业园”可行性。年内，双鱼食品有限公司被江苏省商务厅命名为“江苏省电子商务示范企业”。 （邓丹丹）

【靖江获评电子商务百佳县】 6月，阿里研究院发布《2015年中国县域电子商务报告》和“2015年中国电子商务百佳县”榜单，靖江连续第3次上榜、排名第80位。阿里研究院根据“阿里巴巴电子商务发展指数”，分析形成2015年中国“电商百佳县”榜单。上榜者分布于14个省区，主要集中在浙江、福建和江苏，其中江苏“电商百佳县”15个。2016年，全市有农村电商经营户213家，其中80%选择淘宝、微信，6.6%选择天猫、京东，其他零星涉及亚马逊、1号店、国家电子网、军工网等。

【全市首家电商创业中心成立】 8月，位于城南园区新洲路附近的电商创业中心对外开放。该中心是全市首家经市商务局审批的电商产业园，由城南园区管委会投资成立，集靖江名特优商品展示中心、电商服务中心、电商总部基地、电商仓储物流中心、电商办公区于一体，打造靖江“传统工业企业的电商孵化器”“农产品电商的运营基地”“大学生移动互联网的创业创新基地”。

至年末，中心集聚20余家小微电商创业团队、传统企业电商团队、专业电商运营团队以及配套服务团队。 （范茉含）

·供销合作商业·

【概况】 2016年，市供销系统全年实现批零销售额6.84亿元，比上年增长13.3%；报表利润1516万元，比上年增长5.67%。市供销总社推进民生实事工程，截至10月底，全市50个村级为农综合服务社和30个电商服务站通过达标建设验收。年末，市供销总社被泰州市供销总社评为创新创优工作先进市（区）社、电子商务先进市（区）社、“新网工程”工作先进市（区）社，综合业绩考评获特等奖；市益农农资有限公司被评为泰州市社十强企业，马桥供销合作社被评为泰州优秀基层社，马桥镇朝西村农村综合服务社、西来镇泥桥村农村综合服务社被评为泰州优秀农村综合服务社，市徐联芦笋专业合作社被评为泰州优秀专业合作社。 （刘 凯 刘 涛）

【供销商贸中心一期工程主体封顶】 10月20日，位于江平路以北、城西大道以东的市供销商贸中心一期工程主体封顶。一期工程占地面积3.59公顷，建筑面积3.5万平方米，投资1.2亿元。按照“改善环境、优化布局、转型业态、提升形象”的总体要求，建成后的供销商贸中心将集建材经营、酒店住宿、金融服务和电子商务、大卖场、日用品连锁配送于一体。 （盛桂娟）

【城区废品回收网络体系构建】 11月24日，市政府出台《靖江市城区废品回收网点清理整治及规范化管理工作方案》，拟通过2年时间建成以再生资源市场有限公司为龙头、以分拣加工中心为主体、以社区（村）废品回收网点为终端的废品回收网络体系。该方案明确市供销总社承担回收网点清理整治和规范管理工作的主体责任，牵头负责废旧商品回收的业务指导和从业人员的培训以及废品回收分拣中心、收运体系的建设和管理；属地政府（办事处）与市供销总社联合公安、安监、城管、市场监管等部门开展联合整治活动，取缔不法经营，并负责辖区内回收网点的布点方案、选址定点和日常管理工作，确保网点建设取得实效。年内，该工作进入实施阶段。 （刘 凯）

中康生鲜超市成立 （市供销总社提供）

【基层供销社改造重建】 2016年，市供销总社探索基层供销社改造重建的路径和方式，选择3家基层社进行“六有”（有证照、有场所、有标识、有人员、有收入、有为农服务项目）改造试点，创建“三体两强”（自主经营实体、农民社员主体、合作经济联合体和综合实力强、为农服务能力强）基层示范社。11月21日，泰州市第一家经工商登记注册的为农服务联合社马桥为农服务专业合作联合社在马桥镇徐周村成立。该合作联社通过社村联合拓展经营服务范围，联合马桥镇内农机育秧专业合作社和蔬菜、葡萄、芦笋种植专业合作社，实现一、二、三产业融合发展，打造“三体两强”示范基层社。年内，孤山供销社、东兴供销社按照“六有”标准相继改造成为农服务专业合作联合社，为全面实施基层社改造重建积累可复制、推广的经验。 （刘 涛）

【农产品平价连锁超市创办】 12月29日，市供销社（集团）总公司与桑友良、孙宇、王业飞3位自然人共同出资成立中康食品有限公司，在城区创办农产品生鲜平价连锁超市——“中康生鲜”超市，通过“公司+基地+连锁配送+直营店”直供新模式，将生鲜蔬菜从田间地头以直营

方式配送到城区消费者手中，加快农产品流通速度，降低农产品交易成本，解决城市居民买菜难、农民卖菜难等问题。（盛桂娟）

【“地平线”靖江特色馆开设】 年内，市供销总社所属市绿地电子商务有限公司与省供销总社“地平线”电商交易平台对接，在该电商平台开设靖江特色馆。3月27日，靖江特色馆建成并运行，展示香沙芋、猪肉脯、老汁鸡、金波酒等8种具有靖江特色的产品，为靖江名优农产品通过省级优质电商平台走向全国市场开辟渠道。（金一苇）

·粮油贸易·

【概况】 2016年，全市有国有粮食购销企业15家，实现粮食购销总量368万吨，比上年增长15.4%；销售收入42亿元，比上年增长8.4%。托市收购小麦46725吨、粳稻9698吨。南方小麦交易市场全年举行粮食竞价交易会134场，投放粮源53.9万吨，成交31.4万吨，成交金额8亿余元。

【粮食储备】 严格执行地方储备粮管理规定及仓储技术规程，落实岗位责任制，实行“一岗双责”，坚持专仓、专人、专账管理，达到“账与粮相符，无虫、无鼠雀、无霉变、无事故”标准。严格各项轮换手续，完成3.5万吨储备粮轮换工作。

【粮食产销合作】 全年签订粮食订单协议6668公顷。其中，扬子江现代粮食物流公司与聚源家庭农场签订667公顷弱筋小麦（宁麦13号）订单合同，与广州市粮食集团、斜桥镇农业与农村服务中心三方签订2667公顷弱筋小麦（宁麦13号）、2667公顷粳稻订单合同，与一三家庭农场签订667公顷稻谷订单协议。11月，与广东省江门市粮食局签订2017年粮食产销协作协议书，丰富靖江粮食产销协作新内容。

【粮食体制改革】 11月，根据《关于优化粮食行政管理、推进国有粮企改革的实施方案的通知》，按照人、财、物脱钩及行政职能与经营活动分开的原则，做好粮食政企分开工作。江苏华穗粮食有限公司及其所属资产划入华靖公司；华靖公司委托华穗公司行使国有资产出资人职责，全权负责国有粮食企业的生产运营与管理，承担粮食系统国有资产保值增值和安全完整责任，对所属15家子公司行使人事、资产及经营管理权。（陈益锋）

无证运输卷烟案中查获的卷烟 （市烟草局提供）

·石油贸易·

【概况】 2016年，全市有加油站38座，其中中石化加油站24座、中石油加油站2座、社会加油站12座。全年销售汽油10万吨、柴油7万吨。其中80%来源于中石化，20%来源于江阴长江岸边的油库和大兴油库。年内，完成中石化通江路加油站移址相关工作。（邓丹丹）

·烟草专卖·

【概况】 2016年，市烟草局按照“稳价是前提、销量是基础、结构是关键、创新是动力”的营销策略，持续推进终端建设，调整市场状态，烟草专卖稳中求进。年内，销售卷烟2.34万箱，其中重点品牌卷烟2.11万箱，比上年增长0.51%；细支烟市场占有率由2015年的1.35%增至2.88%；实现销售收入7.27亿元，比上年下降2.78%；缴纳税金2.34亿元，比上年增长2.13%；实现利润9486万元，比上年下降13.82%。

【专卖管理】 2016年，市烟草局打击涉烟违法行为，查获各类违法卷烟3.32万条。联合江阴市烟草专卖局成功破获“11·18”假烟国标网络案件，涉案金额173.48万元，4人获罪。加强卷烟零售许可管理，退出许可证301份，退出率7.51%，无证经营率控制在3%以下。年内，累计作出行政处罚合法性审查148份、行政许可合法性审查99份、经济合同合法性审查25份；累计查获各类涉烟违法案件176起，其中案值1万～5万元案件73起、5万～10万元案件12起、10万～20万元案件3起、20万～50万元案件6起、50万～100万元案件2起、100万元以上案件2起，5万元以上大要案件比上年增长208.33%。 （练峰海）

·盐业专营·

【概况】 2016年，市盐务局（公司）优化品种结构，完善管控体系，开展碘盐供应、盐政管理工作。全年销售各类盐产品4460.66吨，其中食用盐3474.8吨、工业盐985.86吨、其他各类盐产品205.76吨，所售食用盐中3083吨为小包装食盐。实现营业收入2236.94万元。全市居民用户碘盐覆盖率100%，碘盐合格率99%，合格碘盐食用率99%。

【食盐安全保障】 2016年，市盐务局加强食盐市场日常稽查，有针对性地开展节假日专项整治活动。全年出动执法人员1120人次，监督检查食盐生产销售企业及单位3461家，查处各类盐业违法案件80起、涉案盐产品2.13吨，罚没款3500元。查处案件中，移交公安部门处理的2起，涉案6人，其中5人因涉盐违法案件获罪。加大食盐安全宣传力度。利用“3·15”消费者权益日、“5·15”消除碘缺乏病危害宣传日、科普宣传周等，宣传食盐安全知识，提高市民科学食盐意识。推进全民减盐行动，倡导和普及“科学用盐、促进健康”理念，遏制高血压及其相关疾病患病率上升趋势。全市居民人均日食盐摄入量由上年的12.19克减至11.59克。 （臧 彧）

·商品市场·

【概况】 2016年，全市有各类交易市场44处，占地面积67.54万平方米，室内面积45.92万平方米，设有门面、摊位4455个，年交易额50.1亿元。其中，生产资料市场4处，占地面积8.77万平方米，室内面积0.86万平方米，设有门面、摊位23个，年交易额0.3亿元；工业消费品市场4处，占地面积33.9万平方米，室内面积29.5万平方米，设有门面、摊位905个，年交易额29.5亿元；农副产品市场36处，占地面积24.87平方米，室内面积15.56万平方米，设有门面、摊位3527个，年交易额20.3亿元。

2016年靖江市各类市场情况一览表

表14

类别	市场名称	占地面积（平方米）	室内面积（平方米）	摊位数（个）	年交易额（万元）	地址
生产资料市场	靖江市远东新尔钢材市场有限公司	13667	3000	3	1500	靖江市新港园区江平路12号
	靖江市盛世再生资源交易市场有限公司	60000	50	19	700	靖江市靖城街道光明村12组货站路2号
	靖江市金海二手车交易市场有限公司	2000	500	1	800	靖江市人民南路与新洲路交界处东北角
	泰州正中旧机动车交易市场有限公司	12000	5000	0	15	靖江市城南工业园区火炬7队

续表 14

类别	市场名称	占地面积（平方米）	室内面积（平方米）	摊位数（个）	年交易额（万元）	地址
工业消费品市场	靖江市海康食品有限公司瓜果蔬菜批发市场	9000	7000	45	40000	靖江市靖城街道西北环路 8 号
	靖江市百富绅国际家具广场有限公司	133333	180000	210	200000	靖江市经济技术开发区康兴社区
	靖江市富海新世界商贸城管理有限公司	16667	28000	450	35000	靖江市南环路 99 号
	靖江亿都商业运营管理有限公司	180000	80000	200	20000	靖江市新洲路 6 幢
农副产品市场	南方小麦交易市场有限公司	2000	2000	0	20400	靖江经济技术开发区新港城新港大道 118 号
	靖江市来安集贸市场有限公司	8524	5114	420	10000	靖江市西来镇江平路 91 号
	靖江市新港城农贸市场有限公司	8800	6500	168	6000	靖江市斜桥南街 1 号
	靖江市斜桥六助港农贸市场	720	450	12	600	靖江市斜桥镇中街
	靖江市斜桥大觉农贸市场	650	260	20	500	靖江市斜桥镇大觉 4 组
	靖江市西来敦义集贸市场	6600	5200	60	320	靖江市西来镇墩义街
	靖江市新华农贸市场	300	200	15	200	靖江市斜桥镇新华村四组
	靖江市田圆农贸市场	9600	5000	30	350	靖江市西来镇土桥街 18 号
	靖江市江阳农贸市场有限公司	16493	10898	150	5000	靖江市南环花苑 1–18 幢会所 2 楼
	靖江市晨阳农贸市场有限公司越江分公司	700	700	86	4000	靖江市滨江新区办事处富阳社区西侧
	靖江市晨阳农贸市场有限公司	12800	4500	128	5000	靖江市滨江新区晨阳社区北侧
	靖江市东环农贸市场有限公司	2900	1800	120	4000	靖江市江平路 11 号
	靖江市柏一农贸市场	720	640	45	300	靖江市柏木桥东
	靖江市江华农贸市场有限公司	4500	3000	150	7500	靖江市江华街 108 号
	靖江市绿洲商贸有限公司(城中)	960	960	100	1500	靖江市迎宾西路 59 号
	江苏渔婆农副产品批发市场有限公司	81333	48900	234	30500	靖江经济开发区城北园区渔婆北路与北环交界处
	靖江市孤山农贸市场	6700	2100	85	1200	靖江市孤山镇园山街西首

续表 14

类别	市场名称	占地面积（平方米）	室内面积（平方米）	摊位数（个）	年交易额（万元）	地址
农副产品市场	靖江市季市农贸市场有限公司	23310	4399	452	20000	靖江市季市镇新建路西侧1号
	靖江市长安农贸市场有限公司	1520	756	35	3000	靖江市季市镇长安街南首
	靖江市北辰市场管理有限公司	3280	2160	40	2000	靖江经济开发区城北园区纺织西路1号
	江苏易佰农贸市场有限公司	13333	13333	120	0	靖江经济开发区城北园区纺织西路1号
	靖江市春江花城农贸市场	800	800	50	360	靖江市姜八路与骥阳路交界口
	靖江市天妃宫集贸市场	1000	900	50	150	靖江市车站路73号
	靖江市时代广场农贸有限公司	8000	10700	400	41500	靖江市南环南侧(石油大厦西)
	靖江市惠丰农贸市场	3000	1000	30	120	靖江市东兴镇封头坝
	靖江市东兴农贸市场	5000	4200	40	150	靖江市东兴镇老政府大院东侧
	靖江市生祠农贸市场	1095	1095	75	105	靖江市生祠镇西街
	靖江市启航农贸市场管理所	500	300	13	6000	靖江市西环启航西侧
	靖江市建设工程有限公司宝达农贸市场	1100	800	85	4500	靖江市江平路337号
	靖江市马桥农贸市场	4500	2000	21	800	靖江市马桥镇马桥桥西520米
	靖江市侯河农贸市场	1500	1500	18	80	靖江市马桥镇侯河村侯爱路8号
	靖江市莲沁苑农贸市场	7986	6000	100	25000	靖江市莲沁苑邻里中心6幢6号
	靖江市八圩港口农贸市场	4000	3000	50	500	靖江市江阴—靖江工业园区新民村4队
	靖江市礼士农贸市场	1800	1800	30	80.18	靖江市新桥镇礼士新街
	安徽宜居物业服务有限公司靖江分公司	1200	1200	80	1200	靖江市新桥镇邻里中心5号楼E26
	靖江市新桥镇四墩子农贸市场	1500	1500	15	67.25	靖江市新桥镇四墩子新街

（赵　洁）

·重点商贸零售企业简介·

【万都五金建材城】 万都五金建材城坐落于兴业路与新洲路口，于2014年9月开业，由常州万都集团开发运营，总建筑面积18万平方米，有商户300余家。万都五金建材城以“产品总站、品牌基地、批零源头市场”为定位，经营类别涵盖机电设备、日用五金、工具五金、电线电缆、陶瓷卫浴、板材木业、油漆涂料、地板墙纸、门业楼梯、灯具灯饰等。

（赵 洁）

万都五金建材城 （市市场监督管理局提供）

物 流

【概况】 2016年，全市有运输企业242家，其中拥有10辆以上运输车辆的企业33家；港口吞吐量9449万吨，比上年下降11.8%；物流业实现增加值42.05亿元，比上年增长2.9%。16家规上物流企业实现营业收入7.91亿元，比上年增长50%。开工建设木材交易市场。物流企业发展“互联网+物流”模式，万林物流的“木材云”“木材圈”和“微公共平台”、金马运业开发的“金马云航运”电商平台上线。年内，三江现代物流园区获评全国优秀物流园区和省级示范物流园区。

【三江物流园区获评全国优秀和省级示范园区】 3月7日，三江现代物流园区被省发改委确定为全省首批省级示范物流园区，7月8日又被中国物流与采购联合会物流园区专业委员会评为全国优秀物流园区。三江物流园区集聚企业超过500家，包括万林现代物流、扬子江现代粮食物流、太和港务、国信港务等。全年实现开票销售551.7亿元，入库税金5.6亿元，比上年分别增长9.5%和10.6%，其规模和集聚效应在全省物流园区中处于领先位置。

【万林物流公司获2项省级称号】 12月，江苏万林现代物流股份有限公司获得江苏省“生产性服务业领军企业”称号，被列入江苏省互联网平台经济“百千万”工程第一批培育企业。年内，万林物流公司启动木材供应链管理一体化服务平台项目建设，运用木材供应链管理与互联网生态相结合的新型服务模式，提供包括跨境采购、国际运输、船货代理、装卸仓储、货物监管、定制加工、物流金融、展示交易、配载配送等基于木材产业供应链管理的一体化增值服务，打破木材供应链上各方之间的业务壁垒，实现共赢发展。

【“金马云航运”上线运行】 7月9日，江苏金马运业有限公司自行开发的互联网航运物流公共平台“金马云航运”上线运行。该平台系统整合船东、货主、港口、服务商、供应商以及保险、金融等企业信息和资源，提供在线订舱、采购竞价、船舶买卖、物流顾问、资产管理、运输风险预警、融资、报关、拖车、港口等专业化服务；同时推出船舶动态、行业资讯、水文气象等系列衍生服务，具备大数据服务功能。平台的PC端和APP端同步上线，为客户提供24小时交易、结算和咨询服务。至年末，平台注册会员750个，在长江流域同行中保持领先位置。

【南方小麦交易市场获评百佳粮油企业】 10月29日，第6届中国粮油榜揭榜，南方小麦交易市场有限公司获“中国百佳粮油企业”称号。南方小麦交易市场由江苏华穗粮食有限公司投资建设，注册资本5000万元，2012年4月23日投入运营，建有集现货竞价、现货挂牌和现货订单等多种交易模式于一体的电子交易平台。市场交易以小麦为主，覆盖稻谷、玉米等品种，发展各类交易会员1750家,覆盖江苏、安徽、山东、河南、浙江、广东、福建、海南等粮食主要产销省份。年内,南方小麦交易市场共举行粮食竞价交易会134场,投入粮源53.9万吨,成交31.39万吨,成交金额8.12亿元。 (倪迎春)

【江苏华鑫获评物流业最佳配套服务商】 12月,中国交通运输协会、中国物流投融资联盟等单位与媒体联合评选出2016年度中国物流业五项大奖。10月落户靖江经济开发区的江苏华鑫车联网科技股份有限公司获评“2016年度中国物流行业最佳配套服务商”。该公司总投资2亿元,从事北斗大数据物流货运、汽车销售、金融保险、汽车保险、生活导航等相关增值业务开发与应用,建设车联网、旅游救援网运营服务平台,制造相关硬件。

餐 饮

【概况】 2016年,全市餐饮业完成营业额42.59亿元,比上年增长11.1%。全市有中华餐饮名店10家,分别为南园樱花宾馆、百盛大酒店、国际大酒店、鸿运酒楼、兴明国际大酒店、老季市私家菜馆、东坡酒楼、滨江花园酒店、金钻大酒店、云峰大酒店。

【行业发展】 加强烹饪家政职业培训学校建设,全年培训中式烹调师500余人。2016年10月24—25日,在滨江花园酒店举办第8届靖江金秋汤包·江鲜美食节、靖江蟹黄汤包产业发展高峰论坛、“靖江蟹黄汤包”中国地理标志证明商标发布会。潇湘电影制片厂拍摄的靖江首部电影《恋爱·美食·蟹黄包》在央视六套播出。成立市烹饪餐饮行业工会联合会。“南之缘”汤包被国家旅游局评为全国金牌特色小吃。锦秀山庄生态园有限公司被江苏省烹饪协会和金龙鱼国际烹饪研究院授予“2016年度江苏省十佳特色餐饮名店提名奖”。7人入选江苏省烹饪协会发行的《江苏烹饪大师志》。在由泰州市商务局、统计局、旅游局、工商业联合会共同举办的2016年度泰州市餐饮业评选活动中,陈履锡、郑勇被评为餐饮业优秀人物。联合市总工会共同举办餐饮行业能手风采展示活动,6人入选“靖江大明星”。在2016中国江阴顾山蒸菜(八大碗)美食节上,西来镇“西来八大碗”、老季市私家菜馆的“李家八大碗”获宴席特金奖。 (陈久红)

【“靖江蟹黄汤包”商标启用】 10月,“靖江蟹黄汤包”商标正式启用,南园樱花宾馆有限公司、鸿运酒楼、金悦国际酒店、江苏百盛酒店管理有限公司、金钻大酒店、锦秀山庄生态园有限公司、宏图大酒店、扬子江酒店管理有限公司、江联大酒店、滨江花园酒店有限公司、国际大酒店有限公司、云峰大酒店12家餐饮企业获得准用资格。1997年,靖江开始研究制订蟹黄汤包馅料质量标准和汤包用小麦粉质量标准,引导蟹黄汤包企业创立品牌,其中“陈士荣”获评江苏省著名商标,“南之缘”获评中国驰名商标。2007年,中国烹饪协会授予靖江“中国·汤包之乡”称号。此后,全市有计划培训大批蟹黄汤包制作技师,在保持原有风味的基础上开发靖江蟹黄汤包速冻包装,销售辐射面扩大至多个省市和港澳台地区。靖江蟹黄汤包的制作技艺相继入选泰州市、江苏省非物质文化遗产名录。2015年10月,“靖江蟹黄汤包”通过国家工商行政管理总局商标局核准,成为国家地理标志证明商标。

【7人入选《江苏烹饪大师志》】 年内,由江苏省烹饪协会编写的《江苏烹饪大师志》出版发行。该志收录省内各地的烹饪大师268人,详细介绍其代表作品,配有个人照片、简介。靖江有7人入选,分别为陶晋良、陈网华、陈卫国、张国兵、丁银锋、薛银兴、闻晓明。

链接:入志人物简介

陈网华,中国烹饪大师。学校毕业后至靖江第一招待所工作,其间参加扬州市琼花美食节大赛获提名奖。1995年,创办小型餐饮店“云峰酒家”,2007年更名为“云峰大酒店”。创业过程中,厨艺和管理水平同步提升,经营的酒店发展为营业面积3000平方米的中型餐饮企业。历任靖江市烹饪协会副会长、泰州市烹饪协会理事,取得中式烹调师职业资格,先后获“靖江市十大汤包名师”“光彩之星”“慈善之星”等称号,所经营的酒店被评为靖江市私营个体经济诚信单位、泰州市放心消费先进单位。2007年,酒店被命名为河豚江鲜菜名店、汤包名店。研发和创新的“美味羊蹄”“泰汁双味鱼”“芙蓉虾鱼卷”“刀鱼小笼包”等菜肴获市美食节金奖或银奖,入选《中国·靖江名菜名点》图册。

陈卫国,高级烹饪技师、高级营养师、中国烹饪大师、餐饮业国家级评委、江苏省烹饪协会常务理事、扬州大学旅游学院兼职教授、江苏省养殖(控毒)河豚鱼培训中心讲师、靖江市烹饪协会副会长。从事烹饪行业28年,潜心研究淮扬菜、江鲜菜、靖江菜、湘菜，2000年起相继创办喜洋洋大酒店、美洋洋大酒店、暖洋洋大酒店，“飘香牛头”“清水龙虾”“喜洋洋蚕豆”“芋艿烧河豚鱼”“苋菜大烧饼”“家常南瓜”等招牌菜深受食客喜爱。带领团队在全国及江苏省比赛中屡获金奖、银奖。经营的喜洋洋大酒店被授予“中华餐饮名店”“省级诚信企业”等称号。

丁银锋，高级烹调技师。从事餐饮业20余年，先后在靖江扬子江大酒店（四星级）、靖江国际大酒店（四星级）、靖江滨江花园酒店（五星级）、靖江金悦国际酒店（五星级）担任主厨、行政总厨。运用“厨房管理六常法”“5S现场管理法”，从菜品烹制、成本控制、食品安全等方面加强厨房管理，用现代餐饮消费观念推动行业创新发展。先后获“靖江市技术能手”“泰州市技术能手”“泰州市烹饪名师”“中国烹饪大师”称号，取得“国家职业技能鉴定考试员”资格。2013年参加“中国·常州冷菜美食节”获个人赛特金奖，2014年参加“中国·常州国际名厨争霸赛”获个人赛特金奖。

陶晋良，中国烹饪大师，江苏省餐饮业省级评委，泰州市、江苏省非物质文化遗产项目靖江蟹黄汤包制作技艺代表性传承人。从事餐饮业30余年，在实践中精进厨艺，不断创新改革原料、配料、配方、技术，其制作的“南之缘”汤包应邀参加上海松江美食节和南京夫子庙美食节，获中国十省餐饮业高端峰会金奖，被江苏省餐饮协会评为“中国名点”，央视《生财有道》《大集大利》《消费主张》《走遍中国》等栏目均作介绍。2003年4月获江苏省第4届烹饪大赛金牌，2003年10月获全国民间民族美食节个人和团体金牌，2010年获江苏省餐饮行业靖江汤包饮食天王奖。

闻晓明，中国烹饪大师、中国烹饪协会一级评委、江苏省烹饪协会副会长、江苏省餐饮业商会副会长、靖江市烹饪协会副会长兼秘书长。1993年高中毕业后学习厨艺及管理，历任多家酒店总厨、餐饮部经理、总经理等。2000年3月创办百盛大酒店人民北路店，后发展为“大众”弘毅店、“经典”阳光店、“时尚”容湖店，总营业面积1.2万平方米、餐位1500余座，有员工300余人。20余年来，潜心研究靖江本土菜、江鲜菜的传承与创新，打造“餐厅中的艺术品”，形成独具特色的靖江美食文化。在钻研烹饪技艺的同时，注重提升团队综合技能和酒店影响力。2005年3月，带领酒店参加中央电视台举办的“满汉全席”全国擂台赛，夺得2期擂主，3道菜被评为金牌菜。2011年6月，央视财经频道《生财有道》栏目组拍摄制作的40分钟专题片《珍贵鱼种成就江鲜名店》，介绍百盛大酒店创造的江鲜经典“刀鱼宴”“河鱼宴”。

薛银兴，江苏省烹饪大师、中国烹饪大师、餐饮业国家级评委。高中毕业后进入餐饮行业，买菜、宰杀、切配、上灶，苦练3年后到扬州商校学习，获特级厨师称号。回到靖江，先后在京都大酒店、江城大酒店、龙门宾馆、紫气东来酒店任厨师长，2006年进入老季市私家菜馆任厨师长及行政总厨。2008年5月获江苏省首届农家菜大赛金奖，2009年4月获中国第一届长江鲜·河豚美食节金奖，2011年12月获江苏省沿江八市烹饪技能大赛特金奖，2012年5月获“李锦记”杯世界厨王江阴华西争霸赛金奖，2012年8月获江阴璜土烹饪技能大赛金奖。

张国兵，中国烹饪大师、餐饮业国家级评委、市烹饪协会特聘讲师、《靖江菜谱》特约撰稿人、扬子江酒店管理有限公司行政总厨。1977年进入靖江市农资公司食堂学徒，1988—1998年任实验菜馆法人代表，烹制的刀鱼、河豚等江鲜菜肴深受食客喜爱，在多年的大型厨房管理工作中积累了丰富经验。

国际大酒店获评五叶级绿色饭店

（国际大酒店提供）

【国际大酒店获评五叶级绿色饭店】 10月，国际大酒店因节约资源、节能降耗、促进环境和谐被全国绿色饭店工作委员会授予最高等级的五叶级绿色饭店称号。该酒店围绕“健康、绿色、安全、环保”主题进行改造：增加、更换环保降耗设备，选用一级能耗电器，安装节能、环保型天然气锅炉，加装空调机组变频器，升级改造酒店外围霓虹灯系统，更换节能型冷却塔，安装OA系统和视频会议系统，实现无纸化办公；健全节能降耗酒店管理制度，建立能耗设备分类台账，每日统计水、电、气用能数据，对超标使用、违反节能规定的按《酒店能源管理奖惩规定》处理；开展对客宣传，在酒店前厅、客房、餐饮醒目位置设置节能环保提醒标志，提高住店宾客的节能意识，引导并鼓励宾客参与绿色行动。

【烹饪餐饮行业工会联合会成立】 6月，市烹饪餐饮行业工会联合会成立大会召开。联合会成立后，开展烹饪餐饮行业工资集体协商，推进餐饮行业建立工资协商机制，在坚持企业发展的同时维护职工权益。（范茉含）

旅 游

【概况】 2016年，全市有国家级A级以上景区3家；有星级乡村旅游点6家，其中新增2家；有星级旅游饭店3家；有旅行社(分社、营业部)30家，其中新增8家。国内旅游人数289.33万人，比上年增长12%；实现国内旅游收入32.12亿元，比上年增长15.2%。全年完成旅游项目投资11.74亿元。

【旅游规划】 配合制定《靖江市城乡建设新提升五年计划》，明确城乡建设中融入旅游业发展要求，完善交通、水系和城市雕塑、夜景等专项建设规划以及文化、体育等公共服务规划。配合市政府出台《关于加快特色镇村建设的实施意见》，按休闲宜游的要求建设镇域。评审通过马桥镇“芦笋小镇”旅游规划，生祠镇“苑艺小镇”成为泰州市首批建设的特色镇之一。

大美靖江摄影采风团

【项目设施建设】 年内，靖江开工建设总投资15.7亿元的文化中心(文化旅游综合体)项目，完成总投资6000万元的马洲记忆馆主体建设。持续推进十圩港两侧、天生港西侧、南天生港北侧等景观带的景观化改造，完善新城滨水慢行系统。加固孤山山体，整治孤山景区环境。设立引导奖励资金，出台融资政策，提高社会资本投资旅游业的积极性。马桥镇徐周村整合资源，计划总投资9000万元成立文化旅游公司，发展生态休闲游。锦绣山庄生态园开始续建工程，项目投资1500万元。加快推进项目招引。5月，奇瑞途居房车露营项目正式签约；游乐场项目完成前期场地平整等工作；金阳光高端养老项目、北京厚石控股水族馆项目、温泉度假酒店项目等加紧洽谈。完善旅游公共服务体系，建设餐饮、住宿、停车等公共服务设施。扬子江大酒店投资3990万元实施改扩建工程，新建宴会大厅1座，改造客房105间；南园宾馆投资2000万元兴建停车楼1座，新增停车位180个；滨江花园酒店新建新能源汽车充电桩50个；兴明国际大酒店完成改扩建工程；季市镇美食文化街区建设加快推进。拓宽沿江公路天生港至新长铁路下穿段并改造市政景观带，改善牧城景区通行条件，进一步补全滨江新城路网，高速公路靖江南出口和滨江新城到牧城景区更为快捷。全年全市公共服务体系建设投资约3.5亿元。

【旅游推广宣传】 年内，靖江与上海春秋国旅合作举办“大江美景·靖江美食”长三角摄影家靖江采风行暨旅游美食摄影大赛，邀请近300名摄影家、美食评论家和新闻媒体记者至靖江品尝美食、摄影创作，同时开展“最美江鲜在靖江”微直播，累计获得朋友圈点赞近10万次，《新民晚报》等多家上海媒体专题报道该活动。3月，西来镇举办第4届生态文化旅游节暨桃花节，并开展“西来八大碗”乡土美食菜肴评选，西来桃花逐渐形成节庆品牌效应。9月，举办靖江蟹黄汤包中国地理标志证明发布会暨靖江汤包产业发展高峰论坛、靖江第8届金秋汤包·江鲜美食节，并与上海多家旅行社合作，持续输送休闲美食一日游团队，开拓美食休闲游团队市场。邀请上海、青岛等地旅行社至靖江考察旅游线路，并多次赴上海等地旅行社推介靖江休闲游线路，中旅上海分公司、上海任达旅游等多家旅行社开设靖江一日游、二日游线路。强化品牌塑造和宣传，重视保护和传承餐饮老字号企业和美食品牌、商标，打造南园宾馆、双鱼肉脯直营店等美食品牌店、特色店。11月，“南之缘”蟹黄汤包被评为中国首批金牌旅游小吃，蟹黄汤包非遗传承人陶晋良被评为全国旅游系统劳动模范。

【行业管理】 开展旅游星级饭店标准化管理，国际大酒店、南园宾馆分别通过四星级、三星级旅游饭店复核性评定，锦绣山庄生态园创建为省四星级乡村旅游点，海鸿生态园、逸耘农庄创建为省三星级乡村旅游点。抓好旅游诚信体系建设。旅游局与市场监管局完善行业监督管理工作体系，先后建立旅游企业先照后证信息通报制度、企业负面经营行为通报制度等多项工作制度，创建市旅游行业诚信示范单位14家。落实重要节假日例行安全检查制度，实行行业消防安全常态化管理，开展平安景区创建。全年旅游行业继续保持零事故，安全形势持续稳定。

（蔡元元）

房地产业

【概况】 2016年，全市累计实现房地产投资35.08亿元，比上年下降12.5%；房屋施工面积302.62万平方米，比上年下降0.6%；商品房竣工面积85.42万平方米，比上年增长9.5%。商品房销售持续旺盛，全年累计实现商品房销售额54.41亿元，比上年增长29.1%；实现商品房销售面积80.99万平方米，比上年增长31.1%，其中住宅面积73.94万平方米，比上年增长25.9%。房地产去库存效果明显。商品房待售面积62.15万平方米，比上年增长5.7%，其中住宅待售面积31.11万平方米，比上年下降6.4%。全市停止新开工建设各类拆迁安置房、保障房，打通商品房、安置房、保障房的转换渠道，实现市场的互惠共赢。出台《关于促进房地产市场健康平稳发展的意见》，推行物业补贴政策，年内有4254户领取补贴1413.27万元，带动不动产销售81.5万平方米56.11亿元。

【物业管理】 2016年，全市注册的物业服务资质企业70家，其中一级6家（当地1家）、二级11家（当地8家），管理项目252个共计1755万平方米。强化行业管理。监督和指导锦绣花园、金鑫公寓等9个项目的物业管理招投标工作，备案锦绣花园、金鑫公寓等11个项目约64.5万平方米的物业管理项目；审核备案新伦公寓、德禧隆商业街等16个居民住宅小区的物业管理用房5537.85平方米；初审新申报的苏扬、永东等9个物业管理公司资质；指导马洲物管、深华时代物管申报一级资质。严格管理维修基金。年内，收取32个项目的专项维修资金6193.6万元、8个项目的电梯消防专项维修资金1004.9万元、22个项目的质量保证金1144.88万元。按照相关规定使用维修资金，在现场查勘的基础上试行监理制度，聘请监理公司派监理员现场监理维修项目。全年修理门禁系统等项目87个，涉及费用253.1万元。指导业委会工作。指导监督加州洋房、香樟园、中天城市景园一期和二期业主委员会选举，指导锦江花园、新天地滨江花园业主委员会改选，皆备案登记。

【重大楼盘简介】 毛家厅新村项目，由泰州宏阳房地产开发有限公司开发，位于新建路和安宁路交叉口西北侧。该项目建有14层商住楼（局部2层）和16层商住楼（局部2层）各1幢以及多幢多层住宅，占地1.91万平方米，总建筑面积5.34万平方米，容积率2.22，计划投资总额1.98亿元。

虹桥四季花园项目，由江苏商贸置业有限公司开发，位于江山路南侧、环城路东侧。项目建有高层10幢752户和商业楼1幢16户，占地4.09万平方米，总建筑面积10.60万平方米，容积率2.0，项目总投资3.03亿元，年内主体工程竣工。

（徐再平）

港口·口岸·开放型经济

编辑 刘汉如

港　口

【概况】 靖江港处于长江三角洲沿海经济带与沿江经济带T型交汇处,自然岸线长52.3千米,规划岸线长40.1千米,其中深水岸线长34千米。至2016年底,已利用岸线29.55千米,建成泊位177个,其中万吨级以上泊位61个。2016年,市港口建设累计完成投资4.6亿元。新建万吨级泊位3个,推进“三互”(信息互换、监管互认、执法互助)大通关改革,电子口岸建成并运行,口岸远程监控升级改造工程开工建设,港口建设与经营管理信息系统和省级港口综合管理系统联网运行,可正常实施数据采集、录入与更新。12.5米深水航道福姜沙中水道靖江段实现初通。港口全年完成货物吞吐量9448.91万吨,其中外贸1061.58万吨,比上年增长36%。口岸累计进出国际籍船舶1707艘次,进出境人员34081人次。是年,市口岸办获评市级机关绩效考评先进单位,市港口局获评靖江安全生产专项整治(行动)先进单位。

2016年靖江港分货类吞吐量一览表

表15　　单位:吨

货物分类	总计			出港			进港		
	合计	外贸	内贸	合计	外贸	内贸	合计	外贸	内贸
总　计	94489128	9705843	84783285	42410595	673473	41737122	52078533	9032370	43046163
1.煤炭及制品	47796144	3193252	44602892	22071282	15356	22055926	25724862	3177896	22546966
2.石油、天然气及制品	1661893	1013837	648056	744672	422784	321888	917221	591053	326168
3.金属矿石	9373846	853339	8520507	3707338	65824	3641514	5666508	787515	4878993
4.钢铁	6182094	1113	6180981	3167190	1113	3166077	3014904	0	3014904
5.矿建材料	13065050	16684	13048366	4894606	8342	4886264	8170444	8342	8162102
6.水泥	244996	0	244996	75748	0	75748	169248	0	169248
7.木材	7085769	3740841	3344928	3326652	30	3326622	3759117	3740811	18306

续表 15

货物分类	总计			出港			进港		
	合计	外贸	内贸	合计	外贸	内贸	合计	外贸	内贸
8.非金属矿石	193181	0	193181	15764	0	15764	177417	0	177417
9.化肥及农药	357749	139976	217773	132741	47023	85718	225008	92953	132055
10.盐	191437	81996	109441	91180	23220	67960	100257	58776	41481
11.粮食	6923117	318323	6604794	3405761	0	3405761	3517356	318323	3199033
12.机械、设备、电器	188604	73780	114824	103662	3780	99882	84942	70000	14942
13.化工原料及制品	1070887	258749	812138	527356	72048	455308	543531	186701	356830
16.农、林、牧、渔业产品	42593	13953	28640	42593	13953	28640	0	0	0
17.其他	111768	0	111768	104050	0	104050	7718	0	7718

【港口规划】 2016年，市港口局编制完成《靖江港"十三五"专项规划》《靖江港江海联运建设工程实施计划》《关于推进长江港口岸线资源整合的指导意见》，为港口做大做强提供规划依据。安宁港内港池、盈利港务内港池取得省交通厅岸线利用批复，盈利港务改扩建工程岸线使用手续完成转报工作。

【港口建设】 年内，国信电厂、新华港务、太和港务码头完成竣工验收，和尚港内港池码头工程完成交工验收，罗家桥综合执法基地码头工程、靖江段护岸工程、福姜沙北水道航道疏浚工程完工，新荣船坞和中油码头拆除工作、双涧沙水工工程按序推进，新民拆船出运码头改扩建工程、罗家桥港大码头工程开工建设，12号海轮锚地拆除还建及临时锚泊区工程完成可行性研究报告。改造港口照明节能灯5056只，建成岸电系统64台套，6家港口企业建成防风抑尘网，8家企业建成喷淋设施，5家企业建成污水处理和收集系统。指导盈利港务、苏通港务、太和港务、新华港务开展节能减排资金上争工作，其中盈利港务、苏通港务上报节能减排计划书。

盈利港务码头

【行政监管】 2016年，市港口局加强口岸部门协调。多次召开查验部门协调、论证会议，帮助企业解决超等级靠泊、临时进靠、双档靠泊等问题，保障企业的正常运营，实现外贸运量的稳步增长。规范港口经营管理。严把港口经营准入门槛，换发和新办港口经营许可证57份；开展港区驳运车辆年度核验，发放核验标识近300份。强化港口安全监管。开展"港口安全管理年"活动、港口企业外协单位安全专项整治、港口危险货物作业专项整治，配合做好"4·22"德桥仓储火灾事故善后处置，与市安监局完成德桥仓储安全监管职责交接；开展节假日、"两会"、台风、汛期等重要时段安全大检查以及"4·22"事故后港口企业拉网式大检查，查处事故隐患152项，督促企业完成整改;开展安全生产月、主题签名、夏百赛等活动,强化港口安全宣传教育,提升港口从业人员安全意识。严查严打非法行为。开展非法砂石过驳市场专项整治,分类别建立台账,停靠在蟛蜞港附近的浮吊驶离靖江水域;配合江阴港口局完成江阴15号锚地附近浮吊的摸底工作;配合市环保局对沿江6家物流码头进行环境综合整治;加大执法巡查力度,确保对企业违规行为早发现、早处理。

【靖江电子口岸上线】 2016年,靖江电子口岸项目正式上线运作。该项目包括基础平台、靖江电子口岸门户网站、关检合作"三个一"(一次申报、一次检查、一次放行)服务平台、国际航行船舶进出口岸申报系统、通关信息查询系统、锚泊调度中心信息系统、港口建设与经营管理信息系统、港口安全监管与应急管理系统等。作为靖江口岸大通关信息平台的电子口岸,成为口岸查验部门的信息交换通道,在实现数据共享的同时,显著提升涉外码头企业的通关效率。企业只需通过电子口岸进行"一次性申报",即可实现"单一窗口"办理业务,既减少企业的重复性申报,又缩短货物通关的办结时间。电子口岸还为其他未注册认证的用户提供查看靖江港口岸相关情况及企业基本情况的平台,方便客户有选择地联系相关业务,为靖江港口企业招揽潜在客户。

【福中水道改槽完成】 2016年,福中水道顺利完成改槽工作。靖江港增添一条重载船舶深水航道,相比绕道福南水道,既缩短航程,又降低成本。福中水道改槽,水深由实际水深4.5米提高到理论最低潮面下9.0米,维护水深提高2倍以上;航宽由150米拓宽到260米,航道尺度得到大幅提升。原来福中水道只能通航3000吨以下小船,现在可供10000吨内河散货船和海船满载通航,10000吨及以上海船可乘潮通航或减载通航,福北水道和福南水道由此减轻通航压力。福中水道改槽后,海事部门重新调整航路规定,实行"福北上行、福中下行"。靖江海事部门多渠道宣传新航路,派海巡艇24小时值守江面引导船舶,加强监管,确保辖区船舶通行安全。

【和尚港港池码头启用】 8月,海事部门发布和尚港港池码头启用通告,确认该码头工程已按设计和相关要求建成,具备通航安全条件。和尚港内港池码头于2014年开工,建设10个1000吨级散杂货泊位及相关配套设施,码头水工结构均按靠泊3000吨级设计,设计年通过能力445万吨。和尚港港池码头投用后,形成货物进港走沿江码头、出港走内港码头的物流中转模式,节省沿江码头泊位。

【靖江口岸首次进口散装食盐】 9月5日,一艘满载2.75万吨散装食用原盐的巴拿马籍散货船停靠靖江龙威码头,这是靖江口岸首次进口散装食用原盐。该批原盐原产国为澳大利亚,由省苏盐生活家股份有限公司进口,检验检疫合格后,加工成各种食用精盐投放市场。

【靖江建成首座万吨级应急海事码头】 8月,泰州海事局靖江万吨级应急海事码头通过预验收。该码头是长江南京、扬州、泰州水域第一座万吨级应急海事码头,2015年12月开工建设,主体工程于2016年5月完工。码头呈"L"型布置,上、下游两侧可布置钢趸船各1艘。码头设计为双侧靠船,停靠船舶吨位最大为1万吨。应急海事码头的投用,进一步完善靖江港口配套设施,提高海事部门辖区巡航效能和应急反应能力。 (顾海燕)

口 岸

·出入境检验检疫·

【概况】 2016年,靖江国检局检验检疫进出口货物5611批次,金额17.17亿美元。其中,检验进口货物2327批次,货值14.8亿美元;检验出口货物3284批次,货值2.37亿美元。检疫出入境船舶1376艘次,比上年增长19.0%。其中,入境船舶663艘次,比上年增长16.7%;出境船舶713艘次,比上年增长21.3%。实施电讯检疫56艘次,签发"船舶(免予)卫生控制措施证书"114份。查验出入境船员28375人次,比上年增长18%,其中入境人员13554人次、出境人员14821人次。配合国家进口资源性商品调控计划,加大有关国计民生进口产品检验力度,规范矿产品取制样工作,加强煤炭矿产品分析实验室建设和人员资质能力建设。全年检出煤炭矿产品重量不合格24批、品质不合格219批,其中一批朝鲜煤炭因汞含量超标而退运。

【疫病疫情防控】 2016年,靖江国检局强化疫情意识,加强口岸重大疫病疫情防控,成功应对寨卡、黄热病等突发事件和重大疫

2016 年靖江市出入境检验检疫货物统计一览表

表 16　　单位:万立方米 万吨

货物	入境			出境		
	批次(批)	数量	货值(万美元)	批次(批)	数量	货值(万美元)
木材	1538	313.8	66462.5	—	—	—
煤炭	328	399.09	21233.9	—	—	—
铁矿	50	45.32	2121.4	—	—	—
铜精矿	26	28.73	32897.8	—	—	—
废钢船	13	8.95	1630.4	—	—	—
化工品	46	22.8	6816	59	—	3417.5
木片	22	70.5	6358	—	—	—
木薯干	23	25.4	4566.7	—	—	—
玉米	2	3.35	659.9	—	—	—
食品添加剂及保健品	—	—	—	2815	0.93	15776.5
工业品	251	—	3651.6	337	—	4253.3
其他	28	—	1455.4	73	—	239.3
合计	2327	—	147853.6	3284	—	23686.6

情,确保疫病疫情“零输入、零疏漏、零感染”。植物检疫实验室和口岸病媒生物鉴定实验室建成并投入使用,卫生检疫监测技术平台建设取得实质性进展。联合靖江边防、海关、卫计委等部门开展疫情防控演练,进一步提高疫情防控能力。安排专项资金继续开展林木害虫、舞毒蛾、桔小石蝇等有害生物监测工作,采取成蚊帐诱法、诱卵器法等实施口岸伊蚊专项监测,成效明显。全年对疫区入境船舶医学巡查61艘次,监测船员体温1349人次,发现船员有症状者88人次,确诊疟疾、甲型流感、乙型流感、肠道71型病毒感染等病例10例;对来自疫区和发现疫情的船舶实施卫生处理69艘次;从入境船舶截获病媒生物3种6批850只。年内截获疫情175种、8786种次,其中检疫性有害生物26种、2355种次(11种有害生物为全国首次截获,2种为检疫性生物)。检出疫情种次比上年增长72.7%,检疫性种次比上年增长57.7%。进境动植物疫情截获成绩居全省前列。

【监管质量全面提升】 2016年,靖江国检局推进口岸动植检规范化建设,完善口岸经营企业现场动植检疫情防控软硬件设施。重点监管粮食指定口岸,通过省局对粮食指定口岸定期督察。实施进出口食品安全监控计划,结合进出口食品检验检疫工作,分时段分品种有序抽取食品监督样43份进行检测,确保进出口食品质量安全。依法开展卫生监督,保障口岸食品安全,累计核查外供食品440批次、饮用水281批次,现场卫生监督160次,发现问题21项。开展高温季节口岸供船食品专项督查,实施退货处理2批次,保障外轮船员饮食安全。加强重点敏感商品检验监管,全面排查危化类报检企业,召集相关企业传达进出口危险化学品监管要求、化工品码头开放条件等,规范企业的生产经营行为,责令不符合条件的立即整改。按照标准实施危化品进出口检验工作,对危化品包装企业实施监管。采取多项措施确保旧机电、医疗器械等产品的入境安全,检出7批进口医疗设备注册证书与进口设备不符,实施2例现场行政处罚。与地方政府和其他有关部门开展社会共治,联合靖江花园弄社区开展“进口食品安全社区行”活动,向群众发放食品安全宣传资料,普及进口食品安全知识。

【服务地方经济】 2016年,靖江国检局开展外贸帮扶工作,促进地方外向型经济提质增效。积极参与出口直放、检验检疫区域一体化和无纸化工作,区域审单和ECIQ上线运行工作稳步开展,全年直通放行货物3139批次,缩短口岸滞留时间,提高货物放行速度。实施无纸化报检5232批次,实施全程无纸化37批次,让企业切实享受便利、高效的通关服务。利用网络媒体QQ群及微信等手段,对进出口企业宣传优惠产地证政策。加大自贸协定优惠原产地证签证工作力度,全年签发自贸协定原产地证书3036份,使靖江出口企业享受关税优惠6873万元。推动出口食品企业开展“三同”(同线、同标、同质)工作,协调组织双鱼公司参加全省系统“三同”产品推介会,提升企业安全防护能力,扩大企业知名度。实施产品“优进优出”工程。帮助雅博公司的动物保健产品获得出口宠物食品注册资格;指导双鱼公司申报进境肉类收货人资质;协调江苏艾兰得营养品有限公司以“零缺陷”通过美国FDA的现场检查;确保靖江口岸首次顺利进口澳大利亚散装食用盐;帮助帝斯曼江山制药有限公司获评泰州地区首家国家AA级诚信企业。全面推广船舶电讯卫生检疫工作,落实《出入境交通工具电讯卫生检疫管理办法》有关要求,减轻企业负担,加快口岸通关速度。

【退证查询获英国海关肯定】 2月,英国海关发出关于江苏艾兰得营养品有限公司的退证查询函,质疑其维生素C及氨糖系列产品的中国原产地资格,要求中方答复。此退证查询涉及该企业出口的5种产品,应对失误将影响企业国际贸易的诚信度和信用等级。靖江国检局针对查询内容,迅速组织专门人员赴企业调查,确认企业产品的生产原料均属中国原产。4月1日,靖江国检局将调查记录和退证查询答复函一并寄往英国海关。6月底,英国海关回函认可该调查结果,并按普惠制原产地证书出具的金额,免征该批产品的进口关税约8800美元。此为泰州国检系统首次收到国外海关关于产地证退证查询结果回函。

(顾春翔)

·海　关·

【概况】 2016年,靖江海关做好贸易统计、业务统计和报关单数据审核工作,把好数据质量关。开展统计预警监测,加强对口岸重点敏感商品进出口情况的监测与预警分析。做好执法评估工作,发挥统计数据在综合治税、风险管理、通关一体化改革、加工贸易保税监管等业务领域中的数据服务和内控作用,推动执法评估水平不断提高。靖江海关全年征税入库13.1亿元;审结报关单5298份;监管货运量1032.3万吨,货值35亿美元;备案加工贸易合同254份,金额6.6亿美元;办结“两简案件”(海关业务现场查获的简单案件、简易程序违规案件)11起,办结一般案件1起;新增海关注册企业106家。

【税收征管】 2016年,靖江海关主动走访辖区纳税大户,以优质的服务稳固和开拓税源。严格审价管理,加强审核和分析进口价格水平偏低的商品,加大存在低报价格风险商品的查验力度,加强原产地审核,注重原产地证书备案资料查询系统使用,加强对存在优惠税率、反倾销商品的审核力度,全年补税658万元。强化税收监控,发挥海关估价系统、风险管理运行平台等数据平台的作用,密切对经营异常企业以及超期未纳税税单、超期保证金的监控和核查。靖江海关全

靖江海关举行升旗仪式

年征税入库13.1亿元。

【场所监管】 2016年,靖江海关加强对进出口码头及海关监管场所的整顿规范,推进联网视频监控改造,完成对危化品监管场所的检查和督促整改工作。试点监管场所自律管理,做到“管少、管好、管精”。严格落实分类分流查验作业要求,提高进出口通关效率,在保证查验率的基础上控制查验离散度,增强查验针对性和有效性。注重以风险管理为中心强化监管质量,优化布控查验工作,随机布控查验占比98.38%,其中预定式布控查验占比86.08%。

【打击走私】 2016年,靖江海关坚持“打防结合、综合治理、突出重点”的打私工作方针,开展“五大战役”(打击走私农产品、重点涉税商品、毒品枪支、濒危动植物、洋垃圾)、“国门利剑2016联合专项行动”等,健全完善信息资源共享、线索移交反馈、联合执法办案等工作机制,加强与南京海关职能处室联系沟通,加强与泰州海关缉私分局协作配合,全年共办结“两简案件”11起;办结一般案件1起,案值91.18万元,罚没1.15万元;立案1起,案值1083.54万元;移交刑事处理案件1起。

【通关一体化改革】 2016年,靖江海关推进区域通关一体化改革,及时帮助企业协调解决通关中出现的问题,全年跨关区报关单127票,其中一体化通关报关单83票,跨关区一体化报关率65.4%。加快通关作业无纸化进程,克服靖江口岸无集装箱、大宗散货审价和担保放行比例较高的困难,通关无纸化比例达98.16%。在关检合作“三个一”的基础上,联合开展“百企帮促、千企挂钩、万企直通”活动。开展“单一窗口”进出境国际航行船舶“一次申报”作业,全年共有602艘进境船舶、479艘出境船舶完成系统申报。

【靖江海关高级认证企业实现零突破】 8月,江苏扬子江船厂有限公司的企业管理权限从江阴海关调整至靖江海关,靖江海关高级认证企业实现零突破。作为海关企业最高信用等级的高级认证企业,可享受海关给予的优先办理手续、免担保验放、较低进出口货物查验率等通关便利措施。此外,在与中国实现AEO互认的国家或地区,高级认证企业可同样享受海关提供的通关便利措施。 (丁 亮)

·地方海事·

【概况】 2016年,市地方海事处以“规范化、程序化、法治化”为目标,强化水上交通安全监管,提升海事船检执法和服务水平。全年出动海事执法人员6215人次、海巡艇1406艘次,巡航里程1.14万千米;检查各类船舶8085艘次,纠正违章船舶1849艘次;检验各类船舶596艘,未发生船舶检验质量安全责任事故。接处“12395”水上遇险求救电话4次,辖区内未发生责任性水上交通事故和24小时以上的干线航道堵塞事件,水上安全形势保持持续稳定。

【水上水下活动安全管理】 全年受理水工作业2项,分别是姜十线靖江城北园区航道段疏浚工程、江苏江源热电有限公司十圩港码头加固工程。市地方海事处针对不同工程特点制定安全预案,科学实施水上交通管制,全力维护施工水域安全,确保工程顺利进行和航道畅通有序。

【G20峰会水上安保】 G20峰会期间,市地方海事处对入浙进杭的船舶及货物、人员加强源头安检,做好水上治安管控工作。为入浙船舶签证8艘次、安检2艘,录入船上人员信息17人次,完成本辖区水上安保工作。

【危化品运输安全专项整治】 2016年,市地方海事处加强船舶载运危险货物的申报管理,强化危化品运输船舶专项检查,重点加强对帝斯曼江山制药(江苏)有限公司的危化品码头和运输船舶的安全检查,加强码头从业人员和船员安全教育,督促建立和完善危化品事故应急救援预案,落实岗位责任制和安全防范措施。全年检查危化品船舶184艘次、危化品装运码头80座次,查处并监督整改码头安全隐患10次。

【专项整治行动】 年内,市地方海事处先后开展船舶污染防治和船舶配员整治专项行动。船舶污染防治:重点打击船舶未持有效防污染证书文书、未配备污染防治设施设备、非法排放污染物等违法违规行为,提升船员污染防治意识;全年检查船舶43艘,整改存在问题17项。船舶配员整治:重点检查船舶配员、船员证书、船员服务资历和船员任解职等情况,治理船舶配员不足、人证不符等问题,督促航运公司落实船员管理主体责任;全年检查航运公司6家,现场检查船舶360艘、船员1448人。

(徐红霞)

·边防检查·

【概况】 2016年,靖江边检站提升边检服务和口岸安全监管水平,将一线警力合理划分为窗口办证、巡查服务、执法办案3个组,压缩和精简非实战警力,最大限度提升用警效能。立足靖江口岸岸线长、码头多、任务重、警力不足的实际,主动争取地方党委政府支持,建立边检辅警制度,推行“电子监控+辅警协管+巡查巡视”的监管模式。全年检查出入境(港)船舶1832艘次、员工37534人次,办理登轮许可证174547份、搭靠证7567份;举办登外轮人员培训班3期;开通边检“绿色通道”9次,为企业批量换证5次,救助服务对象2人;查处违反边防法律法规案件2起2人,协助抓获网上在逃人员2人。是年,靖江边检站获评靖江市十佳服务地方发展单位。

【安全保障】 在“6·4”“7·5”“9·3”等重大安保工作中,靖江边检站严格出入境船舶、人员查控。定期批量查控在港船员,全年背景审查和甄别比对3000余人。主动联系协调驻地海关、检验检疫、国保等职能部门,研究签订反恐工作协议,提高信息获取能力和口岸反恐处置能力。做好码头、外轮预防寨卡病毒工作,确保口岸迅速有效处置疫情能力。邀请市公安局出入境管理大队至站走访交流,强化安全工作沟通。在德桥仓储火灾救援中,做好附近码头外籍船员疏散安置工作。开展G20峰会“环浙护城河”安保工作,为安保期间口岸安全稳定提供有力保障。联合靖江国检局开展G20峰会检验检疫综合应急处置演练,提高官兵对突发事件的预警、机动和处置能力。与靖江国检局建立口岸动植物疫情联防机制,增强在联检、船体检查等工作中的相互配合。联合市出入境管理大队深入修、造船企业走访交流,构筑口岸安全防线。

【边检服务】 2016年,靖江边检站邀请靖江市政协委员走进边检,征求其对边检工作的意见建议。结合边检执法执勤实际,开展争创群众满意窗口主题实践活动。做好边检“多证通”推广应用工作,简化办证手续、提升口岸通关效率。开展边检服务品牌推介活动,展示边检机关服务理念、职业追求和职业特色,提升边检机关的社会知名度和影响力。依托互联网、短信平台、微信等新兴传媒,开设网上报检系统和网上意见箱。全年开展现场法制咨询2次,发放传单800余份。

【双拥共建】 年内,靖江边检站派出官兵代表参加“慈善一日捐”活动。联合相关部门,慰问驻地光荣福利院老人。邀请省边防总队医院医生为驻地困难家庭“送医上门”。安排采血车到部队营区,组织全站官兵无偿献血。开展警营开放日活动,组织驻地留守儿童、“家有儿女”爱心志愿者协会参观警营。开展“军民鱼水,共庆八一”活动。承办靖江市口岸系统首届职工乒乓球比赛。组织官兵参加第3个“烈士纪念日”公祭活动。在驻地学校开展爱国主义教育,帮助选拔训练国旗班学生。（蔡 峰）

靖江边检站为驻地学校进行爱国主义教育

·长江引航·

【概况】 靖江引航站隶属于长江引航中心,主要为进出靖江港的中外籍船舶提供引航服务,为港口规划、码头建设提供技术咨询。引航站共有职工33人,其中一级引航员7人、二级引航员4人、三级引航员3人、助理引航员2人,另有聘用内贸引航员5人。2016年,共引领中外籍船舶2203艘次,比上年增长2.3%。其中,外贸引航(含移泊)1698艘次，比上年增长 9.4%，总吨 3045 万吨，比上年增长 8.4%，净吨 1668 万吨，比上年增长 8.7%，引领里程 22 万千米，比上年增长 29.4%；内贸引航（含移泊）505 艘次，比上年下降 16.2%，总吨 372 万吨，比上年下降 9.2%，净吨 205 万吨，比上年下降 8.1%，引领里程 7 万千米，比上年下降 14.7%。

【安全管理】 引航站强化春运、汛期、枯水期以及雷雨大风、雾霾等重要时段，桥区、渡区、FB7#—FB10# 红浮航段等重点航段，以及太和、盈利、扬子、新华、龙威等重点码头安全管理，落实老旧船、修造船、危化品船、超大型船以及朝鲜煤炭船安全措施。针对朝鲜煤炭船船况差的特点，督促船舶代理加强相关安全保障，全年领航朝鲜煤炭船舶 664 艘次，占外贸总艘次的 39%；对于没有 AIS 接口、高频差的老旧船舶，整改完毕后方予离港；对大吃水靠泊码头船舶，要求码头留足泊位长度、选择潮高留足富余水深、设置临时浮标后方予靠泊。加强对船舶动态监控提醒，切实做好重点码头靠泊管理。

（韦 一）

·长江航道管理·

【概况】 长江航道靖江段属福姜沙水道。福姜沙水道包括福姜沙北水道、福姜沙中水道、福姜沙南水道 3 条深水航道。2016 年，长江靖江航道管理处以确保航道安全畅通和安全生产为宗旨，组织开展“隐患排查改”“安全生产月”“汛期百日安全”等各项安全生产活动，检查各类船舶趸船安全台账，组织安全员培训和职工安全消防演练、职工游泳达标培训考核，杜绝日常航道维护管理工作中的安全隐患，辖区内航标维护保证率、航道维护正常率、船舶完好率均为 100%，全年安全生产无事故。长江靖江航道管理处获评南京局 2016 年度先进单位，所辖宁道标 1001 轮、宁道测 506 轮获得先进单位、先进集体等荣誉称号。

【航道养护】 全年维护保养福姜沙北水道航标 42 座。航标设置 14 座、撤销 10 座、校核 1 座、调整 21 座次、恢复失常 128 座次。宁道标 1001 轮驻守 300 余工作天，航标维护工作量为29565 座天，航道养护正常率 100%。

【航道管理】 全年完成福姜沙水道（1:40000）测量 4 次、福姜沙北水道（1:25000）测量 3 次，共完成测量面积 192.9 换算平方千米。每月对福姜沙北水道浅区（1:5000）测量 3～4 次、扫测 4～5 次，全年检测 58 次，共完成测量面积 765.55 换算平方千米。航道维护尺度保证率 100%，全年主航道未发生船舶堵、搁浅事件，辖区航道安全畅通。

【航道建设】 7 月 5 日，12.5 米深水航道二期工程经福姜沙中水道直达南京实现初通。汛期以来，福姜沙北水道河床因遭南挤北压，航道红浮连线附近淤积严重，直接威胁过往船舶通航安全。长江航务局迅速组织召开福北水道应急疏浚协调会，决定南京二局会同靖江市政府及相关长江单位，用绞吸船对福北水道 FB#6 红浮至 FB#7-1 红浮航道南侧边滩进行抢通开槽作业。航道部门加大福北水道监测频次，服务支持福北水道应急疏浚工作。至年底，疏浚福北水道淤积 444.4 万立方米。

【航道执法】 2016 年，长航靖江管理处加强联系地方政府、港口、海事、渔政、长航公安、沿江企业等单位，进一步规范沿江企业涉水工程和码头前沿清淤工程。上半年航道行政执法累计 39 次；下半年水上综合执法 2次，处理违规涉水工程 8 项，完成航道审批 5 次。

【服务经济】 年内，长航靖江管理处与港口、海事、引航等单位加强联系，走访沿江企业，了解其码头生产经营状况，在对接 12.5 米福姜沙中水道绕道 F3 直达靖江沿江码头上出谋划策，为企业码头停靠船舶、升级改造提供必要的航道信息和技术服务，保障企业生产经营正常开展。

（沈坚阳）

开放型经济

·对外及港澳台贸易·

【概况】 2016 年，靖江累计进出口总额 27.18 亿美元，比上年下降 9.07%。其中，进口 7.82 亿美元，比上年下降 33.79%；自营出口 19.36 亿美元，比上年增长 7.1%。全市一般贸易出口 8.22 亿美元，加工贸易出口 11.11 亿美元。高新技术产品进出口 9286 万美元。是年，全市发生出口实绩的企业有 253 家，新增进出口获权企业 75 家。

【出口贸易】 2016 年，靖江发生

2016 年靖江市五大类外贸出口产品一览表

表 17　　单位:万美元

类别	出口额	较上年增减(%)	占出口总额之比(%)
机电产品	143989	14.27	74.4
化工产品	13776	-1.88	7.1
纺织服装	16385	-3.01	8.5
高新技术产品	9268	0.49	4.8
农产品	7583	-7.63	3.9

出口实绩的企业有 253 家,出口额为 19.36 亿美元。其中,生产企业自营出口 4.86 亿美元,比上年下降 0.39%,占全市出口总额的 25.1%;经贸企业自营出口 1.81 亿美元,比上年下降 12.87%,占全市出口总额的 9.35%;三资企业自营出口 12.69 亿美元,比上年下降 14.13%,占全市出口总额的 66%。出口额前三位的产品分别为船舶、维生素 C 和钢材,三者出口 14.1 亿美元,占全市出口总额的 72.9%。其中船舶业出口 10.9 亿美元,比上年增长 24.9%,占全市出口总额的 56.3%。不计船舶业,其他行业出口 8.45 亿美元。全市有14 家企业出口额超 1000 万美元,分别是江苏新时代造船有限公司、江苏华菱锡钢特钢有限公司、中船澄西新荣船舶有限公司、江苏艾兰得营养品有限公司、靖江亚星进出口有限公司、江苏江山制药有限公司、江苏亚星锚链有限公司、靖江市新南洋进出口有限公司、靖江市亚泰特种材料制造有限公司、凯傲宝骊(江苏)叉车有限公司、靖江宇进丝绸服饰有限公司、江苏德生纺织印染有限公司、江苏上骐进出口有限公司、靖江迪玛箱包有限公司。其中江苏新时代造船有限公司出口额超 10 亿美元,达 10.39 亿美元。

【进口贸易】 年内,全市进口额为 7.82 亿美元。其中,外商投资企业进口 2.74 亿美元,比上年下降 7.86%;外贸企业进口 4.44 亿美元,比上年下降 6.89%;自营生产企业进口 6441 万美元,比上年下降 84.18%。主要进口商品为原木、船舶设备及待拆旧船等。

·利用外资及港澳台资·

【概况】 2016 年,市商务局筛选建立优质后备资源库,排出资本公积、盈余公积转增资本企业建议名单和股权转让、外资并购项目建议名单,有序推进全市境外资本利用工作。强化项目跟踪服务,完善责任落实、分析研判、协调推进、服务保障和考核督察等工作机制,扩大部门并联审批成果,加快重大项目审批,为境外资本项目搭建快速服务通道,提高项目审批效率。全年新批外商投资企业 3 家、增资项目 4 个;协议注册境外资本 2900 万美元,比上年下降 85.8%;实际利用境外资本 3505 万美元(其中江阴—靖江工业园区 906 万美元),比上年下降 86.3%。

【新批外商投资企业和增资项目】 2016 年,新批外商投资企业 3家:江苏吉迈士汽配科技有限公司,协议利用外资 147 万美元;江苏世华养老服务有限公司,协议利用外资 1200 万美元;靖江市港隆进出口有限公司,协议利用外资 15 万美元。全年增资项目 4 个:靖江西东丝绸装饰有限公司增资 10 万美元,靖江宇进丝绸服饰有限公司增资 30 万美元,帝斯曼江山制药(江苏)有限公司增资 880.3 万美元,靖江圣立气体有限公司增资 100 万美元。

·对外经济技术合作·

【概况】 2016 年,全市实现外经营业额 10033 万美元,比上年增加 46 万美元。新批境外投资项目 5 个,分别是江苏艾兰得营养品有限公司投资 454.87 万美元在荷兰设立的荷兰布勒姆健康(荷兰)有限公司、投资 1920 万美元在英国设立的佰讴生物保健品有限公司、投资 1536 万美元在英国设立的布鲁奈尔保健品有限公司,江苏大中电机股份有限公司投资 400 万美元在美国设立的 8420 八号环路有限公司,江苏新南洋进出口有限公司投资 30 万美元在缅甸设立的缅甸新南洋有限公司。境外投资总额 4340.87 万美元,投资项目涉及营养保健、电机、农药、肥料等领域。　(邓丹丹)

综 述

【概况】 2016年，全市金融机构深化金融创新，优化金融环境，金融业整体保持平稳发展态势。年内，浙商银行、民生银行在靖江设立分支机构。至年末，全市有银行机构21家，其中央行分支机构1家、政策性银行1家、股份制商业银行16家、地方法人银行机构2家、村镇银行1家，基层网点142个；有保险分支机构36家，中介及代理机构4家；驻靖江证券营业部6家。另有担保公司3家、小额贷款公司11家、典当行8家。金融机构数和从业人员数位居泰州前列，基本实现金融服务全覆盖。全市银行机构本外币存款余额1011.36亿元，比上年增长16.71%；本外币贷款余额718.21亿元，比上年增长10.26%；直接融资82.37亿元。全年实现保费收入17.49亿元，比上年增长15.14%；全市保险密度2546元，保险深度2.18%。人均实现证券交易额1245.11亿元，比上年下降40.11%。担保机构在保户数150户，在保余额15.3亿元。小额贷款公司注册资本总额14.23亿元，全年累计发放贷款8.08亿元。全市金融业实现增加值40.8亿元，比上年增长12.9%，占全市地区生产总值的5.1%。

企业上市持续推进 年内，举办企业专场融资路演，为企业搭建股权和债权融资合作平台；与复旦大学合作举办专题研修班，帮助市内企业利用资本市场实现创新跨越发展；举办企业上市培训会，推动企业与资本相结合，全年累计培训200余人次。至年末，全市新增上市过会企业1家(华达科技)，新三板挂牌企业3家(华冶科技、靖亘股份、五晟科技)，区域性股权交易市场挂牌企业1家(靖江靖星)，新三板签约企业2家(和诚制药、泽宇环境)，上市(挂牌)后备企业30家。全市上市(挂牌)企业增至17家，后备企业增至103家。辰午节能、皓月股份、双江股份、乐科节能4家新三板挂牌企业募集资金1.37亿元。

金融创新有序开展 年内，开发“惠科融”政银合作金融产品，与建行、南京行、农商行、江南农商行4家银行签订合作协议，通过政府增信、银团授信、风险共担方式，定向满足科技型、创新型企业融资需求。建成集金融产品、融资需求、供需匹配“三位一体”的靖江市银企e融服务平台，从根本上解决银企信息不对称形成的融资难题。政府转贷累计646笔88.53亿元，惠及企业200余家，降低企业转贷成本5000余万元。加快农村金融基础设施建设，建立农村综合金融服务站150个、助农取款点651个，实现行政村金融服务全覆盖。

金融生态不断优化 年内，出台金融风险监测、处置办法，组织开展困难企业专项调研，按支持类、帮困类、问题类确定企业类别，建立动态困难企业库，前置风险防范关口。对风险处置难点开展专项协调，确保全市大额授信及担保圈(链)风险不传导、不蔓延。成立华城资产管理公司,拓宽不良贷款的处置渠道。组织开展互联网金融风险专项整治,密切关注P2P网络借贷平台、民间投融资机构等互联网金融风险高发领域,确保不发生区域性、系统性风险。

【靖江A股上市公司经营状况】 2016年,靖江有亚星锚链、中泰桥梁、东华测试、万林股份4家A股上市公司。比较其年度部分经营指标:营业收入方面,亚星锚链、中泰桥梁、东华测试、万林股份分别实现营业收入10.22亿元、3.23亿元、1.3亿元、4亿元,与上年相比,前2家分别下降31.86%、57.69%,后2家分别增长13.84%、5.35%;净利润方面,亚星锚链、东华测试、万林股份分别实现净利润0.54亿元、0.02亿元、0.8亿元,中泰桥梁略有亏损,其中仅万林股份净利润较上年增长;市值方面,亚星锚链、中泰桥梁、东华测试、万林股份市值(12月30日)分别为84.3亿元、108.5亿元、33.8亿元、77.2亿元。

(陆天垚)

银 行

【概况】 2016年,靖江有人民银行分支机构1家、政策性银行分支机构1家、国资控股商业银行分支机构4家、非国资控投的商业银行分支机构12家、地方法人银行机构2家、村镇银行1家。年内,浦发银行靖江支行获评南京分行“最美网点”“优胜基层网点”;长江商业银行被《金融时报》中国社科院金融研究所评为“年度最具竞争力中小银行”“全国支持中小企业发展十佳商业银行”。年末,全市银行机构本外币各项存款余额1011.36亿元,比年初增长16.71%。其中,人民币存款余额940.16亿元,比年初增长14.14%;外币存款余额10.26亿美元,比年初增长55.48%;住户存款余额475.01亿

2016年靖江A股上市公司年报数据一览表

表18

上市公司	报告期指标	2016年年报	比上年增减(%)	上市公司	报告期指标	2016年年报	比上年增减(%)
亚星锚链	基本每股收益(元)	0.0562	-69.57	东华测试	基本每股收益(元)	0.0143	-75.76
	每股净资产(元)	3.06	-0.09		每股净资产(元)	2.49	1.22
	每股公积金(元)	1.44	-0.22		每股公积金(元)	0.81	5.29
	每股未分配利润(元)	0.5462	-2.22		每股未分配利润(元)	0.5699	-1.2
	每股经营现金流(元)	0.2860	84.75		每股经营现金流(元)	0.1017	113.66
	营业收入(亿元)	10.22	-31.86		营业收入(亿元)	1.3	13.84
	净利润(亿元)	0.54	-69.52		净利润(亿元)	0.02	-75.51
	净资产收益率(%)	1.8400	—		净资产收益率(%)	0.5800	—
中泰桥梁	基本每股收益(元)	-0.2500	-2600	万林股份	基本每股收益(元)	0.1900	0
	每股净资产(元)	4.48	130.81		每股净资产(元)	4.8	44.91
	每股公积金(元)	3.46	483.38		每股公积金(元)	2.56	155.13
	每股未分配利润(元)	-0.0234	-108.63		每股未分配利润(元)	1.2157	-5.17
	每股经营现金流(元)	-0.6315	-212.65		每股经营现金流(元)	-0.4470	—
	营业收入(亿元)	3.23	-57.69		营业收入(亿元)	4	5.35
	净利润(亿元)	-0.96	-3452.17		净利润(亿元)	0.8	8.7
	净资产收益率(%)	-7.5300	—		净资产收益率(%)	4.8300	—

(陆 垚)

元，比年初增长 8.73%；企事业单位存款 536.35 亿元，比年初增长24.41%。全市银行机构本外币各项贷款余额 718.21 亿元，比年初增长 10.26%。其中，人民币贷款余额 694.02 亿元，比年初增长12.83%；外币贷款余额 3.49 亿美元，比年初下降 37.51%。从贷款期限结构看，年末短期贷款余额 307.11 亿元，比年初下降 7.74%；中长期贷款余额 362.93 亿元，比年初增长 52.93%。

2016 年末靖江市银行机构人民币存贷款情况一览表

表 19　　单位：万元

项　目	年末余额	比年初增减	项　目	年末余额	比年初增减
行社各项存款	9401607	1164857	行社各项贷款	6940214	789079
其中：农业发展银行	115167	44449	其中：农业发展银行	228635	56541
工商银行	824331	37551	工商银行	653949	38148
农业银行	1315112	30641	农业银行	790881	-76997
中国银行	539921	32465	中国银行	387763	-51393
建设银行	881757	120639	建设银行	770790	105006
交通银行	266852	85265	交通银行	415467	167613
中信银行	255027	16478	中信银行	155086	-10851
浦发银行	300072	-11371	浦发银行	333758	44207
江苏银行	372514	56490	江苏银行	314850	9387
南京银行	585047	114365	南京银行	331377	128796
招商银行	94064	-40495	招商银行	97727	7319
兴业银行	310780	132443	兴业银行	144095	6544
民生银行	104141	104141	民生银行	148	148
浙商银行	23487	23487	浙商银行	30	30
农村商业银行	1728338	158054	农村商业银行	1203546	118981
城市商业银行	859268	80793	城市商业银行	793368	173203
无锡农商行	31474	12815	无锡农商行	76319	10364
邮政储蓄银行	572501	86583	邮政储蓄银行	83803	25865
润丰村镇银行	105324	7979	润丰村镇银行	81435	4055
江南农商行	87645	57228	江南农商行	77186	32112
一、行社个人存款	4721629	382955	一、个人贷款	1609231	301555
其中：工商银行	460785	1027	其中：工商银行	126014	-4665
农业银行	951909	77181	农业银行	246761	41002
中国银行	277400	27152	中国银行	157272	4952
建设银行	537488	35140	建设银行	282730	49044
交通银行	90505	9425	交通银行	25391	78
中信银行	23668	-6051	中信银行	20995	9459
浦发银行	21055	2282	浦发银行	13369	7146
江苏银行	30757	5891	江苏银行	50346	12832

续表 19

项　目	年末余额	比年初增减	项　目	年末余额	比年初增减
南京银行	60278	12424	南京银行	27481	4466
招商银行	16972	550	招商银行	15693	5335
兴业银行	12970	-7451	兴业银行	14518	7387
民生银行	8767	8767	民生银行	148	148
浙商银行	1196	1196	浙商银行	30	30
农村商业银行	1260864	72751	农村商业银行	347652	28955
城市商业银行	405503	55414	城市商业银行	154917	101360
无锡农商行	2829	-17	无锡农商行	428	-897
邮政储蓄银行	509112	74981	邮政储蓄银行	83803	25865
润丰村镇银行	39191	5959	润丰村镇银行	24318	2326
江南农商行	10379	6332	江南农商行	17366	6732
二、单位存款	4679978	781902	二、单位贷款	4870903	787956
其中:农业发展银行	115167	44449	其中:农业发展银行	228635	56541
工商银行	362784	36293	工商银行	508122	63156
农业银行	353900	-17566	农业银行	518745	-76938
中国银行	261570	5346	中国银行	171583	41194
建设银行	343524	91469	建设银行	426312	45078
交通银行	167273	76087	交通银行	388297	166905
中信银行	231358	22539	中信银行	130854	-23546
浦发银行	278973	-13665	浦发银行	320214	36886
江苏银行	341756	50601	江苏银行	264504	-3445
南京银行	524767	102410	南京银行	303896	124330
招商银行	73303	-40619	招商银行	82034	1984
兴业银行	297451	139534	兴业银行	129576	-844
民生银行	95374	95374	民生银行	0	0
浙商银行	22291	22291	浙商银行	0	0
农村商业银行	467333	85274	农村商业银行	746486	108699
城市商业银行	453765	25379	城市商业银行	472074	199898
无锡农商行	28646	12833	无锡农商行	63626	20229
邮政储蓄银行	63371	11608	邮政储蓄银行	0	0
润丰村镇银行	66133	2021	润丰村镇银行	56125	2449
江南农商行	77266	50896	江南农商行	59820	25380
三、境外存款	2900	200	三、票据融资	432688	-287204

说明:委托类存款未计入行社各项存款分项

【人行靖江支行】 2016年，人民银行靖江市支行贯彻落实稳健的货币政策，服务实体经济，支持地方经济稳步发展，维护全市金融稳定。

执行稳健货币政策　印发年度货币信贷工作指导意见，明确银行机构年度货币信贷工作要求和任务目标。年末，全市本外币存款余额1011.36亿元、贷款余额718.21亿元，分别比年初增长16.71%、10.26%。建立制造业贷款变动监测机制，组织银行机构按月分户监测、报告。多次召开专题指导会议，督促银行机构加大对实体经济的贷款投放力度，制造业贷款从11月份起开始恢复正增长。制造业贷款11月、12月分别比上月新增1.6亿元、0.5亿元，比上年同期分别增加0.8亿元、5.4亿元。

12月，全省首家综合性惠民金融超市挂牌营业

（人行靖江支行提供）

金融改革创新　牵头建立税银征信共享互认机制，通过部门信用信息共享为企业增信，向48户中小企业和企业主发放信用贷款1616万元。协助金融办组织开发“靖江市银企e融服务平台”，实现银行信贷产品供给和企业融资需求在线对接，中小企业信用信息共享模块进入测试阶段。推广应收账款质押融资贷款业务，业务量在泰州保持领先。协助有关方面开发移动缴费APP平台，为居民缴纳水、电、气等费用提供便捷服务。推动政银合作开展精准扶贫，全年发放扶贫贷款161笔，累计5305.4万元。组建全省首家综合性惠民金融超市，实现金融超市线上线下一体化互动，促进靖江普惠金融发展。

维护金融稳定　完善地方政府部门协同机制，建立金融风险防控主体责任机制。定期组织满期银保产品结付维稳联席会议，进行风险预警提示，坚持维稳与维权并重，落实应急处置责任。定期召开金融债权司法维护联席会议，为银行和司法部门搭建信息沟通平台，提高银行债权司法维护效率。建立银税协作机制，打击虚开增值税发票骗贷融资的行为，联合开展互联网金融风险专项治理。推动信用惩戒工作，维护金融创新环境。各银行机构加大不良资产处置力度，全年出表处置不良资产22.72亿元，不良率较年初下降1.83个百分点。完善银行机构重大金融风险报告制度，明确风险报告主体、范围、时限、对象。建立企业金融风险监测分析制度，银行按月对风险企业甄别、分类。

金融监督管理　依法对相关金融机构实施支付业务、人民币流通管理、代理国库等相关业务的执法检查，全年开展执法检查14次。对银行机构实行开业管理、营业管理、综合执法检查、综合评价，出台《靖江市银行业金融机构执行人民银行政策评级办法》，为2家一级支行、1家二级支行新设银行机构提供服务指导，规范相关申报手续。

基础金融服务　落实行政许可法律规定，简化基本账户开立手续，强化开户银行资料审核责任，提高行政许可效率。推行国库业务电子化，建立小微企业退税快速通道。组织银行机构开展对外误付假币专项治理。建立硬币清分中心，推行回笼硬币供应主办银行制度，提供个人信用报告自助查询、硬币自助清分等便民服务。开办金融讲坛，开展个人账户分类管理、“3·15”金融消费者权益保护、征信、人民币反假、反洗钱、防银行卡和金融诈骗等专题宣传活动，普及金融知识。

外汇管理体制改革　完善主体监管模式，充分利用跨境资金流动监测系统，对114家贸易主体的货物贸易项下国际收支业务进行全口径监测，按主体监管流程对3家银行和18家企业进行现场核查。加大行政处罚力度，对落实“展业三原则”（了解客户、了解业务、尽职审查）不彻底、履行真实性审核不到位的2家外汇指定银行实施行政处罚,17家企业被降为B类管理。强化外汇指定银行考核管理,逐笔登记台账,按月汇总分析,按季考核通报。 (刘银波)

【农发行靖江支行】 2016年,中国农业发展银行靖江市支行有在编员工19人。年内,该行支持粮油购销企业发展,投放夏粮收购贷款4.39亿元。加大重点基础设施项目建设贷款,向靖江市城乡建设有限公司投放3亿元,用于城南花苑(南区)农民集中居住区项目;向靖江市欣城建设发展有限公司投放4.6亿元,用于229省道靖江段改扩建工程;向靖江市新桥城乡建设有限公司投放6.6亿元,用于新桥镇城镇化建设项目;投放2亿元,用于滨江新城人居环境项目。年末,该行各项存款余额11.52亿元,比上年增长75.82%;日均存款余额12.24元,比上年增长74.53%。各项贷款余额22.86亿元,比上年增长24.73%。实现中间业务收入0.03亿元、账面利润0.62亿元,无新增不良贷款和欠息。 (何桂琴)

【工行靖江支行】 2016年,中国工商银行股份有限公司靖江支行下辖1个营业部和12个二级支行,有存取款机40台、ATM取款机9台、自助终端32台,在编员工184人。年内,该行加大对靖江开发区及各园区重点项目资金支持力度,全年实现项目投放13.4亿元,其中新增国际汽贸城项目贷款2.4亿元、华汇供水项目贷款2亿元、新港城基础设施项目贷款4.5亿元、鼎新工业集中区管理服务有限公司3.5亿元、江苏沪通大桥有限责任公司1亿元。优化百优企业服务,30强企业贷款余额累计15.7亿元。持续开展票据贴现业务专项竞赛活动,全年累计贴现10.04亿元,实现贴现利息收入1491.61万元。加快产品创新,推出小微企业"创业贷",实现小微企业拓户及融资总量双增长。以"工商企业通"为平台,代办工商企业营业执照,新增"企业通"开户238户。促进网银发展,以手机银行、工银e支付提升移动支付银行业务,拓展"融e购"电商平台客户,为裕生堂营养品有限公司、悠味食品有限公司、三阳食品有限公司、双鱼食品有限公司等电商客户提供后续服务,全年发展"融e购"电商平台客户7309户,交易额2388万元。年末,全行本外币各项存款余额89.73亿元,其中储蓄存款余额46.42亿元、对公存款余额43.31亿元。人民币各项存款余额82.43亿元(较年初增加3.76亿元),其中储蓄存款余额46.08亿元、对公存款余额36.35亿元。本外币存款日均余额89.25亿元,比上年增加6.74亿元。其中,储蓄存款日均余额46.49亿元,比上年增加0.29亿元;对公存款日均余额43.23亿元,比上年增加6.45亿元。本外币各项贷款余额67.52亿元,比年初增加3.80亿元。人民币各项贷款余额65.39亿元,比年初增加3.81亿元。其中,个人贷款余额12.60亿元。实现拨备前利润3.08亿元,比上年增加2482万元。 (毛剑利)

【农行靖江支行】 2016年,中国农业银行股份有限公司靖江市支行下辖二级支行17个,金融便利店、银亭、离行式自助银行15个,在编员工307人。年内,拓宽"三农"金融服务,新增新城水利项目贷款1.6亿元、马洲水利项目贷款1.8亿元。创新"三农"信贷产品,全年"金农贷"贷款客户新增34户、余额净增1410万元,农村个人生产经营贷款净增1897万元,农户小额贷款新增611万元。拓展总行级核心客户群,全年新增贷款3.5亿元,其中项目贷款2亿元、流动资金贷款1.5亿元。拓展新型贷款业务,向江苏协和物业管理有限公司发放"工商物业置业贷"贷款431万元,向先锋半导体公司等发放政府增信信贷产品"苏科贷"520万元。客户建设成效明显,新增对公客户530户,新开人民币对公结算账户841户,新开外汇账户8户。个人加权贵宾客户比年初净增3613户,贵宾客户金融资产比年初净增11.54亿元。年末,全行本外币各项存款余额147.24亿元,其中储蓄存款余额95.47亿元、对公存款余额51.77亿元,分别比年初新增7.8亿元、2.85亿元;本外币各项贷款余额80亿元,其中人民币对公贷款余额54.41亿元、个人贷款余额24.68亿元(含信用卡透支1.55亿元)。实现中间业务收入1.2亿元,实现拨备前利润1.76亿元。

(吴卓仪)

【中行靖江支行】 2016年,中国银行股份有限公司靖江支行叙做平台贷款,支持地方重大项目和民生工程,推广"税贷通"等创新产品,促进小微企业发展。年末,本外币各项贷款余额53.55亿元。其中,公司贷款余额(不含贴现)34.10亿元,较年初增加4.55亿元;个人贷款余额15.73亿元,较年初增加4952万元。持续优化存款结构,本外币存款余额74.53亿元,较年初增加17.16亿元。其中,公司存款余额44.72亿元,较年初增加13.70亿元;储蓄存款余额29.55亿元,较年初增加3.34亿元。保持并稳步拓展国际结算、保函、信用证等业务,夯实中间业务收入基础。发挥国际化业务优势,累计完成国际业务结算10.24亿美元,叙做跨境人民币业务7.29亿元,开立保函2.8亿元、信用证7877万美元。全年实现营业净收入1.6亿元,拨备前利润2.15亿元。 （沈 俊）

开展反假币宣传活动 （交行靖江支行提供）

【建行靖江支行】 2016年,中国建设银行股份有限公司靖江支行下设二级支行4个、分理处8个、营业网点1个,有存取款机50台、BSM自动终端12台,员工200人。年内,坚持"以小为主、以微为重"的客户定位,发展小微企业业务;打造"悦生活"平台,搭建电子银行应用场景,营销学费、党费等电子缴费项目14个;加大不良贷款的清收压缩力度,全行实现利润2.2亿元,比上年增长40%。年末,本外币一般性存款余额98.73亿元,比上年增长8.65%;日均存款余额101.17亿元,比上年增长10.33%。本外币各类贷款余额82.60亿元,比上年增长6.08%。 （卢城辰）

【交行靖江支行】 2016年,交通银行股份有限公司靖江支行下设靖江营业部、中亚支行2个综合型网点和中洲支行普惠型营业网点,另有大桥、东环2个离行自助服务点,在编员工43人。年内,该行重点支持产业集群发展和园区开发建设,投放开发区建设贷款12.3亿元,为重大项目专属融资8亿元,为万林木业产业园、国信电厂项目和烟草商圈提供票据池抵质押业务。满足各类企业生产经营资金需求,推出PPN非公开定向债务融资工具、PPP公私合营模式、增资过桥、IPO过桥等创新业务。至年末,全行各项存款余额26.69亿元,比年初增加8.53亿元;各项贷款余额41.55亿元,比年初增加16.76亿元。各项贷款余额中,一般授信贷款36.18亿元、小微企业贷款3.39亿元、个人消费贷款1.91亿元。国际业务结算量2.8亿美元,中间业务净收入2286万元,实现经营利润9352万元。 （沈 艳）

【浦发行靖江支行】 2016年,上海浦东发展银行股份有限公司靖江支行创新信贷投放模式,完成重点项目投放5个、贷款金额16亿元。加强产品创新应用,为中船澄西新荣船舶有限公司成功办理美元滚动增利结汇期权组合业务,金额达2400万美元,实现代客外汇衍生业务的突破。做大个人金融资产,全行个人金融总资产日均余额增长21.22%,个人财富业务总销量增长25.94%。以信用证、商业票据为抓手,提高资金使用效益。年末,全行资产总额34.82亿元,较年初增长2.68%;本外币存款余额32.66亿元,比年初增长1.59%;本外币贷款余额33.38亿元,较年初增长15.3%;实现账面利润1.25亿元,较上年增长16.73%。 （祁 东）

【江苏银行靖江支行】 2016年,江苏银行股份有限公司靖江支行下设营业部1个、自助银行2个,有存取款一体机5台、ATM取款机1台,在编员工28人。年内,出资4亿元在市内率先参与设立城市发展基金,投放2.5亿元用于江苏景龙园现代农业投资开发有限公司应急水源项目建设,投放2.8亿元用于靖江市华晟投资发展有限公司集中居住区项目建设。年末,各项存款余额37.25亿元,较年初增加5.65亿元;各项贷款余额31.49亿元,较年初增加0.94亿元。 （朱 政）

【南京银行靖江支行】 2016年,南京银行股份有限公司靖江支行有在编员工26人,设网点1个、自助服务区3个。年内,该行加强同优质国企和50强企业战略合作，成功与10余家30强企业开展业务往来；选择科技型、成长型企业结为合作伙伴，推出“苏科贷”“惠科融”和免抵押免担保的“鑫联税”等创新信用贷款产品，其中“鑫联税”发放10户300万元；为市民提供信易贷、诚易贷、房易贷、理财e贷等特色化服务。“房易贷”产品，将首套住房按揭利率下浮至八五折，为市场最低，贷款期限最长可达30年；“诚易贷”产品对个人贷款免抵押免担保，个人消费贷款更便捷。年末，支行存款余额58.50亿元，比年初增加8.2亿元；各类授信余额81.66亿元，比年初增21.56亿元，其中人民币贷款余额33.5亿元；债务融资工具及结构化融资42.99亿元。（许恒丽）

【兴业银行靖江支行】 2016年，兴业银行股份有限公司靖江支行有1个支行营业部、2个社区营业网点，在编员工25人。年内，该行拓展城镇化金融业务，将服务实体经济作为发展的重点，全年新增投放13.24亿元；表内外资产余额近40亿元。（胡希夷）

【民生银行靖江支行】 2016年6月2日，中国民生银行股份有限公司靖江支行开业。该支行位于人民中路118号，在编人员17人。年内，该支行加大中型企业开发力度，加快网络银行发展速度，实现良好开局。至年末，支行各项存款余额22.06亿元，各项贷款余额10.27亿元。（罗子舒）

【浙商银行靖江支行】 2016年10月18日，浙商银行股份有限公司靖江支行正式对外营业，该支行位于人民南路219号飞羚大厦，有ATM存取款一体机2台、自助终端3台、自动发卡机1台，在编员工17人。年内，主动适应企业流动性需求，依托“涌金票据池”，支持实体经济发展。推出三年贷、一日贷、创业贷、三板贷等特色产品，为小贷客户提供财务管理和保姆式私人银行服务，着力化解小微企业融资难、融资贵难题。年末，各项存款余额26.18亿元，其中对公存款余额22.1亿元、储蓄存款余额4.08亿元；贷款余额5.86亿元。（方晓红）

【市农村商业银行】 2016年，江苏靖江农村商业银行股份有限公司下辖网点（含分理处）35个，设自助银行49个，有CRS存取款机97台、ATM取款机21台、硬币兑换机1台、硬币存款机1台，在编员工562人，服务触角遍布城乡，是靖江物理网点最多的金融机构。年内，强化“三农”服务，加大对种养大户、家庭农场、专业合作社等新型农业经营主体的支持力度，开展“阳光金融”活动，涉农贷款年末余额86.74亿元。支持小微企业发展，推出“信誉通”等500万元以内免除第三方担保的金融产品，年末小微企业贷款余额90.25亿元。实行转续贷、临时贷，持续下调贷款执行利率，全年让利反哺6000万元以上。至年末，各项存款余额175.32亿元，比年初增长11.5%；各项贷款余额120.39亿元，比年初增长11%。实现各项收入10.85亿元，账面利润3.06亿元，上缴各项税收1.12亿元。（杨佳伟）

10月18日，浙商银行靖江支行开业　（靖江日报社提供）

【江苏长江商业银行】 2016年，江苏长江商业银行股份有限公司有分支机构11家、自助网点近70个。年内，新增小微企业贷款客户2384户，发放小微企业贷款354.24亿元。支持地方经济发展，发放骨干企业贷款297笔1.93亿元，发放民生工程贷款53笔1.06亿元，发放富民创业贷款46笔1.2亿元。年末，该行总资产209.77亿元，较年初增长22.34%；各项存款余额166.25亿元，较年初增长18.55%；各项贷款余额145.22亿元，较年初增长20.42%。不良贷款率1.04%。是年，该行获江苏省银行业“惠农惠小·服务小微十佳特色金融产品、主创团队、主创人员奖”，被《金融时报》、中国社科院金融研究所评为“年度最具竞争力中小银行”“全国支持中小企业发展十佳商业银行”。董事长朱惠健被评为“中国地方金融年度十佳人物”。 （陆晓亮 董亚军）

9月13日，江苏长江商业银行设立南通分行 （靖江日报社提供）

【邮储银行靖江支行】 2016年，中国邮政储蓄银行股份有限公司靖江支行有自营网点5个，在编职工98人。年内，开展“服务民营经济 工商·邮储送贷行动”，投放小微企业贷款近亿元；支持新型农业经营主体发展，推出“富农贷”等创新产品，发放全省首笔涉农保证保险贷款。全年实现账面拨备前利润5258.4万元、拨备后利润4404.2万元，比上年分别增长35.6%、23.8%。年末，各项存款余额22.83亿元，比年初增加1.7亿元，其中个人存款余额16.5亿元、对公存款余额6.33亿元，分别比年初增加1.6亿元、0.1亿元，各项贷款余额17.72亿元，比年初增加6.16亿元。 （刘玲燕）

【无锡农商行靖江支行】 2016年，无锡农村商业银行股份有限公司靖江支行有存取款机3台、自动终端2台，在编员工12人。年内，以制造业小微企业为主要贷款对象，试行应收账款质押、保单质押等多种担保方式，降低实体企业融资成本。年末，各项存款余额3.14亿元，比年初增加1.28亿元；各项贷款余额7.63亿元，比年初增加1.04亿元，其中小微企业贷款4.26亿元。

（赵 龙）

【靖江润丰村镇银行】 2016年，江苏靖江润丰村镇银行股份有限公司有营业网点3个、ATM自主存取款机3台，在编员工53人。年内，该行推出“科技贷”“建房贷”“商贷通”“白领贷”“租金贷”和“婚嫁贷”等特色产品，提升金融服务效率。年末，各项存款余额10.53亿元，较年初增加0.8亿元。其中，企业存款5.66亿元，比年初增加2.06亿元；储蓄存款3.92亿元，比年初增加0.62亿元；保证金存款0.92亿元，比年初下降1.88亿元。年度日均存款余额为9.7亿元，比年初增加0.72亿元。各项贷款余额8.14亿元，较上年新增0.4亿元，其中小微企业贷款余额6.82亿元，较年初增加0.6亿元。全年实现营业收入7500万元，实现税后净利润1605万元。

（姜莉莉）

【江南农商行靖江支行】 2016年，江南农村商业银行有存取款一体机9台、自动终端3台、远程柜员机2台，在编员工24人。年内，该支行在人民银行靖江支行金融超市和申万宏源证券营业部大厅新设2个微银行，组建2个客户经理团队，分类开展营销。年末，支行各项存款余额8.76亿元，比上年增加5.72亿元；理财产品销售余额2.22亿元。有贷款客户135户，新增73户；各项贷款余额7.72亿元，比上年增加3.21亿元；平均转贷天数为0.4天，基本做到当天到期当天转贷。 （严心刚）

保 险

【概况】 2016年，靖江有专业保险机构40家，其中财产险机构16家、人身险机构20家、保险专业中介代理机构4家。全行业保费收入17.49亿元，比上年增长15.14%。其中，财产险保费收入5.64亿元，比上年增长12.13%；人身险保费收入11.85亿元，比上年增长16.63%。实现各类理赔和给付7.07亿元，比上年增长28.08%。其中，财产险赔付3.41亿元，比上年增长13.29%；人身险赔付3.66亿元，比上年增长45.82%。

2016年靖江市主要财产保险机构保险业务情况一览表

表20

公司名称	保费收入		赔付支出		
	累计(万元)	同比(%)	累计(万元)	同比(%)	赔付率(%)
中国人民财产保险股份有限公司靖江支公司	24238	13	14414	3	59
中国太平洋财产保险股份有限公司靖江支公司	3829	-10	3227	8	84
中国平安财产保险股份有限公司靖江支公司	4219	21	2202	37	52
天安保险股份有限公司靖江支公司	1174	17	694	78	59
中华联合财产保险股份有限公司靖江支公司	1215	-1	757	78	62
中国大地财产保险股份有限公司靖江营销服务部	1940	7	1251	-3	64
永安财产保险股份有限公司靖江支公司	2734	1	1694	12	62
华安财产保险股份有限公司靖江营销服务部	378	-37	298	774	79
安邦财产保险股份有限公司靖江营销服务部	608	-6	424	-25	70
阳光财产保险股份有限公司靖江支公司	761	—	566	—	74
都邦财产保险股份有限公司靖江支公司	336	-29	239	-33	71
中国人寿财产保险股份有限公司靖江支公司	11613	21	6319	43	54
太平财产保险有限公司靖江支公司	979	—	627	31	64
长安责任保险股份有限公司靖江支公司	1623	7	846	—	52
紫金财产保险股份有限公司靖江支公司	795	11	539	-9	68
英大泰和财产保险股份有限公司靖江支公司	—	—	—	—	—

2016年靖江市主要人身保险机构保险业务情况一览表

表21

公司名称	保费收入		理赔结付(万元)	同比(%)	其他各类结付(万元)	同比(%)
	累计(万元)	同比(%)				
中国人寿保险股份有限公司靖江支公司	84207	19	3823	16	24929	70
中国太平洋人寿保险股份有限公司靖江支公司	1756	33	70	76	617	-26
中国平安人寿保险股份有限公司靖江营销服务部	3079	13	—	—	—	—
新华人寿保险股份有限公司靖江营销服务部	1473	-35	98	-33	96	-76
泰康人寿保险股份有限公司靖江支公司	3029	18	167	92	430	10
民生人寿保险股份有限公司靖江营销服务部	—	—	—	—	—	—
太平人寿保险有限公司靖江营销服务部	9089	46	—	—	—	—

续表 21

公司名称	保费收入		理赔结付（万元）	同比（%）	其他各类结付（万元）	同比（%）
	累计（万元）	同比（%）				
生命人寿保险股份有限公司靖江营销服务部	4321	144	3	148	2596	250
合众人寿保险股份有限公司靖江营销服务部	509	25	16	59	42	51
友邦保险有限公司靖江营销服务部	557	0	21	-12	1	-63
信泰人寿保险股份有限公司靖江营销服务部	104	195	10	133	—	—
中国人民健康保险股份有限公司靖江支公司	4185	6	3409	42	—	—
华夏人寿保险股份有限公司靖江支公司	662	144	—	—	—	—
华泰人寿保险股份有限公司靖江营销服务部	19	—	—	—	—	—
阳光人寿保险股份有限公司靖江支公司	—	—	—	—	—	—
中国人民人寿保险股份有限公司靖江支公司	1780	-16	140	43	41	159
长城人寿保险股份有限公司靖江营销服务部	—	—	—	—	—	—
英大泰和人寿保险股份有限公司靖江支公司	208	196	—	—	—	—
利安人寿保险股份有限公司靖江支公司	3140	-47	—	—	—	—
东吴人寿保险股份有限公司靖江支公司	337	204	30	—	20	—

（陆　帅）

3 月 15 日，成立市人伤交通事故一体化服务中心，提高保险理赔效率

（市保险协会提供）

【车险业务创新】 2016 年，针对车险人伤事故处理复杂低效、消费者利益难以保障等情况，人保财险靖江支公司与市交巡警大队合作，成立人伤交通事故一体化服务中心，办理损失确定、保险咨询、保险理赔、赔款确认等多项业务，实行“一个窗口对外”，加快案件和解息诉工作。对于适用简易程序处理的交通事故，则建立事故当事人自行协商处理工作机制，发挥保险公司在交通事故处理工作中的作用，现场处理、协商、理赔，提高交通事故处理效率。理赔额 2000 元以下的交通事故 80%以上在事故现场处理完毕，车主 2 个工作日内可获得保险公司理赔款。

【自然灾害商业险开办】 全市自然灾害商业险从 4 月起实施，保险期为 1 年。该保险采用保险公司与地方政府联办模式，由政府为居民投保、中国人寿靖江支公司承办，全市 66.8 万名户籍居民和21万户家庭纳入其中，居民个人无需承担任何保险费用。根据自然灾害保险实施方案，自然灾害人因居住地火灾或爆炸事故造成的意外身故、伤残，最高赔付金额为5万元；因暴风、暴雨等自然灾害造成的意外身故、伤残，最高赔付金额为10万元；因自然灾害原因产生的意外医疗费用，最高赔付金额为2万元。自然灾害家庭因居住地火灾或爆炸事故造成家庭房屋损失的，最高赔付金额为2.5万元；因雷击、台风、龙卷风等自然灾害造成家庭房屋损失的，最高赔付金额为5万元。在自然灾害商业保险实施过程中，人寿保险公司开通理赔绿色通道，居民家庭发生自然灾害导致损失后，在24小时内拨打热线电话“95519”向保险公司报案，即可获得理赔。（叶为民　陆　帅）

【人保财险靖江支公司】 2016年，中国人民财产保险股份有限公司靖江支公司有专业网点5个，从业人员63人。年内，加强农村保险网络建设，分别在太和、孤山、斜桥、城南设立4家乡镇保险服务机构，开办机动车辆保险、财产保险、责任险、意外健康险等险种。优化险种结构，全年保费收入2.42亿元，比上年增长13.43%。其中，车险保费1.70亿元、非车险保费6260万元、农险保费941万元，车险、非车险保费分别占市场份额的37.4%、63.2%。全年实收保费2.37亿元，比上年增加2318万元，车险、非车险、农险保费总量居泰州第一。全年处理赔付案件1.71万件，赔付1.44亿元。累计上缴地方税收1545万元。（刘　敏）

【国寿靖江支公司】 2016年，中国人寿保险股份有限公司靖江支公司组织万人公益健走、新年音乐会等创新服务活动，倡导客户关爱健康享受生活。新增公安民警综合补充保险，为民警提供人身意外伤害保险保障。全年实现保费收入8.42亿元，比上年增长19.47%。全年发生理赔案件5758件，各类理赔给付2.88亿元。完成个险十年期保费过亿元的年度目标，保费规模列全省第5位。公司列“全国实力百强县支公司”第7位。（占筱曼）

2016年，靖江为公安民警办理人身意外伤害保险

（国寿靖江支公司提供）

【太保产险靖江支公司】 2016年，中国太平洋财产保险股份有限公司靖江支公司为客户提供手机CRM、“码上保”“太保E理赔”等APP新业务，全年保费收入3828.71万元，比上年下降10.5%。理赔结案4694件，理赔支出3227.49万元，比上年增加259.35万元；赔付率84.3%，比上年增长8.7%。（孙月琴）

【太保寿险靖江支公司】 2016年，中国太平洋人寿保险股份有限公司靖江支公司有从业人员76人，持证率100%。年内，共设险种5大类105种。全年保费收入1756万元，比上年增长20%；理赔结案75件，理赔支出687万元。（沈　燕）

证　券

【概况】 2016年，靖江有申万宏源证券有限公司靖江人民中路证券营业部、南京证券股份有限公司靖江骥江路证券营业部、华泰证券股份有限公司靖江人民中路证券营业部、东海证券股份有限公司靖江江平路证券营业部、中国中投证券有限公司靖江人民南路证券营业部、爱建证券有限公司靖江渔婆南路证券营业部6家证券营业部，开设沪深A股和B股、证券投资基金、国债、企业债、国债回购、可转债、特别转让市场（三板）等业务，具有融资融券业务及期货IB业务资格，可进行商品期货和股指期货交易，以及约定式购回业务，客户可通过现场、电话、互联网、手机等多种方式进

行委托交易。全年证券业新增开户 6795 户，累计开户数 71150 户；实现证券交易额 1245.11 亿元，比上年减少 40.11%；实现营业收入 7245 万元，比上年减少 57.38%；实现净利润 3656 万元，比上年减少 68.48%。（陆天垚）

【申万宏源证券靖江人民中路营业部】 2016 年 5 月，申万宏源证券股份有限公司靖江人民中路证券营业部从骥江路 160 号迁至人民中路 136 号，营业面积近 1200 平方米，从业人员 36人。年内，该营业部实行投资顾问制度，开展“一对一”的个性化服务，构建多层次客户管理服务体系，以专业化、差异化服务提升客户服务质量和效率，帮助客户实现财富增值最大化。全年实现 A 股及基金交易量 704.96 亿元，实现营业收入 5249 万元。

（申万宣）

3 月 15 日，开展保护投资者权益宣传活动

（申万宏源证券靖江营业部提供）

【东海证券靖江江平路营业部】 东海证券股份有限公司靖江江平路营业部位于上海城旁江平路 258 号天伦商务大厦 3 楼，营业面积 264 平方米，从业人员 10 人。2016 年，该营业部发展新型“互联网”营业模式，运用“东海通”软件完成在线开户 828 户，累计开户 4500 户，实现 A 股及基金交易量 75.98 亿元，实现营业收入 310 万元。

（黄 燕 孙建美）

【中投证券靖江人民南路营业部】 中国中投证券有限责任公司靖江人民南路营业部营业面积 160 平方米，从业人员 5 人。全年新发行投资管理类产品 6 个、资产证券化产品 1 个、平台创新类产品 31 个，新增有效客户 113 户，实现证券交易额 26.06 亿元。实现营业收入 97 万元。

（崔少萍）

2016 年驻靖江市主要证券营业部经营情况一览表

表 22

单位指标	开户数（户）	托管市值（万元）	交易额（万元）	营业收入（万元）	上缴税金（万元）
爱建证券靖江营业部	868	5482	119392	70	1
东海证券靖江营业部	828	14426	759802	310	6
华泰证券靖江营业部	2220	190462	2878563	962	21
南京证券靖江营业部	1592	—	1383132	557	9
申万证券靖江营业部	1174	—	7049593	5249	101
中投证券靖江营业部	113	48259	260571	97	2

（刘银波）

信息化建设与服务

编辑 朱艳燕

信息设施建设与应用

【概况】 2016年，靖江信息产业发展平稳，信息基础设施进一步升级，信息产品供给能力持续增强，信息化在推进城乡一体化建设尤其是推进农业现代化和农村发展中的作用日益显现。全市193个行政村均通光纤，电话、有线(数字)电视、宽带等在农村地区、农村集中居住区普遍覆盖，信息基础设施对信息化建设的支撑作用进一步增强。至年末，全市光缆线路总长度逾1万千米，城镇光纤覆盖率98%，农村光纤通达率100%。市区、镇、行政村均实现光缆和4G信号全覆盖，人均拥有移动终端1.12部。广电用户24万户，光节点4800个，数字电视19万户，高清机顶盒3万余台。农村党员远程教育、“三资”(农村集体资金、集体资产和集体资源)管理信息服务、人力资源信息服务、农技信息服务、权力阳光工程等平台覆盖大部分行政村并得到实际应用。全市所有行政村均建起电商服务站，农村种养大户等经济实体普遍利用互联网获取相关技术服务信息、开展电子商务活动。孤山镇新联村和斜桥镇兴阜社区申请农村信息化应用示范基地项目并通过泰州市认定。

【企业“两化融合”】 年内，企业“两化融合”(工业化和信息化融合)工作有序推进。全市11家软件企业通过年审，新申报软件著作权21个、软件产品19个。软件企业年销售收入6.48亿元，比上年增长20%。通过认定的省级“两化融合”贯标试点企业3家、市级“两化融合”示范试点企业6家，江苏恒力制动器制造有限公司获评江苏省互联网与工业融合创新示范企业。城南园区通过省“两化融合”示范区复核，市人民医院医护信息化综合平台通过省“智慧江苏”建设示范工程项目认定，江苏新时代造船有限公司、皓月汽车安全系统技术股份有限公司、江苏上骐集体有限公司等11家企业被省经信委认定为“企企通”建设试点企业，城南园区被认定为省“企企通”建设试点园区。

(陈 勇)

信息服务业

·中国电信股份有限公司靖江分公司·

【概况】 2016年，中国电信靖江分公司紧扣“发展、改革、创新”主题，扎实推进能力提升，不断提高规模效益，促进各项主营业务持续发展。至年末，公司有固定电话用户18万户、天翼移动用户17万户、宽带用户13万户、电信电视(iTV)用户7万户，全年完成业务收入2.5亿元。公司获“江苏省文明单位”“江苏省放心消费创建先进单位”称号。

【市场经营】 传统业务稳中有

进，新兴业务收入占比提升。承接“政务舆情监控”“智慧安防”“阳光信访”“停车诱导”“无线校园”等信息化建设项目，推广综合办公、翼机通、外勤助手等行业应用，规模发展物联网、云、IDC（互联网数据中心）业务。

【通信建设】 投资约5700万元重点用于宽带提速、网络优化、光纤入户和4G建设。铺设光缆14329皮长千米（光缆纤芯长度92991纤芯千米），出口带宽280G；开通4G室外站点286个、室分站点58个，实现城区、镇区、工业园区、全市道路广覆盖；完成常州大学怀德学院、马洲公园、十圩港景观带等城市重点区域的无线WiFi建设；配合市政部门做好中铁建设、富前路、公新公路等重点项目的杆线迁移和线路地下铺设。 （王 兰）

·中国移动通信集团江苏有限公司靖江分公司·

【概况】 2016年，移动靖江分公司有通信用户47.5万户、收费宽带用户8.77万户，实现运营收入3.38亿元。公司获“江苏省文明单位”“泰州市诚信单位”称号，斜桥营业部被评为泰州市巾帼文明岗。

【通信建设】 年内，新开通LTE基站147个、小基站48个、LTE室内分布系统56个、室内外WLAN热点1个，新建管道20.48千米、杆路4千米、光缆492千米，新增宽带覆盖1.4万户，总覆盖24.25万户，解决宽带覆盖难点小区10个，新增政企专网专线167条。至年末，全市共有LTE基站616个、室内分布系统139个，WLAN热点63个（850个AP），政企专网专线1759条。

【市场经营】 参与智慧城市建设，接入28条语音专线、256条数据专线、187条互联网专线。建设保安公司车载监控、公安“智慧安防”基础网络、国土“慧眼守土”等项目。年内实现信息化收入3676万元。

【转型发展】 加强与优质社会卖场合作，全年建成7家镇旗舰店、4家品牌专卖店。定期开展集团终端团购、品牌特卖等活动，年销售移动4G终端9.48万台，4G终端销售份额达79.6%。加强4G终端、流量协同，挖掘客户流量需求，4G终端用户渗透率66.8%，比上年增长26.99%。

（刘凌燕）

·中国联合网络通信有限公司靖江市分公司·

【概况】 2016年，联通靖江分公司打造4G精品网络，加快业务发展转型，各项工作成效明显。至年末，全市有一级运营渠道网点35个，二、三级营业网点81个，销售网点比上年增长18%；有移动电话、宽带、网络电视等各类联通用户12.5万户。全年实现主营业务收入0.72亿元，比上年增长3%。公司获“泰州市文明行业、文明单位”和“靖江市诚信单位”称号。

【通信建设】 年内，网络工程建设总投入2500万元，累计建成4G基站120座、3G基站25座、4G室内分布系统50个点，布设光缆3500千米，新建管道30孔千米，新增小区宽带用户1.5万户，完成大客户接入工程100余个。

【市场经营】 年内，实现所有镇区（沿街、小区）宽带全覆盖，15个村组光纤入户。行业信息化应用取得新突破，在公安、医疗、公共交通、酒店宾馆、快递等行业拓展信息化应用，建设区域医疗信息系统、车载视频监控、办公移动OA、基站定位等项目，总投入1100万元；与江苏有线靖江分公司合建宽带，解决城区80个老小区宽带难覆盖等问题。

（张 艳）

·江苏有线网络发展有限责任公司靖江分公司·

【概况】 江苏有线靖江分公司由江苏省广电有线信息网络股份有限公司和靖江市政府共同出资组建，由原靖江市广播电视台的数字电视网络整合而成。公司于2014年12月30日挂牌成立，负责全市广播电视传输网络建设、开发、维护、管理，广播电视节目传输，数字电视及综合信息业务的服务和营销。公司发挥广电网络安全性高、公信力强、覆盖面广的优势，高清互动、宽带、付费包业务快速发展。2016年，高清互动终端净增13917台，累计达到24809台；宽带在线用户将增9752户，累计达到15326户；付费包业务订购率64%以上，副机销售累计11.7万个；新增数据专线60条，累计292条。频道落地费用收入280万元。与江苏长江商业银行签订为期10年、年合同金额200万元的机房托管业务协议。全年完成营业收入8975万元、实现利润1046万元。

【基础设施建设】 加快网改网优建设步伐,夯实产业发展基础。2016年,双向网改32个行政村,优化老城区4处网络,新增双向网络覆盖3万户,累计7万户,网络双向化覆盖率40%。完成BRAS宽带接入认证服务系统下沉和本地城域网建设,互动电视IP地址从3万个扩容增加至6万多个。新增分机房和室外设备C类箱11个。建设业务发展中心大楼,该楼位于城南园区,占地3666.67平方米,总建筑面积约4850平方米,总投资约3500万元。

【业务种类】 形成集数字电视、付费电视、互动电视、高清电视、有线宽带于一体的多功能、全业务、双向互动服务模式,重点突出高清互动业务发展,引导用户由“看电视”向“用电视”转变。年内,先后与靖城街道办事处、滨江新区办事处签署“智慧靖城”“智慧滨江”战略合作协议,打造集智慧政务、智慧物业、智慧安防、智慧综治、智慧家居、智慧民生为一体的智能体系,居民通过电视、手机等智能终端办理计生、民政、劳保等业务,享受家政、教育、医疗、水电气缴费等便民服务。年内,靖江首个智慧社区——滨江新区“智慧康阳”综合服务平台、电视图书馆项目上线运行。

【“智慧康阳”上线运行】 (见283页同名条目)

【市电视图书馆开通运行】 (见246页同名条目)

(顾溢洪 陈李前)

靖江乡贤(二)

孔元虔

孔元虔,生卒年不详,孔子五十二代孙。原住泰兴,南宋淳祐二年(1242年)秋,为避兵祸,举家迁居马驮沙。咸淳年间(1265—1274年),他继承家族崇文重教传统,在衙前港崇圣寺旁建起一座书院,教授四乡子弟。该书院以马驮沙的别称马洲命名,称马洲书院。马洲书院是靖江创办时间最早、影响最大的书院,一直延续至元代。因后继无人,逐渐荒废。明清时期,马洲书院屡建屡圮,但屡废屡建,其文脉绵延至今。

魏子龙

魏子龙(1876—1941),靖江八圩乡人。19岁拜泰兴县著名喉医朱子和为师,23岁回靖江八圩专事喉科。各种疑难喉症,经他治疗,往往药到病除,被喉病患者称为“福星”。他一生崇尚医德,患者求治从不计较报酬,对贫苦病人经常免费送诊,并将病情严重者留在家中治疗,直至他们转危为安。

孙筠溪

孙筠溪(1904—1978),靖城合兴村人。13岁习医,先后攻读小儿科、外科、妇科等。23岁挂牌行医,擅长内科和妇科。主张四诊合参,辩证论治,衷中参西,注重疗效。行医50余载,具有鲜明医术风格:观全局、抓主症、顾脾胃、重调理、药轻灵、效灵验、忌壅塞、忌伤胃,经后学者继承发扬,逐渐形成孙氏医术流派。他行医重德:不分贫富,一视同仁;对穷苦病人送诊施药,不计酬劳;每年寒冬,常备炒米款待远道而来的急难病人,有时还为病人家属备饭。他拥护革命,胸有爱国热忱。日军侵占靖江时期,他借职业之掩护,不顾个人安危,为新四军购买药品、至新四军驻地为伤员治病。晚年生病住院仍悉心为患者诊疗,凡至病房求治者概纳不拒。

城乡规划

·规划编制·

【概况】 2016年，市规划局根据“营造特色、完善功能、优化结构、统筹发展”的总体要求，发挥规划调控先导作用，改进城乡规划编制和管理工作，优化城乡空间发展布局，完善公共服务设施配套，推进重大项目规划实施，促进经济社会和城乡建设协调发展。出台建筑设计创作“兰花奖”评选办法。完善文化街区建设方案，研究老街区保护规划。编制《靖江市优化镇村布局规划》，并完成评审报批工作。完成科教产业园、开发区高新技术产业园规划，编制完成旧城改造14#、15#地块规划设计方案，以及滨江新城、城东大道西侧地块、季市中路东侧地块等规划控制图则。完成公共自行车二期站点选址规划工作。开展规划调研，推进全市特色镇村建设，打造孤山“空调小镇”和生祠“苑艺小镇”。

【建筑设计创作“兰花奖”评选办法出台】 2016年，市规划局出台靖江市建筑设计创作“兰花奖”评选办法。“兰花奖”由市规划局组织评选，每2年1次，参评作品为近5年内靖江市建成并投入使用的公共建筑、住宅建筑等民用建筑，按公共建筑类和住宅建筑类分类评选，各设“兰花奖”1项（可空缺）。评选标准：在体现“适用、经济、绿色、美观”的有机结合方面，分为显著、良好、较好、一般4个档次；在协调城市景观风貌，体现城市地域特征、民族特色和时代风貌方面，分为优秀、良好、较好、一般4个档次；在体现绿色、环保、生态人居建筑设计发展方向方面，分为到位、基本到位、一般、较差4个档次；在建筑规划、设计构思和建筑理论的创新发展方面，分为国际领先水平、国内领先水平、较高水平和一般水平4个档次；在新技术、新材料、新工艺、新结构的开发和应用方面，分为优秀、良好、较好、一般4个档次；在解决行业技术难题方面，分为重大突破、较大突破、稍有突破和无突破4个档次；在依据作品建设的项目所带来的环境、经济和社会效益方面，分为显著、良好、较好、一般4个档次。

【镇村布局规划编制】 2016年，市规划局编制完成《靖江市优化镇村布局规划》并通过评审。该规划进一步分析和核实镇村建设现状，加强村镇规划指导，提高规划的统筹性；确定未来乡村发展总体目标定位，明确乡村发展空间载体，统筹全市村庄布局；配合做好“美丽乡村”建设试点工作，以“生产发展、生活富裕、乡风文明、村容整洁、管理民主”为目标，力求构建基础设施完善、生态环境优美、产业特色明显、社会安定和谐、宜居宜业宜游的美丽乡村。

【特色镇村建设】 2016年，市规划局结合全市产业基础、历史文化和资源禀赋，牵头制定《加快特色镇村规划建设的实施意见(暂行)》,规划建设以传统特色产业为载体的孤山“空调小镇”和以水石盆景为载体的生祠“苑艺小镇”,培育八圩“美食小镇”,以期打造一批以历史文化为元素,功能设施完善、示范效应明显的特色小镇和美丽乡村。

靖江市镇村布局规划评审会　　（市规划局提供）

·规划管理·

【概况】 2016年,市规划局坚持建立“高效、快捷、合法、有序”的规划管理体制,依靠理念创新、制度创新、技术创新和严格管理等手段实现规划工作新跨越。开展“多规融合”试点,注重城市总规与土地利用规划、国民经济发展规划的相互协调,促进城镇化、工业化、农业现代化协调发展。做好建设项目技术审查工作,提高规划决策能力,完善规划跟踪管理制度。探索数字化管理方式,逐步实现“数字规划”。

规划审批　与各部门、单位对接,坚持民生优先、量力而行、城乡统筹的原则,梳理排定年度全市重点工程建设项目。在规划实施过程中,进一步简政放权,深化落实省、市关于行政审批制度改革的各项举措。完善服务承诺制、审批公示制,建立重大项目审批“绿色通道”和“直通车”,实行“统一受理,快速转办,办结告知” 制度。推行上门服务、联合审批,集中服务园区建设、企业发展和项目审批等。全年核发建设项目选址意见书296份、建设用地规划许可证195份、建设工程规划许可证(临时)7份、建设工程规划许可证113份。

规划公示　健全批前公示和批后公示制度。批前公示,即在村(居)民建房申请提交会审前,公示建房申请户的建房基本情况和建房规划方案;批后公示,即对经批准实施的建设项目在工地上设立规划公示牌,内容包括所建项目的规划图、效果图及楼盘的用地面积、建筑面积、容积率等各项经济指标,确保建设工程在公众监督下严格按规划实施。年内规划公示105个地块方案,全年接待群众来访咨询百余次。

违章查处　创新联动机制。依法从严查处未取得合法建设手续的违规违法行为,并会同市国土、住建、市场监督管理、供电、供水、供气等部门联合执法,全力遏制新增违法建设。开展“规划三走进”(进社区、进学校、进农村)活动,开展“党在心中、爱在行动”规划党员义工行动,发放宣传资料,开展知识问答,宣传城市规划理念和政策法规。

【开发区规划管理】 2016年,靖江开发区加强在建工程规划管理,定期检查规划实施情况,督促企业严格按照规划进行建设,及时发现和制止违法建设,及时与规划监察联系,确保违法建设得到查处。全年接受建设项目申请63件,办理园区建设项目选址意见书63份,核发建设用地规划许可证14份、建设工程规划许可证8份。

·设计、测绘·

【规划设计】 2016年,市城乡规划设计院以服务城乡建设为宗旨,坚持科学管理、精心设计、优质服务,全年完成各类详细规划设计项目155个、控制性详细规划图则100个、市政道路设计项目92个、雨水和污水管线设计项目13个、路灯设计项目30个。编制完成《靖江市镇村布局规划》《靖城街道办事处城西片区城中村改造规划》《靖城街道办事处城东片区城中村改造规划》《靖江市国家气象观测站探测环境保护专项规划》《靖江市供电设施专项规划(2016—2030)》,并通过专家评审。编制完成《靖江市西来镇总体规划修编(2016—2030)》评审稿。

【建筑设计】 2016年,靖江市建

筑设计院有限公司创新设计理念，转变经营方式，适应靖江经济转型升级和城市建设新需要。执行《中华人民共和国建筑法》《民用建筑绿色设计规范》等行业法规和强制性条文，确保建筑设计质量。推行绿色建筑设计，参与地下管廊设计、海绵城市设计。参加江苏省建设厅组织的建筑及环境设计大赛、田园建筑设计等。全年共完成靖江市御水湾幼儿园、靖江市西来敦义小学、泰州公安巡警支队高速大队营房等建筑设计项目108个，建筑面积50万平方米。推行新技术、新材料、新工艺，提高工程设计的科技含量，推广使用环保节能建筑材料，应用新型墙体材料多空砖、混凝土空心砌块82万块，使用新型防水材料14万平方米。

【测绘测量】 2016年，市测绘勘察院有限公司配合市住建局完成工人文化宫、上海城停车楼等规划用平面图测量，垃圾填埋场道路（中心港—掘港）等10余条道路测量，城东大道绿化测量，古树名木调查测量，城北保障性住房二期竣工测量，城东大道拆迁安置区房产测量等工作；配合市交通局完成交通二通道地形图测量工作，S229道（北二环—江平路段）、北二环（城西大道—西环）等5条道路放线工作；配合靖江开发区完成华星路、新太路、星港路等20余条道路测量，建新二期等房产测量，斜桥农民集中居住区六期等地下室基坑变形监测；配合新桥镇完成文东居民点、孝化集中居住区等农民集中居住点放线，长江路、顺发路等10余条道路测量；配合滨江新城投资开发有限公司完成同兴路东、新马路西、新洲路北、马洲公园南、阳光大道南等地块地形图测绘工作，完成阳光大道两侧现状及地下管线等测绘工作。

·地理信息·

【概况】 2016年，市规划信息中心以"靖江市基于共享平台的规划管理信息系统"为重点，测绘并提供数字化地形图出图和拷盘服务，做好建设工程规划定位验线和竣工测量工作，全年完成测绘项目200余项，其中放验线项目80余项、竣工测量项目80余项、地形图现状测量80余项。做好基础地理数据库运行维护更新工作，依托地下管线探测成果，建立基础地理信息数据市场化运作机制，业务涵盖规划选址、放验线、竣工核实及各类管线建设等方面。

【数字靖江地理空间框架建设项目】 2016年，靖江被列为江苏省数字城市地理空间框架建设试点城市。11月，"数字靖江地理空间框架建设项目"启动，意在通过建立权威、高效的数据应用机制，着力解决城市发展所面临的问题。该项目的主要内容为梳理整合全市基础地理信息数据体系，搭建共建共享的地理信息公共平台，提供标准的空间数据服务支撑；构建行业应用示范系统，强化应用服务功能，推动城市信息化进程；研制地理空间框架相关的标准政策体系，建立空间数据长效运维机制。 （刘逸灵）

城乡建设

·城市建设·

【概况】 2016年，市住建局以新型城镇化建设为统领，加大城乡基础设施建设力度，推进人居环境改善，实施民生幸福工程，全年建设重点工程13项，完成投资10亿元。

【基础设施建设】 2016年，全市路网工程基本建成工农路跨八圩港桥、胜利街区间道路、孤山中心港及垃圾填埋场路。公共自行车覆盖面扩大，9月建成公共自行车二期工程，新增服务点35个，投放公共自行车1200辆。实施低洼易涝片区改造，通过建排水沟、加设强排站、结合海绵城市设蓄水池等方式，10月改造靖安路西段、安宁路西段、工农路泰和国际城、人民路高架桥、合兴路、康宁路东段6个低洼易涝片区。开展桥梁安全监测，完成管辖范围内的40座桥梁结构及荷载检测，对37座桥梁设置限载标志，对D级桥梁靖渡桥设置限高门架。

【市政设施维护】 2016年，全市累计修复车站路、南环路、双港路、江平路、江华街等道路沥青混凝土路面2.27万平方米，横港北路、江洲路等道路水泥混凝土路面5094平方米，人民路、工农路、康宁路、桃园路、江洲路等道路人行道板4500平方米，修补城区道路坑塘300平方米，更换江平路、东兴街、朱大路等道路的雨水井框盖198套，疏通江华街、双港路、合兴路、布市里、朱大路（安宁路—西郊公园）、解放南路等道路雨水管道1.56万米，清理检查井489座、雨水井975座。完成车站路、中洲路、骥阳路、江洲路、朝阳路雨水管道出水口清理及检修，完成新跃桥、康宁桥、新虹桥等桥梁下穿通道雨水设施疏通清理，改造城东大道十圩港出水口、桃园路与康宁路交叉口、安宁路与渔婆路交叉口雨水管道。油漆江山桥、新虹桥、阳光大桥等桥梁21座。做好路灯设施的维护、管养工作,维修各类路灯3200盏次,路灯亮灯率98%以上,设施完好率95%。更换人民路(城北桥—北环)、江洲路(城东大道—通江路)光源、电器150套,骥江东路、江阳路(城东大道—新民路)灯具127套,中洲路、西北环路(西环瓜果市场—东北环转盘)灯具、电器244套,虹兴社区庭院灯13套。重新敷设江阳路南侧路灯电缆管线,浇筑路灯基础17座。增设通江路、晨阳路、北环十圩港桥中杆灯12基。提升通江路南段路灯手孔井41座。

【燃气建设与管理】 2016年,全市敷设燃气管网97千米,新增用户1.45万户。年末全市拥有燃气管网总长835.72千米,其中高压82.36千米、中压350.95千米、低压402.41千米。全市有燃气经营企业7家,其中天力燃气公司经营管道燃气和加气站,另有经营瓶装液化气企业4家、经营液化天然气\压缩天然气加气站2家;燃气用户约20万户,其中管道天然气用户5.7万户、瓶装液化气用户14.3万户。全年天然气用气量5857.15万立方米,平均日供气量16.05万立方米;瓶装液化气年销售100万瓶以上。年内,市住建局联合当地派出所打击无证经营的固定黑气点,采取行政强制措施7起,清理违法违规存储的液化气钢瓶381个;联合市安监、质监、公安部门夜查流动黑气点1处,对其说服教育并采取行政强制措施;聘请第三方检查机构全面检查供气设施及燃气输配设施,确保市民用气安全。

【房屋征收拆迁】 5月,市政府出台《靖江市国有土地房屋征收房票安置试行办法》。市住建局配合城市建设投资公司开展胜利街拆迁工作,余5户尚未签约。开展步行街二期拆迁工作,拆迁10户3700平方米(建筑面积,下同),签约8户。开展八圩港靖渡桥至春秋宾馆段房屋搬迁工作,拆迁15户2054平方米。配合人民中路过街天桥建设,完成工商银行南园支行签约搬迁工作。完成十圩港西路和14、15号地块房屋征收。组织实施滨江新城东南环安置房项目和十圩港景观改造工程房屋征收,征收9户9200平方米。启动3个地块房屋征收工作,分别是车站路拓宽改造工程地块,征收7户640平方米;城中小学地块(12号地块),征收15户2300平方米;迎宾东路16号地块,征收16户1440平方米。

【老旧危楼改造】 2016年,市住建局按照“不留盲区”的工作思路,先后2次组织排查全市城镇范围内建筑年代较长、建设标准较低、失修失养严重、擅自变动结构的房屋,以及所有保障性住房和棚户区改造安置住房,排查出存在安全隐患的房屋663栋43.39万平方米(建筑面积,下同)。与此同时,市、镇和部分企业分层组织专业检测机构对主城区老旧危楼、镇(园区)辖区内危房、企业自有危房进行等级鉴定。至年末,主城区危房鉴定工作全部完成,鉴定出D级危房154栋6.34万平方米、C级危房127栋21.81万平方米;乡镇鉴定完成率80.53%,鉴定出D级危房281栋5.16万平方米、C级危房15栋1.7万平方米,另有111栋6.16万平方米尚未完成鉴定(主要分布在江阴—靖江工业园区及马桥镇)。按照“先急后缓、分类实施、逐步推进”的治理原则和“加固、重建、成片改造、异地置换”的治理思路,当年完成危房治理307栋10.35万平方米,其中主城区完成118栋4.74万平方米,乡镇完成189栋5.61万平方米。 (杜 宏)

·滨江新城建设·

【概况】 2016年,市滨江新城投资开发有限公司坚持“统筹规划、不留遗憾,稳中求进、商贸先行,龙头带动、善作善成”思路,加强基础设施建设,加快新城功能完善。年内,沿江高等级公路市政化改造工程,站前路二、三、四标段以及新马路、阜前路通过验收。建成公兴河、金盛圩河景观绿化,完成西天生港绿化疏林、南天生港北侧绿化及慢行步道、体育运动林地建设,以及中洲路、新洲路、晨阳路、江阳路林阴化改造,完成阜前路、站前路中、侧分带行道树种植和十圩港景观带主题雕塑工程。

【新城项目建设】 2016年,滨江新城建设实现形态建设与功能优化相结合,推进文化中心、金融商务区等项目建设。文化中心项目完成PPP实施方案及“两评”(财政承受能力论证报告、物有所值评价报告)报告审批,推进各专项设计招标,完成土建、钢结构总承包及监理招标和室内装修图审工作,基坑围护单位进场施工。金融商务区项目完成项目地块出让手续,通过省施工图图审,各专项设计同步进行,完成工程桩基施工和总承包招标工作，与多家银行签订进驻意向书。文创园项目完成土地出让手续，通过规划方案和初步设计方案评审，完成地质勘探、临时围墙圈砌及场地平整工作。商贸中心完成扩充设计和施工图设计招标，设计试桩进场施工。马洲艺文馆主体完工，进行室外工程施工。教堂工程完工，开展综合验收工作。

【新城管理】 2016年，滨江新城针对城市管理方面存在的问题，梳理出整改任务29个，主要涉及景观、道路、桥梁等绿化的补种补植，道路两侧宣传展板以及施工现场的围挡设置等。配合数字化城管，及时做好已建成未移交的基础设施维修工作，及时解决市政、绿化、公交站台等方面发现的问题。

【招商引资】 2016年，滨江新城投资开发有限公司向碧桂园、中梁地产、亚东建设、中海地产、万科地产等知名房产开发企业推介开发地块，碧桂园二期项目完成土地出让并开工建设。加大商业项目招引力度，与万达集团、新城控股、红星美凯龙、奥特莱斯等知名企业洽谈，与宝冶集团、岭南园林、中国交通建设等央企交流，就城市阳台建设项目达成共同开发意向。参加江苏省国土厅举办的“土地资源推介会”，做好展会期间客商的接待工作，与部分开发企业沟通接洽。

（费海云）

·园林绿化·

【概况】 2016年，市园林管理处加强城区绿化规范化和常效化管理，优化广场公园游园环境。建成东南环天生港绿地、广靖互通及城西大道绿地、高速及铁路两侧防护林带，打造人民路、富阳路、姜八路、新洲路4条林阴路，完成人民公园、西郊公园、天水公园、东湖公园4个公园景观改造，竣工天妃广场主体工程，启动兰花盆景基地建设。全年新增绿化面积50万平方米，建成区绿化覆盖率42.3%。

林阴路

【林阴路建设】 2016年，全市打造人民路、富阳路、姜八路、新洲路4条林阴路。投入56.39万元，在人民路（新洲路—朝阳路—南环路）中分带内栽种无患子446株；投入25.61万元，在富阳路（康兴路—姜八路）种植榉树36株、朴树172株、香橼98株；投入46.27万元，在新洲路（人民路—兴业路）种植银杏382株；投入322.57万元，在姜八路（中洲路—沿江路）种植中山杉1801株。

【海绵城市、地下综合管廊规划】 2016年，靖江启动海绵城市、地下综合管廊专项规划编制工作。海绵城市规划将城市河流和地下水污染防治与生态修复结合起来，下雨时吸水、蓄水、渗水、净水，需要时“释放”蓄存的水以利用。年内，建成的东南环天生港绿地采用新型彩色混凝土铺设园路，设置植草沟，提高对雨水的吸附能力；位于车站路西侧的天妃广场建有雨水收集利用系统，可蓄水200立方米。地下综合管廊规划容纳各类市政管线于一体，便于统一维护管理。其规划范围为靖江中心城区，面积188.75平方千米；规划期限为近期2016—2020年、远期2021—2030年。

【市人民公园成为中盆协常务理事单位】 2016年，市人民公园成为中国盆景艺术家协会常务理事单位，授牌仪式于11月25日在西郊公园盆景展示馆举行。靖江山水盆景被誉为“无声的诗，立体的画”。1979年，靖江山水盆景在德国波恩第15届国际园艺展览会上获得金牌。1996年4

月，邮电部以靖江山水盆景为素材，发行《山水盆景》特种邮票1套6枚。2011年、2015年，靖江先后应邀参加第8届、第9届国际园林博览会，《江山多娇》《岁月峥嵘》等盆景作品被主办方永久收藏。至2016年年末，靖江山水盆景获各类奖项140余个。

天妃广场 （陆 俊提供）

【天妃广场建设】 年内，建设天妃广场并完成主体工程。该广场东临车站路，用地面积2.3万平方米，绿地内建有地下停车场7400平方米、地下车位196个。在景观方面，天妃广场注重突出工业记忆和文化历史元素，广场内布置天妃形象雕塑，以及反映靖江新、老工业文化的浮雕墙、雕塑小品。在功能方面，天妃广场建设融入海绵城市理念，建有雨水收集利用系统，可蓄水200立方米，用于冲洗路面、浇灌树木；广场路面大部分采用透水砖和透水混凝土，周边道路面层则采用排水沥青摊铺。在绿化方面，广场内种植香樟、桂花、法梧、榉树等树种，广场内的管理用房、服务用房设置屋顶绿化，地下室出入口和通风口等处采用垂直绿化。

·镇村建设·

【概况】 年内，靖江启动特色镇村建设。规划建设一批产业特色鲜明、功能设施完善、示范效应明显的特色小镇，打造一批休闲宜游、生态宜居的特色村庄，在全市范围内建成以产业为载体，以创新创业为目的，生态好、人气旺、特色鲜明、产城融合、环境优美的特色镇。至年末，三太村、泥桥村、太东村完成美丽乡村创建。

【三太村建设】 完成四腰圩和大掘港整治，建成农民小游园1座和污水处理装置1套。在长兴圩驳砌河道950米、安装大理石栏杆490米，拓宽改造村道890米(路面由2米拓宽至5米)，安装路灯22盏，设置垃圾放置点14个。在四益庄驳砌三级河道520米，新建村道690米，拓宽村道1200米，新建硬质渠道1条，安装路灯32盏，设置垃圾放置点25个，道路两侧全部绿化。

【泥桥村建设】 泥桥村居住环境舒适，道路四通八达，农户门前有路、屋后有河，楼房居住率98%，自来水、有线电视入户率100%，新能源普及率90%。农民集中居住区300余户房型一致，超市、医院、中小学、幼儿园齐全，美食一条街远近闻名。农业产业园内有无公害优质稻麦规模种植户4家，另有苗圃园、水蜜桃园、活水垂钓基地等。

【太东村建设】 太东村坚持将“美丽乡村”建设与新农村建设、省级卫生村建设、省级文明村建设相结合，通过实施河道、道路、村庄、绿化等“八位一体”综合管护，全面提升村庄环境面貌。配套完善卫生室、康复室、图书室、农资超市、老年活动室、便民服务中心等便民设施，持续改善公共服务，初步形成集观光、旅游、休闲为一体的“美丽太东”，先后获“江苏省和谐社区建设示范村”“江苏省森林生态示范村”“江苏省卫生村”“泰州市文明村”“靖江市十佳示范社区”等称号。 （杜 宏）

城 市 管 理

【概况】 2016年，市城管局以“效率城管、保姆城管、精细城管”为宗旨，加快队伍正规化、专业化建设，推动城市信息化、网格化管理。年内，加快推进渔婆批发市场二期、停车诱导系统二期等城管项目建设，开展城市环境、市容市貌和经营秩序综合整治，统筹推进环卫一体化建设；加强窗口规范化管理，优化审批流程，全年办理各类行政审批件329件。

【项目建设】 年内，城管重点工程建设加快推进。停车诱导二期工程建成并投用，该系统覆盖新老城区，动态引导机动车到达停车地，可减少“巡泊”交通量，提高停车位利用率；渔婆批发市场二期工程开工建设，同步配合属地推进拆迁工作；老渔婆市场改造完成土建项目；城西菜场、城西环卫中转站、勤丰建筑装潢垃圾处置场等项目完成设计方案。

【综合整治】 年内，市城管局发挥牵头部门作用，继续推进城市环境综合整治行动。调研农贸市场整治、“门前三包”、城市综合体管理3个项目，制定整治方案，落实单位责任，明确整治标准、序时进度和工作要求。与13家农贸市场对接改造方案，推动城南、城北、滨江、江阴园区4000余户商铺签订“市容环卫责任书”，启动富海、润晖、上海城、欣欣家电、德诚广场、泰和国际城6个城市综合体的整治工作。定期整治学校、农贸市场和重点商业区周边的流动摊点和占道经营。加强三轮车运营管理，查处无证“黑车”、加装动力装置等违规行为，全年查处违规营运三轮车380辆。开展拆违拆旧拆破行动，清除广告布幔360处，拆除各类广告48块。集中开展中洲路、江洲路、渔婆路和江平路等路段的立面改造，统一设计店招标牌，出新店招标牌3000余平方米。加强工地运输车辆管理，改进车辆密闭化设施，杜绝车轮带泥上路，及时查处违法运输、抛洒滴漏和随意倾倒建筑垃圾等行为，有效减少道路扬尘。

【环境卫生管理】 2016年，市环卫处实施环卫作业标准化管理，确保“责任全覆盖、管理无缝隙、保洁全天候、监督全方位、考评标准化”。做好人行道、门店前的卫生清理工作，加强垃圾中转站、垃圾箱放置点的冲洗、消毒力度，及时收运垃圾，做到垃圾日产日清。避免垃圾运输途中洒漏现象，防止垃圾二次污染。实行专人管理公厕，增加公厕巡回保洁频次。增添环卫装备，勤丰填埋场投资310.4万元，购置推土机2辆以及压实机、挖掘机、装载机各1辆。全年更换破损垃圾桶243个，维修果壳箱130余个；清扫主次干道道路面积230余万平方米，累计处理垃圾18.62万吨，垃圾无害化处理率96%，污水全部排入污水管网。

【“数字化城管”机制完善】 2016年，市城管局规范数字化城管平台内部操作流程，定期召开成员单位座谈会，协调解决系统运行中遇到的矛盾和问题，推进积案有效处置，增强该系统在城市网格化、精细化管理中的作用。全年受理各类案件63024件，立案62091件，按时结案率84.70%。

【宣传教育活动】 年内，市城管局开展“城管进社区、入万家”宣传教育活动，向经营户发放告知书，邀请群众代表参与执法和管理，体验环卫一线服务。开辟电视台“城管行”专栏、电台“城管之声”专栏，开通“靖江城管人”微信公众号，宣传城管法律法规，报道城管动态，提高群众对城管工作的支持度。 （李 强）

提高环卫工作质量，保持主次干道常态洁净 （市城管局提供）

环 境 保 护

【概况】 2016年，市环保局坚持生态优先、绿色发展，充分发挥环境保护推动经济社会转型升级的积极作用，以改善环境质量为核心，扎实推进环保基础设施建设，国家生态市创建顺利通过考核验收。编制完成“十三五”环境保护规划和生态文明建设规划，排定环境治理重点工程项目。优化调整全市生态红线区域，全市生态红线区域面积达总面积的21.78%。推进大气污染防治各项重点工作,整治10蒸吨以下燃煤锅炉111台,夏、秋两季秸秆禁烧禁抛工作在泰州市考核中名列第一。制定《靖江市环境监管网格划分实施方案》,抽查100家重点企业(其中泰州市以上重点污染源23家)和500家一般排污单位,开展化工、酸洗、混凝土行业和危险废物等专项执法检查,对沿江码头进行专项整治,推进环境执法大练兵活动,出动检查人员2000余人次。全年发出行政处罚决定书136份,处罚金额776.5万元(含澄靖园区环保分局),申请市法院强制执行5件,移送公安查处5件,实施查封扣押1件。全年审批环评文件204件次,提前办结率100%,完成10余个新建项目新增排污权指标交易,完善帝斯曼(江苏)江山制药有限公司、江苏江源热电有限公司、江苏苏源热电有限公司等6家重点排污企业刷卡排污基础设施,完成主要污染物减排任务。成功处置“4·22”德桥仓储火灾事故,组织开展衍生污染处置,累计处理废水10.6万吨、清理底泥50余吨。在全省率先制定《靖江市企业环保失信黑名单管理办法(试行)》,评定888家企业环保信用等级,企业获评蓝色以上等级824家。印发《靖江市实施差别化污水处理费政策》,全面试行差别污水处理价政策。

市环保局制定“4·22”火灾监测方案　　（市环保局提供）

【大气环境】 市区环境空气质量达国家《环境空气质量标准》二级标准,主要污染物为可吸入颗粒物。全年环境空气质量小于Ⅱ级的天数为262天,优良天数全年占比71.6%,比上年同期上升0.1%。市区环境空气中二氧化硫、二氧化氮、可吸入颗粒物、细颗粒物、一氧化碳、臭氧年均浓度分别为每立方米0.022毫克、0.041毫克、0.089毫克、0.050毫克、1.358毫克、0.079毫克。全市降尘监测值在5.2~8.4吨/平方千米·月之间,平均值为7.0吨/平方千米·月。全年降水74次,降水总量1853.8毫米,降水pH年均值6.18,未出现酸雨。

【水环境】 全市集中式饮用水源地水质达到国家Ⅱ类水标准,达标率100%。长江靖江段全长52千米,水质处于良好状态,主要监测指标均优于国家Ⅱ类水标准,未检出毒物及重金属指标。Ⅰ级河道十圩港全长约28千米,南北水质存在明显差异,丰产桥以北水质达到国家Ⅲ类水标

2016年靖江市环境空气质量监测结果统计一览表

表23　　单位:毫克/立方米

测点位置	类别	二氧化硫	二氧化氮	可吸入颗粒物	细颗粒物	一氧化碳	臭氧
监测站	总计最小值	0.000	0.001	0.005	0.000	0.004	0.005
	总计最大值	0.085	0.163	0.298	0.182	2.965	0.282
	总计平均值	0.022	0.041	0.089	0.050	1.358	0.079
标　准		0.060	0.040	0.070	0.035	4	0.160

2016 年靖江市饮用水水质监测结果统计一览表

表 24

水厂名称	pH 值	总磷（毫克/升）	高锰酸盐指数（毫克/升）	溶解氧（毫克/升）	氟化物（毫克/升）	挥发酚（毫克/升）	石油类（毫克/升）	粪大肠菌群（个/升）	氨氮（毫克/升）
自来水公司吸水口	6.95～7.57	0.07	2.5	8.03	0.246	0.0018	0.01	609	0.239

2016 年靖江市交通噪声监测结果统计一览表

表 25

路段名称	路段长（米）	路段宽（米）	车流量(辆 / 小时)		等效声值(分贝)	L10（分贝）	L50（分贝）	L90（分贝）
			大型车	中小型车				
虹桥城市花园(南)	1900	34	75	1260	64.5	66.9	63.5	60.7
交通局门前	300	34	60	1191	70.3	74.7	65.7	54.1
城南派出所(西)	1350	34	84	1692	63.2	66.6	61.9	53.1
华明公司厂南	2200	36	60	1620	68.2	70.7	48.9	43.9
南园宾馆门北	1700	36	40	1902	64.6	66.8	59.6	53.8
靖江经济技术开发区管委会	1900	36	51	1740	66.5	70.0	62.7	53.0
新景园门前	1500	30	72	1671	64.2	67.6	58.6	47.7
百富绅家具广场门前	5350	34	114	1920	64.2	66.5	62.0	52.8
省靖中门前	500	36	24	1146	62.4	65.3	61.6	52.5
工商行政管理局	500	36	51	1119	61.9	65.0	60.8	52.0
春江花城东区南门前	350	36	30	900	63.0	66.0	61.4	53.2
中天城市花园北门前	550	36	48	600	68.3	71.9	63.4	54.4
靖江血站门前	5500	36	84	1770	62.2	65.2	61.4	50.9
公路管理处门前	3500	36	132	1941	71.9	73.6	60.7	49.0
靖江卫校门前	3500	36	72	1980	65.7	68.4	62.4	48.0
靖江第二中学门前	5400	36	120	1620	63.2	66.6	61.9	53.1
华彩公寓	2000	40	90	1680	61.9	65.0	61.1	51.9
江苏工搪	4000	40	102	1740	60.6	64.2	58.8	50.2
新天地滨江花园	800	34	45	1200	60.0	64.3	53.9	48.1
体育中心	1000	34	42	1041	56.1	58.9	53.4	46.2

2016年靖江市降尘监测结果统计一览表

表26

测　点	降尘量(吨/平方千米·月)
气象局	6.3
疾控中心	7.4
监测站	7.3
江山	7.3
国资集团	6.9
平　　均	7.0

2016年靖江市降水监测结果统计一览表

表27

监测地点	降水量(毫米)	pH平均值	酸雨出现频率(%)
监测站	1853.8	6.18	0

准,丰产桥以南水质达到国家Ⅳ类水标准,毒物及重金属指标均在相应范围内。Ⅰ级河道横港全长约20千米,其中靖城段1.2千米水质主要监测指标达到国家Ⅳ类水质标准。夏仕港—界河上接季黄河,下至长江口,水流走势西高东低、北高南低,流经季市、西来、斜桥等镇。年内,靖(江)泰(兴)界河季市段、夏仕港的水质均达到国家Ⅲ水质标准,毒物及重金属指标符合国家Ⅲ类水标准。全市地下水均为潜井水,对照《地下水质量标准》,各地下水测点的水质质量评价类别较差,主要超标因子为挥发酚等。

【声环境】 全市区域环境噪声平均等效声级昼间为53.9分贝,与上年相比,区域环境噪声质量等级无变化,均属较好。居民区、混合区、工业区、交通干线两侧昼夜噪声值与上年同期监测结果相比变化不大,均符合其相应功能区标准,唯渔婆新村昼等效声级污染程度加重。靖城地区交通干线平均车流量为1783辆/小时,各交通噪声测点等效声级范围为56.1~71.9分贝,达标率90%;监测路段总长4.38万米,达标路段为4万米,路段达标率91.3%;交通干线平均等效声级64.2分贝,低于国家标准70分贝,与上年同期基本持平。　(瞿　薇)

【生态环境保护战略合作】 5月4日,市政府与南京大学环境规划设计研究院、环保部南京环境科学研究所签署战略合作协议,分别就加强水污染防治、土壤污染防治工作进行合作。以靖江市水污染防治和水环境质量改善为核心,与南京大学环境规划设计研究院共同开展水环境保护领域重大科技项目攻关,加强相关科技成果转化运用,实施水污染治理领域技术综合示范,解决总体水环境质量不高、城市水体黑臭等突出问题。就土壤污染防治,借助环保部南京环境科学研究所丰富的环保业务经验和资源以及一流的科研技术平台,发挥环保政策导向及地方政府资源等方面的优势,通过项目合作和能力建设,推进靖江市土壤环境保护工作的开展。

【首条生态护坡建成】 年内,下四圩港建成全市首条生态护坡。下四圩港北起靖泰界河,流经马桥、城南和澄靖园区入长江,全长16千米。生态护坡由一个个六边形的混凝土格子组成,每个格子里有10余个小孔,可栽种水生植物,发挥生态效应。下四圩港南段(横港—长江)生态护坡于2015年1月开工,高程1.30米的坡面采用生态混凝土护坡,高程2.50米以上的坡面铺设草皮防护;北段(靖泰界河—横港)生态护坡于11月开工,河坡绿化以保持水土、美化环境。　(陆天煜)

【保护长江水生态系列活动】 5月28日,市环保局组织2016年"世界环境日"长江水生生物资源增殖放流活动,近百名志愿者乘坐汽渡船,向长江投放青、草、鲢、鳙、鳊等鱼种2500余千克。增殖放流活动后,市渔政部门定期巡查江面,加强禁渔力度。据统计,全市近十年来放流鱼苗超过3000万尾,对保护长江流域的生态环境发挥了积极的作用。6月,开展"百里江堤清爽行"、环保宣传进校园等活动,引导人们增强节约意识、环保意识、生态意识,践行绿色环保理念。来自

市一中、市一幼、外国语、实验、滨江等学校的50户家庭100余位环保志愿者参加"江堤漫步"活动。 （刘茂峰）

环保志愿者骑行活动 （市环保局提供）

【靖江企业刷卡排污试点启动】2016年，全市6家企业率先改建刷卡排污控制系统，从源头对排污进行管控。刷卡排污，即在企业排污系统中加装"总量控制器"，企业需在环保部门发放的排污IC卡中充值排污量方可排污。每家企业的充值总量由环保部门分配核定并进行公示，再逐月摊入排污IC卡。控制系统设有预警功能，一旦月排放额度用至80%就会发出警告，并通过短信或电话提醒企业负责人调整生产；如排放额度用至90%，环保部门会对企业发出书面警告；企业排污权指标用完时，管理平台就会自动关闭污染源排放阀门，杜绝企业超量排放。全市化工、热电、造纸、印染等行业13家重点排污企业，计划在两年内逐个进行刷卡排污控制改造。

【靖江三成江岸永久"不开发"】年内，靖江将长江岸线利用分成绿色发展、开发性保护、不开发3个区域。不开发区域岸线近20千米实行"永久不开发"，用于建设生态湿地和公园，以减轻长江的环境压力，加快建设"清爽靖江"。11月17日，《人民日报》头版《今日谈》栏目刊登评论文章，肯定靖江坚持20千米长江岸线"永久不开发"的发展思路。新浪、搜狐、人民网、中国共产党新闻网等全国各大网站相继转发。随后，市环保局、财政局联合印发《靖江市生态红线保护区生态补偿暂行办法》。办法明确，将具有重要生态功能、提供重要生态产品的生态红线区域列入补助范围，以直接承担生态保护责任的单位为补偿对象，生态补偿资金主要用于生态恢复、环境整治、环境基础设施建设、污染源关停搬迁整治以及生态红线区域保护立标、规划、监测等项目。

【靖江土壤污染防治工作全国领先】年内，市环保局通过试点示范、严格监管、防治结合，探索土壤污染防治分类监管的新路径，打造全国土壤修复示范工程；靖江土壤污染防治工作在全国处于领先水平，环保部将靖江列为全国唯一的县级污染场地监管试点地区。全市工业污染场地主要涉及化工、电镀及涉铅等企业，其中化工企业18家、电镀企业38家、铅酸蓄电池企业6家、铅盐制造加工企业19家。近年来，市环保局全面排查关停并转、破产、搬迁及即将搬迁的化工、电镀、涉铅等企业，普查关停电镀企业场地29家，详查典型涉重金属企业场地5家，聘请专业机构采样、监理，调查分析土壤与地下水污染状况，结合全市重金属污染防治规划和实施方案，制定《靖江市工业企业场地污染防治实施方案》。市政府与环保部南京环科所签订土壤污染防治战略合作意向书，注资3000万元成立国资独资的靖江市生态建设有限公司，统一管理实施全市生态环境建设工程和场地污染修复工程。市政府出台《关于对拟挂牌土地拍卖前开展环境影响评价工作的意见》，要求所有土地挂牌上市前必须开展环境影响评价和评估，重污染场地实施污染修复后方可挂牌上市开发利用；规范污染场地修复工程管理和监理，跟踪监督管理停产、搬迁、关闭企业遗留场地，建立工业企业场地档案，对工业场地分类管理，评估污染风险，确定优先修复、重点监管场地清单；选取西来老电镀中心为工业场地污染修复示范项目，委托环保部南京环科所开展场地调查与评估，在全国范围内组织修复工程招投标。原靖江市电力器材厂（热镀锌企业）、靖江量具有限公司场地土壤和地下水调查、评估以及土壤修复，年内通过泰州市环保局组织的验收。 （陆天煜）

水利

【概况】 2016年,全市有乡级河道113条、村级河道3767条、水闸92座、涵洞2986座、桥梁1493座、排涝泵站375座。三大水系控制线分别为长江控制线、界河控制线、横港控制线。长江控制线主要通江口门设有防洪涵、闸128座,其中节制闸35座、套闸2座、涵洞91座,穿江、港堤排涝站13座。界河控制线中,靖泰界河控制线建有涵、闸22座,其中节制闸11座、套闸1座、涵洞10座;如靖界河控制线建有涵洞8座,夏仕港建有套闸1座、节制闸2座。横港控制线建有节制闸7座、套闸2座、闸站2座、提水泵站3座。是年,市水利局扎实推进水利建设,强化水利管理,各项水利工作均取得积极成效,为全市经济社会持续健康发展奠定良好的水利基础。

【防汛抗台】 2016年,市水利局落实防汛责任制。按照"横向到边,纵向到底"的要求,建立覆盖市、镇、村(社区)的三级防汛指挥体系,实现抗洪、调水、排涝等突发紧急状态下抢险救灾的互联互动互助。严格落实以行政首长负责制为核心的各类防汛责任制,及时调整防汛防旱指挥部成员,明确各成员单位工作职责,落实各镇(办事处)、沿江堤防、重点企业、沿江骨干工程防汛责任人。落实工程措施。推进工程除险加固,上争省级维修、防汛经费362万元,落实岁修、急办项目76项。市、镇两级投资2534万元,修复加固一、二级河道洗坍段及闸涵、泵站等水工建筑物,完成长江堤防夹港西侧港堤、川心港至上四圩港等堤段抛石护坎工程1900米,抛石8960立方米。落实非工程措施。制定完善《靖江市城市防洪预案》等防汛应急预案体系,特别对险工患段、重点区域路段制定一点一策的应急抢险防灾预案。依据"准备早、措施实、应急快"的原则,认真开展隐患排查,组织编制全市各涵闸站、堤防河道、易淹易涝小区、危房、物资储备等安全度汛责任清单,抓好整改落实,逐项定时销号。在足量储备防汛物资的基础上,扩容升级应急抢险装备,提请市财政增拨85万元,专项增购打桩机、叉车、移动式应急电源等防汛抢险物资,保证应急抢险所需。汛期,受超强厄尔尼诺现象影响,域内先后遭受"6·22"强降雨、"7·1—7·5"持续降雨和第14号强台风"莫兰蒂"、第17号强台风"鲇鱼"等灾害性天气侵袭,强风、暴雨、高潮"齐聚头",防汛抗台形势异常严峻。市防指2次启动全市防汛Ⅲ级响应,指派领导干部及水利技术骨干深入一线指导防汛排涝工作,紧急调拨编织袋6.5万只、土工布8400平方米、木棍1200根、排水泵19套,全力支援各受灾镇排涝抢险;密切关注天气变化趋势,及时启动应急排涝预案,指令各涵闸站提前预降内河水位,腾空库容,雨后采取"错时错峰、分流减压、外水外排、低水抽排"等措施,开足马力,全力排涝，共排水65个潮次、9.5亿立方米，短期内缓解城乡涝情。此外，在“4·22”德桥仓储火灾事故处置过程中，及时启动防汛应急预案，调集大批技术救援力量和防汛物资储备投入现场救援，有效防止火势蔓延和污水外溢。

市领导视察东兴镇防汛排涝现场　　（市水利局提供）

【水利建设】 2016年，市水利局推进农田水利建设。实施农村河道二次轮浚，疏浚整治二级河道18条（段）、三级河道911条，总长651.8千米；推进中小河流重点县综合整治项目，疏浚河道59.9千米，整治岸坡12.6千米，拆建涵洞48座，新建节制闸1座；启动靖泰界河疏浚整治，沿线各项目镇有序推进拆迁工作，水下清淤进场施工。通过一系列农田水利项目的实施，改善灌溉面积1.3万公顷、排涝面积967公顷，增加旱涝保收农田面积2333公顷。强化城区水生态治理。完成新小桥港闸站主体工程建设，通过泰州市水利局组织的水下工程验收；实施九圩港封闭段治理，沿阳光大道与新世纪一号小区间绿化带埋设过水管道，在十圩港与阳光大道南侧交界处建设2立方米/秒流量泵站1座。

【水利管理】 2016年，市水利局加大堤防岸线管理力度。全年查处违章搭建行为65起，清理江堤堆放物38处，清除耕翻种植32公顷、杂树杂草45.33公顷，开展重载车辆上堤行驶拦截行动86次，重点整治擅自占用江堤防汛通道单位18家，有效遏制各类违法违规行为。强化河道和水利工程管理。完成小型农田水利工程管理体制改革，明晰小型水利工程产权，落实管护主体、管护责任、管护标准及管护经费。推进河湖和水利工程管理范围划定工作，完成方案编制。认真落实“河长制”，初步构建责任明确、协调有序、监管严格、保护有力的河湖管理保护机制。城区河道管理成效明显。全年清除河道垃圾、杂草835吨，打捞漂浮物2550吨，清理出水口28个，查处违章违规行为15起、损坏公共设施行为6起，制止河道管理范围内乱开乱挖行为8起，调水7700万立方米，河道水环境明显改观。加强水情调度。重点围绕防汛防台和水生态保护，全力做好引排水和调水引流工作，沿江各闸全年引水9.7亿立方米、排水21.5亿立方米。水资源管理取得实效。严格水功能区纳污红线管理，全面加强入河排污口及饮用水源地巡查监管。开展节水型社会示范市创建活动，成功通过省级验收。加强节水载体建设，建成节水型社区、学校各2个。积极推广农业节水技术，建成节水喷滴灌工程面积92.4公顷，基本完成生祠镇利珠村节水减排项目。继续加大“水美乡村”创建力度，全市7个村申报创建。深化依法治水。围绕“世界水日”“中国水周”“科普宣传周”“法制宣传日”等节点，与市教育局、团市委、赤子之心社团联合开展各类水法宣教活动，发放宣传资料1.4万份。严厉打击各类水事违法行为，全年查处水事违法案件20起，立案查处11起，罚款15万元。组织开展打击长江非法采砂行动112次，查处扣押非法采砂船只3条，驱逐不按规定停靠的外地采砂船舶110条次，罚款22万元。依法推进行政审批工作，新签订《河道堤防工程占用补偿协议》21份，办结各类许可件31件。推行行政权力清单、责任清单标准化管理，完成《行政权力办事指南》《行政权力清单》编制工作。配合中央环保督察工作，抓好问题排查，确保整改落实到位。水利工程质量安全监管常抓不懈。严格质量监管程序，实施9项水利工程质量全过程监管，开展质监行动68次，下发质量监督检查意见表12份，工程质量得到有效保证；狠抓安全监管，开展水利安全集中检查9次，整改安全隐患118处，隐患整改率100%。组织198人参加全国水利安全知识网络竞赛活动，26人次参加安全生产培训，实现全年安全生产零事故。

【水利经济】 2016年，市水利局扩大融资规模。充分运用水利融资平台，积极协调市农行、农发行等金融机构融集水利资金，基本落实银行贷款13.5亿元，水利建设资金得到保障。争取财政专项资金，有效缓解资金压力，确保机构正常运转。加强财审工作。密切配合市纪委、财政局、人社局开展专项财务审查，财审工作进一步规范。认真履行内审监督职能，实施4家基层单位财务收支审计，出具审计意见16条，及时消除基层单位财务管理中存在的问题和隐患。全面开展固定资产清查，加强和规范固定资产管理，提高资产管理水平及固定资产使用效率。规费征收稳中向好。全年征收各项水利规费1659万元，其中水资源费845万元、水利工程水费234万元、河道堤防工程占用补偿费580万元；征收农业水费216.5万元，超年度指标7.5%；征收过闸费928万元，比上年增长4.5%。

【省级节水型社会示范区创建通过验收】 3月8日，江苏省发改委、水利厅和泰州市发改委、水利局相关人员组成验收考核组，对靖江市创建省级节水型社会示范区情况进行技术评估和考核验收。考核组一行实地察看节水型企业靖江市华晟重金属防控有限公司，抽查企业节水措施落实情况，查阅相关资料，听取节水型社会示范区创建情况汇报。考核组认为靖江市积极开展节水型社会示范区创建，加强规划引领，强化目标管理，健全规划体系，大力开展节水载体建设，实施排污口规范化整治和骨干河道整治，节水型社会制度体系符合《江苏省节水型社会示范区建设考核标准》，同意靖江市通过省级节水型社会示范区验收。

【新小桥港闸站水下工程通过验收】 8月15日，泰州市水利局组织泰州市水利工程建设质量监督站，靖江市财政局、审计局、水利局，靖江市新小桥港闸站工程项目法人及相关职能单位，以及工程设计、监理、施工、检测、设备采购等单位代表和专家成立验收小组，对靖江市新小桥港闸站水下工程进行验收。新小桥港闸站工程于2015年3月开工建设，2016年7月主体工程水下部分完工。工程采用闸站结合方式，分别建设泵站和节制闸。泵站设计最大排涝流量、最大引水流量均为20立方米/秒，装机3台套，总功率990千瓦；与之配套的1座单孔节制闸净宽5米。闸站长江侧防洪标准按100年一遇高潮位设计，300年一遇高潮位校核；新小桥港侧防洪标准、排涝标准分别按50年一遇、20年一遇设计。该工程是域内重要的排涝工程和水源工程，建成后对保障滨江新城防洪排涝安全、提高其引排水标准、改善其水生态环境有着重要作用。验收小组通过查看工程现场、翻阅工程建设资料、听取工作报告等方式对工程进行验收，认为新小桥港闸站水下工程已按照批准的设计方案基本完成建设，工程资料基本齐全，工程标准和质量符合设计及规范要求，同意靖江市新小桥港闸站水下工程通过验收。

（邓亚骏）

交　通

【概况】 2016年，域内公路总里程1327.06千米，其中高速公路24.42千米、一级公路153.23千米、二级公路144.99千米、三级公路155.71千米、四级公路848.71千米，公路密度200.1千米/百平方千米。有公路客运站场5个，其中一级站1个、三级站1个、四级站3个。航道总里程310.92千米，其中三级航道5.56千米、六级航道43.11千米、七级航道73.6千米、等外级航道188.65千米，每万人拥有航道4.6千米。有长江渡运企业1家，长江汽渡口2个。有内河港口企业69个、泊位163个。规划长江岸线总长度13.4千米，其中公用港口岸线8.1千米、临港工业岸线1.8千米、预留港口岸线3.5千米。有专业公路客运企业3家。江苏博瑞杰公交客运有限公司专业经营靖江—江阴新世纪客运站、扬子船厂—江阴新世纪客运站2条跨市公交，有公交车20辆。靖江弘宇公共交通客运有限公司经营城乡客运一体化公交客运，从业人员368名，其中公交车驾驶员266名；有各类城乡客运车227辆。各类城乡客运车中，城区公交车95辆、城乡客运班线车和镇村公交车127辆、靖江至泰兴公交化客运班线车5辆。城乡客运一体化线路共开通40条，其中城区公交线路10条、城乡客运班线16条、镇村公交线路13条、公交化客运班线1条。城乡客运在城区承担城市公交职能，综合城区万人公交车拥有量为7.90标台；城乡客运日平均载客量3.46万人次，其中城市居民公共交通出行分担率

15.3%。江苏安宇客运有限公司经营长途班线客运业务，有班线客运车97辆4574座、旅游客运包车29辆1354座；开行74条跨省、市、县客运班线，其中省际班线客运公司化率32%，市、县际班线客运公司化率90%，长途班线客运公司化率75.8%；长途班线年送旅客165.53万人次，周转量21317.44万人千米，旅游包车年送旅客16.76万人次，周转量3318.08万人千米。年内，市交通运输局以"建、管、养、运"为重点，加大基础设施建设和维护力度，优化公共出行环境，强化交通行业治理，稳妥推进出租汽车行业改革，全市交通工作成效显著。是年，市交通运输局获评2016年度"市级机关绩效考评十佳机关"，有3人分别获评泰州交通十佳建设功臣、十佳执法标兵和十佳服务明星。

靖江公交总站

【重点项目建设】 年内，S229（原姜八公路）靖江段改扩建工程江阴园区段完成路基填筑4万立方米，城西大道段实现半幅通车，北二环至新江平路段进行无障碍路段路基表面清理。S356（沿江高等级公路）靖江段改造工程完成20千米水稳补强与摊铺、14千米沥青下面层摊铺。公新公路东兴段完成沥青面层摊铺，城南园区段完成80%路基填筑。S232（泰州中部干线公路）靖江段完成工可审查，初步确定线位方案，开展选址、环评、洪评、地灾、压矿、土地预审等前期工作。汽车客运站站前广场改造竣工。交通运输综合管理服务系统建成，并投入试运行。配合泰州市交通局，开展盐泰锡常宜城际铁路前期工作，确定初步线形规划方案，并纳入域内综合交通"十三五"规划，同时配合上级主管部门对接北沿江高铁前期工作。

【农村公路建设】 2016年，市交通运输局服务小城镇建设，建成农村公路提档升级道路项目25.79千米、桥梁12座。完成农村公路生命防护工程53千米。编制完成全市农村公路乡、村道建设初步规划方案，待省厅审核通过后组织实施。至年末，全市农村公路提档升级道路项目完成68%。

【交通行业管理】 2016年，市交通运输局加强公路养护管理，全年完成省道修补3.3万平方米、灌缝1.5万延长米，县道修补3.64万平方米。加强农村公路桥梁管理。组织农村公路桥梁专业检测，制定病患处置方案，按照管养权属逐步实施。推进桥下隐患和路域环境整治。清除S229季市大桥、S336蔡家港桥、十圩港大桥等桥下堆积物176立方米，协助西来、斜桥两镇强制拆除和清理沿江线焦港大桥、夏仕港大桥下方的违法建筑、违法堆积物。开展车辆抛洒污染路面专项查处活动，查处涉嫌工程车5辆，责令清扫路面800平方米。清理和拆除干线公路非标、悬挂物129块。治理超限运输。全年检查货物运输车13000余辆，查获超限运输车132辆，市内省道干线公路超限率下降至1%左右。推行"先照后证"。通过行政指导和跟踪监管，1家驾培企业、37家货运物流企业、7家机动车维修企业、1家机动车检测企业完成许可办理。加强客运市场管理。联合交警、城管等部门开展道路客运市场非法营运行为专项整治，共检查各类运输车471辆次，查获非法从事客运车辆16辆，没收非法安装的出租车顶灯60多个，有效维护运输市场秩序。此外完成8艘船舶标准化改造拆解工作。

【公路客运】 全年全社会公路客运量2098万人次，比上年增长3.6%，客运周转量49912万人千米，比上年增长7.2%。推进出租汽车行业改革。组织开展出租车选型更新、旧车处置、经营模式市场调研，召开专题听证会，完成阶段性改革任务。400辆CNG清洁能源巡游出租车投入市场运营,并完成运价调整。该项工作获全市改革创新奖提名奖。8月,弘宇公交公司购置50辆纯电动公交车(其中15辆设有残疾人无障碍通道)投放至市区各主要线路,年内配套建设充电桩24个,新建公交站台22座。9月1日,央视新闻频道《朝闻天下》栏目对此报道。9月,安宇公司投入7辆奔驰商务车,开通靖江至无锡、常州两地高铁、机场的定制快车线路,车辆服务分为“定向班线”和“私人拼车”两种模式,乘客可通过靖江客运站网站和售票大厅购票或电话预约。开往无锡、常州每天分别为12个班次、6个班次,至年底分别发送旅客6327人、1984人。

【交通运输综合管理服务信息平台建成】 年内,交通运输综合管理服务信息平台建成并投入试运行。该平台将“互联网+”思维融入行业治理,把“两客一危”(旅游客车、三类以上班线客车和道路专用危险化学品、烟花爆竹、民用爆炸物品运输车辆)接入运行轨迹卫星定位监控和车站、轮渡、内河危险品码头视频监控,完成掌上智能公交、长途客运售票、维修管理服务等手机APP系统的开发并上线运行。

【交通工程项目建设管理信息平台建成】 4月,委托江苏沃叶软件公司开发的交通工程项目建设管理信息平台上线试运行。该平台可精确记录交通建设工程设计变更、材料采购、施工进展、工程机械进退场、安全文明施工以及施工、监理单位资料签署的时间、地点及相关人员等情况,实现电子化存档、信息化查询、网络化传输,方便管理方充分掌握项目现场情况。

【“金马云航运”上线运行】 (见177页同名条目)

【文明行业创建活动】 年内,市交通运输系统依托《靖江日报》开设“最美司机”专栏,先后刊登公交、长途客运、出租汽车行业中10名最美司机的先进事迹。5条长途客运班线46辆客运班车通过“江苏快客”品牌验收。公交101路获评泰州市“五一巾帼标兵岗”,220路获评泰州文明客运班线;26路苏MF6212获评泰州十佳客运班车。 (杨竹颖)

电　力

【概况】 2016年,全市拥有35千伏及以上公用变电所26座,其中220千伏变电所5座、110千伏变电所17座、35千伏变电所4座,主变容量317.4万千伏安;35千伏及以上线路58条746.04千米。另有用户变电所27座,其中220千伏2座、110千伏5座、35千伏20座。年内,市供电公司积极主动融入地方经济发展大局,不断加快坚强智能电网建设,持续提升优质服务品质,以实际行动为经济转型升级发挥电力先行作用。全年累计完成全社会用电量37.47亿千瓦时、售电量33.38亿千瓦时,最高用电负荷72.35万千瓦,分别比上年增长2.29%、3.54%、10.58%;综合线损率4.12%,比上年下降0.88个百分点。是年,市供电公司连续第13年被市委、市政府表彰为市级机关绩效考评十佳服务地方发展单位,连续第8次获评全国“安康杯”竞赛优胜企业。

电网建设　8月,促成泰州供电公司与靖江市政府签订“十三五”电网建设和“小城镇(中心村)”电网改造战略合作协议。年内,完成靖江市公用设施专项规划编制工作并通过评审,完成110千伏祁安输变电工程电气设备安装调试,完成长里变电所主变压器增容、季市变电所主变压器更换工作。推进配农网(配电网及农村电网)建设,配网工程项目完成投资1.34亿元,农网项目完成投资1亿元。拆除跨广靖、宁通高速的所有10千伏及以下线路。完成马洲、焦港等10座变电站标准化创建工作。

供电服务　积极推进电能替代项目,安装岸电装置15套,改造电锅炉66台。编制完成靖江市“十三五”充电设施建设规划,建成电动汽车充换电站1座。有序推进多表合一采集工作,完成5000户多表合一采集接入试点。推进“互联网+”营销服务,拓展微信、“掌上电力”APP、“电e宝”等互动服务渠道的应用。开展供电“1+1”双评和社会看电力活动,圆满完成泰州市项目推进现场会等26个重要活动保电任务。做好“4·22”德桥仓储火灾事故抢险中的供电保障工作,得到市委、市政府的高度肯定。

安全管理　落实安全生产要求,开发安全督查APP(客户端),健全安全责任体系。全年各级人员督察现场5513处,共查处各类违章108起,停工整顿外包单位1家。完善应急抢修体系,有效应对高温、强对流等恶劣天气影响,确保迎峰度夏期间安全可靠供电。深化平安电力创建,与政府部门建立常态联动机制。及时化解涉电矛盾，强化舆情引导和管控，各类涉电来信来访均得到积极稳妥处理。至年末，连续安全生产4959天。

【“安康杯”竞赛活动】 年内，市供电公司连续参加由中华全国总工会和国家安全生产监督管理总局联合开展的全国“安康杯”竞赛活动，获评2015年度优胜单位，是域内唯一一家连续8年获得此项荣誉的单位。活动中，市供电公司始终坚持“安全第一、预防为主、综合治理”的方针，落实安全生产责任制，完善职工安全健康保障机制，积极开展各种贴近生产实际、贴近职工生活的安全教育活动，推进企业安全文化建设。通过安全短信祝福、安全论坛演讲、安全知识竞赛、安全合理化建议、成立职工家属安全协管会、签订职工家属安全公约、开展“职工子女看电力”及“和谐家庭、平安电力”主题才艺展示等活动，强化职工安全思想教育，增强职工安全意识，促使职工在生产、施工过程中互相提醒、互相督促，杜绝违章，确保安全，形成“个人无违章、班组无障碍、单位无事故”的良好局面。

【电网建设和改造合作协议签订】 8月22日下午，泰州供电公司与靖江市政府签订《“十三五”坚强智能电网建设战略合作协议》和《小城镇（中心村）电网改造升级工程合作协议》。“十三五”期间，泰州供电公司根据靖江城市发展需求，进一步加大坚强智能电网投资力度，计划投资30亿元，重点实施220千伏文东、团结等输变电工程，提高靖江主网受电能力；推广应用新一代智能变电站，加快推进110千伏新洲、万福等输变电工程建设，扩建改造110千伏顶和、新桥、联兴、长里等变电站；强化中低压配电网规划建设，应用主动配电网新技术，持续提升城市供电能力；做好与特色小镇的规划衔接，保障重点区域用电需求；推广绿色能源应用，推动智慧城市建设。同时，泰州供电公司优先安排小城镇（中心村）电网改造升级工程，拟投资2791万元，新建及改造10千伏配变台区75个，确保两年内完成全部小城镇（中心村）电网改造升级任务。

（吴靖华）

电网建设和改造合作协议签约仪式 （市供电公司提供）

邮　政

【概况】 2016年，市邮政系统实现邮政总收入9172万元，比上年增长8.1%。其中，代理金融业务收入6302万元，增长13.84%；函件业务收入385万元，下降2.28%；发行业务收入710万元，增长7.58%；集邮业务收入288万元，增长2.13%；增值业务收入365.72万元，增长5.24%；分销业务收入121万元，增长61.33%；包裹业务收入678万元，下降34.28%；其他业务收入322.28万元。代理金融业务快速发展。围绕市场导向、客户需求和效益目标，深入开展金融项目营销，累计发放有效卡3.49万张，新增电子银行用户2.50万户，销售保险产品5.02亿元、理财产品1.46亿元。函件开发成效明显，先后开发市安监局夏季安全知识卡明信片、市人力资源和社会保障局下属社会保险处通知函、泰州建市20周年“祥泰之州”城市专用邮资图及配套邮资封。邮品开发力度加大，先后开发制作2016《中欧乒乓球世界冠军对抗表演赛》个性化小本票、《体育中心一周年特刊》和《靖江风情》系列邮册。投递服务创新模式，组建快递包裹专职营销队伍和商务投递队伍，推行“大客户机动车投递，商业客户个性化投递”服务模式，提高服务高端客户的水平和能力。增值业务和分销业务向平台运营商发展转型,加快建设县级电商运营中心—镇村电商服务站—加盟网点三级运营机构,年内建成电商运营中心以及27个电商服务站、24个邮掌柜示范店。是年,市邮政分公司获“江苏省文明单位”称号,被评为2016年度靖江市级机关绩效考评先进单位。

【邮政管理】 2016年,市邮政系统强化服务质量管理,开展“服务质量提升季”服务质量大检查活动。优化投递管理。结合村邮站建设,整合网点资源,调整投递段道,成立8个农村投递大部。突出抓好邮政安全生产管理。严格落实安全生产管理各项制度,进一步强化安全生产工作责任,筑牢“守土有责、守土尽责、守土负责”责任防线;构建事故防范长效机制,重大节日、“两会”、杭州G20峰会等重大活动以及安全生产月、夏季百日安全赛等活动期间,强化安全生产检查,及时督促整改发现的问题。抓好金融资金安全管理,严格落实人防、物防、技防、制度防“四位一体”管理制度。定期检查各金融网点台账资料记录是否齐全、款箱交接手续是否完备、安全教育培训是否落实。加强电信诈骗防范工作,严格坚持“三问二看一核对”(即询问客户转账汇款的用途,是否知晓收款人情况,是否了解接收账户信息;看客户神色举止是否异常、是否持续接听电话;核对客户所留信息是否合理)工作流程。加快软硬件建设投入,全年投入172.77万元用于4个网点改造,投入4.8万元用于网点环境建设,投入8.7万元建成电商体验店,投入23.3万元用于7个支局局房改造,投入28万元更换邮路汽车,投入134万元购置和更换电动三轮车、邮资机、电脑、LED显示屏等设备。

【“幸福时光·绿色”校园主题邮局开业】 10月16日,市邮政分公司携手市第一中学共同打造的“幸福时光·绿色”校园主题邮局,在市第一中学90周年校庆活动日开门营业。这是市邮政分公司打造的首个主题邮局,分为幸福邮局、绿色邮馆两个部分。幸福邮局内设慢递服务区、幸福创意区,绿色邮馆内设封片卡展示区、绿色集藏展示区。当日,主题邮局推出的品种丰富的主题明信片、新颖别致的个性化邮册、“么么闪印”机打印的纪念明信片等文化创意产品吸引众多一中校友。慢递服务区推出的“写封信寄给两年后的自己”服务项目引人关注,很多高一学生在此写信寄给高中毕业时的自己。该主题邮局为非营利性质的校园邮局,主要服务对象为师生,由市第一中学学生自主经营、自主管理。同日,市邮政分公司还赠送给该主题邮局由江苏省集邮协会、集邮公司编写出版的集邮文化读本《叩开集邮之门》,以方便学生系统了解邮品、集邮知识和集邮文化。

【邮检合作创新犯罪预防宣传方式】 年内,市邮政分公司和市检察院继续利用邮政网络优势,依托覆盖全市城乡的188个村邮站,开展立体化的犯罪预防宣传工作。全市100多位投递员作为预防邮路志愿者,在送报的同时把预防宣传和检务公开手册送到村民手中。此项工作始于2015年,当时仅限于预防职务犯罪宣传。2016年双方加大合作力度,将非法集资、环境污染、行政不作为等犯罪列入预防宣传范围,同时将靖江检察院“明霞窗口”微信与“靖邮天下”微信客户端嫁接,拓宽“点线面结合、网上网下推进”的全方位宣传渠道。双方还制作发放预防犯罪宣传手册和“预防邮路”线索举报邮资封,利用邮政宣传车定期播放预防犯罪微电影、动漫和警示教育片,把“预防邮递”送到田间地头,努力打造老百姓家门口的检察院。 (吴晓峰)

村里来了“预防快递员”

科　技

【概况】 2016年，全市(不含江阴—靖江工业园区)高新技术产业完成产值816.40亿元，占规模以上工业企业总产值的41.89%。重新认定国家高新技术企业17家，新认定25家，总数达109家；新增省民营科技企业63家，备案省科技型中小企业10家。鼓励开发具有自主知识产权和自有品牌的高新技术产品，新认定省级高新技术产品143项，创历史新高。全市专利申请量5391件，其中发明专利申请量1096件；专利授权量2453件，其中发明专利授权量251件；全市万人发明专利拥有量10.9件。年内，市科技知识产权局获评省知识产权工作先进集体、省专利行政执法工作先进单位。

【科技计划】 全年上争省级以上科技专项资金2729万元，其中“高效短流程冷凝式流程工业加热装置研发与产业化”“极端高温工况系列高可靠性熔盐泵的研发及产业化”2个项目各获扶持资金1000万元。

2016年靖江市科技计划项目一览表

表28

项目类别	项目名称	项目承担单位	金额(万元)
省科技成果转化专项资金项目	高效短流程冷凝式流程工业加热装置研发与产业化	托普工业(江苏)有限公司	1000
	极端高温工况系列高可靠性熔盐泵的研发及产业化	江苏飞跃机泵集团有限公司	1000
省重点研发计划（产业前瞻与共性关键技术）	基于内置循环式高浓度含盐废水蒸发浓缩系统关键制造技术的研发	江苏和诚制药设备制造有限公司	130
	大型高性能耐酸耐磨非金属氟塑料泵研发与应用	江苏亚梅泵业集团有限公司	130
	新型多功能屏蔽胶带开发的关键技术	江苏亚龙数码科技有限公司	130

续表 28

项目类别	项目名称	项目承担单位	金额(万元)
省重点研发计划（现代农业）	高效智能循环式谷物干燥机关键技术研发	江苏谷泰粮食机械科技有限公司	100

【科技成果与奖励】 年内，卓然(靖江)设备制造有限公司主持研发的“大型抗结焦乙烯裂解炉关键技术研发及产业化项目”获省科学技术三等奖，江苏海天泵阀制造有限公司参与的“基于动力学稳定性设计的多级离心泵关键技术研究及应用”获教育部科技进步奖二等奖。此外，15 项科技成果获泰州市科学技术奖，41 项科技成果获靖江市科学技术奖，江苏东华测试技术股份有限公司刘士钢获靖江市科学技术突出贡献奖，江苏赛德力制药机械有限公司顾根生、江苏乐科节能科技股份有限公司夏君君获靖江市科学技术贡献奖，肖兴龙和王建获泰州市“十佳创客”称号，江苏乐科节能科技股份有限公司获省第 4 届创新创业大赛企业组三等奖、泰州市创新创业大赛优秀奖。

【产学研合作】 全年征集 65 家企业 82 项技术需求，先后组织企业参加“武汉院校行”“广州院校行”“西安院校行”活动，邀请中科院金属所、中科院理化所、南京工业大学、上海工程技术大学等高校院所的专家、教授至靖江，现场为企业排忧解难。组织 42家企业参加泰州第 2 届、第 3 届网上科技洽谈会，达成意向协议36项。江苏大中电机股份有限公司等 20 家企业通过“泰科易——泰州网上技术交易平台”实现技术交易 32 项，交易金额 1564.1万元。全年引进高新技术项目并签订正式协议 75 项，与科研单位、大专院校共建产学研联合体 25 个。

政产学研合作交流会 （市科技知识产权局提供）

【农业科技创新】 年内，编制《靖江市沿江现代农业科技示范园区建设实施方案》，建设高端农机装备产业园、农产品加工产业园、现代农业服务产业园和沿江特种水产养殖产业带。建设设施蔬菜产业、特种水产产业农村科技服务超市。组织企业与中国农科院、中科院南京土壤所、中国水产科学研究院淡水渔业研究中心、省农科院等 9 个科研院所对接洽谈，签订技术合作协议 12 项。其中，市红芽香沙芋专业合作社与南京土壤所联合攻关的香沙芋专用肥料等取得阶段性成果；江苏谷泰粮食机械科技有限公司和江苏大学联合研发的“高效智能循环式谷物干燥机关键技术”项目，被列入 2016 年省重点研发计划，获省拨经费 100 万元。

【知识产权管理】 2016 年，市科技知识产权局根据《靖江市专利专项资金管理办法》，资助奖励 2015 年度授权的专利、进入实质审查阶段的发明专利申请等 2292 件，金额 431.43 万元。组织企业参加知识产权标准化管理培训，培养企业知识产权管理人才。组织 23 家企业申报知识产权管理标准化项目，江苏恒义汽配制造有限公司获省知识产权战略推进计划一般项目资助 30 万元。配合泰州市知识产权局对流通领域进行知识产权执法检查，查处涉嫌假冒专利商品 85 件，责令商家下架并限期整改。年内，全市专利申请量 5391 件，其中发明专利申请量 1096

件；专利授权量2453件，其中发明专利授权量251件。至年底，全市万人发明专利拥有量10.9件。

【科技政策】 全市企业享受2015年度高新技术企业税收减免和研发费用加计扣除减免1.95亿元。出台《靖江市众创空间认定及资金奖补管理办法（试行）》，指导和推动众创空间科学构建。落实“科技贷”政策，与市财政局共同设立靖江市金融机构科技型中小企业贷款风险补偿资金池，建立科技金融风险补偿资金备选企业库，向10家企业发放科技贷款3080万元。与市金融办共同开展“惠科融”试点工作，推出“惠科融”金融产品，促进科技资源与金融资源的深度融合。修订科技创新券政策，印发《关于修订印发靖江市科技创新券实施办法的通知》。根据该通知精神，对全市204家企业发放创新券4735万元；根据《关于印发2016年靖江市奖补类科技创新券实施方案的通知》，确定2015年奖补项目132项，兑现奖补类科技创新券813万元。

【科技平台】 江苏亚星锚链股份有限公司建设的“系泊链设计与应用技术实验室”，获批省级企业重点实验室，实现全市省级企业重点实验室零的突破；华达汽车科技股份有限公司与湖南大学共建的钟志华院士工作站，获批省级企业院士工作站；江苏三江电器集团有限公司和江苏亚星锚链股份有限公司在省重点企业研发机构绩效考评中获优秀，各获扶持资金60万元；帝斯曼江山制药（江苏）有限公司、江苏光芒集团有限公司的省级工程技术研究中心绩效评价优秀，江苏乐科热力科技有限公司等4家企业的研究中心获批省级工程技术研究中心，江苏南山冶金机械制造有限公司等8家企业的研究中心获批泰州市级工程技术研究中心，卓然（靖江）设备制造有限公司实验室获批泰州市级企业重点实验室。至年末，全市有省级院士工作站9家、省重点企业研发机构9家、省级工程技术研究中心29家、省级企业研究生工作站39家、省级企业重点实验室1家，各项排名均位列泰州市第一；全市123家大中型工业企业高新技术企业研发机构建有率95.5%，基本实现“一企一院校、一企一平台、一企一团队”的目标。

【省重点研发计划】 年内，靖江组织实施省重点研发计划（产业前瞻与共性关键技术）3项，分别为“基于内置循环式高浓度含盐废水蒸发浓缩系统关键制造技术的研发”项目、“大型高性能耐酸耐磨非金属氟塑料泵研发与应用”项目和“新型多功能屏蔽胶带开发的关键技术”项目。

“基于内置循环式高浓度含盐废水蒸发浓缩系统关键制造技术的研发”项目，由江苏和诚制药设备制造有限公司与南京航空航天大学合作开发，以新型高效节能型蒸发浓缩器为研究对象，开展传热性能分析及结构设计、自动控制系统研究、经济性分析、综合性能实验研究等，着重解决蒸发器在运转过程中的效率及节能问题，使研制的新型高效节能型蒸发浓缩器在高盐废水处理，以及高黏度、多晶体、大蒸发量的原料药的浓缩和结晶等领域得到广泛应用。项目通过精确控制物料浓缩液浓度，提高蒸发器的蒸发效率；通过CFD流体动力学仿真软件模拟，优化蒸发器结构参数；采用具有自主知识产权的内置加热管，解决循环堵管及大能耗问题；实现蒸发系统自动智能控制。该项目申请国家发明专利2项、实用新型专利3项。

“大型高性能耐酸耐磨非金属氟塑料泵研发与应用”项目，由江苏亚梅泵业集团有限公司与江苏大学合作开发，旨在研发大型高性能氟塑料泵，研发新型高塑性、高强度耐磨材质，改进水力部件模压成型工艺，开发高效水力模型，优化高可靠性结构，项目产品在扬程、流量、效率和可靠性等性能指标方面均达国际先进水平，而价格约为进口产品的一半，可替代进口产品。项目基于PCAD-CFD水力设计平台，采用加大流量设计法设计叶轮和泵体水力模型，提高运行效率；以流固两相流的CFD模拟方法为基础，优化叶片厚度及型线；精确计算氟塑料热收缩量，提高模具成型精度；采用内循环轴承冷却系统，增强泵轴散热能力，保证产品在高温下安全可靠运行。该项目申请国家发明专利2项、实用新型专利3项。

“新型多功能屏蔽胶带开发的关键技术”项目，由江苏亚龙数码科技有限公司与南京大学合作开发，项目产品适用于各类变压器及手机、电脑、复印机等各种电子产品内需要屏蔽的地方，能够消除电磁干扰、隔离电磁波对人体的伤害、避免因电压与电流影响功能，具有高透光性、高耐候性、低粘着且易撕取、不残胶、耐高温等优点。项目采用高强压延技术，提高抗电子干扰、隔离电磁波的作用；采用研磨技术，将固态新型环保型无卤阻燃剂与胶黏剂充分混合均匀，提高产品自熄不延伸性能；以蓖麻油多缩水甘油醚作为活性稀释剂，提高产品柔韧性及抗冲击性。该项目申请国家发明专利2项、实用新型专利3项。

【省科技成果转化专项资金项目】 年内，组织实施省科技成果转化专项资金项目2项，分别为“高效短流程冷凝式流程工业加热装置研发与产业化”项目、“极端高温工况系列高可靠性熔盐泵的研发及产业化”项目。

“高效短流程冷凝式流程工业加热装置研发与产业化”项目，由托普工业(江苏)有限公司和南京工业大学合作开发。目标产品是一种新型的高效短流程冷凝式工业加热装置，广泛应用于石油、化工、冶金等流程工业领域，是流程工业的关键核心装备，其能耗占整个流程工业能耗的50%以上。采用翅片板冷凝式烟气余热回收技术和内翅片炉管强化换热技术。余热回收技术采用的新型逆流翅片板换热器，结构紧凑、换热效率高，传热系数较之于热管换热器提高40%以上；换热表面镀有特种氟碳涂层，可解决抗低温露点腐蚀问题；将加热装置的排烟温度降至露点温度以下，加热装置效率从90%升至98%，并可吸收烟气中的硫氧化物、氮氧化物等以降低污染物排放；主要性能指标优于外国公司产品。该项目获得6项发明专利授权。

“极端高温工况系列高可靠性熔盐泵的研发及产业化”项目，由江苏飞跃机泵集团有限公司与江苏大学合作开发。项目产品高温熔盐泵是一种立式液下长轴离心泵，用于输送熔盐、液态金属等高温介质，工作温度最高达850°C，广泛应用于太阳能光热发电、石油化工、金属冶炼等行业。通过建立熔盐泵多工况水力设计方法，使平均加权效率超过60%，机组效率提高10%~15%；研究高温泵结构参数与热应力的关系，解决膨胀系数不均导致热疲劳裂纹的技术难题；研发高温熔盐特种材料、新型重载轴承冷却系统、自动平衡轴向力叶轮结构，提高机组运行可靠性和使用寿命，攻克高温密封、电机绝热、热膨胀补偿等技术难题，机组无故障运行时间达2万小时。该项目获得发明专利授权1项、实用新型专利授权4项，通过中国机械工业联合会成果鉴定，性能指标达国际先进水平。

【江苏骏龙获批省级科技企业孵化器】 12月，江苏骏龙光电科技股份有限公司获批成为江苏省科技企业孵化器。该孵化器总面积2.85万平方米，孵化资金300万元，把电子、通讯、节能、环保等产业中科技含量高、市场占有率高、产品附加值高的产品作为主要孵化对象，为这些产品优先申报国家、省、市高新技术产品，为拥有这些产品的企业申请国家、省、市各级科研计划项目和基金并优先申报高新技术企业。至年末，累计入驻企业24家，年内有在孵企业20家。

(王跃军 卢晓波)

【亚星锚链技术中心晋升国家级】 1月，江苏亚星锚链股份有限公司技术中心被国家发改委认定为全市首家国家级企业技术中心。亚星锚链公司注重科技创新，招揽高层次人才建立起独立的研发团队，先后研发并推出超高强度R5级系泊链等核心产品，参与研发的“超深水半潜式钻井平台研发与应用”项目获2014年度国家科学技术进步奖。

【新增省工程技术研究中心4家】 12月，全市有4家企业建成省工程技术研究中心，分别为江苏永昊高强度螺栓有限公司承建的江苏省高强度螺栓工程技术研究中心、江苏乐科热力科技有限公司承建的江苏省机械蒸汽再压缩节能工程技术研究中心、江苏双勤民生冶化设备制造有限公司承建的江苏省耐高温炉管合金材料工程技术研究中心、江苏金秋竹集团有限公司承建的江苏省(金秋竹)特种门工程技术研究中心。至2016年底，全市有省工程技术研究中心29家，研究范围涉及船舶制造及配套、汽配、特种合金等传统产业，以及生物制药、电子信息等新兴产业。

【亚星锚链建成省级企业重点实验室】 7月，江苏亚星锚链股份有限公司建设的“江苏省系泊链设计与应用技术重点实验室”获批为全市首家省级企业重点实验室。该实验室针对不同海域，研究系泊链在海洋极端气候条件下的疲劳和腐蚀机理，为提高产品抗疲劳和耐腐蚀性能提供参考；开展大规格系泊链闪光焊接和热处理技术的研究，提高焊缝和母材性能的均匀性；开展超高强度系泊链的氢致延迟断裂及环境侵入行为研究，为从材料和工艺上改善其抗氢脆能力提供理论依据。实验室还建立系泊链失效机理研究室、大截面闪光焊接研究室、应力腐蚀研究室以及测试中心和试验中心。

【首家离岸科技孵化基地签约挂牌】 11月，市科技知识产权局与上海工程技术大学国家大学科技园签约，挂牌成立“上海工程技术大学国家大学科技园靖江科技孵化基地”。该基地是全市首家离岸科技孵化基地，靖江利用上海工程技术大学的人才和技术优势，引导靖江优秀企业进入大学科技园建立研发中心；通过科技园互联网企业与靖江传统制造企业的结合，实现靖江传统制造业向智能制造业的升级转型。基地挂牌后，皓月汽车安全系统技术股份有限公司、江苏旭顺东明汽配有限公司、江苏骏马压路机械有限公司等企业，与上海工程技术大学开展产学研对接活动。 （范茉含）

靖江科技孵化基地挂牌 （市科技知识产权局提供）

【科技创新宣传培训】 4月13日，市科技知识产权局和市泵阀行业商会联合举办全市企业知识产权保护培训班，提升全市企业知识产权的创造、运用、保护和管理能力。培训以“我省知识产权保护面临的形势与任务”专题讲座的形式，从知识产权简介、知识产权国际发展趋势、知识产权国内形势、江苏省知识产权工作的任务4个方面，用理论知识结合海尔、海信等企业关于知识产权保护的实例，向全市企业介绍知识产权的相关知识以及应对知识产权纠纷的办法。全市知识产权战略推进计划企业、知识产权管理标准化合格企业、高新技术企业以及相关泵阀企业负责人160余人参加。

4月26日，以第16个世界知识产权日为契机，开展“加强知识产权保护运用，加快知识产权强国建设”知识产权宣传周活动。市科技知识产权局联合工商、法院等部门在步行街开展广场宣传活动，通过咨询、展板宣传、发放资料等多种形式，解答市民关于专利申请、商标注册、正版软件及知识产权诉讼等相关问题，提升社会知识产权保护意识。

4月27日，市科技知识产权局、市场监管局等单位联合举办2016年市“服务青年双创，关心小微企业成长”科技创新专题培训，天使投资人、“启点咖啡”创始人、苏州众创空间协会会长薛军主讲，150余名小微企业、创业青年代表及众创空间相关人员参加。培训围绕“双创时代的青年如何更好地创业”主题，结合经典案例和PPT演示，讲解“互联网+”的概念、特征和实际应用，互联网时代下的商业模式重构，创新创业的特点等内容，并对靖江青年的创业思路提出建设性意见和建议。

11月18日，组织28家企业参加在泰州举办的省科技计划项目经费管理培训班，解读省科技经费在预算、执行管理方面的相关政策，剖析全省科技经费使用管理中存在的问题，就正确规范使用省科技经费提出要求。

【重大科技活动】 6月21日，举办“第八届钢铁冶金新技术发展论坛”，中国钢铁工业协会、北京科技大学、宝钢、鞍钢、武钢、首钢等单位科技负责人以及靖江部分钢铁及配套企业负责人参加。活动围绕“十三五”国家重点研发计划、重点基础材料提升与产业化重点专项、国家科技政策及钢铁企业新形势进行交流研讨，解读“十三五”国家科技体制改革相关政策及重点研发方向，明确钢铁行业“十三五”期间科技创新方向和工作思路。11月29日，以“2016年靖江中韩产业创新合作活动周”为契机，举办“韩国优质项目路演”专场，来自韩国工商界的50余名客商和全市23家企业参加，现场达成合作意向2项。12月12—13日，举办卡内基梅隆大学—中国(靖江)人才科技项目恳谈会，合作共建“卡内基梅隆大学VTL有限公司——中国靖江人工智能研究基地”，助推靖江智能制造、高端装备制造产业发展，开启孵化新模式，为进一步嫁接国外知名高校、引进国际前沿科技开辟新途径。

2016年靖江市获省部级以上科学技术奖项目一览表

表29

项目名称	获奖类别	完成单位
基于动力学稳定性设计的多级离心泵关键技术研究及应用	教育部科技进步二等奖	江苏海天泵阀制造有限公司(参与)
大型抗结焦乙烯裂解炉关键技术研发及产业化	省科学技术三等奖	卓然(靖江)设备制造有限公司,西安交通大学,中海石油炼化有限责任公司惠州炼化分公司

2016年靖江市获泰州市科学技术奖项目一览表

表30

项目名称	主要完成人	完成单位	奖励等级
高效耐强腐蚀抗氢钢热交换装置	张文彬 刘兴亚 高华金 冯翼飞 陆卫明 卢宏文 钱 春	江苏民生特种设备集团有限公司	一等奖
节能型球磨机用端衬板	顾开明 吕学鹏 马乃恒 王丽萍 顾 鹏 顾红军 何雪兰 葛宏民 孙贵成 孙文岗 邓厚平	江苏双星特钢有限公司	二等奖
警用防弹盾牌	倪峻峰 黄院章 倪晓峰 肖海波 施 君 陆金南	无畏警用装备有限公司	二等奖
中药结合脊柱内窥镜技术治疗下腰段腰椎间盘突出症	鲍自立 孙 宣 倪建平 周国柱 郭 佳 刘 焱 顾 军 吴 赟	靖江市中医院	二等奖
泰州优质芋头品种改良及精简高效栽培技术创新与应用	焦庆清 张培通 谢吉先 殷剑美 王全友 吴 薇 孙剑霞	靖江市农业科学技术推广中心(参与)	二等奖
人前列腺癌细胞系PC-3再表达雄激素受体(AR)的肿瘤生物学特性研究及其意义	刘 欣 姚宝庚 朱欧奇 袁 玲 陆志平 曹 滨 刘金华	靖江市人民医院	三等奖
苦参碱联合高三尖杉酯碱抗急性髓细胞白血病的实验及临床研究	韩乔燕 孙 淼 叶金松 吴玲玉 陈浩月 刘春华 陈 璐 姜 鑫	靖江市人民医院	三等奖
NOX2和NOX4在人创伤性颅脑损伤后的表达及临床意义	李 震 齐 心 陈 鹏 车彦军 陶春牡 吴惠平 周 珂	靖江市人民医院	三等奖
腹腔镜脾切除联合贲门周围血管离断术治疗肝硬化门脉高压症	朱志贤 唐 俊 蒋国庆 张焱辉 李靖锋 刘 鹏 黄 华 张达才	靖江市中医院	三等奖
2B-4A自走式多功能育秧机	陈 勇 孙 景 戴 飞 田铭义 张瑞宏 金亦富 奚小波	江苏永涛实业有限公司 扬州大学	三等奖
车联网下汽车无钥匙进入系统	戴 红 肖劲伟 李卫兵 涂 豫 周胜斌 季红勋	皓月汽车安全系统技术股份有限公司	三等奖
耐高温炉内辊	马中亮 于兴仁 蒋 斌 马忠建 朱学勤 卢林娟	江苏南山冶金机械制造有限公司	三等奖

续表 30

项目名称	主要完成人	完成单位	奖励等级
高速大功率永磁电动机	钱　伟　刘广峰　仇枫懿　陈虎威　王学青	江苏航天动力机电有限公司	三等奖
汽车结构件高强度钢冲压模具回弹精确补偿与工艺稳健性研究	葛江宏　陈　斌　朱剑云　唐　伟　王玉兴　汤志强　侯　军　禹慧慧　朱怡然	华达汽车科技股份有限公司	三等奖
宽体金线蛭池塘网箱高效养殖技术研究	熊良伟　陶桂庆　王建国　王帅兵　乔小燕	靖江市明星水蛭科技有限公司（参与）	三等奖

2016年靖江市科学技术奖项目一览表

表 31

项目名称	完成人员	单位名称	奖励等级
高效耐强腐蚀抗氢钢热交换装置	张文彬　刘兴亚　高华金　冯翼飞　陆卫明　卢宏文　钱　春	江苏民生特种设备集团有限公司	一等奖
警用防弹盾牌	倪峻峰　黄院章　倪晓峰　肖海波　施　君　陆金南	无畏警用装备有限公司	一等奖
“稻鸭共作”模式下优质水稻无公害生产技术	陈船福　顾凤琦　陆桂清　翟空名　谢志娟　王　靖　何松银　胡宏亮　宋小艳	靖江市作物栽培技术指导站 靖江市马桥镇农经与农技服务中心	一等奖
中药结合脊柱内窥镜技术治疗下腰段腰椎间盘突出症	鲍自立　孙　宣　倪建平　周国柱　郭　佳　刘　焱　顾　军　吴　赟	靖江市中医院	一等奖
汽车结构件高强度钢冲压模具回弹精确补偿与工艺稳健性研究	葛江宏　陈　斌　朱剑云　唐　伟　王玉兴　汤志强　侯　军　禹慧慧　朱怡然	华达汽车科技股份有限公司	二等奖
耐高温炉内辊	马中亮　于兴仁　蒋　斌　马忠建　朱学勤　卢林娟	江苏南山冶金机械制造有限公司	二等奖
2B-4A 自走式多功能育秧机	陈　勇　孙　景　戴　飞　田铭义　张瑞宏　金亦富　奚小波	江苏永涛实业有限公司 扬州大学	二等奖
高速大功率永磁电动机	钱　伟　刘广峰　仇枫懿　陈虎威　王学青	江苏航天动力机电有限公司	二等奖
节能型球磨机用端衬板	顾开明　吕学鹏　马乃恒　王丽萍　顾　鹏　顾红军　何雪兰　葛宏民　孙贵成　孙文岗　邓厚平	江苏双星特钢有限公司	二等奖
港机结构状态智能化监控系统研发	刘士钢　郝连奎　王江波　陈　沂　刘　明　施利兵　焦　亮	江苏东华测试技术股份有限公司	二等奖
车联网下汽车无钥匙进入系统	戴　红　肖劲伟　李卫兵　涂　豫　周胜斌　季红勋	皓月汽车安全系统技术股份有限公司	二等奖

续表 31

项目名称	完成人员	单位名称	奖励等级
YE4 系列超超高效率三相异步电动机	王荷芬 刘 霞 朱月萍 朱银波 谢恒扣 顾 增	江苏大中电机股份有限公司	二等奖
工业缝纫机用智能分体式永磁电机	印光宇 徐兆明 曹吉峰 周爱君 吴胜章	江苏上骐集团有限公司	二等奖
甲醇、乙醇水溶液的精馏装置	王 建 徐建涛 赵 进 倪 松 徐 翔 夏兴洪 陈桂兴	江苏和诚制药设备制造有限公司	二等奖
多盘湿式制动器	徐旗钊 郑继飞 徐 宇 陈 亮 陈 林	江苏恒力制动器制造有限公司	二等奖
冰叶菊栽培技术研究与应用	邵文光 顾凤琦 徐建新 范校铭 王 靖 倪松尧 韩 利	靖江市农学会 靖江市洋大蔬菜科技服务有限公司	二等奖
苦参碱联合高三尖杉酯碱抗急性髓细胞白血病的实验及临床研究	韩乔燕 孙 淼 叶金松 吴玲玉 陈浩月 刘春华 陈 璐 姜 鑫	靖江市人民医院	二等奖
口腔颌面外科与内分泌科联合治疗颌面部多间隙感染	郑宇杰 薛 敏 恽瑞元 孙源东 何 凯 陈宽勇	靖江市人民医院	二等奖
人前列腺癌细胞系 PC-3 再表达雄激素受体(AR)的肿瘤生物学特性研究及其意义	刘 欣 姚宝庚 朱欧奇 袁 玲 陆志平 曹 滨 刘金华	靖江市人民医院	二等奖
替比夫定片联合扶正化瘀胶囊治疗慢性乙肝肝纤维化临床观察	缪志斌 戴靖宇 王松明 倪琳琳 黄 颖	靖江市第二人民医院	二等奖
组合电器用智能套管式电流互感器	陆汉兵 盛青山 沙 亮 王赢亮 马晓帆	江苏靖江互感器厂有限公司	三等奖
高性能耐高温离心铸造合金材料制备的关键技术	李勤峰 夏 浩 余 炎 严 跃	江苏双勤民生冶化设备制造有限公司	三等奖
汽车电机转子架	万小民 张 伟 薛 均 王 炼 何 杰	江苏恒义汽配制造有限公司	三等奖
核电站用超大规格特种屏蔽门	侯金龙 臧 福 印亚金 侯金荣 林 锋	江苏龙腾门业有限公司	三等奖
滚筒洗衣机用高速精密串励电动机(铝)	苏申科 环剑斌 刘乐俊 高明江 陆震海	江苏三江迪生电机有限公司	三等奖
LED 刻蚀机用托盘	游 利 冯昌延 管明月 张清林 周红旗	靖江先锋半导体科技有限公司	三等奖
煤制乙二醇催化剂载体 α 型活性氧化铝	刘华伟 钱盛涛 沈劲松 严进红 陈 序	靖江市晨阳化工有限公司 华烁科技股份有限公司	三等奖

续表 31

项目名称	完成人员	单位名称	奖励等级
YBX3 高效隔爆型三相异步电动机	朱文钦　邵星朗　刘翠华　褚金兰　刘爱国	江苏环球特种电机有限公司	三等奖
高效减震防撞汽车转向下传动装置	徐　镇　郑云刚　周国伟　毛正昌　丁　艳	江苏金也汽车配件有限公司	三等奖
高效耐磨合金沉没辊轴套	王茂庭　王利金　王金龙　陈　进　严怀民	江苏华冶科技股份有限公司	三等奖
优化 L80-1 钢管热处理工艺技术攻关	丁言垒　李国华　邹喜洋　单国平　胡双开	江苏华菱锡钢特钢有限公司	三等奖
红外线电脑程控染样机	殷玉敏　夏筛根　陆祥涛　王娟	靖江市华夏科技有限公司	三等奖
SW 集成剪冲机组	丁　健　崔宝玲　李　军　钱艳红　杜　澎	江苏金三力机械制造有限公司	三等奖
腹腔镜脾切除联合贲门周围血管离断术治疗肝硬化门脉高压症	朱志贤　唐　俊　蒋国庆　张焱辉　李靖锋	靖江市中医院 苏北人民医院	三等奖
NOX2 和 NOX4 在人创伤性颅脑损伤后的表达及临床意义	李　震　齐　心　陈　鹏　车彦军　陶春牡　吴惠平　周　珂	靖江市人民医院	三等奖
循序垫枕配合功能锻炼及中药治疗无神经症状的胸腰段椎体爆裂性骨折	朱金华　徐　彬　贾小祥　徐　涛　江　萍	靖江市中医院	三等奖
瞬时弹性扫描技术联合低拷贝内标定量在无症状慢性 HBV 感染者的临床研究	鞠　琪　夏月根　顾亚平　江　波　宋振江	靖江市第二人民医院	三等奖
非糜烂性胃食管发流病内镜诊断研究	朱炳良　沙　杰　杨爱萍　陈　萍　李　佳	靖江市人民医院	三等奖
多囊卵巢综合征血热型妊娠丢失的中西医结合治疗	赵　楠　张海峰　蒋莲丽　陈水星　高宇云	靖江市中医院	三等奖
输尿管镜下钬激光碎石术与体外冲击波碎石术联合交替使用治疗输尿管结石	朱　军　沈　欣　蒋爱军　胡红娟　吕桂萍	靖江市中医院	三等奖
肝硬化门脉血流动力学改变与食管静脉曲张破裂出血的关系	姚菊芳　林红芳　赵晓燕	靖江市第二人民医院	三等奖

（王跃军　卢晓波）

【防震减灾】 2016年,市地震局推进监测预报、灾害预防和应急救援三大防震减灾体系建设,明确江苏新时代造船有限公司等20家重点骨干企业开展地震应急预案修编工作,提高企业科学防范和应对突发地震灾害事件的能力,以期最大限度减少地震造成的人员伤亡和财产损失。完善"三网一员"(地震宏观测报网、地震灾情速报网、地震知识宣传网,防震减灾助理员)体系建设,及时更新"三网一员"基本情况,定期举办防震减灾助理员培训班,重点学习地震应急预案、防震减灾科普知识、宏观异常测报、地震灾情速报和农村民居抗震设防等内容。加强台站安全运行建设,维护安全监控系统运行,更新地震台地震监测设施与观测环境保护牌,明确地震台观测保护界址并完善保护措施。加强地震监测设备运行与维护,及时处理上报测项数据,实时统计显示省地震局监测中心测震运行情况。市地震台实时运行状况良好、数据质量稳定。年内,市地震台记录可分析的近、远震136个,其中近震44个、远震92个,地震速报21次;核实宏观异常情况1次。深入各镇开展宏观测报点选址调研工作,新增4处,淘汰2处,全市年末有测报点12处,覆盖所有建制镇。健全防震减灾执法队伍,严格防震减灾安全行政执法,监督地震群测群防工作,指导和督促地震应急救援工作。开展省级地震安全示范社区和防震减灾科普示范学校创建工作。联合滨江新区办事处指导晨阳、康阳、兴阳社区开展地震应急疏散演练,联合市教育局指导市一中、实验学校开展防震减灾科普系列活动。通过"靖江市科普宣传周""送文化、送科技、送卫生下乡""5·12防灾减灾日"等活动,以现场咨询、发放宣传册、播放专题片等形式,提高城乡居民防震减灾意识和防震抗震基本技能,联合市教育局、靖城街道办等部门开展防震减灾知识"进校园、进社区、进机关"活动,分发宣传手册并讲解相关知识,提高市民抗震自救、互救能力。年内,市地震局获江苏省防震减灾工作考核优秀奖、泰州市防震减灾工作优秀单位称号,市地震台获全省地震观测资料质量评比市属地震台第二名、全省形变(地倾斜)观测资料质量评比优秀奖、全省强震动观测资料评比优秀奖。

【震情测报】 年内,市地震台平均实时运行率98.87%,数据完整率99.99%。根据江苏省地震局对省内及邻区地震事件的速报要求,市地震台全年向江苏省测震台网中心速报地震21次。2016年度(2016年1月1日— 11月23日),全国发生5.0级以上地震24次;江苏及其邻近地区(北纬30°~36.5°,东经116°~125°)发生2.0级以上地震169次,其中3.0级以上35次、4.0级以上8次、5.0级以上2次;泰州市范围内发生地震4次,分别为2月17日泰兴1.1级和1.2级地震、5月2日姜堰2.1级地震、9月9日泰兴0.7级地震。

2016年靖江市地震台记录地震统计一览表

表32

统计月份	地震数量(次)	最大地震(ML)	最小地震(ML)	备注	统计月份	地震数量(次)	最大地震(ML)	最小地震(ML)	备注
01	11	3.7	2.2	含远震8个	07	5	2.6	—	含远震4个
02	9	3.3	1.9	含远震5个	08	15	3.5	2.3	含远震10个
03	6	3.8	2.8	含远震3个	09	9	4.0	2.8	含远震3个
04	18	3.8	2.5	含远震14个	10	12	4.8	2.5	含远震6个
05	12	3.6	1.9	含远震8个	11	9	3.4	2.6	含远震6个
06	11	2.6	2.3	含远震9个	12	19	2.5	2.2	含远震16个

2016 年靖江市地震台速报地震一览表

表 33

日期	发震时刻			纬度(N)	经度(E)	深度	震级
	时	分	秒	(°)	(°)	(千米)	(ML)
1 月 8 日	00	38	18.1	34.56	118.34	10	3.1
1 月 28 日	12	39	17.8	32.46	119.40	10	2.1
3 月 16 日	19	21	31.1	33.30	120.14	10	2.1
3 月 26 日	14	27	23.3	32.49	120.36	10	3.0
3 月 27 日	12	12	57.2	35.35	117.39	10	3.2
4 月 2 日	23	35	40.4	34.24	122.30	10	3.2
4 月 10 日	21	42	21.0	32.43	119.38	10	2.5
5 月 9 日	18	54	16.8	31.21	123.17	10	3.0
5 月 21 日	22	47	23.5	32.27	121.37	10	2.5
8 月 2 日	21	00	22.5	34.49	120.04	10	2.9
8 月 17 日	21	41	13.7	33.08	120.49	10	2.2
8 月 18 日	00	21	51.6	33.09	120.47	10	2.3
8 月 20 日	02	20	52.3	33.06	120.45	10	2.0
9 月 1 日	09	04	15.7	33.08	120.47	8	2.1
9 月 1 日	10	58	06.7	33.08	120.47	10	2.1
10 月 13 日	22	32	19.6	33.39	120.20	10	2.5
10 月 15 日	17	02	14.2	33.42	120.16	10	2.4
10 月 15 日	16	41	38.1	33.38	120.19	10	3.0
10 月 15 日	19	14	53.4	33.42	120.17	10	2.1
10 月 20 日	04	51	10.3	33.42	120.17	10	4.4
11 月 12 日	21	30	22.2	33.10	120.49	10	2.8

（沈满松　毛宇晶）

教　育

【概况】 2016年，全市有中小学及各类学校 93 所，在籍学生 70838 人，专任教师 5690 人。年内，市教育系统深化管理创新和教学改革，激发教育活力。开展常规管理提升年行动，聘请 155 名家长督学；出台集团化办学实施意见和考核细则，完善集团内部管理；出台职教招生政府奖励制度，促进“扩容”“扩量”和规范招生；试点推进“行政班 + 走班”制和分层教学，承办泰州市“行政班 + 走班”观摩推进会；构建“互联网 + 教育”模式，建成校园云图书馆和“心理云”平台，开展“智慧教室”和“靖江极课”研讨推广活动；新增 3 所国际交流合作学校，与江苏省教育国际交流服务中心签订提升教育开放度三年行动计划。深入实施素质教育。举办“春之声”艺术节和学生个人艺术单项比赛，获评“全国中小学生艺术展演优秀组织奖”；开展“花开千朵”学生社团、校园足球推广活动和啦啦操进校园活动；挂牌成立 30 个素质教育实践基地，外国语学校的《攀比》获省校园心理剧评比特等奖第一名，在泰州市素质教育“5+2”工程（实施主题德育、自主学习、青春活力、实践体验、未来素养五大行动，构建区域推进展示和学校微创新激励两大机制）专项考核中获一等奖。加强特色文化建设。举行“美丽学校”和“文化示范校”建设评比，承办“泰州市书法教育现场会”和中韩文化交流活动，“靖江书法教育”获评泰州教育 20 年十大教育品牌。城中小学、实验学校、滨江学校、孤山中心小学、东兴镇中心学校、城北小学、季市中心小学、生祠中心小学、新港城初中、省靖中 10 所学校获评泰州市首批“一校一品一特色”学校，城中小学被列入省中小学特色文化建设项目，滨江学校创成省心理健康教育特色学校。强基固本，保障民生。开展教育收费和有偿家教治理专项行动。组织百场家教公益报告会，开辟形式多样的家长课堂，实现校园微信全覆盖。发放各类助学金 1340.72 万元，资助学生 17823 人次，与有关部门联合开展“桃杏春风”“心桥公益”“阳光助学”活动。是年，靖江获评省促进义务教育均衡发展先进市、省社区教育示范区、省责任督学挂牌督导创新市、泰州市安全教育先进市，市委教育工委获评全省先进基层党组织，市教育局获评全国安全教育示范单位、省“新媒体建设综合竞争力十强”、省学生资助工作优秀单位、省关心下一代工作先进集体，高中教育获泰州市专项考核第一名。

2016年靖江市考生录取高校情况一览表

表34 单位:人

提前录取本科	提前录取专科	第一批本科	第二批本科	民办本科	体艺本科	体艺民办本科	普通专科	体艺专科
69	0	581	978	737	59	49	472	23

说明:高职单招提前录取359人(专科)

【基础教育】 全市有幼儿园、小学、初中、高中91所,在校学生67706人,中小学新招12916人。其中,幼儿园43所,在园幼儿15564人,适龄幼儿学前三年入园率109.96%;小学24所,在校学生28325人,年内新招学生4665人,小学适龄儿童入学率100.92%,在校生巩固率、升学率100%;初级中学(含九年一贯制学校)20所,在校学生15568人,年内新招学生5439人,入学率113.62%,在校生巩固率100%,毕业生升学率98.6%;普通高中4所,在校学生8249人,年内新招学生2812人,毕业生升学率96.7%。调研制订新一轮中小学幼儿园布局规划和第二轮学前教育五年行动计划。全年推进11所学校建设,其中实验学校天水分校、港口小学、骥江幼儿园、敦义幼儿园、越江幼儿园、新世纪壹号幼儿园6所学校建成投用,改善团结初中、西来中心小学等9所义务教育薄弱学校基本办学条件,加固改造长安学校、孤山中心小学教学楼。新创成省优质幼儿园5所(阳光幼儿园虹桥分园、格林贝贝幼儿园、团结幼儿园、地中海幼儿园、城南幼儿园)和义务教育现代化学校2所(越江小学、外国语学校城南分校),全市省优园比例超80%,义务教育现代化学校比例超90%。年内,全市学校在各学科奥林匹克竞赛中获全国一等奖8个、省一等奖77个;高考本一、本二上线率两项指标均在泰州领先,高中教育获泰州市专项考核第一名;中考普通高中最低控制线继续保持泰州最高。

【特殊教育】 全市有特殊教育学校(靖江市聋哑学校)1所,在校学生104人,其中学前班6人、小学50人、初中48人。

【职业教育】 全市有职业学校(省靖江中专校)1所,在校学生3028人。年内,招收应届初中毕业生1012人(其中五年制高职244人),新增省特级教师1名、省特级教师培养对象1名、省级名师工作室1个、市名师工作室1个、市技能大师工作室1个。与斜桥中学开展普职融通试点,通过普通高中和职业高中双方合作,培养创新型、实用型、复合型人才。被录取到"普职融通"试点班的学生,经过高一第一学期的普通高中知识的学习,能够适应普通高中教学要求、学习成绩达到一定标准的,可申请继续普通高中的学习,享受普高学生待遇,年内招收283人。组织开展创业培训、技能培训、退役士兵培训,合计培训近3000人次。继续举办靖江市职业教育活动周。省靖江中专校被省教育厅、财政厅联合发文认定为江苏省高水平现代化职业学校,获评泰州市依法治校示范校、泰州市禁毒教育示范校,电工电子实训基地获评省优秀实训基地。

【社区教育和民办教育】 全市有省社区培训学院1所、全国社区教育示范乡镇2个、江苏省社区教育示范乡镇1个、省标准化社区教育中心9个、省高水平农科教结合富民示范基地1个、省农科教结合示范基地3个、省标准化居民学校91所。市行政服务中心、民政局联合年检民办教育机构,要求整改5个、取消办学资格2个。与公安等部门联合整治非法办学机构,取缔非法办学机构1个。年末,全市有办学许可证的非学历民办教育机构50个。年内,靖江加强市镇村三级社区教育组织网络和基础能力建设,各镇(街道、办事处)通过新建、调整、撤并等形式,学校建筑面积、师资队伍、教育教学设施基本满足社区教育培训需要。社区培训学院和各镇(街道、办事处)社区教育中心开展实用技术培训、致富骨干培训、职业技能培训、创业培训、农村劳动力转移培训、失业人员再就业培训等教育培训活动,开展老年人文化娱乐卫生保健教育活动,引导企业开展职工岗前培训、岗位培训和继续教育,尝试开展婴幼儿早期教育和青少年校外教育。全年从业人员参加各级各类教育培训24万人次,从业人员培训率61.35%。

【师资建设】 2016年,全市各级各类学校有公办教职工6003人,其中具有高级职称的1207人、中级职称2553人、初级职称1955人。专任教师有5690人,其中幼儿园270人、小学2012人、初级中学1887人、普通高中1047人、特殊教育学校29人、职业学校

445人。新增靖江市三级骨干教师122人,全市专任教师中市级以上骨干教师比例达28%。全年组织“送培训到学校”105次、“送示范课到学校”80节,举行校(园)长“春训、夏研、秋督、冬述、年评”系列活动,完成骨干教师培训、信息技术网络培训、心理健康远程培训,“送培到校”累计培训1.3万人次,培训合格率98%以上。推进“一校一特”培养计划,省靖江中专校徐刚、斜桥中学夏桂钱、阳光幼儿园张斌3人获评省特级教师,新增泰州市卓越教师培养对象6人,46人在国家、省、泰州市教学技能大赛中获特等奖或一等奖。落实教师交流制度,专任教师、骨干教师交流比例分别为19%和27%。成立乡村小学语文骨干教师培育站,定向委培乡村教师25人。组织开展“做精神灿烂的教师”大讨论,评选靖江“人民满意好教师”“扎根农村·奉献教育”年度优秀人物和师德标兵各10人。市一中鞠鑫当选“江苏好人”,省靖中严侠华获评泰州市“最美教师”,周玉明、缪文初、唐翠萍、羊鉴云获评“泰州市师德模范”。

【音乐、美术纳入中考】 2月,根据泰州市出台的音乐、美术中考试行方案,靖江确定将音乐、美术学科考试纳入中考,采取艺术素质过程评价和学科素养考试相结合的办法实施。艺术素质过程评价从2016年秋学期新入学的七年级学生开始,由各校按照《泰州市中小学学生艺术素质测评工作实施方案》中的“中小学生艺术素质测评”指标体系,以学年为时间段对学生按A、B、C、D四个等级实施考核(总分110分,含加分),初中3年平均成绩在90分以上为A等级,75～89分为B等级,60～74分为C等级,59分以下为D等级;内容包括学生艺术课程的出勤率、参与度,对艺术基础知识、基本技能的理解、掌握、运用,参加艺术兴趣小组、艺术社团、艺术活动的表现等方面情况。学科素养考试则在学生中考时实施,考试时间在九年级上学期,由泰州市教育局组织命题、各市(区)教育局组织实施;音乐、美术素养考试成绩各5分、共10分计入中考总分,考试内容为初中阶段教材的教学内容。

【教育开放度提升】 12月,江苏省教育国际交流服务中心与市教育局签署《靖江提升教育开放度三年行动计划备忘录》,明确双方在校际结对交流、教师境外培训、外籍教师引入、汉语国际推广、职教通用证书课程衔接等方面的合作事宜;明确至2019年,全市中小学与海外学校结对数增至17对、创建项目示范校3所、引进国际职业教育通用证书课程3个具体目标。

【“乡村教师”定向培养】 年内,江苏省首次启动实施乡村教师定向培养计划,委托南京晓庄学院、江苏第二师范学院、扬州大学等7所院校培养乡村教师2076人。全市25人入选该计划,其中南京晓庄学院小学教育(师范)15人、学前教育(师范)3人,江苏第二师范学院美术学3人,扬州大学体育教育4人。7月,计划入选者与市教育局签订定向就业协议。乡村定向师范生毕业上岗后,须在乡村学校任教并连续服务满5年以上。

【30家青少年素质教育基地挂牌】 4月29日,市教育局举行全市中小学生素质教育基地授牌仪式。中国人民解放军63707部队基地、常州大学怀德学院、江苏新时代造船有限公司等30家单位成为全市首批青少年素质教育基地,为青少年成长成才提供良好的环境和活动场所。2015年底,市教育局面向全市机关、企事业单位、驻靖部队、社会团体、社会教育机构、高等院校,开展素质教育基地遴选工作,经过研讨论证,确定30家单位为全市第一批中小学生校外素质教育基地。

【获评省促进义务教育均衡发展先进市】 3月,靖江市被省教育厅评为促进义务教育均衡发展先进市。“十二五”期间,全市投入20余亿元,实施教育布局调整和义务教育薄弱学校改扩建工程,新建校舍37万平方米,新建、改造义务教育阶段学校15所;通过机制创新和资源融合,均衡师资队伍,促进城乡教育质量共同提高;推进“一校一特”“一校一品”建设,以质量和内涵促均衡,实现全市中小学校特色创建全覆盖。 (黄继鑫 朱焜成)

【全市教育现代化建设泰州领先】 9月,江苏省年度教育现代化建设监测结果发布,靖江总得分90.98分,位列泰州地区第一,在全省106个县(市、区,含经济开发区等)中列第12位,超苏南平均水平,达省教育现代化示范区标准。根据省教育厅、省统计局在全省范围内联合开展的教育现代化建设监测评估,靖江学前三年教育毛入园率、义务教育巩固率、终身学习网络覆盖率等指标均达100%,学生、社会对学校的满意度超出省平均水平7个百分点。

【市一中建校90周年】 10月16

日，市一中举行建校90周年庆祝大会暨校史陈列馆开馆仪式，近千名各界嘉宾、历届校友和一中师生参加。1926年，靖江第一所现代中学县立初级中学成立，后经历西城学塾、靖江县第二中学、苏北靖江联合中学、苏北靖江初级中学、靖江县初级中学、靖江县中学、靖江县(市)靖城中学、靖江市第一中学等校名更替。2010年8月，学校初、高中分离，高中部整体迁至城北园区，定名为靖江市第一高级中学。2011年，市第二中学高中部、季市中学相继并入。2013年，学校晋升为江苏省四星级普通高中。庆祝大会上，学校50届校友、南京军区原政委方祖岐上将委托工作人员为市一中部分优秀学子颁发助学金，并向学校赠送新出版的散文集《一个老兵的乡愁》；学校57届校友、中国工程院院士刘秀梵通过视频表达祝福；华东城市建设有限公司、江苏大中电机股份有限公司等单位和个人共同出资50万元设立“蕴秀奖教金”。

【赵红钦获“中国好校长”优秀奖】 10月29日，由光明日报《教育家》杂志社、重庆市教育学会主办的教育家成长大讲堂暨“2016中国好校长”颁奖典礼在重庆巴蜀中学举行。市特殊教育学校校长赵红钦获评“中国好校长”优秀奖。“寻找中国好校长”是《光明日报》于2014年发起的一项大型公益活动。2016年3月，该活动通过申报海选、教育部门推荐、专家初评、大众网投等形式，评选出“中国好校长”10人以及提名奖50人、优秀奖79人。2007年，赵红钦受命至濒临倒闭的市特殊教育学校主持工作。近10年时间里，他在全省首创培智学校学前融合教育，先后获全国优秀特教园丁奖、全国优秀校长、省基础教育先进个人、靖江市十大杰出青年、靖江市名校长等多项荣誉。

【市一中实行“行政班＋走班”改革】 12月，泰州市普通高中“行政班＋走班”教学管理改革现场推进会在市一中举行，泰州各市区的160余名教师听取经验介绍并观摩课堂教学。市一中在进行走班教学的同时保留行政班的管理模式：对语文、数学、英语、技术等学科实行行政班教学；对物理、化学、生物、政治、历史、地理、体育、艺术及社团、校本课程等实施分类、分段、分层、选师、走班教学。学生根据教师教学特色，选择适合自己的老师听课学习。

【全市校歌评选活动】 7月，市音乐家协会、教育系统文艺协会联合举办“靖江市校(园)歌展评”活动，彰显“一校一品一特色”，丰富校园文化生活，让学生接受艺术熏陶。省靖中、滨江学校、第一实验幼儿园等13所学校(幼儿园)选送校(园)歌参加展评，第一

市城南新区中学校歌　　(市教育局提供)

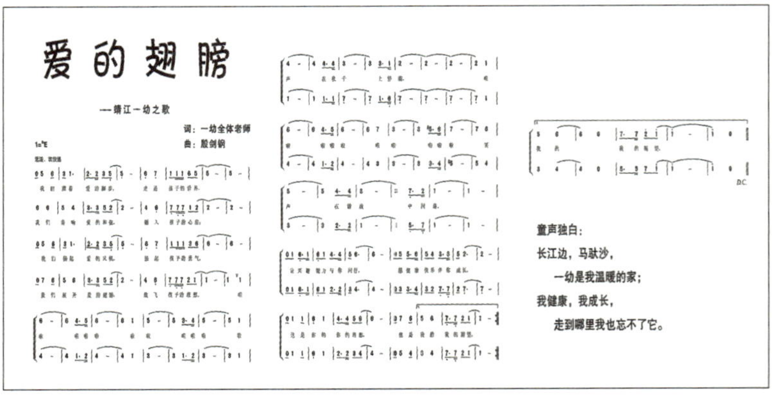

第一实验幼儿园校歌　　(市教育局提供)

实验幼儿园校歌《爱的翅膀》、虹桥双语吉的堡幼儿园校歌《吉的堡堡歌》、城南新区中学校歌《放飞梦想》获"靖江市校(园)歌展评最佳人气奖"。（范茉含）

【省靖江中专校学生获宋庆龄发明奖】 8月，由中国宋庆龄基金会、中国发明协会共同主办的第12届宋庆龄少年儿童发明奖评选活动揭晓，省靖江中专校学生史安其的"顶板省力钻孔机"获银奖。顶板省力钻孔机是能在地面直接操作的钻孔机械，由顶钻、钻杆、底座、操作杆、定位装置、集尘装置组成，操作时将底座移至指定位置，通过放射镜观察钻头在顶板的位置定位钻头，开启灰尘收集装置，接通电源即可操作手柄钻至设计深度。

常州大学怀德学院

【概况】 常州大学怀德学院(下称"学院")设有机械与化学工程系、建筑与环境工程系、信息工程系、经济管理系、外语系、艺术系6个系及基础课部、体育部2个部。年内，学院二期建设工程图书馆、阶梯教室、实训楼、大学生活动中心等建筑封顶，新建工程力学、公差配合、水分析与环境监测等18个实验室。结合区域产业结构情况，新设焊接技术与工艺、电子商务等2个专业并开始招生。2016年，学院普通本科招生计划从2015年的2100人增至2300人，专转本招生人数200人。根据学生报到情况，是年总招生数2341人，有全日制在校生7489人。2016届学生毕业率93%，学士学位授予率91%，就业率92%，考研录取率4%。

【师资队伍】 2016年，学院有专任教师334人，其中具有正高级职称者28人、副高级职称者103人；研究生学历者占专任教师总数的81.13%。注重培养青年教师。实施岗前培训、师徒结对，提升教学技能；开展系列培训、业务竞赛、技能创新等活动，加强辅导员能力建设。年内，2人获2016年泰州市高校青年教师教学技艺比赛二等奖，2人在常州大学青年教师技艺大赛中获奖。

常州大学怀德学院全貌　　（常州大学怀德学院提供）

【学生培养】 学院重视学生科技创新、创业及实践应用能力的培养，组织学生参加各类竞赛和社会实践。启动骥江创客街区建设，组织学生申报创业项目；与靖江互感器厂有限公司等16家企业建立产学研基地；与江苏华穗粮食集团合办"华穗班"，订单式培养人才。年内，学院获市科技创新券150万元；申报江苏省高等学校自然科学研究重大项目、产学研合作等纵横向科研项目8个，获得经费58万元；与合作企业联合开展技术攻关研究5项。年内，学院获得实用新型专利授权16项(其中学生获得4项)，24项发明专利进入实审阶段；先后获江苏省大学生创业大赛金奖，全国大学生演讲大赛团体和个人一等奖，第一届全国人力资源管理知识技能竞赛三等奖，全国大学生英语竞赛C类二等奖，全国大学生计算机设计比赛二等奖，江苏省力学创新创意竞赛特等奖和一等奖等。（解　凌）

【华穗公司开设怀德学院首个冠名班】 10月17日，江苏华穗粮食有限公司与常州大学怀德学院签约校企合作项目，从机械、财会2个专业遴选19名大学生组成"华穗班"首批学员，进行订单式人才培养。根据合作协议，"华穗班"增加大学化学、粮油分析(粮油及其制品检验)、物流学基础、粮食储藏学、粮食干燥与通风等课程。怀德学院负责组建师资团队，按课程要求实施教学；华穗公司每学年为冠名班学生提供5000元/人助学金，并为其提供就业实习基地。学生通过学院和公司的共同考核并正常毕业后，由华穗公司提供相应岗位。（范茉含）

文学艺术

【文学】 2016年,在“与梦想同行”庆祝地级泰州市建立20周年诗歌、散文征文大赛中,吴卓明的诗歌《聆听家乡的心跳》获三等奖,田福民的散文《一座城的庄严》获优秀奖;泰州市庆祝建市20周年系列活动之“我最喜欢的20本泰州文学图书”评选揭晓,靖江7本图书入选,分别是范锡林的《河豚宴》、庞余亮的《薄荷》、潘浩泉的《幸福花决心要在尘土里开》、高峰的《风过骥沙》、黄靖的《宝卷笔记》、陈永光的《字里的马 行间的风》、刘华君的《君临天下》;陈震在《腾讯·大家》发表《Leonard Cohen:抑郁的情圣,痛苦之王》,在《南方都市报》发表《别多想,没事的》,在新浪网、搜狐网发表《无花果,这次不要错过》等乐评文章,其译著《摇滚狂人:奥兹·奥斯本自传》由中国人民大学出版社出版;李筱纲的传记文学《织梦江南·刘国钧传》由江苏凤凰文艺出版社出版;范锡林的中篇小说集《鉴剑大师》由台湾龙图腾文化有限公司出版,长篇童话《雨林迷局》由浙江少年儿童出版社出版,中篇小说《江湖第一店》《神功小双侠》由中国少年儿童出版社出版,短篇小说《百子图》入选安徽少年儿童出版社出版的初中语文课外阅读教材,另有数篇短篇小说、童话发表于《儿童文学》《东方少年》《课堂内外》《快乐阅读》;刘华君与上影寰亚文化发展(上海)有限公司签下作品《莲上仙》的影视版权,其长篇小说《酌风流》《情醉千年》由中国华侨出版社出版;潘存根的散文集《吹梦柳枝头》由团结出版社出版;陈永光等人撰文的《薛先洛纪念集》由江苏古吴轩出版社出版,陈永光的文学评论《时刻觉醒着——从〈理想生活〉到〈半墙记〉》发表于《扬子江诗刊》第5期;庞余亮的组诗《走廊》发表于《诗刊》第1期,组诗《吞针记》发表于《诗歌月刊》第8期,组诗《半墙记》发表于《扬子江诗刊》第5期;庞羽的散文《别人的后脑勺》发表于《天津文学》第11期,小说《送哈雷兄弟跑路》发表于《广州文艺》第12期,《一念》《操场》《橘的粉》《福禄寿》《我是梦露》《亲爱的雪塔》分别发表于《小说林》《西部》《青年作家》《小说选刊》《山花》《鹿鸣》等刊物,《树洞》《喜相逢》发表于《芙蓉》,《佛罗伦萨的狗》《我们驰骋的悲伤》获第4届“紫金·人民文学之星”短篇小说奖;江晓东的报告文学《借我的肩给你》获全省公安征文二等奖。

【音乐舞蹈】 2016年,毛娟、吴玲、吴洁加入省音乐家协会;乔霞创意、李松编舞的舞蹈《东线第一帆》参加泰州建市20周年群众文化艺术节汇演并获泰州优秀创作奖,选送参加第12届江苏省五星工程奖决赛,获金奖第一名;展勤美演唱、陈蕾艺术指导的歌伴舞《幸福不用彩排》,陈蕾编创、朱锡桐作曲的男声小合唱《碰碰船》,陈蕾、乔霞、展勤美、王彩萍、刘燕云、顾娟演唱的女声小合唱《心与梦想一起飞》参加泰州建市20周年群众文化艺术节汇演并获泰州优秀创作奖；丁吴洪受邀指挥吉他乐团参加2016中原(国际)吉他艺术节暨第2届中原吉他大赛；音乐说唱《梦娃娃》获省第6届少儿曲艺大赛作品奖，并代表江苏参加全国第7届少儿曲艺大赛；秦逸创作的《采采茉莉》歌词获江苏省文化厅"精彩江苏"歌词征集大赛优秀奖。

舞蹈《东线第一帆》 (市文广新局提供)

【美术】 2016年，曹滨加入省美术家协会；在第3届"祥泰之州"美术书法展、摄影展中，王金甫的油画《太行人家》、李斌的油画《素颜》、熊晶的油画《静物》获美术类作品奖，黄剑林的国画《山高路远情更深》、朱娟娟的国画《春色满园》、袁爱民的油画《南瓜》、高琴的油画《暖阳》、孙雪原的油画《万福港闸》入展；袁爱民的油画《小镇老鞋匠》入展由中国美术家协会、宜兴市人民政府联合主办的"2016吴冠中艺术馆全国油画作品展"，此为市美术作品首次入选全国性展览。

【书法】 2016年，在第3届"祥泰之州"美术书法展、摄影展中，张立的行书作品获书法类作品奖，王元庆的草书作品获书法类提名奖，江晓东和夏丽花的行书作品、顾如平和朱锦凌的草书作品入展；刘家骏的篆刻印屏作品《两岸一家亲，共圆中国梦》在福建省文联、福州市委统战部联袂主办的"首届两岸青年篆刻大赛"中获铜奖。

【摄影】 2016年，缪自永、王伟加入省摄影家协会；在第3届"祥泰之州"美术书法展、摄影展中，凌震环的《万林之舟》获摄影类作品奖，凌震环的《我的船厂我的家》、徐宏的《城市蜘蛛侠》、戴红章的《关爱》获摄影类提名奖，凌震环的《走向世界的超级巨轮》、叶江的《粮仓》入展；在"项目大突破、城建新提升"主题摄影大赛中，叶江的《钢铁礼花》、盛义的《现代工艺》、缪自永的《天使之眼》获提名奖，徐宏的《同画家乡美》、缪自永的《铁臂巨人》入展；祁骥程获得"2016北斗之星第4届中华艺术金马奖"，其拍摄的《筑梦人》获第22届江苏省摄影艺术展艺术类银奖、第1届全国工业摄影展工业艺术类优秀奖，《线韵》入选中国·杨柳青第2届国际民俗摄影大展并入选2016第16届中国平遥国际摄影大展，《烈火忠魂》入选上海第13届国际摄影艺术展；王伟的《工友》获第22届江苏省摄影艺术展艺术类优秀奖；缪自永在《中国摄影报》发表摄影文章《感受具象与抽象之美》，其摄影作品《海之恋》入选第5届中国证券界优秀摄影作品大展，《蟛蜞上树》入选"共建生态文明，共享绿色发展"2016年度江苏省生态文明建设摄影大赛，《荷韵》入围2016玄武湖荷花摄影节，《靖江市体育中心》《龙的传人》《追风者》入选泰州市第5届运动会书画摄影展，《跨跃》入选泰州市建市20周年《泰州市优秀摄影作品集》，《桃园风光》获"万人看泰州·随手拍"一等奖。

【戏剧】 2016年，须泉琴、黄铭、张恒毅加入省戏剧家协会；黄铭创作表演的小品《较劲》参加"中华颂"第7届全国小戏小品曲艺大展并获优秀剧目银奖，黄铭获评优秀编剧、优秀演员；张恒毅、杨波、卢静、肖江涛、钱勇等表演的小品《午间小憩》《马路天使》在泰州市首届群众文化艺术节中获优秀作品奖。

【民间文艺】 2016年，徐汝明、熊桂芳、高峰加入省民间文艺家协会；黄靖的散文集《解读靖江宝卷》由江苏人民出版社出版。

(童冬梅)

【祁骥程获中华艺术金马奖】 2016年8月，祁骥程获得"2016北斗之星第4届中华艺术金马奖"。祁骥程是省内知名摄影家、中国摄影家协会会员，作品屡获国内外大奖，多幅作品被《视觉》《中国国家地理》等杂志选用。此次获金马奖的申报作品为《线韵》。该作品曾在2015年的国际大赛中获得3枚金牌，从而获得申报金马奖的资格。此次颁奖典礼在台湾举行，有来自世界各地33个国家和地区的500余名华人摄影家参加，中央电视台国际频道《海峡两岸》栏目系列报道颁奖盛典。（吴靖华）

【庞余亮出席全国作代会】 11月30日，中国文学艺术界联合会第十次全国代表大会和中国作家协会第九次全国代表大会在北京开幕，靖江作家庞余亮出席作代会。全国文艺工作者代表，香港特别行政区、澳门特别行政区和台湾地区的特邀代表以及海外地区的特邀嘉宾约3300人出席会议。出席此次作代会的江苏代表共33人，中国作家协会会员、泰州市作家协会主席庞余亮是泰州市唯一的作代会代表。

【薛亮主笔画作亮相人民大会堂】 11月，薛亮、杨耀宁主笔，与崔见、张兴来、刘云、包信源、高建胜、余玉奇等人在江苏省书画院共同完成《太湖春晓》。《太湖春晓》与来自全国各地的其他35幅作品组成百米长卷《江山如此多娇》，于12月亮相人民大会堂，献礼第十次全国文代会。《江山如此多娇》由各地最具代表性的自然景观各附500字介绍合装成百米通景山水巨制，展示祖国长城内外、大江南北的风景。薛亮，1956年出生于斜桥镇斜桥村，国家一级美术师，江苏省国画院副院长、傅抱石纪念馆馆长。（范茉舍）

群众文化

【概况】 2016年，举办市第34届文艺节；开展省道德模范与身边好人现场交流活动、“江花红胜火”文艺晚会、靖江春晚、“4·23”世界读书日系列活动和“4·26”世界知识产权保护日宣传活动等专题文化活动；组织参加第12届江苏省“五星工程奖”、第7届“江苏廉政文化周”暨泰州市“颂家风 倡廉洁”廉政专场文艺演出、“中国梦 泰州美”泰州市首届群众文化艺术节优秀节目展演等泰州市级以上文化活动15次。开展文化科技卫生“三下乡”活动，全年送戏下乡700余场、送电影2400场、送书2万册；各镇（街道、园区、办事处）全年平均举办各类文体活动逾10次。

【文化设施建设】 年内，置换搬迁马桥文化站，确定靖城文化站新址，新建城北社区、徐周村百姓大舞台。建成标准化的村（社区）综合性文化服务中心30个。康阳社区建成24小时自助图书馆。市文化馆实行总分馆制，在生祠镇设立全市首个文化馆分馆。至年末，全市镇文化中心活动室数量均超8个，7个文化中心超1000平方米，176个行政村、64个社区建成达标文化室，农家书屋实现全覆盖，基本建成城市“15分钟文化圈”和农村“十里文化圈”，城区居民步行15分钟、农村居民步行十里就能到达各类公益性文化场所，享受公共文化服务。

【群众文艺活动】 举办第5届群文大讲堂，作“小品创作技巧”“舞蹈创作技巧”“音乐创作技巧”系列讲座。小品《较劲》参加“中华颂”第7届全国小戏小品曲艺大展，获优秀剧目银奖，主创人员获评优秀编剧、优秀导演和优秀演员。舞蹈《东线第一帆》、小戏《家风》、小品《较劲》、歌伴舞《幸福不用彩排》、男声小合唱《碰碰船》5个节目参加第12届江苏省“五星工程奖”泰州市选送节目展演，《东线第一帆》作为泰州市唯一入选舞蹈类节目参加第12届江苏省“五星工程奖”决赛，获舞蹈类金奖第一名。大型廉政题材锡剧《呼唤》多次应邀至上海、南京、北京演出，并参加在南京博物院非遗剧场举行的第7届江苏廉洁文化周活动。歌曲《清风莲韵》、小戏《家风》参加第7届“江苏廉洁文化周”暨泰州市“颂家风·倡廉洁”廉政专场文艺演出。男子群舞《东线第一帆》、歌伴舞《幸福不用彩排》、男声小合唱《碰碰船》、女声小合唱《心与梦想一起飞》、小品《午间小憩》《爷爷心中那盏灯》6件作品获泰州市首届群众文化艺术节舞台类作品优秀节目奖，小戏《家风》、琵琶弹唱《医改送来春意浓》、小品《较劲》和《马路天使》4件作品获泰州市首届群众文化艺术节征集类优秀作品奖。市锡剧团被省委宣传部、省文化厅、省新闻出版局表彰为第五届省服务农民服务基层文化建设先进集体，市文化馆艺术团被省委宣传部、省文化厅、省新闻出版局表彰为江苏省首批群众文化“百千万”工程优秀群文团队，须泉琴、陈红燕、刘志良、陈蕾4人被表彰为优秀文艺骨干。

【市第34届文艺节】 该届文艺节从3月持续至12月，以“建设美丽家园、谱写精彩篇章”为主题，开展大型锡剧《召唤》演出、“书香马洲”全民阅读、“乡情乡韵”新创文艺节目调演、“牧城之夏”靖江好声音大赛、“春之声”中小学生校园剧比赛、“靖江大明星”市民才艺展示、“群舞飞扬”群众广场舞大赛、“我欢歌、我快乐”业余团队展演、“群英荟萃”戏曲名家专场演出9项活动。6月29日，市锡剧团创排演出的大型“两学一做”主题大戏《召唤》在省靖中礼堂首演。7月19—20日，“乡情乡韵”新创文艺节目调演在省靖中礼堂上演，全市各镇(街道、园区、办事处)、各系统创排节目33个。10月10—15日，全市60余支业余文艺团队创排的105个节目和大型古装锡剧《寻儿记》，在步行街市民广场展演。（陈红燕　商海霞）

【民间锡剧团首登文艺节】 10月15日，作为市第34届文艺节业余文艺团队展演内容之一，泓扬锡剧艺术团在骥江路步行街市民广场演绎经典锡剧《寻儿记》。此为民间锡剧团首度在市文艺节上成功演出全场戏，历时2个多小时，上千市民观看。泓扬锡剧艺术团于2013年成立，有固定成员35人，大部分是业余锡剧爱好者，少数为科班出身的锡剧演员，平均年龄50岁左右，已先后排演《珍珠塔》《秦香莲》《五女拜寿》等8部大戏，进社区、走乡村义演百余场。

【《东线第一帆》获五星工程奖金奖】 11月，市文广新局与城南办事处联合创排的舞蹈《东线第一帆》获第12届江苏省“五星工程奖”舞蹈类金奖第一名。该舞蹈以参与渡江战役的祖孙三代为中心人物，营造恢弘大气的舞美效果，展示了渡江战役中靖江人民不怕牺牲、勇往直前的精神风貌。

【全市首家文化馆乡镇分馆成立】 10月20日，市文化馆在生祠镇文化站挂牌成立全市首家乡镇文化馆分馆。文化馆实行总分馆制，旨在促进全市文化资源整合和互通。市文化馆在文化设施、专业人员、社会服务、数字平台4个方面与镇文化分馆实现共享，提升其服务效能，增强其活力。年内，市文化馆派专业教师走进生祠镇分馆，设立艺术讲堂，开设音乐、美术、广场舞等科目，培训指导业余团队成员、文艺爱好者，至年末，培训500余人次。

【《较劲》入围全国小戏小品曲艺大展】 11月，由孤山镇和市文化馆联合创作的小品《较劲》，入围“中华颂”第7届全国小戏小品曲艺大展，获优秀剧目银奖。《较劲》由黄铭、常灿松编剧，特邀国家一级导演孔祥瑜指导排演。小品通过一位老人和食客及馄饨摊老板之间的较劲“争执”，引出一段老人省吃俭用资助贫困大学生的感人故事，传递助人为乐、爱心接力的正能量。该节目在市第34届文艺节新创节目调演中首演，后参加第12届江苏省“五星工程奖”泰州市选送节目展演。

【非遗项目保护】 钱伯平、李建平、陈琴华申报成为第4批泰州市级非物质文化遗产项目传承人。刘正坤整理出版的宝卷《玉蝉女十二美》获2016年泰州市第10届哲学社会科学优秀成果奖一等奖。在孤山、生祠、马桥、季市镇文化中心和斜桥镇广福村、东阜社区、黄普村文化中心设立7个宝卷传承基地，组织宝卷传承人赴基地巡回讲唱，观看人数累计5000余人。6月，斜桥镇文化站开展“母语胎衣”宝卷讲唱、“泥狗子”现场展示、“金波酒”现场展示和靖江非遗项目介绍等非物质文化宣传普及活动。9月，市文化馆、靖江电视台进行新一轮宝卷讲唱音像录制，收录《中国

中国宝卷生态化保护与传承交流研讨会　（市文广新局提供）

2016年靖江市泰州市级(含)以上非遗项目及传承人一览表

表35

项目类别	项目名称	入选泰州非遗年份	入选省级非遗年份	入选国家非遗年份	泰州市级传承人及入选年份	江苏省级传承人及入选年份
民间文学	靖江宝卷	—	—	2008年	刘振坤(2014年) 马国林(2014年)	王国良(2008年) 张东海(2014年)
民间文学	生祠堂与白衣堂的传说	2007年	—	—	—	—
传统手工技艺	靖江肉脯制作技艺	—	2009年	—	褚洁明(2009年)	—
传统手工技艺	靖江蟹黄汤包制作技艺	—	2009年	—	叶　健(2009年) 缪祥宏(2014年)	陶晋良(2014年)
传统手工技艺	靖江竹编技艺	2007年	—	—	张建清、张建国(2014年)	—
传统手工技艺	季市老汁鸡制作技艺	2010年	—	—	陈琴华(2016年) 李建平(2016年)	—
传统手工技艺	靖江金波酒酿造技艺	2012年	—	—	贾　彤(2014年)	—
传统美术	孤山泥狗子	—	2016年	—	钱伯平(2016年)	—
传统音乐	靖江民歌	2014年	—	—	—	—

靖江宝卷》新卷24种160余万字,录制周期56天,录制时间200余小时,其间复旦大学文史研究院的俄罗斯汉学家白若思专程至靖江考察讲经录制过程。10月,2支宝卷讲唱代表队参加第4届江浙沪宣(宝)卷交流邀请赛,《大圣宝卷》《土地宝卷》分别获得传统宝卷金奖、银奖。

【泥狗子入选省非遗扩展名录】 2月,江苏省第4批省级非物质文化遗产代表性项目名录和省级非物质文化遗产代表性项目名录扩展项目名录经省政府批准正式公布,泥塑(孤山泥狗子)项目入选非遗扩展名录传统美术类。孤山泥狗子制作始于清代,中空,头部、腹部有孔,可吹出清亮悠扬的瞿瞿之声。随着制作者不断推陈出新,孤山泥狗子造型日渐丰富,叫声由单音变成双音、三音等多种。2013年,“靖江泥哨”入选泰州市非遗项目。

【《解读靖江宝卷》出版】 1月,黄靖编著的《解读靖江宝卷》出版发行。黄靖为市民间文艺家协会主席,此前著有《宝卷笔记》《宝卷民俗》《善化人生》,《解读靖江宝卷》是其出版的第4本研究靖江讲经和宝卷的专著。该书阐释宝卷的历史源流、活态要素、草根品质、艺术特征、社会功能、人文价值、流转变异等,旨在向广大读者,尤其是青少年推广、普及宝卷文化。（范茉含）

电 影·戏 剧

【概况】 2016年,全市有数字影院8家、银幕35块,放映电影6.4万场,观众98.8万人次,票房收入3406.7万元。开展“戏舞乡村”“影动靖江”等文化下乡活动,送戏下乡演出400场;建成“影动靖江”固定放映点12个,全年组织送电影下乡2400场,观众14.1万人次。（李　丹　陈红燕）

【廉政锡剧《呼唤》进京演出】 （见42页同名条目）

【锡剧《召唤》上演】 6月29日，市锡剧团创排的先进人物事迹剧目《召唤》在省靖中礼堂首演。该剧以新桥镇德胜村杨恒俊书记为原型，讲述一位新型模范干部，在积累2千余万元个人资产后，毅然听从镇党委和老支书的召唤，回到村里担任支部书记，用7年时间将一个落后的村建设成家家住小楼、处处闻花香的先进模范村的故事。

锡剧《召唤》首演现场　　（市文广新局提供）

【《香橼》获评“十佳”优秀微电影】 11月10日，首届中国报业短视频微电影大赛在苏州吴江颁奖，靖江首部城市形象微电影《香橼》获大赛最高奖——“十佳”优秀微电影奖。《香橼》由市委宣传部、靖江日报社于2014年联合出品。影片在19分钟内，聚焦美丽时尚的靖江，以市树香橼串线，讲述女主人公李橼与靖江的亲情故事，揭开一段感人肺腑、耐人寻味的小城大爱。此次大赛共有全国近百家报社、报业集团、互联网传媒机构报送的微电影、短视频作品111件参赛，中国报协组织专家初评、复评、终评，并经中国报协秘书长办公会讨论决定，最终评选出“十佳”作品。　（范茉含）

图书·文博

【概况】 2016年，全市有博物馆2个（市博物馆、西来文博馆），图书馆总馆1个、分馆84个。市图书馆有藏书60万余册，服务器8台、工作用机22台、电子阅览室用机40台、供读者检索触摸屏2台，采编图书7万余册，征订报刊697种；年内征集有较高收藏价值的地方文献358种587册、家谱29部、内刊6种、古籍4部6册、民国文献5部7册；全年接待读者60万人次，借阅图书56万册次，累计发放有效图书证件4万余个；年内完成安全过渡改造、借阅系统RFID自助化升级工程，实现自助借还；建成并开放刘国钧古籍中心、经典阅览室、新书速递吧。推进图书馆总分馆建设，新增环保局、城中派出所、岳文化主题图书馆3家分馆；开展第3轮农家书屋转型升级工程，结合村（社区）综合文化服务中心建设，转型升级农家书屋（社区）30家。推进“马洲书房”建设，建成康阳社区24小时自助图书馆，并在康阳社区首推“8小时贴心服务”（拨打服务热线，书房没有的馆藏书籍8小时内会送至读者手中）。开通泰州首个电视图书馆，打造7×24小时全天候宣传平台。与新华书店共建“易通”平台，有借书证的读者可在指定书店通过平台自助借书，实现“你选书、我买单”服务模式。定期开展绘本讲读系列活动，形成“绘本老师”“绘本宝宝”“绘本妈妈”“绘本外教”四大主题品牌。组织全市学生参加江苏省文化厅举办的“红领巾读书”征文活动，获江苏省征文二等奖5篇、三等奖5篇，获泰州市“红领巾读书”征文一等奖4篇、二等奖6篇、三等奖5篇。是年，市图书馆被评为2016—2020年度江苏省科普教育基地和靖江市爱国主义教育示范基地。市博物馆有馆藏文物264件（套），其中三级文物28件（套）。年内，完成全市第一次全国可移动文物普查工作，12月底，启动印庄巡检司衙门旧址维修现场施工，申请获得省级文保单位钟楼维修补助经费30万元，协调开展刘国钧故居陈列提升工程及岳庙大殿维修工作，上报市级文保单位关圣寺、西来寺扩建方案。以“5·18”国际博物馆日为契机，开展全市文博相关人员文物保护业务知识与文物消防安全知识培训。组织4篇论文参加省文物局文化遗产日征文、文博优秀论文征文活动，其中《历史建筑保护管理刍议》《浅谈历史街区与古村落中的文物保护与利用》被省文物局评为优秀论文。年内，

市普查办获评泰州市普查工作先进集体。(邓东伟　李莜纲)

平方米,配置图书2000余册,以人文、百科和儿童书籍为主。

24小时自动图书馆"马洲书房"

【24小时自助图书馆建成】 4月,泰州地区首家全智能24小时自助图书馆"马洲书房"正式开馆。该马洲书房由市文广新局和住建局共同建设,位于人民公园盆景园内,综合运用射频识别技术,配置自动门禁、自助办证、自助借还书、自动防盗报警系统等,读者可在无人管理的情况下,自助完成图书借阅活动。持有读书证的读者刷卡进入书房后,找到喜欢的书籍,可坐在书房内研读,也可通过自助借还机扫描借书。没有借书证的市民可在书房外的自助办证机上,直接办理借书证件。每本书的借阅时长30天,还书时将图书放置在自助借还机上扫描即可。"马洲书房"内配置有3000余册图书,主要以法制书籍、靖江地方文献以及科学人文类书籍为主,并设置2台可自助上网的电脑以及免费Wi-Fi。6月7日,泰州市首家社区自助图书馆——滨江新区办事处康阳社区24小时自助图书馆正式开放。该馆由市文广新局与滨江新区办事处共同打造,是全市第2家"马洲书房"。书房面积40余

【市电视图书馆开通运行】 12月,市图书馆与江苏有线靖江分公司合作开发的"靖江电视图书馆",在智慧社区电视平台上线运行。电视图书馆设置"靖图动态""数字图书""数字期刊""靖图学堂""讲堂曲艺""靖图影院""马洲文化""网上展览"8个板块,内容覆盖电视图书、杂志1万余册和各类讲座、电影、戏曲等视频节目2000余部。其中,"数字图书""数字期刊"支持电视阅读和手机二维码下载,"靖图学堂"提供贝贝国学启蒙动画视频,"讲堂曲艺"汇集名家讲座、靖江锡剧、靖江讲经,"靖图影院"提供海量经典影片,"马洲文化"通过魅力靖江、诗文靖江、美食靖江与艺文靖江等栏目全方位展示靖江风土人情与文化特色。江苏有线用户通过技术升级,可借助电视智慧社区界面电视图书馆条目选择收看。

【刘国钧古籍中心对外开放】 年内,刘国钧古籍中心建成并开放。中心位于图书馆三楼,藏有古籍4000余册、民国文献2000余册、地方文献8000余册、靖江氏族家谱800余卷,另有大量仿古线装书、国学经典等。

(范茉含)

党史方志档案

【概况】 2016年,市史志档案办以创建江苏省AAAAA级数字档案馆为主要目标,加强档案基础业务建设,推进党史、志鉴编纂工作,全市史志档案事业呈现良好发展态势。

党史宣传　布置《辉煌壮丽的史诗——庆祝中国共产党成立95周年》展览并组织党员、群众参观。联合靖江电台继续推出《靖江红色记忆》专栏,编写稿件5万余字。配合北京卫视《档案》栏目组完成《解放——渡江战役》的资料收集和拍摄工作。出版《薛先洛纪念集》。在《泰州日报》《靖江日报》分别发表《靖江独立团两下江南拔据点》《大安烈士　马洲英魂》《百万雄狮过大江》等文章,为江苏省党史工委微信公众号、市委宣传部提供文章《中国现代印刷业的革命先驱——柳溥庆》《略论中国特色社会主义的道路自信、理论自信、制度自信》。修改完善《影像靖江(1949—1978)》的图文资料。按月编发《靖江大事记》。

方志编纂　落实市志终审意见,联系承编单位审核志稿,征集志书随文图片,编排宣传彩页,送泰州市史志档案办验收、省地方志办公室审核备案和江苏人民出版社审阅,并根据验收、审核和出版社意见,全面提高志书质量后签字付印。编纂出版《靖江年鉴(2016)》。

档案管理　夯实基础业务。

编制印发《2016年度接收档案进馆工作方案》，完善《靖江市档案馆档案收集范围实施细则》。完成7家破产改制企业档案的鉴定及目录登记工作，重新整理鉴定为永久保管的档案974卷、12764件。接收54家单位的到期政府信息公开文件767件。编纂完成馆内外档案利用效益汇编、《靖江市档案馆馆藏渡江支前珍贵照片汇编》《靖江市拥军优属文件选编》等专题汇编。加强业务指导。指导并检查全市128家单位的文件材料整理归档工作，指导市级机关各部门（含机构变动单位）修订室藏档案分类方案、文件材料归档范围和档案保管期限表。完成对26个村（社区）档案规范化建设工作的执法检查。联合市民宗局、教育局推动全市宗教场所、教育部门的规范化建档工作。制定并组织实施《靖江市农村土地承包经营权确权登记颁证档案管理实施办法》。配合泰州史志档案办对靖江银监、卫计委系统开展执法检查。推进信息化建设。升级数字档案馆应用软件平台，二次开发数字档案馆应用软件功能，完成原有系统数据380万条条目及1100余万页电子全文的迁移。完成300万页馆藏档案条目录入及数字化工作。强化资源征集。征集鞠秀芳、刘景欣、朱德其等名人档案279件，以及《民国祁氏宗谱》《民国顾氏宗谱》《蒋氏家谱》等家（族、宗）谱6套。开展档案宣传。结合国际档案日，开展系列宣传活动。与朝阳社区、城西社区联合开展家庭建档主题宣传活动。向社区居民免费发放《靖江市家庭档案实用操作手册》，介绍家庭档案基本知识，传授家庭档案分类、整理、编目操作技能。与中建钢构有限公司联合开展档案进企业宣传活动。以“档案与民生”为主题，向社会各界征文，共有18篇文章上报泰州。提升服务水平。及时修复馆藏破损霉变档案，集中鉴定整理归档党史科、征编科散存材料。按期做好窗口“1+1”双评工作，全年接待查档6175人次，查阅档案13897卷、207件。先后举办机关档案整理、村（社区）档案管理业务培训班，300余人参加培训。开展档案专业技术资格申报评审工作，2人获高级资格职称，1人获中级资格职称，10人获初级资格职称。

【获评全省档案系统先进集体】 1月25日，市史志档案办被江苏省人力资源和社会保障厅、江苏省档案局联合表彰为全省档案系统“十二五”期间先进集体。“十二五”期间，市档案馆先后创建成国家二级综合档案馆、国家一级综合档案馆、泰州市爱国主义教育基地、泰州市中小学档案教育社会实践基地、江苏省中小学档案教育社会实践基地、江苏省AAAA级数字档案馆，建成档案史料陈列馆和经济社会发展成就展览馆，经济社会发展成就展馆获评省档案系统档案利用精品案例；省档案局中层以上全体人员2015年至靖江档案馆学习考察。

【创建成AAAAA级数字档案馆】 12月20日，市档案馆通过省AAAAA级数字档案馆评估，成为苏中苏北地区首家省AAAAA级数字档案馆。年内，市史志档案办对照《江苏省数字档案馆等级评估办法》，从组织管理、基础设施建设、基础业务、数字档案资源建设、网站建设、业务技能等六大方面进行全面梳理，升级数字档案馆管理系统，完备基础设施，强化安全建设。至年末，80%的馆藏档案实现数字化，窗口接待查档6175人次，利用档案13897卷、207件。

【《薛先洛纪念文集》编辑出版】 5月22日，纪念薛先洛诞辰100周年暨《薛先洛纪念集》首发座谈会举行。《薛先洛纪念集》由市史志档案办编辑出版，在汲取薛先洛原著《烙痕集》精华的基础上，收录与薛先洛生前并肩战斗过的老同志、老部下和家属的回忆文章及相关诗词、书法、照片等。

【《靖江年鉴（2016）》出版发行】 11月，《靖江年鉴（2016）》由方志出版社出版，面向社会发行。该年鉴全书约61.5万字，设类目34个、条目859个、表格68个、随文图片95幅，在全面系统地反映2015年度靖江经济社会发展状况的同时，新设《深化改革》类目，记述靖江推进商事登记、企业上市、医药卫生等六大领域改革，突出时代特色；新设《美德善行·新人新事》《社情微报告》《马洲史话》等类目，记述凡人善举反映精神风貌，记述现实生活反映人生百态，记述传说典故反映文化底蕴，突出人文特色；继续设置《跨江联动》类目，记述靖江江阴联动推进沿江开发成效，突出地域特色。（王　樱）

【钱永波捐赠钱氏世谱和个人著作】 10月27日，钱永波赠书仪式在市史志档案办举行。赠书仪式上，钱永波向家乡靖江捐赠《钱氏重修世谱》和其个人著作《与时代同行——我的历程、文集和感悟》，市史志档案办接收捐赠。钱永波，季市镇人，15岁时随百万雄师强渡长江，曾任镇江市委书记、镇江市人大常委会主任。

文化市场

【概况】 2016年,全市文化市场有经营单位411家,其中歌舞娱乐场所32家、游戏娱乐场所79家、互联网上网服务营业场所112家、出版物发行单位149家、演出场所4家、演出单位1家、影院8家、博物馆2个、文保单位24处。网吧行业转型升级力度加大,网吧转型升级率达85%。其中朝阳网吧打造区域化连锁品牌,发展直营、加盟店6家,朝阳网吧南环店获评2016年度江苏省"绿色网吧"。"平安文化市场"创建工作持续推进,牧然书店、金逸泰和影城管理有限公司等4家文化经营单位被评为"平安文化市场创建工作"先进单位。

【扫黄打非】 开展2016"净网""固边""护苗""清源""秋风"等专项行动,净化全市出版物市场和网络文化环境。全年出动执法人员680人次,检查出版物市场、店档摊点和印刷复制企业320余家次,取缔无证出版物摊点32个,收缴非法出版物506册(盘)。在针对印刷行业的专项治理中,查处案件3起。至年末,建成"扫黄打非"进基层示范镇(街道)3个,全市镇(街道、园区、办事处)均设立"扫黄打非"工作领导小组及办公室,120个村(社区)有专兼职人员负责"扫黄打非"工作。

【版权保护】 4月,市文广新局联合市知识产权局、市场监督管理局、公安局、法院,在步行街市民广场开展"保护知识产权、打击侵权盗版"宣传和版权咨询活动,在市电视台播放公益广告、在《靖江日报》开辟专栏宣传版权保护。12月,在人民公园设立版权知识咨询服务台,宣传相关法律法规,推广省版权登记中心微信号,介绍作品版权登记知识。年内,登记作品版权159件。

【重点行业整治】 加强文化市场监管力度,整治各类违法违规经营行为,同步开展文化经营单位日常监管和安全生产检查。全年共出动执法人员2000人次,检查各类文化经营单位840家次,发放书面整改通知书26份;开展联合执法6次,取缔非法营业场所3家,责令停业整顿1家,现场监管大型演出5场,处理各类举报6起,办结各类违规案件32件;联合市公安局和市场监管局开展寒暑期文化市场等专项整治行动,重点清除政治性非法出版物和网络有害信息,维护未成年人合法权益。

(闻海彬　王剑锋)

广播·电视

【概况】 2016年,市广电台自办广播频率1个,全天播出18.5小时;自办新闻综合、社会法治、文化生活、经典点播、互动资讯电视频道5个和高清频道1个,新闻综合频道每天播出1小时自办新闻节目。全市广播、电视综合覆盖率100%。年内,推出《重树苏中标杆、率先融入苏南》《开启转型升级新征程 实现"十三五"良好开局》《加快创新驱动、推进人才强市》等30余组、800余篇报道,营造共谋发展、务实奋进的氛围。围绕"两学一做"学习教育活动、泰州和靖江市委工作会议、建党95周年等重大活动、重要节点,开展《"两学一做"我先行》《三大主题在行动》等系列宣传,形成舆论强势。办好《第一看点》《安全第一线》《晓阳说交通》《靖江警方》等节目,发挥广电媒体的监督和纽带作用。全新改版广播电视节目,提升节目品质。《1818民生直通车》关注民生、民情、民意,报道百姓身边事、麻烦事、关心事,增强节目社会影响力;开播少儿真人秀节目《宝贝来啦》,通过游戏体验和表演寓教于乐,呈现宝贝风采;《靖江印记》栏目开设《宝卷寻访》系列,摄制组跟随研究靖江宝卷的本土学者黄靖至浙江、青海、甘肃、江苏等地,亲临宣演现场,访问民间艺人,寻觅各地活态宝卷的生存状况,为靖江宝卷寻觅横向文化参照;拍摄大型系列纪录片《天南地北靖江人》,聚焦在外地的靖江人,记录其奋斗历程,展现其赤子情怀;开办全市首档益智类电视直播互动节目《快乐翻翻翻》,集互动性、参与性、娱乐性为一体。全新改版靖江交通广播,增加直播节目信息量,增强本土服务性,通过微信互动方式,使听众参与直播话题讨论,发挥交通广播及时、快速、贴近民生的特点。年内,市广电台制作的《船家宝——黄金水道上的"滴滴打船"》获2015年度江苏电视新闻奖长消息类二等奖,《简单音乐》获2015年度江苏电视社教节目奖专题片类三等奖,《心与心的抉择》《同词不同曲 乐闻靖江香》《如果你的青春里也有张信哲》获江苏省优秀广播节目三等奖。此外,30个电视节目和21个广播节目在泰州市优秀广播电视节目评比中获奖,其中电视节目获一等奖7个、二等奖12个、三等奖11个,广播节目获一等奖5个、二等奖3个、三等奖13个。

【媒体融合】 2016年，市广电台加强“影响靖江”网站、微博、微信平台的运营和建设，网站流量稳步增长，微信关注人群突破12万人，全年阅读量近2000万次。4月22日的德桥仓储有限公司火灾报道微信稿件单篇阅读量超25万人次，位列全国第三。优化“智慧靖江”各项功能设计和界面设计，增加公共自行车、长途车票、违章查询等功能以强化城市服务功能，完成水电煤等接口开发以方便市民缴费，一期上线近20个版块。

【对外宣传】 2016年，市广电台及时向央视传送靖江社会经济发展资讯。全年中央台采用有关靖江稿件20条。其中，3月2日新闻频道《朝闻天下》播出《寻找最美医生胡方斌》；9月23日，财经频道《经济半小时》播出秋收系列《靖江螃蟹》；11月16日，新闻频道《新闻直播间》播出《老人不慎落水、男子奋勇搭救》。此外，省台采用有关靖江的稿件161条，泰州台采用600余条。

【活动运营】 2016年，市广电台举办2016江苏靖江台湾文化艺术节暨台商经贸交流活动、靖江大明星、“激情马洲·群舞飞扬”广场舞大赛、大型车展、“幸福靖江”第7届房博会、家居建材团购会等；承办江苏省道德模范与身边好人（泰州·靖江）现场交流会、靖江工匠颁奖典礼等活动；利用《1818民生直通车》的微信平台进行微募捐，为20个困难家庭和个人募集爱心善款20万元；配合市委宣传部、市文广新局等单位开展“三下乡”集中服务活动；管理好“广电爱心基金”，开展“慈善一日捐”活动。

【接受省新闻出版广电局调研】 5月5日，省新闻出版广电局调研团一行至靖江，调研县级广播电视发展情况。调研团详细了解市广电台在机制、体制、节目采购、节目编排、频道运作、广告经营、新媒体开发、人才培养等方面的状况，肯定近年靖江广电台在舆论引导、节目创新、媒体融合发展、公共文化服务和产业发展等方面的成绩，要求市广电台以正确的政治方向为立足之本、以公共文化服务为工作重点、以推进融合发展为目标方向，坚持改革创新寻求新突破，实现县级广播电视持续健康发展。

【《天南地北靖江人》开播】 8月28日，电视专题栏目《天南地北靖江人》的首档节目《将军的乡愁》在靖江新闻综合频道播出。该栏目由市工商联、广电台联合制作，旨在集中展示在外靖江人的精神风貌。年内，《天南地北靖江人》栏目共播出《方祖岐：将军的乡愁》《倪同芳：芳馨流韵·艺术人生》《王桂增：清华园里的靖江教授》《王灿平：走出北京胡同》《沈卫民、刘祖芳：创业“兄弟”在深圳》5篇人物专题节目。

【中央主流媒体靖江行活动】 10月14日，新华社、《人民日报》、中央电视台、《中国青年报》等12家中央主流媒体记者走进靖江，深入探访靖江文化、产业发展。在靖江期间，记者们实地参观靖江部分企业，走进马桥镇徐周村、香沙芋种植基地、牧城公园等地，了解靖江的美食文化和地域特色。

【首届靖江工匠颁奖典礼举行】 12月20日，由市委、市政府主办，市总工会、广电台承办的首届“靖江工匠”颁奖典礼在省靖中礼堂举行。靖江“叉车状元”、江苏新时代造船有限公司运输部叉车主管沈锋，全国行业技能大赛冠军、靖江市马桥畜牧兽医站副站长侯斌，靖江市“车工状元”、个体工商户范钦岐，职教创新名师、江苏省靖江中等专业学校创新办主任朱照红，屡获技术改造国家级奖项的江苏恒力制动器制造有限公司高级技师黄俊，自学成才的民间雕刻师朱红，收获国内外30余项大奖的市艺超山水盆景有限公司副经理朱金山，肉脯制作技艺代表性传承人、江苏双鱼食品有限公司董事长褚洁明，设备修造能手、江苏上骐集团有限公司设备能源部部长吉振兴，国家特级点心大师、靖江南园宾馆陶晋良10人获评首届“靖江工匠”。 （秦 卿）

【“智慧靖江”手机客户端】 “智慧靖江”手机客户端由市广电台出品，通过整合政府、广电、企业和社会资源，集新闻资讯整合宣传、政府公共信息查询、市民生活信息服务、电子商务运营为一体，设有25个版块，在安卓和苹果市场累计下载量超过6万次，通过手机注册用户4万人。6月，建成广播电视网络集成播控平台，“直播”“公共自行车”“缴费”“爆料”等14个版块在移动客户端上线。年内，“智慧靖江”与市总工会、法院、科协达成电子政务合作协议，建立“工会”“法院”“科普”等板块，逐步开发手机移动办事功能；与市法院社区巡回法庭合作开展“在线庭审”视频图文直播；与市农村商业银行合作开发“智慧水电”版块，通过客户端可查询、缴纳水电费；与市人社局、交通运输局初步达成"智慧社保""智慧公交"合作协议;完成智慧靖江公共自行车接口开发,通过客户端可查询全市公共自行站点及车辆情况;通过手机客户端进行直播活动20余场,活动内容涉及市法院在线庭审、小小男子汉警营夏令营、全国大学生演讲大赛、江苏省道德模范与身边好人、靖江广场舞大赛等。 (朱 正)

《靖江日报》

【概况】 《靖江日报》为4开24版彩报,每周出版6期,年发行量2.97万份。2016年,靖江日报社先后蝉联江苏省文明单位和江苏省县市报先进单位,叶晓庆、崔益稳、余中兴获"新泰州建设功臣"称号,崔益稳获"泰州市劳动模范"称号;微电影《香橼》获首届中国报业短视频微电影大赛"十佳"优秀微电影奖和第4届亚洲微电影艺术节"金海棠奖"好作品奖,并受到中国报业协会、中国电视艺术家协会的表彰。

【宣传】 2016年,《靖江日报》围绕市委、市政府"十三五"开局之年总体部署和重点工作,新辟10余个专题专栏,展开强势宣传。先后完成靖江"两会"、泰州市委工作会议、省委书记李强调研靖江、市第十二次党代会、2016靖江中韩产业创新合作活动周等重要会议和重大活动的宣传报道任务,妥善处置"4·22"德桥仓储火灾事故报道。以《深入贯彻市委全会精神,实现"十三五"良好开局》《"树标杆、找短板、敢争先"主题活动"一把手"访谈》等专栏为依托,展示全市各地各部门的奋进状态、工作举措和发展成果。策划"靖江工匠"系列报道,通过记者寻踪、采访、挖掘,全面展现全市优秀工匠们的过人技艺和锲而不舍、精益求精的精神特质,在全社会形成崇尚劳动、弘扬"工匠精神"的氛围。推出"巾帼巧手"系列报道,展示全市广大妇女在工作和生活中的智慧与风采,树立职业道德和家庭美德标杆。

【版面】 2016年,靖江日报社围绕"主流、贴近、服务"的理念,按照"做强本土、做足深度、做好融通"的思路,进行新一轮报纸改版。新增《城事》《现场》《面孔》等版面,深度挖掘靖江的小城大爱、社会温情、好人好事和具有影响力的社会事件,引导和应对社会热点、疑点和难点问题,倡导文明和谐,传播正能量。《帮忙》版面增强与读者、网友间的互动,进一步提高解疑释惑和柔性引导的能力。新设《热线》《调查》版面,深度调查社会热点、焦点事件或社会热议的话题,回应社会关切。

【策划】 2016年,靖江日报社建立以年度宣传主线为指导、阶段性重要宣传为重点、版面题材为中心、社领导把关和编辑主导的策划机制,提高采编的预见性、报道的及时性和采访的精准性。完善总编室领导集体—采编部室—编辑(记者)的执行机制,抓好年度主题策划、月度重点策划、日常报道策划、重大活动(会议)报道策划和突发性事件报道策划,提高策划和采编的组织程度和有效性。实行每月重点题材汇报会、每周题材过堂会、每天题材碰头会制度,形成创意一批题材、开发一批题材、储备一批题材的良性供稿机制。

【出版发行】 年内,《靖江日报》完成2.97万份的精准发行,实现稳量扩面目标。出版城市文化杂志型读物《眼界》,出版《图说靖江》《我爱靖江话》《薛先洛纪念集》等书籍和画册,丰富报业传媒形态。

【文化创意】 2016年,靖江日报社致力于多元化发展,组织开展文化创意活动,推出一批"有质感""动人心"的文创产品。先后

2016年,靖江日报社出版发行系列杂志、画册和书籍

举办新年音乐会、西来桃花节、春天送你一首诗、梦之蓝群星演唱会、中韩文化交流等活动，拍摄微电影《手心的温度》《石榴花开》，编印宣传画册《品牌靖江 品质靖江》《南城时光》。为配合举办2016靖江中韩产业创新合作活动周，靖江日报社策划、组织、实施靖江中韩文化交流活动。韩国传统服饰展、中韩书法美术交流展、《江花红胜火》文艺晚会等活动，为合作活动周营造出浓郁的文化氛围。这些文化创意实践增强了《靖江日报》的品牌魅力与市场竞争力，促进了城市文化品质和市民文化素养的提升。

【公益活动】 2016年，靖江日报社每季度开展"小红帮忙"进乡村进社区活动2次，每期确定1个主题，服务内容均与人民群众生产、生活相关。全年组织志愿者1000人次走进社区(村)，给近万名市民送健康、文化、科技、安全、绿化、法律等。策划组织的"新春暖心"活动，面向身处困境的老党员、军人、孤寡老人和贫困学子等，广泛发动社会各界奉献爱心，收到数十家单位捐献的10余万元现金和千余件物品，帮助数十名受助者实现愿望。

（朱　亮）

靖 江 网

【概况】 2016年，靖江网以媒体融合创新为着力点，建成新媒体传播矩阵，与平面媒体融合，形成一次采集、多次编辑、全媒体传播的格局。策划"靖江两会""市委工作会议""首届靖江工匠"评选等10余项主题宣传，组织线上线下互动活动50余个，年度发稿5000余条，点击阅读量600余万人次。至年末，靖江网网友涉及全球150余个国家和地区，日均PV量(网页浏览量)3万次，APP用户3.1万户，微信关注人数7.2万人，主要竞争力指标居江苏县市新闻网站第2位。

【"十三五来了"系列主题访谈】 4月25日，"十三五来了"系列主题访谈首期节目《移动"互联网+"给力靖江你我他》播出。该系列访谈分6期，包括《移动"互联网+"给力靖江你我他》《商贸兴村、和谐建村》《品质教育私人定制》《坚持靖江"质造" 勇于突破传统》《打造最优秀的智能物流信息服务平台》《为孩子打开通往世界的视窗》，以重点企业、单位等为访谈对象，以小切口、讲故事的表现形式，讲述实现"重树苏中标杆，率先融入苏南"和率先全面建成小康社会的发展理念、实践成果和创新业绩。该节目通过靖江网发布，靖江日报全媒体平台同步推送。

【首次全网直播文艺活动】 12月24日，靖江网、"掌上靖江"APP、靖江日报微信公众号同步高清视频直播2017靖江新年音乐会，一个半小时的直播过程吸引上万名观众同时观看，并收获评论"弹幕"4462条。该直播是靖江媒体首次全网直播文艺活动。

（韩彩霞）

论 坛 网 站

【概况】 2016年，靖江有网络论坛(BBS)9家，注册会员93万余人，年龄大多在16～52岁之间。"新靖江论坛"和"天天靖江""影响靖江"等论坛影响较大，论坛话题以城建、房产、汽车、家居、生活为主，讨论量3300余帖，跟帖量20余万条。掌上微社区发展迅速，全年新增微社区16个。通过网络论坛及微社区，广大市民发帖表达民生诉求，行政部门借助官方注册对热点话题解答释疑。网络论坛以其快捷的资讯发布、及时的社区互动日益融入靖江人的日常网络生活。

（陆　俊）

【"天天靖江"论坛】 "天天靖江"论坛网站由靖江五爱网络传媒有限公司和腾讯新闻江苏频道共同打造，设有"投诉爆料""市民热线""消费者投诉及打假""爱心公益""政府宣传""求职招聘""二手交易""房产信息"等版块。年内有注册会员8万人，话题讨论量上万。其中，"保护靖江长江堤岸我们在行动！你在哪?""月星家居初到靖江，首开一炮，我知道你想火，就来帮你打广告！""出卖我的爱，带着钱离开，最后知道真相的我眼泪掉下来……靖江又一家投资公司倒闭""十里长街 缅怀外国语学校城南分校王校长"等热点话题的跟帖量均超万条。3月，由泰州市公安局网安支队授权，挂牌成立全市第2个四级网安警务室"天天靖江网安警务室"，泰州市公安局网安支队联合"天天靖江"网站共同审核网络信息发布，第一时间掌握网上涉嫌违法犯罪情况，保护网民个人信息安全，提升网络"见警率、管事率"，打击网络违法犯罪活动。"天天靖江"微信公众号有"投诉爆料""信息发布""教育咨询""求职招聘""爱心公益""失物招领""吃喝玩乐""便民信息"等固定版块，日均阅读数万人次，粉丝超15万人次。

（顾松华）

卫 生

·综 述·

【概况】 2016年,全市有医院、卫生院29个,其中县级公立医院3个、镇卫生院15个、民营医院11个;有疾病预防控制中心、卫生监督所、妇幼保健院、皮肤病防治所、健康促进中心、血站6个市直卫生单位;有城市社区卫生服务中心4个、城市社区卫生服务站8个、村卫生室103个、工厂和学校等企事业单位所属医疗保健机构36个、个体诊所78个;有卫生技术人员4484人,住院病床4275张。全市医疗机构年门急诊总量408.45万人次、住院病人11.1万人次、出院病人11万人次,分别比上年增长1.3%、17%、16%。患者域内就诊率达90%。患者门诊均次费用252.2元、住院均次费用9394.4元,分别比上年增长7.4%、0.3%;平均住院日9.9天,与上年基本持平;平均药占比37.6%,比上年下降0.02%。年内,市卫生计生委以保基本、强基层、建机制为原则,坚持医疗、医保、医药联动改革理念,全面深化医药卫生体制改革,加快构建现代医疗卫生体系,稳步实施全面二孩政策,卫生计生各项工作成效明显。进一步深化公立医院综合改革。巩固和完善公立医院医药价格综合改革成果,完成市妇幼保健院、皮防所、疾控中心3家非典型公立医疗卫生机构药品“零差率”改革可行性调研。完善公立医院法人治理结构改革,制定《靖江市分级诊疗工作方案》,市人民医院率先在全省推行事业单位法人治理结构试点改革。优化医疗卫生资源配置。整合西来卫生院与土桥卫生院成立西来中心卫生院;以新港城医院、新桥卫生院为试点,探索建立公共卫生服务网格化管理模式;滨江新区卫生院门诊综合楼建设工程启动,季市中心卫生院迁建工程有序推进,敦义卫生院病房楼主体工程封顶,市第二人民医院一期改扩建主体工程、新港城医院集中消毒供应中心、新桥城医院建设基本完成,马桥卫生院、土桥卫生院病房楼和敦义卫生院防保综合楼投入使用。医疗科研工作取得成效,中药结合脊柱内窥镜技术治疗下腰段腰椎间盘突出症、苦参碱联合高三尖杉酯碱抗急性髓细胞白血病的实验及临床研究等科研项目分别获泰州或靖江市科技进步奖(见230页《2016年靖江市获泰州市科学技术奖项目一览表》、231页《2016年靖江市科学技术奖项目一览表》)。医保职工康复医院、光明医院创建成二级民营医院;市第四人民医院创建成二级中西医结合医院。市人民医院落实进一步改善医疗服务行动计划工作被国家卫生计生委医政医管局表扬,靖江获“国家级妇幼健康优质服务示范县(市)”和“全国计划生育优质服务先进市”称号。

·医政管理·

【概况】 2016年,市卫生计生委严格医疗质量监督管理,开展打击非法行医、非法刊播医疗广告、非法采供血等专项行动，累计查处各类违规、违法案件15起，收缴罚金5.62万元。加强禽流感、中东呼吸综合征、埃博拉出血热、寨卡病毒病等重大传染病疫情防控工作，应对可能发生的疫情。深化平安医院创建，全市公立医疗机构医疗责任保险参保率100%。调处各类医患矛盾纠纷52起，无重大医疗责任事故发生；妥善处理上级部门转访及市政府12345热线各类投诉46件。强化卫生人才队伍建设。市人民医院儿科专家赵映敏等65人被列为“靖江市百名优秀医药卫生人才培育工程”首批培养对象，其中领军人才8名、创新人才30名、骨干人才27名；市医疗集团公开招聘硕士及以上专业人才22人；加强住院医师规范化培训，新录用临床医师规范培训率100%；实施继续医学教育IC卡制度，举办市级以上业务培训讲座14次；加强“三基”（基本理论、基本知识、基本技能）培训考核，选派210名医护人员参加泰州市“三基”抽考；举办护理质量管理培训班6期，选派17名镇卫生院护理骨干到市人民医院进修；组织开展全市基层医疗机构卫技人员岗位练兵和技能竞赛，挑选优秀选手和团队参加泰州市和省级相关竞赛，太和中心卫生院卢静霞获省级竞赛社区护理组一等奖，被授予“2016年全省基层卫生技能标兵”和“江苏省五一创新能手”称号；开展城乡医院对口帮扶，选派15名县级公立医院医疗骨干至15家镇卫生院挂职副院长；为基层医疗机构定向培养医学生，共签约本科生21人、大专生12人。完善智慧医疗建设，根据“智慧城市”和“智慧医疗”发展要求，完善居民电子健康档案数据的归纳和应用，二、三级公立医院电子病历系统应用水平分别达3级、4级。落实进一步改善医疗服务行动计划，选派5名高年资医生参加援疆医疗工作、4名中心卫生院医技人员支援新疆“全面健康体检工程”。规范大型医用设备管理，严格实行购置计划申报审批制度，明确要求优先选购国产品牌。加强临床检验试剂及耗材管理，严格实行集中采购、统一配送。完善抗菌药物分级管理制度，要求二级以上医院年内全面停止门诊输液，实现公立医院基本药物制度全覆盖。推进中医药文化建设。探索中医药健康旅游发展新理念和新模式，组织市中医院、德元堂国医馆等6家单位开展中医药健康旅游示范基地（项目）申报；举办市第6届“中医药就在你身边”中医药文化科普巡讲，开展基层中医药适宜技术年度竞赛活动；第四人民医院以及太和、生祠、东兴、马桥、孤山等镇卫生院中医馆建设通过泰州市考核验收。

【无偿献血】 年内，市卫生计生委进一步规范血液管理工作，推广成分输血和自体血回输工作，全市医疗卫生机构无自采自输血液行为发生。全年组织无偿献血10567人次，采集全血226.17万毫升，机采血小板5624个治疗量，机采粒细胞6个治疗量，成分输血率达99.9%。其中医务人员献血465人次，献全血13.82万毫升，机采血小板12个治疗量。

·卫生监督·

【概况】 2016年，市卫生监督所强化监督执法责任，建立移动执法系统，推行行政许可和行政处罚信息“双公示”制度。全年新发放公共场所卫生许可证178件、从业人员培训证3106份。重点监督监测游泳、住宿、沐浴、美容、美发等公共场所卫生状况以及集中空调通风系统、集中式供水、学校教学环境和水质、传染病防治消毒产品等，抽检35家单位公共用品185份，合格率85.2%。开展打击非法使用注射用透明质酸钠专项行动，检查医疗美容单位5家，未发现非法行为。根据省卫生监督所“2016年消毒产品卫生监督抽查不合格产品名单”，专项检查消毒产品，共检查大卖场、药店等消毒产品经营单位35家，未发现销售不合格消毒产品。查处卫生违法案件，受理公共场所卫生、医疗卫生等方面投诉举报和来信来访18起，立案查处15起，警告1起，没收违法所得3135元，罚款53570元。

·疾病预防与控制·

【概况】 2016年，全市医疗单位网络直报传染病乙、丙类16种2648例，发病率387.08/10万。其中乙类11种701例，发病率102.47/10万，比上年下降9.69%，死亡1例；丙类5种1947例，发病率284.61/10万，无死亡。前5顺位乙类传染病为梅毒、肺结核、肝炎、淋病、痢疾，占乙类发病数的96.71%。加强肠道传染病防治工作，开设腹泻病门诊，未检出阳性。监测和防控手足口病、恙虫病和人感染H7N9禽流感等重点传染病。开展活禽市场禽流感监测工作，采集120名禽职业接触人群血清、抗凝血标本240份，活禽口咽与泄殖腔混合标本500份，环境标本75份。及时处置流感样病例暴发事件3

起、手足口病聚集性疫情5起、病毒性脑炎聚集性疫情1起。处置食品安全事故(疑似食物中毒)2起。加强结核病防治管理工作,发现并治管肺结核203例(其中新发涂阳47例)。继续做好艾滋病综合防治工作。全年艾滋病初筛实验室检测血清6.69万份,检出HIV抗体阳性22例;完成艾滋病自愿咨询检测922例,占总人口的153.33/10万,检出HIV抗体阳性4例;MSM人群行为干预954人次、检测239人,HIV抗体阳性18人;行为干预桑拿浴室从业者4041人次、吸毒人员915人次,其中年内首次接受干预121人。建立居民健康档案56.63万份,建档率84.0%,健康档案使用率45.50%。其中,65岁以上人群健康档案10.35万份,建档率91.91%;高血压健康档案6.94万份,管理率50.12%;糖尿病健康档案18025份,管理率33.81%。医疗机构病人报告率、转诊率、系统管理率100%。

【免疫规划】 年内,市卫生计生委落实国家扩大免疫规划政策,域内适龄儿童建卡(证)率100%,11种一类疫苗单苗接种率、新生儿乙肝疫苗首针接种率95%;流动儿童建卡(证)率98%,单苗接种率、全程接种率95%。定期监测处置接种副反应,接种副反应报告率100%。入托入学儿童预防接种证查验覆盖率100%,补种率95.74%。21家接种单位预防接种短信通软件正常运转,接种前1~2天用短信方式提醒儿童家长。加强冷链管理能力,建成全市冷链设备温度实时监测系统,实时监控接种单位冰箱使用温度,发现问题及时处置。全年无接种事故发生。

【血吸虫病及地方病防治】 年内,市卫生计生委组织2552人查螺1068万平方米,未查到活螺。督查易感染镇(区)急性血吸虫病防治工作,筛查10088人,发现DDIA(胶体染料试纸条法)阳性13例,均进行有效治疗。发现境外输入的间日疟病例1例,市人民医院及时使用双氢青蒿素进行治疗。监测居民食用盐310份,合格率99%。完成肠道线虫省级监测点工作。靖江通过省血地防领导小组办公室消除血吸虫病达标考核验收。

【公共卫生服务】 年内,规范基本公共卫生服务项目,按人均基本公共卫生服务经费60元标准筹集资金3434.5万元。推行公共卫生网格化管理,进行家庭医生签约服务。开展基层医疗卫生机构医养融合试点工作,制定《基层医疗卫生机构医养融合实施方案》,侯河、惠丰卫生院先行试点并取得初步成效。西来和马桥卫生院完成"健康小屋"建设。原土桥卫生院建成群众满意乡镇卫生院,孤山卫生院建成省示范乡镇卫生院。季市镇星光村、江阴—靖江工业园区万丰村、生祠镇三河村等6个村卫生室建成省示范村卫生室。虹兴、新江海、江阳社区卫生服务中心(站)规范化建设基本完成。

(朱忠林)

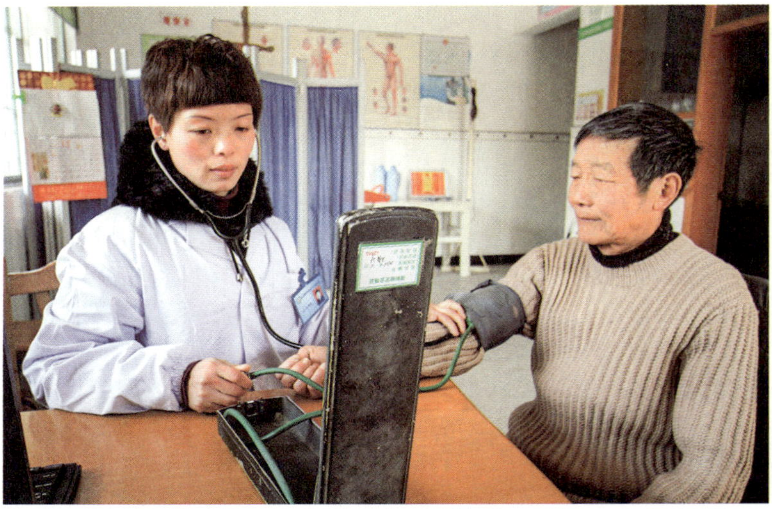

孤山镇新庄村卫生室为村民提供医疗服务

【公共卫生监测】 年内,市疾控中心监测安全风险食品55份,合格率100%;监测食源性疾病154例,发现疑似小龙虾横纹肌溶解综合征患者6例;监测饮用水164份,合格率100%;监测公共场所空气质量及公共用品消毒效果样品71份,合格率100%;监测医疗机构消毒样品185份,合格率100%。开展职业病危害健康监护,职业健康体检2992人,发现疑似职业病77人、职业禁忌症2人。餐饮、娱乐场所等从业人员健康体检1.81万人次。

【侯河、惠丰卫生院医养融合试点】 12月,市侯河、惠丰卫生院整合养老和医疗资源,试点"医养融合"养老模式。卫生院共设有"医养融合"床位70张,护理人员22人(含护工),病患住院、饮食、护理费用每月3000元,农保报销1000元。入住"医养融合”病房人员必须符合高龄慢性疾病、突发疾病、病患无人照顾等条件。两家卫生院与市民政局、附近养老院签订合作协议，实行居家养老和敬老院内“医养融合”相结合模式；同时成立医疗服务队，定期为敬老院老人以及居家80岁以上老人、失能老人、孤寡老人建立健康档案、免费体检等。

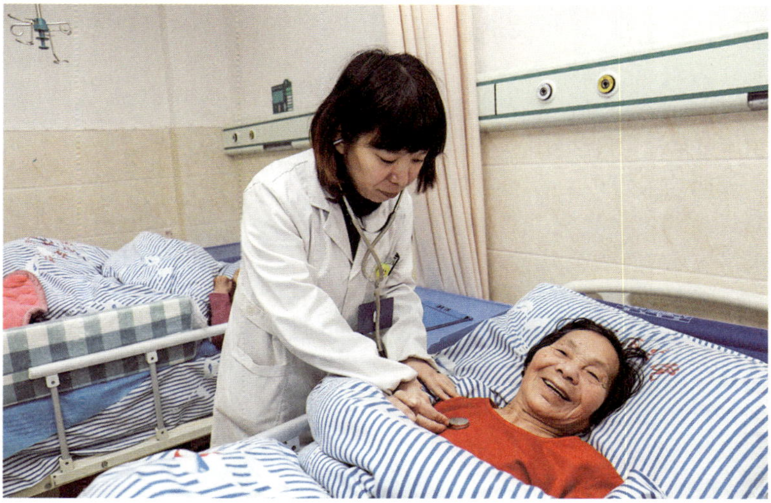

侯河、惠丰卫生院医养融合试点

【心脑血管疾病患者年轻化】 2016年，市人民医院统计患者收治情况，心脑血管疾病发病数呈上升趋势，其中30岁年龄群患者占患者总数的30%以上，心梗、主动脉夹层等病症在年轻人中高发。年轻人心脑血管疾病高发的原因很多，主要有生活节奏快、工作压力大、精神紧张、血压升高、生活方式不健康、加班熬夜、吸烟饮酒、三餐不定时、饮食结构不合理、摄入高脂高盐等，这些均导致血管硬化、脆性增加和脂质沉淀，引发罹患心脑血管疾病危险。

【脂肪肝发病率35%】 全市脂肪肝、药物性肝损伤呈增多发趋势，脂肪肝发病率35%左右，患者中有儿童和学生。脂肪肝包括长期大量饮酒引发的酒精性脂肪，因肥胖、糖尿病等引发的非酒精性脂肪肝，乱吃保健品以及服用化疗药物、激素类药物、抗结核药物等造成的肝损伤。此外，病因不明的自身免疫性肝病也有发生，确诊率明显上升。

（赵一阳）

·妇幼保健·

【概况】 2016年，靖江严格执行母婴保健技术服务机构及人员准入制度，做好实名制分娩登记、“出生医学证明”发放、“两禁止”（禁止非医学需要胎儿性别鉴定、禁止选择性别人工终止妊娠）管理、托幼机构卫生保健管理、“三网监测”（孕产妇死亡、儿童死亡、新生儿缺陷监测）质控分析等工作。加强孕产妇和0~6岁儿童系统管理，孕产妇系统管理率90.10%，3岁以下儿童系统管理率94.55%，7岁以下儿童保健管理率95.83%。全市婴儿死亡率1.98‰，新生儿死亡率1.44‰，出生缺陷发生率4.67‰，无孕产妇死亡。新生儿疾病筛查率99.84%、听力筛查率99.84%。严格执行剖宫产手术权限管理制度，剖宫产率控制在43.06%。开展婚前检查3782对，孕前优生检查1822人，计划生育技术服务9676人次。对11491名孕产妇进行HIV、梅毒和乙肝咨询检测，随访管理感染梅毒孕产妇20例，对279名乙肝表面抗原阳性孕产妇所生284名新生儿进行乙肝免疫球蛋白注射。开展两癌筛查25182人，查出宫颈癌前病变151人（CIN Ⅰ－Ⅲ级）、宫颈癌10人、乳腺癌9人。孕产妇住院分娩补助发放4013人、220.12万元。农村妇女增补叶酸2981人。开展儿童低视力康复训练，完成32名低视力儿童9674人次训练。陈琳、王少芳、翟艳云参与的“靖江市3~6岁儿童轻度视力不良的屈光状态分析”获省卫生计生委立项。

【市妇幼保健院设立】 2016年，设立市妇幼保健院（挂牌市妇幼保健计划生育服务中心、市计划生育药具管理站）。该院是域内唯一开展孕前优生筛查和婚前医学检查的医疗保健机构，负责域内妇女儿童保健教育及计划生育服务，开展妇幼常见病防治及相关临床医疗服务，定点筛查儿童先天性心脏病、妇女乳腺癌和宫颈癌等。设有儿童低视力康复训练中心，完成32名低视力儿童9674人次训练。年内，市妇幼保健院拓展服务新项目：开展孕期营养优生监测与营养干预以及孕期膳食营养咨询，对孕前高血糖、体重增长过快或过慢、胎儿偏大或偏小等高危孕妇进行个体化指导；开展孕早期胎儿颈项透明层厚度（NT）检查，发现无脑儿、颈部淋巴水囊瘤、脐膨出、胎儿皮下水肿、胎儿胸腹腔积液等致死性畸形，减少缺陷新生儿出生；开展0～6岁儿童残疾筛查，初筛8100余例，复筛150例，异常转诊51例；建立PAC门诊（流产后关爱门诊），开展流产后关爱特色服务，术后随访率100%，即时避孕率95%以上；建立PCR（聚合酶链式反应）实验室并通过江苏省临检中心验收，区域内领先开展HPV实时荧光定量PCR检测。

·健康教育·

【概况】 2016年，市健康促进中心采取多种形式开展健康教育活动。以世界防治结核病日、世界防治糖尿病日、世界艾滋病日、世界急救日、全民健康生活方式日等为契机，开展健康宣传咨询活动15次，培训社区居民和在校学生15000余人次，发放健康宣传资料1万余份。制作常见病健康教育处方12种，发放“2015版中国公民健康素养66条”“要二孩更要健康”“合理输液”等入户资料66万张。开展救护培训工作，初级救护培训855人、普及性救护培训8527人。开展世界无烟日主题活动，专项督察医院控烟工作。

·爱国卫生·

【概况】 2016年，全市以国家卫生城市创建复审、健康城市建设、卫生镇村创建、病媒生物防制等工作为重点，围绕“人人参与爱国卫生，携手共建健康靖江”爱国卫生月活动，开展爱国卫生运动。全面防控虫媒传染病，定期开展病媒生物密度监测。针对夏季洪涝灾害，开展公共区域消杀，“四害”密度基本符合国家卫生标准。斜桥镇红旗村，季市镇星光村、大庆村，西来镇封家村、敦义村获评“江苏省卫生村”；斜桥镇新港村、民政村，季市镇陈塘村、廉尚村，西来镇永胜村、义兴村获评“泰州市卫生村”；靖城街道虹兴社区创建成为省级健康社区。 （朱忠林）

名医进社区义诊

·人口与计划生育服务·

【概况】 2016年，市卫生计生委规范再生育审批和生育登记服务制度。全市登记生育4830人，出生总数5437人，人口自然增长率1.34‰，一孩生育率63.69%，计划生育政策符合率99.33%，出生人口性别比104.55，处于正常值范围。稳步实施全面二孩政策，审批再生育97人，审批再生育三孩90人，系统录入率100%。落实奖励扶助政策，发放持“独生子女父母光荣证”的退休企业职工及城镇非从业居民一次性奖励金1335万元，发放农村部分计划生育独生子女家庭奖励金1800余万元，发放特别扶助金382.68万元。做好流动人口服务管理工作，完善省级流动人口卫生计生服务管理信息系统信息采集工作，推进流动人口“婚育证明”电子化改革，制定流动人口基本公共卫生计生服务均等化工作实施方案，把留守儿童健康关爱关怀工作纳入政府计划，促进流动人口社会融合。

【完善计生特殊家庭帮扶体系】 年内，市卫生计生委健全计生特殊家庭扶助机制，与市财政局、社保局、民政局等7个部门联合制定《靖江市计划生育特殊困难家庭扶助办法》，对计划生育特困家庭给予医疗、养老、生活等方面的扶助，确保精准帮扶、应扶尽扶。实施计生特殊家庭住院护理保险补助计划，投入财政资金15.86万元，投保961人，共理赔28件、8.56万元。制定《靖江市计划生育特殊家庭信息管理制度》，强化计生特殊家庭动态信息管理。落实家庭医生签约服务优惠政策，签订有偿服务协议1145份。

【计生卫生服务项目融合】 年内，市卫生计生委推进计划生育服务项目与卫生公共服务项目相融合，将计划生育服务纳入村（社区）卫生室职能。与市妇幼保健院联合建立婚姻登记、婚前筛查、孕前检查、优生优育、妇幼保健“一条龙”“一站式”服务体系：采用“一采双检”（采血、免费孕前优生健康检查和婚前检查）模式，整合免费孕前优生健康检查与婚前检查；落实公共服务要求，组织新生儿疾病筛查、听力障碍筛查、先天性心脏病筛查、0～6岁儿童残疾筛查等；以妇幼保健计划生育服务站为网点，承担常见病防治、孕产期保健、计划生育咨询和优生指导、药具发放、计划生育技术服务等。全年免费孕前优生检查1900对，目标人均覆盖率105.5%；早孕随访2322人次，妊娠结束随访616人次，检查高风险人数406人，婴儿出生缺陷发生率均控制在4‰以下。

【流动人口服务】 年内，市卫生计生委加强流动人口计生管理，建立流动孕产妇保健管理档案，为流动育龄妇女提供避孕节育、优生优育、健康指导等服务。落实流动儿童预防接种，居住满2个月的0～6岁儿童免疫规划疫苗预防接种率100%。加大对流动人口育龄妇女“三查”（查环、查孕、查病）服务，服务3000余人。对流动人口较多的大型企业预约上门服务，为已婚育龄妇女进行“两癌筛查”（乳腺癌、宫颈癌），为流动人口提供避孕节育检查、计划生育手术和药具不良反应诊疗等。年末，全市有避孕套智能式发放机5台、村（居）免费发放点328个、企业免费发放点33个，覆盖率100%。（徐　吉）

体　育

【概况】 2016年，靖江体育工作贯彻创新、协调、绿色、开放、共享理念，提升公共体育服务能力和水平。加大体育设施投入，新增体育健身路径近400件，增设室内健身器材30套，推进农村体育健身圈向城市标准靠拢，农村体育设施覆盖率90%，全市人均拥有公用体育场地面积3.10平方米。发展体育产业，全市159个体育彩票销售网点完成体彩销售1.41亿元。发展群众体育，新增体育社团和俱乐部5个，承办中欧乒乓球世界冠军对抗赛、全国钓鱼精英赛、江苏省第8届农运会舞龙和拔河比赛等大型赛事，丰富市民体育生活。支持竞技体育，承办全国少年柔道锦标赛、江苏省青少年游泳冠军赛、“散打天下”靖江站比赛等，全年在全国以上比赛中获金牌9枚、银牌1枚。市体育局获2015年中华龙狮大赛优秀组织奖。

【群众体育】 2016年，市体育局推进全民健身运动深入开展。新增跆拳道、慢跑、长跑3个协会，华帝信鸽、新烽青少年足球2个俱乐部，年末全市有体育社团25个、体育俱乐部18个。足球、羽毛球、乒乓球、篮球四大联赛列入群众体育常规赛事。注重投入高品质的体育设施，推进农村体育健身圈向城市标准靠拢，全市有全民健身晨晚练点442个。新增三级社会体育指导员300余人，大学生村官100%担任社会体育指导员，全市有各级各类社会体育指导员1667人，广场舞、掼蛋、钓鱼、绿色骑行、长跑、太极拳、武术、瑜伽等活动在市民中广泛开展。引进高品位体育赛事，承办中欧乒乓球世界冠军对抗赛、全国钓鱼精英赛、中国乒乓球俱乐部超级联赛八一队主场2场比赛、江苏省第8届农运会舞龙和拔河比赛、江苏省掼蛋精英赛、泰州市“谁是球王”羽毛球民间争霸赛靖江赛区比赛等，主办“爱跑”靖江站活动、靖江市沿江半程马拉松暨50公

体育健身路径

里接力赛等大型赛事。

【竞技体育】 2016年,市体育局突出机制转型,注重竞技体育协调发展。全市有注册运动员220人。承办全国少年柔道锦标赛、江苏省青少年游泳冠军赛、“散打天下”靖江站等比赛。钱天一代表国家队参加乒乓球国际巡回赛,在香港站获团体、女子双打、女子单打3项冠军,在亚洲少年乒乓球锦标赛中再夺女子单打和女子团体金牌。此外,韩嘉辉、严彤彤和孙俊妍代表江苏队参加全国少年柔道锦标赛获3金,王禹涵获全国少年田径比赛1银,金子衍在全国中学生乒乓球锦标赛中获1金,王成林在江苏省青少年举重比赛中获3金,丁子格、王宇翔获江苏省少儿乒乓球巡回赛1金1铜。市田径队参加江苏省县组田径比赛获2金2银3铜,在全省排名第21位。

【市首届游泳公开赛举行】 10月15日,由市体育中心举办的首届游泳公开赛在市体育中心游泳馆举行,为靖江首次举办的公开赛,全市60余名游泳爱好者参赛。公开赛以寻找靖江“蛙王”为主题,设置男子50米、100米蛙泳(壮年组、中年组)和女子50米蛙泳等项目。该赛事成为全市游泳爱好者交流泳技、增进友谊的平台。

【首届“三江·渔鑫杯”全国钓鱼精英赛】 10月30日,由市体育局、西来镇政府主办,江苏三江电器集团股份有限公司承办的首届“三江·渔鑫杯”全国钓鱼精英赛在西来镇三江垂钓中心举行,来自新疆、河南、辽宁、江西、广东、台湾等地的近300名钓鱼高手参赛。比赛分3场,其中2场为3.6米手竿钓对象鱼尾数赛,1场为4.5米手竿钓混合鱼重量赛,每场70分钟。来自张家港的吕建3场比赛均获第一名,比赛成绩分别为对象鱼192尾、128尾,混合鱼总重17.7千克。

【沿江半程马拉松暨50公里接力赛】 11月5日上午,由市政府主办,市体育局、跑族(上海)体育文化有限公司等承办的沿江半程马拉松暨50公里接力赛在市牧城生态园开赛,来自香港、上海、南京、无锡、苏州等地的近千名马拉松运动爱好者参赛。此次赛事的赛道设于牧城生态园明湖之畔和长江江堤。50公里接力赛设超人组、挑战组、超越组,分别由1人、5人、10人团队完成赛程;市教育局、艾兰得艾跑团分别获超越组男子组第二名、第三名,省靖中弘毅队、行知队分别获超越组混合组第二、第三名。半马赛中,扬州选手应科露以1小时33分27秒的成绩获男子组第一名,无锡选手张勤以1小时34分44秒的成绩获女子组第一名,靖江选手徐铁林、陈燕分别获得男子第二名、女子第四名。

【环明湖自行车公开赛举行】 11月20日,由市体育局、环保局、滨江新区办事处和靖江日报社主办,市报业传媒文化发展有限公司、市自行车运动协会承办,江苏新南洋绿色科技有限公司冠名协办的“新南洋杯”江苏·靖江第2届环明湖自行车公开赛在牧城生态园明湖之畔开赛,来自吉林、江苏、浙江等地的20支自行车队近200名选手参赛。比赛设男子山地车组赛,赛程约15公里;女子山地车组赛,赛程约10公里;男子公路组赛,赛程约25公里。此外还设有群众骑行组,全市300余名环保志愿者、企事业单位工作人员组成10个团体方阵,参加5公里群众骑行活动。泰州市张璟、重庆市何艳分别获男女山地车组赛冠军,广东省林成丹获男子公路组赛冠军。

环明湖自行车公开赛

【市广场舞大赛举行】 4—10月,市体育局、江苏有线靖江分公司、市广播电视台联合主办“激情马洲 群舞飞扬——靖江广场舞大赛”。大赛4月中旬开赛、10月底完成总决赛，参赛队伍近百支。经过海选、复赛、决赛，金彤艺术团、鼎和庄俏妈妈舞蹈队、前进艺术团等9支队伍获优秀表演奖，斜桥博爱艺术团、北六凤凰姐妹组合、江阳社区健身队、城南办事处韵律健身队等5支队伍获最佳表演奖。

【市体育中心健身会馆开馆】 6月25日，市体育中心健身会馆开馆。该馆占地面积约3000平方米，设有泳池区、有氧力量健身区、高温瑜伽室、动感单车房等运动场所，开设太极、有氧操、普拉提、各式瑜伽等课程；年内累计招募会员近1000名，实现经济收入135万元。

【钱天一获乒乓球赛5枚金牌】 7月19日，香港青少年乒乓球公开赛暨国际乒联青少年巡回赛在香港举行。国家乒乓球二队靖江籍运动员钱天一获女子单打、双打和团体金牌。在女子双打决赛中，她与队友孙颖莎合作，以3比1战胜日本组合长崎美柚和皆川优香，同时助力中国队问鼎女子团体冠军。9月16—21，在泰国举行亚洲少年乒乓球锦标赛，钱天一又获得女子单打、双打2枚金牌。

【3人获全国少年柔道锦标赛冠军】 8月16日，由国家体育总局举摔柔运动管理中心、江苏省体育局主办，泰州市体育局协办的全国少年柔道锦标赛在市体育中心开赛。全国39支代表队442名选手参赛。泰州市柔道队靖江籍柔道运动员韩嘉辉、严彤彤和孙俊妍代表江苏队参赛，韩嘉辉获男子55公斤级冠军，严彤彤获女子48公斤级冠军，孙俊妍获女子52公斤级冠军。

【王禹涵获全国少年田径锦标赛亚军】 6月10—13日，由国家体育总局田径运动管理中心主办，山东省体育局、济南市体育局承办的全国少年（16～17岁）田径锦标赛在济南奥林匹克体育中心举办，来自全国的36支代表队1200余名运动员参赛。江苏铁人田径运动队靖江籍队员王禹涵在男子铁饼比赛中以58.79米的成绩获亚军。

拔河、舞龙比赛在市体育中心举行。26—27日的拔河赛有来自全省各地的12支代表队参赛，徐州代表队获冠军，连云港代表队和南京代表队分获亚军和季军；28—29日的舞龙赛有9支代表队参赛，其中有列入江苏省首批非物质文化遗产项目的“凤羽龙”，比赛包括规定套路、自选套路、障碍赛、竞速赛以及抽签舞龙，扬州市代表队获团体第一名，南京市、南通市代表队分获团体第二名和第三名。5月5—9日，江苏青少年阳光体育运动联赛

中欧乒乓球世界冠军对抗表演赛

【承办赛事】 年内，为丰富市民体育生活，扩大城市影响，先后承办多项重大体育比赛。3月18日，2016年中欧乒乓球世界冠军对抗表演赛在市体育中心开赛，中国乒乓球名将王涛、王皓、陈卫星、马文革和欧洲乒乓球名将佩尔森、施拉格、罗斯科夫、梅兹共8位世界冠军进行精彩的对抗表演，向靖江市民展示乒乓球运动的魅力。4月26—29日，江苏省第8届农民运动会暨江苏省青少年游泳冠军赛在市体育中心游泳馆举行，来自全省13个城市的600余名选手参赛。比赛分蛙泳、仰泳、蝶泳、自由泳、混合泳及4×100米自由泳接力等14个项目，苏州市代表队、南京市代表队、南通市代表队分别获得前三名。7月16日，“散打天下——中国武术散打职业联赛”积分赛（第2站）在市体育中心开赛，26位国内顶尖散打选手参赛。（吕　婷）

社会民生

编辑 严怀余

居民生活

【居民收入】 2016年,靖江居民人均可支配收入2.95万元,比上年增长9.0%。按常住地分,城镇居民人均可支配收入3.97万元,比上年增长7.9%;农村居民人均可支配收入1.96万元,比上年增长8.6%。城乡居民人均收入倍差为2.026,比上年缩小0.013。

工资性收入 居民人均工资性收入1.91万元,比上年增加1507.0元,占居民可支配收入的64.6%,是居民收入的主要来源,对居民可支配收入增长的贡献率为61.6%,拉动收入增长5.6个百分点。其中,城镇居民人均工资性收入2.56万元,增长7.6%;农村居民人均工资性收入1.28万元,增长8.1%。

经营净收入 居民人均家庭经营净收入3699.8元,比上年增加327.3元,对居民可支配收入增长的贡献率为13.4%,拉动收入增长1.2个百分点。其中,城镇居民家庭人均经营净收入4994.0元,增长8.3%;农村居民家庭人均经营净收入2434.9元,增长9.9%。

财产性收入 居民人均财产净收入2826.1元,比上年增加239.0元,对居民可支配收入增长的贡献率为9.8%,拉动居民收入增长0.9个百分点。其中,城镇居民人均财产净收入3912.4元,增长8.5%;农村居民人均财产净收入1764.4元,增长7.8%。

转移净收入 居民人均转移净收入3925.9元,比上年增加373.2元,对居民可支配收入增长的贡献率为15.3%,拉动收入增长1.4个百分点。其中,城镇居民人均转移净收入5253.3元,增长9.1%;农村居民人均转移净收入2628.5元,增长10.7%。

【居民消费】 2016年,居民人均生活消费支出2.16万元,比上年增长9.0%。其中,城镇常住居民人均生活消费支出26569.7元,增长7.0%;农村常住居民人均生活消费支出16958.3元,增长12.1%。

食品烟酒 靖江居民消费观念逐步转变,消费结构呈现多样性,家庭总支出中用来购买食物的支出比例越来越少。全年居民人均食品烟酒消费支出6537.1元,比上年增长7.8%。其中,城镇居民人均食品烟酒支出7955.0元(增长6.7%),占消费总支出的29.9%(下降1%);农村居民人均食品烟酒支出5212.9元(增长9.6%),占消费总支出的30.7%(下降8%)。

衣着 网购和微商等新型购物方式的盛行,降低了衣着类商品的价格,使得城镇居民在衣着支出方面增幅放缓。全市居民人均衣着消费支出1402.0元,比上年增长7.9%。其中,城镇居民人均衣着消费支出1804.2元,增长6.2%;农村居民人均衣着消费支出1026.4元,增长10.8%。

居住 由于改善性住房的需要和社区档次的提升,居民居住消费支出持续增加。居民人均居住消费支出4124.3元,比上年增长 10.6%。其中，城镇居民人均居住消费支出 5551.7 元，增长 9.4%；农村居民人均居住消费支出 2791.2 元，增长 12.9%。

生活用品及服务　人均生活用品及服务支出 1109.4 元，比上年增长 10.2%。其中，城镇居民人均生活用品及服务消费支出 1227.6 元，增长 7.3%；农村居民人均生活用品及服务消费支出 999.0 元，增长 13.6%。

交通通信　随着城镇居民汽车保有量的饱和，城镇居民交通通信类支出增幅回落明显。全市人均交通通信消费支出 3942.5 元，比上年增长 9.4%。其中，城镇居民人均交通通信消费支出 4353.1 元，增长 4.5%；农村居民人均交通通信消费支出 3559.1 元，增长 15.5%。

教育文化娱乐　文化娱乐等享受型消费支出逐步成为居民消费支出新的增长点，全市人均教育文化娱乐消费支出 2457.0 元，比上年增长 10.5%。其中，城镇居民人均教育文化娱乐消费支出 3006.0 元，增长 8.8%；农村居民人均教育文化娱乐消费支出 1944.3 元，增长 13.1%。

医疗保健　居民健康意识逐年提升，医疗和保健消费支出继续保持平稳增长。全市人均医疗保健支出 1322.4 元，比上年增长 7.6%。其中，城镇居民人均医疗保健消费支出 1866.7 元，增长 7.0%；农村居民人均医疗保健消费支出 814.2 元，增长 9.2%。

其他商品和服务　全市人均其他用品和服务消费支出 705.1 元，比上年增长 6.5%。其中，城镇居民人均其他商品和服务消费支出 805.5 元，增长 1.9%；农村居民人均其他商品和服务消费支出 611.3 元，增长 12.8%。

2016 年末靖江市百户家庭耐用消费品拥有量统计一览表

表 36

指　标	单位	全体	城镇	农村
1. 家用汽车	辆	47	53	33
2 .摩托车	辆	64	63	66
3. 助力车	台	133	122	159
4. 洗衣机	台	114	110	121
5. 电冰箱(柜)	台	115	112	121
6. 微波炉	台	99	98	102
7. 彩色电视机	台	231	236	220
其中：接入有线电视	台	207	213	193
8. 空调	台	221	244	169
9. 热水器	台	103	104	102
其中：太阳能热水器	台	86	84	90
10. 消毒碗柜	台	7	9	2
11. 洗碗机	台	1	1	0
12. 排油烟机	台	68	76	51
13. 固定电话	部	72	74	69
14. 移动电话	部	284	289	274
其中：接入互联网	部	184	184	185
15. 计算机	台	99	110	74
其中：接入互联网	台	89	101	62
16. 摄像机	台	4	4	2
17. 照相机	台	19	25	7
18. 中高档乐器	架	5	6	2
19. 健身器材	台	6	9	1
20. 组合音响	套	12	13	8

（朱利亚）

劳动就业

【概况】 2016 年，市人社局紧扣“民生为本、人才优先”工作主线，深化改革创新，服务发展大局，完成 76 项指标任务、84 项重点工作、30 件民生实事和 15 项创新项目。就业形势保持总体稳定，全年城镇新增就业 1.89 万人，净增就业 1.38 万人，城镇登记失业率 1.86%。大众创业深入推进，新增创业 1.24 万人，扶持 2321 名农村劳动力自主创业。劳动用工管理规范，规模以上企业劳动合同签订率 99.9%，已建工会企业劳动合同签订率 99.9%。维权服务全面深化，追发劳动者工资及经济补偿 5366.4 万元，处理劳动人事争议2146件，按期结案率100%。“十大延伸”做大做强众创空间等创新之举被人民网、《中国组织人事报》《中国劳动保障报》等媒体报道。市人社局连续12年获泰州市局综合考评一等奖，被靖江市委、市政府表彰为先进单位。

【就业创业】 2016年，出台《新形势下就业创业工作相关意见》《关于进一步做好失业保险 支持企业稳定岗位工作的通知》等政策文件，促进城乡劳动者实现更高质量的就业。城镇新增就业1.89万人，净增就业1.38万人，期末城镇登记失业率1.86%，低于全省平均水平。优化配置人力资源，新建人力资源服务中心，建成省五星级人力资源市场和船舶专业人力资源市场，全年各类人力资源市场举办招聘会118场次，为2300家用人单位提供用工4.12万人。发挥科技镇长团作用，组织“企业院校行”外出招聘活动28场，收取应聘者简历1000余份，达成意向875人。做好高校毕业生就业实名制跟踪服务，开展就业服务进校园活动，组织未就业高校毕业生参加就业见习，高校毕业生综合就业率达97%以上。对符合条件的就业困难人员开展实名援助，全年签订“一人一策”援助协议530人，全部实现稳定就业。开发保洁、保安、保绿等公益性岗位316个，托底安置就业困难人员258人，继续保持城乡“双零”(零就业、零转移)家庭动态“双清零”。实施特殊群体帮扶救助，为2260名就业困难人员发放社保补贴960.58万元。做好援企稳岗工作，惠及企业133家，稳定岗位3.24万个，发放稳岗补贴1020万元。推进大众创业、万众创新，出台《关于鼓励“靖江厨师”创业的实施办法》，打造“靖江美食”创业品牌，建成20家样板店，“万名‘靖江厨师’培训工程 促进就业创业”获评泰州市人社系统为民服务优秀项目。搭建创业平台，建成“创客·家”“金融汇咖啡”“火焰创咖”等众创空间52个，新建大学生创业园、青年创业园、电子商务创业园，大学生创业园获评省级大学生创业园。做好创业培训，开办创客导师训练营，培养创客导师50人。规范创客空间管理，在全省率先组建创客服务总部。加大创业资金扶持，全年发放小额担保贴息贷款6981万元、劳动密集型企业贴息贷款3000万元。培育优秀创业项目，组织靖江“创客”参加创业创新大赛，其中，“鳗鱼人工育苗技术”获“中国创翼”青年创业创新大赛团队组第二名，“新型钢结构拆装活动泳池”等6个项目获评省优秀大学生创业项目，2人获评泰州市“十佳创客”。

【职业技能培训与鉴定】 2016年，市人社局通过公开招标确定8家定点培训机构。经专家评审公示，组建机械制造类、船舶制造及配套类、餐饮服务及其他类技能大师工作室23家。建立城乡劳动者终身职业培训体系，完善就业技能培训与岗位需求对接机制，推行“一企一策、一行一策、一园一策、一地一策”个性化用工培训，开设叉车工、行车工、电焊工、电机装配工、船舶管道工、挖掘机操作工等专业培训，开展“江鲜菜”“靖江花卉”等特色培训，对失业人员、困难企业职工、返乡农民工、新成长劳动力4类人员进行针对性培训，对城乡贫困家庭、“双零” 家庭实行“五包”(包技术、包交通食宿、包实习耗材、包技能鉴定、包推荐就业)培训。全年完成城乡劳动者职业技能培训1.98万人、创业培训5879人、新生代农民工培训1468人，企业在岗职工全员技能培训1.28万人，有8036人取得高级职业技能等级证书，其中技师1377人、高级工6659人。

【职工工资与劳动合同管理】 2016年，靖江执行江苏省二类地区工资标准，月最低工资标准为1600元，非全日制用工每小时最低工资标准为14元。落实劳动用工备案制度，全市规模以上企业劳动合同签订率99.9%，已建工会企业劳动合同签订率99.9%。开展“春季和秋季集中要约、应约”行动，新签、续签集体合同880个，签订工资集体协商合同700个、区域性工资集体协商合同135个，合同报送审查率100%。建立健全覆盖城乡的劳动关系协调工作管理体系，劳动关系协调工作100%进社区(村)。加强企业工时制度管理，审批10家企业特殊工时工作制，涉及职工2304人。发布企业工资增长指导线，对靖江62家企业进行薪酬调查。组织园区、企业开展和谐劳动关系创建活动，江苏金秋竹集团有限公司等8家企业通过泰州市考核验收。

【劳动保障监察】 2016年，市人社局加强基层劳动保障监察网格建设，划分劳动监察一级网格12个、二级网格106个，配备劳动保障监察专职协理员21人、兼职协理员230人。劳动监察举报投诉平台高效运行，全年网上登记信息累计录入4326条，受理投诉举报684起，实时录入率、按期运行率均为100%。其中，通过市劳动保障监察大队和网格联动调处成功566件、立案查处99件、移送公安19件，行政处理12家，行政处罚4家，罚款金额37.8万元。追发劳动者工资及经济补偿5366.4万元，涉及9125人。督促参保登记缴费266户，涉及985人。清理整顿人力资源市场秩序，参与全省劳动用工、社会保险法律法规情况专项检查及用人单位工资支付情况摸底排查等专项行动，实地检查各类用人单位4262家次，涉及职工9.26万人。通过检查活动，督促475户用人单位社保登记开户，督促342家用人单位依法缴纳社会保险，新增参加社保五险3273人、单独工伤保险6265人，督促依法签订劳动合同1022份，督促支付工资3894万元，对69家违反工时、休息休假规定的用人单位提出整改要求，移送公安案件3起，涉及218人、金额616.93万元。推行人力资源助理服务制度，抽调80名监察员、仲裁员、兼职监察员和协理员组成助理团队，对246家企业定人、定点、上门指导服务。做好年度用人单位书面审查和信息采集工作，全年书面审查3158家企业，确认诚信等级A级单位476家、B级单位2099家、C级单位583家。开展诚信企业培育创建活动，评定70家诚信示范企业和诚信企业。建立劳动保障维权接处中心，增设4个案件调处室和办事群众等待区，形成咨询服务、接待受理、调查处理等一条龙服务，全年提供电话咨询服务2.64万人次，接待来访5900余人。建立劳动监察预警指挥中心，健全欠薪防范处置工作机制，维护社会和谐稳定。

【劳动人事争议仲裁】 2016年，建立劳资纠纷定期排查和提前预警防范工作制度，调解仲裁工作重心由事后处理向事前化解转变。开辟劳动人事仲裁绿色通道，同时送达受理通知、开庭通知，个案平均办结时限缩短至25天。建立调解仲裁监督机制，采取专业化的内控制度和现代化的监控体系，全程视频监控案件调解仲裁过程，确保调解仲裁公平公正。建立劳动人事争议陪审员参与案件处理的工作机制，通过申请报名、资格审查、聘任上岗等程序，聘任17名陪审员，全年案件调解率超过85%，陪审案件裁审一致率96%以上。设立城北园区、孤山镇巡回仲裁庭，并通过省级示范点验收。全年处理劳动人事争议2146件，其中各类基层调解组织调解1540件、立案606件，裁决劳动人事争议案129件，按期结案率100%。市仲裁院、仲裁调解窗口均被江苏省司法厅评为“江苏省人民调解委员会规范化建设示范点”。

【在省内率先组建创客服务总部】 2016年，靖江市创客服务总部建成，这是继市人力资源市场、人力资源服务产业园、高层人才创新创业服务中心、市创业6S中心建成运营后，由市人社局、发改委、经信委、财政、科技、人才、商务、市场监督管理、金融、国税、地税等部门合力打造的大众创业公共服务平台。该总部为全市企业及所有创客提供集创业政策、创业指导、创业培训、创业项目、创业融资于一体的创业资源共享服务。至年末，创客服务总部参与扶持“汇流E通”等创业项目30余个。

【省五星级人力资源市场建成】 2016年，按照省五星级人力资源市场要求，新建靖江市人力资源服务中心，建筑面积2600平方米，设有招聘区、工种介绍区、自助招聘求职区以及与就业创业相关的服务窗口区，配备智能无纸化招聘系统，可提供人才交流、求职登记、推荐就业、高端人才智力引进等“一揽子”服务，成为省内县级市中功能最全、面积最大的人力资源服务中心。全年举办各类人才招聘会118场次，为2300家用人单位提供用工4.12万人。

市人力资源服务中心招聘现场　（市人社局提供）

【"众创空间"延伸】 2016年,出台一系列鼓励发展众创空间、推进大众创新创业的扶持政策,将"众创空间"建设向"经济实体、青年群体、隐形一族、特色美食、智慧前沿、科技领域、金融行业、现代农业、沿江养殖、国际空间"10个行业或领域延伸。年内,江苏亚虎营养健康咨询服务有限公司、江苏禹汉科技有限公司在靖江创客工场孵化成功;华达汽配"奋进号创客组"创新后轮罩柔性机器人自动焊接生产线,生产效率提升3倍;吴桂霞从事"互联网+"微商,其团队形象登上纽约斯达克大屏。至年末,全市建成各种类型的"众创空间"52家。

社会保障

【概况】 2016年,市人社局坚持"全覆盖、保基本、多层次、可持续"方针,组织全民参保登记,开展工伤预防和康复、城乡居民医保大病补充保险、职工医保慢性病实时结算等工作,统筹推进城乡社会保障体系建设。年内,新增参保单位635户,新增养老保险参保6625人、医疗保险参保9909人、失业保险参保4472人、工伤保险参保1.11万人、生育保险参保4472人,全市企业职工基本养老、医疗、失业、工伤和生育保险参保人数分别达17.92万人、27.70万人、15.01万人、19.11万人、14.33万人,参保率稳定在96%以上。城乡居民养老保险参保4.24万人,机关事业单位养老保险参保0.64万人,被征地农民参加基本生活保障9.65万人,城乡居民基本医疗保险参保32.08万人。全市17.73万人领取各类养老待遇。各项社保基金累计结余突破60亿元。

【企业职工基本养老保险】 2016年,企业养老金按时足额发放率和社会化发放率均为100%。先后于1月、7月两次调整企业离退休人员养老金,1月调整对象为2015年12月31日前的离退休人员(含被征地农民),7月调整对象为2016年1月1日至6月30日的企业退休人员。全年新增退休(职)人员4743人,其中正常退休4460人、因病退休91人、特殊工种提前退休165人、因病退职27人。办理离退休死亡1339人,新增遗属补助等供养待遇人员128人。

【医疗保险】 2016年,全市城镇职工基本医疗保险基金收入10.39亿元(含利息收入5514万元、医保关系转入时个人账户余额收入160万元、办理退休时一次性缴纳费用1.62亿元),其中记入统筹基金5.83亿元(含利息2654万元、一次性费用1.62亿元),记入个人账户4.57亿元(含利息2860万元、转移性收入160万元)。当年职工基本医疗保险基金支出7.51亿元,其中统筹基金支出4.18亿元、个人账户支出3.34亿元。城乡居民基本医疗保险参保人数32.08万人,筹资标准为每人670元(其中个人缴纳105元、财政补助565元),全年共筹医保基金2.15亿元(其中个人缴纳所筹3381万元、财政补助1.81亿元),当年居民基本医疗保险支出2.04亿元。推进医保支付制度改革,建立适应分级诊疗、双向转诊的医保支付管理制度,实行以总额控制为主、按病种付费为辅的复合式付费方式,在总额控制基础上,全面推进病种付费,确定101个病种付费限额。调整城乡居民医保部分政策,将《靖江市城乡居民基本医疗保险药品目录》中自付90%、70%、50%、30%相应下调为自付70%、50%、30%、10%。开展城乡居民基本医疗保险大病保险,居民大病保险按每人35元筹资,共筹1145万元。全年有2428人享受大病保险待遇,大病保险支付1210万元。开展城镇职工医保大病保险,职工大病保险资金从基本医疗保险统筹基金中按每年每人45元划拨。参保人员在一个结算年度内经基本医疗保险报销后,再次报销个人自付超过一定标准的住院和门诊特殊病种的合规医疗费用。7月1日起实行即时报销,当年1909人享受职工医保大病保险报销982万元。

【工伤生育保险】 根据泰州市《关于调整工伤保险费率政策的通知》,从4月起,全市各企业及机关事业单位由原来三类风险行业(分别按0.8%、1.6%、2.4%缴费)改为八类风险行业,分别按0.6%、1.0%、1.2%、1.4%、1.6%、2.0%、2.2%、2.4%缴费。根据《泰州市2016年工伤保险定期待遇调整方案》,全市伤残津贴、供养亲属抚恤金发放标准增长7%,伤残津贴(不含退休后补差津贴)调整不低于130元,供养亲属抚恤金调整不低于50元,有243人享受工伤津贴及供养亲属抚恤金定期调整待遇。全年工伤保险基金收入8704万元(含利息收入120万元),支出8920万元,有2791人享受工伤保险待遇。根据江苏省人力资源社会保障厅、江苏省财政厅《关于调整生育津贴计发标准的通知》,调整全市生育津贴计发标准:女职工原享受

98天的生育津贴调整为享受128天;男职工增加护理假,可享受15天的生育津贴。全年生育保险基金收入2918万元(含利息收入215万元),生育保险基金支出3588万元。

【失业保险】 2016年,扩大失业保险覆盖面,降低企业失业保险费率0.5个百分点,累计减轻企业负担近2000万元。全年共向3.12万人次失业职工发放失业保险金3162万元,帮助3.02万名失业职工缴纳医疗保险费837万元,为2名大龄失业人员缴纳养老保险及医疗保险1.44万元。

【机关事业单位养老保险】 2016年,实施机关事业单位养老保险改革,对基本养老保险费、基本养老金、职业年金进行收支测算,做好各项数据统计和分析工作。拟定全市公务员及事业单位不同职务、职称、技术等级人员的视同缴费指数,进行严格、科学验算。调整9882名机关事业单位离退休人员养老金,人均每月增加269.11元、达到4146.24元。按照机关事业单位养老保险改革要求,贯彻《省政府关于机关事业单位工作人员养老保险制度改革的实施意见》,出台实施办法,开展参保登记。全市机关事业参保单位161户,参保缴费职工6400人,领取养老待遇4699人。全年机关事业单位养老保险收入1.39亿元,收缴率100%;机关事业单位养老保险基金累计支出2.1亿元。

【城乡居民基本养老保险】 2016年,出台《靖江市征地补偿和被征地农民社会保障实施办法》,全年新增3147名被征地农民参加养老保险,全市累计有56个村512个组9.65万名被征地农民参加基本生活保障,其中7.03万人领取生活补助费,2.62万人享受养老待遇。做好特殊对象保障帮扶工作,为2422名重残、低保人员办理城乡居民养老保险,支付费用24.22万元。优化城乡居民基本养老保险便民快捷服务,在全市各村(社区)安装POS机具337台,村级平台服务标准化示范建设完成率90%。推进城乡居民养老保险续缴费工作,续缴率96%。全年新增2108人参加城乡居民养老保险,累计有6.91万人享受城乡居民养老金,1.53万人单独领取基础养老金。从1月起调增个人账户养老金标准,基础养老金每人每月由115元提高到125元,个人账户养老金比上年增长10%。

【离休人员医疗保障】 2016年,全市参加医疗统筹的离休干部273人,统筹标准为每年每人3万元;新中国成立前老工人54人,统筹标准为每年每人2.2万元;享受遗属补助的261人,统筹标准为每人每年0.3万元。全年各统筹单位应缴统筹金1016.1万元,其中市财政负责征收718.7万元、市统筹办负责征收297.4万元。全年离休人员共发生医疗费2243.51万元。全市参加医疗统筹的6级以上革命伤残军人有165人,统筹标准为每人每年3万元。全年应收6级以上伤残军人统筹金495万元,由市财政全额负担专项拨付。全年6级以上伤残军人发生医药费493.1万元。全年财政共拨付离休人员和6级以上伤残军人医疗费2195.7万元,市统筹办征收297.4万元,共计2493.1万元。全年医疗费支付2736.61万元,其中市医疗集团承担243.51万元。

【离退休人员社会化管理】 2016年,做好8.62万名离退休人员社会化管理服务,全年接收离退休人员档案5953份,新进社区管理5953人,退休人员档案接受率、社区(村)社会化管理率均为100%。对8.62万名3月31日之前退休(含定补)人员进行资格认证,认证率100%。组织8.16万名符合条件的退休人员免费健康体检。开展丰富多彩的文体活动,联合各镇(街道、办事处)组织退休人员开展自娱自乐活动和以"敬老爱老,全民行动"为主题的文娱活动各30余场次,营造尊老、敬老、爱老、助老的良好社会氛围。组织全市退休人员参加泰州市"社保情杯"体育舞蹈展示、门球展示交流活动以及省社会保险基金管理中心的"夕阳美·社保情"退休人员书画作品展。举办计算机操作、家庭菜肴烹饪、太极健身等培训班26期,培训离退休人员2665人。重阳节期间,向4930名80周岁以上老人发放慰问金39.44万元。春节前夕,向全市295名特困退休人员发放慰问金11.83万元。

【工伤保险、失业保险费率调整】 2016年,市人社局将失业保险费率由2%降至1.5%,其中用人单位缴费比例为1%、个人缴费比例为0.5%,新费率执行期限为3年。调整工伤保险行业差别化费率,一类至八类行业基准费率分别调整至0.6%、1.0%、1.2%、1.4%、1.6%、2.0%、2.2%、2.4%。劳务派遣企业的派遣用工工伤保险缴费费率,按所派遣行业基准费率标准执行,原则上不低于1.6%;参加养老、工伤、失业、医疗、生育五项社会保险的造船业缴费费率,由原2.4%调整为2.0%;造船业等工伤风险较高行业的流动就业务工人员可以优先参加工伤保险,基准费率标准暂按2.4%执行。

【社保业务“一窗式”服务】 2016年,市人社局对照部、省标准化建设规定,改造硬件环境,完善设施设备,归并整合关联业务,简化办事窗口和流程,实行社保业务“一窗式”经办,推出排队叫号服务、窗口服务、评价服务,提升公共服务能力,提高办事效率。

(朱金水 徐乔华 倪光军 李庆峰)

民政事务

【概况】 2016年,市民政局以完善社会救助体系、创新基层社会治理、加快养老服务业发展为重点,统筹推进民生幸福、社会治理、养老服务、强基强纪四大提升工程建设,增强“三类群体”(困难群体、特殊群体、优抚群体)获得感。城乡居民低保年人均标准提高至7080元,农村居民“五保”供养年人均标准提高至8120元;创新社区治理,96.5%的城市社区、90%的农村社区创建为省级和谐社区;规范社会组织管理,91%的社会组织通过年检;推进养老服务建设,建成21个居家养老服务中心,千名老人床位达37.6张;落实涉军政策,发放抚恤补助金4076万元,年增抚恤补助金370余万元;加强慈善组织建设,有14家单位获评“慈善之星”先进集体。

【社会救助】 2016年,出台《因病支出型贫困家庭救助暂行办法实施细则》,向首批12名因病致贫人员发放救助金6万余元。全市城乡有最低生活保障对象9121人,其中城市居民1340人、农村居民7781人。7月1日起,城乡低保标准由每人每年6840元提高至7080元,农村五保供养标准由年人均7457元提高至年人均8120元,孤儿救助标准由每月每人1100元提高至1190元,城市“三无”(无劳动能力、无生活来源、无赡养人或抚养人)对象救助标准由每月每人1100元提高至1380元。困难群众医疗救助年度封顶线提高至4.5万元。全年发放临时救助金405.2万元,救助群众1.33万人次;结对帮扶1200户,发放帮扶资金194.45万元。免费为全市66.8万名户籍居民购买自然灾害商业保险。

【优抚安置】 2016年,接收退役士兵277人,发放退役士兵优待金、安置补偿金、大学生奖励金2210.11万元及立功奖励金17.43万元。做好退役士兵职业技能培训工作,退役士兵参训率82%以上,双证(执业资格证书、培训结业证书)获取率98%。贯彻落实涉军政策法规,发放抚恤补助资金4076.95万元、门诊补贴57.96万元、医疗救助94.44万元。实现优抚对象抚恤补助护理费标准第18次自然增长,年增370余万元。足额发放重点优抚对象物价补贴88.2万元,组织2644名重点优抚对象免费体检并建立健康档案。推进“一助一”结对帮扶工作,开展350户困难重点优抚对象帮扶活动。落实优抚对象精神抚慰机制,组织开展清明祭扫革命先烈活动和9月30日烈士公祭活动。

【社区建设】 2016年,市民政局推进城乡社区综合服务设施建设,抓好服务中心挂牌、台帐、功能室设置等标准化建设“回头看”工作。开展和谐社区创建,96.5%的城市社区、90%的农村社区达到省级和谐社区标准。印发《关于进一步加强村务公开民主管理工作的通知》,深化村务公开和民主管理工作,专项检查全市村(居)民主管理工作。围绕“惠民、慧治、汇生活”目标,推进网格化提升工程,建成靖江首个智慧社区(康阳社区)综合服务平台,为居民提供全方位的信息化、数字化服务和特色便民服务。组织开展第11届村委会和第6届社区居委会换届选举工作,印发指导手册,确保选举工作合法规范。

【社会组织管理】 2016年,改革社会组织审批程序,实行审批流程跟踪负责制,全市每万人拥有登记社会组织8个。建立联合监管机制,社会组织年检率91%。按照简政放权要求,将镇级社会团体年检和社区社会组织备案登记工作职能交由各镇负责。实施社团、民办非企业等级评估,全市共有1-2A级社会组织187家、3-5A级社会组织26家。加强社会组织培育,5月27日举办“全市社会组织与社区治理创新”专题讲座,8月23日组织公益性社会组织参加《中华人民共和国慈善法》学习班;推进马桥镇、靖城街道办事处、市司法局和团市委社会组织培育分中心建设;加快培育社区服务类社会组织,滨江新区各社区平均拥有社会组织8个以上。开展社会组织评优活动。靖江市179志愿者协会获“江苏省优秀家庭教育指导服务机构”称号,被确定为江苏省青年志愿者助残“阳光行动”服务基地,其“晴天娃娃”留守儿童行为与认知能力提升项目获首届江苏志愿服务展示交流会金奖，会长姚炜平入选中央文明办举办的“中国好人榜”，并获第11届“江苏青年五四奖章”提名奖、江苏省民政厅颁发的“盐城风雹灾害心理社会援助表现优异”荣誉证书；靖江市家有儿女志愿者协会“助飞小候鸟”项目获江苏省十佳青春公益品牌奖，“情系候鸟、远离毒品”项目获团中央预防毒品教育小额资助奖，“靖江赤子之心环境文化交流中心”项目获江苏省首届志愿服务展示交流会铜奖。

【社工人才建设】 2016年，市民政局实施优秀社会工作人才培育工程，与市人才办共同出台《靖江市优秀社会工作人才培育工程实施意见》和《靖江市优秀社会工作人才培育工程实施细则》，确定市优秀社会工作人才培育工程首批培养对象23人，管理期从2016年至2018年。组织2016年社会工作师考试，有49人、16人分别通过初级、中级社会工作师考试。至年末，全市共有初级社会工作师162人、中级社会工作师35人。

【社会福利】 2016年，市民政局坚持社会化运作，突出医养融合，着力构建多元化的养老服务体系。全市有各类福利院19家，其中养老机构17家，千名老人床位37.6张。10家敬老院完成“三有三能六达标”（每个房间有卫生间、电视机、保暖降温设备，不出院门能洗澡、看病、康复娱乐，消防、卫生、环境、五保老人供养标准、管理服务人员配比、管理服务人员工资待遇达标）改造，乡镇敬老院全部加挂养老服务中心牌子，面向社会开放。加大社区居家养老服务中心建设和督察力度，完成21个标准化社区（村）居家养老服务中心建设，建成老年人助餐点23个、区域性助餐点1个、日间照料中心1个。在靖城街道试点推行政府购买居家养老服务，指导靖城街道办事处“虚拟养老院”试点建设及运行，为老年人特别是高龄、空巢、独居老年人提供精神关爱服务。开展老年人“安康关爱行动”，为老年人提供健康服务和意外伤害保险。指导协调惠丰卫生院、侯河卫生院进行医养融合改造试点，开展初、中级护理员免费培训，全年新增99名养老护理员。稳步推进福彩销售，11月18日靖江市中福在线销售厅在润晖国际广场开业，营业面积300平方米。全年福利彩票销售7432万元。

开展关爱留守儿童公益活动 （市民政局提供）

【殡葬管理】 2016年，依法推进惠民、绿色殡葬改革和管理创新工作，规范管理镇级公益性公墓。针对全市范围公益性墓地预留严重不足及经营性公墓基本售完即将封园等问题，筹划龙泉公墓二区建设。市殡仪馆进行火化炉大修、配电房增容、除尘布袋更换、开票管理软件升级，布设网络线路，与市财政、民政数据并网，实现资源共享，提升殡葬管理水平。全年共火化遗体5500具。

【困境未成年人救助保护】 2016年，市民政局开展困境儿童调查摸底工作，按照“一人一档”要求，建立困境儿童档案，同时建立困境儿童救助保护督促员制度，做到“一对一”保护、“一对一”服务。市未成年人救助保护中心牵头组织开展“春联公益大联欢”“亲子关爱”“关注自闭症儿童”“童心同行庆‘六一’”等公益活动20余次。发挥广播、电视、报纸、互联网等媒体作用，加大对困境儿童分类保障和未成年人保护工作的宣传力度，推动相关保护政策进社区、进学校、进家庭，动员群众参与困境未成年人救助保护工作。引导和支持民间组织、企事业单位、个人等社会力量参与困境未成年人保护，形成全社会共同关心帮扶困境未成年人的良好氛围。

【区划地名管理】 2016年，完成苏州市、泰州市行政区域界线联合检查，实施靖泰线界桩更换工作。开展第二次地名普查，各镇(街道、园区、办事处)广泛收集地名资料，完成调查目录编制和工作用图标注，并围绕地名标准名称及其别名、曾用名和简称等，采集整理其来历、含义、历史沿革、地理实体概况及相关资料来源等内容录入数据库。全年完成6条道路、14个新建小区的规范命名和更名工作。

【婚姻和收养登记】 2016年，严格执行《婚姻登记工作规范》，制定元旦、情人节等吉祥日的婚姻登记应急预案，做好高峰期的婚姻登记工作。全年办理结婚登记5267对、离婚登记1418对，补办结婚证1470件、离婚证71件。完成2015年度婚姻档案移交工作，合格率100%。做好《中华人民共和国反家暴法》的宣传工作，在办理结婚登记时发放《致新婚夫妇一封信》，让每对新婚夫妇认识到家庭的责任与义务。依法开展收养登记工作，全年办理42件收养登记和1件解除收养登记。

【慈善救助】 2016年，市民政局开展"助困、助医、助学、助残、助老"慈善救助活动，全年募集慈善款(物)1425.5万元，支出救助款(物)1003.51万元，惠及城乡困难群众5053人(次)。组织第6届"靖江慈善日"活动，接收捐款186.45万元，14家单位、26名个人分别获评2016年度"慈善之星"先进集体和先进个人。加强慈善基层组织建设，修订和完善相关管理办法和规定，指导分会开展慈善工作。举办《中华人民共和国慈善法》学习培训班，自觉接受审计部门的审计和社会各界及捐赠单位、个人的监督，树立慈善组织的社会公信力。(褚晓春)

拥军拥政

【概况】 2016年，市双拥办和社会各界加强双拥宣传与教育，开展形式多样的双拥活动，推进军民深度融合，加快双拥社会化，全市双拥工作整体水平进一步提升。

市领导走访慰问海军靖江舰官兵 (市民政局提供)

【双拥宣传】 2016年，持续在市广播电台、电视台、《靖江日报》等新闻媒体开辟专刊、专栏，宣传拥军拥政工作和优抚安置政策，提升军民双拥意识。市双拥办出刊《双拥简报》5期，及时传递双拥信息，反映双拥动态。总结和推广双拥工作亮点，在全国、江苏省、泰州市双拥网和《双拥简报》登载双拥信息20余条。清明节、烈士公祭日期间，近4万名社会各界人士开展祭奠革命先烈活动，缅怀烈士丰功伟绩，接受革命传统教育。纪念红军长征胜利80周年、人民解放军建军89周年，开展革命电影巡映、参观烈士纪念场馆、革命故事进社区、学习朱军军烈士等专题活动。推进双拥文化建设，命名"双拥路"，在靖江报社《眼界》杂志刊载双拥创建内容，启动爱国主义教育基地命名活动。加快双拥工作社会化建设步伐，推进社区双拥工作站示范点建设，宣传市人民医院、江阳社区等9个双拥典型。

【双拥共建】 开展走访慰问。春节、"八一"建军节期间，市四套班子主要领导分组慰问驻军官兵，送去慰问金、慰问品，并与63680部队、海军靖江舰官兵互访互问，增进军地情谊。各基层双拥单位组织人员走进军营、走进优抚对象家庭，为他们办实事、解难题，送去党和政府的关爱。开展文化拥军。组织"流动图书车"进军营、援建军营图书室等系列活动，为驻靖江部队更换图书2000册；组织靖江锡剧团、江苏有线靖江分公司等编排文艺节目慰问驻靖江各部队，丰富官兵精神文化生活。开展实事拥军。召开市委常委会议专题议军，深入驻靖江部队了解驻军单位及部队官兵的需求，帮助驻靖江部队官兵改善工作、生活、训练条件，投资10万元购买18台电脑，为科技练兵提供保障；制作拥军卡，供驻靖江部队官兵免费乘坐城乡公交车；帮助武警中队整修住房，新建洗浴用房；为市人武部新建“三维一体”办公大楼；制定市消防大队五年发展规划，将消防设备采购纳入财政预算。开展爱民走基层活动。各驻靖江部队运用独有资源，勇担防洪救灾等急难险重任务，助力驻地经济社会发展；驻靖江63707部队继续资助3名困难学生，照顾孤寡老人；市人武部组织民兵预备役人员结对帮扶困难优抚对象，资助城东小学贫困学生就学；市消防大队继续开展“春风行动”“送温暖、献爱心”等活动，为孤寡老人、军烈属排忧解难；市武警中队积极参加城市创建、安全保卫、义务献血、植树造林等；靖江边防检查站组织官兵参加“5·19”慈善募捐、为民献血奉爱心等活动，以拥政爱民的实际行动回报驻地。

【国防教育】 2016年，《靖江日报》专刊《国防视野》每月1期介绍国防知识和国防教育开展情况，市电视台《双拥天地》栏目及时播出双拥动态和国防知识，市广播电台专设《人武战线》播报全市民兵预备役活动内容，市政府门户网站设双拥专栏反映全市双拥发展状况。对各社会群体分类施教，组织机关干部、企业家代表近200人走进驻澄某部体验军营生活，组织中小学生走进国防教育基地接收国防知识教育。（褚晓春）

民族、宗教事务

【概况】 2016年，全市在籍少数民族族别29个、1431人，多数是婚嫁至靖江的女性及婚生子女。其中土家族人数最多，有414人，苗族次之。城市流动少数民族人口为5374人，大多来自新疆、甘肃等地，主要从事兰州拉面和商贸经营。全市有市佛教协会、市道教协会和市基督教三自爱国运动委员会3个宗教团体，依法登记的宗教活动场所20处，其中佛教寺院10处、道教宫观2处、基督教聚会场所8处；有经资格认定备案的宗教教职人员87人，其中比丘34人、比丘尼3人、道士（坤道）24人、基督教牧师2人、长老1人、传道员23人；有佛教皈依居士近5000人、道教信徒450余人、基督教受洗信徒近2000人。年内，全市民族宗教工作贯彻落实党的民族宗教政策和国务院《宗教事务条例》，依法管理民族宗教事务，妥善处理民族、宗教方面的社会矛盾，积极引导宗教与社会主义社会相适应，促进民族关系、宗教关系和谐稳定。

民族事务 落实民族政策，为33名符合条件的少数民族考生办理中、高考政策加分证明，为5名符合条件者办理民族成分更改手续。建立少数民族贫困家庭数据库，对8户少数民族特困家庭开展结对帮扶，向23户少数民族贫困家庭发放补助金4.6万元，为4名少数民族学生就近读

2016年靖江市少数民族人口基本情况一览表

表37　　单位：人

族别	人数	族别	人数	镇区	人数
土家	414	纳西	11	靖城	202
苗	229	仫佬	7	西来	206
壮	153	景颇	3	新桥	220
满	124	哈尼	11	斜桥	141
布依	82	畲	17	季市	113
回	80	仡佬	15	孤山	126
蒙古	43	白	13	东兴	99
侗	62	维吾尔	5	生祠	108
彝	45	傣	6	马桥	73
瑶	43	羌	6	江阴园区	74
朝鲜	14	水	5	滨江园区	14
黎	18	东乡	1	城南园区	55
藏	11	拉祜	4		
鄂温克	2	锡伯	1		
普米	1				
小计		29	1431	小计	1431

书提供帮助，向回族等10名少数民族群众发放清真补贴1.28万元，向少数民族集中的用工企业赠送慰问金1万元。推进民族团结示范创建工作，在靖城街道公园弄社区建立“少数民族之家”、少数民族调解室、民族政策法规宣传栏，妥善化解6起涉及少数民族人员的矛盾纠纷。

民族政策法规宣传 （市民宗局提供）

宗教事务 市民宗局引导各宗教团体规范运作，完善议事决策、民主管理、财务监管、人才建设等各项制度，组织宗教团体做好年度述职、民主测评等工作，市基督教三自爱国运动委员会完成换届选举。推动宗教公益慈善事业发展，佛教、道教和基督教整合慈善资源，依法登记注册靖江市宗教慈善功德会，开展助学、助残、助困等活动，先后举办“宗教慈善周”、《弘一大师——最后之胜利》公益演出、宗教人士书画义卖等爱心活动11场次，累计发放善款50余万元，惠及400多人次。宗教场所建设逐步规范，开展星级宗教场所创建“回头看”活动，引导宗教场所健全财务和档案等管理制度、完善治安和消防等技防措施，靖江西来寺成功创建为江苏省四星级宗教活动场所。宗教人才建设不断增强，建成全市宗教教职人员基础信息库，组织优秀教职人员参加各类培训班，提升教职人员传教如法水平。有4名基督教教职人员参加江苏神学院泗阳牧师班半脱产学习，3名道教人员参加正一派传度仪式并获取证书，西来寺住持仁决、关圣寺住持慈开分别参加日本佛学院和中国佛学院研究生进修班学习。靖江感恩堂张娃牧师获泰州市宗教教职人员演讲比赛第一名。

【第4届民族团结进步宣传周】 2016年6月20—26日，市民宗局组织开展第4届民族团结进步宣传周活动。期间，靖江电视台专题报道公园弄社区在民族团结进步工作方面的亮点，《靖江日报》专版登载民族知识、民族政策等内容，将民族政策法规宣传到千家万户。各镇(街道、园区、办事处)在20条主要街道悬挂和张贴宣传标语，在广场、学校等公共场所发放宣传手册300余册，提升全市各界对民族工作的认知度、关注度和支持度。

【宗教界慈善公益活动】 2016年8月26日，举行第4届宗教慈善周活动启动仪式，著名表演艺术家游本昌受邀至现场公益主演话剧《弘一大师——最后之胜利》。此次公益演出所募资金作为宗教慈善功德会公益基金，用于开展多种形式的社会救助活动。仪式上，向32名少数民族贫困学生发放助学金3.2万元。第4届宗教慈善周累计发放善款16.8万元。9月，全市各宗教活动场所结合迎中秋开展宗教慈善慰问活动，看望慰问附近村组的贫困户和孤寡老人，送去慰问金和中秋礼品。年末，市宗教慈善功德会开展“温暖马洲行”公益慈善活动，先后前往马桥镇敬老院、马桥镇朝西村、孤山镇勇进村、靖城街道城西社区慰问孤寡老人和贫困家庭，为他们送上生活用品和慰问金。

【靖江关圣寺地藏殿落成】 关圣寺位于江阴—靖江工业园区五圩村，是市内南片较有影响力的宗教活动场所之一，已建成天王殿、大雄宝殿、地藏殿等建筑。地藏殿主供地藏菩萨，是佛寺的重要配殿。该殿占地350平方米，为苏派建筑风格，总投资230万元，于2016年9月竣工。10月15日，举行关圣寺地藏殿落成庆典，中国佛教协会副会长、江苏省佛教协会会长心澄大和尚为全体信众做开示。 （张朝斌）

老 龄 工 作

【概况】 2016年，全市老龄工作围绕“六个老有”(老有所养、老有所医、老有所教、老有所学、老有所为、老有所乐)目标，为老年人办实事、办好事，维护和保障老年人的合法权益，丰富老年人的精神文化生活，促进全市老龄事业持续健康发展。至年末，全市有 60 岁以上老人 17.07 万人，占总人口的 25%。其中，80~89 岁老人 1.98 万人、90~99 岁老人 3100 人、百岁老人 142 人。全年新增八旬老人 3440 人，发放八旬以上老年人尊老金 1603.1 万元。

2016 年度靖江百岁老人
分布一览表

表 38　　单位：人

镇(园区)	总数	男	女
季市	20	3	17
滨江	4	2	2
江阴园区	6	2	4
城北	4	1	3
城南	9	9	0
靖城	20	0	20
东兴	7	7	0
孤山	11	1	10
马桥	10	1	9
西来	10	3	7
斜桥	17	0	17
新桥	9	2	7
生祠	15	0	15
合计	142	31	111

【老年人活动】 2016 年，市老龄委组织参加泰州市第 2 届“中国人寿”杯老年文艺汇演暨全省老年春晚节目海选、集训活动。精选 6 个优秀节目制作成光盘送评，歌伴舞《月儿弯弯》被 2017 年“江苏老年春晚”录用。承办泰州市第 5 届运动会老年部中国象棋、围棋比赛，泰州三市四区有 7 支代表队 82 名运动员、教练员、裁判员参赛，靖江市民政局获泰州市优秀组织奖。开展“敬老文明号”创建活动。根据泰州市老龄委“情暖夕阳·孝行泰州”主题活动要求，组织和动员有关部门、社会组织、家庭和个人，为老年人办实事、做好事、献爱心，培育和践行社会主义核心价值观，涌现一批为老服务的先锋和楷模。斜桥镇博爱老年关爱之家获省和泰州市“敬老文明号”称号，微创医院获泰州市“敬老文明号”称号。

市领导慰问困难老人　　（市民政局提供）

【老年人服务】 2016 年，利用新闻媒体，宣传《中华人民共和国老年人权益保障法》和尊老敬老新人新事，敬老月期间采访报道尊老敬老事迹。开展助老关爱行动，发动社会各界、社区志愿者为高龄、空巢和困难老年人做家务、理发、送重阳糕等。完成八旬老年人增减申报、审核工作，全年新增八旬以上老年人 3440 人，发放尊老金 1603.1 万元。全年办理老年证 968 个，受理老年人来信来访 31 件(次)，老年人满意率 100%。加快标准化居家养老服务中心建设，建成 21 个标准化社区(村)居家养老服务中心，其中 2 个为社会化运营。建成 23 个老年人助餐点、1 个区域性助餐点、1 个日间照料中心。在靖城街道试运行“虚拟养老院”，利用“12349”呼叫系统，实现一点呼叫、平台转接、专业服务，为老年人特别是高龄、空巢、独居等老年人提供便捷、优质、高效、经济的居家养老服务。

【老年人慰问】 重阳节期间，市老龄委和各镇(街道、园区、办事处)走访慰问敬老院、托老院和高龄、困难、知名老人，为老年人解决实际困难。全市共走访慰问 10 个敬老院、4 个民办托老院和 60 位困难老人，为 90 岁以上老人发放重阳慰问金 147.9 万元，各镇(街道、园区、办事处)和 20 多个涉老单位为离退休老年人发放重阳慰问品。市健康协会为老年人发放健康手册 300余本，有关医疗单位为 300 余位五保老人送医送药、免费体检。斜桥博爱老年助餐点开展重阳慰问演出，为五保困难老人发放慰问品 3000 元。　（褚晓春）

靖江中韩产业创新合作活动周

“2016靖江中韩产业创新合作活动周”于11月27—30日在靖江举行,50多家韩国企业客商和70多家靖江企业负责人参加。韩国驻中国大使馆经济公使朴银夏,韩国前国会议员、汽车协会理事、中小企业振兴会会长朴相熙,中国亚洲经济发展协会常务副会长陈军,中投国际投资服务中心总裁王萍等应邀参加活动周。此次活动周由靖江市委、市政府主办,旨在为深化靖江与韩国之间的经贸交流与合作,为靖江企业引进韩国先进技术和创新经验提供对接平台。其间,举行“靖江中韩合作创新论坛”“靖江市经济贸易合作项目参观考察”“产业专题合作交流会”“项目合作签约仪式”等商贸活动和“靖江中韩文化交流活动”。靖江市委书记、靖江经济技术开发区党工委书记赵叶在活动周闭幕式上说:“这是一次助推发展的盛会、凝聚共识的盛会、硕果累累的盛会,更是靖江对外交流新的里程碑,翻开了靖江与韩国合作的新篇章”。

靖江中韩合作创新论坛

11月28日上午,在2016靖江中韩产业创新合作活动周开幕式后,靖江市委、市政府在金悦国际大酒店举行靖江中韩合作创新论坛。论坛由中投国际投资服务中心总裁王萍主持,韩国和靖江的政府、企业界代表参加。出席论坛的嘉宾围绕“中韩创新合作”等主题展开对话交流。双方碰撞思想,凝聚共识,为积极谋求合作共赢奠定基础。关于创新,KYUNG CHANG产业株式会社战略企划部部长朴期昌说,沟通交流是创新的前提和基础,靖江市委、市政府通过举办中韩创新论坛,为两国企业创新发展打开大门,必将有利于两国企业合作共赢。华达汽车科技股份有限公司总经理葛江宏说,这次活动是中韩之间一次沟通机制的创新,这样的活动有助于靖江企业家更新观念,开拓发展空间。亚洲经济发展协会常务副会长陈军认为,产业创新,需要政府引导,靖江市委、市政府架起交流沟通的桥梁,对中韩企业寻找合作共赢点大有裨益。关于合作,大韩民国驻中国大使馆经济公使朴银夏作《韩中经济关系发展、协同、创新》主题演讲时指出,面对世界经济发展新常态,中韩两国迫切需要加强金融、经济等各领域的互动合作。THE SYSTEM株式会社代表理事金圣勋认为,中国制造和韩国制造应该结合,共同打造“中韩制造”,创造更有技术含量、更具市场竞争力的产品。卓然(靖江)设备制造有限公司董事长张锦红说,韩国有成熟的技术、工艺以及标准化管理,靖江有较长的产业链和优良的配套环境,如果将韩国和靖江的优势叠加,一定能实现“1+1>2”的效应,抢占到更多的国际市场份额。

靖江市经济贸易合作项目参观考察

11月28日下午，赴靖江参加2016靖江中韩产业创新合作活动周的50多家韩国企业负责人和相关人员参观考察靖江企业，以寻求经济贸易合作项目。韩方一行人员先后参观考察江苏新程汽车零部件有限公司、江苏东华测试技术股份有限公司、江苏万林现代物流股份有限公司、靖江市机器人焊接中心、江苏新时代造船有限公司5家企业，以及靖江经济技术开发区展示馆。参观考察中，韩方人员对靖江近年来的经济发展、城市建设成果惊叹不已。ESTBIKE董事长申龙喆说，靖江企业善于研发新技术，竞争力很强，希望未来可以与靖江企业有合作的机会。韩国前国会议员、汽车协会理事、中小企业振兴会会长朴相熙10年前曾到过靖江，此次赴靖江，觉得靖江的变化翻天覆地，企业技术有了长足进步，投资环境也大为改善，他相信今后双方会有更多的合作空间。

产业专题合作交流会

11月29日，作为2016靖江中韩产业创新合作活动周的重要活动之一，中韩多领域合作交流会在国际大酒店三楼举行。双方围绕船舶产业、汽配产业、投融资、港口建设等领域，展开深入交流对接，共话合作，共谋发展。

在汽配产业合作交流会上，BISTEl、泰一产业、诚华机械、ES-TBIKE、Kunwoo Tec等7家韩方企业代表展示其明星产品、先进技术，华达汽车科技、新程汽车零部件、恒力制动器、皓月公司、恒义汽配等10家靖江企业有关负责人介绍各自的优质产品、项目合作需求等。在有合作意向的领域，双方企业深入进行沟通交流。

在船舶产业合作交流会上，来自靖江、韩国的数十家船舶及配套企业代表齐聚一堂交流洽谈，共享发展商机。靖江市经信委在会上介绍靖江船舶产业发展情况，大同船舶株式会社、韩罗机电、大宇造船等韩方企业代表介绍各自企业的优质产品和技术，新时代造船、新扬子造船、亚星锚链等靖江企业介绍各自项目合作需求。双方还就产业发展动态、技术转移、贸易需求、协同创新等主题进行深入交流。

在投融资合作交流会上，韩国知名券商详细介绍韩国证券市场、韩国科斯达克上市要求以及中国企业赴韩上市程序。亚星锚链、东华测试、万林股份就各自产业升级情况以及并购需求作出说明。随后，9个韩国项目参加路演，展示各自产品的优势和发展前景。进入互动交流环节，靖江市有关企业负责人就感兴趣的项目咨询韩方，部分企业达成进一步深入洽谈的意向。

在靖江港港口建设专题推介和合作交流会上，靖江市港口局专题推介靖江港，靖江经济技术开发区招商局发布靖江港招商项目，韩方9家船运和物流企业代表还观看靖江港专题宣传片。宾主双方就靖江港招商项目展开深入交流，形成初步合作意向。韩方代表还就如何增强靖江港核心竞争力、提升靖江港的通关效率等提出意见和建议。

通过1天的沟通交流，双方企业结下深厚友谊，获取丰富的商业信息。靖江和韩国企业的负责人都表示，将保持长期沟通联系，寻求更大的合作空间。

项目合作签约

11月30日上午，在2016靖江中韩产业创新合作活动周闭幕式上，有6个合作项目成功签约，分别是：靖江市金融办与上海均弥股权投资基金管理有限公司签订的中韩产业园—靖江产业投资基金战略合作项目，靖江市投资促进局与中投国际投资服务中心签订的共同开展投资促进工作的战略合作项目，江苏联兴成套设备公司与韩国BISTEL公司签订的制造业EES（设备工程系统）合作项目，江苏民生特种设备公司与韩国NKSH公司签订的高纯度气体储藏用无缝钢瓶的制造技术合作项目，靖江市华盛电子公司与韩国WITH公司签订的连接器市场开拓与产品合作项目，江苏天立方环保公司与韩国BIZ-INTE公司签订的臭氧发生器生产和研发项目。加上此前靖江市与韩国风险技术财团签订的关于技术孵化转移的战略合作协议，此次共有7个项目成功签约。

根据合作协议，靖江市政府和韩国风险技术财团将共享资源要素，共同搭建中韩国际交流合作平台，建设科学技术创新平台，组织引导人才互流等，密切中韩高新技术企业研发合作，推动科技成果产业化；靖江市金融办将和上海均弥股权投资基金管理有限公司合作设立中韩产业园—靖江产业投资基金，助推靖江企业与韩国企业协同创新、产业合作；靖江市投资促进局将和中投国际投资服务中心围绕共建上海国际合作产业园（选址城南园区）、招商引资等开展合作。此外，联兴成套、民生特种、华盛电子、天立方环保4家企业分别和韩国企业约定，开展技术转让、技术开发、科技成果转化等，共同开拓市场。

靖江中韩文化交流活动

靖江中韩书法美术交流展及交流活动 11月27—29日，靖江中韩书法美术交流展在马洲公园容湖展厅举行，展示由韩国艺术学博士、韩国书家协会特邀作家李弘和提供的50幅书画作品，以及靖江本土知名书画家30余幅书法美术作品。中韩书画家的作品风格各异，相得益彰。展出期间，千余名市民参观，其中不乏江阴、泰兴等地慕名而来的观展者。11月27日下午，靖江中韩书法美术艺术现场交流活动在全国知名的书法特色学校靖江城中小学举行。韩国书艺家李弘和与靖江本土书法家朱旭良、刘振铭、顾如平、杨俊、刘家骏、江晓东以及靖江城中小学的学生们，现场展示书艺，挥毫泼墨，在墨香中碰撞艺术的火花。交流活动中，朱旭良写就“弘道养正”、城中小学六年级学生李心如手书“博古通今”，先后赠予李弘和。李弘和写就“室闲茶味道”“松心石性”分别赠送朱旭良、顾汝平，其中“松心石性”是左手写的反字。李弘和十分赞赏城中小学的书法教育，他特地写就“四海一家”馈赠城中小学。

韩国传统服饰展 11月27—29日，在靖江市档案馆举行韩国传统服饰展，共展出礼服、家居服、儿童装、饰品等58类64件。韩服(古称高丽服)，是中国唐代汉服与朝鲜半岛新罗王国时期的朝鲜民族本土服装相融合，经过不断“民族本土化”发展而成的服饰，王氏高丽王朝时期初见雏形，最终成型于朝鲜王国时代(公元1392—1910年)初期。此次展出的韩国传统服饰，全部由知名韩服设计师李明韩亲手设计。展出期间，千余市民观展。中国旗袍协会泰州(靖江)分会会长王杏在展会上看得格外仔细，韩服的领沿、长带、袖口、足套等细节处，她都观察入微。王杏说，尽管传统韩服的精美程度、制作工艺无法与中国古代服装相比，但是现代韩服改良得非常精致，给人美的享受，花色、样式创新等方面值得借鉴。

韩国传统服饰秀 11月29日下午，在国际大酒店金色大厅举行韩国传统服饰秀。模特们展示古代与近代宫廷服饰、民间服饰，以及由韩国顶级设计师李铭汉设计的新式韩服与改良韩服共56套。服饰秀由3个篇章组成。在第一篇章《婚礼大典》中，新娘的阔衣和新郎的纱帽冠带着色浓墨重彩，再现韩国传统婚礼的华丽庄重。第二篇章是《传统韩服》，即袖的曲线、白色的半襟以及裙子的形状，展示着传统韩服的线条兼具曲线与直线之美。第三篇章《休闲韩服》，展示传统韩服俏皮时尚的一面，显现出改良后韩服的实用性。当天的服饰秀，共有数百位市民到场观看。观众朱寿彭是常年定居无锡的靖江人，通过微信看到靖江有“韩国传统服饰秀”，特地和家人一起至靖江观看。他说：“做了大半辈子的裁缝，这次有机会看到纯正的韩国传统服饰，非常高兴。这场服饰秀对颜色的搭配、细节的把握都非常出色，值得我们借鉴。”

《江花红胜火》文艺晚会

《江花红胜火》文艺晚会 11月29日晚，《江花红胜火》文艺晚会在省靖中礼堂举行。韩国工商界、文化界人士与靖江各界人士齐聚一堂，共同欣赏洋溢着中韩民族特色的文艺节目。时长2分钟的《靖江欢迎你》展现一幕幕“江花红胜火、靖江绿如蓝”的美丽画卷。富有韩国民族特色的民乐合奏《珍岛阿里郎》、风情打击乐《四物乐》、舞蹈《丰收》，受到观众喜爱。其中，作为晚会压台节目，韩国风情舞蹈

《丰收》风味十足。头戴象帽的男演员将23米长的帽带打旋甩出舞台,笔直伸入观众席,引起全场观众一片惊呼。“象帽舞”作为韩国“农乐舞”中的最高表现形式,散发出浓郁的民族风韵,23米长则为最高规格的帽带长度,展示了韩国风情舞蹈的精髓。极具“中国风”“靖江情”的节目与之相映成趣。女声独唱《容湖之恋》,让人在歌声里领略“芦苇深花里,渔歌一曲长”“湖光秋月两相和,潭面无风镜未磨”的靖江;舞蹈《竹编》让观众在美的享受中触摸靖江非物质文化遗产竹编技艺;一曲高亢激昂的《靖江渔歌》,既唱出靖江人的豪情,也道出这片土地的富足;戏曲串烧,令全场观众击节叫好;古筝与打击乐《绽放》、民乐组合《菊花台》《掀起你的盖头来》,则将全场观众带入一个清灵与热情碰撞、温柔与奔放交织的高雅“汉风”境界。除现场外,晚会由“掌上靖江”APP和靖江日报法人微博实时直播,逾10万人通过网络观看。

(朱 娜 张金玲 周 俊等)

专题调查

深化改革情况调查

年内,靖江市委、市政府制定《靖江市2016年全面深化改革工作要点》,围绕深化行政审批制度改革,健全完善现代市场体系,推进金融服务实体经济改革创新,加快推进财税体制改革,构建开放创新体制机制,深化城乡一体化发展,深化社会领域改革,深化民主法治、纪律检查、党的建设制度改革8个方面,确定60个全面深化改革工作要点。各职能部门和责任单位组织实施相关改革创新项目,全市部分领域改革取得新进展。

创新农村公共产品与公共服务供给机制改革。市委农工办牵头承担“农村公共服务运行维护标准化试点”工作,创新形成具有靖江特色的“1189”模式,即11项地方标准,农村“八位一体”综合管护,九大运行保障机制。该项目于2016年7月以高分通过专家组考核验收。靖江率先在东兴镇旺稼村、生祠镇东进村、季市镇大庆村试点公共服务运行维护标准化,推行村容村貌管理与维护规范等村级公共服务运行维护标准11项,在各村全面推广河道、道路、绿化、村庄、农村公共设施、小农桥、涵洞、灌排设施“八位一体”综合管护新模式,推行新型社区管理服务机制、群众需求表达和汲取机制、供给责任分担机制、农村环境长效管护机制、稳定的资金投入机制等九大运行保障机制,从根本上解决“谁来管”“管什么”“怎么管”等实际问题。至年末,靖江在马桥镇正北村、东兴镇海镇村等13个行政村推广“1189”模式。

地税服务地方发展综合改革。市地税局推进“互联网+数据共享”,开发“以地控税、以税节地”软件。“以地控税”创造性地开展土地使用税征管工作,排查出土地使用税漏征漏管户和土地使用税申报不准确户数,及时发现纳税疑点,保障税收准确、及时足额入库。“以税节地”软件将税收征管数据回流、加工,统计出纳税人、行业、地区的亩产税收,直观反映出税收效应,为国土供地提供参考数据,发挥税收调节的杠杆作用,促进土地经济效益的最大化。首次将宗地信息运用到税收管理中,直观地展示税源和税收缴纳情况,便于税务机关掌握税源动态。至年末,按照“一图一表”模式录入核查数据,数据库中税源数量2864条、挂接数量2354条,有效交换覆盖率达到80%。年内累计增加应税土地税源登记面积40.8万平方米,累计查补城镇土地使用税税款1064万元、其他税种713万元。

构建涉检信访矛盾多元化解机制。打造专业化队伍,建立由人大代表、政协委员、律师、社会调解员、心理咨询师、一线工人、社区工作者等41人组成的“第三方参与化解信访人员库”和“参与化解和代理涉法涉诉信访案件律师人才库”。坚持坐堂与下访相结合,设立“检察长接访室”“律师工作室”,明确每周一为“律师接待日”。坚持调解与普法相结合,邀请律师等作为独立第三方,提供咨询意见,参与检调对接、公开听证等工作,引导群众办事依法、遇事找法。坚持配合与监督相结合,充分保障律师准确把握案情,有效参与案件调解、释法说理、法律咨询等工作。召开律师座谈会,排查司法不规范问题,确保实事求是、有错必纠。“涉检信访矛盾多元化解机制”富有成效的创新经验得到《省院控申日报》《泰州检察简报》的转发推广,《江苏法制报》头版头条报道“靖江视频接访方便群众”的事例,《新华日报》大篇幅报道市检察院“律师参与化解信访工作”的做法。

完善住房保障体系,助推供给侧改革。扩大住房保障标准和范围。调整市区常住城镇户籍标准和申请经适房、廉租房等人均收入标准,首次将进城农民、外来务工人员、新就业大中专毕业生纳入城镇住房保障范畴。改革创新住房保障方式。在泰州地区率先也是唯一推行经济适用住房货币补贴政策和国有土地上房票安置政策。全面提高房屋征收拆迁货币化安置比例,同时将车辆拥有情况作为保障对象资格审核条件。实施公租房、廉租房并轨管理,对不同层次的保障对象实行差别保障。改革保障房源新增方式。通过回购、货币化形式新增房源,2016年共购置241套经济适用房和公租房,推进120个经济适用住房货币化补贴计划。对2016年12月31日前的购房对象,发放5‰的物业补贴。调整职工住房改革制度。实行新老职工住房租金补贴政策,同步调整职工一次性购房补贴标准。改革保障性住房后续管理。首次开展廉租房补贴保障对象资格复审,复审取消6户保障对象的保障资格。

新建保障房裕安苑

打造廉政教育"四微"平台。市纪委办依托现代网络科技"四微"(微电影、微视频、微信、微故事)平台,打造"零距离"新型廉政宣传教育圈。一是微电影"警"廉。展播优秀廉政微电影40余部;原创廉政微电影《大口岸》获泰州廉政文化"三微"作品一等奖,并被省纪委推介;作品《沉重的代价》《迷失的初心》获泰州原创廉政微电影作品评选一等奖。二是微视频"倡"廉。依托"靖江廉政教育网"不间断轮回展播全国优秀廉政微视频;组织开展全市"廉情一拍"微视频征集评选活动,15篇优秀作品入选并进行展播。三是微信"话"廉。开辟"勤廉靖江"微信专栏,设有高层声音、反腐快讯、工作动态、警钟长鸣、案件查办等栏目,用于党风廉政建设和反腐败工作宣传教育、信息发布。四是微故事"传"廉。借助"影响靖江"微信公众号和"廉政手机报"等平台传送名人廉洁故事。创作的廉政故事剧《较劲》《家风》等优秀文艺作品,入选泰州市"颂家风 倡廉洁"专场文艺演出并获好评。

全面推行房地产抵押登记制度改革。房地产抵押登记制度改革从房地产二次抵押贷款、不动产抵押评估制度、房屋抵押权预告登记制度3个方面进行。房地产二次抵押贷款方面:改革限制性条款,简化办理手续,创新登记流程,抵押人在不用还清以前贷款的情况下,只要第二顺序抵押权人认可抵押物尚有余值,即可进行再次抵押,节省时间和垫资成本。不动产抵押评估制度方面:调整优化已有抵押登记规章制度,取消登记部门对质押物的强制评估,同时不再按评估报告对抵押债权金额进行限制,明确由贷抵双方按照市场行情自行约定。房屋抵押权预告登记方面:在泰州地区率先创新开展房屋抵押权预告登记业务,推动符合条件的企业凭商品房买卖合同、发票等手续,预先将房屋用于抵押融资,领取房产证后,再转换为常规抵押。项目实施后,一方面,有效提高房地产二次抵押贷款的可操作性,给处于资金困难的中小企业及时"输血"渡过难关;另一方面,充分释放不动产抵押融资的利用价值,有效解决中小企业融资难的问题。

探索成立商会互助基金,服务实体经济抱团发展。协调成立互助基金管委会,负责基金的筹集、运用和管理,制定互助程序和防范机制,由管委会进行审查与监管。研究制定扬州市靖江商会互助基金章程、管理办法和实施细则,印发文件给各会员企业,成立扬州市靖江商会互助基金管委会,召开会员大会进行详细说明和解答。该商会互助基金的设立,有助提高银行信贷资产质量,规避信贷风险,帮助会员企业防范和化解因资金周转临时出现困难而有可能发生资金链断裂的风险。全年共12家会员企业成功通过审核,互助基金共筹得580万，使用21次，累计使用1700万元，解决了会员资金过桥难的问题，得到会员企业的一致好评。

*构筑治安防控“天罗地网”体系。*着眼“信息化”，注重数据建设。织密数据感知网，全面建设监控图像、电子围栏等基于智能感知设备的前端自动化数据立体采集体系；织密阵地管控网，实现物流寄递、危化品管理、中介交易等源头数据的随时采、同步传；织密警务数据网，汇聚公安网内数据、图像、无线、地理信息等要素，建成DNA实验室；加快警务云建设，整合、兼容网络结构化数据17.66亿条、非结构化数据1588T，形成数据共享体系。突出“专业化”，注重资源整合。升级视频监控网，全面覆盖重点要害部位、主要路口路段等18类重点区域，形成“人机结合、人机互动”街面巡控模式；建设立体警力网，建成大桥、广靖2个公安检查站、7个卡口查报站、2个街面警务工作站、4个移动警务平台。打造专业处置力量，达到“1分钟反应、3分钟出击、5分钟处置”的目标，确保第一时间出警、处置、控制。2016年1—11月，全市各类刑事和治安警情同比分别下降14.06%、34.26%，年内实现“八类案件”全破和命案“零发案”目标。

工业企业用工情况调查

2016年，158家被重点监测的工业企业用工情况呈现三大特点。一是多数企业用工需求缩小。被调查企业共有员工5.2万人，较2015年同期减少1635人，下降3.1%。55.7%的被调查企业年初无招工计划；37.9%的被调查企业虽有招工计划，但招收人数普遍较少。二是企业对员工的要求提高且有针对性。84.8%的企业反映，人才市场上的求职者符合企业要求的不多。帝斯曼江山制药(江苏)有限公司人力资源部门反映，企业转型升级的力度在不断加大，对技能型、专业型等高层次人才的需求也不断增加，研究生及以上学历者更受欢迎。市人社部门则反映，企业用工需求较多的工种往往是电焊、装配、车、钳、冲等一线工种，而求职人员选择较多的一般是电子商务、文员、销售等相对轻松的工种。三是企业员工工资普遍上涨。被调查企业中，99%的企业2016年员工全额工资涨幅在5%~15%之间。江苏耐斯数码科技股份有限公司2014年员工平均全额工资为2500元/月，2015年为2800元/月，2016年为3200元/月。江苏恒义汽配制造有限公司2014年员工平均全额工资为3562元/月，2015年为3638元/月，2016年为4000元/月。江苏赛德力制药机械制造有限公司2014年员工平均全额工资为3560元/月，2015年为3850元/月，2016年为4200元/月。

农村土地流转情况调查

年内，靖江对生祠镇全镇以及靖城街道、新桥镇部分村组进行调查，发现农村土地流转出现四大问题：

*种田大户严重亏损，土地流转合同无以为继。*全市种植小麦2.19万公顷，综合单产378千克，但质量严重下降。由于雨水多，小麦赤霉病、黑头、芽麦等现象严重，达不到国家托市收购质量标准，严重影响收益(达标价格为2.36元/千克，一般次品价格为1.9~2.16元/千克，只能作为饲料的价格只有1.2元/千克左右)。靖城街道汤家村一土地流转大户反映，他家的小麦按一般次品价卖收入64.64万元，种植成本(包括种子、化肥、农药、收割、秸秆还田、土地流转等费用，不计人工)78.12万元，成本和收益严重倒挂；虽然购买了粮食生产保险，但保险公司认为白粉病、赤霉病率未达理赔标准而不予理赔。

*土地流转毁约严重，村委承担较大压力。*生祠镇三圩村村委反映，农村土地流转合同的签订基本上由村委会牵头见证，签订的年限一般为5~15年。三圩村流转土地260余公顷给13个种田大户，因为小麦品质不高、价格低，种田大户亏损严重，其中5个种田大户(约有100公顷土地)不愿继续种植，并将责任归究于当初的村委牵头。为避免出现抛荒现象，三圩村不得不组织村干部种田。

政策和服务不配套。《中华人民共和国农村土地承包法》是国家针对全国普遍问题出台的，需要“本土化”，细化成具体、可操作的实施办法，但江苏省的实施细则还没有出台，造成基层法院对土地承包纠纷难于处理。随着规模经营的发展，大户要求服务的呼声很高，要求服务的内容很多，从服务项目分，有种植的，有养殖的；从经营过程分，有产前的、产中的、产后的；从服务内容看，有要求资金支持的，有要求技术指导的，有要求销售服务的。但由于多种原因，政府和有关部门还不能满足大户的服务要求。这些在一定程度上影响了土地流转，制约了规模经营的发展。

*现代农业土地流转面积小。*生祠镇东进村土地全部流转用于现代农业种养殖，“鱼光互补光伏发电项目”由上海联基投资

有限公司一次性投入1.8亿元，规划面积100公顷，一期20公顷。该项目除螃蟹养殖获得收益外，光伏发电可直接卖给国家电网，一期项目(2016年6月竣工投产)年发电量即达4万余千瓦时。但总体而言，流转于现代农业的土地面积偏少。生祠镇共流转土地4013公顷，其中现代农业种植面积仅520公顷。

商品房销售情况调查

2016年，靖江商品房销售旺盛，房地产去库存效果明显。全年累计销售商品房80.99万平方米54.41亿元，比上年分别增长31.1%、29.1%，其中销售住宅73.94万平方米，比上年增长25.9%。2016年靖江楼市呈以下特点：

众多楼盘成尾盘。2016年初，靖江房地产市场成交量回升，进入3月售房旺季，主要在售楼盘曾一周成交百套左右，在没有新楼开盘的情况下，完全凭借在售楼盘取得如此销售业绩，即使在楼市放量销售的2013年也未出现。至年末，全市近一半楼盘成为可售房源不足百套的尾盘。同一时段出现这么多尾盘，在靖江房地产市场上较为罕见。火爆的一手房市场带动二手房市场同样活跃且呈现一多一俏：购天地房者多，学区房仍然走俏。

改善型需求成市场主流。2016年，改善型需求成为靖江楼市主流。成交房屋中，“别墅”被关注程度超过其他物业。从绿城悦府合院别墅的一房难求，到龙馨园别墅开盘即被竞相争购，再到二手别墅的抢手，各个档次的别墅房源全面趋热，造成别墅价格普遍上涨。资金实力雄厚的家庭，成为新楼盘别墅的争购者。但对于不少改善型购房者，三四百万元一幢的房子显然难以承受，主要靠卖掉已有住房来筹集资金，以购买地段较好、房型更佳、物业管理较为完善的楼盘。

楼市成交呈现区域性。2016年，靖江房地产市场呈现销售旺势，新世纪壹号售房七八百套，自在城备案销售444套，备案销售超过百套的楼盘还有长江首府、凯旋国际广场、虹桥城市花园二期、榕湖世家一期、自在城三期(第二批)、嘉亿东湖花园等楼盘。这些楼盘虽然分布在城区各个区域，但总体销量仍呈现出一定的区域特性：城区南部楼盘销售好于其他区域，城区东部、中部楼盘次之，北部、西部楼盘再次之。究其原因，一是南部楼盘本来就比较多，无论是存量的、在售的还是新上市楼盘，大部分位于城南；二是市委、市政府关于南部新城区的建设规划逐步得到实施，相当一部分购房者倾向于在城南置业。

成交价格同比略有上升。住宅价格受地段、户型、楼层等多方面影响，各个区域住宅售价存在一定差异，但整体上，2016年靖江普通商品房价格比较平稳，商品住宅成交均价为6305元/平方米，同比增长2.1%。新建商品房销售价量齐涨，带动住房公积金提取和贷款增长。2016年，市住房公积金管理部门共向1933户家庭发放公积金贷款5.98亿元，贷款总量同比增长25%；符合条件的家庭共提取公积金3.75亿元，同比增长32%。

家规家训传承情况调查

2006年，靖江在全市范围内征集家规家训，择优在媒体上刊发，集中向社会推广，目的在于发掘传统文化，服务家庭教育和道德建设，为城市文明建设提供基础，为社会主义新农村建设涵养“乡风文明”。这一做法在全国首开先河，国内30多家媒体记者云集靖江采访报道。是年共征集家规家训作品606篇，内容包括世代传承之作、当代原创之作、举荐推选之作3个方面。此后，家规家训的征集、推广工作延伸细化到全市有关部门、单位和团体。

各中小学校成为家规家训教育推广的主阵地。城北小学改编《朱子家训》，用吟诵的形式表演《家规家训》。该节目在“法治江苏”大型文艺演出、省精神文明建设颁奖晚会和关心下一代道德教育文艺汇演中均获一等奖，在庆祝香港回归十周年暨国际少儿艺术表演赛获金奖。受其影响，其他学校也先后排练多种版本的吟诵节目，让家规家训朗诵于口、熟记于心。教育部门还组织城中小学、莲沁小学、生祠中心小学、实验学校、外国语学校等中小学校，每年举行以家规家训为内容的广场千人书画比赛，丰富家规家训的传播形式。

市关工委在村、社区部署开展切口小、形式新、可操作性强的教育活动。有的社区关工委把家规家训内容制作成匾牌、楹联、书画作品，布置在社区醒目处，作为评选“文明小庭院”“文明小书房”的必要条件；有的社区关工委开展“孝道好少年”“雷锋小传人”寻访活动，搜集践行新家规、养成好习惯的事例，使家规家训教育落地生根。市关工委还发动“五老”(老党员、老专家、老教师、老战士、老模范)自编、自排《家规家训就是好》节目，并举行公演。2007年3月，市关工委指导季市镇关工委率先开展“我与好习惯签个约、家规家训进千家”活动。在家长大会上，镇关工委工作人员从“懂礼貌、讲诚信、爱学习、勤劳动、守纪律、练身体、惜粮食”等方面提供有关家规家训内容，让家长和孩子自行记诵践行，学生与家长约定每月养成一个好习惯、改掉一个坏习惯。是年起，全市中小学校在每学年新生进校后都召开由新生及家长参加的大会，举行践行家规家训签约仪式。

2010年，市委宣传部、市文明办将征集的家规家训优秀作品整理归类，结集成册，印发《靖江家规家训优秀作品选》8万本，全市中小学生人手一本。市文明办面向社会开展“老少共选、共学、共议、共建家规家训”教育实践活动，先后组织10多批次“家规家训育新人”典型事迹巡回宣讲，每年还通过征文、书法大赛、讲故事、演讲比赛等活动推动家规家训走进千家万户。市委组织部等部门在全体党员中开展“立家规、育家风、严家教”主题活动，促进党员干部带头尊崇党纪党规，带头传承优良家风，淳正党风政风，引领社会民风。

除部门单位，一些社会热心人士也通过群众喜闻乐见的形式，为传承推广家规家训作出积极的贡献。国家级非物质文化遗产传承人、佛头王国良，以颜氏、陈氏、朱氏、郁氏家规家训为内容，在全市学校、书场、会场、电视上宣讲58场次……

家规家训传承推广工作在社区引发良好反响，对社区建设起到积极的推动作用。西来镇千米文化碑廊、马桥镇700平方米名言墙上都设置有家规家训，靖城街道北大街社区每家每户门口均张贴家规家训。斜桥镇东阜社区引导居民传承、践行优良家规家训，带动形成互帮互助、热情友善的好民风好社风，社会矛盾纠纷随之减少。靖城街道公园弄社区持续向居民家庭推介优秀家规家训，引导居民共同培育和践行“文明、互助、包容、参与”的公园弄社区精神。

家规家风的传承引导，催生出一大批文明家庭。其中，李梅桂家庭、刘建芬家庭、徐适家庭获评“省五好文明家庭”，受到省妇联、省五好文明家庭创建活动协调小组表彰；姚炜平家庭作为靖江唯一入选家庭获评全国文明家庭，姚炜平出席第一届全国文明家庭表彰大会，与其他与会者一起受到习近平、刘云山等党和国家领导人的接见。

2016年，靖江在征集家规家训的活动中，增加“家风故事”征集内容。是年8月2日，省委书记李强在斜桥镇东阜社区调研时，称赞靖江挖掘、提炼、传承家规家训这项工作做得早，充分肯定靖江弘扬好家风的做法。

链接：泰州市“我最喜爱的百条家规家训”靖江入选部分

城南办事处康兴路光明医院名誉院长祁汉钦 有心孝双亲，无言教儿郎；处事人为贵，修身天地良。积德无人见，有仁感上苍；有空常回家，节假伴身旁。平素诚守信，有事莫彷徨。社交要谨慎，相逢莫疑防。为人义为重，扶弱不畏强。世间多份爱，世态少炎凉。

市政府办主任陶虹 心超事外，秉忠贞之志；方圆并用，守谦退之节；书香致远，明是非之理；敦睦万物，存孝善之念。

滨江新区康阳社区党总支部副书记侯颖 遇顺境，处之淡然；遇逆境，处之泰然；口中有德，目中有人，心中有爱，行中有善；孝敬为先，克己厚人，学会感恩，健康第一。

新桥镇纪委书记陈航 辨荣辱 明是非 晓大义 不虚荣 不攀比 不浪费 讲诚信 宽待人 慎交友 尊师长 护弱小 懂礼仪 戒骄躁 思无邪 守规矩 勤思考 常总结 重内修 满招损 谦受益 善作为 悉人事 懂人常 明人理

市住房和城乡建设局党委副书记展秋霖 学习方面：凡在童稚，读书为本；博览群书，常讲史鉴；学而不废、知而不厌；耐恒修心，葆真求善。工作方面：一年望春，一日望晨；务须明志，蓄气长智；业而不怠，责而不贷；努力而幸，担当而长。生活方面：尊老爱幼，严教子孙；强本节用，天不能贫；家和事兴，齐力断金；施恩无念，受恩莫忘。

市委常委、宣传部部长史骥涛 勤为本，勤勉谦敬，勤劳持家；德为先，重礼谦让，宽容大度；和为贵，尊老爱幼，爱众亲仁；学为重，励志重智，以技立身；廉为修，不贪不奢，洁身自好。

靖江市江苏金马运业有限公司总经理、支部书记江宗金 不忘本，宽厚济家，回馈报恩；尽孝道，孝道相承，垂训子孙；重教育，春风化雨，断杼择邻；秉正直，襟怀坦白，光明磊落；讲诚信，言行一致，表里如一。

靖江市恒通出租汽车有限公司支部书记丁晓国 恒，步步踏实，贯彻始终；诚，处世待人，至诚为重；俭，不奢不侈，自强自立；孝，孝悌为先，忠信为本；勤，吃苦耐劳，勤勉持家。

孤山镇中心小学教导处副主任严黎 勤俭持家和为贵，包容一点；诚信待人善当先，礼让三分。

靖江市广电台办事员黄栎 《盛氏宗谱》家训：入孝、出弟、睦族、勤俭、治家、义方、择友、读书、惜字、戒讼、禁博、改过、积善。

靖城街道

【概况】 靖城街道位于靖江中部,东接斜桥镇、滨江新区办事处,南临横港,西邻马桥镇,北连孤山镇,镇域面积131.62平方千米,实际管辖面积58.56平方千米,常住人口(含流动人口)约18万人,户籍人口12.1万,辖22个社区居委、11个行政村。2016年,靖城街道实现一般公共预算收入2.15亿元、工业开票收入75亿元,城镇居民、农村居民人均可支配收入分别为3.77万元、1.96万元。

【经济建设】 工业经济集群发展,形成以华达汽车科技股份有限公司为龙头的汽车配件制造业、江苏环胜铜业有限公司为龙头的金属压延加工业、江苏扬阳化工设备制造有限公司为龙头的压力容器制造业、靖江恒丰化工有限公司为龙头的石化品制造业、靖江华电机械制造有限公司为龙头的机电产品制造业等骨干产业集群。规模企业质态提升,765家工业企业实现产值143.36亿元、利税11.58亿元,其中45家列统企业实现产值92.03亿元、销售90.98亿元、利润6.44亿元,各项指标同比增幅均在15%以上。项目建设加快推进,完成产业投资29亿元,实施重点工业技改项目10个。第三产业较快增长,有2000家三产企业,以餐饮娱乐、汽摩经销、房地产开发、中介服务、物流为主,实现三产增加值83亿元。稳步推进农业发展,以农业科技示范园为依托,发展无公害蔬菜种植、花卉苗木培育、规模养殖等高效农业项目8个。

【城镇建设】 推进老城改造。实施无物管小区综合整治、雨水管道疏通、背街小巷亮化和老城区增绿工程,改造静安小区、江山小区等6个老旧小区为星级康居小区,疏通雨水管道63.76千米,新安装路灯343盏,新增城区绿化面积15公顷;启动辖区老旧危楼信息库建设,完成水上一村、玻璃厂宿舍、皮革厂宿舍、毛家厅粮店、测绘公寓等10处D级房屋解危工作。推进重点工程。实施12类32项城乡建设重点项目,完成城西大道拆迁、华达科技拆迁、天水学校整合搬迁及安置房建设;虹兴3组、桃园路延伸段、江山路东延及横港南路拆迁实现预期目标;启动柏木三期、友仁二期农民集中居住点建设。优化生态环境。继续实施城市环境综合整治工程项目42个,完成东郊村2~5组后沟、西郊村马家沟环城路段等8条河道整治;村庄环境综合整治工作通过省级验收。

【社会建设】 推进社保工作。城乡居民新型合作医疗保险参保人数1.57万人,实现应保尽保;城乡居民养老保险新增参保158人。完善救助体系。发放各类救助金160万元,结对帮扶城乡贫困户613人,为4065名特困人群免费办理养老、医疗保险。推进社会事业。新建村(社区)图书馆2个,创建省级社区教育示范社区1个,开展各类文化巡演47场次,送电影下乡132场次;各村(社区)全部成立红十字会站,4个社区卫生室投入使用;协助完成老体育场改造和第三次全国经济普查。健全社区管理。全面推行社区网格化管理模式,“周到式服务”品牌效应初步形成,各社区获市级以上部门表彰23次;和谐社区创建成效明显,创建泰州、省级和谐示范社区28个;9个村(社区)服务中心通过达标验收。完善社会治理。推进平安建设,健全人防、技防、设施防一体化的防控体系,老城区公共部位路灯、监控实现全覆盖;落实社会矛盾化解制度,开展专项行动,强化铝镁制品、危化品等行业和小微企业安全整治,修订街道公共安全及自然灾害应急预案,实现社会治安“无大事”、安全生产“零事故”的目标;落实计生新政,流动人口管理服务率90%以上,政策内出生率99.05%。

(樊　华)

2016年靖城街道主要经济社会指标一览表

表39

指标名称	单位	数值	指标名称	单位	数值
地区生产总值	亿元	114.68	三产实体	个	1977
农业总产值	亿元	1.69	镇村主干道	千米	4.5
工业总产值	亿元	143.36	中、小学校	所	10
工业利税总额	亿元	11.58	在校中、小学生	人	13660
工业技改投入	亿元	16.59	年末职工人数	人	72478
当年到账外资	万美元	880	职工人均工资	元	53760
自营出口额	万美元	22194	参加社保人数	人	56145

2016年靖城街道各村基本情况一览表

表40

村名	党支部(总支、党委)书记	村委会主　任	年人均纯收入(元)	村名	党支部(总支、党委)书记	村委会主　任	年人均纯收入(元)
东郊村	戴卫国	高海洪	26620	东南村	陈　兴	朱小进	25400
西郊村	浦卫东	侯镇俊	26948	进步村	沈惠南	沈惠南	18843
汤家村	张建波	侯　钧	25127	龙王村	杨建军	张　炎	21800
柏木村	陈玉明	盛建兴	25366	友仁村	顾桃红	顾桃红	22530
光明村	褚宇宏	刘　燚	24813	正西村	刘云南	黄荣君	18860

2016 年靖城街道骨干企业一览表

表 41 单位:万元

单位名称	销售收入	利税总额	法人代表
靖江市第二食品厂	2037	108	秦在荣
靖江康爱特化工制造有限公司	11901	1406	孙艳红
靖江市中达彩印厂	2502	26	徐　敏
靖江市扬帆齿轮厂	2006	127	祁　惠
江苏晨光液压件有限公司	2125	261	刘浩明
靖江市盛装制衣有限公司	2018	−149	王荣勋
靖江搏达机械有限公司	1033	78	钱孔旦
靖江市华威电机有限公司	3684	502	徐惠明
江苏振达铝业有限公司	2090	−78	姚汝龙
江苏扬阳化工制造有限公司	63191	6902	朱宏志
靖江市三立液压机械制造有限公司	2102	164	任彩君
江苏艾兰得营养品有限公司	56900	7757	常　亮
靖江市万科箱包有限公司	3797	196	李玉琴
江苏新源源电力建设实业有限公司	8867	353	何玉明
江苏恒丰化工有限公司	13199	3455	任金华
靖江申申针棉织品有限公司	13956	1217	刘战坤
江苏无畏警用装备制造有限公司	7612	444	倪敬峰
靖江市百威化工设备制造有限公司	2099	133	高祥平
靖江市林龙电机制造有限公司	2019	107	刘建林
靖江市振弘实业有限公司	2218	10	刘龙华
江苏环胜铜业有限公司	80390	10132	仇文秋
江苏环球电机有限公司	11253	1199	朱明初
江苏骏马压路机械有限公司	3607	303	朱天锡
江苏华电机械制造有限公司	2160	−5	郑　乐
靖江市东达铝业有限公司	20557	2670	刘海涛
靖江市工搪化工设备有限公司	17378	2363	陈美红
靖江瑞泰胶带有限公司	17923	2169	唐建仁
江苏恒义汽配制造有限公司	47543	5887	何丽萍
江苏华达汽配制造有限公司	699848	92099	陈竞宏
靖江三鹏汽配有限公司	21010	2914	李柏松

续表 41

单位名称	销售收入	利税总额	法人代表
靖江市皓日汽车零部件有限公司	13628	1616	顾习明
江苏力阳电器制造有限公司	6990	1044	朱金其
靖江市天诚化工设备有限公司	3038	204	鲍栋炼
爱发科天马电机(靖江)有限公司	6025	502	中村静雄
江苏元泰防腐工程有限公司	2494	122	马焕琴
江苏世能化工设备有限公司	2903	181	祁玉华
靖江市天力泵业有限公司	2149	141	朱鹏飞
靖江市富伟胶粘有限公司	2806	198	沈　骐
江苏金三力机械制造有限公司	2685	203	丁　健
靖江市新万国标准件有限公司	6294	365	徐灿国
江苏京伦染织有限公司	4666	134	董云松
靖江市增源压铸厂	4177	139	熊建增

靖江市人民政府滨江新区办事处

【概况】 滨江新区办事处为市政府所在地,东接斜桥镇,南与江阴市隔江相望,西邻城南办事处,北连靖城街道,是市政府所在地,辖晨阳、江阳、华阳、富阳、朝阳、康阳、兴阳7个社区居委会,代管雅桥、新普、宜稼、宜和、越江、木金、小桥、同安、同康9个行政村,面积26平方千米,人口约4.22万人。2016年,办事处获全市镇、开发区(街道、园区、办事处)经济社会发展综合考评先进单位三等奖、产业项目建设完成奖、社会治安综合治理创新项目奖,获评靖江信访工作先进集体、普法工作先进集体、建议提案办理工作先进单位等。办事处关工委获评江苏省关心下一代工作先进集体,党工委获评泰州市关心下一代工作先进集体,政协工委获评全市先进政协工委。

【城镇建设】 加强拆迁工作。实施东天生港(新小桥港)整治项目拆迁,涉及越江、宜和、宜稼、木金4个村186户,3月底签约并腾房交拆;动员佳纺地块住户拆迁,木金村17户签约并腾房;实施花鸟苗木市场搬迁,涉及越江村4、5、14组38户,5月底搬迁完毕;实施健康产业园项目地块拆迁工作,涉及宜和村1、3、4组130户,均签约并腾房交拆;此外完成滨江新城拆迁扫尾23户。序时推进重点工程。年内,总投资1.8亿元的城东大道安置房(一期)建设项目交付使用,该项目位于城东大道东侧、南环城路北侧、新马路西侧,总占地2.26万平方米,新建小高层公寓楼6幢308套;滨江新区治安管理服务中心建设完成室内装修;市政府确定的学前教育重点项目——越江幼儿园主体建筑、室内装潢、操场及配套设施9月通过竣工验收,如期交付。

【"智慧康阳"上线运行】 5月31日,滨江新区办事处与江苏省广电有线信息网络股份有限公司靖江分公司签约,以康阳社区为试点,按照"高效、兼容、领先"的要求,推进智慧社区信息化基础设施建设和综合管理软件平台建设。10月20日,"智慧康阳"投入运营,康阳社区成为靖江首个智慧社区。"智慧康阳"以"互联网+""社区+"为创新引擎,建成智慧网格化综合服务平台,包含基础信息和网格管理GIS两个数据库,信息发布、便民服务、数据集成3个中心，政务服务、公共服务、志愿服务、市场服务4个服务体系，向社区居民提供党建、民生、综治、城管、物业5大类服务，涵盖智慧政务、智慧安防、智慧城管、智慧物业、智慧生活、智慧OA等功能，社区居民通过该平台在家即可了解社区动态、享受上门服务。

“智慧康阳”上线运行

【“马洲书房”康阳社区自助馆开放】 6月，滨江新区办事处康阳社区24小时自助图书馆（“马洲书房”）对外开放，此为泰州市首家建于社区的自助图书馆，也是继人民公园自助图书馆“马洲书房”之后的靖江第2家“马洲书房”。该自助图书馆40余平方米，借助RFID（无线射频识别）技术，配备自动门禁、自助办证、自助借还书、自动防盗报警系统以及集成化实时监控与节能系统，读者在无人管理的情况下可自助完成图书借阅。馆内配置人文、百科与儿童书籍约2000余册，汲取休闲“书吧”的设计理念，有自动空调、免费水吧、免费无线网络及供读者自助上网的电脑等辅助设施。 （陈卫境）

靖江市人民政府城南办事处

【概况】 城南办事处位于靖江城区南部，规划区域北至横港、南至沿江公路、东至十圩港、西至四圩港，规划面积35.12平方千米，建成面积24.1平方千米，辖10个社区居委会、7个行政村161个村民小组，户籍人口5.47万人。

【经济建设】 2016年，辖区有企业400多家，其中规模以上企业85家、高新技术企业26家，高新技术产业产值占规模工业产值的38.4%，汽车零部件和高端装备制造业产值占园区工业产值的71%。年内，城南办事处加强与高校、科研院所合作，与西安交通大学、上海电机学院、南京工业大学共建离岸孵化基地3个，与南京航空航天大学、中国电子科技集团公司第21研究所、上海核工程研究设计院等高校和院所共建产学研联合体19个，实施高质量的产学研合作项目14项。加大企业转型力度，年内新增江苏省高新技术企业6家、江苏省民营科技企业13家，江苏新程汽配制造有限公司、江苏海狮泵业制造有限公司、江苏上骐集团有限公司等5家企业的技术中心通过省企业技术中心认定，江苏乐科节能科技股份有限公司、江苏金秋竹集团有限公司等5家企业的技术中心建成省级企业技术中心、工程技术研究中心，光频域反射仪、模块式卧式刮刀卸料离心机、新型分解式车用天窗加强板等20个产品被认定为江苏省高新技术产品，有31家企业申领市科技创新券1380万元，万人发明专利拥有量27.55件。城南园区被江苏省企业发展工程协会、江苏企业发展创新创业联盟评为江苏省双创示范园区，通过江苏省“两化融合”示范园区复审。全年完成固定资产投资71.39亿元，实现一般公共预算收入5.78亿元，全区规模以上工业企业实现总产值330.10亿元、利税25.80亿元、利润14.48亿元。

【城镇建设】 提升城市功能。完成三江社区服务中心项目立项申报，改造鼎和花苑社区服务中心，开建北六幼儿园，加快市车辆管理服务中心建设，实施联泰路、联友路、大桥路等16条道路改造建设，城南健身文化公园内建成3座景观桥，城中派出所、城南公交首末站投入使用。优化城市环境。加强市容监管，结合数字化城管平台建设，组织市容监管队伍，建立城管中队，全面管理辖区内市容环境；做好主要道路、重点节点的绿化改造和维护工作，中洲路、江洲路创建为省级城市管理示范路。推进拆迁安置。年内实施鼎新工业园等项目拆迁，签约280户，拆房275户；城南花苑南区一期6幢663套安置房竣工交付，二期8幢安置房主体封顶，全年分配安置房725套。

【社会建设】 丰富群众生活。开展“理论故事会”“我们的节日”系列活动、“百姓获得感”参观交流活动和“书香城南”全民读书活动，组织参加全市“鲜红的党旗”朗诵展演大赛获得金奖和优秀组织奖；男子群舞《东线第一帆》获得泰州市首届群众文化艺术节优秀节目奖，并获省“五星工程奖”舞蹈类节目金奖第一名；拍摄城南主题宣传片《幸福城南》，制作城南形象宣传册；组织筹划拍摄微电影《石榴花开》；组织参加市残疾人文化周活动获一等奖；推进鼎和花苑、康兴新村、新江海、火炬村等4个村级文化服务中心建设。推进扶贫帮困工作，党员干部全面参与贫困户脱贫工作，研究制定敬老院和残疾人托养中心建设意见，配合鼎和花苑社区3A级居家养老服务中心、“馨港湾”残疾人之家和辅助中转中心的建设，做好重点优抚对象医疗巡诊、残疾人意外伤害保险办理等工作。开展平安建设。创新普法宣传，城南健身文化公园建成平安法治主题公园，成立大学生村官普法巡讲团，全年开展大型普法巡讲14次；发挥基层调解组织作用，调处中心接待受理矛盾纠纷112起，均予以化解；强化村居网格化管理，公示各村(社区)126个网格、365名网格员的基本信息，梳理收集社情民意并落实责任人员限期办理；提升特殊人群帮教管控水平，完善村、社区服刑人员、刑释解教人员信息库，确保重点对象管理服务全覆盖；严格落实信访责任，全年接待信访事项92批次，其中来访68批次、信访24件，形成书面答复26件(含来访答复2件)；抓好安全生产工作，开展安全生产大检查和危化品、冶金、烟花爆竹业以及职业危害、消防等专项整治，推进夏季百日安全赛，改善安全生态环境。

(朱为民　黄　燕)

江阴—靖江工业园区办事处

【概况】 江阴—靖江工业园区办事处为靖江“南大门”，东至新十圩港、西至下一圩港、南至长江、北与东兴镇和城南办事处相连，辖区面积16平方千米，辖有莲沁苑、溢馨苑、八圩居委会，代管恒义、五星、迎江、江防、江峰、万丰、四圩、五圩、六圩、八圩10个行政村112个村民小组以及市渔业公司第三、七分公司，常住人口4.25万人，外来人口1.10万人。2016年，办事处实现工业总产值9.58亿元、一般公共预算收入1754万元。

【社会建设】 有序推进拆迁。四圩村8~12组环境整治项目签约拆迁168户，完成六圩村城西大道、溢馨苑周边环境整治项目拆迁。推进环境整治。集中清理违章搭建，全年查处各类违章行为58起，拆除违建私房近2600平方米、院墙50米；开展老集镇环境综合整治，规范莲沁苑社区周边小摊小贩经营。落实惠民实事。调整优化教育资源，总投资5000万元的滨江学校江阴—靖江工业园区分校投入运行，港口幼儿园完成搬迁选址；做好被征地农民即征即保工作，年内为107名失地农民办理社保；开展救灾救济，发放棉衣棉被45件，发放临时救济金6.05万元。强化安全生产，在节假日对重点工业企业、危化品企业、学校、医院、超市等进行拉网式检查，发现并督促整改各类隐患150余个。化解矛盾纠纷，落实重大矛盾纠纷挂牌督办和领导包案制度、信访调查回访制度，全年接待处理各类矛盾纠纷128起，其中重复集访事项14起。开展综合治理，构建村(社区)邻里互助信息平台，做到信息掌握、矛盾化解、治安防控、便民服务“四到位”。

(季爱清)

西来镇

【概况】 西来镇位于靖江东部，东南与张家港市隔江相望，东北与如皋市毗邻，镇域面积46.73平方千米，镇区面积2.88平方千米。辖3个社区居委、16个行政村320个村民小组，总人口4.87万人，有工业企业329家。是年，西来镇以“建设靖江东大门、打造特色西来镇”为目标，经济社会事业取得良好发展。全年实现地区生产总值53.41亿元、工业开票销售(不含市镇联动)43.1亿元、财政收入2.08亿元，农村居民年人均纯收入2.14万元。

【经济建设】 工业经济稳中有升。年内新招引3000万元以上产业项目16个，其中亿元以上项目14个；新开工500万元以上产业项目61个，其中亿元项目3

个;完成产业投资24.67亿元,比上年增长53.33%;完成工业投资17.4亿元。全年列统企业完成现价总产值164.34亿元、营业收入154.53亿元、利税16.88亿元、利润10.37亿元,分别比上年增长12.06%、12.16%、16.31%、16.18%。企业自主创新能力加强。年内新增省高新技术企业2家、国家高新技术产品4个,申请专利665件、获得发明专利授权16件,万人专利拥有量12.49件。江苏靖江互感器有限公司“组合电器用智能套管式电流互感器”项目获市科学技术三等奖。农业生产稳中增效。开展农村土地承包经营权确权登记颁证工作,完成土地测量2200公顷,农村产权交易中心年成交额269万元;13个村基本实现整村土地流转目标,全镇流转土地1933.33公顷,占耕地面积的93%;全镇良种覆盖率100%,新增高效农业面积72公顷;农业示范园区新增投资2000余万元,园区内道路、桥梁、涵洞等基础设施进一步完善;龙飞村、赵家村获评靖江市国土资源节约集约利用土地模范村。三产服务业健康发展。全年完成服务业固定资产投资6.59亿元,新增服务业法人企业数23个,新开工2000万元以上项目1个,田园农贸生活广场投入运营。

【镇村建设】 完善公共设施。新建敦义小学、敦义幼儿园教学楼,改善办学条件;建成向阳河景观带广场、苏农路口景观节点,择址新建垃圾中转站、治安管理服务中心;在原影剧院地块建成占地6000平方米的健身广场。优化镇区路网,建成植物园路北段,实施植物园路南段延伸,提质改造龙华路,完成泥桥中心路雨污管网布设。加强村庄建设。推进“美丽乡村”建设,开展村庄环境百日整治活动,疏浚二、三级河道74条,拆坝建桥13座,另建桥梁5座、涵洞12座,见龙集居点三期206幢安置房交付。美化生态环境。植树4.64万株,完成高标准成片林26.9公顷、农田林网35公顷;秸秆还田率100%。

【社会建设】 加强社会救助。实施精准扶贫,调整低保户51户,新进低保户23户、五保户13户,医疗救助生活困难家庭58户,利用“金秋助学”活动和江苏顺元机械制造有限公司创设的“顺元午餐基金”发放救助金45万元,资助贫困学生133人;开展“慈善一日捐”活动,募集善款50万元,救助230余人次;开展红十字会救助活动,救助104人次。打造文体工作特色。3—5月,举办第4届生态文化旅游节暨桃花节,组织御桃园桃花盛会、省摄影家协会集体采风、西来特色乡土美食“八大碗”评选、西来广场舞大赛、靖江“好声音”西来站海选、亲子自驾游等活动。10月,举办西来镇第5届文体节,组织篮球、乒乓球、象棋、跳绳、钓鱼、拔河比赛等系列体育活动,开展群众文艺展演、“锡剧周”分片专场巡演,举办“印象西来”摄影展、“树标杆、找短板、敢争先”主题征文和演讲比赛以及中华传统美德知识竞赛。实施镇域东西文化带工程,建成义兴、封家、永胜3个村综合文化服务中心。镇文化站编排的舞蹈《爱心妈妈》获市第34届文艺节“最佳演出奖”。做好安民工作。创新矛盾纠纷排查预警制度,建立“滚动排查、即时化解、动态清零”长效机制。推进技防镇升级改造,实现镇、村两级公共视频监控系统联网运行全覆盖。

【西来“八大碗”评选】 年内,借助第4届生态文化旅游节暨桃花节举行之际,组织靖江餐饮界专家、名厨以及西来镇民间大厨、知名人士,开展乡土菜肴“八大碗”评选活动,初定张德兴酱生姜片、芋头蹄髈、百叶炒豆芽、敦义红烧老鹅等为“八大碗”候选菜肴,通过《靖江日报》及其官方微信平台等渠道向社会各界公布。经大众投票、专家终审,确定缪家埭红烧羊肉、长九圩芋头蹄膀、敦义港红烧老鹅、郁家埭鳝丝焖蛋、烂泥桥河蚌青菜、新宏明豆腐炖蛋、西来桥香菜粉皮、老焦港红烧杂鱼为西来“八大碗”美食。12月,西来名厨常红明、臧莹琪携西来镇“八大碗”美食宴席参加2016年中国江阴顾山蒸菜(八大碗)美食节,与广东、山西、湖南等9省30支代表队同台竞技,最终西来镇“八大碗”获评蒸菜宴席金奖,常红明、臧莹琪获个人金奖。

【首届“三江渔鱻杯”全国钓鱼精英赛】 (见258页同名条目)

【靖江最大西瓜大棚种植基地建成】 来自南通如皋市的万加庚,流转永胜村、龙华村土地146.67公顷,在其中46.67公顷土地上搭建1600余个连片钢架大棚种植西瓜,建成靖江规模最大的西瓜大棚种植基地。万加庚采取“大棚套小棚”方式,种植的“8424”早熟西瓜,比普通地产西瓜提前近半月上市,大部分通过浙江西瓜销售协会销往全国各地。

【靖互股份挂牌“新三板”】 11月，江苏靖江互感器股份有限公司（证券简称“靖互股份”，代码“839746”）在全国中小企业股份转让系统（新三板）挂牌上市。江苏靖江互感器股份有限公司主营220千伏及以下的电流互感器、电压互感器、零序互感器、变压器、放电线圈、开关绝缘件、隔离开关等产品的研发、制造和销售。

到西来赏桃花

【“印象西来”摄影展在省文化馆展出】 11月1—15日，“印象西来”摄影展在江苏省文化馆展出。4月，在西来镇第4届生态文化旅游节暨桃花节期间，江苏省艺术摄影学会会员围绕西来镇现代产业发展、生态宜居风貌、文化旅游集锦、百姓生产生活等主题集中采风创作，记录西来新貌。该摄影展用50幅精美图片，展示西来经济社会事业建设成果和西来人民创业奋斗的生动画面，吸引参观者了解西来。 （张 凌）

2016年西来镇主要经济社会指标一览表

表42

指标名称	单位	数值	指标名称	单位	数值
地区生产总值	亿元	53.41	集贸市场成交额	亿元	5.43
农业总产值	亿元	2.92	镇村主干道	千米	90
工业总产值	亿元	190.3	中、小学校	所	6
工业利税总额	亿元	18.25	在校中、小学生	人	2279
企业实交税金	亿元	5.67	年末职工人数	人	19798
进出口总额	万美元	3487	职工年人均工资	元	28274
三产实体	个	34			

2016年西来镇各村基本情况一览表

表43

村名	党支部（总支、党委）书记	村委会主　任	年人均纯收入（元）	村名	党支部（总支、党委）书记	村委会主　任	年人均纯收入（元）
西来村	蔡建勇	朱　军	22883	封家村	封丽仙	刘晓明	20113

续表 43

村名	党支部(总支、党委)书记	村委会主　任	年人均纯收入(元)	村名	党支部(总支、党委)书记	村委会主　任	年人均纯收入(元)
见龙村	张筛明	顾永先	21820	泥桥村	钱满华	夏玉波	20885
赵家村	王永兴	吴瑞雪	20499	桐村村	肖桂珍	刘国强	19227
东来村	顾　平	姜新奇	19370	永胜村	陈金华	杜振邦	20165
普福村	邵光明	梅炪国	20766	龙华村	马小红	鞠海洋	20558
义兴村	杜接娣	鞠　清	19831	龙飞村	周坤铭	陈良洲	20627
丰产村	许网其	徐扛萍	21099	东升村	吴红新	曹玉娟	20266
郁家村	陈卫东	顾小东	18859	敦义村	朱灿根	李正芳	20656

2016年西来镇骨干企业一览表

表 44　　单位:万元

单位名称	销售收入	利税总额	法人代表
江苏三江电器集团股份有限公司	968355	117289	环一军
江苏靖江互感器厂有限公司	78373	12381	熊江咏
靖江市峰力干燥成套设备有限公司	4006	227	曹　江
靖江市特种粘合剂有限公司	6687	476	毛仕龙
江苏永昊高强度螺栓有限公司	83728	10768	朱汉华
靖江市宏远发展实业有限公司	4947	228	杜灿桂
江苏新概念制革有限公司	6360	-217	贾　庆
江苏双金紧固件制造有限公司	9094	1773	赵金涛
靖江市新华纺织有限公司	5228	232	徐庆荣
靖江市新民拆船有限公司	242235	18681	吴桂芳
江苏永昌高压电器有限公司	4788	610	熊江咏
靖江浩东纺织有限公司	2189	72	熊范东
靖江市双鑫紧固件制造有限公司	2783	2	陆红旗
靖江市江洋船舶设备制造有限公司	2466	153	陈海清
靖江市神龙紧固件制造有限公司	2789	50	陈秀华
靖江市顺达模具厂	10600	143	黄汉彬
江苏开源环保技术工程有限公司	7621	876	吴纪君

续表 44

单位名称	销售收入	利税总额	法人代表
靖江市恒宇化机有限公司	2523	56	周翠金
靖江泰达香料化工有限公司	10095	331	叶　雯
靖江市华峰金属制品有限公司	2878	187	何其峰
靖江市靖虹汽配制造有限公司	2083	162	沈新华
江苏华东正大空调设备有限公司	11673	695	田齐芳
江苏骥洋食品有限公司	16939	1398	朱章其
靖江市明鑫汽车配件厂	3097	137	包凤民
江苏金源交通设施有限公司	5050	58	马美凤
江苏程锴汽车配件有限公司	11974	965	王建国
江苏裕丰电气有限公司	2112	172	夏润民
江苏沙龙机电科技有限公司	5632	659	赵筛根
靖江市鸣峰毛巾厂	2304	75	苏锦锋
靖江市东晟机电设备制造有限公司	10421	485	环剑斌

斜 桥 镇

【概况】 斜桥镇位于靖江东部，东邻西来镇，南与张家港市隔江相望，西与滨江新区办事处、靖城街道和孤山镇相接，北靠季市镇，镇域面积 107.88 平方千米，镇区面积 6.1 平方千米。辖 7 个社区居委、26 个行政村 493 个村民小组及 2 个渔业分公司、1 个渔业农场，总人口 9.07 万人，有工业企业 395 家。2016 年，斜桥镇实现地区生产总值 52.83 亿元、开票销售收入 25.76 亿元、财政收入 2.1 亿元，农村居民人均纯收入 2.24 万元。获评靖江土地管理模范镇、一般公共预算收入考核先进单位、农业农村工作考核先进单位、社会治理创新工作先进集体、信访工作先进集体，获招商引资二等奖。

斜桥镇、新港城首届读书节

【经济建设】 工业经济稳步发展。实现工业开票 25.76 亿元，比上年增长 6.4%。列统企业实现销售收入 54 亿元、利税 4.8 亿元、利润 2.7 亿元，比上年分别增长 13.4%、13.8%、14%。现代农业高效发展。围绕“农民增收、农业增效”,加快推进农业机械化作业和适度规模种植,全年新增农业机械43台(套),流转土地1153.33公顷,秸秆全量还田4200公顷;引导规模大户转型升级农产品结构,创建自主品牌,全年申报无公害农产品5个、省级现代农业产业发展项目1个。三产服务业提速发展。依托开发区总部人流、物流、信息流,完善镇域三产服务业发展规划,促进三产服务业发展壮大。全年新增服务业法人企业93家。全镇实现服务业增加值16.6亿元,完成服务业固定资产投资2.1亿元,分别比上年增长13.5%、50%。

【镇村建设】 完善基础配套。实施王宋路、陈家弄路拓宽改造,修复花宋路、江海路路面;推进河道疏浚工程,年内疏浚二级河道12千米、三级河道50.2千米。优化城镇管理,推进集镇环境卫生专项治理,整治校园周边环境秩序,规范流动摊点摆放。规范村民建房,加大违法建设查处力度,全年查处违法建筑67起,拆除各类违法建筑2300平方米。推进农村环境综合管护,全年新增绿化面积87.6公顷,井兴村创成省级绿化达标村。

【社会建设】 加强公共服务。结合社区(乡村)邻里中心建设,融合村级一站式平台硬件配套和软件服务,提升村级便民服务能力。开展帮困救助。通过“一助一”“送温暖”等活动,加大对低保、五保、优抚等特殊群体的走访慰问力度,年内全镇贫困户、孤老人员、重病大病患者得到充分帮扶。落实农民就业培训,举办2次就业招聘会,新增就业再就业950人次。促进文化建设发展。4—10月,举办“书香斜桥 人文港城”首届读书节,读书节设“书韵流香 你我共享”诗歌朗诵会,儿童故事大王比赛,“成长的足迹”演讲比赛,“书香之家”评选,“书香斜桥 人文港城”读书征文比赛、摄影比赛及作品展览、少年儿童绘画比赛7个主题活动。11月,在常州大学怀德学院举办斜桥镇、新港城第3届“港城杯”文体节。开展“星级居民”评选、“法律法规进村入户”等活动,丰富群众精神生活。 (刘溪玲)

2016年斜桥镇主要经济社会指标一览表

表45

指标名称	单位	数值	指标名称	单位	数值
地区生产总值	亿元	52.83	集贸市场成交额	亿元	0.58
农业总产值	亿元	5	镇村主干道	千米	63
工业总产值	亿元	160.5	中、小学校	所	6
工业利税总额	亿元	7.8	在校中、小学生	人	4461
工业投入	亿元	7.3	年末职工人数	人	10583
自营出口额	万美元	207	职工人均工资	元	26721
外贸供货额	万美元	412	参加社保人数	人	28155
三产实体	个	133			

2016年斜桥镇各村基本情况一览表

表46

村名	党支部(总支、党委)书记	村委会主　任	年人均纯收入(元)	村名	党支部(总支、党委)书记	村委会主　任	年人均纯收入(元)
斜桥村	徐建银	夏　云	23477	富民村	钱旺林	朱国方	18324

续表 46

村名	党支部(总支、党委)书记	村委会主任	年人均纯收入(元)	村名	党支部(总支、党委)书记	村委会主任	年人均纯收入(元)
新华村	陆进	刘军	22511	海圩村	束金朝	祁灿刚	17804
安宁村	朱彬	唐有祥	23026	柏一村	金惠林	刘兴坤	23640
丰宁村	王金松	陆彩虹	20820	罗家村	杜金满	陈状林	21439
六助村	徐炳和	郑元	23198	旺桥村	殷栋涛	杜磊	21000
黄普村	郭汉彬	沈红彬	19959	新木村	秦玉良	刘爱平	22198
广福村	吴斌	李进球	19538	荷花村	毛丹	黄伟	24718
江平村	严明松	徐军	21948	丹华村	刘飞	陈炳兴	21034
红旗村	夏建栋	陆奇东	22198	五圩村	朱国邦	褚汉郎	21113
民政村	刘文俊	—	20404	创新村	刘晓成	夏鸿斌	21220
大觉村	徐金芳	高进	20200	井兴村	蒋玉林	陈胜江	24120
筱山村	徐正昌	夏建宏	21000	新港居委	戴炳兴	—	21992

2016 年斜桥镇骨干企业一览表

表 47 单位:万元

单位名称	销售收入	利税总额	法人代表
靖江新舟合金材料有限公司	83007	5304	孙钧
靖江市友谊金属制品厂	68339	5804	戴惠兵
江苏安达钢结构建筑工程有限公司	42756	4338	刘生荣
靖江市智晟混凝土有限公司	40159	3736	李玉兴
江苏凯元科技有限公司	39321	3353	展红明
江苏大能舰船高新材料制造有限公司	36650	2846	包尔础
靖江市长凌金属材料有限公司	33399	3237	戴炳兴
江苏亚龙数码科技有限公司	29909	3879	张永宏
江苏大润机械制造有限公司	29734	2815	倪桂华
靖江市富源船舶配件有限公司	25103	2832	黄月萍
江苏恒明汽车配件制造有限公司	19724	2009	蔡建国
江苏中祥汽车部件有限公司	17196	1492	刘兵
江苏金成光电科技有限公司	16190	1711	戴劲松

续表 47

单位名称	销售收入	利税总额	法人代表
靖江市津津食品有限公司	9382	738	蔡国宝
江苏安华警用装备制造有限公司	7898	1018	马焕明
靖江市斜桥建设工程有限公司	4890	410	郑岳彬
靖江市黄埔机械部件制造有限公司	3496	291	黎　娜
靖江市荣圣车辆部件厂	3270	309	张玉新
靖江西东丝绸装饰有限公司	3126	100	毛满荣
江苏星火汽车部件制造有限公司	2170	169	陆汉栋
靖江市恒铖机械配件制造有限公司	2578	199	叶胜和
靖江市新力化工有限公司	2213	88	秦永光
靖江市越江井兴冲件厂	2204	133	何正平
靖江市亚太泵业有限公司	2110	316	刘兴满

季市镇

【概况】 季市镇位于靖江北部，是靖江“北大门”，东邻西来镇，南连斜桥镇、孤山镇，西接孤山镇，北靠泰兴市，镇域面积41.63平方千米，镇区面积4.6平方千米。辖社区居委会2个、行政村24个，总人口4.8万人，有工业企业372家。2016年，季市镇实现地区生产总值61.06亿元、公共财政预算收入5517万元，农村居民人均收入2.14万元。

【经济建设】 加快企业转型升级。投入资金15.06亿元，累计实施技改项目68个。其中，江苏大中电机股份有限公司投资2.2亿元的超高效电机智能化改造项目完成厂房建设，江苏玖瑞汽配制造有限公司投资1亿元的扩产项目完成部分设备安装调试，大连富莱特钢格板制造有限公司投资1亿元的海工装备制造项目进入试生产。实施高质量产学研合作项目21个，共建产学研联合体6家，引进重大成果转化项目2个；全年申请专利409件，获专利授权143件，其中发明专利授权20件。全年签约3000万元以上项目7个，其中亿元以上项目5个；在建亿元以上项目3个、0.5亿~1亿元项目5个；新开工工业、服务业重大项目12个，竣工投产8个，总投资7.5亿元；新增列统企业2家、私营企业41家、个体工商户146户。加快现代农业发展。全年招商引资1.5亿元，引进规模项目2个，新增高效农业项目2个、农业物联网技术应用项目1个，累计培育稻麦、农机、渔业、香沙芋等各类农业科技示范户240个。发展特色餐饮业。加大季市特色美食文化推介力度，规范发展餐饮美食产业，强化品牌和品质管理，制定“季市小吃”12大类35小类生产标准，季市“老汁鸡”等食品进驻超市。

【镇村建设】 加快基础设施建设。启动季市集中居住区三期和庄帜村、大庆村“一站式”便民服务中心建设；完成季市医院、季市中心小学新址地块拆迁和27户农户的房屋拆旧复垦；季市中路铺设沥青混凝土路面；逐点打造季市中路沿街商铺仿古立面；翻建界河大桥，建成小农桥9座；完成“一事一议”项目13个；实施农村电网改造，新增变压器56台。加强农村环境综合管护。疏浚5个村的二级河道3条、三级河道97条；新增夏仕港清水通道保护区、香沙芋种植资源保护区两处生态红线保护区；投入120万元升级新江平线沿线绿化，完成绿化造林21.8公顷；大庆村先行试点公共服务运行维护标准化，推行村容村貌管理与维护规范等村级公共服务运行维护标准，实施农村生活垃圾专项治理，年内公共服务运行维护标准化工作通过国家验收；实施土地复垦工作，年内复垦13.73公顷；夏秋两季秸秆实现禁烧禁抛、全量还田。

季市生态园鸟瞰

【社会建设】 做好就业服务工作，组织103名就业困难人员参加职业技能培训，为失业求职人员提供招聘岗位52个，新增就业149人。加强帮扶保障。新增城乡居民养老保险381人，完成率152.4%；为4897名企业退休人员提供免费体检；发放独生子女父母奖励金90万元、计划生育奖励扶助金12.4万元、结扎并发症患者救助金20万元；开展“春风助医”“爱心圆梦学子”等关爱活动，发放助医、助学、助困金近10万元，惠及困难群众52户；年内帮助180户低收入户脱贫，改造农村住房困难户危房20户；投入30余万元完成季市敬老院的卫生、消防双达标建设改造工程。深度推介红色文化。修缮抗战时期的县委、县政府和靖江独立团旧址，恢复弘毅中学旧貌；利用长安老区革命历史资源，挖掘红色革命故事，寻访老军人、老干部，打造红色旅游品牌。

【《乡土》栏目走进季市】 12月，中央电视台《乡土》栏目摄制组至季市镇，寻访拍摄留守在古镇老街的传统技艺、老手工艺及美食，制作反映季市乡土文化和人文品格的专题节目。央视栏目组拍摄杆称制作等传统技艺，同时聚焦特色美食，如酒酵馒头、茵糕、“小脚烧饼”等。拍摄期间，栏目组还全程跟拍一户人家的新房上梁过程，展现特有上梁风俗：准备一杆手工杆秤象征称心如意；工匠师傅用斧头轻敲大梁，寄意“代代富”（靖江俗称斧头为代斧）；主户准备一把竹梯，工匠师傅每登一级梯杆辄对户主道一句吉祥话，名为“节节高”。2017年1月5日，制作完成的《季市老街》在央视7套首播。

【青龙寺正坊落成】 10月，青龙寺举行正坊落成典礼。青龙寺始建于明代，1993年复建，已建成天王殿、大雄宝殿、观音殿、地藏殿、五百罗汉堂、念佛堂等，是靖江北部最主要的佛教活动场所，也是靖江的重要人文景观。青龙寺主坊长27米，宽7米，高15.9米，是靖江规模最大的牌坊。（沈筠涛）

2016年季市镇主要经济社会指标一览表

表48

指标名称	单位	数值	指标名称	单位	数值
地区生产总值	亿元	61.06	工业投入（当年技改数）	亿元	15.06
农业总产值	亿元	3.82	当年到账外资	万美元	50
工业总产值	亿元	153.64	自营出口额	万美元	2855
工业利税总额	亿元	16.79	外贸供货额	万美元	—

续表 48

指标名称	单位	数值	指标名称	单位	数值
三产实体	个	—	在校中、小学生	人	1386
集贸市场成交额	亿元	0.3	年末职工人数	人	14012
镇村主干道	千米	54	职工年人均工资	元	25283
中、小学校	所	3			

2016 年季市镇各村基本情况一览表

表 49

村名	党支部(总支、党委)书记	村委会主　任	年人均纯收入(元)	村名	党支部(总支、党委)书记	村委会主　任	年人均纯收入(元)
安武村	朱浩基	刘志刚	17737	廉尚村	朱汉松	朱汉松	18977
长安村	吴　娟	吴　娟	18627	宁界村	吴立贵	范兴福	18882
陈塘村	唐胜余	顾德清	21164	祁安村	刘焜祥	刘灿峰	16454
大庆村	韩建新	缪拥军	18492	勤盛村	丁建忠	印靖丰	20360
关桥村	张金海	季国民	23541	石榴村	严　凯	严　凯	16287
横河村	钱美华	蔡银灿	19635	曙光村	张红卫	张红卫	18592
花家村	李卫民	李卫民	17998	文嘉村	顾灿忠	朱焜鑫	18434
季东村	曹玉圣	张金海	27747	新安村	周平桂	陈满松	17535
季市村	祝建林	祝建林	25035	星光村	肖银红	肖银红	18611
季西村	贲同生	丁　伟	24984	裕福村	周祖宏	黄炳其	19989
季新村	张洪滨	张洪滨	21500	庄帜村	陆松明	顾炳宏	21172
井圩村	张士兴	许建林	19779	季市居委	何美霞	马新美(西街)	26000
利民村	张民勤	朱　银	18382			刘霞红(东街)	24500

2016 年季市镇骨干企业一览表

表 50　　单位:万元

单位名称	销售收入	利税总额	法人代表
靖江市格利环保科技有限公司	3595	155	黄　慧

续表 50

单位名称	销售收入	利税总额	法人代表
靖江市荣诚金属材料科技有限公司	27170	8	陆淑君
江苏长虹电器实业有限公司	3575	303	徐兴宇
江苏双星特钢有限公司	43180	5499	顾开明
靖江市同生冲压铸件制造有限公司	27915	1623	赍同生
靖江市季市铸钢厂	3790	432	张桂林
靖江市华氏电机电磁线厂	47891	5923	吴　江
江苏大唐科源电气有限公司	3120	343	郑维民
江苏华宝钢结构有限公司	3579	373	杨冬梅
江苏奥凯环保科技有限公司	6187	784	冯　阳
靖江市欧纶布厂	5292	433	孙　沂
靖江量具有限公司	9919	406	张永明
靖江塔尔地多电器设备有限公司	3093	355	郑维民
靖江市瑞尔森金属制品厂	5412	529	叶林生
江苏石磊机械制造有限公司	2275	321	黄桂忠
江苏大中电机有限公司	649348	135028	周巧林
靖江市宏昌通信设备有限公司	7750	646	陆汉彬
靖江市明宇轴业制造有限公司	3314	283	马志伟
江苏苏中电信器材有限公司	6513	696	吴华林
靖江市普天电机有限公司	3913	304	汪　峰
靖江市建成铸钢有限公司	4313	470	朱建成
靖江市鑫狮建材有限公司	10902	1839	杨丽娟
江苏航天动力机电有限公司	42292	5831	申建辉

孤山镇

【概况】 孤山镇位于靖江中北部，因有“苏中六峰，唯此独秀”的孤山而得名，东依斜桥镇，南邻靖城街道，西接马桥镇，北靠泰兴市和季市镇，镇域面积48平方千米，镇区面积1.2平方千米，辖4个社区居委、14个行政村291个村民小组，常住人口4.27万人。2016年实现地区生产总值19.57亿元、财政总收入1.49亿元，农村居民人均纯收入1.85万元。

【经济建设】 工业经济稳中有进。空调行业发挥龙头作用，不断扩大影响力，食品、汽配、船阀等行业以科技创新推进转型升级，产业发展稳中有升。列统工业企业完成产值22.79亿元、销售收入22.78亿元、利税1.84亿元、利润0.69亿元，分别比上年增长13.03%、13.13%、15.89%、14.03%，完成固定资产投资14.75亿元；申报各类专利450项，申报国家级高新技术企业、省科技型中小企业、省民营科技企业各3家，共建产学研合作项目1个。现代农业扩面增效。围绕新江平路农业生态走廊战略部署，稳步推进万顷良田项目建设，新建标准化大棚2.53公顷，建成景观生态林6.8公顷，新增高效设施农业20公顷、无公害基地4个；新建林业绿化成片林21.33公顷，农田林网总面积206.67公顷，全镇森林覆盖率31%；加快培育新型农业经营主体，新增家庭农场10家、农民专业合作社4家。立足区位、交通、资源优势，坚持商贸流通业、生态旅游业“双轮驱动”，完善镇区商贸网点布局，依托专业市场、姜八线沿线和集中居住区沿街店面，推进商贸集聚区建设。

【镇村建设】 整治镇区环境，实施山前广场改造工程，完成镇政府南侧雨污水改造、孤山山体加固和叶王路拓宽工程。推进集中居住，集中居住区二期第2批次工程封顶171户，并完善相关配套设施。完善农村环境长效管护机制，推行垃圾分类收集，农村垃圾集中无害化处理率100%，通过省级达标验收；申报村级“一事一议”项目4个，落实省级补助资金72万元。

【社会建设】 加大就业帮扶力度，全年新增就业2000余人，创业带动就业1000人。加强社会保障，新增城乡居民养老保险415人，续缴4315人，续缴率95.28%。完善社会救助体系。结对帮扶困难户8户、残疾人困难户35户，落实帮扶资金19.6万元；组织两次专项救助，举办“春风助医”“金秋助学”“党员干部一日捐”等慈善救助捐助活动，落实救助资金44万元。加快发展教育文体事业。制定镇教育发展规划，镇教育中心完成规划设计论证，中考录取率在泰州农村初中处于前列，团结幼儿园获评省优质幼儿园；通太、土桥、望江3个村（社区）综合文化服务中心建成，“农家书屋”实现村村覆盖；与市文化馆联合创作的小品《较劲》入围“中华颂”第7届全国小戏小品曲艺大展；全年送戏下村35场次，送电影22场次。加强卫生服务工作，孤山卫生院获评省示范乡镇卫生院。做好食品药品安全工作，新建3个标准化宣传栏、15个科普宣传站，备案登记农村集体聚餐905起。

【空调小镇建设】 12月，孤山镇被列为泰州市首批培育建设的10个特色小镇之一，定位为“空调小镇”，集智能装备制造、高科技研发、“互联网+”服务等为一体，致力于发展“硬+软”产业集群，打造迈向工业4.0的高端智造空调小镇。年内，启动中国暖通空调交易中心，开工建设创新创业孵化基地，并完成空调特色小镇总体规划设计。小镇规划区占地3.9平方千米，核心区域1.6平方千米。（顾　昭）

2016年孤山镇主要经济社会指标一览表

表51

指标名称	单位	数值	指标名称	单位	数值
地区生产总值	亿元	19.39	集贸市场成交额	亿元	0.19
农业总产值	亿元	1.71	中、小学校	所	4
工业总产值	亿元	79.54	在校中、小学生	人	745
工业利税总额	亿元	3.06	年末职工人数	人	28433
工业投入	亿元	9.75	职工年人均工资	元	41118
自营出口额(含城北)	万美元	12641	参加社保人数	人	20059
三产实体	个	59			

2016年孤山镇各村基本情况一览表

表52

村名	党支部(总支、党委)书记	村委会主任	年人均纯收入(元)	村名	党支部(总支、党委)书记	村委会主任	年人均纯收入(元)
孤山村	刘金芬	范富兴	21746.47	李王村	陈海兴	徐　振	19574.17
山东村	刘　彬	刘　彬	19669.67	乐稼村	肖云海	陈红灿	19091.43
勇进村	黄林芝	印红明	20116.00	广陵村	张亚峰	陈　铭	19280.29
通太村	宋鲁江	鞠燕红	21148.04	新联村	孙静波	常灿红	18888.70
新庄村	翁金国	叶松林	19986.99	土桥村	丁祖兴	常进二	19847.59
联东村	徐建平	徐建平	19239.33	乐庄居委	黄　楷	钱光裕	20918.54
联华村	黄小明	—	19430.37	园山居委	刘靖北	程天华	20310.41
石桥村	刘红芳	范海林	18481.79	望江社区	郁剑球	倪月云	19959.73
勤丰村	孙静波	谢满江	18876.98	蹑云社区	龚桂清	弓金涛	18188.50

2016年孤山镇骨干企业一览表

表53　　单位:万元

单位名称	销售收入	利税总额	法人代表
江苏中亚实业有限公司	28661.2	2103.1	姚灿彬
江苏靖江催化剂总厂有限公司	17848.9	1800.7	范涌泉
靖江市宏鹏催化剂有限公司	2355.6	110.9	范金水
靖江市广通船用阀门有限公司	2082.0	171.6	赵　锋
江苏希达空调净化设备总公司	38010.2	3924.1	宋惠兴
江苏友联金属制品有限公司	1885.0	-104.8	黄祖兴
靖江市吉祥空调设备有限公司	2229.6	199.3	刘洪兴
靖江胜新空调制冷设备有限公司	2279.7	159.8	郭文河
江苏金剑中央空调设备有限公司	2014.6	164.9	龚美芬
靖江市百合塑料助剂有限公司	2215.8	37.3	唐永江
靖江市新泰锻造厂	2086.9	158.0	陈　萍
靖江市春意空调制冷设备有限公司	50264.9	4118.1	刘兴非
靖江市奥威船用阀门厂	4748.2	386.5	宋　坤
江苏凯通船用阀门有限公司	2918.4	191.1	范建国
靖江市恒星汽车零部件有限公司	3198.2	391.2	杨汉红

续表 53

单位名称	销售收入	利税总额	法人代表
靖江三阳食品有限公司	14606.0	781.5	陈旺根
江苏三燕空调设备有限公司	10619.1	681.2	许丙洲
江苏欧普特条码标签有限公司	4431.5	32.1	徐　江
欣盛尚驰科技股份有限公司	35317.8	3064.0	盛立兴
靖江市钢佳贸易有限公司	7556	25	刘雪锋
靖江市泓尔达贸易有限公司	4301	82	朱红萍
靖江市锦绣山庄生态园有限公司	230	55	熊江银

马 桥 镇

迎祥村卫生室

【概况】 马桥镇位于靖江西郊,东邻靖城街道、孤山镇,南连城南办事处、东兴镇,西接生祠镇,北依泰兴市,总面积 50.31 平方千米,镇区面积 6.96 平方千米。辖 2 个社区居委、18 个行政村 355 个村民小组,总人口 3.66 万人。2016 年,马桥镇列统工业企业实现产值 43.05 亿元,比上年增长 15.42%;实现一般公共预算收入 5668 万元,比上年增长 23%。

【经济建设】 工业经济发展良好。实现工业开票销售收入 15 亿元、固定资产投资 14.19 亿元、技改投入 12.41 亿元,分别比上年增长 11%、29.14%、21.67%。重点企业稳步增长,规模以上企业开票销售收入 8.34 亿元,新增江苏捷顺机电工程有限公司、江苏元泰防腐工程有限公司 2 家销售收入超亿元企业,江苏亿鑫金属制品有限公司、江苏华宇电力发展有限公司、靖江市艾姆泰克环保工程有限公司等企业开票销售同比增幅保持 20%以上。项目建设稳步推进,江苏一澜智能科技公司、江苏亿鑫金属制品有限公司、城西商业街 3 个亿元项目开工建设。加大挂牌上市企业培育力度,江苏泽宇环境工程有限公司、江苏和诚制药设备制造有限公司两家企业与券商签订协议,有序开展“新三板”挂牌工作。科技创新提档升级,江苏天鹅乐器有限公司、江苏霖润达环保设备制造有限公司、靖江伊香食品有限公司、靖江市悦达安防设备有限公司 4 家企业申报省级民营科技企业,江苏星晨高速电机有限公司、江苏苏中开关厂、江苏旺源泵阀制造有限公司 3 家企业申报省高新技术产品 5 项,江苏天鹅乐器有限公司、江苏恒新门业有限公司成为国家级高新技术企业。加快发展现代农业。成功引进建设百德惠农业科技项目,获批泰州市特色果蔬产业园;整合集福、福兴、侯河、经伦、铭坤等村,建成高标准农田 333.33 公顷;新建水果、蔬菜种植基地 94 公顷,新增无公害农产品2个、绿色农产品1个。优化农业服务体系,新建泵站19座、涵洞6座、硬质渠道22千米,新添收割机、粮食烘干机、旋耕机等农机具108台(套)。发展村级集体经济。申报"一事一议"项目10个,投入资金287万元,获得财政奖补资金190万元;新申报泰州市植保示范户2个、家庭农场21个、五好合作社15家;基本完成农村土地承包经营权登记颁证工作。积极发展以徐周、白衣、马桥村为核心的休闲观光农业,建成旅游接待中心,累计接待游客2万余人次。

【镇村建设】 加强公共设施建设。拓宽改造侯爰路3.5千米、四圩港路5.5千米,新建涵洞5座,迁移电力、通信管线250余根;维护路标路识,增设错车道20处,修补破损路面5000平方米;建成连接泰兴市曲霞镇的马曲线县道工程,完成229省道和连接城南园区的联马大道拆迁;马桥幼儿园投入使用,马桥治安管理服务中心完成规划设计;全年完成农村危房改造36户,为6家企业申报新征用地规划建设手续提供服务。村庄环境整治成效显著。启动村庄环境连片整治工程,集中整治农村生活污水、生活垃圾、规模畜禽养殖污染,新建镇垃圾中转站1座、村标准化垃圾收集房22座,实现组收集、村集中、镇中转处理模式,生活垃圾无害化处理率95%以上;正北村通过省级"水美乡村"验收;横港、马桥、白衣、栗树、铭坤等村成为省级卫生村。

【社会建设】 全面推进精准扶贫,建档立卡低收入农户395户839人,确定帮扶到户责任人,全年脱贫104户288人。拓展创业就业途径,新增就业1250人、创业48人,转移农村劳动力580人,专场招聘会现场达成用工意向71人。社会保障扩面增效,新增城乡居民养老保险102人,与158名五保供养对象签订关爱照料协议,徐周、三爱、侯河社区居家养老服务中心获评省3A级。推进优质均衡教育,建成省级社区教育中心。实施文化惠民工程,镇文体中心建成并投入使用,举办职工文艺汇演、"好声音"专场活动。推荐"美德善行""身边好人",开展"家规家风家训"评选活动、"我有好家风"最美家庭评选活动。强化安全生产及食品药品监督检查,推进安全生产网格化工作,全年未发生重特大安全事故。整合医疗卫生资源,镇卫生院、村卫生室实行一体化管理。侯河卫生院试点创新医养融合模式,新增相对独立的医养一体病区,设立"医养融合"病房。

【徐周村首家民宿投入使用】 10月,由上海业主黄某利用村民住宅改建成的徐周村首个民宿投入使用。该民宿三间两层,建筑面积450平方米,背靠严家港,正对百亩良田;内设一人间、二人间和三人间客房共17个,可同时容纳50余人入住;住宿区后面建有餐厅,可容纳200人同时就餐,菜肴用民宿自种自养的食材制作。该民宿具备休闲、餐饮、住宿等功能,是"大美徐周"乡村旅游的组成部分,为徐周村私宅改造成乡村旅游民宿的有益探索。

(季　松)

2016年马桥镇主要经济社会指标一览表

表54

指标名称	单位	数值	指标名称	单位	数值
地区生产总值	亿元	19.89	三产个体	个	461
农业总产值	万元	45234	集贸市场成交额	万元	18136
工业总产值	万元	668723	镇村主干道	千米	88.4
工业利税总额	万元	401281	中、小学校	所	3
工业投入	万元	133751	在校中小学生	人	1135
当年到账外资	万美元	300	年末职工人数	人	11079
自营出口额	万美元	981	职工年人均工资	元	42150

2016年马桥镇各村基本情况一览表

表55

村名		党支部(总支、党委)书记	村委会主任	年人均纯收入(元)	村名	党支部(总支、党委)书记	村委会主任	年人均纯收入(元)
徐周中心村	徐周村	徐忠祥	陈峥	24584	横港村	朱建江	吴惠贤	24089
	铭坤村		钱平	18599	侯河村	朱海平	陆林芬	23253
白衣中心村	白衣村	何明仁	吕亚君	20422	福兴村	高贵江	朱金红	18050
	新市村		王平	18379	集福村	高卫忠	陆汉松	19629
正北村		杨建红	鞠亚林	25188	经伦村	徐玉奇	侯汉坤	19813
马桥村		陈汉年	刘一飞	24037	三爱村	陈小海	臧桂清	20848
朝西村		陈小海	花红江	18174	迎祥村	刘红林	刘林	21975
栗树村		周冠栋	马满和	17813	幸福村	徐建平	张俊	21038
九一村		何亚华	刘银祥	19080	祖师村	夏小荣	杨金福	20023

2016年马桥镇骨干企业一览表

表56 单位:万元

单位名称	销售收入	利税总额	法人代表
江苏弘腾机械制造有限公司	12388	2117	杨宏
靖江市锦汇电冰箱配件厂	21450	1691	徐锦章
靖江市天胜机械制造有限公司	29445	2351	刘恺
江苏华宇电力发展有限公司	11689	1381	高洪兴
靖江正茂锚链附件有限公司	39866	5078	褚德华
靖江恒和胶业有限公司	24157	2014	陈玉生
江苏星晨高速电机有限公司	22679	1428	刘森刚
靖江发达巾被有限公司	19120	1640	陈宗林
江苏和诚制药设备制造有限公司	5462	258	徐建涛
靖江新大洲电气化器材制造有限公司	12393	1526	钱汉彬
靖江康爱特环境工程有限公司	3871	687	孙玉明
靖江市艾姆泰克环保工程有限公司	6170	744	侯同海
靖江海贝纺织有限公司	24122	2245	王鹏
江苏天鹅乐器有限公司	21426	1847	陈红梅
靖江市富阳包装有限公司	4969	897	赵武良
江苏新柯机械制造有限公司	26969	1781	朱小兴

生祠镇

【概况】 生祠镇位于靖江西北部，东接马桥镇，南连东兴镇，西靠新桥镇，北邻泰兴市。镇域面积70.19平方千米，镇区面积4.69平方千米。辖2个社区居委、18个行政村472个村民小组，总人口4.77万人。2016年，实现地区生产总值40.94亿元、公共财政预算收入6722.82万元，农村居民人均纯收入1.96万元。

【经济建设】 经济发展总体趋好，一、二、三产业增加值分别实现3.38亿元、29.51亿元、8.71亿元，比上年增长5.8%、8%、12%，完成固定资产投资15.75亿元、技改投入11.18亿元，分别比上年增长25.59%、34.36%。项目引建力度加大，招引江苏永昊高强度螺栓有限公司等3家企业入驻原大进砖瓦厂地块，签约江山控股等亿元以上项目7个，靖江诚龙特种钢机械制造有限公司、江苏国安警用装备制造有限公司、江苏恒阳冶金科技有限公司等项目投产。企业科技创新势头良好，新增国家级高新技术企业3家、省级高新技术产品5个、泰州和靖江两级“双创计划”项目3个，承担省级重点研发计划项目1个，建成泰州市工程技术研究中心1个，开展产学研合作项目4个。现代农业高速发展。新增“五好”规范化合作社10个、家庭农场37个，全镇耕地基本实现规模经营；新增高效农业面积96.67公顷，水稻机插秧覆盖率70%；成功申报无公害农产品7个、绿色农产品2个、无公害粮食种植基地4个、无公害水产品基地1个；推进省级现代农业产业园区建设，完成园区平台方案设计。加快发展旅游业。丰富国家AA级旅游景区岳庙、刘国钧故居的功能内涵，打造以岳庙、埭上人家、观光农业、盆景基地等为重点的精品旅游线路，举办“美丽乡村、魅力生祠”休闲生态旅游活动，全年接待游客近5万人次。

【镇村建设】 加强基础设施建设。建成刘国钧路、大进路，实施思岳路沿街店铺外立面改造；通过“一事一议”，完成村组硬质化道路18条12.36千米，拆坝建桥11座，改造疏通涵洞25座；建成新镇区四期安居工程107户联排住宅。推进村庄环境综合管护。东进村先行试点公共服务运行维护标准化，推行村容村貌管理与维护规范等村级公共服务运行维护标准，年内公共服务运行维护标准化通过国家验收；植树6万余棵，累计完成林业绿化成片林面积73.33公顷、农田林网面积200公顷，大进村通过省级森林生态示范村验收；完成大进、七里等10个村的新疏浚三级河道绿化和一新路绿化工程，升级改造新江平路沿线绿化节点；实施土地复垦工作，推进农业废弃物综合利用，夏秋两季秸秆实现禁烧禁抛、全量还田。

【社会建设】 落实社会保障。举办新春就业招聘会，达成就业意向169人，组织150人参加市“万名厨师技能培训”；维护职工合法权益，化解欠薪纠纷24起；新确定城乡低保户317户、五保户205户；结对帮扶贫困户613户，为723名残疾人办理意外伤害保险；新型城乡养老保险续缴率100%，开展老年人“关爱之家”创建活动，东进村老年“关爱之家”通过省级验收。推进精准扶贫工作，222户低收入农户实现脱贫。发展文化事业。建成靖江首个乡镇文化馆分馆——市文化馆生祠分馆，升级改造村级文化广场及农家书屋，生祠镇青少年社会实践教育基地获评靖江市爱国主义教育基地；组织参加市第34届文艺节，开展送电影下乡活动100余次，组织业余团队广场文艺演出8场次，开展“靖江好声音”“法治环省行”生祠站活动，举办学习刘国钧精神座谈会。 （丁 蕴）

【苑艺小镇建设】 12月，生祠镇被列为泰州市首批10个培育建设的特色小镇之一，定位为“苑艺小镇”。苑艺小镇建设坚持产业融合路径，以山水盆景产业为龙头，以提升品牌影响力和产业竞争力为关键，着重发展家居苑艺、园林苑艺、田野苑艺，建设长三角区域苑艺产业集聚示范基地、苑艺文化研究传播中心、苑艺旅游观光体验中心。苑艺小镇规划区占地3.2平方千米，其中核心区域1.5平方千米，主要由“一心两轴三带四区”构成，“一心”为苑艺文化广场，“两轴”为文化发展轴及滨水生态景观轴，“三带”为农业生态休闲带、民俗特色景观带及农业观光体验带，“四区”包括苑艺特色核心区、渔光水产休闲区及两个生态农业种植区。

【首届金星论坛举办】 12月，首届金星论坛于生祠镇金星村举行，论坛主题为“特色小镇——创意设计与人文传统对话”，200余名与会嘉宾汇聚一堂，着重探讨在特色小镇建设中的人文融合与开发运营模式。论坛发布《金星论坛宣言》,指出“现代人普遍渴望诗意栖居与人文生活,中国文化‘天人合一’理念应该成为特色小镇规划建设和所有人文项目建设的重要理念支撑”。著名孔子文化专家、曲阜师范大学教授骆承烈,国学大师梁漱溟长孙梁钦元,党史专家、《习仲勋传》作者贾巨川和周易研究专家郭彧分别作主题演讲。（启 明）

2016 年生祠镇主要经济社会指标一览表

表 57

指标名称	单位	数值	指标名称	单位	数值
地区生产总值	亿元	40.94	三产实体	个	8
工业总产值	亿元	123.38	集贸市场成交额	亿元	9650
农业生产总值	亿元	4.83	镇村主干道	千米	251
工业利税总额	亿元	4.5	中、小学校	所	4
工业投入	亿元	13.68	年末职工人数	人	8410
当年到账外资	万美元	30	职工平均工资	元	38985
自营出口额	万美元	3624	参加社保人数	人	19622
外贸供货额	万美元	4223			

2016 年生祠镇各村基本情况一览表

表 58

村名	党支部(总支、党委)书记	村委会主　任	年人均纯收入(元)	村名	党支部(总支、党委)书记	村委会主　任	年人均纯收入(元)
生祠居委	吴桂芬	吴桂芬	18740	红英村	孙金明	严满林	19290
翠竹苑社区	钱立胜	曹宇阳	18740	地藏村	顾金飞	严卫国	19843
生祠村	陈银夏	朱汉明	19713	利珠村	冷红明	王洪波	18754
金星村	刘　伟	丁建荣	20183	涨公村	侯银进	朱伟龙	19268
三河村	刘　松	朱卫东	19190	新义村	陆章炳	倪　刚	19302
新生村	严建平	顾俊杰	19488	法喜村	史荣兴	陆明荣	19551
七一村	朱金宏	刘　芸	18954	新丰村	顾金飞	倪立新	19505
七里村	龚建军	藏翕坤	19255	新跃村	周鸿钧	卢金明	19711
大进村	周富和	田灿华	19766	老港村	朱亚进	叶灿华	19862
东进村	张金荣	卢桂琴	20027	三圩村	张金荣	陆荣根	18642

2016 年生祠镇骨干企业一览表

表 59　　单位:万元

单位名称	销售收入	利税总额	法人代表
靖江宇进丝绸服饰有限公司	20820	550	周伯康
江苏双江能源科技有限公司	10936	425	朱建红
江苏民和机械制造有限公司	1561	115	黄晓晴
江苏华星重工机械有限公司	1473	103	陆建平
江苏双轮泵业机械制造有限公司	4563	335	沈　健
江苏山鑫重工有限公司	4149	332	张顺洪
江苏盛达环保设备有限公司	4380	232	陈洪英
江苏飞鹿重工机械制造有限公司	2862	166	张宗良
靖江鸿帛服饰有限公司	11738	930	夏卫中
江苏恒德力化工设备有限公司	1294	105	杜进忠
江苏南风机械制造有限公司	886	45	薛正南
靖江市海鸿塑胶科技有限公司	5397	472	包海初
靖江市凯狄五金机械制造有限公司	2972	238	褚洁虹
江苏洪涛机械制造有限公司	569	35	蒋洪涛
江苏东方镍网有限公司	2646	292	翟安明
靖江市靖星不锈钢管有限公司	809	65	居卫彪
江苏荣泰门业有限公司	3218	193	蒋红太
靖江市三力锻压机床制造有限公司	2027	21	杨翕明
靖江市亚星泵业制造有限公司	600	50	卢春良
江苏海天泵阀制造有限公司	1743	139	黄佳华
江苏普隆石化设备有限公司	1164	80	季　兴
江苏振亚泵业科技有限公司	1657	132	顾跃进
江苏皓日汽车零件部有限公司	9629	1006	顾习平

东 兴 镇

【概况】 东兴镇位于靖江市西南部,南临长江,东连江阴—靖江工业园区办事处,西接新桥镇(新桥园区),北邻生祠镇。辖区面积35.68 平方千米,镇区面积 6.2 平方千米。辖 12 个行政村 260 个村民小组,总人口约 3.5 万人。有工业企业 550 家,其中列统企业 22 家。2016 年,实现地区生产总值 49.73 亿元,比上年增长7.8%;一般公共预算收入 1.22亿元,比上年增长 27.7%;农村居民人均纯收入 2.07 万元。

【经济建设】 工业经济运行稳健。全年全镇列统工业企业实现总产值 110.6 亿元、销售收入

109.9亿元、利税15.1亿元、利润9.65亿元。年开票销售超5亿元的企业1家(江苏亚星锚链股份有限公司),超3亿元的企业1家(皓月汽车安全系统技术股份有限公司),超1亿元的企业4家,超0.5亿元的企业4家。完成产业投资23.19亿元,其中工业投资18.1亿元。签约项目8个,在建亿元以上重点项目8个。工业企业转型升级成绩显著,高新技术产业产值占列统工业总产值的92.5%。江苏亚星锚链股份有限公司技术中心被认定为国家级企业技术中心,是靖江首个国家级企业技术中心;新增省级企业重点实验室、省级研究生工作站各1个,省级民营科技型企业4家,高新技术产品4个;有2家企业被认定为省级“两化融合”示范企业,3家企业被认定为泰州市“两化融合”试点企业;皓月汽车安全系统技术股份有限公司的汽车锁总装中控车间被评为省级智能车间;获评市级科学技术奖3个,认定为市级高新技术企业3家。现代农业高效推进,全年完成农业总产值3.6亿元,比上年增长5%。推广机插秧技术,机插秧种植面积1400公顷,达到历史最高水平,粮食高产增效连续3年被评为省A级片区;基本完成农村土地承包经营权确权登记,全年流转土地118.67公顷,新建家庭农场14个、专业合作社7个。服务业建设力度加大。完成服务业产业投资5.1亿元;投资1亿元的民鑫驾驶员培训中心、投资2.7亿元的泰州港靖江港区夹港作业区三江通用码头工程年内开工建设。

【镇村建设】 提升集镇形象。年初开展集镇环境卫生、交通秩序、乱搭乱建、户外广告、占道经营、河道环境专项整治,集镇面貌焕然一新;完成安置区绿化亮化、上五圩港桥、惠丰农贸市场二期改造、敬老院辅助用房等工程建设,完成公新公路拓宽改造工程东兴段拆迁。创新镇村环境管理模式,试点推行镇村绿化管护、道路养护、河道保洁、垃圾清运等社会化运营,提高管护效率,旺稼村先行试点公共服务运行维护标准化,推行村容村貌管理与维护规范等村级公共服务运行维护标准,年内公共服务运行维护标准化通过国家验收。实施绿化工程,全年新造成片林21.33公顷,林木覆盖率25.47%。开展土地复垦,新增耕地面积8.23公顷。

东兴集中居住区 (东兴镇提供)

【社会建设】 加强帮扶保障。序时推进精准扶贫,发放救助金65.2万元,结对帮扶困难户100户,帮扶重点优抚对象5户;实施敬老院提升达标工程,新建生活用房1200平方米,惠丰卫生院试点创新医养融合模式,增设“医养融合”病房;建成残疾人“馨港湾”服务中心;新增办理城乡居民养老保险192人,续缴率96%,实现居家养老保险全覆盖。促进就业创业。帮助84名失业人员申领失业保障金;组织31名失业人员参加技能培训,并帮助申请社保补贴和创业担保;为灵活就业人员提供政策咨询,实现就业和再就业57人次;指导帮助江苏亚星锚链股份有限公司、皓月汽车安全系统技术股份有限公司、江苏永涛实业有限公司3家企业建立“企业型”众创空间。完善公共服务。主动上门帮助办理生育登记82人,办理流动人口婚育证明23人;重视矛盾纠纷排查化解,信访来访受理处理率100%。加强安全监管。建立“横向到边,纵向到底”的安全责任体系,开展各项专项检查14次;推进“智慧安监”安全生产监管平台建设,市安全生产网格化智慧监管工作现场会在镇内召开,全镇安全生产网格化监管实现全覆盖。发展文化事业,全年开展“戏舞乡村”送戏下乡20场次。 (徐 鸣)

【华冶科技挂牌“新三板”】 11月,江苏华冶科技股份有限公司(证券简称“华冶科技”,代码“839759”)在全国中小企业股份转让系统(新三板)挂牌上市,是靖江第5家“新三板”挂牌上市企业。江苏华冶科技股份有限公司成立于2003年12月,主营耐热耐磨钢铸件的研发、生产与销售。

【东兴镇首届梨花节】 3月26—28日,为扩大东兴翠冠梨的影响力,举办东兴镇首届梨花节。梨花节活动丰富多彩,除了赏梨花,还举办品果酒、梨树认养、摄影大赛、烧烤、垂钓等系列活动,吸引游客上万人。 (启 明)

2016年东兴镇主要经济社会指标一览表

表60

指标名称	单位	数值	指标名称	单位	数值
地区生产总值	亿元	49.73	三产实体	个	1
农业总产值	亿元	3.59	集贸市场成效额	亿元	51839
工业总产值	亿元	136.59	镇村主干道	千米	53.7
工业利税总额	亿元	18.48	中、小学校	所	2
工业投入	亿元	18.09	在校中小学生	人	2530
实际利用外资	万美元	25	年末工业企业职工人数	人	4976
自营出品额	万美元	8512	参加社保人数	人	9588

2016年东兴镇各村基本情况一览表

表61

村名	党支部(总支、党委)书记	村委会主任	年人均纯收入(元)	村名	党支部(总支、党委)书记	村委会主任	年人均纯收入(元)
上六村	施久龙	奚志华	21217	成德村	鞠金虎	王玉银	19759
万圣村	朱金华	孙道祥	20701	海镇村	季云燕	王　鑫	20707
何德村	胡银根	殷桂红	22673	克成村	李金洪	金学进	20316
旺稼村	陆纪圣	盛联华	21073	惠龙村	王　勇	王　勇	19532
东兴村	魏本涛	杜庆良	22177	惠圣村	张亚尧	印　冰	19926
合兴村	魏本涛	冷小凤	20699	惠丰村	蒋礼付	魏　东	19897

2016年东兴镇骨干企业一览表

表62 单位:万元

单位名称	销售收入	利税总额	法人代表
江苏亚星锚链股份有限公司	75795.35	7063.74	陶安祥

续表 62

单位名称	销售收入	利税总额	法人代表
皓月汽车安全系统技术股份有限公司	39320.16	2829.99	姚明成
江苏东茂新材料有限公司	14881.12	114.88	孙士富
江苏三江水泥制造有限公司	9968.35	-97.54	严　俊
靖江市三江砼业有限公司	4666.72	169.02	严　俊
江苏华冶科技股份有限公司	10625.75	711.63	王茂庭
江苏靖隆合金钢机械制造有限公司	6635.72	478.45	陈　亮
江苏旭顺东明汽配有限公司	21258.38	1362.57	冷智银
江苏金冶冶金设备有限公司	6798.84	447.18	张　鹏
靖江市格灵化工有限公司	5450.54	298.46	鄂章圣
靖江江北重工装备有限公司	3024.37	280.51	陶安祥
江苏金鼎汽车锁制造有限公司	3633.65	211.66	张国网
靖江市增光压铸有限公司	1922.48	60.31	陈　勇
江苏昊利纺织制品有限公司	4514.46	218.42	曹美林
江苏三耐特种设备制造有限公司	2073.33	46.26	于　佳
靖江市新纪元针织有限公司	2548.84	72.23	黄继青
靖江市凯捷汽车配件制造有限公司	1900.54	42.56	瞿　亮
靖江市明明汽车零部件有限公司	2129.56	35.68	石银珍
江苏大晟砼业有限公司	10180.43	326.6	刘海强
靖江市铭宇服饰有限公司	2168.93	113.46	顾红明
江苏华能控股有限公司	892.94	38.92	孙士富
江苏电热器厂	1613.24	44.78	印国友

新桥镇

【概况】 新桥镇位于靖江西部，东邻东兴镇，南与江阴市、常州市隔江相望，西隔界河与泰兴市毗邻，北依生祠镇，总面积61.3平方千米，镇区面积26.8平方千米，辖3个社区居委会、18个行政村398个村民小组，有人口6.20万人。2016年，全镇完成地区生产总值96.43亿元、一般公共预算收入1.83亿元、固定资产投资77.93亿元，农民人均纯收入2.8万元。

【经济建设】 工业经济稳中趋优。江苏民生特种设备集团有限公司、江苏光芒集团有限公司、江苏双达泵阀集团有限公司等重点企业产值增幅均保持15%以上，开票收入超亿元企业有8家；年内新签约项目16个，新开工亿元以上项目10个，天靖环保靖江环境生态科技园建设有序推进，靖江格兰石化设备有限公司、靖江华和环保设备制造有限公司等4个项目竣工并投产。农业发展提质增效。礼圣、五星村优质稻米田间工程通过验收；建成省级高产万亩示范片2个，新增家庭农场19家、高效设施农业面积25.33公顷、适度规模经营面积100公顷；发放农业支持保护补贴376万元，全镇粮食总产量突破4万吨。现代服务业稳步发展。新增服务业企业186家、个体工商户408家，信丰广场、润新街区发展良好，全镇实现服务业增加值31.7亿元。

【改革创新】 推进行政审批制度改革。加快简政放权，简化办事流程，优化“七公开”（项目名称、办事程序、申请条件、申报材料、办结时间、收费标准和收费依据公开）、“五规定”（一般事项直接办理、特殊事项承诺办理、重大事项联合办理、上报事项负责办理、控制事项明确答复）制度设计，推动执法、调解、便民服务三大平台高效运转。深化农业改革，全面完成农村土地确权颁证、农业普查摸底工作。创新融资方式，调优资本结构，帮助企业“化圈解链”、防范区域性金融风险。高端人才加速集聚，科技创新成效显著。发挥科技镇长团、群众工作队人脉优势，推动靖江泵阀研究院、院士工作站精准服务企业，引进各类高层次人才80人，列入泰州市级以上双创计划4项、博士计划5项；新建省市级研发机构3家，组织申报省级高新技术企业6家、高新技术产品20余个、专利申请300余件，高新技术产业产值占比67.1%。

【城镇建设】 完善基础设施。架设完工润新路夹港大桥、瑞江路公兴河桥等3座桥梁，长江路、联江路等区间道路建设序时推进，220千伏变电站、5万吨级自来水增压站顺利实施，社会治安管理中心、新桥城医院等重点项目主体完工。稳妥推进拆迁安置。签约腾房297户，安置1120户，完成九圩港、文东港闸站等地块拆迁，完善润新公寓、富江新苑、孝化新苑、三兴新苑等居住区公建配套设施，启动振兴公寓高层住宅区设计。优化镇村环境。改造礼务路、民安路、四墩子新街，修复镇村道路1万余平方米，新增绿地3.7万平方米，三太、益民等美丽乡村建设初具成效，秸秆禁烧、综合管护保持良好态势，城乡生态环境显著改善。

【社会建设】 健全保障体系。新增就业、再就业1006人，新型城乡居民养老保险续缴率97%，社保、医保扩面征缴；全面规范临时救助行为，完善兜底功能。文教卫生均衡发展。举办“弘孝扬善、厚德载物”主题道德讲堂和首届文体节，丰富群众的精神生活；富江幼儿园完成主体工程建设，镇实验学校通过“泰州平安示范校”验收；完成12家村级卫生室达标建设，基本建成健康档案管理库，医疗服务水平明显提高；畜禽防疫成效显著，无一例重大疫情发生。推进平安建设。开展安全生产大检查，推进社会治安综合治理，信访案件合理诉求结案率、稳控率100%。

【杨恒俊获评省最美基层干部】 1月，新桥镇德胜中心村党委书记杨恒俊被江苏省委宣传部授予江苏“最美基层干部”荣誉称号。2009年，杨恒俊接任新桥镇德胜村党总支书记。他带领村干部励精图治，并自掏腰包带头干事创业，申请注册“德胜牌”商标，推动全村现代农业迅速发展，

江苏卫视城市频道现场采访杨恒俊

德胜村一跃成为靖江数一数二的富强村、新农村建设示范村，先后获“省精神文明创建先进单位”“省和谐社区”“省环境整治示范村”“省民主法治示范村”“省社会主义新农村建设示范村”等称号。2015年4月，杨恒俊被表彰为全国劳动模范。9月，被江苏省委组织部、宣传部表彰为“吴仁宝式优秀村支书”。《新华日报》《扬子晚报》《现代快报》《南京晨报》、省广播电台、中江网等10余家媒体先后对杨恒俊的事迹予以采访报道。

【新桥镇青年创业人才促进会成立】 12月，靖江市青年商会新

桥分会(新桥镇青年创业人才促进会)成立。该协会旨在为“创二代”搭建沟通交流、创业培训、政策服务平台,提升其经营管理能力。江苏飞跃机泵集团有限公司总经理王道红当选为会长。

【新桥镇组建铸造产业党委】12月23日,新桥镇铸造产业党委成立,是泰州首个产业党委。江苏耐尔冶电集团有限公司董事长杨祥生任党委书记。新桥镇有铸造企业80余家,其中15家有独立建制党组织。成立新桥镇铸造产业党委,旨在优化该镇非公企业党组织设置,发挥党组织在推进该镇产业发展中的统筹协调和引领作用。

【德胜村特色农产品网店开办】3月,新桥镇德胜村在淘宝网上注册网店,主销德胜村特色农产品。2014年底,德胜村招引能人成立江苏德胜农业科技发展有限公司,使用“德胜村”商标,统一包装蛋、米、活家禽、新鲜水果、新鲜蔬菜等农产品,扩大“德胜村”特色农产品知名度。为扩大销售渠道,德胜村探索建立农村电商服务平台,详细介绍“德胜村”咸鸭蛋、松花蛋、原生态鸡蛋和有机大米等产品。 (范红军)

2016年新桥镇主要经济社会指标一览表

表63

指标名称	单位	数值	指标名称	单位	数值
地区生产总值	万元	964315	出口产品交货额	万美元	912
第一产业增加值	万元	20443	三产实体	个	28
第二产业增加值	万元	613298	集贸市场成交额	万元	16923
第三产业增加值	万元	330574	镇村主干道	千米	224
财政收入	万元	15324	中、小学校	所	1
农业总产值	万元	48674	在校中小学生	人	3078
工业总产值	万元	3259117	年末职工人数	人	20583
工业销售收入	万元	2846749	职工人均年工资	元	36135
工业利润总额	万元	173126	农民年人均纯收入	元	28000
工业投资	万元	575713	社保人数	人	36920

2016年新桥镇各村基本情况一览表

表64

村名	党支部(总支、党委)书记	村委会主　任	年人均纯收入(元)	村名	党支部(总支、党委)书记	村委会主　任	年人均纯收入(元)
新合村	徐月兰	黄桂成	23754	双龙村	朱国华	徐君忠	19992
孝化村	耿光明	耿光明	29886	滨江村	陈继章	唐　瑜	18961
新桥村	朱　杰	赵　勇	22678	太东村	戴分宏	洪秀兰	19313
务本村	陶泰成	奚纪林	21314	益民村	陆锡良	龚玉银	20011
水三村	刘　洪	陈其华	19673	五星村	冯锦忠	陈洪才	19167
新柏村	奚正华	吴步才	22418	礼圣村	徐朝章	沈　勇	20690
三兴村	李　军	顾文彬	19576	太和村	袁　飞	朱方剑	18661

续表 64

村名	党支部(总支、党委)书记	村委会主　任	年人均纯收入(元)	村名	党支部(总支、党委)书记	村委会主　任	年人均纯收入(元)
德胜村	杨恒俊	杨纪福	19596	文东村	龚玉金	严怀根	22100
三太村	李云龙	李　乐	29600	礼士村	吴金福	钱洪岗	17800

2016 年新桥镇骨干企业一览表

表 65　　单位:万元

单位名称	销售收入	利税总额	法人代表
江苏民生特种设备集团有限公司	64985.39	6056.71	倪加明
江苏光芒集团有限公司	49039.34	4316.35	范朝洪
江苏耐尔冶电集团有限公司	21195.47	1192.79	杨祥生
江苏双达泵阀集团有限公司	19178.19	1730.81	浦习平
江苏南山冶金机械制造有限公司	14785.57	1160.41	马中亮
江苏标新工业有限公司	11364.61	826.96	赵亚军
江苏双勤民生冶化设备制造有限公司	11248.87	1063.09	李勤峰
江苏星源电站冶金设备制造有限公司	10708.18	855.31	朱华平
江苏京成机械制造有限公司	9421.93	366.46	丁秀成
江苏凯特尔工业炉有限公司	8908.54	768.93	黄建华
江苏九新特钢制品有限公司	8544.94	707.18	孙立彬
江苏民诺特种设备有限公司	8046.17	426.66	葛秀慧
江苏双宝科技有限公司	8039.37	767.88	李根贵
江苏东方成套设备制造有限公司	7813.29	406.42	朱才网
江苏新隆机械有限公司	7002.15	684.09	孙美萍
江苏飞跃机泵集团有限公司	6514.50	345.44	王道红
江苏金诺炉辊有限公司	6339.87	493.46	孔明兰
江苏联兴成套设备制造有限公司	5602.89	479.23	王志斌
靖江神驹容器制造有限公司	5612.42	370.46	谭正宏
江苏冠银玻璃制造总厂	5588.22	184.40	杨冠银
江苏海狮泵业制造有限公司	4849.38	480.22	项达章
靖江宇通服装有限公司	4487.45	605.42	徐丹炫
江苏江河机械制造有限公司	3699.75	252.73	徐金娥
江苏法尔机械制造有限公司	2635.40	336.31	陈登云
靖江市宏程起重机械厂	2554.77	128.70	严章美
江苏久尔冶金机械有限公司	2520.87	149.04	吴素兰
江苏苏恒海洋工程装备有限公司	2081.03	87.04	叶　逸

人　物

·新任市领导·

赵　叶

1963年3月生，江苏江阴人，中共党员，大学学历。2016年7月，任靖江市委书记、靖江经济技术开发区党工委书记。

1980年9月—1984年7月，在江阴化肥厂工作。1982年8月—1985年7月在江苏广播电视大学中文专业专科学习。1984年7月—1995年11月，历任江阴人民广播电台新闻编辑、新闻部主任、编辑部主任、副台长。1995年11月—2001年10月，任江阴电视台台长。2001年9月—2003年12月，在江苏省委党校法律专业本科函授学习。2001年10月—2003年1月，任江阴广播电视集团董事、总经理，党委副书记(正科级)。2003年1月—2006年1月，任江阴市祝塘镇党委书记、人大主席。2006年1月—2007年12月，任靖江市副市长(挂职)。2007年12月—2008年6月，在江阴经济开发区靖江园区工作。2008年6月—2008年9月，任江阴经济开发区管委会副主任兼靖江园区管委会主任。2008年9月—2010年10月，任靖江市委常委(挂职)，江阴经济开发区管委会副主任兼江阴—靖江园区管委会主任。2010年10月—2010年11月，为靖江市市长候选人。2010年11月—2011年1月，任靖江市委副书记、代市长。2011年1月—2014年12月，任靖江市委副书记、市长。2014年12月—2015年12月，任靖江市委副书记、市长，靖江经济技术开发区管委会主任。2015年12月—2016年7月，任靖江市委副书记、市长，靖江经济技术开发区党工委副书记、管委会主任。

叶冬华

1974年10月生，江苏泰兴人，中共党员，省委党校研究生学历。2016年7月，任靖江市委副书记、代市长。

1993年9月—1997年7月，在山东大学法学院经济法专业学习。1997年8月—1999年4月，任靖江市孤山镇党委办事员、组织科副科长(省委组织部选调生)。1999年4月—2000年6月，被泰州市委农村基层组织建设办公室借用。2000年6月—2001年5月，在泰州市委组织部组织科工作。2001年5月—

2006年10月,历任泰州市委组织部办公室科员、机关干部处副处长、办公室副主任、办公室主任。2003年9月—2006年7月,在省委党校政治经济学专业攻读在职研究生。2006年10月—2009年2月,任泰州市委办公室综合二处处长。2009年2月—2011年5月,任泰州市园林绿化管理局局长。2010年8月—2010年12月,在泰州市第五期中青年领导干部研讨班学习。2011年5月—2012年1月,任靖江市委常委、统战部部长。2012年1月—2013年1月,任靖江市委常委、纪委书记。2013年1月—2014年1月,任泰州市政协副秘书长、办公室主任。2014年1月—2014年12月,任泰州市政协党组成员、秘书长、办公室主任。2014年12月—2016年7月,任泰州市规划局局长、党组书记。

赵国庆

1964年11月生,江苏泰州人,中共党员,省委党校研究生学历。2016年7月,任靖江市委副书记。

1981年9月—1983年7月,为苏州市商业学校储运专业学生。1983年7月—1984年6月,为靖江县商业局五交化公司职工。1984年6月—1991年6月,任靖江县委组织部干事。1984年9月—1988年6月,自考于江苏省高等教育经济管理专业。1991年6月—1997年3月,任靖江县(市)委组织部青干科副科长、组织科科长。1997年3月—1999年12月,任靖江市委组织员、组织部组织科科长。1999年8月—2001年12月在中央党校函授学院经济管理专业学习。1999年12月—2000年3月,任靖江市越江乡党委书记、人大主席。2000年3月—2003年3月,历任靖江市靖城镇党委副书记、镇长、党委书记。2003年3月—2003年5月,任靖江市委办公室主任。2003年5月—2008年3月,任姜堰市委常委、组织部部长。2006年9月—2010年7月,在江苏省委党校区域经济学专业研究生班学习。2008年3月—2011年5月,任靖江市委常委、统战部部长。2011年5月—2011年7月,任靖江市委常委。2011年7月—2014年11月,任靖江市委常委、政法委书记。2014年11月—2016年7月,任靖江市委常委、常务副市长。

包国芳

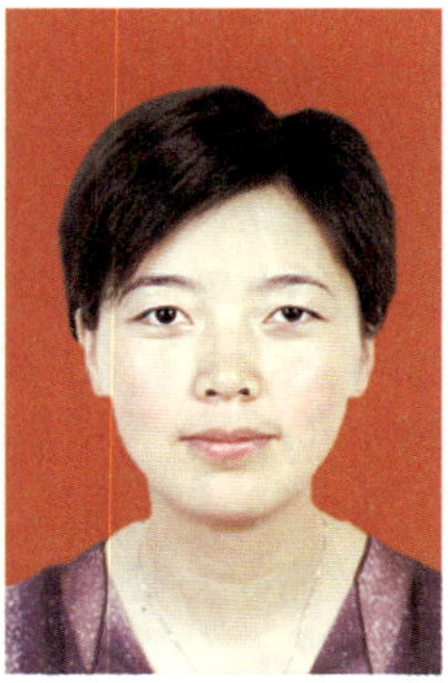

1975年11月生,江苏泰州人,中共党员,省委党校研究生学历。2016年7月,任靖江市委常委、统战部部长。

1991年9月—1994年7月,在泰兴师范学校学习。1994年5月—2002年6月,自考于南京师范大学汉语言文学专科。1994年8月—1998年4月,任泰兴市永安洲乡(泰州市永安洲乡)中心小学教师。1998年4月—2006年3月,历任泰州市永安洲镇团委书记、计生办副主任、镇长助理、明沟村党支部副书记、副镇长、党委委员。2001年8月—2003年12月,在中央党校函授学院行政管理专业本科班学习。2006年3月—2007年11月,任泰州市永安洲镇党委委员、副镇长,永安洲工业园党工委委员。2007年11月—2011年2月,历任高港区妇联副主席、党组书记、党组成员。2008年9月—2011年7月,在省委党校社会学专业攻读在职研究生。2011年2月—2014年2月,任泰州市妇联副主席、党组成员。2014年2月—2016年1月,任泰州市妇联副主席、党组成员,妇女儿童工委办公室主任。2016年1月—2016年5月,任泰州市妇联副主席、党组成员,妇女儿童工委办公室主任,泰兴市副市长(挂职)。2016年5月—2016年7月,任靖江市委常委。

申晓勇

1974年3月生,江苏泰州人,中共党员,省委党校研究生学历。2016年7月,任靖江市委常委、组织部部长。

1993年9月—1995年7月,在扬州教育学院中文专业大专学习。1995年8月—1997年7月,为姜堰市芦庄中学教师。1997年7月—1999年4月,为姜堰市政府办公室工作人员。1999年4

月—2004年2月,历任姜堰市政府办公室秘书、综合四科副科长、综合二科科长。1999年8月—2001年12月,在中央党校函授学院法律专业本科学习。2004年2月—2005年6月,任姜堰市政府研究室副主任。2005年6月—2006年7月,任姜堰市政府办公室副主任兼共青团姜堰市委书记。2006年7月—2012年3月,历任泰州市政府办公室综合调研处干部、综合七处处长。2012年3月—2016年5月,任泰州市委办公室副主任。2012年8月—2015年7月,在江苏省委党校宪法和行政法学专业在职研究生班学习。2016年5月—2016年7月,任靖江市委常委。

潘企根

1973年3月生,江苏泰州人,中共党员,硕士研究生学历。2016年6月,任靖江市委常委,市人武部部长、党委副书记。

1990年9月—1994年9月,为南京工程兵工程学院学员。1994年9月—1997年6月,在南京工程兵学院攻读地下工程专业硕士研究生。1994年9月—1995年6月,为南京工程兵工程学院学员技术十四级,1995年6月—1997年6月,为学员技术十三级。1997年6月—1998年8月,为南京工程兵工程学院人防教研室技术十二级。1998年8月—1999年11月,任姜堰市人武部正连职干部。1999年11月—2004年6月,历任泰州军分区后勤部战勤科正连职参谋、副营职参谋。2004年6月—2006年6月,任兴化市人武部后勤科正营职助理员。2006年6月—2007年3月,任泰州市高港区人武部军事科参谋。2007年3月—2008年2月,任泰州军分区后勤部正营职助理员。2008年2月—2010年5月,任兴化市人武部副部长兼军事科科长。2010年5月—2015年3月,任泰州军分区后勤部副团职助理员。2015年3月—2016年6月,任靖江市人武部部长、党委副书记。

沈南松

1966年10月生,江苏靖江人,中共党员,省委党校大学学历。2016年7月,任靖江市委常委、常务副市长。

1982年2月—1984年9月,为靖江县印刷厂工人。1984年9月—1987年7月,在靖江县轻工职工中等专业学校工业企业管理专业学习。1987年8月—2004年3月,历任靖江县(市)轻工业局(公司)文书、人秘股副股长、监察室主任、组织科科长、经理助理、副经理、党委副书记、副经理(主持工作)。2002年9月—2004年12月,在省委党校经济管理专业本科班学习。2004年3月—2005年1月,任靖江市轻纺公司经理、党委书记,市经贸局副局长。2005年1月—2007年2月,任靖江市经贸委主任、经贸党工委书记。2007年2月—2008年7月,任靖江市经贸委主任、经贸党工委书记,市乡企局局长、企业上市工作办公室主任。2008年7月—2010年3月,任靖江市经贸委主任、经贸党工委书记,市乡企局局长。2009年6月—2009年9月,在泰州市第七期青年干部培训班学习。2010年3月—2012年3月,任靖江市经信委主任、党工委书记,市中小企业局局长。2012年3月—2016年7月,任靖江市副市长。

史骥涛

1969年6月生,江苏靖江人,中共党员,硕士。2016年7月,任靖江市委常委、宣传部部长。

1986年9月—1990年7月,在合肥工业大学工业管理工程专业学习。1990年8月—1991年7月,任靖江县整顿亏损企业办公室办事员、马桥社教工作队队员。1991年7月—1994年4月,任靖江县(市)委组织部组织科办事员。1994年4月—1998年10月,任靖江团市委副书记。1995年12月—1997年12月,挂职任靖江市团结乡双文明工作队队长、团结乡党委副书记。1998年10月—2000年3月,任靖江市季市镇党委副书记。2000年3月—2005年2月,历任靖江市红光镇党委副书记、镇长、党委书记。2005年2月—2011年8月,历任靖江经济开发区管委会副主任,城北园区管委会主任、党工委书记、党委书记，孤山镇党委书记(副处级)、镇长(副处级)。2007年10月—2010年1月，在复旦大学高级管理人员工商管理硕士班学习。2011年8月—2016年7月，任靖江市交通运输局局长、党委书记(副处级)。

罗晓东

1970年2月生，江苏靖江人，中共党员，大学学历。2016年7月，任靖江市委常委、靖江经济技术开发区党工委副书记。

1988年9月—1990年7月，在南京大学中文系文秘专业学习。1990年8月—1994年1月，任靖江县(市)土桥乡(镇)政府办公室办事员、文书。1994年1月—2005年1月，历任靖江市委办综合科办事员、副股级秘书、副科长、科长、市委办副主任、研究室主任。1997年9月—2000年7月，在海军工程大学电子工程专业本科函授学习。2005年1月—2006年3月，任靖江市靖城镇党委副书记、镇长，城北园区管委会副主任、党工委委员。2006年3月—2007年11月，任靖江市靖城镇党委副书记、镇长。2007年11月—2008年7月，任靖江市滨江新区办事处党工委书记。2008年7月—2010年8月，任靖江市教育局局长、党委书记。2010年8月—2012年2月，任靖江市教育局局长、党(工)委书记，靖江市电大、中等专业学校校长、党总支书记。2012年2月—2015年12月，任靖江经济开发区管委会副主任，城南园区党委书记、管委会主任，城南办事处党委书记。2015年12月—2016年3月，任靖江经济技术开发区管委会副主任，城南园区党委书记、管委会主任，城南办事处党委书记。2016年3月—2016年7月，任靖江经济技术开发区管委会副主任。

丁少华

1962年12月生，江苏靖江人，中共党员，大学学历。2016年7月，任靖江市人大常委会副主任。

1978年12月—1982年1月，在扬州工业专科学校无线电技术专业学习。1982年2月—1982年5月，任靖江县电子研究所技术员。1982年5月—2001年1月，历任靖江县(市)委办公室办事员、秘书、综合科副科长、综合科科长、副主任、研究室主任。2001年1月—2003年5月，任靖江市政府办公室主任。2003年5月—2006年1月，任靖江市委办公室主任。2003年9月—2006年1月，在同济大学网络教育学院行政管理专业专升本学习。2006年1月—2008年1月，挂职任江阴市委常委。2006年1月—2008年3月，任靖江市委办公室主任(副处级)。2008年3月—2011年7月，任靖江市委常委、市委办公室主任。2011年7月—2016年1月，任靖江市委常委、宣传部部长。2016年1月—2016年7月，任靖江市委常委、宣传部部长，市人大常委会副主任。

叶丽华

1963年7月生，江苏靖江人，中共党员，大专学历。2016年1月，任靖江市人大常委会副主任。

1980年9月—1983年7月，在盐城师范专科学校中文专业学习。1983年8月—1987年5月，就职于扬州市孤山煤矿教育科。1987年5月—1993年8月，历任靖江县志编纂办公室办事员、编纂股股长。1992年8月—1992年12月，借调靖江县人大选举办公室工作。1993年1月—1993年8月，借调靖江县(市)委组织部工作。1993年8月—2005年7月，历任靖江市委组织部干部科办事员(正股级)、干部科副科长(正股级)、青干科科长、市委组织员、干部科科长、副部长、组织员办公室主任(正科级)。2005年7月—2011年11月，任靖江市委组织部副部长、市级机关工委书记。2011年11月—2012年2月，任靖江市总工会主席、党组书记，市委组织部副部长，市级机关工委书记(副处级)。2012 年 2 月—2012 年 10 月,任靖江市总工会主席、党组书记,市委组织部副部长(副处级)。2012 年 10 月—2016 年 1 月,任靖江市总工会主席,市委组织部副部长(副处级)。

王绍斌

1962 年 1 月生,江苏靖江人,中共党员,大专学历。2016 年 1 月,任靖江市政协副主席。

1978 年 12 月—1982 年 1 月,在扬州工业专科学校机械制造专业学习。1982 年 2 月—1984 年 10 月,为靖江县缝纫机厂工作人员。1984 年 10 月—1987 年 3 月,历任靖江县轻工业公司办事员、副股长、股长。1987 年 3 月—1988 年 6 月,任靖江县斜桥镇镇长助理。1988 年 6 月—1990 年 9月,任靖江县渔业公司党委副书记。1990 年 9 月—1993 年 6月,任靖江县电子工业公司党总支书记。1993 年 6 月—1993 年11 月,任靖江县(市)电子仪表工业公司党总支书记。1993 年 11月—2002 年 3 月,历任靖江市轻工业公司副经理、党委副书记、经理、党委书记。2002 年 3 月—2003 年 3 月,任靖江市经贸委副主任,轻纺公司经理、党委书记。2003 年 3 月—2010 年 3 月,任靖江市外经贸局局长、党组书记。2005 年 7 月—2005 年 10 月,在上海市浦东新区经贸局挂职任工业外贸处处长助理。2010 年 3 月—2011 年 7 月,任靖江市商务局局长、党组书记。2011 年 7 月—2012 年 1 月,任靖江市商务局局长、党组书记,靖江经济开发区管委会副主任。2012 年 1 月—2016 年 1 月,任靖江经济开发区党工委副书记、管委会主任。

顾宝林

1973 年12月生,江苏姜堰人,中共党员,硕士学位。2016 年 1—7 月,任靖江市副市长(挂职)。

1991 年 9 月—1995 年 7 月,在东南大学应用数学专业学习(省委组织部选调生)。1995 年8 月—1996 年 12 月, 任县级泰州市东郊乡组织科干事。1996 年 12 月—1997 年 4 月,为海陵区委组织部借用。1997 年 4 月—1999 年 8 月,历任海陵区团委组织部副部长,组宣部副部长、部长。1997 年 9 月—1998 年 1月,在省行政学院第一期青年公务员预备班脱产学习。1998 年9 月—1999 年 8 月,挂职任泰州玻璃厂副厂长。1999 年 8 月—2001 年 7 月,任海陵区团委副书记。2001 年 7 月—2003 年 12 月,任海陵区团委书记。2002 年 5 月—11 月,挂职任常熟市大义镇党委副书记。2003 年 2 月—2005 年 12 月,在南京大学公共管理硕士专业学位班学习。2003 年 12 月—2006 年 1 月,任海陵区塘湾镇党委副书记、镇长。2006 年 1 月—12 月, 任海陵区凤凰路街道党工委副书记、办事处主任。2006 年 12 月—2007 年 11 月,任海陵区政府办公室副主任(正科级)。2007 年 11 月—2008 年 3 月,任海陵区城中街道办事处党工委副书记、办事处主任。2008 年 3 月—2010 年 5 月,任海陵区文化体育局党组书记、局长,区文联主席。2010 年 6 月—2012 年 6 月,任泰州市纪委工作人员、执法(效能)监察室副主任。2012 年 6 月—2013 年 12 月,任泰州市纪委机关纪检监察工作二室副主任、主任。2013 年 6 月明确副处级。2013 年 12 月—2015 年 10 月,任泰州市纪委纪检监察二室主任。2015 年 10 月—2016 年 1 月,任泰州市纪委第三纪检监察室主任。

李晓辉

1971 年 3 月生,甘肃张掖人,中共党员,大学学历。2016 年 4 月,任靖江市副市长(挂职)。

1990 年 3 月—1991 年 7 月,为新疆军区工兵第九团一连战士。1991 年 7 月—1992 年 9月,为新疆军区边防第八团教导队战士。1992 年 9 月—1994 年7 月,在西安陆军学院乌鲁木齐分院学习。1994 年 7 月—2001 年 5 月,历任新疆军区边防第八团一连排长、副政治指导员、政治指导员。1999 年 9 月—2002 年 6 月,在中国人民解放军西安政治学院函授法律专业学习。2001

年5月—2004年3月,任新疆军区边防第八团政治处保卫股股长。2004年3月—2006年1月,任新疆军区边防第八团步兵营政治教导员。2004年4月,在中国人民解放军南京政治学院经济与行政管理专业学习。2006年1月—2007年1月,任新疆军区边防第九团政治处主任。2007年1月—2009年2月,任新疆伊犁军分区政治部干部科科长。2009年2月—2013年3月,任新疆军区边防第八团政治委员。2010年9月—2012年6月,在西安政治学院研究生课程进修班军队政治工作学专业学习。2013年3月—2013年11月,转业待分配。2013年11月—2016年4月,任新疆维吾尔自治区伊犁哈萨克自治州党委办公厅副主任。

陶敬东

1971年2月生,江苏苏州人,中共党员,省委党校研究生学历。2016年10月,任靖江市副市长(挂职)、“科技镇长团”团长。

1989年9月—1992年7月,在江苏财经高等专科学校财政专业学习。1992年8月—1993年8月,在江苏省国有资产管理局清产核资办公室见习。1993年8月—2016年8月,历任江苏省财政厅行财处科员,纪检组科员、副科级纪检员、正科级纪检员,国库处主任科员、综合科科长、助理调研员,办公室副主任,金融处副处长。1999年9月—2012年7月,在省委党校政治经济学专业攻读在职研究生。2016年8月—2016年10月,任江苏省财政厅金融处副处长,靖江市“科技镇长团”团长。

·新闻人物·

刘季幸

1955年2月生,季市镇人。解放军军事法院党委书记、院长(副大军区级)。2016年9月,晋升中将军衔。

1979—1983年,就读于西南政法学院(现西南政法大学),毕业后在中国人民解放军总政治部保卫部服役,历任保卫局副局长、局长,后转任中央军委纪委专职委员。2007年,晋升少将军衔。2009年7月,任解放军军事法院副院长。2011年8月,任解放军军事法院院长。2012年12月,获晋一级大法官。2014年冬季,高配为副大军区级。

李文俊

1982年3月生,江苏江阴人,中共党员,泰州公安消防支队靖江中队中队长,副营职,武警少校警衔。2016年12月,被公安部记个人一等功。

2016年4月22日,江苏德桥化工仓储有限公司发生火灾,市消防指挥中心接警后,李文俊带领5辆消防车21人赶赴火场扑救。火情侦察显示,火焰熏烤的2401汽油储罐随时有爆炸并引爆周边油罐的可能。李文俊当即发出泡沫车和高喷车打击火势、固定炮冷却罐体、水罐车占据水源向高喷车供水、抢险救援车停靠公司门口引导增援车辆等一连串指令。在他沉着、准确的指挥下,火势在最短时间内得到控制,为增援力量的到来赢得时间。次日凌晨3时,大火被全部扑灭。李文俊于2001年12月入伍,先后立个人三等功1次、一等功1次,嘉奖3次。

沈建民

1963年11月生,江苏靖江人,中共党员,大专学历,江苏裕纶纺织集团有限公司纺一分厂厂长。2016年7月,被评为“全国纺织工业劳动模范”。

1980年代,沈建民进入江苏裕纶纺织集团有限公司成为细纱挡车工。她勤学苦练操作技术,钻研创新操作方法,推行整体整组换粗纱方法,显著提高生产效率。成为车间主任后，她坚持科学管理车间，组织车间职工回收利用棉包塑料打包带代替铅丝，每年节省铅丝费用近15万元；针对部分进口设备损坏后送修成本高、维修时间长等问题，组织技术人员自己修复，每年节省修理费用约12万元。

宋征宇

1970年6月生，江苏靖江人，中共党员，硕士研究生学历，中国航天科技集团一院十二所副总工程师，长征二号F运载火箭副总设计师，长征七号控制系统副总师，载人航天"神箭"控制系统副总师。2016年8月，入选"万人计划"科技创新领军人才，11月当选国际宇航科学院工程学部院士。

1988年省靖中毕业，被保送至浙江大学工业电气自动化专业学习。1992年考入中国运载火箭研究院强度环境研究所，攻读"飞行器控制、制导与仿真"硕士学位。2004年，被任命为长征二号F火箭副总设计师，从事运载火箭控制系统前沿课题的研究，并先后担任长征二号捆绑式火箭、长征二号F火箭控制系统主任设计师，新一代运载火箭控制系统技术负责人和"制导与控制技术国防科技重点实验室"副主任。参与并完成从"神舟一号"至"神舟七号"任务的火箭系统有关研制工作，参与国家载人航天二期工程运载火箭的设计。至2016年，先后被授予"中央企业青年岗位能手""中国十大杰出青年""中国航天科技集团公司学术和技术带头人""中国载人航天工程突出贡献个人"荣誉称号，获中国青年五四杰出贡献奖章、国防科学技术进步奖一等奖，是国家重点实验室学术委员会和专家委员会委员。

居广奇

1966年3月生，江苏靖江人，中共党员，大学学历，市看守所副所长。2016年3月，在"2016感动中国·江苏十大感动人物"评选中获敬业奖。

1999年，居广奇从部队转业至市城南派出所，成为一名民警。2003年5月因罹患肺癌，不得不暂别工作岗位。病情稳定后，他主动向组织提出调岗，去看守所做一名管教民警。为了做好管教工作，他多方查阅资料，改进监管方法，提出"奖罚适当、娱乐多样、区分对象"的管教工作设想，付诸实践后效果显著：分管的监室安全"零事故"，多次被评为文明监室；管教对象在押期间提供线索539条，协助破案132起。居广奇多次被评为优秀监管民警，并被上级公安机关誉为"陆立才式的监管民警"。2016年8月，居广奇被省公安厅记个人一等功。

周洛阳

1982年7月生，江苏徐州人，中共党员，泰州市公安消防支队靖江市大队靖江中队中队长助理。2016年8月，被省公安厅记个人一等功。

2016年4月22日，在处置"4·22"德桥仓储火灾事故中，周洛阳冒着高温和爆炸危险，将移动水炮架设到离火源仅10余米的位置；发现火场液面突然抬高时，他第一时间向周边战友发出撤离信号；总攻开始后，他趟着没膝的废液，忍受着危化品腐蚀，提着泡沫枪深入到着火区内部直至将大火完全扑灭。自2001年12月入伍，周洛阳参与各类灭火救援4000余次，抢救被困人员500余人，挽救人民群众财产损失近千万元，立个人三等功4次，先后被评为"全省优秀士官标兵""全省十佳基层官兵""十佳消防卫士""靖江市道德模范""我身边的青春好榜样"，并被公安部消防局、省消防总队评为"优秀共产党员"。

侯献红

1971年3月生，江苏靖江人，中共党员，高中学历，江苏裕纶纺织集团有限公司甲班挡车工、质测员。2016年5月，被授予全国五一劳动奖章。

1991年，侯献红成为江苏裕纶纺织集团有限公司的实习挡

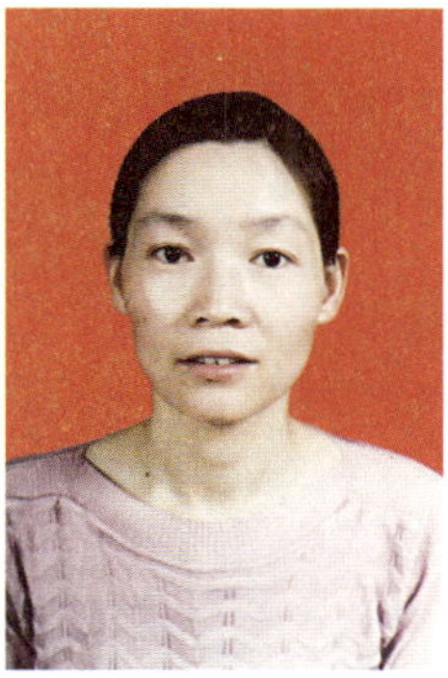

车工。实习期间她苦练技术，被评为“优秀学员”。2000年，裕纶公司引进新型细纱机，侯献红埋头钻研，自创“双手换粗纱法”，速度比以往快了20秒，被公司全面推广。此后，侯献红继续创新操作法，改变以往细纱挡车纵向交叉换粗纱费时费力的状况，按照“横向—横向—纵向”次序换粗纱，巡回时间比以往缩短近一半。除了提升自己的技术水平外，她还为企业培养操作人才，主动与新学员结“对子”传授操作技能。经她培训的学员操作技术均在优一级以上。20余年间，侯献红先后被评为裕纶集团公司生产标兵、先进工作者，靖江市“最美丽的手”、“十佳文明职工”、“三八”红旗手，泰州市“十佳文明职工”，江苏省“文明职工”。2006年，侯献红被授予“江苏省五一劳动奖章”，并被评为“江苏省劳动模范”。

潘兰英

1943年1月生，江苏淮安人，中共党员。2016年5月，被教育部表彰为全国教育系统关心下一代工作先进个人。

1998年，潘兰英从市教育局退休后，投身青少年思想道德建设工作，担任市未成年人思想道德建设老教师志愿者服务团副团长，深入学校开展主题教育，举办心理健康讲座百余场，参加听讲的青少年和家长达数万人次。2004年，她建立青少年心理咨询室，义务为未成年人提供心理咨询服务万余次，帮助他们克服心理障碍、矫正不良行为。2010年4月，潘兰英受聘为市校外教育辅导总站总辅导员，深入各镇、村（社区）指导辅导站建设。潘兰英先后获评靖江市十佳文明新人、泰州市关心下一代先进个人、江苏省校外辅导站工作先进个人和优秀志愿者等，2013年被全国妇联授予“全国维护妇女儿童权益先进个人”称号。

瞿国辉

1983年10月生，江苏靖江人，本科学历，西来畜牧兽医站兽医。2016年10月，获全国第2届动物防疫职业技能竞赛一等奖，被授予“全国技术能手”称号。

2004年7月，瞿国辉毕业于江苏省畜牧兽医职业技术学院。2008年12月起，先后就职于斜桥畜牧兽医站、西来畜牧兽医站，从事动物防疫、检疫及畜产品安全监管等工作。多次在各级技能竞赛中取得佳绩，被授予“靖江市五一标兵”“泰州市动物防疫技术标兵”称号，获得江苏省动物防疫技能竞赛一等奖。2016年10月，瞿国辉参加由农业部、中华全国总工会、中国就业培训技术指导中心主办的2016年中国技能大赛——第2届全国动物防疫职业技能竞赛，出色完成鸡体解剖与采样、鸡翅静脉采血、鸡心脏采血、猪前腔静脉采血、猪瘟疫苗免疫注射5个比赛项目，从来自31个省、自治区、直辖市和新疆生产建设兵团共32支代表队的96名选手中脱颖而出，获得竞赛一等奖。

朱军军

1990年5月生，安徽淮南人，中共党员，生前系泰州市公安消防支队靖江中队战士，武警中士警衔。2016年7月，入选由中央文明办主办、中国文明网承办的“我推荐、我评议身边好人”活动6月“中国好人榜”，获评“见义勇为”中国好人。

4月22日，江苏德桥化工仓储有限公司发生火灾事故。朱军军作为靖江消防中队一号车驾驶员，第一时间与战友赶赴现场灭火救援。扑救过程中，为掩护战友撤退而延误了撤离时间，不幸被烈火吞噬。经抢救无效壮烈牺牲，年仅26岁。公安部政治部批准其为烈士。朱军军2010年12月入伍后，先后参加灭火战斗800余次，抢险救援300余次，抢救被困人员30余人，多次被评为优秀士兵、红旗车驾驶员和优秀团员。

荣 誉 栏

·先进集体名录·

【全国先进集体】

获奖单位	荣誉称号	颁发单位	授予时间
靖江市	2016—2020年全国科普示范市	中国科协	2016–03
市看守所	2015年一级看守所	公安部	2016–03
市拘留所	2015年一级拘留所	公安部	2016–03
市司法局	2011—2015年全国法治宣传教育先进单位	中宣部、司法部、全国普法办公室	2016–05
农发行靖江支行	中国农业发展银行先进基层党组织	中国农业发展银行总行	2016–06
市检察院	2016年度全国检察宣传先进单位	最高人民检察院	2016–08
市关工委	2016年宣传工作先进集体	中国关工委	2016–09
市消防大队靖江中队	一等功	公安部	2016–12
农发行靖江支行	中国农业发展银行文明单位	中国农业发展银行总行	2017–03
农发行靖江支行	中国农业发展银行贷后管理年活动先进单位	中国农业发展银行总行	2017–04
国寿靖江支公司	全国实力百强县支公司	中国人寿保险股份有限公司	2017–04
宁道标1001轮	交通系统“两学一做”先进党支部	交通部	2017–08

【省级先进集体】

获奖单位	荣誉称号	颁发单位	授予时间
靖江市	2016年度农村河道长效管护“一等”等次	江苏省水利厅、江苏省财政厅	2017–05
靖江市	2016年度小型农田水利工程管理绩效考评“优秀”等次	江苏省水利厅、江苏省财政厅	2017–05
市档案局(馆)	全省档案系统先进集体	江苏省人力资源和社会保障局、江苏省档案局	2016–01

获奖单位	荣誉称号	颁发单位	授予时间
市地税局	江苏省“平安家庭”创建活动先进集体	江苏省妇联	2016-01
市地税局	江苏省部门统计示范点	江苏省统计局	2016-02
市科协	2015 年“县级科协创新发展能力提升计划”优秀单位	江苏省科协	2016-02
市科协	2015 年创新工作优秀单位	江苏省科协	2016-02
市司法局	2015 年“法润江苏”系列专项活动先进集体	江苏省司法厅	2016-02
市公安局治安大队	全省卷烟打假工作先进集体	江苏省公安厅、江苏省烟草专卖局	2016-03
市妇联	江苏省三八红旗集体	江苏省妇联	2016-03
市总工会	江苏省模范职工之家	江苏省总工会	2016-03
电信靖江分公司	江苏省放心消费创建先进单位	江苏省放心消费创建活动办公室	2016-03
市总工会	2016 年江苏省先进女职工集体	江苏省总工会	2016-04
市公安局马桥派出所	全省一级公安派出所	江苏省公安厅	2016-05
市公安局生祠派出所	全省二级公安派出所	江苏省公安厅	2016-05
市公安局城南派出所	全省二级公安派出所	江苏省公安厅	2016-05
市锡剧团	第五届省服务农民基层文化建设先进集体	江苏省委宣传部、江苏省文化厅、江苏省新闻出版广电局	2016-05
市文化馆艺术团	江苏省首批群众文化“百千万”工程优秀群文团队	江苏省委宣传部、江苏省文化厅、江苏省新闻出版广电局	2016-05
市司法局办公室	2015 年度办公室工作先进集体	江苏省司法厅	2016-05
市消防大队	省级青年文明号	江苏省消防总队	2016-05
市公安局	集体一等功	江苏省人民政府	2016-06
民盟靖江市基层委员会	先进集体	民盟江苏省委员会	2016-06
市关工委	江苏省关心下一代工作先进集体	江苏省文明办、江苏省关工委	2016-07
市教育局关工委	江苏省关心下一代工作先进集体	江苏省文明办、江苏省关工委	2016-07
市司法局生祠司法所	全省司法行政系统安置帮教工作先进集体	江苏省司法厅	2016-07
市地税局	江苏省按比例安排残疾人就业先进单位	江苏省残工委	2016-07

获奖单位	荣誉称号	颁发单位	授予时间
市消防大队党委	先进基层党委	江苏省消防总队党委	2016–07
市消防大队靖江中队党支部	先进基层党支部	江苏省消防总队党委	2016–07
市环保局	德桥仓储火灾事故环境应急工作表现突出单位	江苏省环保厅	2016–07
市档案局	全省档案宣传工作先进集体(二等功)	江苏省档案局、江苏省档案学会	2016–08
市地税局	江苏省“六五”普法先进集体	江苏省委宣传部、江苏省法宣办、江苏省司法厅	2016–08
市司法局	全省社区矫正“严格执法、严格管理”集中整治活动先进集体	江苏省司法厅	2016–08
市老龄办	2015—2016年度全省老龄宣传工作先进单位	江苏省老龄办	2016–08
市人民医院	江苏省文明单位	江苏省精神文明建设指导委员会	2016–09
电信靖江分公司	江苏省文明单位	江苏省精神文明建设指导委员会	2016–09
移动靖江分公司	江苏省文明单位	江苏省精神文明建设指导委员会	2016–09
靖江日报社	江苏省文明单位	江苏省精神文明建设指导委员会	2016–09
农行靖江支行	江苏省文明单位	江苏省精神文明建设指导委员会	2016–09
市气象局	江苏省文明单位	江苏省精神文明建设指导委员会	2016–09
市检察院	江苏省文明单位	江苏省精神文明建设指导委员会	2016–09
市消防大队	江苏省文明单位	江苏省精神文明建设指导委员会	2016–09
市供电公司	江苏省文明单位	江苏省精神文明建设指导委员会	2016–09
市财政局	江苏省文明单位	江苏省精神文明建设指导委员会	2016–09
市地税局	江苏省文明单位	江苏省精神文明建设指导委员会	2016–09
市总工会	江苏省文明单位	江苏省精神文明建设指导委员会	2016–09
市地税局第一税务分局	江苏省文明单位	江苏省精神文明建设指导委员会	2016–09
市地税局第四税务分局	江苏省文明单位	江苏省精神文明建设指导委员会	2016–09
市国税局	江苏省文明单位	江苏省精神文明建设指导委员会	2016–09
市国税局一分局	江苏省文明单位	江苏省精神文明建设指导委员会	2016–09
市国税局二分局	江苏省文明单位	江苏省精神文明建设指导委员会	2016–09

获奖单位	荣誉称号	颁发单位	授予时间
市国税局五分局	江苏省文明单位	江苏省精神文明建设指导委员会	2016-09
长江商业银行	江苏省文明单位	江苏省精神文明建设指导委员会	2016-09
市环境监测站	江苏省文明单位	江苏省精神文明建设指导委员会	2016-09
市总工会	江苏省文明单位	江苏省精神文明建设指导委员会	2016-09
国寿靖江支公司	江苏省文明单位	江苏省精神文明建设指导委员会	2016-09
市地税局	江苏省级法治文化建设示范点	江苏省委宣传部、江苏省法宣办、江苏省司法厅、江苏省文化厅、江苏省广电局	2016-09
马桥镇经伦村	江苏省“平安家庭”创建活动示范社区（村）	江苏省妇联	2016-10
市地税局	江苏省“平安家庭”创建活动先进集体	江苏省妇联	2016-10
市实验学校小学语文组	江苏省维护妇女儿童权益示范岗	江苏省妇联	2016-10
“巧手芬芳”工作坊	江苏省十佳巾帼志愿服务项目	江苏省妇联	2016-11
市公安局警花护蕾巾帼志愿服务队	江苏省十佳巾帼志愿服务队	江苏省妇联	2016-11
市妇联	全省妇女儿童工作先进集体	江苏省妇女儿童工作委员会	2016-11
市财政局	法治财政标准化建设示范点单位	江苏省财政厅	2016-11
市财政局	法治财政标准化建设 2015 年度先进单位	江苏省财政厅	2016-11
市财政局	财政六五法治宣传教育先进单位	江苏省财政厅	2016-11
市人防办	全省人民防空先进单位	江苏省民防局	2016-11
市交通运输局	2011—2015 年全省交通运输系统普法工作先进单位	江苏省交通运输厅	2016-12
市公安局交通巡逻警察大队	集体二等功	江苏省公安厅	2016-12
市公安局巡特警大队	集体二等功	江苏省公安厅	2016-12
市公安局新港派出所	集体二等功	江苏省公安厅	2016-12
西来镇	江苏省农家书屋建设示范镇	江苏省新闻出版局	2016-12

获奖单位	荣誉称号	颁发单位	授予时间
市文联	江苏省基层文联工作先进单位	江苏省文联	2016-12
市红十字会	2010—2015年度全省红十字会基层组织工作先进集体	江苏省红十字会	2016-12
市公安局“4·22”靖江大火救援处置工作关阀攻坚组	第四届“江苏最美警察”集体奖	江苏省公安厅	2016-12
市科技知识产权局	江苏省知识产权工作先进集体	江苏省知识产权局	2017-01
市科技知识产权局	江苏省行政执法工作先进单位	江苏省知识产权局	2017-01
市社科联	江苏省社科联系统2016年度“工作创新奖”	江苏省社科联	2017-01
市司法局	2016年度全省司法行政系统宣传工作先进单位	江苏省司法厅	2017-01
市司法局滨江新区司法所	“四个全覆盖”体系建设先进单位	江苏省司法厅	2017-01
市武警中队	先进中队	武警江苏总队	2017-01
市武警中队党支部	先进基层党组织	武警江苏总队党委	2017-01
市消防大队	信息调研工作先进基层单位	江苏省消防总队	2017-01
泰州市住房公积金管理中心靖江分中心	江苏省住房城乡建设系统工人先锋号	江苏省住房和城乡建设厅	2017-01
市消防大队	十佳基层大队	江苏省消防总队	2017-02
市消防大队靖江中队	十佳基层大队	江苏省消防总队	2017-02
市消防大队	消防宣传工作先进基层单位	江苏省消防总队	2017-02
市司法局	2016年度全省司法行政系统绩效评价优秀单位	江苏省司法厅	2017-02
市财政局	2016年度市县预算绩效管理工作优秀单位	江苏省财政厅	2017-04
市国税局一分局办税服务厅	江苏省巾帼文明岗	江苏省妇联、江苏省“双学双比”“巾帼建功”活动领导小组	2017-04
泰州市住房公积金管理中心靖江分中心	江苏省巾帼文明岗	江苏省妇联、江苏省“双学双比”“巾帼建功”活动领导小组	2017-04
市消防大队靖江中队团支部	五四红旗团支部	江苏省消防总队	2017-05

【泰州市委、市政府、军分区表彰的先进集体】

获奖单位	荣誉称号	颁发单位	授予时间
市民政局	集体二等功	泰州市委、市政府	2016-12

·先进个人名录·

【全国先进个人】

姓　名	荣誉称号	颁发单位	授予时间
盛振宇家庭	第二届全国书香之家	国家新闻出版广电总局	2016-04
姚炜平家庭	全国五好文明家庭	全国妇联	2016-05
李文俊	一等功	公安部	2016-12

【省级先进个人】

姓　名	荣誉称号	颁发单位	授予时间
赵思海	全省行政复议办案能手	江苏省法制办	2016-01
印江红	2011—2015 年全省普法工作先进个人	江苏省委宣传部、江苏省司法厅、省法制宣传教育工作领导小组办公室	2016-02
吴　双	2011—2015 年全省普法工作先进个人	江苏省委宣传部、江苏省司法厅、省法制宣传教育工作领导小组办公室	2016-02
吴馨宇	2015 年度全省司法行政宣传工作先进个人	江苏省司法厅	2016-03
胡光林	全省劳动人事争议调解员业务能手	江苏省人社厅、江苏省总工会、江苏省劳动人事争议仲裁委员会	2016-03
陈新华	江苏省三八红旗手	江苏省妇联	2016-03
陶　剑	全省预防青少年违法犯罪工作先进个人	江苏省综治委预防青少年违法犯罪工作领导小组	2016-03
须泉琴	江苏省首批群众文化“百千万”工程优秀文艺骨干	江苏省委宣传部、江苏省文化厅、江苏省新闻出版广电局、江苏省文联	2016-05
陈红燕	江苏省首批群众文化“百千万”工程优秀文艺骨干	江苏省委宣传部、江苏省文化厅、江苏省新闻出版广电局、江苏省文联	2016-05

姓 名	荣誉称号	颁发单位	授予时间
刘志良	江苏省首批群众文化“百千万”工程优秀文艺骨干	江苏省委宣传部、江苏省文化厅、江苏省新闻出版广电局、江苏省文联	2016-05
陈 蕾	江苏省首批群众文化“百千万”工程优秀文艺骨干	江苏省委宣传部、江苏省文化厅、江苏省新闻出版广电局、江苏省文联	2016-05
周洛阳	个人一等功	江苏省公安厅	2016-05
常晓飞	个人三等功	江苏省公安厅	2016-05
刘太岗	个人二等功	江苏省消防总队	2016-05
文志斌	个人二等功	江苏省消防总队	2016-05
王蒋胜	个人二等功	江苏省消防总队	2016-05
包诗毅	个人二等功	江苏省消防总队	2016-05
卢韦彤	全省社区矫正“严格执法、严格管理”集中整治活动先进个人	江苏省司法厅	2016-06
陆红燕	全省社区矫正“严格执法、严格管理”集中整治活动先进个人	江苏省司法厅	2016-06
刘小平	先进个人	民盟江苏省委员会	2016-06
刘西亚	先进个人	民盟江苏省委员会	2016-06
李燕青	全省检察机关侦查监督业务标兵	江苏省检察院	2016-06
胡光林	全省法律援助工作先进个人	江苏省司法厅	2016-06
朱沛源	江苏省关心下一代工作先进个人	江苏省文明办、关工委	2016-07
宋山海	江苏省关心下一代工作先进个人	江苏省文明办、关工委	2016-07
潘兰英	江苏省关心下一代工作先进个人	江苏省文明办、关工委	2016-07
邵志彬	江苏省关心下一代工作先进个人	江苏省文明办、关工委	2016-07
朱胜海	江苏省关心下一代工作先进个人	江苏省文明办、关工委	2016-07
郭建岗家庭	江苏“最美家庭”	江苏省妇联	2016-07
陆静波	江苏省按比例安排残疾人就业工作先进个人	江苏省残工委	2016-07
周金骅	全省司法行政系统安置帮教先进个人	江苏省司法厅	2016-07

姓　名	荣誉称号	颁发单位	授予时间
沈　佳	优秀党务工作者	江苏省消防总队党委	2016-07
祝兴源	优秀党务工作者	江苏省消防总队党委	2016-07
朱　靖	德桥仓储火灾事故环境应急工作表现突出个人	江苏省环保厅	2016-07
侯爱东	德桥仓储火灾事故环境应急工作表现突出个人	江苏省环保厅	2016-07
张群峰	德桥仓储火灾事故环境应急工作表现突出个人	江苏省环保厅	2016-07
陆　明	德桥仓储火灾事故环境应急工作表现突出个人	江苏省环保厅	2016-07
储海潮	全省档案宣传工作先进个人	江苏省档案局、江苏省档案学会	2016-08
刘拥政	江苏省《全民科学素质行动计划纲要》“十二五”先进个人	江苏省科协、江苏省委组织部、江苏省委宣传部、江苏省发改委、江苏省教育厅、江苏省科技厅、江苏省财政厅、江苏省人社厅、江苏省农委	2016-08
郑玉龙	全省民事行政检察优秀办案人	江苏省检察院	2016-08
吴　筠	江苏省婚姻家庭纠纷优秀调解员	江苏省妇联	2016-10
丁亚君	江苏省维护妇女儿童权益优秀公益律师	江苏省妇联	2016-10
曹志明	江苏省“平安家庭”示范户	江苏省妇联	2016-10
姚炜平	江苏省“平安家庭”示范户	江苏省妇联	2016-10
徐　君	江苏省十佳巾帼志愿者	江苏省妇联	2016-11
潘建新	全省妇女儿童工作先进个人	江苏省政府妇女儿童工作委员会	2016-11
刘　骥	全省妇女儿童工作先进个人	江苏省政府妇女儿童工作委员会	2016-11
马莲娜	数字档案馆等级创建突出贡献奖	江苏省档案局	2016-12
秦亚平	数字档案馆等级创建突出贡献奖	江苏省档案局	2016-12
陈　俊	江苏省职业健康监管工作先进个人	江苏省安全生产监督管理局	2016-12
沈坚阳	先进个人	江苏港口局	2017-01
王苏军	先进基层带兵干部	武警江苏总队	2017-01

姓 名	荣誉称号	颁发单位	授予时间
何鋆清	新华报业传媒集团管理先进个人	新华报业传媒集团	2017-01
贾秋敏	新华报业传媒集团优秀编辑	新华报业传媒集团	2017-01
羊 玲	2016年先进工作者	上海浦东发展银行	2017-02
沈 佳	嘉奖	江苏省消防总队	2017-02
周洛阳	十佳基层士兵	江苏省消防总队	2017-02
周洛阳	江苏省岗位学雷锋标兵	江苏省委宣传部、江苏省文明办	2017-03
袁晓华	三等功	江苏检验检疫局	2017-04
朱 政	总行优秀党务工作者	中共江苏银行委员会	2017-06
闻 杰	第六届江苏省“星星火炬”奖章	共青团江苏省委、江苏省教育厅、江苏省少工委	2017-06

【泰州市委、市政府、军分区表彰的先进个人】

姓 名	荣誉称号	颁发单位	授予时间
叶晓庆	新泰州建设功臣	泰州市委、市政府	2016-08
崔益稳	新泰州建设功臣	泰州市委、市政府	2016-08
余中兴	新泰州建设功臣	泰州市委、市政府	2016-08
吴建华	新泰州建设功臣	泰州市委、市政府	2016-08
王新华	新泰州建设功臣	泰州市委、市政府	2016-08
刘志良	新泰州建设功臣	泰州市委、市政府	2016-08
陆荣华	新泰州建设功臣	泰州市委、市政府	2016-08
李三南	新泰州建设功臣	泰州市委、市政府	2016-08
王爱东	新泰州建设功臣	泰州市委、市政府	2016-08
叶亚明	泰州市项目大突破项目招引先进个人	泰州市委、市政府	2017-02
殷浩鹏	泰州市安全生产先进个人	泰州市政府	2017-02
张玲玲	泰州市安全生产先进个人	泰州市政府	2017-02
陈亚宏	泰州市安全生产先进个人	泰州市政府	2017-02

凡人善举

【六旬儿媳悉心照料九旬婆婆】刘兰芳，靖城街道人。她的婆婆30年前身体就不太好，一次意外又导致腰椎严重受伤。2015年起，已经卧床不起的婆婆需插尿管和胃管，生活完全不能自理。自此，刘兰芳总是用料理机准备好流食，用针筒、插管一点一点输进婆婆体内。从早上七点到晚上十一二点，每天要输五六次。为了防止插管感染，刘兰芳向医生请教，学会给器械消毒；为了避免老人得褥疮，刘兰芳每隔数小时就帮婆婆全身按摩一次，或者翻个身。每天傍晚，刘兰芳还会用轮椅推着婆婆到附近小花园透透气。30年间，尤其是近年来，她总是这样不辞辛劳，不分日夜，悉心照料生病的婆婆，尽一个媳妇的孝道。

【好妻子照顾瘫痪丈夫30年】周爱娣，滨江新区兴阳社区人。1986年，丈夫陈文龙在帮人家盖房时从高处摔下，手术治疗后下半身再无知觉。面对突如其来的打击，周爱娣抹去眼泪，挺起腰杆，担起家庭的全部重任：既照顾整天卧床的丈夫，又看护年幼的女儿、年迈的公公，还种田忙家务。一段日子后，为了保证家中日常开销，周爱娣将女儿托付给亲戚，自己经常外出做小工。每天早上四五点钟，她便起床操持家务，帮助丈夫洗漱、吃早饭；出门干活前，将淘好米加好水的电饭锅放在丈夫床前；晚上回来后，忙完田里忙屋里，再给丈夫擦身子、洗衣服。周爱娣年轻时，有人劝她改嫁，她说："他是为赚钱养家摔伤的，我不能丢下他不管。"30年来，周爱娣舍不得吃好的、穿好的，把自己人生最美好的年华献给了这个家。

【姐姐在家中照顾瘫痪妹妹】邵建，斜桥镇东阜小区人。2014年7月的一天，邵建独居的妹妹邵红在上班途中被汽车撞成了植物人。之后，邵建和丈夫便将妹妹接到家中照料。妹妹向来爱干净，邵建坚持每天帮她擦洗；常年卧床易长褥疮，邵建学着给妹妹做全身按摩；听说言语交流对妹妹的康复有帮助，邵建就天天在妹妹耳边放音乐、拉家常。在姐姐悉心照料下，妹妹渐渐地可与姐姐进行简单的交流。邵建知道妹妹的恢复期会很漫长，但她坚信只有努力才能战胜病魔。

【好婆婆无微不至照料患病儿媳】赵桂珍，靖城街道公园弄社区人。2014年，儿媳朱晓燕突然牙疼，确诊为口腔恶性肿瘤。因为没有参加医疗保险，家庭经济陷入窘境。朱晓燕知道自己的病情后，情绪一度很低落，脾气也变得急躁起来。赵桂珍总是鼓励儿媳："别放弃，一定会好的！"朱晓燕有时咀嚼不便只能吃流食，赵桂珍就买回一个搅拌机，把打成糊状的食物用大号针筒和皮管子推到儿媳的嘴里。夏天，赵桂珍还每天帮朱晓燕擦身子、洗衣服、换被褥。如今，赵桂珍除了洗衣做饭、接送孙子上学，大多数时间都在家陪伴儿媳。只要天气晴朗,赵桂珍就会搀着儿媳下楼,到附近的人民公园转转,以解儿媳长时间在家的烦闷。在赵桂珍的悉心照料下,儿媳的病情得到控制,身体情况一天天好转,心情也一天天地开朗起来。

【组建靖江救援队】 姚飞,城东派出所辅警。4年前,他加入江阴蓝天救援队。四年来,他几乎每周参加江阴蓝天救援队的培训,且经常赴全国各地参加野外搜救、洞穴救援、灾害救援等训练。2014年7月下旬,姚飞赴台风"威马逊"灾区海南营救。在一周的救援过程中,每天工作超过10小时。此后,他陆续参与多个大型群众性活动的保障任务以及国际救援的备战集训;凭借出色的救援技能,成为国家紧急救助员,升任江阴红十字蓝天救援队副队长。2015年,在市红十字会的推动下,他组建靖江救援队伍,每周五组织队员们进行队列、体能、绳索、医疗等应急救援技能培训。目前救援队已发展志愿者80余人,其中具有专业救护技能的正式队员20人,参与警方救援2次。

【八旬老者义务开办社区辅导点】 季德成,80岁的退休老干部,5年前搬进富阳社区后成为社区"五老"志愿者。他针对社区8~15岁的青少年假期无人看管的状况,决定在自己套房开设"德成辅导点"。消息在社区一传开,立马就有十几名家长上门报名。每次活动前,他都认真搜罗各种资料,给孩子们讲富有趣味性的谜语、神话故事或有教育意义的文学作品,调动他们的学习兴趣。季德成还为孩子们建立学习小档案,记录孩子们的学习、实践活动等情况,并自掏腰包购买一些文具奖励给优秀的孩子。2015年暑假前,季德成因脑梗住院治疗,社区为他的健康考虑,劝他不要再为辅导班的事操心;但他说只要自己干得动,就一定不会放弃。在他的坚持下,暑期辅导班照常开办。

【3人捐献造血干细胞】 陆金良,孤山镇望江社区人,普通瓦工。2012年志愿加入中华骨髓库。2016年1月,一位在北京就医的白血病患者与陆金良基因配型成功。6月17日起,陆金良在南京东南大学附属中大医院注射动员剂。21日8时至14时40分,陆金良捐出造血干细胞216毫升,成为继高琴后靖江捐献造血干细胞第二人。

陆鹏飞,"马洲之家"志愿者协会会长。2012年志愿加入中华骨髓库。2016年5月23日,陆鹏飞被告知与一名32岁的白血病患者基因配型初步相符,但体检结果显示他的血压偏高。为了保证捐献前身体各项指标正常,从6月份开始,他坚持每天游泳1小时,并严格控制饮食。8月29日上午,他接受造血干细胞采集,成为靖江第3位造血干细胞捐献者。

杨华,靖江海关工作人员。2008年志愿加入中华骨髓库。2016年7月上旬,杨华得知自己与一名48岁的白血病患者初步配型成功,不顾自己刚刚做了腰椎间盘手术,忍着腰疼戴着腰托进行高分辨检测抽血。10月14日上午,杨华捐出造血干细胞198毫升,成为靖江第4位造血干细胞捐献者。

【暖心大姐乐于助人】 朱网玉,靖城街道正南社区人,出生2个月时,右腿因病落下残疾。她不向命运低头,在西环路边开了一间10平方米的小杂货铺维持生计。2001年,她进货途中"捡"回一名在路边哭泣的哑女。哑女长大成人,朱网玉做了"妈妈"该做的事:置嫁妆、嫁女儿。哑女思念亲人,朱网玉带着哑女前往江西、浙江、安徽、湖北的10多个县市寻找,并将寻亲线索寄给各地媒体求助。历经10余年,终于帮哑女找到了在贵阳的亲人。她还先后为马桥镇一名瘫痪贫困男孩送去轮椅,为在自己小店门口遭遇车祸的女孩送去800元救命钱,为青海玉树地震灾区捐款,为同样是"千里寻亲"的一名湖南人提供多方面帮助……朱网玉用星星点点的爱,温暖了许许多多的人,仅家中保存的捐赠快递单就有74张。人们由衷地称她"暖心大姐"。 (文 哲)

2016年度精神文明新人新事

【1月新人新事】 ①5日,马桥镇栗树村村民高红彬、姚祖基,合力将1名落水老人救上岸。

②10日,江苏梦想互娱网络科技有限公司捐赠15万元给靖江"179"和"赤子之心"两个志愿者组织实施公益项目。

③17日,斜桥派出所辅警陆剑锋,路遇一老人落水,立即下河将其救起并送回家。

④18日,市委宣传部等24个部门在孤山镇举行2016年文化科技卫生"三下乡"集中服务活动。各部门现场捐赠物资折合人民币20余万元。

⑤新桥镇德胜中心村党委书记杨恒俊,带领贫困村走上致

富路，被评为“江苏最美基层干部”。

⑥城南办事处昆圣村村民王利芳，10年来辞去工作精心照顾瘫痪的母亲，如今她的母亲已能拄着拐杖走路。

⑦新桥镇新合村村民黄桂成，先后出资6万元建设村组道路、帮扶困难群众。

⑧靖江日报社开展第4届“新春暖心”大型公益活动，组织社会各界为30户贫困家庭捐赠15.3万元资金及近千件物品。

⑨2014年以来，东兴镇惠丰村依托村卫生室为全村办理新农合的70岁以上村民免费问诊，累计免除260位70岁以上村民医疗费用20余万元。

【2月新人新事】 ①6日，城北桥附近一小吃店店主陆荣华，将顾客遗落的内有5万余元现金的皮包交给警方归还失主。

②市人民法院生祠法庭副庭长展飞，10年来扎根基层审结案件4080件，被最高人民法院表彰为“全国法院先进个人”。

③市民间文艺家协会主席黄靖，10年来致力于保护、传承靖江宝卷文化，出版《宝卷笔记》《宝卷民俗》《善化人生》《解读靖江宝卷》宝卷研究专著4部。

④八圩汽渡职工姚明兴，在码头巡查时发现1个内有1.38万元现金的钱包，立即寻找并归还失主。

⑤生祠镇居民刘金凤，4年来卖房、卖车为植物人丈夫治病，用坚守将其唤醒。

⑥斜桥镇富民村八旬夫妇陆乾根、郭美英，捐出1.2万元养老金给村里安装路灯。

⑦城南办事处建新小区八旬老人刘有弟，1年来将1间三层住房无偿用于公益。

⑧靖城街道小关庙社区退休教师季明智，7年来坚持义务修补社区内1条老街道。

⑨市青年商会成立10年来，积极投身公益事业，累计为靖江、新疆、西藏等地贫困学生发放助学金100余万元，结对帮扶贫困学生39人。

【3月新人新事】 ①3日，出租车司机王卫成，主动将1名骑车摔倒在马路中央的老人扶起，确认其身体无恙后才离开。

②6日，华汇渡运公司夹港汽渡8号船员工戴荣等5人，合力将1名落江男子救上渡船。

③市人民医院心内科副主任胡方斌，以其精湛的医术和崇高的医德，当选央视“最美医生”，为江苏唯一入选者。

④靖江籍作家祁智，创作之余积极推广全民阅读，获评第4届“江苏省中青年德艺双馨文艺工作者”。

⑤市公安局指纹中心民警顾灵，9年来成功破获省内外案件1200余起，获评泰州市“最美巾帼人物”。

⑥东兴镇惠圣村村民林侨军，路遇一男子发病晕倒在地，立即将其送至医院救治。

⑦斜桥镇东阜小区居民邵建，2年来悉心照顾因车祸成为植物人的妹妹，用去30多万元积蓄为其治病。

⑧新桥镇务本村村民陈登云，先后出资5万余元建设村组道路、帮扶困难群众。

【4月新人新事】 ①21—22日，靖江创排的大型廉政锡剧《呼唤》在北京长安大戏院演出，1500余名首都观众到场观看，《人民日报》、央视戏曲频道等多家媒体进行报道。

②22日，靖江消防中队战士朱军军，在处置江苏德桥化工仓储有限公司火灾事故中，为保证灭火供水不间断、掩护战友撤退而延误了撤离时间，经抢救无效壮烈牺牲，年仅26岁。

③江苏裕纶纺织(集团)公司挡车工侯献红，勤学苦练，创新方法，精益求精，并积极做好新员工的传帮带，获全国五一劳动奖章。

④市社会矛盾纠纷调处中心调解督办科科长徐涛，3年来调处各类疑难纠纷100多件，无一因民事纠纷转化为刑事案件，获评江苏省首届“最美人民调解员”。

⑤市看守所管教民警居广奇，恪尽职守，勇于担当，分管的监室安全“零事故”，省、市10余家媒体对其先进事迹集中采访报道。

⑥爱心志愿者刘艳，5年来坚持资助孤女，并组织其他志愿者开展关爱儿童活动500余人次。

⑦滨江新区办事处富阳社区八旬退休干部季德成，5年来为社区孩子义务开办学习辅导班，并组织多项课外活动。

⑧东兴镇海镇村村民毛正荣，出资3万元支持村队道路亮化工程，方便村民夜间出行。

【5月新人新事】 ①市民潘兰英，从教育岗位退休18年来，积极投身青少年思想道德建设工作，获评“全国教育系统关心下一代工作先进个人”。

②在全国“最美家庭”推选活动中，靖江2个家庭获得表彰：姚炜平家庭获评“全国五好文明家庭”，盛振宇家庭获评“全国书香之家”。

③江苏光芒新能源股份有

限公司员工孙金明,创新技术、提升效益,获评泰州市“最美职工”。

④靖城街道新西社区居民熊玲珍,几十年如一日悉心照料双腿截肢、双目失明的哥哥。

⑤市司法局职工蒋铭,热心参与公益活动,积极开展公益宣传,累计服务时间达500小时。

⑥马桥镇迎祥村村民戴兴松,捐资建设村组道路,并长期资助1名聋哑人家庭的孩子直至其参加工作。

⑦社会各界积极参与全市“慈善一日捐”活动,共筹集178.4万元善款用于助困、安老等慈善救助。

⑧31日,靖江日报社联合志愿单位开展“小红帮忙·圆梦微心愿”公益活动,为特殊教育学校64名孩子捐衣捐物、奉献爱心。

【6月新人新事】 ①21日,市民陆金良为北京1名白血病患者成功捐献造血干细胞,成为靖江第2位造血干细胞捐献者。

②28日,靖江创排的“两学一做”主题大戏《召唤》首演。该戏取材于新桥镇德胜村党委书记杨恒俊的先进事迹,展示靖江优秀共产党员的形象。

③靖江消防中队战士朱军军,在处置江苏德桥化工仓储有限公司火灾事故中壮烈牺牲,获评该月见义勇为“中国好人”。

④孤山镇园山居委大学生村官张湫,服务基层,自主创业,获评泰州市“最美大学毕业生”。

⑤斜桥镇大觉村村民刘明热心公益,出资5万元建设村组道路。

⑥靖城街道小关庙社区居民黄世林,数十年不计报酬为社区邻里提供修理家电、疏通下水道等服务。

⑦新桥镇太东村村民张巧琴,坚持10多年照顾瘫痪小姑直至其去世,并抚养外甥考上大学。

⑧恒通出租车公司“爱心车队”连续7年在高考期间组织“爱心护考”活动,共计为300多名考生提供送考服务。

⑨盐城部分地区遭遇重大自然灾害后,靖江社会各界自发向灾区捐款捐物。

【7月新人新事】 ①上旬,省靖中专校教师朱照红,赴西藏拉萨开展为期3年的支教工作,是全省唯一的职教援藏老师。

②11日,滨江新区晨阳社区居民沈鑫,路遇一女子落水,奋勇跳入水中救其上岸。

③24日,靖江星火志愿者协会开展“为环卫工人送清凉”活动,在市内20多家超市安装净水设施20余台,方便环卫工人在高温季节歇脚、饮水。

④29日,新建路某商店员工沈爱民、何丰,冲进附近发生火灾的居民楼,将1名被困老人救出。

⑤市锡剧团团长须泉琴,紧扣时代脉搏创排多部主旋律文艺作品,获评泰州市“最美基层共产党员”。

⑥生祠镇新跃村七旬夫妇严仲方、杨美芳,连续多年义务开设暑期辅导班,对周边学生进行爱国主义教育。

⑦市城东派出所辅警姚飞,4年来10余次参加国际、国内救援任务,并成立靖江公益救援队义务应对本地突发事件、普及防灾减灾知识。

⑧马桥镇侯河村村民陆达荣,义务普法宣传10余年,编写法治宣传剧本42个。

⑨滨江新区江阳社区包翠华等13名老人,1年来组建义务守望员队伍,发挥余热管理社区事务,守护社区平安。

⑩市民张红波,16年来累计献血1.16万毫升,成为全市捐献全血“状元”。

【8月新人新事】 ①4日,生祠镇利珠村阚文斌,路遇一女子骑车摔倒在地,立即将其送至医院就诊并垫付医药费。

②12日,在泰州市弘扬建市创业精神大会上,靖江陈燕萍、胡方斌、袁凯飞3人被表彰为“新泰州建设功臣”。

③14日,东兴镇惠龙村村民郑淦进,将捡到的内有3000元现金、手机及各类证件的钱包交还失主。

④22日,设立“桃杏春风公益基金”,资助及奖励困难学生、困难老师、农村教师。北京靖江商会、深圳靖江商会等现场捐赠。

⑤29日,“马洲之家”爱心志愿者协会会长陆鹏飞,成功为异地1名白血病患者捐献造血干细胞,为全市第3位造血干细胞捐献者。

⑥市看守所民警居广奇,科学管教、真情感化在押人员,被省公安厅记一等功。

⑦靖江3名外来务工人员邹世德、王春发、严宝,从长江中救起2名落水者,获“江苏见义勇为新市民”群体奖。

⑧新桥镇孝化村村民朱荷美,11年不离不弃照顾患病丈夫。

⑨斜桥镇大觉村一企业负责人刘生荣,出资5万元修建村组道路,并经常支持公益事业、帮扶贫困家庭。

⑩滨江新区办事处关工委整合辖区范围内的231名“五老”志愿者,组建10支专业队伍,细化关心下一代工作各项服务。

【9月新人新事】 ①4日,在首届

江苏志愿服务展示交流会上，靖江“179”志愿者协会组织实施的“晴天娃娃”留守儿童行为与认知能力提升行动，获评金奖项目。

②18日，盲人运动员张魏，作为主力出战里约残奥会女子盲人门球决赛获银牌，成为全市首位在残奥会赛场上取得奖牌的运动员。

③25日，举行2016江苏靖江台湾文化艺术节暨台商经贸交流活动，推进文化大交流、经贸大合作，谱写两地交流合作新篇章。

④省靖中地理教师严侠华，从教30年来致力于教育科研、教改创新，当选为泰州“最美教师”。

⑤省靖中专校教师朱照红、恒力制动器制造公司员工胡正林，敬业专注，勇于创新，获首届“泰州名匠”称号。

⑥江苏金马运业有限公司及其董事长江宗金，以客为本，诚信经营，分别获得“2016交通运输企业诚信建设先进单位”和“先进个人”称号。

⑦市供电公司员工奉献爱心，为本公司1名尿毒症患者捐款10万余元。

⑧滨江新区办事处兴阳社区居民周爱娣，30年来不离不弃悉心照料瘫痪在床的丈夫。

⑨滨江新区办事处华阳社区“五老”志愿者金雪芳，退休5年来积极开展帮扶贫困学生、扶持外来务工子女等公益活动。

【10月新人新事】 ①14日，靖江海关员工杨华，成功为异地1名白血病患者捐献造血干细胞，为全市第4位造血干细胞捐献者。

②14日，东兴镇成德村73岁老人朱光文，将捡到的7600元现金交还失主。

③17日，季市镇居民王卫平，将1名不慎落水的女子成功救上岸。

④23—24日，2016年“靖江杯”全国大学生演讲大赛在靖江举行，100余名选手通过演讲诠释“人心齐、士弘毅、敢争先”的靖江品格，展示当代大学生的精神风貌。

⑤26日，举办“爱敬诚善 德耀马洲”道德模范与身边好人现场交流活动，居广奇、姚炜平、周洛阳、倪月云、周士友等道德模范代表与现场观众互动交流，分享感人故事，传承道德力量。

⑥马桥镇畜牧兽医站副站长侯斌，扎根基层为广大农民提供兽医卫生服务，获全国五一劳动奖章。

⑦亚星锚链公司董事长陶安祥，捐资200万元给东兴镇何德村建设居家养老服务中心。

⑧靖城街道江山路社区居民孙金余，不离不弃悉心照料病妻17年。

⑨公交车司机陆璜程，驾车时突发疾病，在昏迷前果断停稳车辆，确保了乘客的安全。

【11月新人新事】 ①12日，市民张军奋不顾身跳入冰冷的河水中，勇救1名落水老人。

②26日，马桥镇召开“我有好家风”最美家庭表彰会，该镇12户家庭获得“最美家庭”称号。

③27—29日，举行2016靖江中韩文化交流活动，促进靖江与韩国各界人士的交流沟通、合作共赢。

④30日，市中医院医生耿桂平在为病人做手术时，自己的一根手指意外粉碎性骨折，他忍痛坚持3个多小时，成功完成病人手术才接受治疗。

⑤公交车驾驶员陶国华，行车途中遇一轿车起火，立即使用灭火器将火扑灭。

⑥顺元机械制造有限公司出资200万元在西来镇设立“顺元午餐”慈善救助金，资助该镇贫困学生在校就餐。

⑦斜桥中学84届校友范凯洲，捐资100万元在母校设立“志明·法舟”尊教奖学金。

⑧退休教师季良章，10多年来积极参加“五老”志愿者服务活动，关心社区孩童教育，关注社会弱势群体。

【12月新人新事】 ①3日，外国语学校学生施树宏、陈梓嘉捡到现金1.5万余元，立即寻找并归还失主。

②10日，市弘宇公交公司驾驶员陈阳，将在路边捡到的1万元现金交给公司归还失主。

③20日，举办首届“靖江工匠”颁奖典礼，20名品格高尚、技艺精湛、勇于创新的靖江工匠受到表彰。

④市民姚炜平和家人多年来积极投身公益事业，其家庭获评首届“全国文明家庭”。

⑤城南办事处创排的舞蹈《东线第一帆》，以艺术形式展现渡江战役中靖江人民勇往直前的精神，获江苏省“五星工程奖”舞蹈类金奖。

⑥靖江“小俏妞”服饰店在斜桥中学设立爱心助学金，全年资助该校贫困学生4.8万元。

⑦退休教师徐汉根，长期为学生义务传授二胡技艺，为社区居民提供水电服务。

⑧靖城街道公园弄社区创新公益服务模式，创设“红色驿站”“马大姐调解室”等特色平台，其“温馨家园 美好生活”服务项目获评泰州市首届“十佳社区服务品牌”。

【文史专家闻慧斌】 2016年，文献纪录片《孙中山与南京》在央视《探索·发现》栏目播出，该纪录片的顾问兼总撰稿人为靖江籍文史专家闻慧斌。

闻慧斌，靖江斜桥中学高考文科状元，南京大学历史系毕业后至雨花台烈士陵园工作。2010年起任雨花台烈士纪念馆馆长。其间，他每年汇集员工发表的文章，编辑出版《雨花英烈纪念文萃》，赠给前来祭扫凭吊的烈士亲属以纪念；与南京市委党史办和江苏省委党史办联合出版60万字的《雨花魂》，弥补雨花台烈士研究的缺失；提议并筹备成立南京雨花英烈研究会；多方争取，为雨花台烈士陵园纪念设施升格为国家级做出重要贡献。工作之余，闻慧斌还是南京工业大学等10余所院校的兼职教师，编写《雨花台烈士精神解读》《雨花台烈士的婚恋观》等课件，撰写完成12万字的《晓庄英烈传》。

2014年起，闻慧斌调任中山陵园管理局文物处处长，负责文物保护规划编制、文物修缮等工作。此间，着手编制《明孝陵保护规划》《钟山建筑遗址保护规划》等，完成四方城加顶、美龄宫修缮等文物保护工程。美龄宫修缮工程于2015年高票当选“全国十佳文物保护工程”，是江苏省首个获此荣誉的文保工程。2016年，美龄宫的客流量较上年翻了一番。

2016年7月，江苏省广电总局委托南京电影制片厂摄制一部关于孙中山的3集电视文献纪录片，以再现孙中山担任中华民国临时大总统期间的真实故事。闻慧斌受邀担任顾问兼总撰稿人。8月份撰稿，9月份拍摄，10月份通过审查，11月份播出，这部纪录片的节奏创造了一个奇迹。撰稿过程中，闻慧斌连熬5个通宵，大改4次、小改10次，每集脚本由原来约12000字精简到8000字。片中，闻慧斌以其潜在的民国文人气质，饰演南京临时政府秘书长胡汉民。

（张金玲）

【热爱摇滚的译者陈震】 陈震，1976年出生，1994年考入南京医科大学临床医学系。大一时，他偶然听到鲍勃·迪伦的名曲《别多想，没事的》，甚为震惊，遂迷上摇滚乐。此后，他开始聆听鲍勃·迪伦的音乐，收藏他的专辑，研读他的歌词。为能听懂歌词，高考英语不及格的他努力提高英文水平：看外文电影、听英文歌曲、看原版书籍……大三时，他组建了一支摇滚乐队并任鼓手，这支乐队共演出30余场，是当时南京最活跃的摇滚乐队之一。

大学毕业后，陈震找的第一份工作是医生，然而这不是他内心渴望的职业，只干了4年便辞职了。之后，开酒吧、做乐手、办外语培训班、当大学老师……短短几年，他换了近10份工作。2008年，是他生命中的转折点。陈震邂逅至靖江了解中国文化的加拿大某著名乐队的灵魂人物Michael，两人合做了一张关于中国音乐的专辑。这次合作重新燃起了他对音乐的梦想。

2010年，新世界出版社与英国某出版集团达成协议，买下时任西班牙皇家马德里队主帅穆里尼奥的官方传记中文版版权。挑选的译者不仅要求英语流利，还要懂足球。在应征报名的200余人中，陈震过五关斩六将，顺利签约成为此书的译者。该书翌年7月出版，短短几个月售出20余万本，成为全国多个图书榜单上体育及传记类图书的销售冠军。2011年，他的《放任自流的时光》译书出版，获评2011年搜狐年度十佳书、年度文艺书及网易年度十大好书。2014年5月，《科恩传记》译本出版；10月，备受摇滚乐迷追捧的《摇滚不死》译本问世；12月，科幻小说《犹太警察工会》译本上架。在短短7年时间里，这个半路出家的译者翻译了11本书，出版10本，其中8本是摇滚传记。在众多书评人和乐评人口中，陈震是国内最好的摇滚乐书籍译者，没有之一。众多读者也因陈震而知道江苏有座城市叫靖江。（张金玲）

【靖江网络文学创作者】 因互联网的发展，催生出网络文学这一类别。网络文学创作者们以趣味性为前提，发表作品于各大网站，每天保持千万字更新，受到众多网民追捧。刘华君、叶健民等人是靖江网络文学创作者的代表人物。

刘华君，网名寂月皎皎，中国作家协会会员，靖江作家协会副主席，2016年当选江苏省"网络作家协会"副主席。她是红袖添香网站首批签约写手，入选2007年首届中国网络原创作家风云榜，获"2008全球华文武侠小说大赛"亚军，并多次获华语言情小说大赛各类奖项。已出版《繁花落定》《风暖碧落》《倦寻芳》《和月折梨花》《碧霄九重春意妩》《云鬓花颜之风华医女》《情晚·帝宫九重天》《莲上仙》《君临天下》《酌风流》等10余部小说。

叶健民，网名一夜七次狼，1997年生，就读于江苏师范大学。高中时因为喜欢武侠、玄幻小说，渴望当个仗剑走天涯的侠客，于是就用文字刻画想象中的武侠世界，写出第一部10余万字的武侠小说，在多个网站连载。《龙鼎至尊》是他的第二部小说，2016年起在掌中文学网连载39万字，阅读量近10万。随着作品点击量不断攀升，他拿到一些稿酬，用于大学所需生活开支。

小红，网名蒙面桃红，1992年生，在上海从事图书编辑工作。大学时期，酷爱读书的小红喜欢看辛夷坞的小说，包括《致我们终将逝去的青春》《许我向你看》《原来你还在这里》等，看多了，便萌生了尝试写作的念头。大一时开始网络小说创作，在红袖添香和磨铁中文网连载，题材基本是总裁文和都市言情类，至今已写了4部共400多万字，其中有一本正在修改出版稿。小红的读者群里，多数是年轻人，也有妈妈级的，他们的支持让小红充满信心和动力。

千步棋，网名千步小仙，1994年生，大学刚毕业。大一时尝试写作网络小说。她的网络文学创作颇有原则，希望自己写出有内涵、有品质的小说，重点关注都市、职场、推理等创作题材，即使叫好不叫座也会坚持写下去。4年间，已写了7部小说145万字，其中《毒舌即正义》入选中国作协评定的2015年第四季度网络小说新书榜。（仲一晴）

【大器晚成的国画家朱娟娟】 朱娟娟，1951年出生。受书香门第影响，朱娟娟从小就喜爱画画。1958年，她就读于靖江城中小学，三年级时在课堂上曾情不自禁地为年轻漂亮的数学老师画肖像。1963年，她考入靖江县中，浓厚的绘画兴趣使她成为学校美术小组成员。"文化大革命"初，因家庭出身问题，她被孤立，无所事事，这倒让她有大量的时间读书和画画。1968年，朱娟娟去农村插队。此时，在扬州师院图书馆工作的舅妈刚从"牛棚"解放出来，经常帮朱娟娟借一些书籍，于是读书画画就成为她安抚心灵的一种手段。其中一本前苏联克鲁普斯卡娅美术学院的教科书，让朱娟娟爱不释手，使她的审美情趣有了很大提高。劳动间隙，她常为乡亲们画肖像或图样，渐渐在村子周围有了名气。于是大队、公社一些需要写写画画的宣传工作，也经常调朱娟娟去帮忙。1973年，她参加在扬州举办的江苏省年画创作学习班，受到前辈指点，画画水平明显提高。同年她的两幅水粉作品《归来》《幼儿运动会》参加省美术作品展。1976年，朱娟娟上调返城，被分配到医药公司工作。她运用绘画、摄影、书法等艺术手段，让公司临人民路的橱窗成为当时县城中心的一道靓丽风景。之后，她参加县里组织的长途野外写生，收获颇丰。连续几年，她的水彩、水粉画参加省美展和扬州市美展，并在扬州个园举办靖江九人画展（朱娟娟为九人之一）。1990年，朱娟娟抓住到南京艺术学院进修的机会，如饥似渴地学习。在进修的第二年，她进入山水画班，40岁的她从临摹明四大家的作品入手，笔下的线条渐有质的提高。1994年，朱娟娟第一次开办个人画展，江苏省美术馆馆长、著名画家朱葵为她题写前言。1998年，她加入江苏省美术家协会。2011年，退休后的她又踏上求学之路,参加中国美术家协会培训中心主办的中国画高研班,成为著名艺术教育家、画家、书法家孙其峰的入室弟子,国画技艺日趋娴熟。2013年11月,朱娟娟受邀在上海虹桥古玩城的鼎艺空间举办个人画展,《理财周刊》为此作专题推介。随后她又受邀在甘肃天水市文化馆展览厅举办个人画展。2016年7月,朱娟娟接到上海收藏家协会下设机构的邀请,携作品参加联合会展。大器晚成的朱娟娟日益受到书画界、收藏界的关注,她的作品被业内评价为:立足传统,抱常守一,意趣悠远,花鸟山水皆入高妙奇幻之境。

(范红梅　仲一晴)

【"农民画家"顾国平】 顾国平,江苏省靖江经济开发区城南园区前进村人,1955年出生,高中文化。

顾国平在中学时代就爱好书画。1974年,他高中毕业后进入靖江十圩船厂从事船体放样设计,工作之余自学绘画艺术。他不断学习老一辈和当代书画家的思想人品和绘画技法,秉持"笔墨当随时代""大胆落笔,细心收拾"的创作理念,以长江和故乡风貌为创作题材,至1990年代先后创作出一批回忆故乡、赞美故乡、歌颂长江、体现时代变化的绘画作品,多次受到专家赞扬。

顾国平出身农民,其作品充满了强烈的生活气息和泥土芬芳,其中不乏乡村景色和风土人情。在朋友圈内,他获得"农民画家"的美誉。

2000年,顾国平被查出患有胃癌。手术后,虽身体大不如前,仍坚持绘画创作。他常说:"我就是单纯地喜欢画画,专注其中时,就觉得快乐。""是画画让我有了精神寄托,并疗愈了自己的疾病。"

2016年是顾国平圆梦之年。9月,他结集出版《顾国平画集》。10月在泰州市海陵区范家花园举办"顾国平画展"。

顾国平自学绘画40余年,共创作画作数百幅,其中部分作品在全国和国际书画大赛中获奖,并被编入多部画册。

(秦　洁)

【滚石签约音乐人鞠起】 鞠起,1988年4月1日出生。幼时在靖江市季市古镇和爷爷奶奶一起生活,其间经常用稚嫩的童声跟随爷爷哼唱民歌民谣。从那时起,他就和音乐结下了不解之缘。

2003年,鞠起开始自学吉他和乐谱,同年写出了平生第一首歌,至高中毕业时,先后写了50多首原创歌曲。

2006年,鞠起被保送至南开大学英语系学习。同年,他加入学校吉他队,还组建氪元素乐队。氪元素乐队后来成为南开大学最受欢迎的学生乐队,他作为该队的主唱和主要创作者渐为人知。大学三年级时,鞠起的一首《飞鸟》得到唱片公司认可。此后,他有了第一次拍摄音乐电视,第一次建立音乐网页,第一次售票演出,第一次在音乐厅举办演唱会……

鞠起的音乐创作精力旺盛,几乎每周都有作品诞生。其创作风格也丰富多变,在民谣、流行、摇滚乃至R&B领域都能写出精彩的作品。2009年5月,他通过毛遂自荐成为一名半职业歌手,其作品收录在校园民谣6合辑中。

鞠起大学毕业后赴美国马萨诸塞大学读英语专业硕士研究生。专业和爱好的不对口,并没有影响他对音乐的追求。其间,他将异乡生活的孤独、四处旅行的积累、学业上的压力和追求演绎成一串串音符,最后制作成一张收录20首歌曲的专辑。

2011年5月起,他先是连续8周蝉联,之后又再次连续7周蝉联豆瓣音乐人收听冠军。此后,他成为2011年豆瓣阿比鹿音乐奖年度民谣音乐人 & 年度创作得主、2012年豆瓣阿比鹿音乐奖年度流行音乐人得主,并入围2013年豆瓣阿比鹿音乐奖年度流行音乐人。

2013年,鞠起参加湖南卫视举办的"快乐男声"杭州唱区比赛,一路晋级该唱区14强、全国66强。

2015年,鞠起参加"首届滚石原创歌手大赛"。历经3个月的角逐,他站上滚石唱片主场——广州中央车站,凭借原创歌曲《一颗石头》和翻唱作品《飘洋过海来看你》,一举夺得总冠军,并赢得滚石唱片公司颁发的奖金和发行单曲的机会。

2016年1月1日,鞠起正式和滚石签约。他说:"今年对我来说是非常棒的一年。虽然我还没有得到什么,但是在正式出道之前的那份憧憬,却比什么都要美好。"

(张金玲)

【琵琶制作大师高占春】 高占春,1937年生,靖江城北长胜村人。1950年到上海,在"中华国音社"乐器店学艺,师从其父高双庆。1951年起,在其父开设的"高顺兴乐器社"学习制作琵琶、二胡、月琴等乐器。1958年,高占春进入上海民族乐器一厂,制作琵琶、月琴等弹拨乐器。

为完善琵琶制作技艺,从上世纪50年代开始,高占春先后拜浦梦古、陆德华和林石城为师,学习弹奏琵琶,以期通过亲自弹奏来发现琵琶的优劣。凭借聪明才智和勤学苦练，他学会《阳春白雪》《彝族舞曲》《十面埋伏》等数十首琵琶曲，曾应邀在上海人民广播电台表演琵琶独奏。他是琵琶制作行业中，为数不多的集演奏家与制作家于一身的人。

琵琶，被称为"弹拨乐器之王"，已有两千多年的历史。其音域之广、演奏技巧之繁复居民族乐器之首。上世纪60年代，根据演奏家及作品的需求，高占春与同事们在琵琶音色、琴弦和防裂等方面研制改良，琵琶的环境适应能力得到提升，音色更加圆润深厚。

高占春认为琵琶制作要在人们看不到的地方下功夫，那才是一个匠人的良心。他采用新方法精心制作了两把琵琶，邀请上海音乐学院卫仲乐和上海民族乐团孙裕德等几位琵琶专家试弹鉴定，专家们一致认为琵琶声音的确有了很大的变化，感到十分满意，卫仲乐和孙裕德当场买下了这两把琵琶。1964年，全国琵琶制作交流会上，高占春的琵琶作为上海民族乐器一厂的参赛产品被评为一流产品，这也为后来"敦煌牌"红木琵琶获得国家质量银质奖奠定了基础。

上世纪80年代初，音乐家叶栋解译"敦煌琵琶谱"中的《品弄》等25首曲谱，需要用唐代4弦琵琶演奏，仿制这种唐代琵琶的重担落在了高占春的身上。其父高双庆原有一把唐代形制琵琶，可惜"文化大革命"中被毁了。高占春凭记忆，再参照日本奈良正仓院藏唐琵琶的照片，在上海音乐学院教授叶绪然的配合下，试制成仿唐琵琶，并由叶绪然在1982年"上海之春"活动中演奏。这种琵琶琴项向后弯曲几乎呈90度，4弦4相，面板中部两边各开有半月牙形音孔，发音清空幽柔，颇有古韵。在此基础上，高占春又成功研制出唐代五弦琵琶和六弦柳琴等改良产品。

1982年，他在《乐器》杂志上分9期连载《琵琶制作》，使琵琶制作在形制、规格、音响品质等方面有了较为规范的参照系。这对琵琶制作产生重大影响，对其他乐器的制作也具有一定启迪作用。1990年，高占春被评为技师，1993年获评高级技师、国家级非遗传承人。他先后接受过中央电视台、上海电视台和《人民日报》《解放日报》《舞台与观众》等多家媒体的采访，讲解琵琶制作工艺，宣传琵琶历史文化。

一代琵琶制作大师毫无保留地将自己毕生的技艺和经验予以公开，供后人学习借鉴。他做琴与做人相得益彰，人品与艺品德艺双馨，"高氏琵琶"因此享誉海内外。（仲一晴）

靖江乡贤(三)

朱 勋

朱勋，生卒年不详，靖江人，官至陕西巡抚。清嘉庆十八年(1813年)，靖江江岸坍至天后宫、武庙、文峰寺、迎春桥一线，距城根仅43丈，靖江城面临覆灭危险。时任陕西巡抚的朱勋得知此事后，心系家乡百姓安危，立即写信给两江总督百龄，请他采取紧急措施。百龄随即上书朝廷，嘉庆帝派江苏巡抚和河道总督等官员至靖江会勘，决定在江坍之处修筑堤坝以挡潮水。朱勋及其家属为此慷慨捐助白银1万两。翌年2月，工程动工，历时70天，筑堤731丈，江坍终被制止。此外，为造福桑梓，朱勋还筹款赡养乡亲，出资开挖五条大港并疏浚团河。闲暇之余，他勤于著述，著有《谈易集论》《四书通》《性理约》等。

魏青云

魏青云(1899—1981)，魏子龙之子，传承其父医术，提出"喉病从热，与温病同源"的理论，主张用清凉药而不用苦寒药，是当今医界公认的颇具创见的学术。他还学习和研究西医传染病理论，在喉症的手术治疗方面亦有独到之处。新中国成立后，他带头组建八圩区卫生工作者协会，筹建联合诊所，并将自家房屋无偿给诊所使用。1956年，他加入中国共产党，并被推举为县人民代表、政协委员。1959年出席江苏省文教群英会。

重要文件摘要

中共靖江市委 靖江市人民政府 关于印发《靖江市供给侧结构性改革任务分解方案》的通知

靖发〔2016〕23号

一、围绕去产能，释放行业过剩产能优化资源要素配置。按照企业主体、政府推动、市场引导、依法处置的办法，研究制定全面配套的政策体系，实行供给端、需求端同时发力、综合施策，主动有效地化解产能过剩问题。

1. 把好项目准入产业门槛。严格执行国家关于产能过剩行业的调控政策，认真梳理产业发展目录，坚决把好过剩产能的门槛。建立健全投资项目审核联动机制，强化信息共享，形成工作合力，从源头上坚决杜绝产能过剩行业新上项目。

牵头领导：赵国庆

牵头单位：市发改委

责任单位：市经信委、商务局、环保局、国土资源局、政务办、开发区、各镇(街道、园区、办事处)

2. 推进传统造船产业提质升级。紧抓劳氏船级社落户契机，助推本土船企进一步改造传统的造船工艺、设备和流程，汲取先进船企管理理念和管理方法，优化生产布局和要素资源整合，提升船企核心竞争力。增强高技术、高附加值船舶的研发力量，推进智能化、数字化造船。通过产品结构调整扩大市场需求。积极实施兼并重组，吸纳一些有价值的造船资源，增强自身实力。大力推进主流船型优化升级，加快推出一批大型、超大型绿色环保船型，扩大产品系列化规模，抢占市场份额，努力进入高端产品领域。船舶配套向本土化方向发展，做长、做宽、做精船舶配套产业链，不断提升配套产品的竞争力，提高本土配套率。巩固船用锚链市场份额，加快研发更高强度的深海系泊链和海工配件。加快船舶通讯导航设备开发，争取早日投放市场。船舶修理拆解向绿色化方向发展，进一步优化修船工艺、加强环境保护、缩短修船周期、提高经济效益。

牵头领导：沈南松

牵头单位：市经信委

责任单位：市发改委、财政局、商务局、科技知识产权局、环保局、国土资源局、金融办

3. 引导产能富余行业主动转型。对区域内产能富余行业，分行业制定转型升级行动方案，加快技术创新、产品升级步伐。继续加大对高耗能、高污染、高风险、低产出、低效益企业和产品的淘汰力度，进一步调整产业结构，优化资源配置。

牵头领导：沈南松

牵头单位：市经信委

责任单位：市发改委、环保局、安监局、科技知识产权局

4. 鼓励产能过剩企业兼并重组。鼓励产能过剩行业通过资产重组，优化资源配置，实现优胜劣汰。引导优势企业在行业洗牌中低成本扩张或强强联合，筑牢发展优势。对创新力不强，但配套能力强、有市场空间的企业，引导其主动与行业龙头联姻。按照“企业主体、政府推动、市场引导、依法处置”的办法，探索开展资产重组工作。

牵头领导：沈南松

牵头单位：市经信委

责任单位：市发改委、金融办、法制办、法院、开发区、各镇（街道、园区、办事处）

5. 妥善处置“僵尸企业”。建立“僵尸企业”数据库并进行精准识别，按照“多兼并重组、少破产清算”的原则，分类推进处置“僵尸企业”中的关停企业和特困企业。对属于低端低效产能、缺乏竞争力、严重资不抵债、救助无望的企业，以市场机制为主，通过司法途径依法实施破产清算，做好企业职工安置分流、技能培训等工作，处理好拖欠工资、职工社保等问题；对现有资产和资源仍具有一定价值，资金链面临压力或经营不善导致的停产、半停产企业，引导企业通过兼并重组、厂房及设备租赁等方式盘活资产，提升经营效益空间；对目前经营困难，但资产质量、市场前景较好的企业，采取扶持发展方式，加快技术改造，优化产品结构，通过转型升级化解危机。

牵头领导：沈南松

牵头单位：市经信委

责任单位：市人社局、市场监管局、财政局、规划局、国土资源局、金融办、法制办、法院、人行、开发区、各镇（街道、园区、办事处）

二、围绕去库存，改革调整供给结构积极扩大有效需求。按照加快提高户籍人口城镇化率和深化住房制度改革的要求，扩大有效需求，打通供需通道，消化库存和促进适销对路的房地产投资并重，促进房地产市场健康发展。

6. 改进拆迁安置方式。逐步取消拆迁实物安置和棚户区改造实物安置，采取“市场筹集房源、开发企业让利、居民自主购买”方式，推广实施货币化安置。加大棚户区、危旧房、城中村、城郊接合部改造力度。

牵头领导：鞠林红

牵头单位：市住建局

责任单位：市规划局、国土资源局、开发区、各镇（街道、园区、办事处）

7. 鼓励农民进城购房。探索宅基地有偿使用制度和自愿有偿退出机制，支持引导宅基地和农民住房置换城镇住房。在全市范围内形成农民进城购房同向激励的大环境。

牵头领导：赵国庆

牵头单位：市国土资源局

责任单位：市委农工办、市财政局、住建局、开发区、各镇（街道、园区、办事处）

8. 保障进城农民权益。放宽相关限制，确保已进城购房农民公平享受公共产品和公共服务。深化农村集体产权制度改革，加快推进集体经营性资产量化到人。稳妥推进农民住房财产权改革，增强变现能力和流动性。探索农村房地一体确权登记工作。

牵头领导：孙宏建、赵国庆、顾宝林

牵头单位：市委农工办

责任单位：市公安局、人社局、国土资源局

9. 推动外来务工人员落户安家。加快推动以满足新市民需求为出发点的住房制度改革，在外来务工人员购买住房、享受教育医疗公共服务等方面，给予等同本地市民的均等化待遇，增强外来务工人员在靖幸福感和归属感。

牵头领导：鞠林红

牵头单位：市住建局

责任单位：市公安局、教育局、卫计委、人社局

10. 完善人才购房券制度。不断优化制度设计，加大现有政策兑现力度，努力形成对人才工作与经济工作的“双重刺激”，既加速吸引优秀人才来靖安居、创

业,也使房地产去库存得到有力支撑。

牵头领导:邓飞

牵头单位:市委组织部

责任单位:市人社局、科技知识产权局

11. 鼓励社会资本参与去库存。大力发展住房租赁市场,鼓励房地产开发企业发展住房租赁业务,鼓励自然人和各类机构投资者购买库存商品房,成为租赁市场的房源提供者。鼓励大型企业、用工大户等社会资本购买存量商品房,作为人才公寓、蓝领公寓,助推房地产去库存。

牵头领导:鞠林红

牵头单位:市住建局

责任单位:市财政局、国税局、地税局

三、围绕去杠杆,着力优化债务构成谋求长远健康发展。坚持行政力量与市场手段并举,在提高生产效率、推动经济增长中以可控方式和可控节奏逐步消化杠杆问题。

12. 推动产业与资本结合。支持设立企业财务公司,开展延伸产业链金融服务试点。引进和设立创业投资引导基金、产业发展基金,综合运用创投基金、发展基金、夹层基金、并购基金等多种形式,引导和带动社会资本参与产业调整升级。引导银行机构开展“投贷联动”试点,以“股权+债权”模式为实体经济提供有效资金。通过政银企合作,形成“政府资金+金融资本+民间资本”的多元化融资机制。充分利用各类债券市场,扩大企业债、公司债、中期票据、短期融资券等金融产品发行规模,探索发展其他固定收益、资产证券化、资产支持票据、并购债券、超短期融资券、优先股等创新产品。大力实施企业上市三年行动计划,积极推动有条件的企业上市(挂牌),加强上市(挂牌)企业梯队建设,确保每年上市(挂牌)后备企业数量保持在150家左右。

牵头领导:赵国庆

牵头单位:市金融办

责任单位:市发改委、经信委、人行

13. 有效帮助企业化圈解链。支持金融机构落实无还本续贷、循环贷款等贷款还款方式创新,引导实施差别化信贷政策,对有发展前景,暂时出现资金困难的企业,推广实行授信总额联合管理制度,保持合理授信规模,帮助企业渡过难关。实行“政府引导、企业认缴、银行让利”模式,探索共建企业互助资金池,发挥互助资金池在资金周转、化圈解链等方面的功能作用,形成银企抱团取暖氛围。探索成立金融资产管理公司,做大做强担保公司,优化企业融资环境。

牵头领导:赵国庆、沈南松

牵头单位:市金融办

责任单位:市经信委、人行

14. 探索财政投融资体制改革。按照“实体化、市场化、公司化”要求做实融资平台公司,对现有融资平台公司实施归并整合、缩量提质。集聚资产、资源,向平台公司增资,确保公司取得经常性营业收入。在融资平台公司内部建立完善现代企业制度,制定规范化内控制度,提升融资平台公司经营管理团队素质。

牵头领导:赵国庆

牵头单位:市财政局

责任单位:市国资办、金融办、开发区、各融资平台公司

15. 严格政府性债务管理。加强政府债务预算(计划)管理,严格控制负债规模,降低债务风险。积极争取和合理分配债券额度,推进政府存量债务置换,优化债务期限结构,发挥政府债务对发展的促进作用。推广政府与社会资本合作(PPP)模式和资产证券化模式,提高直接融资比重,减轻政府债务负担。

牵头领导:赵国庆

牵头单位:市财政局

责任单位:市发改委、金融办

16. 提高企业资产完整性。集中开展专项服务行动,解决好相关企业资产不完整、“两证”不全等历史遗留问题。研究既合情合理、又合法合规的处置程序和措施,并在责任界定、豁免上拿出办法,保护干部干事创业积极性。

牵头领导:赵国庆、鞠林红

牵头单位:市住建局、国土资源局

责任单位:市纪委、发改委、公安局、规划局、经信委、环保局

四、围绕降成本,削减实体经济成本力促企业轻装上阵。大力推进降低实体经济企业成本行动,细化各项政策措施,打出“组合拳”,形成降低实体经济企业成本的强大合力,提升企业盈利能力,稳住稳好实体经济。

17. 全面落实中央、省确定的降本措施。认真贯彻落实中央、省提出的降本增效措施,全面梳理归并和宣传监督实施各级政府出台的降本增效政策,用足用好,确保降到位。

牵头领导:沈南松

牵头单位:市经信委

责任单位:市发改委、财政局、住建局、人社局、交通运输

局、国税局、地税局、物价局、政务办、国资集团、供电公司

18. 推进以大集中为标志的行政管理体制改革。以“审批环节少、行政效率高、发展环境优、市场活力强、群众满意度高”为目标，切实推进相对集中行政许可权改革。组建行政审批局，对相关部门重点领域和关键环节的审批项目、审批流程进行再梳理、再整合、再优化，实现“一个单位管审批、一枚公章管审批”。加快推进分类监管和精准服务，建立审批和监管既相互分离又相互制约的协同机制，梳理“监管责任清单”和“服务事项清单”，逐步形成职能科学、功能完善、分类监管、综合执法的“橄榄形”政府治理机构。优化营商环境，努力为企业和投资者提供优质高效服务，致力打造“最少环节、最短线路、最低时限、最高效率”的政务服务环境。

牵头领导：赵国庆

牵头单位：市编委办

责任单位：市政务办

19. 继续清理和规范涉企收费。完善涉企收费清单制度，加快形成统一规范的收费清单格式，建立常态化公示机制。充分考虑企业实际承受能力，阶段性采取降、缓、免措施，在支付方式、支付时间上把握好轻重缓急和平衡点，减轻实体企业负担。公布行政审批前置中介服务收费清单，从制度上切断中介收费和行政审批的关联。

牵头领导：沈南松

牵头单位：市经信委

责任单位：市财政局、人社局、物价局、政务办、法制办

20. 实行有保有控的产业用地政策。重点保障年度重大项目中的先进制造业和现代服务业等产业项目用地，对工业用地鼓励采取长期租赁、先租后让、租让结合、弹性出让等方式供应。在符合相关规划的前提下，利用现有房屋和土地，兴办文化创意、科研、健康养老、房屋租赁、工业旅游、众创空间、现代服务业、“互联网+”等新业态的，可实行继续按原用途和土地权利类型使用土地的过渡期政策。

牵头领导：赵国庆

牵头单位：市国土资源局

责任单位：市发改委、经信委、科技知识产权局、住建局

21. 有效降低企业融资成本。用足用好央行再贷款再贴现政策，发挥好货币政策工具投向与价格“双引导”作用。加强银行机构行为自律，维护存贷款利率定价秩序，落实国家降息政策。鼓励商业银行对符合条件的小微企业贷款给予优惠利率支持。规范担保、保险、评估、登记、审计等中介机构的收费行为，鼓励金融机构清理服务收费项目及价格，列出收费目录清单，并向社会公布。通过财政补贴和风险补偿等方式合理降低费率。清理不必要的资金“通道”和“过桥”环节，切实整治层层加码加价行为，组织开展银行收费专项检查，在开展“惠靖融”转贷服务的基础上，深入开展小微企业转贷方式创新。

牵头领导：赵国庆

牵头单位：市金融办、人行

责任单位：市市场监管局、物价局

22. 推进人力资源服务产业发展。完善人力资源服务政策体系，积极引导有资质、有潜力的人力资源服务机构发展，培育1~2家人力资源服务知名企业，加强人力资源服务从业人员的专业培训和领军人才的培养，努力构建集招聘、培训、劳务派遣、代理、管理咨询“五位一体”人力资源服务产业链。

牵头领导：赵国庆

牵头单位：市人社局

责任单位：市发改委、商务局、市场监管局

23. 落实援企稳岗等补贴政策。支持企业通过转型转产、多种经营、主辅分离、辅业改制、培训转岗等方式，多渠道分流安置富余人员，鼓励企业少裁员、不裁员。

牵头领导：赵国庆

牵头单位：市人社局

责任单位：市财政局

24. 加大技能型人才培养开发力度。全面启动新一轮技能再提升培训计划，帮助企业转型升级培养技能人才。引进德国“双元制”培训模式，积极培养高技能人才。探索实施企业新型学徒制，不断完善政策措施和培训服务体系。促进怀德学院、新职教中心合作发展，强化技能型人才培养平台支撑。支持高级技师建立名技师工作室，发挥引领辐射作用。

牵头领导：赵国庆、邓飞、周小慧

牵头单位：市人社局

责任单位：市人才办、教育局、农委

25. 引导企业持续提高劳动生产率。加强政策导向，加大省市转型升级等各项资金的引领作用，促进企业加强财务、生产和成本管理。提高供应链管理水平，规范企业创新管理，提升现有产业的信息技术改造能力，

推动两化深化融合，大力发展智能制造，促进企业更大力度、更高水平开展技术改造，加快“机器换人”，进一步提高生产效率，降低生产成本。根据省、泰州市经信委推进制造业服务化的工作要求，加大我市制造业服务化示范项目上报工作，加快发展服务型制造，推动企业向价值链高端攀升，增加盈利能力。

牵头领导：沈南松

牵头单位：市经信委

责任单位：市发改委、科技知识产权局

26. 提高本地企业的产销配套程度。充分利用政府资源，开展产业链对接活动，推动市内上下游企业对接合作，为企业拓展产品销售和合作的空间。推行全产业链招商，选择汽车零部件、工程机械、船舶配件等产业链骨干企业，对外加强与整车企业或龙头企业的联系，对内组织多层次、重实效的对接。围绕产业链部署创新链、引导资金链，在拉长产业链条中降低成本。

牵头领导：沈南松

牵头单位：市经信委

责任单位：市发改委、商务局、投促局、科技知识产权局

五、围绕补短板，突破制约发展瓶颈助推经济转型升级。着眼经济社会发展短板，花大气力拉长补齐，增强发展动力，厚植发展优势。

27. 完善科技创新体制机制。加快建立产业技术创新联盟。围绕海洋工程装备、微特电机、特种泵阀等特色产业，加快推进产业技术创新战略联盟建设，提升产业核心竞争力。探索“离岸孵化”新模式。充分利用国内优质科创资源，鼓励开展与高校、科研院所、市外科技孵化器、科技产业园等对接合作，集聚人才、技术、项目、资金等各类创新创业要素，建立各具特色的离岸孵化器。探索科技金融新路径。充分利用股权投资引导资金、高新技术创业投资资金、中小企业科技风险补偿资金等服务平台，进一步开展科技风险投资、科技风险贷款等科技金融工作，放大科技金融效应。实施“知识产权”战略，积极引进知识产权中介服务机构，完善知识产权综合服务平台，抓好知识产权信息数据库、专利技术展示与交易平台的建设，培养各类知识产权专业人才，建立专业化、多层次、多功能的行业性知识产权中介服务市场。进一步加速科技成果产权化，助推企业自主创新，2016年实现全市万人发明专利拥有量达8.9件。

牵头领导：丁少华、何卫东

牵头单位：市科技知识产权局

责任单位：市经信委、财政局、金融办

28. 推进制造业提质增效。认真实施《中国制造2025靖江行动方案》，加快推进企业制造装备的数字化和智能化改造，扩大关键岗位机器人应用，培育发展一批智能车间、智能工厂。引导企业大力开展基于互联网的各类技术创新、产品创新、服务创新和商业模式创新，鼓励企业充分运用云计算、大数据、移动互联网等新技术，开展面向政府、金融、通信、交通、贸易、物流等领域的软件信息服务，推动企业向数字化、网络化、智能化转型升级。鼓励各类众创、众包、众筹支撑平台建设，发挥互联网集众智、汇众力的乘数效应。

牵头领导：沈南松

牵头单位：市经信委

责任单位：市发改委、科技知识产权局、人社局、财政局、国税局、地税局

29. 创新招商选资方式。坚持“请进来”和“走出去”并进、存量盘活和增量引进并进，保持招商引资的强攻态势，改革传统招商模式，开展驻点招商、委托招商，强化招商专业人才配备，精心组织各类投资促进活动。重点对接一批发展适应性好、产业契合度高、投资带动力强的央企国企、大型名企，力争在超10亿元项目招引上持续突破。

牵头领导：孙宏建、沈南松

牵头单位：市投促局

责任单位：市招商局、发改委、经信委、商务局

30. 注重引进利用外资。积极推进开发区外资投资管理体制试点工作，鼓励外资以参股、并购等方式参与市内企业兼并重组。利用好境外资本市场，支持符合条件的本土企业根据国家发展战略及自身发展需要到境外上市。探索开展利用外资设立中小企业担保公司。支持符合条件的外商投资企业境内公开发行企业债和中期票据，拓宽融资渠道，引导金融机构继续加大对外商投资企业的信贷支持。

牵头领导：沈南松

牵头单位：市商务局

责任单位：市发改委、经信委、金融办、开发区

31. 大力完善港口功能。探索成立港口集团公司，加快推进电子口岸建设和靖江保税物流中心(B型)申报，探索与国际国

内知名港航企业合资合作,提升货物集散能力和通关便利水平,推动靖江港从江港向江海直达港转变、从喂给港和转运港向大型深水直挂港转变、从传统港口向信息化港口转变、从中转港向中转和产业并行发展港转变。启动夹港作业区建设,整合八圩作业区岸线资源,优化港口结构与布局,提升港口运行质态,提高岸线利用率。完善港口综合支持系统,合理实施口岸通关、边防保安、消防环保、引航助航、水上搜救机动力量等港口支持配套系统,建立健全靖江港专用航道维护管理机制。优化完善市域南北向路网,形成疏港公路和高速公路的互通及与港口作业区衔接,推进夏仕港升级改造,开展航道整治,扩大沿江港口、码头、内港池和苏北航道网联通程度。

牵头领导:孙宏建、沈南松

牵头单位:市港口局

责任单位:市交通运输局、发改委、水利局、商务局、靖江海关、靖江出入境检验检疫局、泰州靖江海事处、靖江边防检查站、长江靖江航道管理处、开发区

32. 提升城市建设水平。实施旧城改造,突出有机更新,按照建、拓、改、延相结合的办法,打通断头路,拓宽瓶颈路,渠化拥堵点,优化城市微循环系统,提升快速交换能力和道路运行效率。加强生态园林建设,加大公园、小游园及主干道沿线绿化的管护力度,做好滨河绿地、重要路段和重点地块的补缺提升工作。加快海绵城市建设,有序推进雨污分流、管网改造。

牵头领导:鞠林红

牵头单位:市住建局

责任单位:市发改委、规划局、国资集团

33. 完善交通路网布局。推进S232建设,加快S229靖江段改线、S356靖江段改造建设,推进公新公路东兴及城南段改造。积极对接盐泰锡常宜城际及过江通道、北沿江沪宁城际铁路、新长铁路复线等轨道交通建设。科学优化站点的规划选址,结合站点建设综合客运枢纽,做好客运中转、道路交通衔接等相关配套工作。

牵头领导:赵国庆、鞠林红

牵头单位:市交通运输局

责任单位:市发改委、住建局、规划局、水利局

34. 大力发展现代农业。大力发展粮食加工流通产业,拓宽粮食销售渠道,化解种粮大户卖粮难题。做优“米袋子”,开展高标准农田建设,实施耕地质量提升行动,稳步提升粮食产能;大力推广产量高、品质优、适销对路的稻麦新品种,开展粮食高产增效创建,推广绿色增产增效技术,实现产量和效益同步提升。做优“菜篮子”,调优蔬菜园艺产品结构,发展高效设施农业,平衡蔬菜市场供应;优化畜禽养殖结构,推进生态健康规模养殖,降低生产成本,增强抵御市场风险能力。探索推广规模化种植模式,加快建设新江平线现代农业集聚带,通过集聚带串联我市北部农业主产区,打造现代农业发展的“主引擎”。推动省级园区转型升级,完善基础设施,大力推进绿色农产品、保健食品、中药材和休闲旅游产业发展,打造健康农业产业体系。转变农业发展方式,有效防控化肥农药不合理使用,发展生态循环农业,推行绿色生产。积极实施“互联网+现代农业”行动,加快电子商务进农村工程推进步伐,加强新型职业农民培育,让广大农民共享现代农业发展成果。

牵头领导:孙宏建、赵国庆、顾宝林

牵头单位:市农委

责任单位:市委农工办、市财政局、国土资源局、水利局、粮食局、供销总社

35. 深化绿色生态建设。积极开展国家生态市和国家环保模范城市创建,进一步推进城乡污水管网、固废处置中心等环境基础设施建设。开展饮用水水源地水质和辖区内土壤环境状况调查,持续加强水、大气、土壤污染防治。构建生态文明考核评价与责任追究机制,探索建立生态环境损害经济调节制度、过错责任终身追究制度。落实网格化监管措施,加强环保执法司法联动,严厉打击各类环境违法行为,切实解决群众反映强烈的环境污染问题。实施村庄环境改善提升计划,注重规划管控,加强农村环境“八位一体”综合管护,完善农村基础设施建设,打造一批“靖江版”的美丽乡村。

牵头领导:沈南松

牵头单位:市环保局

责任单位:市委农工办、市住建局、财政局、国资集团、水利局、农委、国土资源局、规划局

36. 积极开展精准扶贫。按照标准再提高、重点再聚焦、内涵再丰富、底线再织牢的思路,建立健全对象识别、定向帮扶、考核评价、动态调整机制,实施精准扶贫。做好新一轮脱贫致富奔小康工程的建档立卡工作。根据省、泰州市下达的脱贫任务按序时进度进行脱贫。壮大发展村

集体经济,放大“一村一品”“一村一特”示范、带动效应,切实增加农民收入。

牵头领导:孙宏建、赵国庆、顾宝林

牵头单位:市委农工办

责任单位:市财政局、民政局

37. 加大人才集聚力度。聚焦产业需求,围绕构建以新兴产业为先导、先进制造业为主体、现代服务业为支撑的现代产业体系,有针对性地引才育才用才,提升人才与产业发展、项目需求的契合度。突出“高精尖缺”导向,坚持高端引领战略,结合国家“千人计划”、省市“双创计划”和我市“马洲英才计划”的实施,突出企业引才、注重柔性引才、强化项目引才,重点向先进制造业、战略性新兴产业、现代服务业、现代农业、“互联网+”等领域倾斜。强调引育结合,统筹各类人才队伍建设,扎实抓好科技企业家及后备人才培育、万名高技能人才新增等培养工程的实施,推动全市人才队伍量质齐升。

牵头领导:邓飞

牵头单位:市委组织部

责任单位:市人社局、财政局、经信委、科技知识产权局

各镇、各部门要充分认识推进供给侧结构性改革的重要意义,明确职责,密切配合,执行落实好市委、市政府的统一部署。各牵头领导和牵头单位要落实好责任分工,尽快制定具体工作举措,细化实施方案。各责任单位要主动作为,加强协调配合,确保各项措施执行到位,全面落实好市委、市政府确定的37条工作举措。市委、市政府将定期组织专项督察,全力打好供给侧结构性改革“组合拳”,推动全市经济社会持续健康发展。

中共靖江市委
关于印发《靖江市市管领导班子和领导干部能力责任研判评优暂行办法》的通知

靖发〔2016〕47号

第一章 总 则

第一条 为进一步提高干部选拔任用工作的前瞻性、导向性和激励性,坚持党管干部和发扬民主相结合,科学评判领导班子和领导干部,着力打造一支能力强、敢担当、善作为的高素质干部队伍,为开创“率先领先争先”新局面提供坚强的组织保证,根据《党政领导干部选拔任用工作条例》和有关规定,结合我市实际,制定本办法。

第二条 本办法所称的能力责任研判评优,是指市委组织部根据全市经济社会发展大局和领导班子建设实际,按照能力责任标准,通过多维度、多层面的分析研判,对市管领导班子和领导干部进行分类评定等次。

第三条 能力责任研判评优坚持下列原则:

(一)能力责任与工作实绩相结合原则;

(二)日常研判与重点研判相结合原则;

(三)组织认可与群众认可相结合原则;

(四)研判评定与选拔任用相结合原则。

第二章 研判对象和评优形式

第四条 能力责任研判评优的对象,主要是市管领导班子和领导干部。重点了解掌握党政正职干部、正职后备干部、副职后备干部。

第五条 实行日常研判评优。通过对领导班子和领导干部的日常考察、动态监测和跟踪管理,及时研判掌握班子运行状况和干部现实表现,综合评定不同等次,为干部动态调整提供重要依据。

第六条 实行重点研判评优。针对换届、机构改革、重点工作推进等特殊情况,对领导班子和领导干部进行集中研判评优。

第七条 具有下列情形之

一的,可以进行重点研判评优:

（一）市管领导班子换届或机构改革的;

（二）市管领导班子结构需要优化或领导职位出现空缺的;

（三）市管领导班子社会反响较大或群众反映较多的;

（四）与市委、市政府重大决策部署落实紧密关联的;

（五）涉及重点工程、重点项目、重点工作推进或复杂矛盾处置的;

（六）其他特殊情况。

第三章　研判内容和评优标准

第八条　领导班子和领导干部能力责任研判评优,必须以"信念坚定、为民服务、勤政务实、敢于担当、清正廉洁"好干部标准为基本遵循,以"人心齐、士弘毅、敢争先"为重要指向,既全面研判掌握领导班子的领导水平、履职尽责等情况,又深入分析领导干部的能力素质、实干担当等情况。

第九条　领导班子能力责任研判评优包括领导能力、运行质态、工作绩效3项一级评优指标,下设12个二级评优指标。

领导能力包括:科学决策、驾驭全局、改革创新、依法行政、执行落实;

运行质态包括:运行机制、发扬民主、团结协作;

工作绩效包括:经济发展、民生改善、生态文化、社会和谐。

第十条　领导干部能力责任研判评优包括履职能力、工作实绩、责任担当3项一级评优指标,下设11个二级评优指标。

履职能力包括:科学决策、学习创新、执行落实、应急处理、团队协作;

工作实绩包括:重点工作完成、基础工作推进、特色工作创新;

责任担当包括:勤勉敬业、攻坚克难、进位争先。

第四章　研判方法和评优程序

第十一条　领导班子和领导干部能力责任研判评优,主要包括三个环节:前期准备、分析研判、评优定级。具体实施时可结合实际确定,一般经过下列程序:

（一）组建研判评优小组,制定工作方案;

（二）会同相关职能部门,全面收集信息资料;

（三）进行个别谈话,推荐优秀干部;

（四）集中召开会议,开展民主测评;

（五）根据实际需要,多层面听取意见;

（六）开展延伸考察,听取社会评价;

（七）综合分析研判,形成评定报告;

（八）作出等次评定,提出相关调整建议。

第十二条　市委组织部派出的研判评优小组由两名以上成员组成。小组成员应当由思想政治素质好、具有较强综合分析能力和政策理论水平、熟悉了解干部人事工作的人员担任。需要时,可约请或抽调其他相关单位的人员参加。

第十三条　建立健全研判评优基础信息库。主要包括以下内容:

（一）领导班子和领导干部的基本情况、实绩考核、年度考核、综合考评和各类奖惩等情况;

（二）干部考察、民主测评、民主推荐、培训考核和挂职锻炼等有关情况;

（三）民主生活会、基层党政联席会、"三重一大"事项决策等有关情况;

（四）干部选拔任用"一报告两评议""三责联审"和经济责任审计、领导干部个人有关事项报告等有关情况;

（五）重点项目、重点工程、重点工作推进和落实情况,市委市政府督察、市人大专项评议、市政协专项视察和专项调研等有关情况;

（六）各类来信来访,以及从纪检监察、公安、检察、法院、审计、统计、卫计等部门收集的有关情况;

（七）上级业务主管部门评价、巡视巡察反馈、基层群众民意调查等有关情况;

（八）其他与领导班子和领导干部有关的情况。

对各类基础信息,可采取民主测评、民主评议、个别访谈、座谈了解、实地走访、查阅资料、专项调查,以及列席党(工)委(党组)会、民主生活会、推进督办会、调研评议会等多种途径,对相关信息资料进行补充、完善和印证。

第十四条　强化综合分析研究,客观准确评判。主要采取以下方法:

（一）数据分析。通过分析相关数据资料,评估领导班子和领导干部工作任务的落实和绩效情况。

（二）比较分析。通过横向和纵向比较,分析班子的领导能力、运行质态和发展趋势,分析干部的履职能力、一贯表现和发展潜力。

(三)条件分析。通过分析工作性质、工作基础、资源禀赋等客观条件,评估领导班子和领导干部的主观努力、责任担当程度和开拓进取成效。

(四)民意分析。通过分析上级领导、职能部门、党员干部、社会公众的评价意见,评估领导班子和领导干部的群众公认度和满意度。

(五)实例分析。通过深入剖析个案,掌握鲜活的、近期的、具体的情况,分析班子的鲜明特点和干部的能力特长。

(六)目标分析。通过现状与总体目标的比较,寻找差距和不足,分析领导班子和领导干部需要改进和提高的重点方面。

第十五条 形成领导班子和领导干部综合研判评定报告。主要内容包括:

(一)班子基本情况;

(二)班子领导能力、运行质态、工作绩效等情况和存在问题;

(三)班子成员履职能力、工作实绩、责任担当等情况和主要不足;

(四)谈话推荐、民主测评、民意调查等情况;

(五)班子和班子成员能力责任评定意见;

(六)班子建设和干部调整建议。

第十六条 对存在"在岗不作为""履职不担当"问责情形的领导班子和领导干部,不得评定为"优秀"等次。

第十七条 保护干部干事创业、改革创新的积极性,对改革探索中出现失误可豁免责任的领导班子和领导干部,不影响"优秀"等次的评定。

第十八条 对照能力责任评优标准,在综合分析研判的基础上,对领导班子和领导干部分别作出"优秀""良好""一般""较差"不同等次的评定。

第十九条 对领导班子和领导干部的研判评定意见、改进建议,可通过适当形式反馈。研判评优对象对研判评优结果存有异议的,可书面向组织部门申请复核。

第五章 研判评优结果运用

第二十条 研判评优结果作为领导班子调整和领导干部选拔任用、教育培养、管理监督及激励约束的重要依据。

第二十一条 对领导班子研判评优结果,一般按以下原则运用:

(一)评定为"优秀"的,对班子结构保持稳定,作用发挥好的班子成员优先提拔重用,并以适当方式予以表彰奖励;

(二)评定为"良好"的,对主要负责人进行勉励提醒,根据工作需要,对班子可作适当调整和优化;

(三)评定为"一般"的,对有关班子成员进行诫勉谈话,对存在明显不足和问题的干部适时进行组织调整;

(四)评定为"较差"的,对主要负责人和相关干部适时进行组织调整,根据实际情况,可换岗交流、转任非领导职务或降职、免职使用。

第二十二条 对领导干部研判评优结果,一般按以下原则运用:

(一)评定为"优秀"的,适时提拔重用,并以适当方式表彰奖励;

(二)评定为"良好"的,加强培养锻炼,并以适当方式进行勉励;

(三)评定为"一般"的,开展诫勉谈话,促其改进,并视情交流使用;

(四)评定为"较差"的,适时进行组织调整,可视情转任非领导职务或降职、免职使用。

第六章 附 则

第二十三条 对存在"在岗不作为""履职不担当"问责情形的领导班子和领导干部,按靖发〔2016〕16号文件有关规定予以认定。对改革探索中出现失误可豁免责任的领导班子和领导干部,按靖发〔2015〕2号文件有关规定予以认定。

第二十四条 各镇(街道)、开发区、园区(办事处)、市级机关各部门中层干部的能力责任研判评优参照本办法执行。

第二十五条 本办法由中共靖江市委组织部负责解释。

第二十六条 本办法自发布之日起施行。

附件:

1.市管领导班子能力责任研判评优指标

2. 领导班子能力责任研判评优指标评价要点和标准

3. 市管领导干部能力责任研判评优指标

4. 领导干部能力责任研判评优指标评价要点和标准

附件 1：

市管领导班子能力责任研判评优指标

附件 2：

领导班子能力责任研判评优指标评价要点和标准

一级综合指标	二级研判评优指标	评价要点和标准
领导能力	科学决策	践行“五大发展理念”，坚持实事求是，遵循客观规律，工作思路清晰。加强调查研究，注重联系实际，能够针对形势变化及时调整思路。决策机制健全，方法科学，举措有力，不急功近利
	驾驭全局	善于把方向、谋全局，抓住关键、突出重点，统筹兼顾各项工作。注意协调各方关系，妥善解决复杂矛盾。应对危机反应敏捷，对重大问题和突发事件研判准确、处置有力
	改革创新	解放思想、与时俱进，敢闯敢试、敢为人先，善于以改革的办法破除藩篱，以创新的思维破解难题，形成有时代特征、区域特色、行业特点的改革举指
	依法行政	遵循法定权限和程序，积极履行法定职责，有效规范行政执法行为，切实提高办事效率，努力提供优质服务，依法行政水平有效提升
	执行落实	吃透上级精神，中心工作、重点工作推进有力。不畏困难，不讲条件，积极作为，敢于担当，不折不扣完成任务。严谨细致，精益求精，高标准、高效率落实各项工作，职能作用发挥明显
运行质态	运行机制	分工合理、职责明确，工作制度和议事规则健全，运行良好，工作效率高
	发扬民主	坚持民主集中制，重大问题集体讨论决定。主要负责人民主意识强，注重听取各方面意见，内部政令畅通。班子成员能畅所欲言，充分发表意见。积极开展批评和自我批评，民主生活会质量高
	团结协作	党政主要领导配合默契，善于团结带领一班人，充分发挥班子成员作用。班子成员能够从大局出发，相互支持、密切配合、团结共事，班子整体功能得到充分发挥
工作绩效	经济发展	主动适应并积极引领经济新常态，产业结构持续优化，经济能级全面提升
	民生改善	坚持民生为本，加大民生投入，完善社会保障机制，推进公共服务优质均等，群众获得感和幸福感持续提升
	生态文化	坚持生态优先，美化城乡环境，提高城乡品质，生态宜居水平加速提升
	社会和谐	深入开展“平安靖江”“法治靖江”创建活动，健全矛盾纠纷多元化解机制，健全社会治安防控体系，维持社会和谐稳定，群众安全感有效提升

附件 3：

市管领导干部能力责任研判评优指标

附件4:

领导干部能力责任研判评优指标评价要点和标准

一级综合指标	二级研判评优指标	评价要点和标准
履职能力	科学决策	注重前瞻思考,注重调查研究,善于把握发展规律,善于顺应发展大势,善于听取不同意见,决策民主科学
	学习创新	注重学习思考,坚持用党的创新理论体系武装头脑,政策理论水平和思维层次高。坚持学以致用,积极探索工作新方法、新途径,结合实际创造性开展工作
	执行落实	高标准、严要求执行上级各项决策部署,工作节奏快,推进力度大,办事效率高。注重统筹兼顾,协调各方关系,本职工作和交办任务不折不扣完成
	应急处理	善于抓根本、抓关键、抓主要矛盾,处理棘手问题和突发事件有点子、有办法,复杂局面把控有力,经得住急难险重任务的考验
	团队协作	坚持全局“一盘棋”,班子成员分工不分家,相互支持,密切配合,团队有活力、凝聚力和战斗力
工作实绩	重点工作完成	围绕中心任务,立足本职,抓住重点,强力推进,全面落实,重点工作成效明显
	基础工作推进	着眼长远,超前规划,夯实基础,持续积蓄发展后劲
	特色工作创新	注重坚持问题导向,创造性提出新思路、新举措、新办法,积极化解制约工作开展的瓶颈和热点难点问题,精心打造工作亮点,形成有特色的工作品牌
责任担当	勤勉敬业	始终保持饱满的工作热情、严谨的工作态度、激昂的工作斗志,勤奋工作,埋头苦干,任劳任怨,尽职尽责
	攻坚克难	坚守原则,敢于顶真碰硬;直面矛盾,敢于迎难而上;应对危机,敢于挺身而出;遭遇挫折,敢于承担责任
	进位争先	立足本职,高点定位,重树标杆,克服短板,锐意进取,奋勇争先,分管工作在省、泰州市有位次有影响,行业系统内公认度高

市委办公室
印发《关于在全市党员中开展
“学党章党规、学系列讲话，做合格党员”
学习教育的实施方案》的通知

靖委办〔2016〕53号

一、目标要求

开展“两学一做”学习教育，必须全面贯彻落实中央、省委和泰州市委部署，以尊崇党章、遵守党规为基本要求，以用习近平总书记系列重要讲话特别是视察江苏重要讲话精神武装全体党员为根本任务，教育引导党员自觉按照党员标准规范言行，切实做到“四个进一步”：进一步坚定理想信念，提高党性觉悟；进一步增强政治意识、大局意识、核心意识、看齐意识，坚定正确政治方向；进一步树立清风正气，严守政治纪律政治规矩；进一步强化宗旨观念，勇于担当作为，在生产、工作、学习和社会生活中起先锋模范作用，努力取得“三个新成效”：在推动全面从严治党向基层延伸、保持发展党的先进性和纯洁性上取得新成效；在拓展党的群众路线教育实践活动和“三严三实”专题教育成果、解决党员队伍突出问题上取得新成效；在发挥基层党组织战斗堡垒和党员先锋模范作用、奋发有为干事创业上取得新成效。不断为党在思想上政治上行动上的团结统一夯实基础，为协调推进“四个全面”战略布局、贯彻落实五大发展理念、加快实现“重树苏中标杆，率先融入苏南”奋斗目标、不断开创靖江经济社会发展新局面提供坚强组织保证。

“两学一做”学习教育不是一次活动。在学习教育中，必须坚持“六个突出”。一要突出正常教育，以党支部为基本单位，以“三会一课”等党的组织生活为基本形式，以落实党员教育管理制度为基本依托，真正把党的思想政治建设抓在日常、严在经常；二要突出正面教育，把思想建设放在首位，以科学理论武装头脑，以思想自觉引领行动自觉；三要突出学用结合，发扬理论联系实际的学风，在学中做、在做中学，学而信、学而用、学而行；四要突出问题导向，带着问题学，针对问题改，着力解决一些党员在理想信念、党的意识、宗旨观念、精神状态、道德行为等方面存在的突出问题，持之以恒正“四风”、转作风，抓好不严不实突出问题整改；五要突出实际实效，因地制宜、因人施策，不搞一刀切、大呼隆，给基层党组织结合实际开展学习教育留出空间，鼓励基层创新，发挥党支部自我净化、自我提高的主动性，力戒形式主义；六要突出以上率下，发挥“关键少数”的引领作用，上级为下级作示范，书记给党员树标杆，形成一级做给一级看、一级带着一级干的良好局面。

开展“两学一做”学习教育，必须紧扣工作大局，紧密联系靖江实际，引导广大党员做到“四个结合”、争当“四个典范”。一要与贯彻落实习近平总书记对江苏工作各项要求结合起来，把总书记视察江苏重要讲话作为学习的重点内容，引导党员学深悟透、融会贯通、笃信笃行，更好地武装头脑、指导实践、推动工作，争当知行合一的典范。二要与市镇村领导班子换届结合起来，坚持从严选拔、从严教育、从严管理、从严监督，引导党员恪守原则、出以公心、遵章守纪，争当严于律己的典范。三要与做好“十三五”开局各项工作结合起来，引导党员把学习教育激发出来的干劲和热情，转化为推动供给侧结构性改革、促进经济平稳健康发展的强大动力，争当干事创业的典范。四要与强化宣传思想工作引领作用结合起来，加强意识形态领域管理，掌握“思想主权”，巩固“精神家园”，引导党员奋发向上、崇德向善、明理知耻，争当弘扬正气的典范。

二、主要任务

1. 学党章党规，明确基本标准、树立行为规范。全体党员要逐条逐句通读党章，全面理解党

的纲领,牢记入党誓词,牢记党的宗旨,牢记党员义务和权力,坚定理想信念,对党绝对忠诚。认真学习《中国共产党廉洁自律准则》《中国共产党纪律处分条例》《中国共产党党员权利保障条例》等,掌握廉洁自律准则规定的“四个必须”“四个坚持”,掌握各类违纪行为的情形和处分规定。认真学习党的历史,学习革命先辈和先进典型,学习朱军军同志先进事迹,从周永康、薄熙来、徐才厚、郭伯雄、令计划等反面典型和发生在身边的违纪违法案件中汲取深刻教训,肃清恶劣影响,牢记党规党纪、党的优良传统和作风,树立崇高道德追求,养成纪律自觉,守住为人、做事的基准和底线。领导干部要带头学好党章党规,严格按照党章规定的党员领导干部必须具备的六项基本条件,提高自身素质和能力,坚决把纪律和规矩挺在前面,做尊崇党章、遵守党章、维护党章的模范,做贯彻执行党内法规的模范。

*2. 学系列讲话,加强理论武装、统一思想行动。*全体党员要学习领会习近平总书记系列重要讲话特别是视察江苏重要讲话的基本精神,学习领会党中央治国理政新理念新思想新战略的基本内容,掌握与增强党性修养、践行宗旨观念、涵养道德品格等相关的基本要求。学习《习近平总书记系列重要讲话读本(2016年版)》。学习系列讲话,主要领会掌握以下7个方面内容:(1)理想信念是共产党人精神上的“钙”,树立正确的世界观、人生观、价值观;(2)中国梦是国家的梦、民族的梦、人民的梦,是中华民族近代以来最伟大的梦想,核心要义就是国家富强、民族振兴、人民幸福;(3)中国特色社会主义是实现中华民族伟大复兴的必由之路,增强道路自信、理论自信、制度自信;(4)“四个全面”战略布局是新的历史条件下党治国理政总方略,自觉用“四个全面”引领各项工作;(5)坚持创新、协调、绿色、开放、共享发展是关系我国发展全局的一场深刻变革,按照新发展理念做好本职工作;(6)践行社会主义核心价值观,弘扬社会主义思想道德和中华传统美德;(7)全面从严治党是全体党员共同责任,必须落实到每个支部和每名党员。领导干部特别要把学习系列讲话作为一种政治责任,坚持读原著、学原文、悟原理,力求对讲话精神领会得更全面、把握得更准确、贯彻得更坚决。各党(工)委(党组)还要按照习近平总书记重要批示精神,把毛泽东同志《党委会的工作方法》纳入学习内容,全面加强领导班子思想政治建设、作风建设、能力建设。

学习习近平总书记系列重要讲话精神,要与学习马克思列宁主义、毛泽东思想、邓小平理论、“三个代表”重要思想、科学发展观结合起来,准确把握党的科学理论既一脉相承又与时俱进的内在联系,增强对讲话精神的思想认同、理论认同、情感认同;与学习党章党规统一起来,在学系列讲话中加深对党章党规的理解,在学党章党规中深刻领悟系列讲话的基本精神和实践要求;与靖江走过的发展历程、所处的历史方位联系起来,增强实现“重树苏中标杆,率先融入苏南”目标的担当意识;与我市推进全面从严治党的实践结合起来,落实各项管党治党制度,做协调推进“四个全面”的坚定践行者;与本职工作实际联系起来,对照习近平总书记关于指导本领域工作的重要讲话和指示精神,进一步明确工作思路目标和努力方向,对贯彻落实情况进行重点分析,提出加强和改进工作的具体措施,确保讲话精神落地落实。

*3. 做合格党员,坚持知行结合、做到“四讲四有”。*党和国家事业的新发展,以及靖江实现“三步走”发展战略目标,都要求党员必须讲政治、有信念,讲规矩、有纪律,讲道德、有品行,讲奉献、有作为。全体党员要强化政治意识,对党绝对忠诚,挺起理想信念的“主心骨”,主动自觉地向以习近平同志为总书记的党中央看齐,向党的理论和路线方针政策看齐,坚决维护党中央权威,维护党的领导核心,做到政治合格;严守党的政治纪律和政治规矩,增强组织观念、服从组织决定,党中央提倡什么、就认真践行什么,党中央禁止什么、就坚决反对什么,心存敬畏、手握戒尺,守住党纪国法的底线,做到执行纪律合格;坚守共产党人的精神高地,明大德、守公德、严私德,传承党的优良作风,弘扬中华传统美德,践行社会主义核心价值观,从严律己、从严治家,做到品德合格;践行党的宗旨、保持为民本色,始终保持干事创业、开拓进取的精气神,平常时候看得出来,关键时刻冲得上去,在立足“三地四城”定位、推动“十三五”发展、谱写中国梦靖江篇章的新征程中奋发有为、建功立业,做到发挥作用合格。领导干部要认真践行“20字”好干部标准和“三严三实”要求,为广大党员作出表率。

关于县处级以上党员领导干部学习党章党规、学习习近平总书记系列重要讲话的内容要求和方式方法，严格按照中组部《关于“两学一做”学习安排的具体方案》执行。

三、主要措施

1. 注重日常教育。把学习党章党规、系列讲话作为党的组织生活的重要内容，按照党员教育管理有关制度规定进行安排，切实用好已有载体和手段。

讲好支部党课。各党支部以书记讲党课形式开局，支部书记要结合学习教育动员部署，讲清楚学习教育的重大意义，讲清楚中央和省市委的部署精神，讲清楚本支部的学习安排，讲清楚对党员的具体要求，搞好思想发动。党支部要明确党课的内容、时间和方式，“七一”前后要结合开展庆祝建党95周年活动安排一次党课。党员领导干部在所在党支部讲党课、听党课。借鉴运用心动党课、网络课堂、“微党课”、“名家民企面对面”党课报告会等多种形式，强化互动交流、答疑释惑，提高感染力。组织党校教师、讲师团成员、先进模范等，巡回讲党课。鼓励普通党员讲党课，以身边人讲身边事，让党课鲜活起来、生动起来。

开展学习讨论。把个人自学与集中学习结合起来，明确自学要求，引导党员搞好自学。按照“三会一课”、基层党组织“统一活动日”和党员“集中学习日”等制度，党小组要每月定期组织一次党员集中学习；不设党小组的，以党支部为单位集中学习。党支部每季度召开一次全体党员会议，分别围绕“新时期共产党员思想行为规范”“学习系列讲话、强化‘四种意识’”“做‘四讲四有’合格党员”等专题开展大讨论。集中讨论要联系个人思想、工作、生活实际，突出互动交流，每名党员都要发言，既谈认识体会，也谈问题不足，把讨论真正开展起来，相互启发、形成共识。

用好教育载体。把学习教育与落实党员、干部教育培训规划紧密结合起来，用好靖江干部网络学院、基层干部培训学校等各类教育平台，抓好学习内容的对接和融合，放大教育培训效应。换届后领导干部任职培训、党代表履职培训、优秀年轻干部教育培训、公务员教育培训、基层干部教育培训等各类培训，都要把学习党章党规、系列讲话作为必修课，并组织相关人员积极参加“两学一做”学习教育应知应会知识网络测试。要推广政治生日、主题党日等做法，组织创排大型红色锡剧、“鲜红的党旗”朗诵展演等文化载体，以党员喜闻乐见的方式传递正能量，教育党员慎始慎初、牢记誓言。市委党校要有针对性地储备师资力量，开设相关课程和班次，发挥好主阵地作用。

2. 注重自我净化。以严肃党内政治生活为抓手，督促党员充分运用批评和自我批评有力武器，坚持真理、修正错误，修枝剪叶、立根固本。

深入查摆解决突出问题。全体党员要对照党员标准，围绕“五查摆五强化”，深刻查摆剖析，自觉检身正己。一要查摆信仰信念是否动摇，有没有对共产主义缺乏信仰、对中国特色社会主义缺乏信心、对西方价值观念缺乏政治鉴别力、精神空虚、组织或参加封建迷信活动等问题，强化政治定力。二要查摆纪律规矩是否松弛，有没有不守政治纪律政治规矩、发表和传播同中央决定相违背的言论、在党不言党、在党不爱党、在党不护党、在党不为党、组织纪律散漫、不按规定参加党的组织生活、不按规定交纳党费、不完成党组织分配的任务、不按党的组织原则办事等问题，强化党的意识。三要查摆宗旨观念是否淡薄，有没有漠视群众疾苦、为群众办事不上心不主动、与民争利、执法不公、吃拿卡要、假公济私、损害群众利益、在人民群众生命财产安全受到威胁时临危退缩等问题，强化群众观念。四要查摆精神状态是否懈怠，有没有安于现状、精神不振、不作为、不会为、不善为、逃避责任、工作和学习上得过且过、不起先锋模范作用等问题，强化担当精神。五要查摆德行表现是否缺失，有没有违反社会公德职业道德家庭美德、不注意个人品德、沉迷于低级趣味、贪图享受、奢侈浪费等问题，强化道德修养。要把“五查摆五强化”贯穿学习教育全过程，立学立行，边查边改。要继续抓好群众反映强烈的突出问题整改，抓好“四风”和不严不实问题整改，以抓铁有痕的韧劲推动党的作风持续好转。

召开高质量组织生活会。年底前，党支部召开专题组织生活会。支部班子及其成员对照职能职责和“五查摆五强化”要求，深入进行党性分析，找准找实思想、组织、作风、纪律等方面的突出问题。会前，深入搞好思想发动，面向党员和群众广泛征求意见，党支部班子成员相互谈心，主动找党员谈心，并接受群众约谈。会上，党支部书记首先就支部工作进行述职，然后带头开展严肃认真的批评和自我批评，针对突出问题和薄弱环节提出整改措施。组织全体党员对支部班子的工作、作风等进行评议。党小组可参照党支部要求,召开专题组织生活会。

民主评议党员。以党支部为单位召开全体党员会议,组织党员开展民主评议。对照党员标准和查摆强化要求,按照个人自评、党员互评、民主测评、组织评定的程序,对党员进行评议。党员人数较多的党支部,个人自评和党员互评可分党小组进行。结合民主评议,支部班子成员要与每名党员谈心谈话。党支部要根据民主评议情况,结合党员日常表现,对每名党员提出评定意见,报上一级党组织审核后,向本人反馈。要综合运用民主评议结果,对优秀党员予以表扬,对评议结果较差的,按照党章和《从严规范民主评议党员和处置不合格党员实施细则(试行)》等有关规定,区别不同情况,稳妥慎重给予组织处置。

3. 注重以知促行。针对不同群体党员实际,提出发挥作用的具体要求,创新载体形式,教育引导党员在任何岗位、任何地方、任何时候、任何情况下都铭记党员身份,积极为党工作。

立足岗位责任,勇于担当作为。结合不同领域不同行业实际,开展"五表率一贡献"活动,组织引导党员立足岗位、履职尽责。党员领导干部要重点在结合实际贯彻中央和省市委决策部署、解决复杂矛盾问题、推进改革发展等方面作出表率。机关党员要重点在履行岗位职责、破除"中梗阻"障碍、抓好工作落实、密切联系群众等方面作出表率。农村、社区党员要重点在带领群众致富、维护和谐稳定、弘扬文明新风等方面作出表率。国有企业和非公有制企业、社会组织党员要重点在完成生产任务、推动技术创新、构建和谐劳资关系等方面作出表率。窗口服务单位党员要重点在增强服务意识、改进服务作风、提高服务水平等方面作出表率。离退休党员要重点在弘扬党的光荣传统和优良作风,为党和国家事业发挥余热上多做贡献。

亮明党员身份,展示先锋形象。开展"亮身份、树形象"活动,引导党员增强党性观念和党员意识,自觉接受社会监督,发挥先锋模范作用。在农村、社区,重点落实党员设岗定责和承诺践诺制度,公开承诺、认真践诺、民主评诺。在机关事业单位,重点推进在职党员进社区活动,搭建网络平台,实行积分管理,落实直接联系服务群众制度。在国有企业和非公有制企业、社会组织,重点落实党员先锋岗和党员责任区制度,围绕生产经营开展形式多样的示范岗位创建活动。在窗口单位和服务行业,重点落实党员挂牌上岗制度,请群众监督评判。在学校,重点深化提升"一校一品"党建品牌创建,通过党员教师示范课、公开课等方式,要求党员增强党的意识,自觉爱党护党为党,修德敬业,奉献社会。

涵养优良家风,促进党风政风。开展"领导干部立家规、共产党员正家风"主题活动,把合格党员的要求融入家庭文化建设,形成良性互动。领导干部要与配偶、子女等就家风建设进行深入交流,订立有自身特点、有约束力的家规。广大党员要重视家风家教,在夫妻和睦、邻里和谐、尊老爱幼、勤俭持家等方面自觉改进提高,积极参加"党员家庭"挂牌、创建"党员示范户"等活动,引领社会风尚。

对照先进典型,深学细照笃行。坚持典型引路,挖掘和弘扬历史先贤、革命先烈、时代先锋的精神内涵,组织党员以先辈先进为镜,不断汲取精神力量。坚持以身边事迹感化身边人,注意选树一批党员身边的先进典型,为广大党员提供可触摸、可感知、可学习的鲜活样本。结合庆祝建党95周年活动,集中评选表彰一批优秀共产党员、优秀党务工作者和先进基层党组织。

四、工作方法

1. 坚持分类指导。针对领导机关、领导班子和党员干部、普通党员的不同情况,根据农村、社区、企业、机关、学校、医院等不同领域、不同类型党组织的特点,对学习教育分别做出具体安排,做到具体化、精准化、差异化,不搞一锅煮、一刀切、大水漫灌。对非公有制企业和社会组织,可依托单位自有阵地、园区党组织阵地和党群服务中心等公共阵地,因企制宜、因岗制宜,克服工学矛盾,灵活组织安排。对流动党员,按照流入地为主的原则,把流动党员编入一个支部,就近就便参加学习教育。对离退休干部职工党员及年老体弱党员,既要体现从严要求,又要考虑实际情况,采取上门送学、结对帮学等适当方式组织他们参加学习教育。

2. 坚持领导带头。党员领导干部是党员中的先进分子和骨干力量,在学习教育中要坚持更高标准、更严要求,严格执行双重组织生活等党内生活的各项制度,带头参加学习讨论,带头谈体会、讲党课、作报告,带头参加组织生活会、民主评议,带头立足岗位做贡献，发挥带学促学作用。市委常委会要带头开展学习教育，常委同志学在前、做在先，并指导好所分管领域或兼职部门（单位）及挂钩联系单位的学习教育。县处级以上党员领导干部要按照中组部有关要求，全面、系统、深入地完成学习教育各项目标任务，做心中有党、心中有民、心中有责、心中有戒的表率。市管党员领导干部要学深学透、熟知尽知党章党规和讲话精神，掌握好与履职尽责紧密相关的规定和要求，努力提高做好领导工作所必需的政治素养和政策水平，当好学习教育的先行者、引领者、示范者。党员中层干部要把学到的理论成果转化到工作中去，将智慧和力量凝聚到抓好上级决策的落实上来。各党（工）委（党组）要专门制定自身的学习教育方案，班子成员还要完成“六个一”，即赴基层单位讲一次党课，集中学习一次《党委会的工作方法》，每季度参加一次中心组专题讨论，牵头解决一批实际问题，年底召开一次专题民主生活会，到分管部门分管领域开展一次检查指导。

3. 坚持制度保证。开展学习教育要结合加强党员教育管理，健全机制，强化保障。严格落实基层党组织“统一活动日”和党员“集中学习日”、远程教育“固定学习日”等制度，实现基层党组织活动有新气象、党员学习教育有新格局。严格执行基层党组织组织生活会实施细则、党员党性考核等制度，如实记录党员参加组织生活、缴纳党费、履行承诺、发挥作用等情况，对党员日常表现实行过程管理。创新流动党员微教育、微管理模式，健全“双向共管”机制，明确流入地和流出地党组织的管理责任，确保党员始终处于党组织的教育管理之中。

五、组织领导

1. 层层压实责任。各党（工）委（党组）要对本地区本部门（单位）学习教育全面负责，精心组织谋划，结合实际研究制定实施方案，分层分类细化措施办法，对所辖党支部进行全覆盖、全过程指导，帮助制定学习教育计划，派员参加党支部各项活动，从严从实抓好学习教育。党（工）委（党组）书记要认真落实《“两学一做”学习教育一把手职责任务清单》要求，对工作方案亲自审定，对重要任务亲自部署，履行好第一责任人的职责。党支部要按照《“两学一做”学习教育党支部工作指导手册》规范实施，确保取得实效。各级党组织书记要承担起主体责任，既管好干部、带好班子，又管好党员、带好队伍。要把抓好学习教育作为履行党建主体责任的重要任务，纳入党建工作联述联评联考的重要内容，加强督促检查和工作调度，层层传导压力、落实责任到人。

2. 强化组织保障。要充实基层党建工作力量，及时整顿后进薄弱基层党组织，配齐配强班子特别是带头人，确保“两学一做”学习教育有人抓、有人管。深化党员组织关系排查，进一步摸清查明“口袋”党员、长期与党组织失去联系党员情况，理顺党员组织关系，力争使每名党员都纳入党组织有效管理，参加学习教育。对基层党务工作者普遍进行培训，帮助他们掌握工作方法，明确工作要求。依托市基层干部培训学校，建立完善市镇联动的党员教育师资库，为开展学习教育提供人才和阵地支撑。

3. 加强宣传引导。要注重创新形式和载体，运用靖江电视台、广播台、《靖江日报》等各类媒体，大力宣传中央和省、市委精神，加强正面宣传和舆论引导，通过新闻报道、典型宣传、言论评论、工作综述、专题专访等形式，深入宣传“两学一做”学习教育的重大意义、决策部署和进展情况，为“两学一做”学习教育健康有序开展营造良好的舆论氛围。针对党员多样化学习需求，充分利用远程教育平台、靖江党建网、干部网络学院、干部掌上课堂、微信易信等，开辟“两学一做”学习教育专栏，征集、制作形象直观、丰富多样的学习资源，及时推送学习内容，引导党员利用网络自主学习、互动交流，扩大学习教育覆盖面。

4. 严格督察指导。成立市“两学一做”学习教育协调小组及督导组，具体负责督促指导各党（工）委（党组）“两学一做”学习教育的开展。针对党员队伍、党的组织生活、党员和党员领导干部教育管理、基层党组织建设中存在的问题，各党（工）委（党组）和组织部门要采取定点监测、随机抽查、听取汇报、专项调研和参加学习讨论、列席组织生活会等方式进行检查指导，把督促指导的重点放到基层、放到党支部。要深入了解学习教育开展情况和实际效果，及时总结推广基层创造的新鲜经验，及时发现和纠正苗头性倾向性问题。要真正用心用力、抓细抓实学习教育，推动全面从严治党要求落实到每个支部、每名党员，以率先全面建成小康社会和加快实现“重树苏中标杆，率先融入苏南”目标追求的实际成效检验学习教育成果。

重要文件索引

市委文件

文号	文件题名	发文日期
靖发〔2016〕13号	关于组织实施脱贫致富奔小康工程的意见	2016-03-10
靖发〔2016〕22号	关于印发《靖江市2016年全面深化改革工作要点》的通知	2016-04-06
靖发〔2016〕23号	关于印发《靖江市供给侧结构性改革任务分解方案》的通知	2016-04-06
靖发〔2016〕39号	关于在全市开展"树标杆、找短板、敢争先"主题活动的实施意见	2016-08-19
靖发〔2016〕47号	关于印发《靖江市市管领导班子和领导干部能力责任研判评优暂行办法》的通知	2016-10-11
靖发〔2016〕53号	关于印发靖江市城乡建设新提升五年计划(2016-2020)的通知	2016-11-14

市人大常委会文件

文号	文件题名	发文日期
靖人大〔2016〕1号	关于明确召开镇人代会有关问题的意见	2016-01-06
靖人大〔2016〕12号	关于印发靖江市人大常委会2016年度工作要点和议题安排的通知	2016-01-29
靖人大〔2016〕37号	关于印发《靖江市人民代表大会常务委员会关于市、镇两级人民代表大会换届选举问题的决定》的通知	2016-09-30
靖人大〔2016〕43号	关于印发《市人大代表选举选区划分和代表名额分配方案》的通知	2016-10-26

市政府文件

文号	文件题名	发文日期
靖政发〔2016〕1号	关于下达全市2016年国民经济和社会发展主要指标的通知	2016-05-16
靖政发〔2016〕51号	关于印发靖江市国民经济和社会发展第十三个五年规划纲要的通知	2016-04-22
靖政发〔2016〕111号	关于印发《靖江市第二期学前教育五年行动计划(2016年-2020年)》的通知	2016-09-12
靖政发〔2016〕117号	关于进一步推进滨江新城发展的意见	2016-10-09
靖政发〔2016〕163号	关于加快特色镇村建设的实施意见	2016-11-14

市政协文件

文号	文件题名	发文日期
靖协发〔2016〕2号	市政协2016年工作要点	2016-01-05
靖协发〔2016〕3号	关于开展“共绘新蓝图,委员在行动”主题活动的意见	2016-01-05

市委办公室文件

文号	文件题名	发文日期
靖委办〔2016〕41号	关于印发《靖江市“改革创新奖”评选奖励办法》的通知	2016-04-06
靖委办〔2016〕53号	印发《关于在全市党员中开展“学党章党规、学系列讲话,做合格党员”学习教育的实施方案》的通知	2016-04-28
靖委办〔2016〕126号	关于加大政策扶持力度进一步做好帮扶经济薄弱村工作的通知	2016-10-25
靖委办〔2016〕127号	关于加大政策扶持力度进一步促进建档立卡低收入农户增收的通知	2016-10-26
靖委办〔2016〕150号	关于印发建立企业欠薪风险管控和维稳处置机制意见的通知	2016-12-08
靖委办〔2016〕164号	关于开展“百团千村万企大走访大落实”的通知	2016-12-22

市人大常委会办公室文件

文号	文件题名	发文日期
靖人大办〔2016〕07号	关于印发《2016年度泰州市人大代表向靖江市人大常委会报告履职情况安排表》的通知	2016-03-04
靖人大办〔2016〕10号	关于开展道路交通安全法执法检查的通知	2016-04-01
靖人大办〔2016〕17号	关于印发《2016年度镇、街道、办事处人大工作考核细则》的通知	2016-04-27
靖人大办〔2016〕27号	关于召开市人大常委会主任会议成员督办重点代表建议情况汇报会的通知	2016-07-27
靖人大办〔2016〕28号	关于在人大机关组织开展“读书月”活动的通知	2016-08-08

市政府办公室文件

文号	文件题名	发文日期
靖政办发〔2016〕28号	关于调整2016年度住房保障范围和标准的通知	2016-05-09
靖政办发〔2016〕47号	关于印发靖江市关于推进智能制造实施意见的通知	2016-07-06

市政协办公室文件

文号	文件题名	发文日期
靖协办〔2016〕2号	关于调整主席、副主席及新增委员参加界别小组和政协工委活动安排的通知	2016-03-28
靖协办〔2016〕8号	关于印发《市政协成立60周年纪念活动方案》的通知	2016-08-26

一、综　合

全市概况一览表

表 66

指标名称	计量单位	2016 年	指标名称	计量单位	2016 年
行政区划			# 水田	公顷	22854.90
一、国家级经济开发区	个	1	水浇田	公顷	111.55
二、省级经济开发区	个	1	旱田	公顷	3811.92
三、街道办事处	个	1	总户数	户	211941
四、乡级镇政府	个	8	户籍总人口	人	666659
五、基层群众自治组织			常住人口	万人	68.71
居民委员会	个	79	# 城镇人口	万人	43.81
村民委员会	个	188	城镇化率	%	63.76
村民小组	个	3427	人口密度(按户籍人口计算)	人 / 平方千米	1016.9
居民小组	个	956	火车站数	个	1
土地面积			铁路营业里程	千米	23
全市土地总面积	平方千米	655.58	公路里程	千米	1327.06
# 陆地面积	平方千米	569.16	等级公路	千米	1327.06
长江水域	平方千米	86.42	# 高速公路	千米	24.42
年末耕地面积	公顷	26778.37	一级公路	千米	153.23

城市概况一览表

表 67

指标名称	计量单位	2016 年	指标名称	计量单位	2016 年
城市面积	平方千米	143	绿化覆盖面积	公顷	1627
建成区土地面积	平方千米	33.62	#建成区	公顷	1422
城市建设用地面积	平方千米	31.14	园林绿地面积	公顷	1510
#绿地	平方千米	12.92	#公园绿地面积	公顷	427
城区人口(常住)	万人	21.07	公园个数	个	6
城区人口(暂住)	万人	3.16	公园面积	公顷	84
人均住房建筑面积(住户调查)	平方米	56.72	生活垃圾清运量	吨	182643
自来水综合生产能力	万吨 / 日	21	生活垃圾处理量	吨	182643
供水管道长度	千米	1036	生活垃圾处理率	%	100
供水总量	万吨	3189	废水排放总量	万吨	3260.67
#生活用水	万吨	1125	化学需氧量排放总量	吨	7272.60
用水人口	万人	24.23	氨氮排放总量	吨	1013.02
年末实有公共汽车营运车辆	辆	242	二氧化硫排放总量	吨	2089.61
全年公共汽车客运总数	万人次	2403.45	氮氧化物排放总量	吨	2217.95
出租汽车数	辆	400	烟(粉)尘排放总量	吨	3671.65
天然气供气总量	万立方米	6322	工业废水处理量	万吨	1042.84
#家庭用量	万立方米	1145	工业废水排放量	万吨	791.90
家庭用天然气人口	万人	7.45	工业化学需氧量产生量	吨	14947.56
供气管道长度	千米	852.4	工业化学需氧量排放量	吨	713.72
液化石油气供气总量	吨	14182	工业氨氮产生量	吨	450.21
#家庭用量	吨	10000	工业氨氮排放量	吨	74.76
家庭用液化石油气人口	万人	16.78	工业二氧化硫产生量	吨	30990.26
城市道路长度	千米	477.96	工业二氧化硫排放量	吨	1528.89
城市道路面积	万平方米	597.06	工业氮氧化物产生量	吨	5792.64
#人行道面积	万平方米	69.36	工业氮氧化物排放量	吨	2155.41
城市排水管道长度	千米	691	工业烟(粉)尘产生量	吨	414482.5
#污水管道长度	千米	493	工业烟(粉)尘排放量	吨	3421.41

总户数、总人口和人口变动一览表

表 68

项目	单位	数值	项目	单位	数值
总户数	户	211941	死亡人口	人	4273
总人口	人	666659	死亡率	‰	6.41
#男	人	329572	人口自然增长数	人	841
#女	人	337087	人口自然增长率	‰	1.26
出生人口	人	5114	城镇人口	人	364052
#女婴	人	2457	乡村人口	人	302607
出生率	‰	7.67	全年平均人口	人	666399

二、工　业

规模以上工业总产值一览表

（按当年价格计算）

表 69　　69 单位：万元、万千瓦时

项目	数值	项目	数值
工业总产值总计(现行价格)	19616266	工业销售产值总计(现行价格)	19352482
在总计中：新产品产值	2282667	在总计中：出口交货值	2451617
在总计中：轻工业	2685275	在总计中：轻工业	2636192
重工业	16930991	重工业	16716290
在总计中：国有企业	119202	在总计中：国有企业	119202
集体企业	109392	集体企业	109276
股份合作企业	2370	股份合作企业	5000
股份制企业	12796470	股份制企业	12586456
外商及港澳台商投资企业	6297415	外商及港澳台商投资企业	6247485
其他经济类型企业	291417	其他经济类型企业	285063
在总计中：国有控股企业	1703731	在总计中：国有控股企业	1710608
其中：大中型企业	1409807	其中：大中型企业	1426485
在总计中：民营工业	12533582	在总计中：民营工业	12312851
其中：私营企业	6012300	其中：私营企业	5873994
在总计中：大中型工业企业	14292117	在总计中：大中型工业企业	14111898
其中：国有企业	119202	其中：国有企业	119202
		企业用电量	265618

三、农　业

农林牧渔业总产值一览表

表 70　　　　单位:万元

项目	当年价	项目	当年价
总计	398110	其中:生猪	62597
一、农业总产值	225330	山羊	5499
其中:谷物及其他作物	152420	家禽	16771
蔬菜园艺作物	67523	#禽蛋	13269
水果、坚果等作物	5290	四、渔业产值	33280
中药材	97	其中:海水产品	3146
二、林业产值	5020	淡水产品	30134
三、牧业产值	97680	五、农林牧渔业服务业	36800

牧业、渔业生产情况一览表

表 71

项目	单位	数值	项目	单位	数值
一、畜、禽、蜂年末数			2. 羊出栏	万只	6.11
1. 牛	头	600	3. 家禽出栏	万只	192.1
2. 猪	万头	26.97	4. 蜂蜜产量	吨	11
3. 羊	万只	3.13	5. 禽蛋产量	吨	10944
4. 家禽	万只	71.17	6. 鹌鹑	万只	230.48
5. 兔	万只	0.18	三、水产品养殖面积	公顷	1590
6. 蜂	箱	451	四、水产品产量	吨	10210
二、畜、禽、蜂、蚕茧产量			其中:海水产品	吨	550
1. 肉猪出栏	万头	37.83	淡水产品	吨	9660

表 72

主要农作物播种面积和产量一览表

作物名称	面积（公顷）	单产（千克/公顷）	总产量（吨）	作物名称	面积（公顷）	单产（千克/公顷）	总产量（吨）
农作物总播种面积	53880	—	—	二、经济作物			
一、粮食总计	44600	6946	309801	1. 油料	2020	2754	5564
1. 夏粮	22370	5319	118980	其中:油菜籽	1900	2700	5130
其中:小麦	21850	5325	116351	2. 药材	10	—	—
元麦	150	4800	720	三、其他农作物			
2. 秋粮	22230	—	—	1. 蔬菜	6340	36405	230809
其中:稻谷	20440	9051	185006	其中:香沙芋	1747	16800	29344
薯类	240	5925	1422	2. 瓜果类	350	30663	10732
大豆	1350	2610	3524				

表 73

林业面积和产量一览表

项目	单位	数值	项目	单位	数值
一、果园面积	公顷	500	其中:梨	吨	2400
其中:桃	公顷	128	桃	吨	2100
梨	公顷	114	葡萄	吨	2000
葡萄	公顷	127	白果	吨	1450
白果	公顷	180	三、育苗面积	公顷	700
二、水果产量	吨	8265	四、造林面积	公顷	284

四、国内贸易和对外经贸

社会消费品零售总额一览表

表 74

单位:万元

项目	全年总计	项目	全年总计
社会消费品零售总额	1772364	限额以下	852054
一、按销售单位所在地分		限下企业	64782
1. 城镇	1623401	限下个体户	787272
其中:城区	1247571	(三)住宿业	20826
2. 乡村	148963	限额以上	7344
二、按行业分		限额以下	13482
(一)批发业	164567	限下企业	2385
限额以上	6893	限下个体户	11098
限额以下	157674	(四)餐饮业	264275
限下企业	59385	限额以上	31650
限下个体户	98289	限额以下	232625
(二)零售业	1322696	限下企业	7455
限额以上	470642	限下个体户	225170

表 75

外向型经济主要指标一览表

指 标 名 称	计量单位	2016 年	2015 年	同比增长(%)
一、自营进出口总额	万美元	271803	298905	-9.1
1. 自营出口总额	万美元	193561	180724	7.1
其中:三资企业	万美元	126865	111162	14.1
生产企业	万美元	48596	48788	-0.4
贸易公司	万美元	18100	20774	-12.9
2. 自营进口总额	万美元	78242	118181	-33.8
二、年内批办三资企业	个	3	8	-62.5
三、年末实有三资企业	个	117	123	-4.9
四、协议注册外资	万美元	2900	20370	-85.8
五、实际利用外资	万美元	2290	25629	-91.1
六、对外经济合作营业额	万美元	10033	9987	0.5

五、财政、金融、保险

表 76

财政收支情况一览表

单位:万元

收入项目	金额	支出项目	金额
财政预算内总收入	1349057	财政总支出	1142840
上划中央收入	297863	公共财政预算支出	641479
增值税(50%)	180165	#一般公共服务	77325
营业税(50%)	5943	公共安全	46286
消费税(100%)	535	科学技术	15966
企业所得税(60%)	86090	教育	129810
个人所得税(60%)	25130	文化体育与传媒	8190
一般预算收入	589341	社会保障和就业	49593
#税收收入	480813	医疗卫生	59994
#增值税(50%)	142880	节能保护	19473
营业税(50%)	142024	城乡社区事务	72827
企业所得税(40%)	57393	农林水	77602
个人所得税(40%)	16753	交通运输	14374

金融机构信贷年末余额一览表

表 77 单位:亿元

项目	年末余额	比年初增减数	项目	年末余额	比年初增减数
各项存款合计	1011.36	144.82	各项贷款合计	718.21	66.86
(一)境内存款	1011.04	144.79	(一)境内贷款	718.21	66.86
1. 住户存款	475.01	39.60	1. 住户贷款	160.94	30.16
(1)活期存款	120.97	15.28	(1)短期贷款	53.64	9.46
(2)定期及其他存款	354.04	24.32	(2)中长期贷款	107.30	20.70
2. 非金融企业存款	428.18	88.13	2. 非金融企业及机关团体贷款	557.26	36.70
(1)活期存款	143.42	57.05	(1)短期贷款	253.47	–35.24
(2)定期及其他存款	284.76	31.08	(2)中长期贷款	255.62	104.91
3. 广义政府存款	105.60	20.65	(3)票据融资	43.27	–28.72
(1)财政性存款	2.88	1.49	(4)融资租赁	—	—
(2)机关团体存款	102.72	19.16	(5)各项垫款	4.90	–4.25
4. 非银行业金融机构存款	2.25	–3.58	3. 非银行业金融机构贷款	—	—
(二)境外存款	0.32	0.03	(二)境外贷款	—	—

保险业保费收支情况一览表

表 78

财产险					
承保数量	万元	254180	运输险	万元	213
保险金额	万元	26795101	船舶险	万元	2429
保费收入	万元	56442	责任险	万元	1653
企财险	万元	1724	保证险	万元	4
家财险	万元	93	信用险	万元	831
工程险	万元	38	人意险	万元	881
总车辆险	万元	45560	健康险	万元	414
# 商业车险	万元	36078	大病险	万元	1630
# 汽车交强险	万元	9325	农险	万元	971
# 摩托车交强险	万元	107	赔付支出	万元	34096
# 拖拉机交强险	万元	50	个人代理人	人数	128
人寿险					
保险收入	万元	118459	# 营销	万元	94389
# 健康险	万元	6052	团险	万元	5806
意外险	万元	3630	银邮代理	万元	18264
一般险	万元	56580	个人代理人	人数	4732
分红险	万元	51977	退保	万元	15991
万能险	万元	219	理赔给付	万元	7786
投连险	万元	1	其他给付	万元	28773

六、交通、电力

公路里程、水路运输、汽车拥有量一览表

表79

项目	单位	数值	项目	单位	数值
公路里程	千米	1327.06	公路客运量	万人	2098
等级公路	千米	1327.06	公路货运量	万吨	1703
#高速公路	千米	24.42	水上货运量	万吨	909
一级公路	千米	153.23	外港货物吞吐量	万吨	9449
火车站数	个	1	机动车保有量	万辆	19.84
铁路营业里程	千米	23	民用汽车拥有量	万辆	12.00

全社会用电量情况一览表

表80

单位:万千瓦时

行业名称	2016年	2015年	同比增幅(%)
全社会用电总计	374696	366296	2.3
A全行业用电合计	316837	317415	-0.2
第一产业	2570	1997	28.7
第二产业	267757	272687	-1.8
第三产业	46510	42731	8.8
B城乡居民生活用电合计	57859	48881	18.4
城镇居民	24390	18683	30.6
乡村居民	33469	30198	10.8
全行业用电分类	316837	317415	-0.2
一、农、林、牧、渔业	2570	1997	28.7
二、工业合计	264297	267900	-1.3
1. 轻工业	36446	35725	2.0
2. 重工业	227851	232175	-1.9
三、建筑业	3460	4787	-27.7
四、交通运输、仓储和邮政业	6154	6063	1.5
五、信息传输、计算机服务和软件业	2784	2629	5.9
六、商业、住宿和餐饮业	16460	14656	12.3
七、金融、房地产、商务及居民服务业	9250	8205	12.7
八、公共事业及管理组织	11862	11178	6.1

七、文化、广播电视、教育、卫生

文化事业基本情况一览表

表 81

指标名称	计量单位	2016 年
一、影剧院	个	8
市级	个	6
乡镇级	个	2
二、文化馆、站	个	9
文化站(办事处)	个	1
乡镇文化站	个	8
三、电影事业		9
电影放映队	个	2
# 乡镇	个	1
电影放映场次	场次	2400
观众人次	万人次	14
四、艺术事业		
文艺团体	个	1
演职员工人数	人	59
演出场次	场次	160
观众人数	万人次	10
五、图书馆		
机构数	个	10
市图书馆	个	1
乡镇图书馆	个	9
藏书册数	万册	65
市图书馆	万册	54.5
乡镇图书馆	万册	10.5

广播电视事业基本情况一览表

表 82

指标	单位	数量
一、广播		
广播节目播出语种种类	名称	1
全年播出公共节目时间	时:分	6752:30
(一)按节目类型分		
1.全年播出新闻资讯类节目时间	时:分	1095:30
2.全年播出专题服务类节目时间	时:分	1460:00
3.全年播出综艺类节目时间	时:分	1277:00
4.全年播出广播剧类节目时间	时:分	104:00
5.全年播出广告类节目时间	时:分	547:00
6.全年播出其他节目时间	时:分	2269:00
(二)按节目来源分		
1.全年转播中央台节目时间	时:分	182:00
2.全年转播省级台节目时间	时:分	0
3.全年转播地市级台节目时间	时:分	0
4.全年播出自制节目时间	时:分	6466:30
5.全年播出购买、交换节目时间	时:分	104:00
二、电视		
(一)电视节目播出语种种类	名称	1
(二)公共电视节目套数	套	1
全年播出公共节目时间	时:分	5055:00
按节目类型分		
1.全年播出新闻资讯类节目时间	时:分	1095:00
2.全年播出专题服务类节目时间	时:分	730:00
3.全年播出综艺益智类节目时间	时:分	100:00
4.全年播出影视剧类节目时间	时:分	2190:00
5.全年播出广告类节目时间	时:分	680:00
6.全年播出其他节目时间	时:分	260:00

续表 82

指标	单位	数量	指标	单位	数量
按节目来源分			全年制作新闻资讯类广播节目时间	小时	1095:30
1.全年转播中央台节目时间	时:分	182:30	全年制作专题服务类广播节目时间	小时	1460:00
2.全年转播省级台节目时间	时:分	0	全年制作综艺广播节目时间	小时	1277:00
3.全年转播地市级台节目时间	时:分	0	全年制作广播剧类广播节目时间	小时	104:00
4.全年播出自制节目时间	时:分	1460:00	全年制作广告类广播节目时间	小时	547:00
5.全年播出购买、交换节目时间	时:分	3412:30	全年制作其他类广播节目时间	小时	2269:00
全年农村节目播出时间/栏目	时:分/个	5055:00/15 个	(二)电视		
全年少儿节目播出时间	时:分	365:00	全年制作电视节目时间	小时	5055:00
全年被中央电视台采用新闻类节目条数	条	30	全年制作新闻资讯类电视节目时间	小时	1095:00
全年电视剧播出数	部/集	70/2190	全年制作专题服务类电视节目时间	小时	730:30
全年动画电视播出时间	时:分	182:30	全年制作综艺益智类电视节目时间	小时	100:00
三、广播电视节目制作情况			全年制作影视剧类电视节目时间	小时	2190:00
(一)广播			全年制作广告类电视节目时间	小时	680:00
全年制作广播节目时间	小时	6752:30	全年制作其他类电视节目时间	小时	260:00

表 83

教育事业基本情况一览表

	计量单位	基础教育总计	一、幼儿园	二、小学	三、普通中学				四、特殊教育	五、中等职业学校
					合计	高级中学	初级中学	九年一贯制学校		
学校总数	所	92	43	24	24	4	13	7	1	1
毕业生数	人	18156	4556	5439	8138	2969	2387	2782	23	1161
招生数	人	18284	5355	4665	8251	2812	2239	3200	13	1187
在校学生数	人	67810	15564	28331	23817	8249	7173	8395	98	3028
教职员工数	人	5536	365	1228	3912	1130	1008	1774	31	467
#专任教师	人	5245	270	1215	3731	1047	945	1739	29	445

表 84

卫生机构、床位、人员数一览表

卫生机构名称	机构数(个)	床位数(张)	人员数(人)			
				卫生技术人员	其他技术人员	管理人员
总计	289	4275	5628	4484	377	109
一、医院	13	3020	2852	2383	225	76
综合医院	6	2095	1998	1695	154	31
二、基层医疗卫生机构	270	1255	2511	1906	112	26

续表 84

卫生机构名称	机构数（个）	床位数（张）	人员数(人)			
				卫生技术人员	其他技术人员	管理人员
社区卫生服务中心(站)	12	50	109	95	8	—
卫生院	15	1155	1674	1370	92	21
村卫生室	107	—	245	19	—	—
门诊部	17	50	244	189	12	5
诊所、卫生所、医务室	119	—	239	233	—	—
三、专业公共卫生机构	5	—	244	187	30	7
疾病预防控制中心	1	—	61	51	8	1
专科疾病防治院(所、站)	1	—	25	16	5	—
妇幼保健院(所、站)	1	—	80	62	10	1
采供血机构	1	—	45	26	7	5
卫生监督所(中心)	1	—	33	32	—	—
四、其他卫生机构	1	—	21	8	10	—
医学在职培训机构	1	—	21	8	10	—

八、固定资产投资

固定资产投资完成情况一览表

表 85

项目	计量单位	2016 年	2015 年
固定资产投资	万元	4999951	4958555
规模以上投资	万元	4649140	4557764
房地产开发投资	万元	350811	400791
第一产业投资	万元	—	4800
第二产业投资	万元	2733260	3062160
工业投资	万元	2712598	3049542
第三产业投资	万元	2266691	1891595

房地产开发企业销售情况一览表

表 86

项目	单位	2016 年	2015 年	项目	单位	2016 年	2015 年
商品房销售面积	平方米	809900	617598	商品住宅销售套数	套	5448	4569
其中:现房销售面积	平方米	279204	132313	其中:现房销售套数	套	1759	703
期房销售面积	平方米	530696	485285	期房销售套数	套	3689	3866
商品房销售额	万元	544090	421620	空置面积	平方米	621469	587859
其中:现房销售额	万元	182285	81046	其中:空置 1—3 年面积	平方米	302758	349875
期房销售额	万元	361805	340574	空置 3 年以上面积	平方米	34928	33070

九、人民生活

城镇集体以上单位从业人员和劳动报酬情况一览表

表 87

指标名称	在岗职工平均人数(人)	在岗职工工资总额(千元)	在岗职工平均工资(元)
总　　计	148675	9014220	60630
一、按经济类型分			
1. 国有单位合计	20412	1778679	87139
2. 城镇集体单位合计	3953	341083	86285
3. 其他单位合计	124310	6894458	55462
二、按执行会计制度类别分			
1. 企业	129740	7340268	56577
2. 事业	13254	1126184	84969
3. 机关	5661	547442	96704
4. 民间非营利组织	—	—	—
5. 其他	20	326	16300
二、按国民经济行业分			
1. 农、林、牧、渔业	—	—	—
2. 采矿业	—	—	—
3. 制造业	53068	3195792	60221
4. 电力、热力、燃气及水生产和供应业	2158	114302	52967
5. 建筑业	62143	3143227	50581
6. 批发和零售业	1838	80851	43989
7. 交通运输、仓储和邮政业	3648	247096	67735
8. 住宿和餐饮业	563	20200	35879
9. 信息传输、软件和信息技术服务业	734	66953	91217
10. 金融业	2489	309363	124292
11. 房地产业	872	39493	45290
12. 租赁和商务服务业	1933	120518	62348
13. 科学研究、技术服务业	565	43366	76754
14. 水利、环境和公共设施管理业	722	52778	73100
15. 居民服务、修理和其他服务业	38	4273	112447
16. 教育	6325	542660	85796
17. 卫生和社会工作	3622	348761	96290
18. 文化、体育和娱乐业	294	21301	72452
19. 公共管理、社会保障和社会组织	7663	663286	86557

表 88

城乡居民家庭抽样调查资料一览表

单位:元

指标名称	全体	城镇	农村
调查户基本情况			
调查样本住户数(户)	197	136	61
期内住户常住成员数(人)	693	488	205
现住房建筑面积(平方米)	62	57	74
可支配收入	29544	39713	19605
一、工资性收入	19092	25553	12777
(一)工资	18678	24925	12591
(二)实物福利	127	213	33
(三)其他	286	415	153
二、经营净收入	3700	4994	2435
(一)第一产业经营净收入	457	307	603
(二)第二产业经营净收入	728	1138	328
(三)第三产业经营净收入	2515	3549	1504
三、财产净收入	2826	3912	1764
# 利息净收入	113	147	80
四、转移净收入	3926	5253	2629
(一)转移性收入	5961	8135	3809
# 养老金或离退休金	4078	5887	2235
(二)转移性支出	2035	2882	1180
# 社会保障支出	1897	2653	1139
生活消费支出	21600	26570	16958
一、食品烟酒	6537	7955	5213
二、衣着	1402	1804	1026
三、居住	4124	5552	2791
四、生活用品及服务	1109	1228	999
五、交通通信	3943	4353	3559
六、教育文化娱乐	2457	3006	1944
七、医疗保健	1322	1867	814
八、其他用品和服务	705	805	611

十、主要经济指标比较资料

表 89

泰州三市一区主要统计指标对比一览表

指标名称	计量单位	兴化市		靖江市		泰兴市		姜堰区	
		本年数	比上年增长(%)	本年数	比上年增长(%)	本年数	比上年增长(%)	本年数	比上年增长(%)
年末常住人口	万人	125.53	0.0	68.71	—	107.74	0.0	73.07	—
年末户籍人口	万人	158.25	0.1	66.67	0.1	119.31	-0.2	78.66	-0.2
年平均常住人口	万人	125.52	—	68.70	—	107.73	0.0	73.06	0.1
年平均户籍人口	万人	158.21	0.2	66.64	-0.1	119.42	-0.2	78.74	-0.5

续表 89

指标名称	计量单位	兴化市		靖江市		泰兴市		姜堰区	
		本年数	比上年增长(%)	本年数	比上年增长(%)	本年数	比上年增长(%)	本年数	比上年增长(%)
地区生产总值	亿元	748.85	10.1	801.75	5.7	832.91	10.8	583.19	10.0
第一产业	亿元	102.59	1.5	22.51	1.2	53.95	1.4	40.1	1.4
第二产业	亿元	289.85	10.8	391.95	3.2	388.52	10.8	264.44	9.3
#工业	亿元	251.07	11.6	324.22	5.9	340.07	11.7	216.02	10.3
第三产业	亿元	356.41	12.1	387.29	8.8	390.44	12.2	278.65	12.1
人均地区生产总值(按常住人口计算)	元	59662	10.1	116703	5.7	77315	12.4	79813	11.8
人均地区生产总值(按户籍人口计算)	元	47333	12.3	120311	5.9	69746	12.7	74065	12.0
固定资产投资完成额	亿元	419.66	20.0	500.00	0.8	687.46	22.6	494.82	16.8
第一产业	亿元	0.93	11.6	—	—	0.38	-85.3	5.37	357.5
第二产业	亿元	327.67	24.8	273.33	-10.7	461.50	24.7	337.41	24.0
#工业	亿元	327.67	24.8	271.26	-11.0	459.53	25.0	337.41	25.1
第三产业	亿元	91.06	5.7	226.67	19.8	225.58	20.0	152.03	1.1
#房地产开发投资	亿元	22.49	23.4	35.08	-12.5	67.69	14.4	30.72	-14.8
财政总收入	亿元	62.45	-11.8	134.91	6.8	161.85	2.6	—	—
#公共财政预算收入	亿元	37.06	-9.3	58.93	-12.4	57.20	8.4	35.60	1.9
公共财政预算支出	亿元	97.52	-0.2	63.96	-8.6	75.82	12.4	66.96	9.4
农林牧渔业总产值(现价)	亿元	167.86	2.2	39.81	2.0	91.76	9.9	68.35	9.4
规模以上工业总产值	亿元	1810.41	16.2	1961.63	-4.4	3082.42	18.8	1486.14	13.9
规模以上工业增加值	亿元	348.1	12.4	424.59	-4.0	737.14	14.3	302.22	9.6
全社会用电量	亿千瓦时	63.38	7.8	37.47	2.3	54.57	5.1	28.14	1.7
#工业用电量	亿千瓦时	50.46	6.1	26.43	-1.3	42.46	3.1	19.90	-3.9
社会消费品零售总额	亿元	172.16	11.4	177.24	11.2	215.01	12.3	172.51	11.8
进出口总额	万美元	52350	-3.1	271803	-9.1	257528	5.8	95497	12.2
#出口	万美元	48960	-0.5	193561	7.1	123280	-1.7	82645	9.2
实际外商直接投资	万美元	18324	275.0	2290	-91.1	35269	8.7	13702	37.4
金融机构年末存款余额(人民币)	亿元	681.08	17.3	940.16	14.1	912.30	20.9	656.96	11.8
#居民储蓄存款余额	亿元	483.63	12.3	472.16	8.8	465.34	8.6	427.01	10.2
金融机构年末贷款余额(人民币)	亿元	428.41	9.0	694.02	12.8	581.39	15.8	484.89	15.7
在岗职工平均工资	元	51228	9.0	60630	3.7	60913	5.9	59857	1.6
城镇居民人均可支配收入	元	33614	7.8	39713	7.9	36521	8.1	36898	8.1
农村居民人均纯收入	元	16916	8.9	19605	8.6	17842	8.8	17599	8.8

【陈函辉与靖江团河】 明崇祯九年(1636年),陈函辉以名进士出任靖江知县。

史料记载中的陈函辉,为人倜傥,遇事敢任。在靖江为官的6年时间里,多有创建。凡是有利于靖江的事,无不努力去做。未办的事去办,已办而未完成的去完成。如开浚团河。

明成化七年(1471年)靖江建县,实行团图里甲制。全县有10团,多少图待考,58里,580甲。团是县内最大的基层行政单位。所谓"团河",就是联络10个团的主干河道。

明代崇祯之前,靖江是没有团河的,只有各条长短不一、宽窄不等的河港。崇祯元年(1628年),知县叶柱国打算开挖团河,但因工程浩大,人力、物力、财力难以组织,加之后来他又调离靖江,计划未能实施。陈函辉任靖江知县后,通过调查察访,下决心要完成前任县官未竟之事业。为此,他专门召集县府官员和名流绅士会议。他说:"为了百姓的长远利益,团河是一定要开的!这项工程告竣,可以给靖江带来八个方面的好处:一、可以积蓄潮水,使靖江免受江潮的冲击;二、可作防御,遏制海寇长驱直入;三、可供排灌,确保农业旱涝丰收;四、可用于水上运输,减轻陆上运输的负重之苦;五、可以繁荣工商,促进经济发展;六、可以浇灌飞沙土,使大片沙田不至于荒芜;七、可以长年灌溉,避免农民潮汐到来时争水的纠纷;八、无需每年冬天都要出动民力疏浚河港,从而减轻劳役。"这番话是他经过大量的调查研究,并深思熟虑之后讲的,句句有理,句句有力,使大家心服口服。至于计划如何实施,他提出了"照亩派役"的主张,即将河道面积折算成亩,再同全县的田亩数相除,得出每亩田的开河量,而后向拥有田亩者下达任务,不得逃避和扯皮。这种方法无疑是公平合理又十分科学的。

陈函辉办事果断,雷厉风行。任务下达后,他便抓紧督促检查,保证工程的进度和质量。两个月后,团河竣工。河宽五丈,深一丈五尺,东至青龙港,绕孤山由巽河通往靖城,再北通渔婆港,西行至毗芦市靖泰界河,全长40千米。这样大的工程只用了两个月的时间,在当时的条件下堪称奇迹。

团河竣工后,陈函辉又组织民力,疏浚各条河港,使之与团河相通,同时又在沿江建造涵闸,以调节水位。至明崇祯十三年(1640年),共造涵闸6座,它们是:寒山闸,在靖城西南,离城约0.5千米;东山闸,在靖城东南,离城1.5千米;平山闸,在县境西南,离城15千米;梅山闸,在元山团;桃山闸,在永庆团;东闸,在县境之东,离城10千米。其中寒山闸是以陈函辉的号"寒山"命名的。

团河的开挖,从根本上改善了靖江的水利条件,他所说的"八大好处",后来都得到了证实。

陈函辉的政绩是多方面的。他在靖江任职6年,可称政绩辉煌,万民敬仰,因而在他离任之时,百姓对他十分留恋。而后,靖江和泰兴人民分别为他建立生祠和陈公祠，以表达对这位贤能县官深切的怀念之情。

（郭寿明）

【明开国功臣吴良与马驮沙】

吴良生于1323年(元至治三年)，初名国兴，安徽定远人。1352年(元至正十二年)，与其弟吴祯一起投奔朱元璋，同为帐前先锋。在朱元璋夺取滁州、和州、采石、太平、溧水、溧阳、集庆(南京)的战斗中，吴良累立战功，后随徐达攻克镇江、常州，守卫丹阳。

1357年(至正十七年)，吴良率兵攻下江阴。朱元璋任命吴良为指挥使，镇守江阴。靠近江北的马驮沙，约有30余个大小沙洲，地势平坦、土地肥沃、芦苇茂盛。不少富绅到此开发滩涂、围圩造田，招来不少泰兴、如皋、扬中、海门等地穷苦良民租田耕种、起房造屋，渐渐聚起2500余人家，开始人丁兴旺。但因居民们住得分散，又被江水阻隔，故江中盗匪常登洲骚扰，掠夺财物。

吴良爱民如子。《明史·吴良传》称他“仁恕俭约，声色货利无所好。”当他听说马驮沙的百姓屡遭盗匪骚扰时，便派麾下裨将沙原德率百余士兵驻扎马驮沙，围剿盗匪，维护治安。沙将军到达马驮沙后，乘船逐个沙洲察看，挨家挨户听取意见，并为各户配备长矛、大刀、棍棒；还组织居民以10户为1组，夜里轮流放哨，发现盗匪，鸣锣为号。他将士兵分驻到较大的沙洲，实行兵民联防，抵御盗匪的侵犯。经过两年扎实细致的工作，沙将军的名声大震，盗匪们不敢再轻举妄动，马驮沙更吸引了江南山区的穷人来围圩种地。

因为吴良保障一方，朱元璋没有了东顾之忧。《明史·吴良传》记载：“太祖数自将争江、楚上流，与陈友谅角，大军屡出，金陵空虚；士诚不敢北出侵尺寸地，以良在江阴为屏蔽也。”

对于吴良的功绩，朱元璋赞曰：“功甚大，车马珠玉不足旌其劳”，遂命学士宋濂等写诗褒扬。吴良逝世后，赠江国公，谥襄烈，葬于钟山之阴，拱卫着朱元璋与马皇后的陵墓——明孝陵。作为明代功臣墓的吴良吴祯墓是世界文化遗产明孝陵的组成部分，也是全国重点文物保护单位。

（闻慧斌）

【受乾隆赏赐的靖江画家陈瑞】

陈瑞，生卒年不详。字五瑞，号南堂，因为先天有些失聪，故沉默寡言，又号木讷子。世居靖城西门外陈家弄。自幼跟人学习书画、弹琴。酒酣耳热之时，常拔剑起舞。乾隆五十五年（1790年），陈瑞游学至北京，恰逢乾隆皇帝寿诞。陈瑞与众多在京民间画师一样，也进献了一幅画作，题为《深山藏古寺》。所画泼墨山水，峰峦叠嶂，烟云飘渺，山凹中突出一根旗杆，飘着布旗、上书“募化修建”，因为不见古寺，正好体现画题中“藏”字意境，获第二名，得到乾隆帝赏赐。陈瑞从此在京门名声大噪。为纪念这一光荣历史，其后来刻过一枚“待诏金马门”的闲章。

乾隆皇帝大寿，当时到京城献宝的人很多。一般来说，献画的都会得到一定赏赐，画技高超者甚至有可能被召入宫中，成为宫廷画师。此次获第一名的无锡人蒋和、第三名的兴化人赵九鼎后来都成为清廷的御用画师，蒋和还被赐举人出身。

陈瑞本来也有这样的机会。他出名之后，许多达官贵人想罗致其于门下，这其中便有权臣和珅。谁知，陈瑞生性耿直，不媚权贵，见到这位权倾朝野的和中堂，居然长揖不拜。和珅怒其无礼，派人将其逐出京城。从此，陈瑞浪迹天涯。他曾远走四川、云南一带，终日游山赏水，道法自然，揣摩画意，技艺更加精进。少数民族同胞见其仙风道骨，惊为神仙中人。暮年，陈瑞倦游回到靖江，为人作画，画艺已臻化境。时人争相购买他的画作，视若珍品。

清代刘寿眉的《春泉闻见录》记有陈瑞的故事一则，十分难得，且录于此：陈瑞，字南塘，靖江名下士也。与余居处四年。一夕，言其嗣君患瘟疫，伊赴酌晚归，闻儿呻吟，心殊懊闷，舒带解衣，欲就寝。带悬钱囊，遂缠结作团，向床抛去，闻啾啾之声，绕闻不歇。当门痴立，骇之不解。少顷，移足，觉有物穿扉而出。是夜患者一汗而愈。始悟，钱囊适中瘟鬼。余曰：鬼无形声，殆狐也。南塘诚笃寡言，笑其说非妄也。然狐以一击而避，胜于小人远矣。

这里记的是陈瑞亲口所言故事，说他曾经用钱袋子击退作祟儿子的瘟鬼。故事不长，却为后人提供了关于陈瑞其人可信的史料。第一，陈瑞在当时确实有些名气，“名下士也”。第二，他与刘寿眉（字春泉，河北宝坻人。其父刘翥曾任昆山、宁海等地知县。其随父宦游，与陈瑞交往当在此时）相处4年，交情匪浅。可惜，刘寿眉生平著作多散佚，仅存这么一部笔记，否则通过刘的著作或可更多地了解陈瑞。第三，陈瑞有一个儿子。第四，陈瑞为人“诚笃寡言”，这印证了其家谱中的记载。

陈瑞的画多系泼墨写意山水，风格近似米芾。他的画作今有流传。市档案馆即收藏有陈瑞的书画，系著名爱国实业家刘国钧的旧藏。靖江鉴藏家钱厚明收有一本陈瑞的指画册页，弥足珍贵。民国时，邑人朱尔翔曾有诗盛赞陈瑞的画:“尺幅居然寓画工,萧森万木动清风。绿林树向三秋老,红叶花偏二月同。巧借丹青资点缀,肯随宇宙转鸿濛。扶疏但觉浓阴减,商意都归一望中。” (高 峰)

【靖江文人与《文选疏解》】 《昭明文选六臣汇注疏解》(下文简称《文选疏解》)十九卷,是清康熙二十五年(1686年)心耕堂刻本。2012年12月9日下午,在北京昆仑饭店二层多功能厅举行的“缥缃金石——古籍善本专场”拍卖会上,该古籍起拍价为6万元。

经考证,这部吸引众多收藏家目光,价格快速飚升的古籍,其主纂为吴江人顾施祯。参与编纂、审订者有十多人,其中靖江籍三人,即徐时浚、朱彧、郑霖。

徐时浚,字仲宣,自幼即有神童之谓,看书过目不忘。顺治十七年(1660年),参加江南乡试及第,时年二十,为靖江历史上最年轻的举人。著有《经济汇编》《寤亭集》《醉花轩集》。此外,他还是清初靖江为数不多的词人。江阴缪荃孙在《国朝常州词录序》中说:大抵国初宜兴、无锡最擅胜场,嘉、道迄今,武(进)、阳(湖)尤萃,江阴作者寥寥,靖江只徐时浚一阙而已。

朱彧,字公旭,康熙二十四年(1685年)拔贡。关于朱彧资料很少。不过,就他考取拔贡一事来看,他的传统文化素养是相当深厚的。科举时代,拔贡的选拔十分严格,有所谓“只有文句不通的翰林,没有文句不通的拔贡”之说。

郑霖,字宣成,号葭浦,属书带草堂郑氏一脉。书带草堂郑氏是靖江最富书香的家族,仅清一朝出过4位进士。郑霖的弟弟郑懋,字次衡,康熙三十五年(1696年)江南乡试亚元(第二名),著有《洗江楼文稿》。郑霖年方弱冠即成为廪生,此后多次到北京游学,曾得到礼部尚书王崇简的青睐,与“清初三大儒”之一的黄宗羲也有交往。著有《葭浦诗集》。顾施祯在《文选疏解》的《凡例》中说:若夫讨论典故,研核意义,使一篇之中段落分明,疏解条畅,则有同学金德藩、徐尔翰、徐翔念、郑宣成诸子。

明末清初,由于知县陈函辉、郑重等人的着意振兴,靖江文脉兴盛,文人才子辈出,诸如萧松龄、朱凤台、蒋中和、刘帱、朱澄等人。参与《文选疏解》编纂的这三个人,论名气不如上面诸人那么大,在当时,他们只算得上是二流人物,是故光绪《靖江县志》中,关于这三个人的记载只聊聊数语。即便如此,他们也是饱读之士,诗文俱佳,是靖江历史上不可忽视的文化中坚。

(高 峰)

【郑霖与郑梁】 清康熙二十八年(1689年)夏,刚远游归来的靖江举人徐时浚,邀请几位朋友聚会,其中有靖江县学教谕周世祥、训导于元瑾,靖江文人郑洽(字修龄,号文水)、朱渫(字茹荣,号沧崖)、刘宜上、郑霖(字宣成,号葭浦)等。朱渫有诗(见《沧崖集》)记其事:“两师骚坛秀,领袖倾群髦。郑子二无流,作赋如萧韶。刘生天禄俦,校书谢烦嚣。贱子迫襄朽,落落寡所交。”诗中称赞郑霖与郑洽作的诗赋像排箫吹奏的《韶乐》那样美好。郑霖与郑洽同属于书带草堂郑氏。按辈分说,郑霖比郑洽晚一辈。

郑梁(1637—1713年),字禹梅,号寒村,浙江慈溪人。少力学不倦,长从黄宗羲学。康熙二十七年(1688年)进士,授翰林院庶吉士,散馆为户部主事,升郎中,后调任广东高州知府。郑梁工书,善画山水,著有《寒村诗文集》等。

康熙二十四年(1865年),郑梁赴京参加会试,时逢郑霖客居京师,两人订交。郑梁有《步韵答宣成弟兼求其画》:“十数年来人已陈,名场往还阿谁真。不同风雅生同谱,相晤尘埃等至亲。文卷赠人交不俗,诗笺惠我句有神。丹青底吝留真迹,岂畏人间促逼频。”此诗为郑梁步郑霖诗韵所作,而郑霖的原诗已失传。该诗作于他们相识不久,两人均多次参加顺天乡试不第,同是天涯沦落人。他们的祖上都出自浙江浦江,当属同宗。靖江史籍上只记载郑霖能诗,并不知他还擅画。连长于丹青的郑梁都向郑霖求画,足见其画画水平不俗。

同年秋,郑霖参加顺天乡试,再次落榜,心情抑郁,写诗抒怀。郑梁和诗安慰:“落魄长安道,逢君非所期。既同行与姓,各爱画兼诗。亲老归原分,途中返不奇。须知轻别意,莫只泪双垂(《宣成雨中见怀次韵留别且劝其归》)。”意犹未尽,郑梁又作《再次前韵次宣成》。诗中邀郑霖到浙江查家谱,弄清两人的家族渊源,并安慰郑霖:“况子年方富,于今才大奇。”在郑梁的劝慰下,郑霖决意南归。郑梁又向郑霖索要其随身携带的香炉以为纪念,作《从宣成乞炉》:“砂红瓜绿亦佳哉,假自高斋不放回。岂敢将心留骨董,焚香别后似君来。”诗的大意是,我并非是存心想要你这件古董,为的是你我分别后,炉香袅袅,就仿佛看到你的到来。

以上这些诗收录于郑梁的《五丁诗稿》卷五。这卷诗收录了郑梁康熙二十四年与二十五年的诗作,删订者正是郑霖。

郑霖南归后，继续游学，先后寓居南京、苏州，并与郑梁的儿子郑性结交。直到康熙二十九年(1690年)，郑霖再次赴京参加顺天乡试，依旧名落孙山。九月，郑霖意欲南还，至郑梁家中作别。郑梁看出其心情不佳，作文劝道：“丈夫一生有大事，区区科名安足数……其实天生司予夺，不能司人之乐苦。如君才何患不遇，暂尔败北休惭阻。”但这次郑霖并未立即起程，仍留在北京，想把自己认为比较好的科举文章编成书。是年除夕，他拿了一幅苏东坡所书《答钱穆父诗卷》至郑梁寓所，两人一起欣赏。郑梁又有诗记其事，“多君惠我东坡迹，双眼忽明头止痛。”这大约是两人交往中的最后一首诗。

康熙三十年(1691年)四月，郑梁为郑霖编选《程墨商》，并为之序。此书也许未能刊版，因为是年八月，郑霖就病故了。

（高　峰）

【沈复的靖江之行】 嘉庆五年(1801年)正月，沈复与妻子芸娘离开苏州。一是因芸娘与公婆交恶，被公婆驱逐；二是沈复替人担保五十两白银，借债人逃避不见，放债人逼迫日盛，沈复荡尽家资仍无力偿还，只得携妻乘船悄然离乡，逃往无锡东山芸娘的“盟姊”夏氏家中躲债。

离开苏州时芸娘已重病缠身，却执意不肯就医。昔日如花美貌的芸娘，在生活与病魔的双重折磨下日显憔悴，但她怜惜丈夫胜过怜惜自己，小心呵护着这个落魄文人的尊严。沈复自觉居住在无锡不是长久之计，想另谋他就又苦于没钱。芸娘得知后提醒沈复，可以投奔她在靖江盐公堂司做会计的姐夫范惠。于是，长江北岸的靖江在深陷窘境的沈复心中燃起一缕微薄的希望。

沈复先乘船至锡山，宿于一家小旅馆。第二天清早，改乘江阴航船。路遇天气骤变，北风呼啸，冷雨敲窗，小小的客船如沈复的人生一般在风雨中颠沛流离。凄冷夜色中，沈复在江阴黄田港登岸，浑身冷得哆嗦，只得在渡口沽酒御寒。付完了酒钱，发现已所剩无几，沈复在渡口度过了一个饥寒交迫的夜晚。第二天，狂风呼号，大雪纷飞，浊浪滔天，隔岸的靖江虽近在咫尺，却似乎遥不可及。想起家中的芸娘，想起惨淡的人生，沈复潸然泪下。

正值一筹莫展之际，店里走进一个老汉，用温和的眼神盯着沈复看，眼神好熟悉。两人几乎同时认出了对方，原来老汉姓曹，泰州人，当年沈复在泰州任职时曾有恩于他。曹老汉为沈复代付了房资和饭钱，与沈复同行至靖江。次日沈复找到姐夫范惠。范惠看到妻弟如此狼狈，很是吃惊，明白来意后决定全力资助，凑上番银二十两。沈复拿出2两银子归还于曹老汉。几番推脱后，曹老汉收下了1两银子。沈复在靖江住了两天，天气转暖，便原路返回无锡。

沈复从苏州，到无锡，到靖江，再到扬州，这一路走来，诉不尽的心痛缠绵，道不完的世态炎凉。尽管处处碰壁，历尽坎坷，但靖江一定是给他温暖的地方。沈复曾经两次到过靖江，首次是1801年正月，再次是1803年2月。再至靖江时，芸娘已病入膏肓，他又被衙门裁员，困顿不堪中只得又找姐夫范惠借银二十五两。靖江有沈复的亲情，有他绝望里的希望。靖江因与沈复的邂逅，记载于清代名著《浮生六记》，让后人记住了这个县城。

（李筱纲）

【靖江光复后的首任民政长姚序镛】 姚序镛(1843—1923年)，号东甫，靖江靖城人，县内著名绅士。姚历来关心桑梓，主办学校，为地方造就人才。他为人耿直，刚正不阿。源泰盐栈是袁世凯的亲内侄设在靖江的分栈。该栈老板依仗权势，乱涨盐价。姚为民众利益着想，不畏权贵，极力反对该盐栈的非法涨价行为。

清宣统三年(1911年)夏，姚序镛受辛亥革命思潮的影响，召集范简甫、瞿异三、童养正、蒋雨塘、刘迪九、吴一笑和郑正受等人组织醒世团，编演文明戏剧，讽刺贪官污吏。同年10月10日，武昌起义爆发，各省纷纷响应。革命消息传到靖江，知县冯璋深恐酿成事变，下令枪决1名人犯以稳定局势。此时社会谣言四起，人心惶惶。

姚序镛和范简甫、陈得三等人积极为靖江光复做准备。他们对内妥为安排，对外多方接洽。江阴要塞司令王振反正的消息传至靖江时，范简甫、陈得三等人偕同十圩港炮台台官戴某赴江阴征得王的同意，于11月9日至靖江参与靖江光复。为求得和平光复靖江，姚、范等人对知县冯璋晓以利害，促其明辨是非，弃暗投明。

11月9日上午10时许，以姚为首的地方绅士30余人及市民、学生等数十人，臂缠白布，手执白旗，整队至南郊，迎接江阴要塞民军队伍。他们一面招待官兵驻在观音寺梅花阁及侧厢房内，一面张贴江苏都督程德全的告示，就此宣布靖江光复。11月11日姚被公推为民政长，11月20日由上级正式委任。

靖江光复不久，适值姚序镛在芜湖赭山中学任教的爱子因病回靖江休养，知父为“革命党”，担心日后政局有变而祸及满门，病遂增剧，不治而亡。但姚不因丧子而削弱革命斗志。他在挽子的一联内写道：“儿非济世才，在教育界，算一个完全人物；余岂忘情者？为国家事，忍十分痛苦担承。”

1912年10月19日，孙中山由上海至江阴检阅黄山要塞。20日上午，姚序镛去江阴拜谒孙中山，报告靖江光复经过。孙中山见其年高德劭，智深勇沉，不禁一手握住他的胡须，一手抚摸他的肩膀说：“矍铄哉，是翁也！”

姚序镛在任靖江县民政长一年多时间里，体恤民众疾苦，勤于教养人民。是年秋后，他因年迈主动去职。80岁终其天年。姚序镛逝后，前往悼念送挽幛、挽联者甚多。其中以严肖白的挽词最为精妙确切。上联为：具有循吏才，具有通儒识，苍茫四顾，肝胆俦伦，当风声鹤唳之秋，问伊谁保此人民，守此疆土；下联为：不为子孙计，不为身家谋，跌宕一官，田园归去，除钱谷簿书而外，只落得盆花百本，诗稿千篇。

（静　文）

【靖江古代名医】 明清时期，靖江名医荟萃，流派纷呈，在医坛上形成群星灿烂的盛况。靖江历史上出了多少名医？有案可稽的不下50位。这些名医之所以成名，大致出于以下几点：

一是家传师授。清代名医钱贵鳌，西沙人，擅长外科。二媳钱玉珍随其学医，也以医术高明名闻遐迩。在西沙，一提到“钱二奶奶”，几乎无人不晓。有些名医的祖辈并不从医，而是本人得到名医的传授成为名医。清代名医孟有章，精通疡科，与苏州叶天士、镇江何澹庵齐名。西沙有个叫杨敬安的跟他当侍从，孟有章见他聪明好学，是可塑之材，便将医术传授给他，使他“以医名时”。

二是著书立说。明代万历年间，名医邹鸣韶著《脉辨正义》五卷，是临症脉学研究的重要著作。清代孟有章根据多年的临床经验，著成《医案》《刀圭图式》；郑楫是专治伤寒的高手，著有《伤寒门问答条注》《医学穷源》等。可惜这些医著都已失传。

三是身怀绝技。有位顽固足疾者，慕孟有章之名前来投医。孟有章诊视后，令病人服麻醉药后，用利刃将其皮肉切开，在其骨头上钻一小孔，插入麦管，将脓吸出，洗净后敷上药膏，终于将这位病人治愈。名医的绝技也包括他们对药物的研制。这种药物属于“秘方”，其原料采集、配方和炮制方法绝不轻易示人，而疗效之显著又绝非一般药物可比。明代瘟疫流行，名医瞿介福向患者施以自制良方，许多人得以活命。至今靖江还保留着一些祖传秘方。

四是医德高尚。上面提到的名医，均可谓医术医德兼备，医品人品俱佳。有一位叫郑爽的名医，只要病家延请，不论家境贫富，路途远近，白天还是黑夜，晴天还是雨天，他都准时赴诊，悉心治疗。

五是多才多艺。名医一般于医道之外，还兼有其他方面的技艺。清代名医何星榆，写有大量的诗词，其《新乐府·东门行》，叙述抗倭英雄席上珍的动人事迹，是后人研究靖江抗倭斗争的宝贵史料。（郭寿明）

【王德元与靖江中医的传承及发展】 王德元曾任靖江中医院院长、靖江市中医学会理事长、扬州市中医学会常务理事长等职，为江苏省名中医，以治疗疑难杂症见长，与域内中医代表人物陆慎其、孙筠溪齐名。王德元杏林耕耘70余载，是靖江中医事业繁荣发展的亲历者和推动者，2015年获得江苏省第三届“医师终身荣誉奖”。

王德元，靖城街道人，出生于1921年。小时候读过四书五经，后在无锡洛社乡师上了两年多的师范。“不为良相，便做良医”。15岁，他因一本中医书而对中医产生了浓厚的兴趣，觉得学好中医可为百姓解除病痛，造福乡里。于是师从周赞唐先生（宜兴人，祖上避灾移居靖江，是靖江名中医），学习岐黄之术。4年后满师，19岁悬壶乡里。他坚持上午门诊，下午到行走不便的患者家中出诊。如果患者家路途较远，就用手推独轮车来接他，最多的时候，一辆车后面跟着两三辆，他往往一走就是半天。临睡前，有病人敲门看病也是常有的事。

王德元是靖江中医治疗研究机构的创建者之一。1955年，为满足群众的就医需求，靖江办起联合诊所。当时的靖城东、西、南、北、中都设立了联合诊所，王德元在靖北诊所任主任。后来，联合诊所不能满足群众的就医需求，遂成立中心联合诊所。1959年，他参与组建靖江县中医院。1960年，靖江成立中医药研究所，王德元担任副所长。期间，他着重研究乌梅黄柏丸治疗肠炎、蒲公英治疗胃炎、猪胆汁与地龙配制胆地丸治疗咳嗽气喘等科研课题。为节约原材料，他让医院制药室员工到街市收集猪胆汁，到农村田头采集蒲公英、挖地龙制成胆地丸。在治疗肠炎研究上，他将乌梅熬成膏，黄柏捻成粉末，然后搅拌做成丸药。患者服此丸药，疗效明显，在临床上发挥了很大的作用。

十年动乱时，中医院被迫撤销，部分人员并入人民医院，成立中医科。孙筠溪、陆慎其等一部分人分别被安排到斜桥、生祠地段医院，王德元则带领一部分人留在了人民医院。“文化大革命”后期，社会上对传承和发展中医事业呼声很大，一致要求恢复中医院，王德元起草申请。1973年5月，靖江获批恢复中医院。

王德元有着“大医精诚、视病人如亲人”的高尚医德和“勤勉务实、精益求精”的敬业精神。他用至诚的坚持，为后辈树立标杆。靖江中医院一直是南京中医大学的定点实习基地，从20世纪60年代起就有一批又一批的学生至该院实习。王德元对这些实习生言传身教，要求学生白天坐诊、试诊、复诊，晚上读《内经》《伤寒》《金匮》《温病》等中医典籍，不断提高他们的诊疗水平。

“穷研医书春复秋，真知全在悟中求。”王德元执医数十个寒暑，所治疑难杂症无数，尤对脾胃病、肺病、心病等研究颇深，先后撰写临床经验总结和论文70余篇。主编《中医内科学》一部，常为《靖江科技（中医版）》、《马洲中医》撰稿。2012年，出版医书《王德元老中医临症备忘录》。近年撰写的《橘泉居医笈》一书，记载其多年来在临床实践中总结出来的病理、病例等140余个，他独创的“妙香丸治疗脾胃病”申报国家中医药传统知识保护名录。王德元热心中医事业，视中医事业为自己的第二生命，一辈子致力于中医事业，为靖江中医的传承与发展付出了艰辛与汗水。（严浩友）

【靖泰郁氏源自一家】 靖江西来镇郁家村郁家（老）埭，几乎家家都姓郁。无独有偶，泰兴市广陵镇和靖江市季市镇之间，有个由10个圩东西连接而成的长十圩，其中郁家十圩也家家姓郁，与之相连的徐家十圩和孙家十圩也有不少郁姓人家。据说郁家十圩、徐家十圩和孙家十圩所在村，原来也叫郁家村。

其实靖泰郁氏源自一家。

靖泰郁氏的远祖可以追溯到古代的黎阳（今河南省浚县东南），这可由靖江西来镇郁家村郁家埭的一副古门联佐证。这副世代相传的门联是“黎阳锦世宅，存仁振家声”。存仁即“存仁堂”，是靖泰郁氏的堂号。古黎阳与靖江远隔千里，并无联系，可是它却存在于郁氏后人深深的记忆中。

据靖泰（广陵）郁氏族谱（残谱）称，“我郁氏发迹之初，始为鲁相（郁贡），秦汉以前久处山东，唐宋以后世居姑熟。”

靖泰郁氏的近祖是苏州郁南江，至今苏州市内还保留着郁氏宗祠旧址遗存。据传明建文帝时，燕王朱棣从北京发兵南下争夺帝位，遭到政府军的顽强抵抗，致使江南一片火海。祖居苏州城内的郁南江参与抗击燕王军。苏州城破后，为了躲避燕王军的追杀，他只身逃到靖江今西来镇郁家村郁家埭处。那时靖江还未设县，只是江中一沙洲，洲上芦苇遍地、人烟稀少，非常适宜藏匿。于是，他在这里安家，娶妻生子，成了靖泰郁氏的一世祖。郁南江生有三子：长子千一，次子千二，三子寿禄。

起初，郁氏人丁不旺，至五世才四人，即千一支的古溪、万溪，寿禄支的郁舜、郁侯。古溪生繁衍、庆衍。繁衍后迁居泰兴南乡广陵镇长十圩。这支郁氏后人有一支迁居到泰兴老城郊区延令村。该村郁氏经济富裕，且出了几位文人。清同治十三年（1874年），正是这支郁氏的十五世祖沂川（贡生）等人倡议，首编靖泰（广陵）郁氏族谱。清光绪三十一年（1906年），又是其子升朝（九品）等人主持了续谱。庆衍后来迁居到北乡，大约是今姜堰区的仲院一带。万溪生子绵衍，绵衍后迁居泰兴东乡。至于靖江郁氏，他们皆为寿禄的后裔，除西来镇郁家埭，他们还分布于西来镇的王家长埭、苗圩埭、封家埭、东十圩、东十五圩，季市镇的唐家埭，斜桥镇的朱家桥埭，原越江乡的某村。

靖江郁氏五世祖名郁舜、郁侯，二人皆有功名。郁舜是贡生，郁侯是庠生。那时夏仕港以东、界河以南成陆地区的大部土地都归其二人所有。二人还出资在“靖江东区十五图郁舜段下”（现西来镇封家村地域）建造了靖泰郁氏宗祠，名为“存仁堂”，内有房屋12间，占地10余亩，旁边有祠田近20亩，用作宗祠的开支。因该宗祠座西面东，又塑有菩萨像，故当地人习惯称其为朝阳殿。光绪三十一年（1906年），靖泰两地郁氏共同出资，大修朝阳殿。抗日战争期间，新四军在朝阳殿创办弘毅中学（省靖中前身），培训抗日骨干。后朝阳殿被日军烧毁。从此，靖泰两地郁氏便失去了联系。

近年来，靖泰（广陵）郁氏准备重修郁氏族谱，目前普查工作基本结束。（郁卫民）

【东川书院】 清光绪五年《靖江县志·书院篇》载：“东川书院，在东门外秦家桥东，康熙五十年（1711年），诸生杨坦、杨方濬、黄吕声等建，为讲学地。其条约所颁悉遵朱子白鹿洞箴，堂凡三楹，其中央供先师神位。东厢屋三楹,乾隆十三年(1748年)奉学使尹廉立杨黄三君子位;西厢屋三楹,守院者居之。置田二十余亩,以给春秋祭祀及讲学时供亿之费。今废久矣!"秦家桥之东原为农田,杨坦、杨方濬出资,在黄吕声捐出的3亩土地上建东川书院。江苏巡抚张清恪(1652—1725年)获悉杨坦、杨方濬、黄吕声筹建东川书院,便送他们至安徽歙县紫阳学堂学习办院经验,又取"韩子障百川而东"之意,手书"东川书院"匾额,并赠程朱理学书籍30余部。东川书院建成后,招收学子。首任主讲褚峻,理学颇有心得,76岁时自称耆宿,撰有东川书院详记,并刻碑列于书院之中。靖城人郑熊,廪生,潜心理学,每月朔望日必至东川书院,与杨黄褚诸君相互质辨,启示学子,提高其研读儒家学说的兴趣。期间,黄吕声又至江西庐山白鹿书院和上饶鹅湖学习取经,东川书院越办越好。雍正年间(1723—1735年),又有诸生何声闻、杨用稼、杨履稼至书院讲学。此为东川书院最盛时期。

乾隆十三年(1748年),江苏学政尹廉至靖江督学,见东川书院成绩卓著,即令设东川书院创始人杨坦、杨方濬、黄吕声之位于书院东厢房,以风后学。

乾隆三十二年(1767年),杨氏后人杨超,从四川泸州直隶知州永宁兵道任上告老回到故里,偕房兄弟杨廉夫、杨林夫,率侄杨怀忠、杨怀清和孙杨钦明等至东川书院谒圣瞻仰。时书院因无人打理已窗户飘摇,杂草丛生。杨氏兄弟们以振兴书院为已任日夜筹划,获刘敦元、刘守溪二先生捐资扶持,书院得以继往开来。邑地学子闻风皆以诗文相贺,杨超作东川书院修葺后记。东川书院修葺后,延聘靖城人刘鸣宁为主讲,学子纷至沓来,知县、教谕、训导也常到书院传道授业、吟诗作赋、写字绘画,东川书院再次迎来繁盛时期。因书院又称学馆或会馆,百姓聚集多了,就叫书院所在地为会馆埭,一直延至今日。

清光绪五年(1879年)县志载东川书院"今废久矣!"后来,地方绅士和杨氏家族复又集资筹银,在原地重建书院。正屋中央塑朱熹坐像,东厢屋内塑杨黄3人像。附近百姓常来塑像前烧香点烛、叩头作揖,祈求保佑子孙读书向上、入仕为官。抗日战争中塑像被毁,看守书院的鞠氏一家住在屋内。新中国成立后,房屋分给鞠桂郎家所有,后鞠家在原址翻建楼房,东川书院就此泯灭无存。(徐汝明)

【靖江图书馆沿革】 1932年,靖江旅外学生谢承勋、谢基爵、朱子异、朱杼、盛希康、盛建康、盛仁东等,发起成立靖江旅外学生会。1933年暑假,旅外学生会决定成立靖江图书馆筹备委员会。求得公园管理方的同意,馆址选择在园内北城墙边。

在图书馆建设中,有两人作出重要贡献。一是上海巨商陈显华。陈显华热衷家乡公益,慷慨捐助图书馆楼建设。图书馆楼系两层三间钢木混合建筑,楼之四周走廊环绕,造型别致,幽雅俊俏。为感谢陈显华的急公好义,筹委会将此楼命名为"显华楼"。二是国民党中将陈继承。陈继承(字武民)资助五千大洋,用于购买馆藏书籍,后将显华楼二楼图书室命名为"武民图书室"。在社会各界的合力支持下,靖江图书馆购置各类书籍2万余册,其中有清版《四库全书》一部,各类报刊杂志30余种。

1934年9月1日,靖江图书馆正式开馆。靖江图书馆首任馆长盛舜臣,时任靖江教育会会长等职,主动承担图书馆的日常运转费用,遂被推举为图书馆董事会董事长,兼任图书馆馆长。周永康是靖江图书馆首任图书管理员,也是当时唯一的一名管理员。他刻苦自学图书管理学,对馆藏图书按"经、史、子、集"四大类分类编目,逐一登记上架,并建立了实用快捷的图书管理机制。此后3年间,靖江图书馆成为靖江莘莘学子与有识之士的的聚集地,为靖江文化教育建设发挥了重要作用。

1937年11月,日军从长江登陆靖江,多次派飞机对靖江城狂轰滥炸。显华楼被全部炸毁,所有馆藏图书荡然无存。

靖江解放后,靖江图书馆事业得到恢复与发展。1949年8月,靖江县人民教育馆成立,馆务活动分社会文化与社会教育两种,其中社会文化中即有图书室。那时的图书室规模较小,藏书仅数千册。1958年,靖江县工人俱乐部图书室与县文化馆合并,挂牌"靖江县图书馆",馆内藏书1.7万册。1983年,靖江县图书馆从县文化馆分出,并在解放南路筹建馆舍。

1985年1月1日,靖江县图书馆建成开放,新馆建筑面积1600平方米,藏书8.3万册,设借书室、综合阅览室、儿童阅览室、采编室、资料查阅室。读者座位180余个,发借书证4800余张。1986年,靖江县图书馆被评为"扬州市文明图书馆"。靖江县图书馆首任馆长郭寿明,在其任间,购置港版影印《四库全书》,建立图书管理机制,开展各种读书活动和社会辅导,图书馆工作逐渐步入良性发展轨道。

2000 年，由于人民路扩建，市图书馆临时搬迁至市政府第二招待所内。2002 年，市图书馆搬迁至人民路与工农路交界处原靖江电大校址。2005 年 6 月，市图书馆再次搬迁至四眼井旁边的原文化大厦内（即现址）。近年来，靖江图书馆事业发展较快。至 2016 年，市图书馆藏书 42 万册，各类报刊杂志 400 余种，持证读者 3.2 万人。市图书馆在全省率先推进总分管制建设，先后在馆外设立 37 个流动服务点，连续 12 年被评为“江苏省文明图书馆”，连续 3 次被评为“国家一级图书馆”。（李筱纲）

【靖江宝卷的再发现过程】 1984 年 7 月 2 日，北京大学民间文学教授段宝林带领中文系文学专业 1981 级学生赴扬州实习。由于学生很多，段宝林把学生分成若干实习小组，分别派往扬州地区下属各县，其中陈连山、武士颖、王建军、韩琳、李简 5 人被派往靖江，由陈连山负责。

7 月 5 日，陈连山一行到达靖江，县文教局派靖江群众文艺工作者吴根元、王国良陪同并介绍靖江民间文学概况。

7 月 7 日，王国良带陈连山等人到孤山镇，采访民间文学传承人。被采访者中年龄最大的卢正乾是唱宝卷的“佛头”，由此发现宝卷在靖江仍然存在，于是请卢正乾介绍相关情况。

陈连山回去向段宝林汇报靖江宝卷情况。段宝林非常重视，翌年带领学生再次赴扬州采风时，特意到靖江调查宝卷演唱，记录《大圣宝卷》等作品，并收入《扬州采风录》。后段宝林邀请国内外专家前往靖江调查研究宝卷。于是，国内乃至国际学术界开始关注并逐渐了解靖江宝卷。（陈连山）

【靖江山歌】 在 1949 年前，靖江山歌是老百姓生活中不可或缺的精神食粮，它与“做会”“讲经”一样，很有群众基础。种田的用山歌消除疲劳，推车走路的用山歌驱赶寂寞，卖货郎用山歌招徕顾客，姑娘小伙用山歌寄托情思。人们还用山歌民谣讲述历史、歌颂英雄，贬斥邪恶。因此，山歌既是劳动人民日常生活的真实写照，又是他们追求真善美的生动反映。

靖江山歌题材广泛，内容丰富。有歌颂历史人物、才子佳人的，如《十张台子》《十字古人》；有反映生活哲理，劝导人们孝敬父母、尊老爱亲、多做好事、勿施恶行的，如《心》《和合歌》《十里亭》；有歌唱五谷丰登表达浓浓乡情的，如《庄稼歌》；有控诉旧社会罪恶的，如《四季游春》；也有解放战争时期讽刺挖苦国民党反对派的，如《蒋介石叹五更》。

爱情是文艺作品的永恒主题，靖江山歌从不同角度不同方面表达了劳动人民追求爱情婚姻和甜蜜生活的强烈愿望，如《送大哥》《姻花情》《意中人》《十二月花名（方卿见姑母）》《十条毛巾》；也有抨击包办婚姻的，如《秃子尿床》。

品味靖江山歌，字字是珠玑。它运用多种文学手法，有传统的白描，有形象的比喻，有大胆的夸张，有语意双关的写意，语言生动明快，押韵富有节奏，感情色彩丰富，反复叠唱，读起来如同优美的诗篇，唱起来是动听的乐章。

以下选录由羊荣根演唱、严汉春整理的部分靖江山歌。

十张台子

一张台子四角方，
岳飞枪挑小梁王，
武松手托千斤石，
姜太公八十遇文王。
二张台子配成双，
辕门斩子杨六郎，
孔明来把东风借，
三气周瑜芦花荡。
三张台子桃花红，
百万军中赵子龙，
文武双全关夫子，
连环巧计是庞统。
四张台子四角平，
吕蒙正落难破窑蹲，
朱买臣上山打柴卖，
何文秀落难唱道情。
五张台子午端阳，
莺莺小姐夜烧香，
红娘月下做媒子，
引得张生跳粉墙。
六张台子荷花放，
阎婆活捉张三郎，
宋江投奔梁山上，
沙滩救出薛平王。
七张台子是七巧，
蔡状元起造洛阳桥，
判断阴阳包文拯，
张飞喝断长坂桥。
八张台子张张好，
昆仑月下闹江潮，
观音老母来作法，
四海龙王早来潮。
九张台子菊花黄，
王婆毒害武大郎，
潘金莲结识西门庆，
药死亲夫见阎王。
十张台子唱完成，
唐僧西天去取经。
孙行者前头领路走，
忠心耿耿除妖精。

十字古人

写个一字像条街，
刘备细穿草鞋地，
关公落难磨豆腐，
张飞挑肉街上卖。
写个二字二条龙，
八仙过海显神通，
有人说他神勇大，
水中飘飘赛金龙。
写个三字三横长，
三横一竖本姓王，
王字里面加一点，
玉皇大帝坐天堂。
写个四字二成双，
杨四郎失落在番邦，
他在番邦做驸马，
不到宋朝保君王。
写个五字成了单，
薛仁贵生下薛丁山，
薛仁贵能打飞天鸟，
薛丁山能射张口雁。
写个六字像颗星，
杨六郎本是上将军，
手拿长矛骑白马，
单骑横扫百万军。
写个七字把脚翘，
杨八小姐放飞刀，
飞刀放到云眼里，
只见云头不见刀。
写个八字两面开，
梁山伯巧遇祝英台，
杭州读书三长载，
不知英台女人才。
写个九字加一钩，
隋炀帝三次下扬州，
一心要把琼花看，
万里江山一旦丢。
写个十字唱完成，
唐僧西天去取经，
孙行者领路前头走，
山中怒打白骨精。

心

海水不冲龙王庙，
家里人不打家里人；
黄瓜棚里种苋菜，
关起门来一家人，
纸糊灯笼千个眼，
点上蜡烛一条心。

和合歌

天上和合日月明，
地上和合万物生。
君臣和合江山稳，
军民和合鱼水情。
父子和合山成玉，
兄弟和合土变金。
婆媳和合不淘气，
妯娌和合家平安。
姑嫂和合常来往，
姐妹和合骨肉情。
大家都唱和合歌，
只有富贵不愁贫。

十里亭

情哥离家二十里，
我送情哥十里亭，
嘴里说话脚下走，
眼前就是一里亭。
一里亭上说私情，
说出私情劝郎君，
回家孝顺双父母，
尊师敬长堂上亲。
你若不把父母孝，
日后儿孙照你行，
不信单看檐头水，
点滴不差半毫分。
送郎送到二里亭，
二里亭上说私情，
一双筷子容易断，
筷子成把敌千斤。
父子同心山成玉，
兄弟同心土变金，
杨家将里七兄弟，
出兵打仗一同行。
送郎送到三里亭，
三里亭上说私情，
结交朋友处世道，
人色好坏要分清。
与人为善是根本，
酒肉情分失正经，
吃酒朋友朝朝有，
落难之中一个人。
送郎送到四里亭，
四里亭上说私情，
牌九骰子样样有，
失身陷赌要输钱。
赢来铜钱买酒吃，
输了铜钱上典当，
拆嘞桁条沿街卖，
笑煞八仙吕洞宾。
送郎送到五里亭，
五里亭上说私情，
冷汤冷水要少吃，
热身子脱衣要伤身。
遇事冷静动脑筋，
三思而行心神定，
千万不要动义气，
比高比下乱逞能。
送郎送到六里亭，
六里亭上说私情，
我有话语同郎说，
借句箴言劝郎君。
多年古庙不要宿，
多年饭店莫住人，
多年古庙住妖怪，
多年饭店住歹人。
送郎送到七里亭，
七里亭上说私情，
娶亲总要亲眼看，
挺胸大度是夫君，
眉清目秀贤良女，
福禄双全旺子孙，
早生儿子早得力，
长大成人后代根。
送郎送到八里亭，
八里亭上说私情，
劝君莫爱人家妻，
披星戴月费尽心。
四季衣服全赖你，
柴米油盐你当心，
石头栽花枉费心，

无钱赶你路边蹲。
送郎送到九里亭，
九里亭上说私情，
是非场合要少到，
口角地方不要蹲。
自生烦恼多开口，
是非总是强出头，
我今送君九里亭，
再送情哥一里亭。

庄稼歌

稻子长得黄爽爽，
粮食当中称大王；
舂出米来雪雪白，
烧起饭来喷喷香。
芦稷长得绿油油，
大风一吹乱点头；
芦稷子子像珍珠，
苗子卖了扎笤帚。
棉花长得嫩妖妖，
果子结得像核桃，
棉花开得白雪雪，
捡了一交又一交。
荞麦生得三角仓，
不赖田里过霜降，
荞麦雪圆子人人爱，
寒冬腊月疙丁汤。

四季游春

春季到来穷人眼泪淌，家中已没粮，喝不成籼子粥，勒树叶挑野菜设法充肚肠，春二三月天日长，肚子饿得慌；地主春天快活又逍遥，有吃又有烧，囤子人把高，吃咸鱼吃咸肉，粥锅里还烫糕，穷人饿煞人，他没眼睛瞟。

夏季到来热难当，穷人活计忙，晒得黄汗淌，轻担去重担挑，肩头皮磨破，吃粗饭没油水，面皮闪闪黄；地主夏天快活又凉爽，睡在躺凳上，树下乘风凉，吃西瓜喝汽水，身上穿丝纺，田里事穷人做，自己打麻将。

秋季到来稻上场，稻谷黄爽爽，看看有指望，地主狠似活阎王，收租收得精打光，余下粮食不够吃，白白替他忙；地主秋天想想真开心，租粮已收清，要债又加紧，哪一个气不平，打骂不留情，穷人没得吃，他总不相信。

冬季到来大雪花儿飘，穷人真糟糕，没粮又没草，没棉衣盖破被，两顿吃不饱，再加租再加债，急得要上吊；地主冬天万事都封门，皮袍子穿上身，鱼肉都现成，磨米雪磨面粉，预备把糕蒸，晒太阳看纸牌，冷起来烘火盆。

蒋介石叹五更

双手接到外电报，
眼泪汪汪双脚跳，
指望搬出徐州城，
想把主力往家调。
哪晓得兵马六十万，
被解放军消灭掉，
急得我口吐鲜血，
睡在床上哭嚎啕。
少根绳子来上吊。
一更月儿照树梢，
蒋介石心里很叽嘈，
一心想做大总统，
掌握兵权随我调，
彻底消灭共产党，
快乐总统做到老，
谁知连连吃败仗，
如意算盘打不到，
反复送了枪和炮。
二更明月照窗前，
叫声我妻宋美龄。
我有几句要紧话，
不得不向你交代，
战场上处处打败仗，
江山失落在眼前。
准备金银和财宝，
飞到美国买房屋，
日后定居在美国。
三更明月挂西角，
蒋介石转侧睡不着，
工运学潮如浪涛，
罢工罢市又罢学，
口口声声喊"打倒"，
骂我贪财卖国贼，
要民主逼我早下台，
这些事我办不到。
四更明月下西山，
大势已去怎么办，
军事上失败我无能，
只能演个假和平，
元旦求和无人信，
戳穿了西洋镜。
五更月落天明亮，
进军号角又吹响，
怕是解放军过大江，
拿下南京总统府，
捉我当作战犯办，
到那时我好比，
风中残烛瓦上霜，
头南脚北见阎王。

送大哥

我送大哥清水河，
清水河边一对鹅，
公鹅展翅飞过河，
母鹅后边叫哥哥。

姻花情

人生约会看真情，
首先鉴别假与真。
患难之中识知己，
金钱恋情如浮云。
柴米夫妻成千万，
梁祝姻缘有几人。
虚心假意露水客，
无须为它伤脑筋。
妖色女人是野狐，
腰佩利剑斩愚夫。
虽然不见人头落，
暗中摧君骨髓酥。

意中人

不搽粉来自然白，
不点姻脂自然红。
脸像荷花初开放，
嘴像樱桃一点红。
身材不高又不矮，
美貌千金。
块头不胖又不瘦，
我的意中人。
白姐没得黑姐香，
豆腐虽白黄泔气，
枣子虽黑蜜样甜。

十二月花名(方卿见姑母)

正月里来春梅开，
智勇双全方卿来，
家住河南开封府，
相府六百太平街。
二月杏花白如银，
方卿襄阳去投亲，
兰亭门上姑母见，
姑母扦他脚后跟。
三月桃花粉红装，
翠娥爱上方卿郎，
表面送上干点心，
暗中关心强人抢。
四月蔷薇土生金，
姑父追到九松亭，
为把方卿恩来报，
翠娥小姐许婚姻。
五月石榴火样红，
方卿立志取功名，
有官再到陈家来，
无官不进陈家门。
六月荷花出水清，
方卿走到黑松亭，
珍珠宝塔强人抢，
昏迷跌倒无路寻。
七月月季四时开，
多亏山西毕大人，
听到有人呼唤救，
找到方卿乐消灾。
八月桂花十里香，
方卿得中状元郎，
官封七省巡抚职，
腰挂金印出朝纲。
九月菊花黄又黄，
方卿往事记心上，
手拿竹筒唱道情，
兰荫堂上姑母访。
十月芙蓉开满天，
兰荫堂上姑母见，
势利姑母洗耳听，
方卿声声唱道情。
十一月里雪花飘，
方卿借机怨气表，
义正词严羞姑母，
把她比作苏秦嫂。
十二月花演唱完，
姑母顶盘见方卿，
方母借机骂一场，
方卿翠娥结成亲。

十条毛巾

妹子手巧如玉纤，
一缕丝线飘上天，
我向马良借支笔，
绣块毛巾把郎牵。
一条毛巾才起头，
未见分晓贼来偷，
偷走毛巾非小可，
百般花样画上头。
二条毛巾绣的勤，
去到杭城来加青，
染起色来青欲滴，
我郎揩手伴苏秦。
三条毛巾红线絖，
好象玉笏伴郎腰，
勤奋攻读题金榜，
年年月月伴当朝。
四条毛巾四角平，
绣盘翠竹在中心，
郎君欲官清如水，
为民造福千秋名。
五条毛巾五尺长，
郎君把我放心上，
糟糠之妻不可弃，
朱皇后大脚稳江山。
六条毛巾是六轮，
千两黄金买不成，
如要问我有何用，
给我郎君点乾坤。
七条毛巾是七巧，
牛郎织女渡鹊桥，
天上人间多羡慕，
山盟海誓不变心。
八条毛巾虎皮斑，
伴我郎君巡边关，
友邦睦邻天下安，
四海之内郭太平。
九条毛巾九不同，
五彩缤纷结龙凤，
五谷丰登家家乐，
四海升平天下颂。
十条毛巾压满箱，
远近皆闻粉花香，
有心拿块郎揩脸，
就怕别人闲话讲。

秃子尿床

菜籽开花满地黄，
爹娘卖我没商量，
我想找个种田郎，
日同桌来夜同宿，
你要我嫁给秃秃光，
我不嫌他那个秃，
我也不嫌他那个光，
就嫌他半夜尿了床。

(严汉春)

【蹑云坊】 蹑云坊位于孤山南山门。由孤山南麓拾级登山，爬过最初平直的山道，右转向上，30米处，蹑云坊巍然矗立。山路由坊下穿过，直达一片平坦的山坡，再转折而上，便是山顶。

蹑云坊始建于明嘉靖年间，重建于万历年间，复修于清光绪后。清光绪《靖江县志》卷二《坊表》载："蹑云坊，孤山麓，知县赵侯旟建，今毁。"坊上的匾额"蹑云"二字及其楹联，据说都是明县令赵应旗手迹。楹联曰：对此长江左蠡烟波今宛在；位当绝顶西湖风月定何如。楹联对仗工整，意境深远。当时长江离孤山不远，江水汤汤，烟波浩渺，仿佛鄱阳湖的景致。登临山顶，俯瞰四野，烟树千村，菑畬万井，西湖的风光不过如此。由于日蚀风侵，楹联字迹多漶漫。

蹑云坊建于明嘉靖三年（1524年），创建者为时任靖江知县易干。易干，字伯贞，湖广巴陵（今湖南岳阳）人，正德二年（1507年）中举，嘉靖二年出任靖江知县。上任不久，即于孤山遍植松柏杂树。嘉靖三年，在山顶原望江阁旧址上建观海亭，又在半山腰建石坊一座，上书“孤山胜概”四字。这座石坊便是蹑云坊的前身。

“孤山胜概”坊下，有一块赫红色的岩石，上面有“嘉靖丙戌年夏湖南三紫道人易子伯贞祷雨于此”。此为嘉靖五年（1526年）易干登孤山求雨时所书，一直保存至今，为靖江为数不多的明代石刻。至于石坊上的“孤山胜概”何时换成了“蹑云”，暂未见于记载。

万历三十二年（1604年），浙江鄞县人朱勋任靖江知县，是年游览孤山，写有一篇《孤山记》，其中有这样一段文字：“缘石而上，有细径辟积，不异羊肠。再折而上数百武，有石绰楔，颜曰：‘蹑云’。”

绰楔者，官署牌坊也。由此可见，在赵应旗出任靖江知县10年之前，就已有蹑云坊了。最初的“蹑云”不知何人所题。明万历四十二年（1614年）赵应旗到任后，或许“蹑云”二字已经斑驳，故而重题，并撰了那副楹联。

今人所见蹑云坊并非明代原物。清道光二十九年（1849年）夏，一场大雨，雷电交加，蹑云坊倾圮。之后许久没有得到重修，所以光绪《靖江县志》中说蹑云坊“今毁”。现存蹑云坊当是光绪五年（1879年）之后重建。

县志上说孤山形若狻猊。狻猊是龙生九子之一，形如狮，喜烟好坐。这座小山并无奇峰异岭，古人好风雅，建了许多亭台楼阁，今天只剩下这一座蹑云坊。蹑者，踩踏之意。这样一座小山，当然并无云雾可踩。但是每每登临，看到这座古坊，见到古意盎然的“蹑云”二字，就有一种“荡胸生层云”的感觉。此时的孤山不再是座小山，因其历史的悠远而显得博大且有内涵了。

（高　峰）

【靖江古渡】 靖江，古名马驮沙。当时，马驮沙处长江之中，北达通泰、至扬淮，南渡江阴、走晋陵姑苏。马驮沙渡口有72港，其最巨者为澜港，澜港前接江阴黄田港。澜港口位于现今八圩港与横江交汇处，并有支河通南城濠。澜港北接渔婆港，通广陵镇界河。澜港渡口，何时形成，无史可考。旧城改造，澜港填平，在原址上筑有澜港路，以留古名。

明嘉靖年间（1522—1565年），两岸摧圮，其浸转阔，而中忽横一沙，东西绵延约三十里，渡者必循暗沙，自苏家港逆流而上，取道江阴黄山港外，折向西，转入黄田港始得停泊。中历大小石湾、鹅鼻嘴，山益岞崿，水益遒迅，深达40余丈。渡船稍有失误，便卷入旋涡，触石而葬身鱼腹者每月都有。两邑之人皆苦，靖江尤剧。

谭公渡，在苏家港口。苏家港，现今在十圩港与横港交汇处东侧，北接石碇港，通季市界河。万历十五年（1587年），知县廖汝恒苦告常州郡太守谭桂；谭桂莅靖，实地勘察，询问三老，具得其状，呈事上台；上台令江阴疏浚黄山港，长1500余丈，耗银920余两。靖船从苏家港口直抵江阴黄山港口，线路近且安全。因知府谭桂改渡于苏家港口，故称谭公渡。邑地原光禄署丞朱正初（1536—1596年）受知县廖汝恒之托，邀请明代著名文学家、原南京刑部尚书、太仓人王世贞（1526—1590年）撰写了《新改谭公渡记》。渡口建成，邑地官吏绅士为感谭公之德，共谋在港口为谭桂建造生祠。谭桂闻之，拒绝建祠。后建济川亭一座和永泽堂一所，供渡江旅客短暂憩息和躲避风雨之用，并勒石一方，上刻“谭公渡”3字，立于港口，传告后人。

万历四十二年（1614年），知县赵应旗莅靖任职，看到横亘江中的暗沙被上游浪涛冲击，东移至现今张家港与靖如交界处的长江中，决定恢复澜港渡口，与江阴黄田港直渡。其时，渡船深泊距岸颇远，渡者不论寒暑，必须募地方强力善水者负登渡船。赵应旗带头捐俸筑堤，堤长150余丈，宽5尺，打木桩用石块砌成，从岸边伸向长江之中，并在堤之尽头设两小舢板，使渡者可径登渡船。

清嘉庆十八年（1813年），靖江发生大面积江坍，澜江渡口与谭公渡口均坍入江中，不见踪迹。

道光十四年（1834年），刘闻沙涨滩，向西与泰兴相连，向东涨至靖城连接老岸。咸丰初年，澜港淤塞。先贤们从现今的八圩港口往北开凿了一条南北港即八圩港，与横港、澜港、渔婆港、团河相通，成为当时靖江的主要河道。八圩渡口替代了澜港渡口，与江阴黄田港对渡，直至今日。

（徐汝民）

【1960年代的靖城记忆】 老街景　20世纪60年代的老城区，主街是一条东西向大道。它和另一条南北向穿城而过的公路“十”字相交，交汇口就是老城区的中心点。

最繁华的路段在十字路口以西。首先是县政府大院，坐北朝南，明清时期就是县衙所在地。对面是叫“星火”的、最大的副食品商店，营业时间最长，可至半夜；也最闹忙，尤其春节期间，凭供应票购买年货的数条队伍，常绵延至店外很远。

县政府西隔壁是国营布店，再过去就是城中小学。城中小学西侧有家小店，架空在小河上，称西小桥。小河通向城北，河水极浅，其实只能算小沟，但日夜水声“哗哗”不息。沿河有条小街称“布市里”，并不专卖布，是小商品摊点集聚地。

再往西就到了人流密集地段。最大商店百货公司、五金公司一南一北隔街相向。百货公司西侧是小菜场，虽以“小”冠名，实是城区最大农贸集市；每天早晨三四点钟就开始营业，车水马龙，川流不息。附近还有新华书店、满江红饭店，都是国营单位。街面还夹杂着私人店铺、旅社等等。这些形成了老城区的商业圈。经过几十年，街面变化巨大，现在改造成了步行街，但有一点没变，就是商业气息浓，店铺生意好。

十字路口往东，原有一广场，还搭有一土台。广场最大的作用，就是在此开批斗大会。“文革”期间，几乎全县大大小小的“走资派”都在此亮相过，后来又作为“毛泽东思想宣传队”的阵地，在此演唱文艺节目和革命样板戏。

广场东侧的总部饭店，是那时罕见的三层楼建筑。这饭店不仅本地最大，还有最出名的美食——汤包。汤包生意极好，起大早来等，说不定中午十二点后才能吃到。

饭店旁是“春风理发厅”，内有二三十张座位，进去还真有大厅的感觉。理发厅不远是“新艺照相馆”，家中几乎所有照片都是在那照的，尤其证件照。再往东边一点，就是人民大会堂。这大会堂有三大作用：一是开大会，二是文艺演出或唱大戏，三是放电影。那时看电影逃票、混场子时有发生，而且花样繁多。有找熟人的，有前场散场时混进去找个地方躲起来看下一场的，有趁乱从人缝中硬挤进去的。也有用假票的，先进去的将票根递出来再蒙混一次，大都能成功。大会堂也是易发生打架斗殴的地方，可巧派出所就在对面，处理起来极方便。

再向东就到城桥头了。这里有条南北向的河，实则是原来的护城河，城墙早被拆了。听老辈门讲，这里原是城东门，出城用吊桥，后来才砌了座石桥。

桥头有间铁匠铺，整日红红火火，“叮叮铛铛”。经过时，总能见到大师傅拿把小锤，小徒弟抡着大锤，在铁砧上敲打着烧红的铁块。铺子外墙上挂满锄头、钉钯、铁锹、镰刀等农具，琳琅满目。

过桥是家开水房，俗称“老虎灶”，是卖开水的地方。大概去“老虎灶”买水比自家烧开水便宜，亦或为了节省定量供应的煤，“老虎灶”有一批固定客户。

东门街较狭窄，石条路很不平整，如果骑自行车通过的话，要有一定的车技。街两面是各种铺面，卖南北货、土产、布线、绸缎、杂货等，一直延伸到街尽头。

城中小学　实验小学，又叫城中小学，位于城区中央，是靖江办学历史最悠久，也最优质的小学。

学校大门口有青砖大道向校内延伸过去。一座坡度不大的石拱桥横跨于一方池塘，池塘内的太湖石假山嵯峨奇巧，几株老树古藤曲折交缠，别有姿态。水面如镜，清澈见底，时有小鱼虾嬉戏游弋。此水是活水，过地下水道，通校门对面畔子河，入西河沿，循护城河，至十圩港而入长江。池塘内水势随潮汐而涨落，夏秋盈溢，冬季干涸。

过石桥，至第二道门。迎面一面玻璃镜，可以藉此正衣冠、肃容貌。似有诫勉之意：须先冠冕堂皇，而后方可就学。

教学区呈回字形大府邸，东西南面是教室，有回廊，学童抑扬顿挫的读书声不绝于耳。朝北是一条麻石条路，尽头拾阶而上有座平台，石栏环绕，以前大概用于敬香，做学堂后当是教化礼仪或师尊训示之处。

教学区中间一座庙堂、雕梁画栋，巍峨肃穆。一排木雕排门，门槛甚高，幼童跨越较费劲。大堂正中供奉有孔子巨幅木雕像，堂内整齐排列教师办公桌。“文革大革命”期间破“四旧”、几十名学生用绳索拉倒孔子雕像。轰然倒塌时，声震如雷。雕像底座是六角形罗汉砖砌成，据说用糯米浆粘合，十分坚固。

后院是操场，学生玩耍游戏健体之处。再后是大礼堂，集会之所在。

学场　实验小学对面是学场。学场分两大块，北面一片土广场，平时有小摊贩卖些日常杂物。阴历逢五是鸽市，爱好者提着鸽笼，来此交流切磋赏玩。常有走江湖的杂耍班子或马戏团在此卖艺，带来几天的热闹。

每逢有表演,大半个城区的孩子会蜂拥而至。锣鼓声一响,广场被围得里三层外三层。孩子们从人缝中拼命往里挤,鞋帽被挤掉,全不在乎。

总是以马术开场。随着铿锵的锣鼓点子,一对少年男女,骑马飞驰入场,转着大圈。骑手在马背上翻转腾挪,观众鼓掌声喝彩声此起彼伏。有助手拿着点燃的火圈入场,骑手驱马矫健地穿过,引得人声鼎沸。

接下来的表演五花八门,睡钉板,大锤胸口碎石,飞刀射人靶,空中飞人,长鞭甩灭烛火……小孩子看得惊心动魄,大人不断往地上扔钱。

有时也有动物表演,猴、狗最为常见。逗猴很吸引孩子。镗锣一敲,猴儿随着节奏翻斤斗,竖蜻蜓,扮鬼脸,逗得观众哈哈大笑。

春节期间是学场最热闹的时节,从早到夜,都有表演。舞龙,舞狮,荡湖船,打莲枪,说书,说相声……当然也有马戏表演。有走江湖的,也有本地的表演团队。从大年初一,可热闹到正月半之后。

学场的另一半,是个大水池,叫畔子河,由巨大石块围成,有麻石围栏,成正方形。一池水清澈闪亮,池壁每面有一石雕龙头,日夜"哗哗"地向池中吐水。游人总喜欢趴在石围栏上,看着石龙吐水,似乎等待着鱼虾从龙口跃出。池中确有成群小鱼,不知从哪来的。

畔子河,与西河沿相通。这西河沿是条狭长内河,西入护城河,东通十圩港,东西横贯老城区,又连接着城区所有河渠汊沟,总领着复杂的水系。十圩港,蜿蜒十几里,南入长江。那时城区,处处是活水。

学场东西两侧,有人家,有店铺。最吸引孩子驻足的,是白铁铺,整日"叮叮当当"。在白铁师傅的手中,大块铁皮变成水桶、水盆、水勺等家用器具。有时会用上电焊,蓝色电弧,红色火花,还有"滋滋滋、啪啪啪"的伴奏,好奇的孩子会蹲在那儿,一看半天。

体育场　市民健身广场的前身是"体育场"。体育场自建成,其格局基本无变化:中间一标准足球场,由四百米跑道环绕,正前方坐西向东一主席台,跑道外有单双杠、爬杆等设施。南侧还有灯光球场,另有围墙围住。东面隔条马路,是一片农田,形成斜坡,坡下就是十圩港。

"文革"时期,大规模的群众集会都在体育场举行,经常被叫做"万人大会"。这是规格最高,规模最大的集会,有庆贺性质的,如发布了最新最高指示,粉碎某某反革命集团,路线斗争取得胜利,庆祝"九大"召开等等。这类集会,气氛热闹,总是红旗招展,锣鼓喧天,口号声响彻云霄。另一类是誓师大会,与前大致相同,多了点庄严。

第三类是批判大会,"文革"初期最盛。主席台前站一溜"走资派",或其他性质的"阶级敌人",他们胸口挂着牌子,牌子上的名字被打着血红大叉,有时还得戴高帽,或剃阴阳头。主席台两侧的高音大喇叭响着激昂的音乐,或声嘶力竭的口号声。这类集会,孩子们很活跃,挤到台前去看那些低着头的被批斗者。

第四类则是公审或公判大会。这是组织最严密,纪律要求最高的集会,戒备森严,如临大敌,到处是戴着红袖套的纠察。气氛很凝重,人群较安静,低声议论着大概要枪毙谁了。当宣布将罪犯押上来时,会有一阵短暂骚动,主要是后排的欲往前挤,或踮起脚,能看得清楚些。而真正的高潮是会议结束时,将罪犯押出去,将死刑犯押赴刑场执行。人群跟在大卡车后奔跑,有自行车者踏车狂追。次日,有人津津乐道,描绘看到的枪决场景。

隔壁的灯光球场,经常有比赛,那是卖票的,大多是本县篮球队和周边县市的友谊赛或邀请赛。六十年代,县篮球队很风光,是支劲旅,因此球迷粉丝也特别多。票很难买,于是就有人搭起人梯,翻过高高的围墙,爬进去看。（冯　刚）

【季市老街】 季市老街不大,约0.5平方千米。

当年老街有句口头禅:"要钱到东街,要耍到西街,要穿到南街,要吃到北街。"说的是东街钱庄、典当多,西街赌场、澡堂多,南街百货、布匹多,北街饭庄、酒楼多。

据说季市老街始于南唐,此事遥不可考,但老街在近现代得到了长足发展,确为不争的事实。清咸丰、同治年间,老街初具规模。东、南、北街均长500米左右,西街和鞘扒街较短,仅有百米。太平天国时期,起义军攻占了江南诸郡,以及江北的扬州。兵荒马乱,心向太平。老百姓拖儿带女,纷纷来到战乱尚未波及的季市古镇。季市人口从原来的3000余人一下陡增双倍,商业和手工业迅猛发展,市面由此日益繁荣。抗战前夕,季市人口多达9000余众,老街逐渐成为靖泰地区重要的商品集散地。每逢重大时令节气,泰兴、靖江、如皋,甚至更远地方的百姓纷纷来此赶集。其时季市镇商业、服务业的繁华程度,不亚于靖江县城。

百余年间,季市老街孕育了

众多名闻遐迩的商店、作坊。这些商店、作坊,少数由季市本地人开办,大多由外地、外乡人到季市创建。如徽州人胡沇源创办的"胡源泰茶庄"、常州人汤桐生创办的"汤乾号钱庄"、镇江人童正林创办的"章聚兴铁铺"、泰兴人李仁甫创办的"德仁泰布店"、靖城人张云康创办的"张永隆饭店",等等。这些店铺和作坊均有一定规模,产品质量过硬,服务上乘,深得当地和周边群众的信赖,生意兴隆。有些商号的货物,南销上海及苏南各地,北销淮阴、盐城一带。季市出产的土布,还有个专门的名称:季土,更是享誉大江南北。

和很多地方一样,季市老街青石板铺就,两侧均为可脱卸的榻子门。前店,后院。外边的店面毫不起眼,里边曲径通幽,别有洞天。仓库,作坊,以及住房,相连成片,自成院落。多为二三进,也有五六进的。百余年前,至季市创业的徽商不少。他们带来了活跃的商贸活动,也带来了徽派的建筑风格。漫步老街,青色砖墙斑斑驳驳,灰色屋顶长满青苔,砖雕的门楣依然考究,木雕的屏风还是精致,约略可见老街昔日的繁华。据不完全统计,老街至今尚有古房旧屋445间,其中明清时期的370余间。朱家大院有数十间老宅,始建于清嘉庆年间。有关文物专家认为:季市老街是苏中地区保存非常完好的古民居建筑群。在历史苦短的靖江,季市老街,更是硕果仅存了。 (陈永光)

靖江乡贤(四)

袁恒之

袁恒之(1860—?),名有道,东兴恒义村人。15岁至上海小钱庄学徒,忠实勤劳。因拾得一外侨遗失的巨款设法归还且不受报酬,被外侨推荐至花旗银行任职。数十年间,尽管职务不断升迁,但始终为人谦和,尽己所能救济灾荒,渐渐成为上海颇有声望的金融巨擘和慈善家。他关心家乡公益事业,捐巨款在头圩港和二圩港之间建桥梁数座,乡人重其义,取名为恒永桥、恒益桥、恒德桥、恒义桥等。他还在江(阴)靖(江)义渡码头修筑一条黄石路,来往行人再无寒冬涉水之苦,将此路取名为恒之路。为发展家乡农副业,他数次至湖州采购桑苗,以资乡亲植桑养蚕增加收入。他体恤贫苦,常购大批稻谷待青黄不接时接济乡人,也常对乡村中鳏寡孤独和困难老人予以资助,还购买药品赠送家乡,开办恒义小学让贫苦儿童有书可读。乡人感其义举,称其所居之乡为"恒义乡"。

孙叔贤

孙叔贤(1893—1974),马桥幸福村人,当地首富。日军侵占靖江期间,他在经商途中遭遇日机轰炸几近丧命,又被伪军敲诈损失大笔钱财。在中共地方组织的影响下,他越来越拥护共产党、新四军。隆冬季节,他主动出资为区公所的同志缝制棉衣。减租减息,他第一个响应并予实施。为粉碎日伪的进犯,他积极动员家属参加"破拆"运动。区里号召参军,他拿出自己的田地分给家里的雇工,动员他们入伍抗日。蛤蟆圩战斗后,他出资买通伪方人员,使牺牲的独立团烈士的遗体得以用船运回安葬。他还在对敌斗争形势十分紧张的情况下,掩护、救助大批中共干部。"文化大革命"中,虽受到不公正待遇,但他对共产党的信念坚定不渝。

组织机构及负责人名录

中共靖江市委员会
（7月28日换届选举）

书　　记:赵　叶
副 书 记:叶冬华　赵国庆
常　　委:丁　斌　王　玮
　　包国芳(女)　申晓勇
　　潘企根　沈南松
　　史骥涛　罗晓东
委　　员:(按姓氏笔画排列)
　　丁　斌　于　政
　　王　玮　王　靖
　　王靖东　尤　红
　　仇　颖　叶冬华
　　申晓勇　史骥涛
　　印江红　包国芳(女)
　　朱　俊　刘　贵
　　刘定邦　羊进明
　　李江豪　李建新
　　沙旭东　沈南松
　　张劲松　陆钧涛
　　范新宏　罗晓东
　　季士发　周如勇
　　赵　叶　赵国庆
　　赵建国　姚东辉
　　陶　虹　蒋国庆
　　潘企根
候补委员:何　健　刘　强
　　张佳炜　闻韵萍(女)
　　钟云峰　钱灿兴
　　夏建新

靖江市人大常委会

主　　任:高亚梓
副 主 任:陈燕国(1.11免)
　　陈旭日(1.11免)
　　顾正荣(1.11免)
　　丁少华(1.13任)
　　黄文龙
　　叶丽华(女,1.13任)
委　　员:(按姓氏笔画为序)
　　毛小平　方一峰
　　史亚萍(女)
　　刘晓南　刘德基
　　杨文萍(女)
　　吴一江(1.13任)
　　吴玉平　何　虹(女)
　　陈又红　陈国祥
　　陈建清　环剑斌
　　范朝洪　赵映敏(女)
　　闻韵萍(女)
　　徐　婷(女)　常　亮
　　缪　乐　蔡纪章
　　蔡新杰

靖江市人民政府

市　　长:赵　叶(7.8免)
副市长、代理市长:
　　叶冬华(7.8任)
副 市 长:赵国庆(常务,
　　10.24免)
　　何卫东(10.24免)
　　沈南松　周小慧(女)
　　鞠林红(5.25免)
　　周如勇
　　顾宝林(挂职,1.29任,
　　7.8免)
　　李晓辉(挂职,4.27任)
　　陶敬东(挂职,
　　10.24任)

政协靖江市委员会

主　　席:尤　红

副 主 席:王维三(1.12 免)
毛雨华 邵春宁(女)
庞余亮 苏 徐
王绍斌(1.12 任)
秘 书 长:徐 柯(女)
常 委:(按姓氏笔画为序)
王建江 王靖东
毛卫平 毛念新
印卫铭(女)
包洪萍(女) 朱占奎
刘士钢 刘海金
羊 兴 杜剑茹(女)
杨 翰 杨泽宏
吴明飞 吴金凤(女)
何艳阳 何靖秋
冷稼祥 张 纯
张 铸 张颖武
陈永光 陈益江
陈履锡 范红梅(女)
范迪山 明 虚
罗建根 季子文
顾灿红 闻晓明
秦满芳(女) 徐 松
唐明澍 黄圣儒
常 秦 鞠 荣

中共靖江市纪律检查委员会

(7 月 28 日换届选举)

书 记:丁 斌
副 书 记:夏军联(女) 赵鹏涛
常 委:顾 静(女) 刘 军
严春涛 陈卫军
委 员:(按姓氏笔画为序)
丁 斌 方 强
刘 军 孙晓军
严春涛 陈卫军
陈永光 陈爱国
范红波 赵鹏涛
夏军联(女)
顾 静(女) 唐文勇
蔡龙彬 薛新红
办公室主任:薛新红
纪检监察干部管理监督室主任:
张 艺(女)
宣传教育室主任:王田煜
信访室主任:刘 彬
党风政风监督室主任:朱明忠
第一纪检监察室主任:
严春涛(3.31 免)
陈小东(3.31 任)
第二纪检监察室主任:
曹正新(3.31 免)
刘晓东(3.31 任)
第三纪检监察室主任:陈卫军
案件审理室主任:
冯大宏(3.31 任)

市人武部、法院、检察院

人 武 部

部 长:潘企根
副 部 长:韩晓强

法 院

院 长:陈卫兵(10.24 免)
副院长、代理院长:
许 飞(10.24 任)
党组书记:陈卫兵(10.26 免)
许 飞(10.26 任)
副 院 长:陈燕萍(女) 高玉军
卢旭东
梅 岭(5.25 任)
纪检组长:金正国
党组成员:陈燕萍(女) 高玉军
卢旭东 金正国
许安海 梅 岭
王新妹(女)
执行局局长:梅 岭

检 察 院

检察长、党组书记:刘 贵
党组副书记:毛金生
副检察长:毛金生 方 强
陶 华(女)
刘 磊(挂职,7.20 任)
纪检组长:陈 筠(女)
党组成员:方 强 陶 华(女)
陈 筠(女)
宣小伟(8.27 免)
丁明霞(女) 盛振宇
反贪污贿赂局局长:居振波
反渎职侵权局局长:陈今朝

市委工作部门及直属单位

办 公 室

(挂研究室、国家保密局牌子)

主 任:姚东辉
副 主 任:徐加宽
钟云峰(2.1 免)
何剑君 张 忠
汪东初(兼)
吴文彬(8.27 任,
11.26 免)
研究室主任:姚东辉(11.26 免)
于 政(11.26 任)
研究室副主任:褚剑云(2.1 免)
督查室主任:吴文彬(8.27 免)
机关绩效考核办主任:
朱艳明(3.31 任)

机要保密局

(与办公室合署办公)

局 长:严 格(女)
副 局 长:徐 靖 俞 飞

组 织 部

(挂组织员办公室、人才工作办公室牌子)

部 长:邓 飞(7.4 免)
申晓勇(7.4 任)
副 部 长:王靖东(常务)
孙晓军(12.29 免)
徐玉蓉(女,11.16 任)
人才办主任:孙晓军(3.31 任,
11.26 免)

党 建 办

主 任:王靖东(3.31 任)
专职副主任:徐玉蓉(女,3.31 任,
8.27 免)

“两新”工委

（与组织部合署办公）

书　　记:王靖东(3.31免)

孙晓军(3.31任，11.26免)

副 书 记:吴明飞(兼)

杨　钧(兼)

王　瑜(兼)

毛立仁(兼)

宣　传　部

（挂市精神文明建设指导委员会办公室、市委对外宣传办公室、市政府新闻办公室牌子）

部　　长:丁少华(7.29免)

史骥涛(7.29任)

副 部 长:叶晓庆(兼)

陆钧涛(兼,11.26免)

夏灵峰(3.31免)

刘舰平(兼,11.26免)

陈永光　严　羽(兼)

文明办主任:夏灵峰(3.31免)

文明办副主任:陈　凯

外宣办(新闻办)主任:陈永光

外宣办(新闻办)副主任:吴俊杰

统　战　部

（挂市政府台办、市政府侨办牌子）

部　　长:范　敏(女,7.29免)

包国芳(女,7.29任)

副 部 长:黄明华(2.1免)

毛卫平(兼)　王明生

吴明飞

吴东初(3.31任)

侨办主任:黄明华(2.22免)

吴东初(4.18任)

台　　办

（与统战部合署办公）

主　　任:王明生

副主任:郁香萍(女)

编　委　办

（挂市事业单位登记管理局牌子）

主　　任:陈又红

副 主 任:陆林峰　梅　笛

事业单位登记管理局局长:

陈又红

事业单位登记管理局副局长:

陆林峰

农村工作办公室

（挂市政府农村工作办公室牌子）

主　　任:刘德基

副 主 任:王振玉　江南平

杨　江

政法委员会

书　　记:王　玮

副 书 记:周如勇(兼)

陈卫兵(兼,10.25免)

刘　贵(兼)　薛　松

苏孔兴

国安办专职副主任:朱神锋

社会管理综合治理委员会办公室

（与政法委员会合署办公）

主　　任:薛　松

副 主 任:范旭东　薛卫东

陆荣华(2.22免)

610办公室

主　　任:顾国华

副 主 任:高桂兴

唐祖奇(8.27任)

信　访　局

（挂市政府信访局牌子）

局　　长:汪东初

副 局 长:张逸群　曹建芳(女)

纪检组长:吴熠军

信访督查专员:周汉平

市政府信访局局长:汪东初

市政府信访局副局长:

曹建芳(女)

市级机关工委

书　　记:陈海涛(11.26免)

闻韵萍(女,11.26任)

副 书 记:商新民

纪工委书记:王　云(女)

党史方志档案办公室

（挂市档案局、档案馆牌子）

主　　任:王宇清

副 主 任:田林明(8.27免)

马莲娜(女)　郭文冰

档案局局长:王宇清

老 干 部 局

局　　长:王建禔(11.26免)

副 局 长:朱金荣(2.1免)

朱　萍(女)

侯　杰(3.31任)

党　　校

校　　长:邓　飞(兼,8.3免)

赵国庆(兼,8.3任)

常务副校长:郁　雷

副 校 长:徐　进　肖　媛(女)

市人大常委会工作机构

办　公　室

主　　任:吴一江

副 主 任:徐　烽　张兴松

财经工作委员会

主　　任:杨文萍(女)

副 主 任:董　因(女)

农村工作委员会

主　　任:刘晓南(11.28免)

李江豪(11.28任)

副 主 任:蔡纪章(11.28免)

陈兆彬(11.28任)

法制工作委员会

主　　任:史亚萍(女,11.28免)

高永祥(11.28任)

副 主 任:朱忠武

教科文卫工作委员会

主　　任:缪　乐(11.28免)

何　虹(女,11.28任)

副 主 任:蒋云红(女,4.27免)

陈兆彬(4.27任，11.28免)

杨美娣(女,11.28任)

环境资源城乡建设工作委员会

主　　任:何　虹(女,11.28免)

吴铭华(11.28任)

副 主 任:徐志红(女)

人事代表工作委员会

主　　任:毛小平(11.28免)

冯晓东(11.28任)

副 主 任:陆国胜

市政协工作机构

办　公　室

主　　任:徐　柯(女,11.26免)
　　　　仇　颖(11.26任)
副 主 任:马　鉴(11.26免)
　　　　刘静琰(女)
　　　　成　喆(11.26任)

学习文史委员会

主　　任:范红梅(女,12.7免)
　　　　胡文华(12.7任)

提案委员会

主　　任:鞠　荣(12.7免)
　　　　马　鉴(12.7任)

经济科技委员会

主　　任:黄圣儒(12.7免)
　　　　唐明澍(12.7任)

教卫文体委员会

主　　任:张颖武

社会法制委员会

主　　任:季子文

市政府工作部门及直属单位

办　公　室

(挂研究室、人民防空办公室、法制办公室、外事办公室、旅游局牌子)

主　　任:季士发
副 主 任:陆　炜　孙卫东
　　　　徐永清　沈永江
　　　　宋　立　林承凡
　　　　徐常青　李华兵
研究室主任:陶　虹(12.7任)
人民防空办公室主任:陈建定
人民防空办公室副主任:顾鸿涛
法制办公室主任:徐永清
外事办公室主任:陆　炜
旅游局局长:林承凡
市政府督查室主任:
　　　　陈　伟(12.7免)
市应急办公室专职副主任:
　　　　赵小华
电子政务中心主任:沈　磊(女)

市机关事务管理局

局　　长:毛红燕(女)
副 局 长:丁　炜　丁啸宇

金融工作办公室

主　　任:翟勇军
副 主 任:李旭东(4.18免)
　　　　何　湫

行政学校

校　　长:赵国庆(兼,8.9免)
　　　　沈南松(兼,8.9任)
常务副校长:郁　雷
副 校 长:徐　进　肖　媛(女)

发展和改革委员会

(挂物价局、粮食局、服务业发展局牌子)

主　　任:于　政
党组书记:于　政(11.26免)
　　　　马晓波(11.26任)
副 主 任:常金林　王艺明
　　　　黄灿波　杨恒庭(兼)
纪检组长:闻学贤
能源办公室主任:王艺明
物价局局长:陈　兴(4.18免)
　　　　李旭东(4.18任)
物价局党组书记:
　　　　陈　兴(3.31免)
　　　　李旭东(3.31任)
物价局副局长:钱桂松　沙爱平
物价局纪检组长:丁惠明
物价局检查分局局长:
　　　　张苏红(女)
粮食局局长、党委书记:杨恒庭
粮食局党委副书记:黄翠凤(女)
粮食局纪委书记:潘永新
服务业发展局局长:
　　　　于　政(12.7免)
　　　　马晓波(12.7任)

经济和信息化委员会

(挂中小企业局牌子)

主　　任:沈　阳
党工委书记:沈　阳(11.26免)
　　　　何　健(11.26任)
党工委副书记:王恺洲(8.27免)
副 主 任:魏小飞　王金付
　　　　徐卫清　高剑平
纪工委书记:吴逸南
信息化与新兴产业办公室主任:
　　　　王荣明
中小企业局局长:
　　　　沈　阳(12.7免)
　　　　何　健(12.7任)
中小企业局副局长:张　纲

教　育　局

(挂政府教育督导室牌子)

局　　长:范新宏
党工委书记:范新宏(11.26免)
　　　　夏灵峰(11.26任)
党工委副书记:范崇俊(8.27免)
纪工委书记:范红波(3.31免)
　　　　蒋云红(女,3.31任)
副 局 长:张志坚　潘建新(女)
　　　　李　兴　袁　斌
政府教育督导室主任:
　　　　范崇俊(9.1免)
高等学校招生委员会办公室(自学考试指导委员会办公室)主任:
　　　　袁　斌

科技知识产权局

局　　长:郑企力
党组书记:郑企力(11.26免)
　　　　孙晓军(11.26任)
副 局 长:王海庆　黄　伟
　　　　王月娟(女)
纪检组长:刘晓斌
地震局局长:沈满松

公　安　局

局长、党委书记:周如勇
督 察 长:周如勇
政委、党委副书记:卢明华
副 局 长:黄玉平(9.1免)
　　　　顾国华　缪金桂
　　　　陈爱国
　　　　蔡　斌(12.7免)
纪委书记:王正芳(女)
副 政 委:侯爱坤　宋永东

维稳办主任:周如勇
维稳办专职副主任:刘映明
政治处主任:张益新
指挥中心主任:许晓波
指挥中心教导员:钟　燕(女)
国内安全保卫大队大队长:
姚文明
国内安全保卫大队教导员:
蔡小平(3.31免)
宋洪锋(3.31任)
治安警察大队大队长:叶　锋
治安警察大队教导员:常进其
交通警察大队大队长:吴金涛
交通警察大队教导员:
刘　萍(女)
刑事警察大队大队长:范明栋
刑事警察大队教导员:周满章
经济犯罪侦查大队大队长:
郑　卫
经济犯罪侦查大队教导员:
陈　忠
网络安全保卫大队大队长:
苏骥军
网络安全保卫大队教导员:
杨志勇
巡特警大队大队长:徐建军
巡特警大队教导员:
刘　青(女)
水警大队大队长:顾正飞
水警大队教导员:薛际平
出入境管理大队大队长:
陆红梅(女)
出入境管理大队教导员:江晓东
警务督查大队大队长:
赵建清(9.1免)
警务督查大队教导员:
姚亚珠(女,3.31免)
夏霞兰(女,3.31任)
城东派出所所长:陈小刚
城东派出所教导员:
何小虎(8.27免)
城西派出所所长:陈　彬(9.1免)
杨　震(9.1任)
城西派出所教导员:
凌　云(3.31免)
秦　勇(3.31任)
城南派出所所长:项景明(9.1免)
陈　彬(9.1任)
城南派出所教导员:高　彬
城北派出所所长:
张正彬(2.22免)
凌　云(4.18任)
城北派出所教导员:何建友
城中派出所所长:唐祖奇(9.1免)
项景明(9.1任)
城中派出所教导员:
陈建中(5.18免)
滨江新区派出所所长:陈文杰
滨江新区派出所教导员:
宋心燕(女,3.31任)
西来派出所所长:薛　军
西来派出所教导员:蒋红彬
斜桥派出所所长:
姚亚珠(女,4.18任)
斜桥派出所教导员:王　强
季市派出所所长:
徐灿松(4.18免)
商　桐(9.1任)
季市派出所教导员:
陈苏明(3.31免)
陆友权(5.18任)
孤山派出所所长:龚银钢
孤山派出所教导员:王兴波
马桥派出所所长:陈旭东
马桥派出所教导员:严亚明
生祠派出所所长:唐海洲
生祠派出所教导员:居永红
东兴派出所所长:顾文舟
东兴派出所教导员:卢章进
新桥派出所所长:陈波涛
新桥派出所教导员:周旭华
新港派出所所长:刘邦银
新港派出所教导员:
杨　震(8.27免)
城北园区派出所所长:刘卫国
城北园区派出所教导员:焦桂红
江阴靖江工业园区派出所所长:
印宝红
江阴靖江工业园区派出所教导员:　商　桐(8.27免)

监　察　局

(与纪委合署办公)

局　　长:蔡龙彬(5.23免)
夏军联(女,9.5任)
副 局 长:陈卫军(1.22任)
唐明澍

民　政　局

局　　长:宋　亮
党委书记:宋　亮(11.26免)
刘　强(11.26任)
党委副书记:陈安前(2.1免)
褚剑云(2.1任)
副 局 长:夏汉涛(2.22免)
王　瑜　陈靖曙
陆荣华(2.22任)
纪委书记:朱启东

司　法　局

局　　长:印江红
党组书记:印江红(11.26免)
徐　跃(11.26任)
副 局 长:杨泽宏　田　华(女)
高永祥(12.7免)
纪检组长:黄红曙
社会矛盾纠纷调处服务中心主任:　陆荣华(2.22免)
陆兴富(4.18任)

财　政　局

(挂国有资产监督管理办公室牌子)

局　　长:殷爱华
党组书记:殷爱华(11.26免)
张劲松(11.26任)
副 局 长:秦满芳(女,9.1免)
徐　群　张汉平
夏建新(4.18免)
张卫东(4.18任)
杨国荣(9.12任)
纪检组长:戴玉信(2.1免)
范红波(3.31任)
国有资产监督管理办公室主任:
陈金星(9.1免)
殷爱华(9.1任,12.7免)
张劲松(12.7任)

国有资产监督管理办公室副主任:刘　军(9.1免)
非税收入管理办公室(预算外资金管理办公室更名,机构规格不变)主任:耿昌林(9.12任)
国库集中收付中心主任、会计核算中心(挂牌)主任:
张卫东(4.18免)
徐加胜(4.18任)

人力资源和社会保障局
(挂公务员局牌子)

局　　长:符　平
党委书记:符　平(11.26免)
范新宏(11.26任)
党委副书记:朱建忠
副 局 长:王海清　包洪萍(女)
赵亚平　张庆中
纪委书记:刘卫东
社会保险管理中心主任:
徐　婷(女)
医疗保险管理中心主任:张立新
人力资源就业管理中心主任:
朱金水(女,4.18任)
公务员局局长:符　平(12.7免)
范新宏(12.7任)

国土资源局

局长、党委书记:张仁德(1.18免)
沙旭东(2.1任)
副 局 长:张小虎
鞠晔红(6.6免)
蒋　青(6.6任)
赵　敏(女,7.25任)
陈胜昌(7.25任)
纪委书记:蒋　青(6.6免)
孙　凤(女,6.6任)

住房和城乡建设局
(挂城市管理局、城市管理行政执法局牌子)

局　　长:马晓波
党委书记:马晓波(11.26免)
顾灿红(11.26任)
党委副书记:展秋霖
副 局 长:樊兴华　邹　明
范　薇(女)　王　伟
纪委书记:赵建刚
建筑工程局局长:
马晓波(兼,12.7免)
顾灿红(兼,12.7任)
城镇住房制度改革办公室主任:
姚　蔚(女)
集体土地房屋拆迁管理办公室主任:鲍可庆(2.22任)
城市管理局局长:黄玉平(9.1免)
城市管理局党组书记:
黄玉平(8.27免)
城市管理局副局长:黄洪涛
侯荣伟
城市管理局纪检组长:吴灿其
城市管理行政执法局局长:
黄玉平(9.1免)
城市管理行政执法局副局长:
黄洪涛　侯荣伟
城市管理综合执法大队大队长:
黄洪涛

数字化城市管理监督指挥中心

主　　任:黄玉平(9.1免)
副 主 任:黄洪涛　侯荣伟

规　划　局

局　　长:仇　颖
党组书记:仇　颖(11.26免)
刘振东(11.26任)
副 局 长:丁　华　唐卫成
陆红娟(女,4.18免)
总规划师:季宋晔
纪检组长:王　东

交通运输局

局　　长:史骥涛(9.27免)
党委书记:史骥涛(8.27免)
黄玉平(8.27任)
党委副书记:卢红进
副 局 长:胡文华(12.7免)
沈关红　侯　栋
纪委书记:孙逸萍(女)
地方海事处主任:田秋红(女)
运输管理处主任:李晓峰

水　利　局

局　　长:刘　放(5.25免)
羊文华(5.25任)
党委书记:刘　放(5.18免)
羊文华(5.18任)
党委副书记:朱建平
副 局 长:罗　平　刘　坤
卞　勇(6.1免)
纪委书记:陶明利
江河堤闸管理处主任:
卞　勇(6.1免)

农业委员会
(挂农业机械管理局、农业资源开发局牌子)

主　　任:李江豪
党委书记:李江豪(11.26免)
陈焕新(11.26任)
党委副书记:褚善民
副 主 任:杜剑茹(女,2.22免)
李　华
顾进松(2.22免)
刘　锋　张　伟(兼)
顾凤琦(兼)
纪委书记:杨　靖(女)
农业机械管理局局长:
李江豪(12.7免)
陈焕新(12.7任)
农业资源开发局局长:
顾进松(2.22免)
农业干部学校校长:顾凤琦
农业科学技术推广中心主任:
朱　杰

现代农业开发区

党工委书记:李江豪(11.26免)
管委会主任:李江豪(12.7免)

商　务　局

局　　长:吴铭华
党组书记:吴铭华(11.26免)
刘　俊(11.26任)
副 局 长:杨立岸　戴金山
倪亚娟(女)　周荣根
纪检组长:吴志钧

投资促进局

局　　长:孙卫东
副 局 长:刘丽霞(女)
方　巍(4.18免)
周　燕(6.1任)

文化广电新闻出版局

局　　长:刘舰平
党委书记:刘舰平(11.26免)
　　　　王建禔(11.26任)
党委副书记:陈　新
副 局 长:商海霞(女)　黄益涛
　　　　吴　彬
纪委书记:卢　频(女,2.1免)
　　　　曹正新(3.31任)

体　育　局

体育局局长:陈　刚
体育局副局长:杨晓东　陶炳义
　　　　吴　健

卫生和计划生育委员会

主　　任:刘灿均
党委书记:何艳红
党委副书记:刘灿均　陈曙剑
副 主 任:刘凤云(女)
　　　　唐晓勤　王志刚
　　　　王　涛　朱亚明
　　　　钱　军
纪委书记:丁如松(8.27免)

审　计　局

局长、党组书记:唐文勇
副 局 长:徐爱华(女)
　　　　商东尧(2.22免)
　　　　殷建平
纪检组长:范乐观

环境保护局

局长、党委书记:朱　靖
党委副书记:毛振钟
副 局 长:苏　平　倪　云
　　　　张　丽(女)
纪委书记:顾爱东
环境监察大队大队长:张群峰
江阴—靖江工业园区分局局长:
　　　　朱　靖
江阴—靖江工业园区分局副局长:陈鸿林

统　计　局

局　　长:钱明华(4.27免)
　　　　夏建新(4.27任)
党组书记:钱明华(3.31免)
　　　　夏建新(3.31任)
副 局 长:周网琪　吕益红
　　　　朱桂芳(女)
纪检组长:沈　湧

安全生产监督管理局

局　　长:朱晓波
党组书记:朱晓波(11.26免)
　　　　蔡　斌(11.26任)
副 局 长:孔祥瑞　韩　进
　　　　张志伟
纪检组长:唐海清
安全生产监察大队大队长:
　　　　殷浩鹏

市场监督管理局

局　　长:顾灿红
党委书记:冯晓东(11.26免)
　　　　周劲明(11.26任)
党委副书记:顾灿红(11.26免)
　　　　陆兴松
副 局 长:陆兴松　范崇义
　　　　朱建明　杨伟程
　　　　毛立仁
　　　　黄　圣(4.18免)
　　　　孙　凤(女,6.1免)
　　　　徐啸宇(女)　肖瑞成
纪委书记:陈丽萍(女)
靖城分局局长:闻骥棠
城南分局局长:方鉴青(女)
孤山分局局长:丁　磊
港城分局局长:周志军
新区分局局长:田亚铭
马桥分局局长:徐　勇
市场监管稽查大队大队长:
　　　　孙红银
产品质量综合检验检测中心主任:章力军

民族宗教事务局

局　　长:毛卫平
副 局 长:朱　银
　　　　耿志红(6.1任)

广播电视台

台　　长:陆钧涛(12.7免)
党委书记:陆钧涛(11.26免)
党委副书记:陈　权
副 台 长:赵金君(12.9任)
　　　　刘苏靖　朱红芳(女)
纪委书记:丁　艺(女)

政务服务管理办公室

主　　任:刘　强(12.7免)
党工委书记:刘　强(11.26免)
党工委副书记、纪工委书记:
　　　　许　鉴
副 主 任:叶卫华　钱少华(女)
政务服务中心主任:钱　斌

供销合作总社

主任、党委书记:卢　杰
党委副书记:朱凤祥
纪委书记:曹永东
副 主 任:王习同　印明荣

口岸工作办公室

(挂市港口管理局牌子)

主　　任:李达林
副 主 任:丁建新　王向群
　　　　钱　忠
纪检组长:鞠新宇
港口管理局局长:李达林
港口管理局副局长:丁建新
　　　　王向群

渔 业 公 司

经理、党委书记:张　伟

国有资产经营管理(集团)公司

董 事 长:殷爱华(兼,12.7免)
　　　　张劲松(兼,12.7任)
党委书记:殷爱华(兼,11.26免)
　　　　张劲松(兼,11.26任)
总 经 理:蔡永进
党委副书记:蔡永进　沈桂荣
副总经理:陆汝光
纪委书记:沈桂荣

医 疗 集 团

党委书记、管委会主任:高　峰
党委副书记、纪委书记:叶玉东
管委会副主任:吴　剑
　　　　黄继勋(6.1任)

重点学校

江苏省靖江高级中学

校长、党委书记:陈国祥
党委副书记、纪委书记:
　　　　陈　尧(女)

副 校 长:陈 尧(女) 陈 斌
赵灿冬

泰州市广播电视大学靖江分校、江苏省靖江中等专业学校

校长、党委书记:戴建坤
党委副书记、纪委书记:许文云
副 校 长:刘汉华 顾卫国
徐 刚

人民团体

总 工 会

主 席:叶丽华(女,兼)
党组书记:杨 钧
副 主 席:杨 钧 朱天媛(女)
张链斌
纪检组长:曹 雷

共青团靖江市委员会

书 记:闻 杰
副 书 记:刘 矛(女) 龚 帅

妇女联合会

主席、党组书记:
闻韵萍(女,11.26免)
史亚萍(女,11.26任)
副 主 席:张桂琴(女)
王森红(女)
纪检组长:蒋秀红(女)

科学技术协会

主席、党组书记:刘拥政
副 主 席:吴林基 沈 云
纪检组长:徐 凯

文学艺术界联合会

主 席:王 青
副 主 席:史爱梅(女) 周俊伟
崔益稳(兼)
商海霞(女,兼)

哲学社会科学界联合会

(与市委宣传部合署办公)

主 席:严 羽
副 主 席:严 震(女)

工商业联合会

主 席:黄文龙(兼)
党组书记:吴明飞(兼)
副 主 席:吴 德 高 军
纪检组长:王亚军

残疾人联合会

理事会理事长:侯兴华
理事会副理事长:
吴时彦(8.27免)
羊 兴
潘继铭(8.27任)
纪检组长:潘继铭(8.27免)
主席团副主席:侯兴华
吴时彦(8.27免)
羊 兴
潘继铭(8.27任)
徐永清
宋 亮(11.26免)
刘灿均
符 平(11.26免)
范新宏(11.26免)

归侨侨眷联合会

(与市委统战部合署办公)

主 席:黄明华(2.22免)
吴东初(3.31任)

红 十 字 会

会 长:何卫东(兼,10.25免)
专职副会长:周晓敏

开发区、各镇领导机构

靖江经济技术开发区

(开发区机构升格)

党工委书记:倪 斌(7.4免)
赵 叶(7.4任)
管委会主任:赵 叶(7.4免)
党工委副书记:孙宏建(7.4免)
罗晓东(7.29任)
刘定邦
管委会副主任:罗晓东(7.29免)
张劲松 朱 俊
李建新
纪工委书记:刘定邦(5.10免)
蔡龙彬(5.10任)
办公室主任:刘 俊(3.31任,12.7免)
办公室副主任:邵剑江(9.12任)
党群工作部部长:夏灵峰(3.31任,11.26免)
党群工作部副部长:
詹卫才(8.27任)
经济发展局局长、船舶出口基地管理办公室(挂牌)主任:
钱明华(4.18任)
经济发展局副局长:
朱为国(9.12任)
招商局局长:闻亚星(4.18任)
招商局副局长:郭惠斌(4.18任)
方 巍(4.18任)
张 良(4.18任)
戴金山(挂职,4.18任)
港口事务局局长:陈 兴(4.18任)
建设局局长:陆林祥(4.18任,12.7免)
毛小平(12.7任)
建设局副局长:熊 平(女,兼,4.18任)
财政金融局局长:
杜正宇(4.18任)
财政金融局副局长:
陈宇霞(女,4.18任)
社会管理办公室主任、政法综治办公室(挂牌)主任:
郑立平(4.18任,12.7免)
陆林祥(12.7任)
社会管理办公室副主任:
施 政(9.12任)
安监局局长:项建国
安监局副局长:熊志忠(4.18任)
国土资源局开发区分局局长:
沙旭东(兼,4.18任)
环保局开发区分局局长:
朱 靖(兼,4.18任)
市场监管局开发区分局局长:
顾灿红(兼,4.18任,12.7免)
陆兴松(兼,12.7任)
市场监管局开发区分局副局长:
黄 圣(4.18任)

新 港 城

党委书记:张劲松(11.26 免)
主　　任:张劲松(12.7 免)
党委副书记:黄颖锋
　　郑立平(3.31 免)
副 主 任:黄颖锋
　　盛增元(2.22 免)
　　赵晔岭　褚　雷
　　熊　平(女)
纪委书记:郑立平(3.31 免)

城 南 园 区

党委书记:罗晓东(3.31 免)
　　羊进明(3.31 任)
主　　任:罗晓东(4.18 免)
　　羊进明(4.18 任)
党委副书记:徐　跃(3.31 任,11.26 免)
副 主 任:徐　跃(4.18 任,12.7 免)　王海波
　　杨晓波　刘　锋

城 北 园 区

党委书记、主任:王　靖
党委副书记:郭建秋
副 主 任:郭建秋　蒋东平
　　卢新初
纪委书记:郭建秋

市政府城南办事处

党委书记:罗晓东(3.31 免)
　　羊进明(3.31 任)
主　　任:羊进明(4.18 免)
　　徐　跃(4.18 任,12.7 免)
人大工委主任:蔡新杰(11.28 免)
　　羊进明(11.28 任)
政协工委主任:羊进明(4.20 免)
　　徐　跃(4.20 任,12.7 免)
党委副书记:徐　跃(3.31 任,11.26 免)
　　蔡新杰(11.26 免)
副 主 任:孙靖奇(9.1 免)
　　蔡　勇　朱　勇
纪委书记:高基银
人大工委副主任:
　　沈新国(11.28 免)
　　吴立峰(11.28 任)
组织委员:徐志斌
宣传(统战)委员:季红卫(女)
政法委员:倪　萍(女)
人武部部长:吴立峰(12.8 免)
政协工委副主任:季红卫(女)

江苏江阴—靖江工业园区办事处

党委书记:朱　俊(2.1 免)
　　陶　虹(2.1 任,11.26 免)
　　印江红(11.26 任)
主　　任:朱　俊(2.22 免)
　　陶　虹(2.22 任,12.7 免)
　　缪红卫(12.7 任)
人大工委主任:朱　俊(3.29 免)
　　陶　虹(3.29 任,11.28 免)
　　印江红(11.28 任)
政协工委主任:王文泽
党委副书记:缪红卫(11.26 任)
　　王文泽
纪委书记:陆敏华(女)
副 主 任:杜迎松　何疆斌
人大工委副主任:邵　卫
组织委员:周云华(女)
宣传(统战)委员:陈荣坤
政法委员:王建东
人武部部长:刘宏江
政协工委副主任:陈荣坤

新桥园区管理委员会

主　　任:李建新(12.7 免)
　　吴　彬(12.7 任)
副 主 任:刘振东(12.7 免)
　　王　伟　耿　华

滨江新区办事处

党工委书记:何　健(11.26 免)
　　陈海涛(11.26 任)
主　　任:缪红卫(12.7 免)
　　范红梅(女,12.7 任)
人大工委主任:何　健(11.28 免)
　　陈海涛(11.28 任)
党工委副书记:缪红卫(11.26 免)
　　范红梅(女,11.26 任)
纪工委书记:闻亚星(女,8.27 免)
副 主 任:王佩清(6.1 免)
　　戴靖乾　鞠　俊
　　徐　琳(女,6.1 任)
人大工委副主任:
　　朱云松(11.28 免)
　　丁月琴(女,11.28 任)
组织委员:张加红
宣传(统战)委员:
　　徐　琳(女,5.18 免)
　　钱　禹(5.18 任)
政法委员:钱　禹(5.18 免)
　　李德华(5.18 任)
人武部部长:赵永忠
政协工委副主任:
　　徐　琳(女,6.30 免)
　　钱　禹(6.30 任)

靖 城 街 道

党工委书记:赵建国
办事处主任:卢　忠
人大工委主任:吴玉平(11.28 免)
　　陆钧涛(11.28 任)
政协工委主任:刘　琪
党工委副书记:卢　忠　吴玉平
　　刘　琪
纪工委书记:林浩良
办事处副主任:黄汉初(2.22 免)
　　李林锋(2.22 免)
　　陈兆彬(4.18 免)
　　陆澄萍(女)
　　唐以龙
　　瞿玉清(女,4.18 任)
　　闻　毅(4.18 任)
　　王建兴(4.18 任)
人大工委副主任:孙学勤
组织委员:闻　毅(3.31 免)
　　范建红(女,3.31 任)
宣传(统战)委员:
　　瞿玉清(女,3.31 免)
　　仇小卫(3.31 任)
政法委员:王建兴(3.31 免)
　　缪剑锋(3.31 任)
人武部部长:夏　阳

政协工委副主任:
瞿玉清(女,4.20免)
仇小卫(4.20任)

西 来 镇

党委书记:叶亚明
镇　长:缪立强
人大主席:陶惠萍(女,2.28免)
高卫南(2.28任)
党委副书记:缪立强　陆宏进
纪委书记:陆宏进(2.1免)
刘　燕(女,2.1任)
副 镇 长:卢　栋
夏建锋(2.27免)
何琰如(女)　刘斗文
赵明贵
杨卫东(2.28任)
组织委员:杨卫东(2.1免)
刘　俊(2.1任)
宣传(统战)委员:
王新华(11.26免)
政法委员:陈　彬
人武部部长:张　凌
政协工委副主任:
高卫南(1.5免)
王新华(12.7免)

斜 桥 镇

党委书记:张劲松(11.26免)
黄颖锋(11.26任)
镇　长:黄颖锋
人大主席:江明宗(3.8免)
姚爱国(3.9任)
政协工委主任:陆　铭(1.5任)
党委副书记:郑立平(11.26任)
陆　铭
纪委书记:姚爱国(2.1免)
陶　鸿(2.1任)
副 镇 长:刘　燕(女,3.8免)
吴炳东　吴剑秋
张　良(8.22免)
刘　荣
秦美娟(女,3.9任)
王　涛(8.23任)
组织委员:王　涛(3.31免)
夏　羽(3.31任)
宣传(统战)委员:
顾炼炼(女,11.26免)
政法委员:秦美娟(女,2.1免)
朱　彬(3.31任)
人武部部长:刘旭红
政协工委副主任:
顾炼炼(女,12.7免)

孤 山 镇

党委书记:王　靖
镇　长:施泉国
人大主席:夏新培(2.26免)
陈卫清(2.26任)
政协工委主任:刘金康
党委副书记:施泉国　刘金康
纪委书记:陈卫清(2.1免)
曾靖杰(2.1任)
副 镇 长:宋汝明　顾梓娣(女)
曾靖杰(2.25免)
沐凌飞(2.26任)
朱　光(2.26任)
组织委员:朱　光(2.1免)
刘　斌(2.1任)
宣传(统战)委员:沐凌飞(2.1免)
黄天棋(女,3.31任)
政法委员:闻金奇(5.18免)
刘鲲鹏(5.18任,
11.26免)
人武部部长:刘鲲鹏(6.3免)
周　兴(6.3任)
政协工委副主任:
沐凌飞(4.20免)
黄天棋(女,4.20任)

季 市 镇

党委书记:羊文华(5.18免)
张佳炜(5.18任)
镇　长:张佳炜(7.14免)
季祖平(7.15任)
人大主席:卢淑兰(女,3.10免)
顾兴宇(3.10任)
政协工委主任:贾界平(1.5任)
党委副书记:季祖平(5.18任)
贾界平
纪委书记:赵正兴(5.18免)
王华军(5.18任)
副 镇 长:顾兴宇(3.10免)
刘　沣　袁锦鸿
夏柳松
缪永忠(3.10任)
组织委员:花　耘(女,11.26免)
徐　东(11.26任)
宣传(统战)委员:
周艳红(女,11.26免)
政法委员:缪永忠(2.1免)
陆　创(3.31任)
人武部部长:陈亦松
政协工委副主任:
周艳红(女,12.7免)

马 桥 镇

党委书记:蒋国庆
镇　长:陈焕新
人大主席:蒋国庆(2.28免)
王友同(2.28任)
政协工委主任:王友同(1.5免)
党委副书记:陈焕新(11.26免)
吴文彬(11.26任)
周　彬
纪委书记:周　彬(2.1免)
夏建锋(2.1任)
副 镇 长:陈　林(2.27免)
朱海平　朱丽萍(女)
刘红旗
谢小彬(2.28任)
人大副主席:朱　剑(2.28免)
组织委员:谢小彬(2.1免)
张　钰(女,2.1任)
宣传(统战)委员:
仇小卫(3.31免)
孙唯一(女,3.31任)
政法委员:刘旭奇(5.18免)
刘晓林(5.18任)
人武部部长:袁俊章(12.8免)
政协工委副主任:
仇小卫(4.20免)
孙唯一(女,4.20任)

东 兴 镇

党委书记:刘　洪(5.18免)
钱灿兴(5.18任)
镇　长:钱灿兴(7.21免)

鞠晔红(7.22任)
人大主席:陆金礼(女,3.8免)
何兴南(3.8任)
政协工委主任:杨　静(1.5任)
党委副书记:鞠晔红(5.18任)
杨　静
纪委书记:耿志红(5.18免)
赵正兴(5.18任)
副 镇 长:张逸群(3.8免)
王　林　管苏艳(女)
王华军(7.21免)
徐　建(3.8任)
唐以伟(7.22任)
组织委员:施　键(11.26免)
沈　燚(女,11.26任)
宣传(统战)委员:
王建波(5.18免)
钱纪程(5.18任)
政法委员:唐以伟(5.18免)
王建波(5.18任,
11.26免)
人武部部长:刘林松
政协工委副主任:
王建波(1.5任,
6.30免)
钱纪程(6.30任)

生　祠　镇

党委书记:陶　虹(2.1免)
钟云峰(2.1任)
镇　长:徐　跃(6.21免)
陆红娟(女,6.22任)
人大主席:陶　虹(3.5免)
羊国锋(3.6任)
政协工委主任:张永杰
党委副书记:徐　跃(3.31免)
陆红娟(女,3.31任)
张永杰
纪委书记:羊国锋(2.1免)
刘　湘(女,2.1任)
副 镇 长:刘国银
陶　鸿(3.5免)
鞠　俊(3.5免)
王　斌　严建军
吴卓明(3.6任)
卞正洪(3.6任)
组织委员:卞正洪(2.1免)
汤金涛(2.1任)
宣传委员、统战委员:
顾万铭(女)
政法委员:缪剑锋(3.31免)
朱　慧(5.18任)
人武部部长:周　华(12.8免)
政协工委副主任:顾万铭(女)

新　桥　镇

党委书记:李建新(11.26免)
吴　彬(11.26任)
镇　　长:吴　彬
人大主席:鞠景良(3.10免)
朱国宽(3.10任)
政协工委主任:朱国宽(1.5免)
刘昭东(1.5任)
党委副书记:陈　伟(11.26任)
刘昭东
刘振东(11.26免)
纪委书记:陈　华(5.18免)
陈　航(5.18任)
副 镇 长:朱月华　顾友发
耿光明　刘香霞(女)
王　伟(3.10任)
耿　华(3.10任)
组织委员:陈　航(5.18免)
侯　军(5.18任)
宣传(统战)委员:周美萍(女)
政法委员:刘　洪
人武部部长:朱　洁(12.8免)
政协工委副主任:周美萍(女)
党政办公室主任:刘昭东
经济发展局局长:
王　伟(12.7免)
刘　阳(12.7任)
建设局局长:耿　华
社会管理服务中心主任:刘　洪
社会事业和民生保障局局长:
朱月华
农业和农村工作局局长:
顾友发(12.7免)
综合执法局局长:耿光明
组织人事局局长:陈　航(6.1免)
侯　军(6.1任)
财政和资产管理局局长:
朱　敏(女)
便民服务中心主任:冯锦忠

省、泰州市条线管理部门

靖江日报社

总　　编:叶晓庆
副 总 编:崔益稳　余中兴
王　平　何鋆清(女)

地方税务局

局长、党组书记:陆静波
党组副书记:李学军
副 局 长:王小勇 朱永忠
刘　冬(3.2免)
纪检组长:李学军

国家税务局

局长、党组书记:王　华
副 局 长:王　翔　黄　蔚
纪检组长:陈　铭

邮 政 公 司

总经理、党委书记:
王　强(5.18免)
徐赣林(5.18任)
副总经理:季小成
杨月圣(5.18免)
朱卫东(5.18任)
纪委书记:季小成

电 信 公 司

总经理、党委书记:郭宏文
副总经理:郑勇斌(1.25免)
蒋红兵
李　峰(1.25任)
刘新宇

供 电 公 司

总经理、党委副书记:黄　宏
党委书记:周奕兵
副总经理:周奕兵　王　鹏
袁建平
刘兴胜(6.12免)
唐达揆(6.12任)
纪委书记:陈　垠(1.22免)

褚　鑫(1.22 任)

靖江出入境检验检疫局

局　　长:袁晓华(5.18 任)
副 局 长:黄泓轩　徐建胜

靖 江 海 关

关　　长:吴建华
副 关 长:朱凤家　周和明

靖江海事处

处 长:李红光(3.28 免)
副 处 长:吴云锦(主持工作,7.3 任)
朱靖成　耿佩武
严　栋(4.18 任)

靖江边防检查站

站　　长:高　明
政　　委:张　荣
副 站 长:张迎军　杜运明
综合办公室主任:周　鹏

靖江引航站

站　　长:江原生
副 书 记:徐明春
副 站 长:姜小林

长江靖江航道管理处

副 处 长:沈坚阳

中国人民银行靖江市支行

行长、党组书记:陈　林
副 行 长:刘　洪　秦海坤
纪检组长:秦海坤

中国农业发展银行靖江市支行

行　　长:郑懋岚(女)
副 行 长:刘红娟(女)
行长助理:徐敏慧(女)

中国工商银行股份有限公司靖江支行

行长、党委书记:邓　纯
副 行 长:於剑青
周　伟(9.8 免)
吕　毅(6.2 任)
罗　靖(女,9.8 任)
纪委书记:王　旋(女,9.20 任)

中国农业银行靖江市支行

行长、党委书记:刘月江(女)
党委副书记:唐建理(11.24 免)
纪委书记:唐建理(11.24 免)
臧湘兵(12.26 任)
副 行 长:唐建理(11.23 免)
陆　靖(6.21 免)
项繁繁(5.3 免)
臧湘兵(5.3 任)
洪　锋
王　俊(11.23 任)
顾云红(女,11.23 任)

中国银行股份有限公司靖江支行

行　　长:毛庆玖(2.19 免)
陈丽霞(女,6.2 任)
副 行 长:李碧波(7.19 免)
黄红虎　刘马扣
卢云霞(女,8.4 任)

中国建设银行股份有限公司靖江支行

行长、党委书记:叶　军
副 行 长:陈旭东　蔡爱萍(女)
纪委书记:何晓宏

交通银行股份有限公司靖江支行

行　　长:杨小林
副 行 长:吴亚明　陈　兵

上海浦东发展银行靖江工业园区支行

行　　长:沈静芬(女)
副 行 长:徐　震
行长助理:王　政(9.9 任)
羊　玲(女,9.9 任)

农村商业银行股份有限公司

董事长、党委书记:曹文铭
行长、党委副书记:朱友宽
副 行 长:闻进军　卢　丹
陈　东
吴恺文(2.23 免)
徐　云(2.23 任)
纪委书记、监事长:叶反修

靖江市长江商业银行

董 事 长:朱惠健
行　　长:史玉泉(女)
副 行 长:秦桂涛　金文斌
监 事 长:王建林

中国人民财产保险股份有限公司靖江支公司

经　　理:邵　铭(12.29 任)
副 经 理:朱宏波　刘　号
陈　雷

中国人寿保险股份有限公司靖江支公司

经　　理:徐爱东(10.31 任)
副 经 理:朱海萍(女,4.18 免)
刘雅萍(女,4.18 免)
许海斌(4.18 任)
经理助理:吴金凤(女)
倪　颖(女,4.18 任)

中国太平洋财产保险股份有限公司靖江支公司

经　　理:朱利民(12.1 免)
副 经 理:孙月琴(女,主持工作,12.1 任)
鞠丽军

中国太平洋人寿保险股份有限公司靖江支公司

副 经 理:沈　燕(女,主持工作)
罗玉清(女)

烟草专卖局(烟草公司)

局长(经理)、党组书记:周建平
副 局 长:陈新友
副 经 理:顾之远

盐务管理局(盐业公司)

局长、经理:张松林
副局长、副经理:丁红盛
顾振亚(女)
臧　彧

气　象　局

局　　长:吴金凤(女)
副 局 长:张振国

航道管理站

站　　长:朱　靖(女,6.21 免)
陈子兴(6.21 任)

住房公积金管理中心靖江分中心

主　　任:陈亚中

国家统计局靖江调查队

队　　长:赵明华
副 队 长:沙建彬

(展建秋)

2016年靖江市标准地名命名

·小区命名·

1. 正兴花苑：城东大道拆迁安置小区，位于木金村，东至文兴路延伸段，南至木金路，西至城东大道，北至原佳纺服装有限公司。

2. 锦西新村：拆迁安置小区，位于靖西村一、二、九组，东至天港路，南至靖西村一、九组，西至曾家港，北至锦西路。

3. 秸盛花苑：拆迁安置小区，位于文兴路西侧、城东大道东侧地块，东至文兴路，南至中洲路，西至城东大道，北至兴阳路。

4. 同盛花苑：拆迁安置小区，位于原同盛村，东至文兴路，南至江阳路，西至城东大道，北至木金路。

5. 孝化新苑：农民集中居住区，位于润新路南侧，东至合兴港，南至创新路，西至柳江路，北至润新路。

6. 富江新苑：农民集中居住区，位于润江路东侧，东至夹港，南至富新路，西至润江路，北至建新路。

7. 三兴新苑：农民集中居住区，位于三兴村，东至青龙港，南至二仪圩，西至联江路，北至三财圩和新民圩。

8. 润新花苑：农民集中居住区，位于润新路北侧，东至顺江路，南至润新路，西至盛江路，北至建新路。

9. 虹桥四季花园：商住区，位于江山路南侧地块，东至城东大道，南至东苑路，西至东环北路，北至江山路向东延伸段。

10.龙馨园：商住区，位于人民南路西侧靖储2015－挂－18号地块，东至人民南路，南西北三面为空地，占地面积5.67万平方米。

11. 翡翠滨江花园：商住区，位于城东大道与望江路交叉口东北侧地块，东至文兴路，南至望江路，西至城东大道，北至南天生港。

12. 欣欣景元公寓：商住区，位于真武河北路北侧地块，东至靖江市达克罗涂覆工业有限公司，南至真武河北路，西至靖江白金汉都大酒店，北至城北社区薛家埭农田。

13. 缘园人家：位于靖城街道虹兴社区原外资物资总公司地块，东至拥兴公寓，南至靖江茂顺电光源制造有限公司，西至十圩港东侧道路，北至拥兴路。

14. 景龙苑：东至城东大道，南至华阳路，西至晨阳路，北至景越路。

·道路命名·

1.双拥路：位于靖江市光荣院（儿童福利院）南侧，东至靖江市光荣院（儿童福利院）东侧，西至恒靖路。

2. 东苑路：位于城东大道靖城街道拆迁安置区北侧，东至城东大道，西至东环北路。

3. 富新路：位于富江新苑南侧，东至夹港，西至润江路。

4. 兴业路：原兴业路（南至江洲路，北至南环西路）向南延伸，延伸后的兴业路南至长江江堤，北至南环西路。

5. 依江路：位于江苏中燃油品储运有限公司南侧，东至兴业路，西至七圩港。

6.景越路：位于越江村村委会北侧，东至文兴路向北延伸段，西至东环南路。

靖江市部分单位信息发布平台

单位名称及网址	微　博	微　信
单位名称：市人大 网址：www.jsjjrd.gov.cn	—	微信名：靖江人大发布 微信号： 二维码：

单位名称及网址	微 博	微 信
单位名称:市政协 网址:http://www.jjzx.gov.cn/	微博名:靖江政协 微博地址:http://weibo.com/jjzhengxie 二维码:	微信名:靖江政协 微信号:jjzx214500 二维码:
单位名称:市委组织部 网址:www.jsjjdj.gov.cn	—	微信名:智汇靖江 微信号:zhjj1518 二维码:
单位名称:市司法局 网址:www.jingjiang.gov.cn	微博名:靖江市司法局视频中心 微博地址:http://weibo.com/jjsfj 二维码:	微信名:靖江司法 微信号:jjssfj 二维码:
单位名称:市安监局 网址:www.jingjiang.gov.cn	微博名:靖江安监 微博地址:http://weibo.com/u/3723305314 二维码:	微信名:靖江市安监局 微信号:gh_335095fa3b33 二维码:

单位名称及网址	微 博	微 信
单位名称:市检察院 网址:tzjj.jsjc.gov.cn	微博名:江苏省靖江市人民检察院 微博地址:http://e.t.qq.com / tzjjjcy	微信名:靖江检察明霞窗口 微信号:jjjiancha 二维码:
单位名称:市公安局 网址:www.jingjiang.gov.cn	微博名:靖江公安 微博地址: http://weibo.om/p/1001061834587054/home?from=page_100106&mod=TAB#place 二维码:	微信名:平安靖江 微信号:pinganjingjiang 二维码: 微信名:靖江警方 微信号:jsjjpolice 二维码:
单位名称:市体育局 网址:www.jingjiang.gov.cn	微博名:靖江体育 微博地址:weibo.com/jjstyj?from=hissimilar_home&reer_flag=1005050003_&is_hot=1 二维码:	微信名:靖江体育 微信号:jjstyj89180531 二维码:

单位名称及网址	微　博	微　信
单位名称:市教育局 网址:www.jingjiang.gov.cn	微博名:靖江教育 微博地址:http://weibo.com/u/3317614514?opener=weiyonghu 二维码:	微信名:靖江教育 微信号:jjjygffy0523 二维码:
单位名称:市总工会 网址:www.jingjiang.gov.cn	微博名:靖江工会 微博地址:http://weibo.com/jjszgh/profile?rightmod=1&wvr=6&mod=personinfo 二维码:	微信名:靖江职工之家 微信号:jjszgh 二维码:
单位名称:团市委 网址:www.jjtw.gov.cn	微博名:青春靖江 微博地址:weibo.com/u/2012863460	微信名:青春靖江 微信号:qingchunjingjiang

单位名称及网址	微　　博	单位名称及网址	微　　博
单位名称:市国土资源局 网址:www.jingjiang.gov.cn	微博名:靖江国土 微博地址:http://weibo.com/u/5394066862 二维码:	单位名称:市环保局 网址:www.jingjiang.gov.cn	微博名:靖江环保 微博地址: http://weibo.com/jjhb 二维码:
单位名称:常州大学怀德学院 网址: http://hdc.cczu.edu.cn	微博名:常州大学怀德学院 微博地址: weibo.com/u/5592889900	—	—

单位名称及网址	微　　信	单位名称及网址	微　　信
单位名称：市消防大队	微信名：靖江消防 微信号：jjxfdd119 二维码：	单位名称：市城管局 网址：www.jingjiang.gov.cn	微信名：靖江城管人 微信号：JJCHGR 二维码：
单位名称：市金融办	微信名：靖江金融办 微信号：jjsjrb 二维码：	单位名称：市残联 网址：www.jjscl.org	微信名：靖江阳光助残 微信号：jjygzc 二维码：
单位名称：市气象局	微信名：靖江气象 微信号：jjqx8866 二维码：	单位名称：江苏长江商业银行 网址：www.cjccb.com	微信名：微长江 微信号：changjiangbank 二维码：
单位名称：靖江农村商业银行 网址：www.jjbank.net	微信名：靖江农商银行 微信号：js_jjbank 二维码：	单位名称：靖江润丰村镇银行	微信名：靖江润丰村镇银行 微信号：jjrfczyh 二维码：

单位名称及网址	微　　信	单位名称及网址	微　　信
单位名称:靖江海关	微信名:E 路靖关通 微信号:jjhg2015 二维码:	单位名称:靖江地税局	微信名:靖江地税 微信号:shuilianjun 二维码:
单位名称:靖江市国税局	微信名:靖江国税 纳税服务 微信号: 二维码:	单位名称:东兴镇政府 网址:www.jingjiang.gov.cn	微信名:东兴发布 微信号: 二维码:
单位名称:靖江农委 网址:www.jingjiang.gov.cn	微信名:靖江农委 微信号:jjnongwei 二维码:	单位名称: 东海证券股份有限公司 靖江江平路证券营业部 网址:	微信名:东海证券靖江 营业部 微信号:dhzqjjyyb 二维码:
单位名称:市红十字会	微信名:靖江市红十字会 微信号:jjshzh89180515	单位名称:市规划局 网址:www.jingjiang.gov.cn	微信名:靖江市规划局 微信号:jingjiangGHJ
单位名称:靖江边检站	微信名:江苏边防总队 靖江边防检查站 微信号:jjbfjcz	单位名称:市商务局	微信名:靖江商务 微信号:jjsw0523

单位名称及网址	微　　信	单位名称及网址	微　　信
单位名称： 华泰证券股份有限公司 靖江营业部	微信名：华泰证券靖江 人民中路营业部 微信号：htjj0523	—	—

单 位 名 称	单 位 名 称	单 位 名 称	单 位 名 称
单位名称：市交通局 网址：www.jingjiang.gov.cn	单位名称：市机关事务局 网址：www.jingjiang.gov.cn	单位名称：市文广新局 网址：www.jingjiang.gov.cn	单位名称：市审计局 网址：www.jingjiang.gov.cn
单位名称：市委机关工委 网址： http://www.jjjgdjw.com/	单位名称：市政务办 网址：www.jingjiang.gov.cn	单位名称：市统计局 网址：www.jingjiang.gov.cn	单位名称：市物价局 网址：www.jingjiang.gov.cn
单位名称：市公共资源 交易中心 网址：http://www.jjggzyw. com/jjweb/default.aspx	单位名称：市 12345 政府 服务热线 网址：http://12345. jingjiang.gov.cn/	单位名称：市供销总社 网址： http://www.jsjjcoop.com/	单位名称：市住建局 网址： http://www.jjcin.gov.cn
单位名称：市民政局 网址：www.jingjiang.gov.cn	单位名称：靖江引航站 网址：http://www.cj-pilot. com.cn:9001/jjz/index.php	单位名称：长江航道局 网址： http://www.cjhdj.com.cn/	单位名称：市史志档案办 网址：www.jingjiang.gov.cn
单位名称：靖城街道 办事处 网址：www.jingjiang.gov.cn	单位名称：滨江新区 办事处 网址：www.jingjiang.gov.cn	单位名称：滨江新城投资 开发公司 网址：http://www.jjbjxc.com	单位名称：城北园区 网址： http://www.jjcb.com.cn
单位名称：城南办事处 网址：www.jingjiang.gov.cn	单位名称：江阴—靖江工 业园区办事处 网址：www.jingjiang.gov.cn	单位名称：马桥镇政府 网址：www.jingjiang.gov.cn	单位名称：生祠镇政府 网址：www.jingjiang.gov.cn
单位名称：新桥镇政府 网址：www.jingjiang.gov.cn	单位名称：孤山镇政府 网址：www.jingjiang.gov.cn	单位名称：西来镇政府 网址：www.jingjiang.gov.cn	单位名称：斜桥镇政府 网址：www.jingjiang.gov.cn
单位名称：季市镇政府 网址：www.jingjiang.gov.cn	—	—	—

主题分析索引说明

1. 本索引主要采用主题分析法提取,部分则选用关键词。

2. 本索引按首字汉语拼音字母顺序排列。

3. 索引名称后的数字表示内容所在的页码，数字后面的 a、b、c 分别表示左栏、中栏、右栏。

4. 本索引编有附见系统和互见系统,同一内容“互见”只标页码及条目标题。

5. 表格标题的索引后注有“表”字,图片后注有“图”字。

6. 彩页、大事记未作索引;特载、文件选编、统计资料、附录等类目只索目题。

7. 为便于读者检索,在靖江市境内的企事业单位和发生的事件名称,除易产生歧义者外,略去“靖江市”或“靖江”。

A

B

C

D

E

F

J

M

N

P

Q

T

Y

泰州市靖江地方税务局

“以地控税、以税节地”工作在泰州市推广

召开年度税务工作会议

办税服务厅“营改增”应急演练

2016 年，市地税局始终坚持围绕“四个全面”战略布局，密切关注经济运行态势，聚焦基层基础基石、统筹执行形象、主业主责主动、内涵外延重点，全面打赢“营改增”“金三系统全面上线”两场硬仗，成功启动“以地控税、以税节地”“税邮通”税收管理平台，税收征管能力有效提升；创新举办“网民进地税”活动，改进组织“地税开放日”活动，征纳关系更加和谐；大力推进“国地税联合办公”“国地税联合大讲堂”“三证合一”项目，服务能力不断增强；完善“三厅一廊”建设，创新举办“孝文化”座谈会，人员素质日益提升，以服务优、管理优、执法优、合作优、队伍优等“五优同创”为抓手，绩效管理有序推进。一年来，全年共组织入库各项收入 64.29 亿元。其中，公共财政预算收入 28.36 亿元，各项基金费收入 30.46 亿元。同时，社保费合计入库 27.49 亿元。是年，市地税局先后获江苏省“六五”普法先进集体、“江苏省级法治文化建设示范点”“江苏省按比例安排残疾人就业先进单位、江苏省“平安家庭”创建活动先进集体、江苏省部门统计示范点、江苏省文明单位等荣誉，陆静波被评为“江苏省按比例安排残疾人就业工作先进个人”；该局第一、四分局被评为“江苏省文明单位”。

靖江市经济和信息化委员会

泰州市委书记蓝绍敏（左二）视察靖江工业项目建设

开展“大走访大落实”活动

靖江市减轻企业负担政策落实情况培训会

2016年，市经信委始终坚持稳中求进、改革创新，以转型升级为主题，以加快转变经济发展方式为主线，着力实施工业强市战略，加快推进新型工业化进程，全市工业和信息化工作保持平稳、健康的发展态势。

抓好监测保障，力促工业经济稳定增长 突出对全市30强企业的调查分析，及时掌握重点企业运行质态，引导企业强化管理、节本增效。对各镇（街道、园区、办事处）闲置厂房、关停企业，拿出有针对性可实施的解决方案，盘活存量资产。做好“树标杆、补短板”，将苏南先进发达地区作为赶超标杆，紧扣工业经济发展的短板，以重点环节的突破带动整体工作的提升。

着力做优增量，狠抓工业项目提质增效 落实《中国制造2025靖江行动方案》和《靖江市工业发展规划（2016—2025）》，紧密跟踪世界500强企业、央企、行业领军企业，招引落实一批投资体量较大、辐射带动较强、科技含量较高的产业项目，确保新增一批亿元以上新开工项目。采用“新技术、新工艺、新设备、新材料”对生产设施、工艺条件及生产服务等进行改造提升，实现内涵式发展。抓好项目建设的协调、服务工作，帮助解决实施过程中遇到的实际问题。

强化高效服务，增添企业持续发展动力 加快行政审批改革，全面推行并联审批，提升行政效能。深入企业了解面临问题和困难，提供便捷服务。完善中小企业公共服务平台功能，有效整合社会中介服务资源、涉企部门服务资源和信息资源，满足中小微企业对政策和服务的多样化需求。科学配置用地计划，扎实开展低效用地再开发，保障优质产业项目用地需求。深化政银企对接，发挥互助资金、转贷担保等平台作用，满足企业合理信贷需求；探索建立产业引导基金，放大财政资金扶持效应；鼓励和引导企业上市，大力开展上市融资和股权融资，缓解资金贵、资金难问题。落实国家、江苏省新出台的一系列鼓励扶持企业发展的优惠政策，积极争取转型升级专项资金，引导企业加快转型升级。落实企业降成本系列政策，确保惠企政策落到实处，营造全社会关心企业成长发展的良好氛围。

靖江市水利局

市委书记赵叶（中）冒雨察看涝情

代市长叶冬华（前排左二）视察防汛工作

长江堤防抛石护坎工程

承办道德讲堂活动

2016年，市水利局牢牢把握全面深化水利改革、加快推进水利现代化的总基调，克难攻坚、开拓奋进、创新创优，实现水利“十三五”良好开局。突出防汛抗台，全力防灾减灾，成功抗御“6·22”强降雨、“7·1—7·5”持续降雨和第14号强台风“莫兰蒂”、第17号强台风“鲇鱼”等灾害性天气侵袭。启动靖泰界河疏浚整治，实施九圩港封闭段治理，完成新小桥港闸站主体工程、中央财政小型农田水利重点县（三期）项目、2016年度农村河道二次轮浚等工程。创成省级节水型社会示范市，完成小型农田水利工程管理体制改革。认真落实“河长制”，初步构建责任明确、协调有序、监管严格、保护有力的河湖管理保护机制。加强节水载体建设，创成节水型社区、学校各2个，建成节水喷滴灌工程面积92.40公顷。

“水美乡村”创建

靖江市交通运输局

直达机场的奔驰快车

沿江高等级公路改造

无障碍通道

2016年，市交通运输局扎实推进重点工程建设，强化行业管理，狠抓队伍建设，全市交通运输工作成效显著。加大交通基础设施建设力度。S229靖江段改扩建工程江阴园区段完成路基填筑4万立方米，城西大道段实现半幅通车，北二环至新江平路段完成无障碍路段路基清表；沿江高等级公路完成20千米水稳摊铺和14千米沥青下面层摊铺；公新公路拓建工程东兴段完成沥青面层摊铺，城南园区段完成80%的路基填筑；积极开展S232靖江段前期手续审批，完成省发改委工程可行性审查。实施农村公路提档升级项目道路25.79千米、桥梁12座、生命防护工程53千米，提档升级数据库完成率达68%。完成汽车客运站站前广场改造。建成交通运输综合管理服务系统并投入试运行。开通靖江至无锡、常州两地高铁、机场的定制快车线路。稳妥推进全市出租汽车行业改革，394辆CNG清洁能源巡游出租汽车投入市场运营。购置50辆纯电动公交车，其中15辆设有残疾人无障碍通道，投放至市区各主要线路；配套建设充电桩24个；新建公交站台22座；全年办理各类免费及优惠乘车IC卡2.50万余张。在全系统推行安全生产责任清单制，构建全链条、闭环式的“企业主体责任”体系。深入开展“两学一做”主题教育活动，举办“心动党课”观摩活动。

50辆纯电动公交车

靖江市安全生产监督管理局

市委书记赵叶（左二）、常务副市长沈南松（右一）春节前检查

市长叶冬华（前排中）、副市长姚东辉（右一）视察春节前安全生产工作

常务副市长沈南松（右二）参加全市安全生产网格化智慧监管建设现场会

危险化学品应急演练

2016年，市安监局全面落实安全生产目标管理责任制，进一步完善安全生产监管体制，全市安全生产继续保持平稳态势。

明确主体责任，落实安全生产责任 市安委会组织学习贯彻国家、省、市关于安全生产系列文件和批示精神，加大安全生产行政推动力度。

强化监管监察，提升本质安全度 强化重点抽查、暗访暗查和突击检查；持续推进重点行业领域专项整治，开展危化品企业特殊作业专项治理、14个行业职业病危害专项治理等工作；强化危化品企业安全监管，聘请专家检查企业并整改隐患；严格抓好烟花爆竹安全监管。

加强安全生产文化建设 全方位加大安全生产宣传力度，报道安全监管动态，介绍先进监管经验和做法。多渠道开展安全生产宣传教育活动，开展夏季百日安全赛等。

扎实推进“大走访大落实”活动

“智慧安监”助力安全生产

靖江市粮食局

2016年，全市粮食工作紧紧围绕“改革、稳定、发展”和年度工作目标，以发展现代粮食流通产业为目标，深入推进粮食行政管理和国有粮食企业改革，全力抓好粮食购销、储备，依法加强粮食流通监管，切实抓好粮食基础设施建设，全面落实粮食安全责任制考核，全市粮食工作继续保持平稳向上发展态势。申报东兴粮食管理所1.08万吨仓容设施建设和扬子江现代粮食物流有限公司粮库智能化升级项目；指导企业签订粮食订单协议6666.67公顷；以“世界粮食日”宣传活动为契机，组织开展多种形式的爱粮节粮宣传活动；大力推进“放心粮油”工程建设，牵头组织对全市“放心粮油店”进行专项检查，确保消费者“吃得放心”；成立粮食监督检查工作小组，对全市粮食收购企业执行国家粮食收购政策情况进行巡查，切实保护农民利益。

国家粮食局原局长任正晓（左三）视察

粮食产销合作签约

放心粮油检查

夏粮收购检查

世界粮食日宣传

靖江市卫生和计划生育委员会

捐献造血干细胞

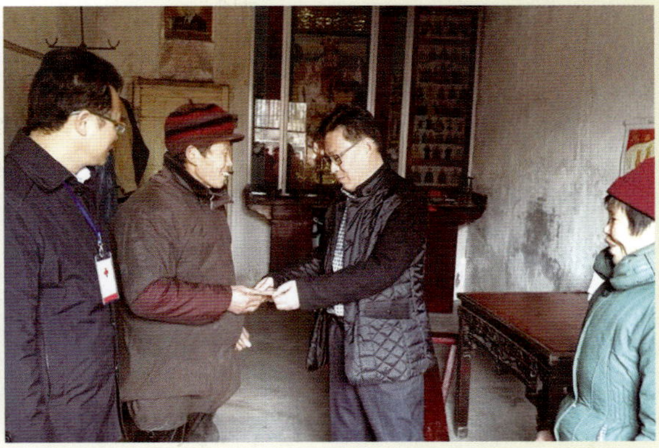
扶贫帮困

为民服务

知识竞赛

2016年，靖江卫生计生系统认真贯彻靖江市委、市政府部署要求，凝心聚力谋发展、开拓进取求突破，各项工作取得显著成绩。医药卫生体制改革取得重要突破，公共卫生保障更加有力，医疗质量监管全面加强，计划生育工作平稳推进。全年卫生计生工作在泰州市目标管理考核中获优秀奖，靖江市获“全国计划生育优质服务先进单位”和2016年度“国家级妇幼健康优质服务示范市”称号。

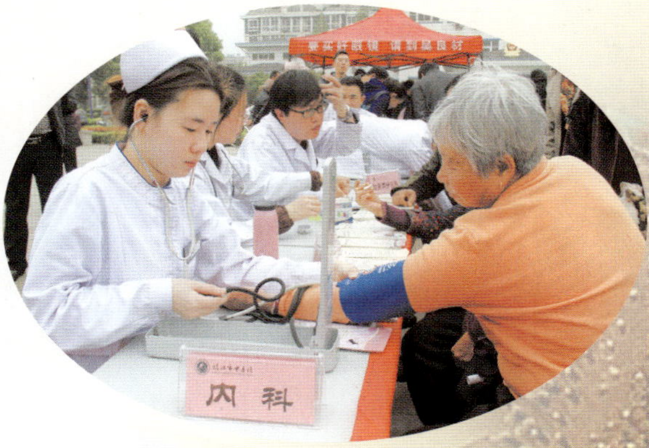

组织医务人员参加义诊活动

靖江市规划局

严肃规范规划评审工作

深入企业跟踪管理

服务前移提升效能

2016年，市规划局围绕“稳增长、调结构、促升级”的总要求，以建设美丽宜居的滨江城市为目标，坚持“科学规划、合理布局、完善功能、打造精品”的规划理念，不断开拓思路、创新方法、提升服务，充分发挥规划引领作用，切实履行规划管理职能，加强和改进城乡规划实施管理，促进城乡规划工作协调有序健康发展。

规划编制追求高度 根据“营造特色、完善功能、优化结构、统筹发展”的总体要求，在工作中坚持战略性，体现系统性，突出特色性，重视统筹性，增强严肃性，切实强化规划宏观调控功能。编制完成《靖江市优化镇村布局规划》，完成科教产业园规划、开发区高新技术产业园规划、公共自行车二期站点选址规划等。出台建筑设计创作“兰花奖”评选办法。优化文化街区建设方案，研究老街区保护规划，努力留住城市的“根”与“魂”。积极开展调研，推进靖江市特色镇村建设，打造孤山“空调小镇”和生祠“苑艺小镇”。

规划服务力求深度 对重点项目提前介入、事先指导，实行专人负责，及时跟踪、反馈、解决项目推进中的有关问题和矛盾，形成长效规划服务机制。进一步做好简政放权，深化落实省、市关于行政审批制度改革的各项举措。推行上门服务、联合审批，集中服务园区建设、企业发展和项目审批等。

规划管控讲究力度 坚持建立“高效、快捷、合法、有序”的规划管理体制，依靠理念创新、制度创新、技术创新和严格管理等手段实现规划工作新跨越。开展“多规融合”试点。做好建设项目技术审查工作，提高规划决策能力，完善规划跟踪管理制度。积极探索数字化管理方式，逐步实现“数字规划”。

靖江市审计局

“两学一做”动员部署会

赴淮安开展保障性住房跟踪审计

开展现场审计工作

2016年，市审计局在市委、市政府的领导和上级审计机关的业务指导下，紧紧围绕“反腐、改革、法治、发展”主题，坚持依法审计、秉公用权，坚持把“维护人民群众利益、推动依法治国、促进深化改革、推动政策落实、维护国家经济安全、推进反腐倡廉”贯穿审计工作始终。进一步加强审计监督，不断增强审计工作的主动性、宏观性、建设性、开放性和科学性，自觉把审计工作融入全面建设小康社会发展全局，促进经济社会全面协调可持续发展。审计工作在维护财经秩序、推进依法行政、促进廉政建设、保障靖江经济社会健康发展等方面发挥了积极作用。全年共完成审计项目42个，审计发现违规违纪、损失浪费、管理不规范金额7.04亿元，提出审计建议96个。完成政府投资工程预结算审核项目694项，送审金额115.39亿元，审计核减9.70亿元。

现场审计

国网江苏省电力公司靖江市供电公司

南方电网调研组在靖江调研港口岸电建设

靖江市政府与泰州供电公司签约

参加江苏省电力公司专题党课活动

2016年底，靖江地区拥有35千伏及以上公用变电所26座，其中220千伏变电所5座、110千伏变电所17座、35千伏变电所4座，主变容量317.40万千伏安。35千伏及以上线路58条/746.038千米。另有用户变电所27座，其中220千伏2座、110千伏5座、35千伏20座。2016年度，累计完成全社会用电量37.47亿千瓦时、售电量33.38亿千瓦时、最高用电负荷72.35万千瓦，同比分别增长2.29%、3.54%、10.58%。年内，市供电公司连续第13年获评服务地方发展“十佳”单位，第8次获评全国“安康杯”竞赛优胜企业。

对新进大学生开展技能培训

靖江供电加快农网改造步伐

启动优质服务主题活动

靖江市人民防空办公室

江苏省民防局副局长沈斌（左二）调研人防工作

代市长叶冬华（左三）调研人防工作

工人文化宫地下人防工程建设现场

2016 年，市人防办贯彻实施《中华人民共和国人民防空法》，以军事斗争人民防空应急准备为牵引，全力服务经济建设、城市发展、社会民生大局。《靖江市人防工程建设规划（2015—2030）》和《靖江市城市地下空间开发利用规划（2015—2030）》通过市政府审批，实现城区、镇（街）人防建设规划的全覆盖。认真落实市政府《关于进一步落实人民防空法律法规切实加强人防建设管理的通知》要求，合理规划、科学布局、规范审批人防建设，提升服务意识和服务质量。加强城市防护体系建设，全年新立项人防工程 5 万余平方米，竣工备案 9 万余平方米。加强人防工程日常管理，发放“人防工程平时使用证”11 本。加快 7-31 工程等重点项目建设，序时完成工人文化宫地下人防工程土建施工。加强指挥通信建设，编制的《靖江市城市防空袭方案》通过专家组评审，新增防空警报点 2 个，组织“5·12”“9·18”防空警报试鸣，开展学校、社区应急疏散演练。加强人防疏散地域管理，完成马桥人防指挥中心和防空林建设，完善西来人防疏散基地竣工备案手续，组织“五园一场”避难场所日常巡检，保障设备设施完备。开展人防宣传教育工作，在《靖江日报》定期刊发专版，维护管理好人防部门网站，举办人防法规广场咨询活动，免费发放民防知识读本 1.6 万册，全市 49 所学校常态化开设人防知识课，进一步扩大人防宣传教育范围和影响力。年内，市人防办获评江苏省人民防空先进单位。

人防应急疏散演练

靖江市残疾人联合会

中国残联就业服务指导中心副主任李强（右二）、江苏省残联就管中心主任叶霆（左二）、泰州市残联理事长邹晶（右一）参观生命阳光励志馆

泰州市副市长王学锋（前排中）与致公党省委一行调研靖江残疾人无碍障建设和管理工作

泰州市第五届运动会残疾人部乒乓球比赛在靖江举行

市残联举办残疾人趣味运动会

2016年，残疾人服务“四免四全面”（为贫困残疾人及残疾学生免费提供基本型辅具适配和家庭无障碍改造服务，为0~14岁残疾儿童免费提供基本康复项目训练服务，为残疾儿童少年实施学前至高中15年免费教育，为符合服用抗精神病药物条件的精神残疾人提供免费给药服务；贫困重度残疾人全面足额享有低保待遇，儿童残疾筛查全面纳入基本公共卫生服务体系，全面开展残疾人技能认知职业培训，住院重度精神病患者全面纳入医疗救助体系）提升工程纳入市政府十项民生实事之一，多项惠残政策在泰州乃至全省率先实施。中国残联“残疾人职业能力测试评估”项目确定在靖江试点，江苏省残联“政府购买残疾人服务”“辅助器具适配补贴”“企业单位按比例安排残疾人就业信用管理”等项目在靖江试点运行。位于市残疾人社会服务中心11楼的生命阳光励志馆是国内唯一的综合性残疾知识体验馆，被确定为市级爱国主义教育基地。市残联连续3年被江苏省残工委表彰为“按比例安排残疾人就业工作先进单位”，市残工委被国务院残工委表彰为“全国残疾人工作先进单位”。

靖江市妇女联合会

巾帼巧手联谊会开展插花培训活动

开展巾帼文明岗主题实践活动

靖江市“女童保护”志愿讲师在东兴村家长学校巡讲

芬芳百花巾帼巧手评选表彰活动现场

2016年，市妇联认真学习贯彻中共十八大和十八届五中、六中全会精神，全面落实习近平总书记系列讲话精神，按照市委要求和上级妇联统一部署，突出重点强化思想引领，拓宽渠道促进妇女发展，夯实基础抓好源头维权，深化改革增强组织活力，各项工作取得新进展。启动“芬芳百花·巾帼巧手”推选活动，成立巾帼巧手志愿者联谊会，出版《巧手芬芳》事迹画册，弘扬靖江女性聪慧、自信、进取的时代精神，引领广大女性在本职岗位和日常生活中自觉践行职业道德和家庭美德。深化巾帼建功活动，围绕市委中心工作要求，搭建城乡妇女投身经济社会发展平台，助力巾帼科技创新、巾帼来料加工、女性专业合作社等示范基地建设，引导各行各业妇女争当岗位“排头兵”。务实推进“女孩安全”专项教育行动，充分发挥巾帼维权联盟成员作用，保障妇女儿童合法权益。强化妇联组织建设，探索机构设置、队伍建设、组织建设等重点内容，试点启动村（社区）妇代会改建妇联工作，不断扩大妇女工作影响力。

共青团靖江市委员会

靖江市首届青年创新创业大赛

靖江市青商·青创中心启动仪式

2016年，团市委以强“三性”（政治性、先进性、群众性）、提“四力”（感召力、向心力、战斗力、凝聚力）为目标，以问题为导向，找准切入点和突破点，努力唱响自我革新“五重奏”。

筑巢 解决与青少年联系不直接、不紧密的问题。推动“青年之声”和“青少年之家”两大团属阵地的高效融合。建设“两微一端”（微博、微信、客户端）团属新媒体矩阵，建成1000平方米的市级青少年之家1个、其余青少年之家9个，其中江苏省级示范阵地2个。

下沉 解决基层团组织工作基础薄弱、团干部能力欠缺等问题。集中力量实施“一团一品”工程，全年在各镇（街道、园区、办事处）按月实施13个可提供观摩现场的项目。积极培养青少年事务社工，推进“三社合一”（社工队伍、社会组织、社会公益项目）。靠实推进“1+100”联系青年，常态化实施团干部“走支部连百心”工程，举办团市委机关开放日活动。

搭伙 解决工作力量单一、薄弱、不接地气的问题。开展“青春有约”青年组织汇系列活动，密切联系36家青年社会组织。成立青年社会组织孵化发展中心，年内新培育孵化5家社会组织。与民政部门合作，深度挖掘青少年公益项目。

发声 解决宣传与网络工作对青年思想意识形态引领力不强的问题。增强阵地用户黏度，对网站、微信公众号改版，增强其文化性、思想性、互动性。建立视觉识别系统，以靖江市树香橼为元素，设计、制作“团橼”卡通形象。鲜明发出正面声音，在“4·22”德桥仓储火灾事故、阜宁灾情等突发事件中，第一时间正面引导舆论。建成并启用全国首个网上长江水生物保护馆，举办“靖江杯”全国大学生演讲大赛。

洗牌 解决工作项目杂、乱，影响力、号召力不够的问题，重点实施“青禾计划”。针对学生群体，推进青暖、青蕴、青启、青靖、青苗五大子行动。全年帮扶困难青少年群体500余人，关爱流动留守儿童129人，组织68名大学生参加暑期社会实践和技能拓展。持续实施“创新创业八位一体行动工程”。举办靖江市首届青年创新创业大赛、靖江市“最青春”创业之星评选、大学生村官“为民电商”主题党日活动等。建成并启用靖江市青商·青创中心。

靖江市文化馆

召开中国宝卷生态化保护与传承交流研讨会

“感悟·造化”中青年油画作品展

2016年，市文化馆以完善公共文化服务体系为目标，以繁荣和丰富群众文体生活为重点，充分发挥文化馆在经济发展和精神文明建设中的积极作用，取得明显成绩。

组织开展形式多样、内容丰富的各类群众文化活动，自1983年以来坚持每年举办一届靖江市文艺节。注重培养全市各种艺术人才，在省市各项比赛中屡获佳绩。其中具有代表性的作品有：小品《枣儿》获“99中国曹禺戏剧小品小戏奖评比”一等奖，男女声对唱《荡湖船》获全国群星奖，混声小合唱《打豆号子》获全国群星奖“优秀奖”，中国画《山音》获江苏省第十届“五星工程奖”美术书法摄影作品比赛银奖，舞蹈《弹棉谣》获江苏省五星工程奖铜奖、全国企业离退休职工文艺会演金奖，舞蹈《东线第一帆》获江苏省五星工程奖，小品《较劲》参加“中华颂”第七届全国小戏小品曲艺大展，获优秀剧目银奖（由市文化馆和孤山镇政府共同打造）。

积极重视非遗保护与传承工作，成功申报国家级非遗保护项目1个（靖江宝卷），江苏省级非遗保护项目3个（蟹黄汤包制作技艺、双鱼肉脯制作技艺、孤山泥狗子），泰州级非遗保护项目5个，靖江市级非遗保护项目23个；有江苏省级传承人3人、泰州市级8人、靖江市级17人。成功举办中国宝卷生态化保护与传承交流研讨会，在全市设立7个讲经基地，进一步推进靖江宝卷传承保护工作。

开设舞蹈、声乐、古筝、美术、书法、戏剧表演等多种门类的培训班，为社会人员提供免费培训，进一步提升全市人民群众文艺素养，满足广大群众不断增长的精神文化需求。

市文化馆连续4次被文化部评为国家一级文化馆，多次获评江苏省群众文化先进集体、文化系统先进集体。

舞蹈《东线第一帆》

靖江市锡剧团

各项演出剧照

2016年，市锡剧团认真学习习近平总书记在文艺工作座谈会上的重要讲话精神，积极响应文化部《关于在文艺界广泛开展“深入生活、扎根人民”主题实践活动的意见》的号召，强化以人民为中心的创作导向，树立德艺双馨的境界追求和传播正能量的担当精神，不断增强文艺为基层群众服务、为社会主义服务的自觉性和责任感，积极组织各类公益性演出活动，开展送戏下乡演出，将文化成果惠及千家万户。深入体验群众生活，与多个部门、单位合作创排的《召唤》《刀尖上的舞者》《医改送来春意浓》《午间小憩》《正义的脊梁》《窗口的霞光》等节目，受到各级部门及广大群众一致好评。廉政锡剧《呼唤》赴上海逸夫舞台、北京长安大戏院等国内知名剧场演出，并赴南京江南剧院参加江苏省第三届艺术节演出、赴南京博物院小剧场参加第七届江苏廉洁文化周演出。锡剧《玲珑女》《五女拜寿》《孟姜女》等经典剧目赴苏南及泰州地区演出。是年，小锡剧《钞票上一个字》《家风》赴泰州参加新创文艺节目调演并获一等奖。全年演出142场次，观众累计10余万人次。不断增强责任意识，彰显高尚艺德。以创作更多优秀作品、推广宣传先进文化为己任，坚守崇高艺术理想，演职人员不断加强自身修养，正风气、讲奉献、重艺德，提升精神境界，自觉承担净化社会风气、凝聚百姓人心的社会责任，争当德艺双馨的文艺传播者，争做优秀文化的生产者，受到市政府的嘉奖并记功。

江苏飞羚运业集团

市委书记赵叶（左二）、代市长叶冬华（左一）视察弘宇公交公司

弘宇公交公司总站夜景

飞羚驾培中心

江苏飞羚运业集团下辖江苏安宇客运有限公司、靖江弘宇公共交通客运有限公司、机动车驾驶员培训中心、靖江市交通车辆检测有限公司、靖江翔宇能源有限公司、江苏飞羚新能源有限公司、汽车修理厂、江苏仁宇汽车商贸有限公司、江苏仁宇汽车服务有限公司、江苏仁宇汽车保险代理有限公司和江苏飞羚二手车市场有限公司共 11 家单位，共计拥有营运车辆 490 余台，经营长途客运线路 57 条、城乡公交线路 40 条，是靖江市交通运输骨干企业、江苏省交通运输协会副会长单位。企业连续多年被市委、市政府授予第三产业“十强”企业、服务业“十佳”企业、“文明单位”“先进党组织”等称号。董事长薛玉明连续多年被评为靖江市明星企业家。

2016 年，该集团旗下的长途客运、省级旅游、城乡公交、驾驶员培训均在江苏省名列前茅：长途客运的“江苏快客”品牌服务在省内排名前三，年发送旅客 210 万人次；城乡公共交通率先在苏中、苏北实现城乡一体化，年运送乘客 1300 万人次；驾培中心作为江苏省 A 级信誉驾校、一类培训户，全年为社会培训一大批合格的驾驶员。该集团各项工作成果显著，为靖江经济社会发展提供坚实的交通保障。

恒通出租

靖江市恒通出租汽车有限公司

乘客为出租车司机送来锦旗

公开选举驾驶员代表

新车报名登记

召开驾驶员代表座谈会

2016年，靖江市恒通出租汽车有限公司根据市政府办公室《关于深化改革推进我市出租汽车行业健康发展的通知》文件要求，启动新一轮出租车改革，新一轮经营周期为7年，车辆总数控制在400辆以内，经营模式为公司化经营或公司化挂靠经营，由驾驶员自愿选择。同时通过充分调研，听取广大驾驶员和社会各界意见，选用全国出租汽车行业主流的大众、现代、悦达起亚三个品牌车型。经过一年的艰辛努力，500辆老旧出租车依法按期报废，新车选用、人员接续、上缴指标实现无缝对接。至2016年底，企业有出租车394辆，从业驾驶员549名。该公司稳妥推进与网约平台、网约车的融合，逐步形成差异化发展和竞争的局面，为开拓靖江出租汽车行业新业态作出较大贡献。

开展七一支部活动

江苏智果互动文化传播有限公司

江苏智果互动文化传播有限公司秉持“讲信誉、创佳作、树品牌”的经营理念，不断探索“文化兴业”的经营道路，开展涵盖影视创作、文艺演出、文学创作、会展服务、广告传媒以及营销企划等多元化经营项目，积极树立“江苏智果”在行业领域内的品牌影响。

公司拥有先进的影视设备、演出设备以及广告设备等，引进影视、文学、演出、策划、广告专业的高素质人才，获得由江苏省新闻出版广电局颁发的“广播电视节目制作经营许可证”以及泰州市文化广电新闻出版局颁发的“营业性演出许可证”，公司有 4 人通过中国演出行业协会专业考核并获“中国演出行业演出经纪资格证”。

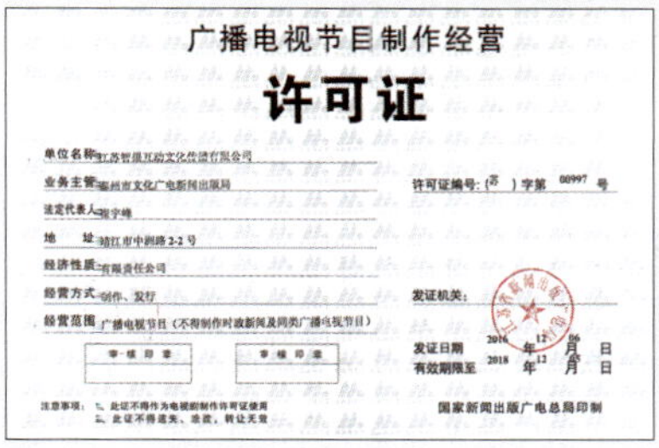
广播电视节目制作经营

许可证

影视制作资质

客户形象墙

公司文化长廊

创新专属服务，建立快速响应 利用公司“8262 1000 号服务热线”打造“一个电话、快速响应、专属客服、限时完成”的创新服务模式，建立“金冠客服”，常规业务做到“1 天出稿、1 周交片”，高端业务做到“专属团队、创意定制”。

坚持作品原创，打造个性产品 认真听取客户想法，帮助客户分析项目，针对客户特征策划个性、原创作品，力争在每一部作品中均能突出“新的构思、新的角度、新的手法”，尤其在影视宣传片创作方面，突破传统创作手法，为客户创作“优秀于传统、区别于同行”和“有看点、有特点、有亮点”的影视佳作，客户满意率达 98% 以上。

靖江海关《我是谁》拍摄现场

微电影《回家》拍摄现场

赴山东拍摄企业宣传片

江苏智果“金冠客服”创新服务

味巴哥肉脯广告片拍摄现场

影视团队正布置拍摄场景

江苏省靖江高级中学

举行欢迎德国师生暨友好学校交流十周年庆典活动

学校成为江苏省基础教育前瞻性教学改革重大项目首批实验学校

2016年，省靖中新晋为南京财经大学、江苏师范大学、武汉理工大学、苏州科技大学、盐城师范学院“优质生源基地”，被南京大学授予“最佳生源基地”称号。

继续开展“弘毅讲坛” 邀请北京大学、南京大学、同济大学、南京医科大学专家及诗刊社编辑、全国成语大赛冠军彭敏等12人到校为师生开展讲座。

“两学一做”学习教育活动效果显著 该校被评为靖江市党建工作先进单位，后勤党支部被评为靖江市先进基层党组织。钱志华被评为泰州市优秀共产党员，荣雪飞、徐曙春分别被评为靖江市优秀党员、优秀党务工作者，鞠东平被评为靖江教育系统优秀党员，陈尧被评为靖江市优秀纪检监察干部。以宣传党员教师敬业奉献为主题的诗朗诵《青春在党旗下闪光》获靖江市庆祝建党95周年“鲜红的党旗”朗诵展演大赛金奖。

教师形象全面提升 陈国祥、王一美、朱占奎、严侠华、陈斌、宗式仲被表彰为新泰州建设功臣，严侠华被评为“泰州教育20年十大功勋人物”，并当选为2016年泰州市“最美教师”，成为靖江市唯一入选教师。何金海被评为江苏省优秀教育工作者，宋正怀被评为泰州市优秀教育工作者，华霞、沙建国被评为靖江市优秀教育工作者。陆贤彬被评为泰州市优秀班主任，褚锦锋被评为靖江市“十佳班主任”，方瑞杰、肖文华被评为靖江市“优秀班主任”。宋海英、马云云被评为靖江市教育系统“巾帼建功”十佳标兵，张林海被评为2015感动靖江教育年度人物。

学生文体活动成绩突出 倪良钦、孙小奇、刘圣、孙超辉参加江苏省阳光体育联赛，夺得两金、一银、两铜。校田径队在泰州市中学生田径运动会上获得第三名。校篮球队获得靖江

省靖中校友促进会北京分会举行年会

市高中篮球赛冠军和泰州市高中篮球赛季军，校乒乓球队获得靖江市高中乒乓球赛男女冠军。在“阳光下成长——2016年靖江市中小学生啦啦操比赛”中，获得中学组第一名。

同济大学“苗圃计划”创新项目成功结题

学科竞赛成果丰硕 在数学、物理、化学、生物、信息技术、现场作文、英语等各项竞赛中，共有121人次荣获省一等奖及以上奖项。在中国机器人大赛中，高二年级刘洋获青少年组医疗服务类骨科机器人项目亚军，黄至源获青少年组医疗服务标准动作项目季军。

举办“阅读启智 文化润校”大阅读展示活动

课题研究成果斐然 全国教育科学“十二五”规划教育部立项课题《学校文化浸润下师生个性发展的实践研究》和江苏省教育科学“十二五”规划重点课题、精品课题《为创新人才奠基的初高中课程资源共建共享的实践研究》顺利结题，并被评为优秀等第。前瞻性项目《简中求道：学校学习时空的有效构建》被省教育厅立项为“基础教育前瞻性教学改革项目”，学校也成为江苏省前瞻性教学改革重大项目首批实验单位。吉锦文、陆贤彬、蒋郸骥主持的科研课题入选靖江市重点人才培育工程资助的科研项目。

2016年，省靖中获评江苏省教育工作先进集体、靖江市校园文化及特色创建工作先进单位和素质教育“5+2”工作先进单位。英语教研组被市妇联授予文明岗互动共建工作优秀奖。“道德讲堂”被评为靖江市优秀道德讲堂。

靖江市第一高级中学

JINGJIANG NO.1 SENIOR HIGH SCHOOL

2016年，市一中秉持“教育——为了幸福”的办学理念，建设学校“幸福文化”，发扬“团结协作 自强不息”的一中精神，推动学校各项工作协调发展，学校被评为江苏省文明校园、江苏省教育工作先进集体。10月16日，成功举办90周年校庆暨校史馆开馆仪式，展示一中新面貌、新形象。

围绕核心价值，坚持立德树人 开展主题教育活动。将社会主义核心价值观融入学生的学习成长、校园文化、志愿公益、社会实践和社团活动。举行以“燃烧吧，青春”为主题的高三学生成人礼，开设“预防违法犯罪 健康快乐成长”的普法讲座。开设“幸福•1926”读书会，利用各教学楼过道设置绿化角，建设“幸福书吧”。

加强学生常规管理。评选年度十佳学生（团体），树立榜样。高一年级军训代表队代表靖江参加泰州市军训汇报表演获中学组二等奖。开设心理健康讲座，缓解学生考试焦虑。发放国家助学金、政协奖学金。设立爱心超市，向贫困学子发放学习及生活用品。

推进课程改革，提升教学质量 试行“分类分层”行政班与走班相结合的教学组织方式。12月22日举办泰州市普通高中“行政班＋走班”教学管理工作改革现场推进会。高考、学科竞赛成绩优异。二本及以上上线人数712人，小高考过关率超99%。2016届国际班学生全部被国外大学录取。79名同学在中学生数学、物理、化学、生物、信息奥林匹克竞赛、作文大赛中获奖。

积极开展文体活动。举行第51届校秋季田径运动会，举办“放飞梦想，畅响青春”十佳歌手大赛、“幸福再出发”合唱比赛、“百年一中、薪火相传”朗诵比赛。课本剧《鸿门宴》获靖江市第4届“春之声”艺术节校园剧比赛一等奖。

加强队伍建设，促进教师成长 树立师德师风标兵。开展年度“十佳教师”“十佳班主任”“十佳青年教师”评选活动，以身边榜样感染教师。鞠鑫当选“江苏好人”，被评为靖江市劳动模范。张志坚、鞠鑫、高琴被表彰为新泰州建设功臣，于军等多名教师受到靖江市级表彰。

扎实开展研修活动。组织教师参加省级网络培训，参加《泰州师说》网络学习。课题申报、论文评比有序组织，成绩优秀。举办4期“名师讲坛”，举办第二期骨干教师研修班，开展“青蓝工程”活动，促进教师成长。

举办校庆活动，收藏幸福记忆 围绕一个主题（幸福再出发）、三条主线（建设校史陈列馆、出版校庆纪念册，美化校容校貌，走访知名校友）、五项活动（宣传活动、文体活动、专家报告、庆祝大会、揭牌仪式），精心筹划组织，高质量、高水平、高品位地举办庆祝大会。《“幸福再出发”纪念画册》重温学校90年的奋斗历程，《一中人》带领校友回忆那一件件难忘事，铭记代代一中人，校史陈列馆成为展示学校办学历史、办学成果和精神文化的重要窗口……校庆系列活动的成功举办，彰显“大一中”的风貌与气度，赢得师生校友、社会人士的普遍认可和高度评价。

一中 90

尚德博雅

www.jjyzedu.com　咨询电话：89165308（教务处）89165306（校务办）

宣传彩页

90周年校庆：校史陈列馆启动仪式

90周年校庆：代市长叶冬华致辞

90周年校庆：薪火相传

“行政班+走班”现场会

博雅论坛：杰出青年校友交流

博雅讲堂：阅读与人生

合唱比赛

课本剧《鸿门宴》表演

国际交流

运动会开幕式

十八岁成人礼

迎新年文艺汇演

乐　我们永远爱你　2016届高三全体学生

靖江市靖城街道办事处

魅力风光

2016年，靖城街道紧紧围绕“率先争先领先”的目标追求，蹄疾步稳、砥砺奋进，全面打造“更具实力、更富魅力、更显活力”的新靖城，全面完成既定目标任务。完成一般公共预算收入2.15亿元，比上年增长25%；实现工业开票68亿元，比上年增长7.40%；城乡居民人均可支配收入同步增长。

经济总量在下行压力中稳中有进

华达科技主板上市

经济总量在下行压力中稳中有进。工业经济稳健攀升。完成列统工业产值118.70亿元、销售118.50亿元、利税14.80亿元、利润8.50亿元，各项经济指标同比增幅保持12%以上；完成产业投资31亿元，其中工业投资17亿元、服务业投资14亿元。资本市场初步形成。推动三鹏科技在上海股交中心成功挂牌，华达汽车科技于2017年1月25日在上海证交所上市，申报上市后备梯队4家,“靖城板块”初步形成。农业基础更加稳固。依托农业科技示范园建设，形成无公害蔬菜项目、休闲渔业项目、花卉苗木项目、规模养殖项目等高效农业生产基地。

马洲乳业

城乡品质在建管并举中提效显著

泊木新农村集中居住区

靖江人民公园

秋色

城乡品质在建管并举中提效显著。城市品质明显提高。获评全国文明城市提名城市，卫生城市创建通过国家级技术评估，国家园林城市、环保模范市、生态市创建通过省级验收。老城改造加快推进。实施无物管小区综合整治工程，改造静安小区、江山小区等 6 个老旧小区为星级康居小区；继续实施背街小巷亮化工程和老城区增绿工程，新安装路灯 343 盏，新增城区绿化面积 15 万平方米。启动辖区老旧危楼信息库建设，完成水上一村、玻璃厂宿舍、皮革厂宿舍、毛家厅粮店、测绘公寓等 10 处 D 级房屋解危。生态环境不断优化。实施城市环境综合整治“931”工程项目 42 个，完成东郊南 2~5 组后沟、西郊马家沟环城路段等 8 条河道整治工作；村庄环境综合整治通过省级验收。

发展成果在共享共建中更加惠民

社区幸福大家庭

工会阳光新干线活动

双港路路段宣传社会主义核心价值观

发展成果在共享共建中更加惠民。社保扩面全面推进。城乡居民新型合作医疗保险实现应保尽保，参保人数达15741人，城乡居民养老保险新增参保158人。救助体系日益完善。发放各类救助金160万元，结对帮扶城乡贫困户613人，免费办理特困人群养老、医疗保险4065名。社会事业协调推进。新建村（社区）图书馆2个，创建省级社区教育示范社区1个；协助完成老体育场改造；开展各类文化巡演47场次，送电影下乡132场次；圆满完成第三次全国经济普查。社区管理更加健全。全面推行社区网格化管理模式，“周到式服务”品牌效应初步形成，各社区获市级以上部门表彰23次；和谐社区创建成效明显，创建泰州市级、省级和谐示范社区28个；9个村（社区）服务中心通过达标验收。卫生事业全面进步，各村（社区）全部成立红十字会站，4个社区卫生室投入使用。社会治理更加完善。平安建设扎实推进，人防、技防、设施防一体化防控体系进一步健全，老城区公共部位路灯、监控实现全覆盖；社会矛盾化解“四项制度”得到落实，信访环境依法有序；计生新政得到落实，流动人口管理服务率达90%以上，政策内出生率99.05%；安全生产形势稳定，深入开展“六打六治”专项行动，强化铝镁制品、危化品等行业和小微企业安全整治，修订街道公共安全及自然灾害应急预案，实现社会治安“无大事”、安全生产“零事故”的目标。

居民时尚扇舞

靖江市生祠镇

江苏省委常委、副省长杨岳（左三）调研利珠村苗木基地

泰州政协主席王守法（前排中）、靖江市委书记赵叶（前排左一）在生祠镇调研

代市长叶冬华（左一）与生祠镇党委书记钟云峰（右一）在生祠镇共同调研

生祠镇总面积 70.19 平方千米，镇区面积 4.69 平方千米。辖社区居委 2 个，行政村 18 个，总人口 47658 人。2016 年，全镇实现地区生产总值 41.60 亿元。第一产业增加值达 3.38 亿元，第二产业增加值达 29.51 亿元，第三产业增加值达 8.71 亿元。年内，该镇签约亿元以上项目 7 个，成功招引 3 家企业入驻。新增国家级高新技术企业 3 家、省级高新技术产品 5 个、泰州（靖江）级“双创计划”项目 3 个。建成泰州市工程技术研究中心 1 个，开展产学研合作项目 4 个，承担省级重点研发计划项目 1 个。全镇耕地基本实现规模经营，新增“五好”规范化合作社 10 个、家庭农场 37 个。新增高效农业面积 96.67 公顷。成功申报无公害农产品 7 个、绿色农产品 2 个、粮食无公害种植基地 4 个、无公害水产品基地 1 个。

生祠镇被列为泰州市首批 10 个培育建设的特色小镇之一，定位为“苑艺小镇”。该镇按照“规划为先、文化为魂、特色为本、生态为基”的思路，发挥现有“三园三基地”的独特优势，成功举办首届金星论坛，与来自全国各地的嘉宾共绘苑艺小镇发展蓝图。丰富国家 2A 级旅游景区岳庙、刘国钧故居的功能内涵，打造以岳庙、埭上人家、观光农业、盆景基地等为重点的精品旅游线路，实现“特色小镇 + 现代农业 + 旅游业”的深层融合。

东进村老年“关爱之家”通过江苏省级验收。建成全市首个乡镇文化馆分馆。生祠镇青少年社会实践教育基地被命名为“靖江市爱国主义教育基地”。举办“美丽乡村、魅力生祠”主题休闲生态旅游活动，全年接待游客近 5 万人次。举办学习刘国钧精神座谈会，挖掘和传承“人心齐、士弘毅、敢争先”的靖江品格。

靖江市新桥镇

江苏光芒集团有限公司

江苏标新工业有限公司

2016年，新桥镇大力实施“工业强镇、产城融合”发展战略，在促进转型中稳定经济增长、在完善功能中提升城建品质、在加快发展中改善社会民生。全镇完成地区生产总值96.43亿元，一般公共预算收入1.83亿元，固定资产投资77.93亿元，农民人均纯收入2.8万元。全年新签约项目16个，新开工亿元以上项目10个。全镇粮食总产量突破4万吨，建成省级高产万亩示范片2个，新增家庭农场19家。实现服务业增加值31.70亿元，引进各类高层次人才80人，列入泰州市级以上双创计划4项、博士计划5项。220千伏变电站、5万吨级自来水增压站开工建设，社会治安管理中心、新桥城医院等重点项目主体完工，润新公寓、富江新苑、孝化新苑、三兴新苑等居住区配套设施更加完备，富江幼儿园完成主体工程建设，新桥城实验学校通过“泰州平安示范校”验收。成功举办“弘孝扬善、厚德载物”主题道德讲堂，首届文体节获群众一致好评。深化行政审批制度改革，便民服务中心受理办件近7万件，建立“亲清”新型政商关系。

新桥城实验学校

江苏民生特种设备集团有限公司

孝化集中居住区

德胜村农民公园

湖边风光

靖江市西来镇

泰州市委书记蓝绍敏（前排右二），靖江市委书记赵叶（前排右三）、代市长叶冬华（前排右四）参观西来农耕馆

江苏三江电器集团股份有限公司现代化生产线

靖江市新民拆船有限公司

2016年，西来镇紧紧围绕“建设靖江东大门，打造特色西来镇”奋斗目标，经济社会发展稳中求进、稳中有为、稳中提质，全年完成地区生产总值55.55亿元、财政收入2亿元、一般公共预算收入7400万元、财政专户管理收入4200万元。

经济建设加速提质 全市百优企业西来板块达10家，“靖互股份”于12月在新三板成功挂牌上市。年内签约亿元项目13个，总投资29.36亿元。全镇新增高效农业面积72公顷，龙飞、赵家两个村获评靖江市国土资源节约集约利用土地模范村。旅游业加速发展，成功举办多场次全国性竞技钓鱼比赛，增设农耕文化陈列馆水车互动区。

村镇面貌改善提升 建成向阳河景观带广场，美化镇区环境；完成植物园路北段建设，完善集镇路网框架；完成苏农路口景观节点建设，提升集镇对外形象。全年造林面积26.87公顷，牵头创成“美丽乡村”1个。

公共服务均衡发展 实施精准扶贫，“金秋助学”“顺元午餐基金”发放救助金45万元。开展“慈善一日捐”活动，募集善款50万元。新建敦义小学、敦义幼儿园教学楼。文化惠民落到实处，举办第四届生态文化旅游节暨桃花节和第五届文体节，开展名家朗诵、摄影家采风等系列活动。

江苏靖江互感器厂有限公司

泥桥田园生活市场

西来镇第五届文体节文艺演出

西来镇庆五一惠民演出

丰产村

西来三江垂钓中心

靖江市东兴镇

市委书记赵叶（前排左二）调研江苏旭顺东明汽配有限公司

江苏亚星锚链股份有限公司生产现场

东兴镇辖区总面积35.68平方千米，镇区面积6.20平方千米。辖行政村12个、村民小组260个。总人口约3.40万人，其中农业户籍33043人。有工业企业550家，其中列统企业22家，上市企业3家。

2016年，全镇完成地区生产总值49.73亿元，同比增长7.80%；农民人均纯收入20699元，同比增长6.90%；一般公共预算收入1.20亿元，同比增长27.70%。全镇规模以上工业产品销售收入109.90亿元，同比增长3.56%；利税总额15.10亿元，同比增长5.55%；完成签约项目8个，实现产业投资23.20亿元，其中工业投资18.10亿元。在建亿元以上重点项目8个。完成农业总产值3.60亿元，同比增长5.80%。全面推广机插秧技术，机插秧种植面积达1400公顷，达到历史最高水平。新建家庭农场14个，专业合作社7个。完成文昌路、上五圩港桥、上五圩港景观工程园路铺装等特色镇建设项目。完成安置区绿化亮化、上五圩港桥、惠丰农贸市场二期改造、敬老院辅助用房主体建设等。全年结对帮扶困难户100户，完成重点优抚对象帮扶5户，发放救助金65.20万元。组织实施敬老院提升达标工程，新建生活用房1200平方米；建成残疾人“馨港湾”服务中心。强化创业就业服务能力，组织下岗失业人员参加市技能培训，帮助申请社保补贴和创业担保，实现就业和再就业57人次，办理就业创业证388本。指导帮助亚星、皓月、永涛3家企业建立“企业型”众创空间。以梨花为媒，以戏曲会友，成功举办东兴镇首届梨花节。全年开展“戏舞乡村”送戏下乡20场次，丰富了群众文化生活。建立“横向到边，纵向到底”安全责任体系，扎实开展各项专项检查14次。大力推进“智慧安监”安全生产监管平台建设，成功举办全市安全生产网格化智慧监管工作现场会。

集中居住区

长江大堤

东兴镇全景图

东兴中心学校

靖江市斜桥镇

企业自动化生产线

怀德学院

2016年，斜桥镇持续加大服务开发保障力度，统筹推进城乡建设有序发展，全镇经济社会稳中求进，稳中向好，实现了“十三五”的良好开局。年内，全镇完成地区生产总值52.75亿元，同比增长12%；一般公共预算收入1.23亿元，同比增长25%；固定资产投资17亿元，同比增长2.90%。工业经济稳步发展。引导、鼓励镇域企业加快技术改造，积极推进项目建设，努力化解矛盾制约，提振企业发展信心。全年实现工业开票26.60亿元，同比增长10%。现代农业高效发展。围绕“农民增收、农业增效”，加快推进农业机械化作业和适度规模种植，全年新增农业机械43台（套）、流转土地达1153.33公顷，秸秆全量还田4200公顷；积极引导规模大户进行农产品结构转型升级，创建自主品牌，全年申报无公害农产品5个、省级现代农业产业发展项目1个。三产服务业提速发展。依托靖江开发区总部人流、物流、信息流，进一步完善镇域三产服务业发展规划，积极培植三产服务业发展壮大，年内新增服务业法人企业93家，全镇服务业增加值完成16.60亿元，同比增长13.50%；服务业固定资产投资完成2.10亿元，同比增长50%。基础配套不断完善。大力实施“三净四新”工程，组织实施王宋路、陈家弄路道路拓宽改造工程，完成花宋路、江海路破损路面修复工程，全年新增绿化面积87.6公顷，井兴村创建成省级绿化达标村；积极推进河道疏浚工程，年内疏浚二级河道12千米、三级河道50.20千米。

港口晨曦

东阜湖公园

港阜社区

东阜社区

怀德学院绿荫场

阜前路

靖江市季市镇

市委书记赵叶（右二）视察老街改造

老季市文化墙

红枫种植园

季市镇总面积41.63平方千米，耕地1998公顷，辖社区居委2个、行政村24个、农场1个，总人口4.80万人。共有工业企业312家。2016年，全镇实现地区生产总值34.40亿元，完成公共财政预算收入4800万元，农民人均收入21432元。

坚持以项目促转型。新开工工业、服务业重大项目12个，竣工投产8个，总投资7.50亿元。累计实施技改项目68个，投入资金13.80亿元。大中电机投资2.20亿元的超高效电机智能化改造项目完成厂房建设；玖瑞汽配投资1亿元的汽配扩产项目部分设备安装调试结束；富莱特公司投资1亿元的海工装备制造项目进入试生产阶段。坚持从群众需求出发，加快基础设施建设。完成季市老界河大桥翻建，逐点打造季市中路沿街商铺仿古立面。完成季市中心小学新址地块拆迁，开工建设季市医院。新增夏仕港清水通道保护区和香沙芋种植资源保护区两处生态红线保护区。加大季市特色美食文化推介力度，以“品牌化、标准化”为方向，规范发展餐饮产业。强化品牌和品质管理，制订“季市小吃”12大类35小类生产标准，“季市老汁鸡”等食品顺利进驻超市。深度推介红色文化，利用长安老区特有的革命历史资源，挖掘红色革命故事，打造红色文化圣地。启动修缮抗战时期的县委、县政府旧址和靖江独立团旧址，恢复弘毅中学旧貌，寻访老军人、老干部，着力打造红色品牌。2016年12月，古镇老街的传统技艺、老手工艺及特色美食被中央电视台第7套《乡土》栏目采编录制。

三下乡娱乐活动

靖江市马桥镇

马桥镇总面积50.31平方千米，镇区面积6.96平方千米。辖社区居委2个、行政村18个，总人口36572人。2016，马桥镇围绕“城建大提升、经济大跨越、民生大改善”目标定位，致力农业发展率先、城镇特色领先、工贸奋力争先，实现“十三五”发展的良好开局。全镇实现一般公共预算收入5668万元、工业开票销售收入15亿元、列统工业企业产值43.05亿元。新增亿元企业2家。组织天鹅乐器、伊香食品等4家企业申报省级民营科技企业，星晨高速、苏中开关、旺源泵阀等3家企业申报江苏省高新技术产品5项，天鹅乐器、恒新门业成功申报国家级高新技术企业。引进建设百德惠农业科技项目，获批泰州市特色果蔬产业园。建成高标准农田333.33公顷；新增94公顷设施农业面积，种植水果、蔬菜；新增无公害农产品2个、绿色农产品1个。新申报泰州市植保示范户2个，家庭农场21个、五好合作社15家。发展休闲观光农业，以徐周、白衣、马桥村为核心，建成旅游接待中心，累计接待游客2万余人次。正北村通过省级“水美乡村”验收；横港、马桥、白衣、栗树、铭坤等5个村建成省级卫生村。徐周、三爱村和侯河社区被评为江苏省AAA级居家养老服务中心。建成省级社区教育中心。侯河卫生院率全市之先试点推行医养融合模式。推荐“美德善行”“身边好人”，开展“家规家风家训”评选和“我有好家风”最美家庭评选活动。

市委书记赵叶（中）至马桥草莓基地调研

大美徐周游客服务中心

味乐肉脯生产现场

岳飞文化主题园

一带一路
新丝绸之路
开辟新起点·谋求新动力